U0840285

蒙古源流

（蒙汉合璧）蒙古文历史文献汉译

（清）萨冈彻辰 著

乌兰 译注

内蒙古大学出版社

图书在版编目(CIP)数据

蒙古源流:蒙汉对照/(清)萨冈彻辰著;
乌兰译注. —呼和浩特:内蒙古大学出版社,2014.1
ISBN 978-7-5665-0545-3

Ⅰ.①蒙… Ⅱ.①萨… ②乌… Ⅲ.①蒙古族—民族历史—中国—古代—蒙古语(中国少数民族语言)、汉语 Ⅳ.①K281.2

中国版本图书馆 CIP 数据核字(2014)第005783号

书　　名	蒙古源流
著　　者	(清)萨冈彻辰
译 注 者	乌兰
责任编辑	范妙荣
封面设计	雷青　黄曼
出　　版	内 蒙 古 大 学 出 版 社 呼和浩特市昭乌达路88号(010010)
发　　行	内蒙古新华书店
印　　刷	北京彩虹伟业印刷有限公司
开　　本	710mm×1000mm　1/16
印　　张	32.25
字　　数	501千
版　　期	2014年2月第1版　2014年2月第1次印刷
标准书号	ISBN 978-7-5665-0545-3
定　　价	142.00元

本书如有印装质量问题,请直接与出版社联系

出版说明

内蒙古大学出版社有限责任公司于2014年倾力出版的《(蒙汉合璧)蒙古文历史文献汉译》丛书,共8册10种书,分别是《蒙古秘史》《蒙古源流》《蒙古黄金史纲》《大蒙古国根本黄金史》《蒙古黄史》《蒙古博尔济吉忒氏族谱》《阿勒坦汗传》《阿萨喇克其史》《内齐托音一世传》《内齐托音二世传》。

本丛书所选的十部蒙古文史著为自13世纪到19世纪在中国和东西方众多国家广为流传的蒙古文史书,国内外已经有了多种文字的翻译本,但至今为止还没有出现"汉译丛书"的出版规模。我们组织出版了这套汉译丛书,希望能弥补这个遗憾。

该套丛书坚持以学术研究为先导,注重历史文献的大众普及,在原本译注的基础上,增加了蒙文原文版本的影印件,突出了"蒙汉合璧"的出版价值。希望这套丛书的出版,能为保护优秀民族文化遗产尽绵薄之力,同时也能为国内外学术同仁提供富有学术价值和参考价值的第一手资料。

由于水平有限,难免会有疏漏和不尽如人意的地方,我们期待广大读者不吝指教,以便以后修订完善。

蒙古文历史文献导论

各国蒙古学家们从18世纪起就开始搜集整理、研究蒙古族的书面文献、石刻文献等等，这不仅为我们今日的研究打下了良好的基础，同时也提供了大量鲜为人知的丰富的文献资料。据我们了解，各国蒙古学家们从1225年的《成吉思汗石》文开始到18世纪末为止所发现的蒙古文历史文献的数量是相当可观的。从这些遗留下来的或全文或残缺不全或点滴散存的各种蒙古文历史文献中，我们可以看出蒙古游牧民族丰富而灿烂的历史、文化的发展和变化的轨迹。为了叙述之方便，我们在本文中以朝代为序，以古代蒙古文历史文献的出土和发现地点为基本线索，对具有一定代表性的、新近发现的蒙古文历史文献作一概要介绍。

一、大蒙古国时期(1206—1271)

13世纪早期，北亚历史上出现了一个神话般的蒙古帝国。在北亚和中亚新生的这一游牧帝国(名称为"大蒙古国")把整个民族带到了一个从"野蛮"转向文明的、充满了向上精神的新时代。这个时代最重要的标志是游牧蒙古人有了自己的文字，也有了自己的文献——蒙古人进入了有文字记载的历史时期。

成吉思汗统一蒙古得力于大量的部落战争，他命令每一个部落都必须由一个直接对蒙古大汗负责的人来统治。然而，就当时在蒙古周边民族的历史发展情况而言，他还需要与另一个文明世界的定居民族发生交往，并且懂得：游牧帝国的移动势力会因为与不能够移动的农业定居文明的势力相联系而导致其帝国的崩溃。另外，为了避免新成立的帝国从内部瓦解，他还制定了一整套可以限制游牧民族贵族们个人实力的扩张所必须遵循的规范制度。当然这套规范制度必须像定居农业民族的政权一样，要以文字的形式出现在人们的面前。

成吉思汗攻打奈曼部落时俘虏了新疆绿洲中的一个畏兀儿（回纥）人，命令他制定畏兀儿蒙古文字，即把蒙古语和畏兀儿字母结合到一起的文字。现代学者们将这种文字称之为“回鹘（畏兀儿）式蒙古文”或“回纥（畏兀儿）蒙古文”。这一名称的意思就是指从畏兀儿人（此为蒙古人的称呼，与汉文所称回鹘人相同）借用粟特体字母表创制的蒙古文，而不是有些人所说的畏兀儿人创制的畏吾儿文字。畏兀儿蒙古文是蒙古人最早的民族文字，现代蒙古文、托忒体蒙古文就是在它的基础上发展而来的，满洲文字母也是从畏兀儿蒙古文脱胎来的。

成吉思汗当时让这位被俘的畏兀儿人教太子及诸王用这种文字书写“国言”（蒙古语）；他还建立文官制度，并任用一部分通本国文字的畏兀儿人和一些讲突厥语、波斯语和阿拉伯语的回教徒，使他的继承者在与“从日出之地到日落之地”的所有民族打交道时，尤其是与他们南面的有“围墙”的具有古老文明的定居民族发生关系时，不必再完全依从他们的文官（内地所称谓的士大夫）阶层。这个文官阶层，从蒙古以前的古代北亚游牧民族进入该地区时就开始利用他们的文字来推行政事，致使北方游牧民族的征服者也自然而然地利用他们的文字作为管理新征服地区居民的工具。

成吉思汗与众多蒙古人不一样，在其一生中从未夸耀过自己的功劳和荣誉。我们从成吉思汗创制文字算起，迄今为止所发现的首次用蒙古文字记载的文献，即学界所称《成吉思汗石》（其实该名不准确）中可以看到，碑铭不是歌颂成吉思汗个人的荣誉，而是记载了从1219年到1224年跟随成吉思汗血战花剌子模国的成吉思汗之弟合萨尔次子也松格（约1192—1267）的荣誉——他获得了成吉思汗降旨刻碑的殊荣。

蒙古人的历史进入到有自己文字的时代后出现了一系列重要的文献，其中具有直接史料性的历史文献有以下几部：

1.《青册》（阔阔・迭卜帖儿）：13世纪初问世。该书是记录成吉思汗“大札撒”（大法典）的畏兀儿蒙古文笔录，内容为记录大蒙古国所有的司法决议，包括成吉思汗本人的法律训言（bilig）等都被保存起来以备用作将来司法判决的判例，所有有关部众分配的事例也记载在里面。由此可见,《青册》是一部法典与成吉思汗本人的法律训言的真实笔录。该书是在成吉思汗母亲的养子大断事官(Jarquči)失吉忽秃胡的领导下编写而成的。著名旅行家术外尼是唯一知道大札撒内容的波斯史家,他说《青册》里"有很多札撒条文",但他阐述得不多。直到元代时,成吉思汗的法律训言仍然有特别的影响力。据波斯史家拉施特说,当元成宗铁穆耳(1295—1307 年在位)与其长兄晋王甘麻剌为争夺皇位而激烈斗争时,他的母亲阔阔真哈敦提出,"忽必烈合汗曾经吩咐,让那精通成吉思汗的必里克(bilig, 意为法律训言)的人登位"。于是,诸王都背诵成吉思汗的必里克,在场的长辈们据此予以裁决,结果铁穆耳背诵得最好,因此被选作可汗。[①]由此看来,成吉思汗的大札撒在元代时期仍然被保存的同时也具有很高的威信。据其他学者说,该书的原本保存了三代。

2.《蒙古秘史》(亦称《元朝秘史》):此书原文是畏兀儿体蒙古文,作者佚名。书后写"鼠儿年七月写毕",对这一年份学界有不同看法,分别认为是 1228 年戊子、1240 年庚子、1252 年壬子和 1264 年甲子。该书主要内容为成吉思汗先人谱系、成吉思汗生平业绩和窝阔台汗统治时期的历史,个别内容涉及窝阔台汗以后的史实。看来不是一次成书,而是经过了不止一次的补充和修订。[②] 原文明初已散佚,在罗藏丹津的蒙古文《黄金史》中遗留了三分之二左右的佚文。现存的汉文音写本是明朝四夷馆的汉文音写本。汉族学者称其为《元朝秘史》。

以蒙古民族典范文献著称的《元朝秘史》(共 12 卷,《永乐大典》收录 15 卷),是研究蒙古历史的重要原始文史资料。该书的原名为《蒙古秘史》,为佚名氏撰。原文系以畏兀儿蒙古文写成,现已佚失,现世传仅有明初洪武年间遵钦命所撰,并附有汉文总译。本书除系统叙述蒙古人的起源、成吉思汗和窝阔台汗时期的事迹、蒙古汗国的建立与对外征服的业绩外,还对当时的社会生活习俗等做了真实的反映。引叙事实多通过传说、故事、谚语、格言、诗歌等形式写出,它不但是蒙古早期

---

① (波斯)拉施德:《史集》第二卷,商务印书馆 1985 年汉译本,第 375—376 页。

② Yekeming γadai Yirincin-u serg ügelte : Mongyul-un ni γuca tobčiyan, koke qoda, 1987, pp. 81 – 83.

的历史巨作,也是一部优秀的文学语言的珍贵文献。与《蒙古黄金史》《蒙古源流》并称为蒙古民族的三大史作。此书不但我国学者做过注释(注:清·李广田:《元朝秘史注》,清末沈曾植:《元朝秘史注释》等),国外学者也很重视。日本史学家称其为蒙古早期历史时期唯一的"金字塔"式的巨作。国外早在19世纪中叶开始已有俄、德、法、日等诸种文字的译文。

在俄国,有俄国驻北京的传教士帕拉迪乌斯(Palladius)译述的《关于成吉思汗的古代传说》一书(俄国驻北京传教士著作集,1866年)最早出版。在欧洲,一直从事蒙古文献语言学研究的德国学者海涅什(E. Hanisch)早在20世纪30年代就进行了译文还原尝试的《元朝秘史》(第一部)(莱比锡,1931)等著作。在法国还有东方史学者伯希和(P. Pelliot)《元朝秘史卷——蒙古语和译文(附译注)》遗稿的出版。该书由于是对蒙古原文进行了还原,并兼及了译注,一时轰动了蒙古史学界。

在日本,也先后出版了一系列有关《蒙古秘史》的研究著述。首先,由那珂通世最早日译的《成吉思汗实录》一书于1907年公开出版,因为穿插以流利文言文笔的蒙古语译文,并兼引了若干汉籍,再加以丰富的译注,而被称为日本明治时代不朽的东方名著(筑摩书房,1907)。其次,进入昭和年代,又相继有小林高次郎日译的《蒙古秘史》(生活社,1940)、《元朝秘史研究》(日本学术振兴会,1954),还有白鸟库吉的《音译元朝秘史》(《东方书文库》丛刊9,1942)等著作出版。这些译著从语言学角度,力求将汉文音译还原成蒙古语,也引起了学术界的极大兴趣,实为语言学研究的巨作。这一时期,学者服部四郎还发表了与小林高次郎《元朝秘史研究》同一主题的《元朝秘史中出现蒙古语言汉字之研究》的专著(日本学术振兴会,1954)。从1984年起,日本小泽重男的《元朝秘史全释》和《元朝秘史全释续考》陆续出版,共6卷,可以说是当今世界《蒙古秘史》研究史中的一座丰碑。

20世纪30年代以来,德国学者海涅什、苏联学者柯津、日本学者白鸟库吉、法国学者伯希和、匈牙利学者李盖提、澳大利亚学者罗依果等先后发表了《蒙古秘史》原文(根据汉字音译)的拉丁字音译本。

3.《金册》(*altan tebter*):成书约比《蒙古秘史》晚几十年,而论及研究史,则比

《蒙古秘史》早几十年。14 世纪初,波斯史家拉施特(1247—1318)先后受蒙古伊利汗合赞和完者都之命修撰《史集》。这是一部前所未有的世界通史,在当时是当之无愧的亚欧历史的百科全书。他在修撰《史集》的过程中充分利用和研究了当时秘藏于蒙古伊利汗国宫廷金库中的蒙古文《金册》。他是对这部文献最早也是唯一的研究者。用拉施特的话说,该书是蒙古人"逐代均曾用蒙语、蒙文加以记录,唯未经汇集整理,以零散篇章形式[保存于汗的]金库中""秘藏"的"信史","有关蒙古起源的史籍、与蒙古有亲属关系的突厥诸部的世系"。拉施特充分利用并考订、整理了《金册》这部蒙古文古代历史文献。拉施特研究《金册》的年代,应当与《史集》的写作同时进行,即在 1311 年至 1312 年之间。

《蒙古秘史》和《金册》这两部蒙古文历史文献,都在宫廷中被撰写、秘藏、研究过, 因此 ,这两部蒙古文历史文献具有共同的、特殊的地位。

4.《萨迦格言》:又译成《善说宝藏》,吐蕃萨迦派高僧贡噶坚赞(Kun dgav rgyal mtshan,1182—1251)著,原文为藏文,蒙古文译本于 1269 年前完成。关于蒙文译者密咒大师索南戈拉的生平,文献资料没有什么记载,故暂无法做详细介绍。《格言》共 457 段,每段 4 行,共 1 828 行。1921 年至 1931 年间匈牙利蒙古学家李盖提(L. Ligeti)在内蒙古旅行考察期间从喀喇沁旗公爷府获取蒙古文译文。原件今收藏在匈牙利科学院图书馆(布达佩斯国立图书馆)。《萨迦格言》是中世纪蒙古语标准语的重要文献,从 13 世纪以来在藏蒙地区广为流传。

5. 此外,忽必烈于公木虎年(1254)给西藏僧侣的《藏文诏书》(*jav sa bod yig ma*)和鼠年(1264)《珍珠诏书》(*mu tig ma*)等两份文书的原蒙文件虽然丢失,但其完整的内容被保存在藏文文献中,被学界认定为对研究蒙藏佛教关系具有重要意义的珍贵文献。

6. 黑城蒙古文献残片:1907 年到 1909 年间,俄国东方学家柯兹洛夫(P. K. Kozlov,1863—1935)率领俄罗斯皇家地理学会探察队到中亚极东部藏区进行了考察,并从死城哈喇浩特(即"黑城"又名"黑水城",位于今内蒙古阿拉善盟额济纳旗达来呼布镇东南)遗址中发现了大量的西夏文书籍及其残片和西藏、蒙古等民族的文献及其残片。这是 20 世纪轰动世界的重大发现。然而,其中发现的蒙古文文献只有17件。对此,过去虽有一些研究,但只是对其文字、内容进行研究而已。然而,直到目前为止,我国学术界知之者很少。匈牙利蒙古学家卡拉·捷尔吉(D. Kara Gyorgy)于2003年在俄罗斯科学院东方研究所圣彼得堡分所编写的《东方文献》(第9卷,第2辑)上发表了从哈喇浩特出土的19件(包括回鹘文1件)蒙古文印刷品和手稿文书(大部为残片)的全部照片及其拉丁文转写,并撰写了评注,①为学术界提供了极为珍贵的中世纪蒙古文文本文献,可谓功德无量。这些文献内容极为丰富,其中与蒙古古代历史相关的有早期借贷文契、寺院经济、契约、信件等蒙古社会经济文书,此外也有佛经故事、入官、推官等官方文书,尤其其中发现的成吉思汗与阿鲁剌惕氏的孛斡儿出那颜(G110背面)、忙兀惕部的智者之间对话的残片是属于成吉思汗至理名言的具有诗歌韵律的早期文献。另有《也先帖木儿给西域火洲之地官员的令旨》是蒙古统治者管理西域的范例之一。

7. 伏尔加河畔发现的桦树皮文献《母子情感歌》:1930年,在中世纪属于金帐汗国或术赤兀鲁斯(约1243—1502)领土的苏联伏尔加河右岸下游的一座古墓葬中有一位农民发现了带有装订线的25叶桦树皮文献,25叶中的13面写的是畏兀儿体蒙古文。这是13世纪末的文献,学术界将其称为《金帐桦树皮文书》,亦称《母子情感歌》。这首情感歌叙写了一个蒙古普通劳动妇女送儿子服兵役时的嘱咐和出发远征的儿子对母亲、家乡的思念之情,其内容与蒙古西征历史有密切联系,并且从其渊源而言是来自民间的一首对唱歌。原件今收藏在俄罗斯圣彼得堡市艾米塔尔(Ermitar)博物馆。

二、元朝时期(1271—1368)

1. 统治波斯的蒙古汗国—伊利汗国的诸王阿巴哈汗(Abaqa khan)、阿鲁浑汗(Argun khan)的两份信函,合赞汗(Qazan khan)、完者都汗(Oljeyitu khan)等于1267年(或1279年)、1289年、1290年、1302年、1305年分别致罗马教皇和法国国

---

① G. Kara, Mediaeval Mongolian Documents from Khra Khoto Xiyu in the St. Petersburg Branch of the Institute of Oriental Studies. Manuscripta Orientala, Vol. 9, No. 2 June 2003, St. Petersburg.

王的外交信函。这几份蒙文信函对研究蒙古与欧洲各国的联系有密切的关系，这些文献今分别收藏于梵蒂冈档案馆和法国档案馆。

2.《亚历山大传奇》(*Sulqarnai-yin tuγuji*)：吐鲁番出土蒙古文残篇 13 叶，被认定为 14 世纪初由波斯文译成蒙古文。今收藏于德国科学院东方学研究所图书馆。其对研究蒙古与西域文化交流史有特殊的史料价值。

3. 蒙汉文对译《孝经》(*takimdaqu nom*)：大德十一年(1307)木刻版。今原件收藏于故宫博物院图书馆。这部文献对研究元代蒙古人的语言、文化历史具有重要的文字学价值。

4. 吐鲁番发现的蒙古文文书：从新疆吐鲁番发现的蒙古文文献是在德国人几次进行吐鲁番考察过程中获得的。这些文献是于 1902—1914 年间由德国柏林民族博物馆以及后来的普鲁士科学院吐鲁番委员会先后组织了四次考察队派往新疆吐鲁番地区进行考古挖掘所得的蒙古文文献。通过四次挖掘共获得 105 张蒙古文文稿，其中大部分是元明时期的文书之类。自从艾里希·海涅什(Erich Haenisch) 1959 年发表了《柏林吐鲁番文集》(*Berliner Turfansammlung*)中的大部分蒙古文文献影印件以来其中的许多残页被欧美各国和蒙古国的蒙古学家们研究整理过。其中 1993 年蒙古国的策仁索德纳木(D. Cerensodnom)和德国的陶贝(M. Taube)合作刊行的《柏林吐鲁番文集中的蒙文文献》成为最新的、最完整的研究著作。

从吐鲁番发现的文本文献除了《亚历山大传奇》以外，值得我们注意的是，吐鲁番文献中的统治中亚河中地区的察合台汗国(1221—1508)后裔秃忽鲁帖木儿(1346—1363，中亚文献中出现的蒙古斯坦的第一代汗)于 1352 年给河中三个地域长官们的一份令旨(Uge，共 9 行字)，于 1348 年或 1360 年派遣大臣也先到高昌地区办理公务的令旨(共 16 行)，于 1353 年派遣孛罗海牙(Bolad qay - a)为首的使臣等到某地接纳使臣所需物品的令旨(共 12 行)以及秃忽鲁帖木儿之子亦里牙火者(Ilasqoja，1363—1370 年在位)于 1369 年下达篾儿乞惕将军的有关豁免民户赋税的圣旨(jarliγ，共 20 行)；还有给印度斯坦使臣的羊年圣旨(共 17 行)；察合台汗国第 14 代汗怯别(Kebeg.，1318—1326)于 1326 年颁发黑色印章的解救赔款令旨(共 10 行)；第 21 代汗也孙帖木儿汗(1338—1339 年在位)给驿站的圣旨(共 14

行)等文书都是盖有红色印章或黑色印章的完整的畏兀儿体蒙文官方文书。这些文书是研究河中地区察合台汗国的政治、经济、文化和风土人情等方面有一定意义的重要资料。

5. 关于元代所译《彰所知论》蒙古文版及相关问题。元代,八思巴有一名著,书名为《彰所知论》(藏文为 *shes bya rab tu gsal ba*)。学界对此书的成书年代及藏、汉、蒙古文版本问题至今有不同说法。过去有的学者认为"现在不存西藏语或蒙古语的原书,只传中译本"。经王启龙先生的努力,发现了其藏文原版完整地保存在德格木刻板《萨迦全集》(*sa skyavi bkav vbum*)函中。在这一重要发现的基础上,经他专题研究,对《彰所知论》的藏文原文的写作年代目前可以定论,即"《彰所知论》藏文版中明确说明,八思巴在戊寅年(sa pho stag gi lo, 阳土虎年,1278 年)于萨迦寺写成此论的"①。同时王启龙还指出了其汉译本成书于 1306 年以前。至于《彰所知论》的蒙文译本,在学术界至今仍然是个谜,王启龙根据德国蒙古学家海西希(Walther Heissig)教授于 1959 年在德国威斯巴登出版的《蒙古人的家谱与宗教历史文献》(*Die Familien-und Kirchengeschichtsschreibung der Mongolen*)一书的说法,认为"蒙文本时间更晚","至于蒙文本是译自藏文原文还是汉译文,尚须考证"。②

海西希以前俄国的蒙古学家科瓦列夫斯基首次提出,17 世纪蒙古著名佛学翻译家锡埒图·固什·绰尔济的一部著作即《必用之全义经》(*čiqula kereglekü̈i tegüs udq-a neretü sasdir*, 也有人译成《本义必用经》)是八思巴喇嘛所著《彰所知论》的蒙古文译本或改写本。③ 尤其是我们看到王启龙先生发表的藏文原文后认为,蒙文《必用之全义经》是一部完全独立的著作,而不是八思巴喇嘛《彰所知论》的译本。只要将蒙文《必用之全义经》同《彰所知论》略加对比,便不难看出这一点。锡埒图·固什·绰尔济在其著作中未曾提及八思巴喇嘛的著作,绝非偶然。他在

---

① 王启龙:《八思巴生平与"彰所之论"对勘研究》,中国社会科学出版社,1999,第 239 页。

② 王启龙:《八思巴生平与"彰所之论"对勘研究》,中国社会科学出版社,1999,第 225—226 页。

③ O. M. Kovalevskii , Buddiiskaya kosmologiya. Kazan ,1837, p. 13 .

《必用之全义经》的"跋语"中指出,作者是"应克穆齐克兀惕(部族)之善胜菩萨为首,明慧者希绕曾格二人以无垢虔诚之心再三请求译之此著,据前圣者之神圣教海与犹如冉冉上升的太阳般照耀之诸种经典之含意进行详实对勘后,名为满洲什礼·固什·锡埒图·绰尔济者,为犹如太阳般弘扬顶圣释迦牟尼之教,实为撰写而成。"要指出的是,海西希等学者所利用和发表的抄本"跋语"与笔者所看到的几种抄本以及内蒙古社会科学院的竹笔抄本之间差别很大。据我们考察,海西希所利用的抄本,无论从其内容还是从版本学角度而言,可以说是一部较劣质的抄本,不足凭据。

就内容和结构而言,锡埒图·固什·绰尔济的这部著作与八思巴喇嘛的著作完全不同。据藏文原文,八思巴喇嘛的著作是由五个部分,即器世界品、情世界品、道法品、果法品和无为法品组成的。而锡埒图·固什·绰尔济的著作可分为四个部分,即佛陀生平及其佛教学说、三界(欲界、色界、无色界)、印藏蒙王统世系、佛陀学说中需要知道的要义。

这样我们首先肯定了国内外现在流传的蒙古文《必用之全义经》不是八思巴喇嘛《彰所知论》的译本。那么《彰所知论》是否有蒙文译本?若有,何时翻译成蒙文?据我们的新近发现,《彰所知论》确实有其蒙古文译本,今藏于俄罗斯圣彼得堡国立大学图书馆,书名为《彰所知论》(*Medegdegün-i belgetey-e geyigülügci ner-e-tü Sasdir*),版心:36.8cm×9.5cm,共1—52a页,每页28—29行字,竹笔抄本。该抄本大约是清代1720—1730年间所抄。但我们根据抄本的句型结构、语言修辞和词法特征以及保持回鹘文书写形式和回鹘式佛教名词术语的多次出现等情况来看具有元代蒙文译经的特点,因此我们认为此抄本的译文属《彰所知论》的元代蒙古文译本的可能性很大。

三、北元时期(1368—1635)

1. 明朝景泰帝蒙古文敕书:汉文称"皇帝敕赐剌儿地面头目咩(yang)力儿吉的诏书"。这是明廷用蒙汉两种文字致伊朗剌儿地区(剌利斯坦 Laristan)长官的诏书,发诏书时间为明景泰三年(1452)十一月二十九日。原件收藏于土耳其国伊斯坦布尔市土布卡皮宫博物馆(Topkapi Sarayi Muzesi)。① 本诏书以及吐鲁番出土的文书证明,明朝最初的百余年里,蒙古文曾是明朝与西域某些国家之间进行联系的外交语言和文字。

2. 阿勒坦汗于1580年用蒙汉文对照的呈明朝皇帝的信札和《高昌馆课》(1407)也属于北元时代的用汉文逐字逐句译写,不顾蒙文语法特点,不懂汉文的蒙古人无法理解的特殊文献,但学术界完全可以理解和利用其内容。

3.《阿勒坦汗传》:原书题曰《名为宝汇集之书》,蒙古文原本为削竹笔手抄本,作者佚名。关于该书的成书年代,据学者们的考证是在1607年。全书共54经卷页,计107面,全书采用韵文体,以押头韵的四行诗为其基本形式。此书原藏于内蒙古乌珠穆沁右翼旗王府家庙内,现藏于内蒙古社会科学院图书馆,成为天下孤本。主要内容为赞扬土默特万户领主阿勒坦汗(1502—1582)一生的业绩,反映了当时蒙古右翼三万户的政治、经济、军事、文化和西藏佛教格鲁派等首次传入蒙古地区的实际情况并提供了很多过去鲜为人知的珍贵资料。

4.《白史》:原名《十善福经白史》。不少研究者根据16世纪著名思想家呼图克台·彻辰·洪台吉(1540—1586)重编的《白史》一书的"前言"认为,该书为元代忽必烈之作。但也有学者不同意此说。最早发现此书的是16世纪下半叶鄂尔多斯部呼图克台·彻辰·洪台吉。据洪台吉说,他从松洲城获得此手抄本后,与畏兀儿人比兰纳识里的旧抄本互校,并写"前言"公布于世。此后《白史》流传于世。从该书的整个内容来说,是一部有关蒙古国家体制与法制方面的典章性著作。

5. 从阿伦苏木(olan süm-e)发现的文书:由日本考古学家江上波夫(Egami Namio)率领的日本考察队先后于1935年、1939年、1941年在阿伦苏木古城(位于今内蒙古包头市达尔罕茂明安联合旗百灵庙镇之北三十余公里)遗址上进行挖掘后发现了200多件蒙古文文献残片。据德国海西希(W. Heissig)等学者研究,认为这些残片属于16—17世纪手稿。原件在日本国保存。1976年,德国海西希教授将其全部残片影印出版,并进行拉丁文转写、识读和考证(其中29件残片无法确

① F. W. Kleaves, The Sino-Mongolian Edict of 1453. in the Torkapi Sarayi Mütesi HJAS, XIII, 1950,431—446页, 1—VIII 图片。

认),为蒙古学界首次提供了阿伦苏木古城出土的蒙古文文献。残片的大部分是佛教经典、咒语经的抄本,也有不少有关天文历书、算卦书、格律诗以及与民俗学相关的重要的蒙文文献。

6. 蒙古国发现的《阿勒坦汗赞歌》及 17 世纪的桦树皮蒙文文献:由蒙古国考古学家 H. 普日来(H. Perlee)带领的考察队于 1970 年在蒙古国布拉干省南部的哈剌布罕·巴尔嘎松城(黑牤牛城)遗址中发掘出 1 400 多块写有蒙古文和藏文的桦树皮文献。其中只有一部分蒙文法律文书由蒙古国已故学者 H. 普日来公开发表,其他文献仍在蒙古国。这些文献学术界认定为 17 世纪前半叶的产物。1994 年 7 月初,德国波恩大学中亚研究所举办了蒙古桦树皮蒙文文献展览,这是在蒙古国发现的上述桦树皮蒙古文文献中的一部分。在德国展览的桦树皮蒙古文文献是 20 世纪 90 年代初从蒙古国运到德国的粘连在一起而成为几乎无法修复和拆开的一大团整块物品。经德国有关专家们的努力,终于得到修复并还原成可以识读的桦树皮文献。德国波恩大学中亚研究所准备将这些桦树皮蒙古文文献全部出版。2000 年,他们的首批成果在德国威斯巴登公开出版。根据该出版物,我们看到研究者们对其中的 110 份文献进行了内容分类、拉丁文转写和关键语词的考订和解释。他们认为这些文献写就时间大约在公元 1600 年左右。尽管幸存的这些文献大部分是残缺不全的、不连贯的甚至几乎没有一件是完整的,但是,这些文献与内蒙古黑城、阿伦苏木和新疆出土的吐鲁番蒙古文文献一样能够留存到现在,并被发现,最终成为能够使对此感兴趣的学者和读者看到和了解其内容的罕见文献,仅此一点就说明了蒙古人在元代和北元时期曾拥有过很多我们现在不甚知道的蒙古文文献。

从这些文献的内容来看,其绝大部分仍然是宗教经典,但还有一部分是宗教领袖人物、政界领袖的赞颂诗歌和民俗学方面的资料,如:其中的熏祭用品及其礼仪祭词、招魂词及祭火招词、各种民间咒语、历法书、占梦书、星占书等类文献在佛教传入蒙古以前和以后都曾有过,是研究蒙古民俗及风俗习惯不可缺少的资料。

值得特别指出的是,该出版物中有一首《阿勒坦汗赞歌》。这是一部极罕见的文献,尽管它只剩下严重破损而无头无尾的一叶(第 6 叶)的两面文字残片。残片中我们可以读到以“啊，我们的阿勒坦扯辰汗”一句为隔、四行重复一遍的优美的诗句。诗中描绘了阿勒坦汗的生平业绩，如建寺庙、修建呼和浩特、在平川上耕种农田、远征卫拉特部、从汉地掳掠财物、使自己的人民过上太平富裕生活等语句。据此，我们毫无犹豫地可以肯定，这是一首记录土默特部阿勒坦汗一生业绩的长篇叙事诗。仅此一点，该残片就可以作为在蒙古史及蒙古文学研究上一项具有历史意义的新发现而被载入史册。

7.《黄金史纲》（约 1628 年成书）：作者佚名，多种抄本流传，有学者认为 2002 年蒙古国乔伊玛发表的影印本为最佳抄本。该书是继《蒙古秘史》出现后又一部集中反映从古代到林丹汗即位为止的蒙古历史，是研究北元汗系和诺颜、台吉谱系的珍贵资料。

四、清朝时期（1636—1911）

有清一代蒙古人则有了大量的书面历史文献、石刻文献、宗教文献、语言文献、法典文献、翻译文献和文学作品。随之，蒙古文历史文献也出现了一个新的发展高潮。

这个时期重要的蒙古历史文献的产生大部分都与当时东亚政治大局发生的重大变化有关系。当时是满洲贵族征服漠南蒙古地区，宣称他们是蒙古正统可汗，同时对漠北、漠西蒙古怀有继续征服的野心而蒙古民族将要失去独立地位之际。这些著作多数是以编年体为形式，从“奉天命而生的孛儿帖赤那”开始到成吉思汗的黄金家族为主线，将他们后裔的历史写到史家生活的那个时代为止的蒙古人的历史。有的史家由于深受当时正在鼎盛时期的藏传佛教思想的影响，将成吉思汗及其先祖的历史与印度、西藏的转轮王统紧密联系起来，以图阐明自己祖先的圣洁和高贵。这些编年史一方面反映了当时蒙古史家们记录民族存亡危机时刻的复杂的思想情绪，另一方面，也尤为难能可贵的是比较客观地记载了当时蒙古社会的政治、经济、军事、宗教和文化的历史进程。

清代在蒙古地区流传的主要史学文献现有《蒙古源流》（1662）、《黄金史》（1665）、《黄史》（1651—1662）、《阿萨喇克其史》（1677）、《恒河之流》（1725）、《蒙古博尔济吉忒氏族谱》（1735）、《金轮千辐》（1739）、《大蒙古国根本黄金史》

(1765)、《水晶念珠》(1775)、《蒙古王公表传》(1779—1812)、《金鬘》(1817)、《宝贝念珠》(1840)、《水晶鉴》(1850)、《圣主成吉思汗传记》(18 世纪中叶,松巴堪布·也摄斑珠尔著)等。

漠西蒙古卫拉特人被清朝征服的前后也用他们的圣哲扎雅班迪达创制的托忒文编写了几部有价值的史学著作,同样在蒙古地区流传。卫拉特人的著作有其地方特色,他们的所有史学著作几乎全部都是卫拉特地区的历史。我们应该提到的主要著作有《四卫拉特史》(1739),此后又出现了另一部《四卫拉特史》(1819),后者在前者内容基础上增加了一些新的章目。另外还有《土尔扈特诸汗历史》(18 世纪末)、《蒙古溯源史》(19 世纪初)、《乌讷恩素珠克图土尔扈特与青塞特奇勒图新土尔扈特诸汗之世系表》(18 世纪末)、《和鄂尔勒克史》(19 世纪)等以及一些晚近的著作。

19 世纪前后,在贝加尔湖周围生活的布利雅特蒙古人用蒙古文编写了与卫拉特人相同的具有地域特色的部族史。其中应该提到的主要著作有《霍里与阿辉布利雅特源流史》(1863)、《霍里十一父亲的溯源史》(1875)、《色楞格布利雅特史》(1868)、《巴尔虎津布利雅特史》(1887)等。还有一部以 16 世纪民间传说为主要内容的《巴拉珠娜夫人的传说》(约 17 世纪)的几种蒙古文传抄本在布利雅特地区广为流传。

有清一代蒙古人的历史文献中高僧传记文献也很重要。到了清代,蒙古地区的佛教得到前所未有的发展,随之在蒙古地区出现了众多高僧。清代的蒙古文史料中,蒙古高僧的传记是一个非常重要的历史文化宝库。由于这些高僧往往又是蒙古地区的宗教领袖,他们的传记大都有记事准确、时间清楚、涉及蒙古社会各个方面等特点,其中留下了许多珍贵的政治、经济和宗教活动资料,而这些资料又往往被清代的正史所忽略,因而可以弥补正史之不足。清代蒙古文高僧传记主要有:

1.《内齐托音一世传》:额尔德尼毕力衮达赖著,1739 年成书 。内齐托音(1557—1653)是卫拉特蒙古土尔扈特部人,著名的宗教活动家,为西藏佛教格鲁派在内蒙古地区的传播做出了巨大的贡献。传记的作者根据内齐托音一世弟子们的备忘录、各种笔记以及当时社会各界的口述而撰。全书分五章,第一章主要叙述了内齐托音的童年，出家赴藏；第二章在西藏札西伦布寺师从班禅学经，经土尔扈特到喀尔喀，然后到呼和浩特的经历；第三章是在呼和浩特地区周围山洞中修行三十余年的苦行僧生活；第四章为内齐托音一世前往东蒙古地区的传教过程：经当时的翁牛特、巴林到盛京，在科尔沁地区传教，清世祖顺治皇帝传其进京，返呼和浩特，再一次东返科尔沁等一系列活动；第五章为记录内齐托音圆寂情况。该传记是研究喇嘛教在内蒙古地区传播的第一手资料，尤其以在内蒙古东部地区的传教过程和佛教与萨满教的斗争记述更具价值。国内有乾隆间木刻版本和今人成崇德、申晓亭汉文译注本（《清代蒙古高僧传译辑》，全国图书馆文献缩微复制中心出版，1990）和金峰的蒙古文《漠南大活佛传》（内蒙古文化出版社，2009）等。

2.《内齐托音二世传》：内齐托音二世弟子达磨三谟陀罗著，1756—1757 年间成书。内齐托音二世（1671—1703），内蒙古茂明安旗人，一生都在漠南地区弘扬佛法，曾以清朝使者身份出使西藏邀请五世班禅（在康熙三十四年，公元 1695 年）。作者根据当时的口碑资料及自己掌握的有关材料撰写了他的童年、出家、学习佛法、奉命出使西藏、跟随皇帝出征厄鲁特等一系列活动，是研究 17 世纪末蒙古地区历史的重要资料。国内有清代手抄本和乌力吉图的汉译本（《清代蒙古高僧传译辑》，全国图书馆文献缩微复制中心出版，1990）和金峰的蒙古文《漠南大活佛传》（内蒙古文化出版社，2009）等。

3.《哲布尊丹巴传记》：据考察《哲布尊丹巴传记》有多种。主要有：①喀尔喀扎雅班第达·罗卜藏普棱列著《哲布尊丹巴一世传》，约成书于 1702 年，该部传记成为后人追叙哲布尊丹巴一世的蓝本。除蒙古文本外还有蒙藏文对照写本。②纳吉旺布喇嘛著《哲布尊丹巴一世传》，成书于 1839 年。此书基本资料出自罗卜藏普棱列著《哲布尊丹巴一世传》，但又增添了许多鲜为人知的细节。有木刻本和手抄本。③《哲布尊丹巴一世至六世传记》，著者纳吉旺布喇嘛，约成书于 1848—1851 年间。此书虽简短，但由于它提供了其他这类传记所没有的哲布尊丹巴一世转世的情况，仍不失为一部颇有价值的著作。④《哲布尊丹巴一世至七世传记》，著者佚名，约成书于 1859 年 。国内外有多种蒙、藏文版本流传。1961 年，英国学者鲍登英译出版了哥本哈根皇家图书馆藏该传记的蒙文抄本（Ch. 鲍登《库伦的哲布尊丹巴》(英文),威斯巴登,1961)。上述传记,对研究 17 世纪至 19 世纪喀尔喀蒙古的历史、文化、宗教,尤其是喀尔喀蒙古同清朝、西藏及卫拉特之间的关系,具有第一手资料的价值。在近代蒙古历史上,哲布尊丹巴的政治地位是不容忽视的,但汉文史料所提供的有关他的可靠情况实属微乎其微,甚至连他的名字也有多种讹传。国内有成崇德、申晓亭的汉译校注本(《清代蒙古高僧传译辑》,全国图书馆文献缩微复制中心出版,1990)。

4.《咱雅班第达传》:托忒蒙古文著作,书名为《兰占巴咱雅班第达传——宛如月光一样明亮》,简称《月光》。作者喇德纳巴德喇,成书于 17 世纪末。据蒙古国学者 B. 仁亲教授的看法,该传最初是以藏文撰成,后译成托忒文,最后转写为蒙古文。书中详细记载了咱雅班第达(1599—1662)一生的政教活动,同时记述了卫拉特蒙古当时的社会状况、政治变迁以及宗教文化活动,是一部研究 17 世纪四卫拉特政治、历史、宗教、文化等的重要资料 。该书的蒙古文本手抄本最初发现于喀尔喀咱雅班第达图书馆,于 1959 年在乌兰巴托铅印出版 。国内有新疆敖日布的蒙古文本和成崇德、申晓亭汉文译本(《清代蒙古高僧传译辑》,全国图书馆文献缩微复制中心出版,1990)。

清一代蒙古人的历史文献中法律文献也很重要。北元后期由于蒙古诸部的封建割据而致蒙古诸部几乎处于各自为政的状态。因此,清初在蒙古地区没有产生一部全蒙古性质的法律文献即法典。当时在蒙古地区所产生的法典或由北元蒙古某部有权势的汗王所颁定,或由某一地区的封建主们商定颁布。

我们现在发现的 16 世纪到 17 世纪的蒙文法典主要有:除了《阿勒坦汗法典》(1578—1581)外,另一些重要的法律文献是喀尔喀诸部制定的一系列大小法典(16 世纪后半叶到 1639 年为止)。这些法典是由蒙古国考古学家 H. 普日来(H. Perlee)带领的考察队于 1970 年在蒙古国布拉干省南部的哈剌布罕 · 巴尔嘎松城(黑牤牛城)遗址中发掘出 1 400 多块写有蒙古文和藏文的桦树皮文献中发现的。其中发现 18 份蒙文法律文书,于 1974 年由 H. 普日来公开发表。① 这是由喀尔喀

① H. Perlee , Qalqyin sine oldson caaz erkemjiin dursγalt bičig (Kh. Perle . Newly discovered juridical Document Khalkha-Mongolia) . Ulaanbaatar. 1973. pp. 3 – 139.

七旗贵族先后在不同盟会上制定的18份法律文书，故学界称其为《喀尔喀七旗法典》，亦称“桦树皮法典”。其中大部分法律文书前有“小法典”等字样，唯有两部法典冠有“大法典”名称：一是“申年大法典”（1620），共有法律条文92条，H. 普日来认为这是指《喀尔喀七旗法典》；此外还有一份《土卯年大法典》（1639），遗憾的是被发现的这部大法典只有一页残片。这一年正是一世哲布尊丹巴升法座之年，而且一世哲布尊丹巴本人和喀尔喀部扎萨克图汗及吐谢业图汗等人都来参加，看来是制定了一项重要的法典。有的学者认为很可能是“申年大法典”的修改或者是补充的大法典。该法典制定的次年即1640年，喀尔喀和卫拉特贵族共同制定了《也克察吉》（《大法典》），其内容突出了调整喀尔喀和卫拉特两部关系、共同抵御外敌和推崇黄教的内容。法典把抵抗侵略者作为全体社会成员的职责，放在相当重要的位置上，这是喀尔喀和卫拉特两部面临清朝和俄国的兼并而做出的应对措施。

我们现在所说的《也克察吉》的最初的文本毫无疑问是畏兀儿体蒙古文，因为当时还没有创制托忒蒙古文，然而迄今为止国内外学者没有发现其最初的托忒蒙古文文本。现在我们所看到的全都是托忒文抄本。① 根据早期托忒文抄本，该法典的原名称，即准确的名称为《也克察吉》（大法典），然而后来人们根据其内容，为《也克察吉》妄加了各种各样的名称，其中最普遍使用的名称便是《喀尔喀—卫拉特法典》。此外，还有《蒙古—卫拉特法典》《卫拉特—蒙古法典》《卫拉特法典》《1640年喀尔喀—卫拉特法典》《1640年法典》《也克察津文书》等。从文献学角度来看，我们应该而且必须用其原来的名称——《也克察吉》（大法典）。②

清朝蒙古法律最初基本上采用蒙古原有的法律形式，是为适应蒙古社会而制定的，但是到后来不断修订，加进了大清律的内容，其中《蒙古律书》最为典型。从

---

① 查阅公开刊行的国内外目录，该法典的托忒文抄本馆藏有5处：1. 莫斯科国家档案馆卡尔米克文馆藏部1部；2. 圣彼得堡东方学研究所图书馆2部；3. 圣彼得堡大学图书馆1部；4. 内蒙古社会科学院图书馆1部。

② К. Голтстунская, Монголо - Ойратские закон 1640. Санктпетербургъ, 1880, стр. 2（影印版：《也克察吉》）. 此外，苏联的布里亚特学者 с. д. Дылыков 于1981年在莫斯科刊行的《也克察吉》一书同样用了该书的准确的原名 yeke čaγaja.

天聪二年(1629)开始陆续颁布,不断增加内容,由崇德八年(1643)、顺治十四年(1657)、康熙六年(1667)到康熙三十三年(1694)时颁布的《蒙古律书》已经成为152条。① 乾隆六年(1741)重新修订,以后又几次修订,并改译其名为《蒙古律例》,译成满文和汉文。此外还有蒙文《理藩院则理》于嘉庆二十三年(1818)蒙文本刊行。

《喀尔喀 · 吉鲁姆》(喀尔喀法典),共由24个法令组成,指定时间约在1709年至1770年间。其中主要有《三旗法典》(1709)共25条;《虎年条例》(1722)共3条;《土猴年条例》(1728)共7条;《土谢图赛因汗、达赖车臣汗等商定的龙年条例》(1736)共36条;《乾隆十年条例》(1745)共12条;《供施二主条例》(1746)共25条;《赛马条例》(1729)共13条等等。上述蒙古文法律文献对研究蒙古古典法制及其历史性的延续性和古代蒙古政治史、社会史的研究有重要的史料价值。

有清一代蒙古文历史文献流传范围广,版本繁多,对研究蒙古人的历史有着不可忽视的史料价值。

乔吉

2014年1月于呼和浩特

---

① С. Д. Дылыков,MongGul-un čaγajin-u bi čig. Москва,1998.

目录

第 1 卷

[译文]

向三归依至胜三宝、
三世诸佛至尊三身、
三界第六金刚度母三全、
三德喇嘛，自三门膜拜顶礼。

就所依外部器世界之定成、
能依内部有情之生成，
众有情之引导者诸菩萨之降生、
大众之造福者诸圣贤之繁衍，

古时摩诃·三摩多王[①]以来
古印度、吐蕃、蒙古三国
自始之延续发展等诸项，
我愿参照从前诸史略述于此。

现在就总所依外部器世界的定成、总能依内部有情的生成二者之中，首先叙述外部器世界的定成。[它]由三坛定成。这三坛为造化风坛、涌浪水坛、依存土坛。

第一种风坛，乃因最初虚空中自十面刮起大旋风，来回冲荡，形成了名为“温和”的碧色、不可摧毁的风坛。第二种水坛，乃因前述那风的温暖，聚成宝蕴巨云，继而连降暴雨，汇成名为“咸海”的无边大海，而水坛形成。第三种土坛，乃于那海水的上面，金藏尘埃定如乳上凝脂，然后依次七七倍增，[由]微尘、铁[尘]、水[尘]、兔[毛尘]、羊[毛尘]、牛毛[尘]、日光[尘]、虮、虱，[至]麦粒般大小，七颗麦粒为一指节，二十四指节为一肘，四肘为一庹，五百庹可听到一海螺声，八海螺声为一由旬。广厚达众多由旬的土坛“大自在金界”，[位于]其中心的山之王妙高须弥山，[以及]七金山、七游戏海、四大部洲和八小部洲共十二部洲，于一时定成。②

其次[叙述]内部有情的生成，第一禅中一位天神降生人间，由此日渐繁衍，色界之十七天、无色界之四天、欲界之二十天，凡[此]三界的六种有情依次生成。尤其是那些有情中的四大部洲之众生，因均为天神的化身，所以寿命无算。[他们]歇息时依居于地；行走时足不触地，在空中飞行；进食时不吃地上秽食，专吃“三摩地”之净食；出生时无男女之分，不由胎生，由神变而生；视物时不靠日月，借本身之光。那时尚无“人”的称谓，他们通常的称呼为“众生”。③

后来某个时候，一个贪馋的众生找到一种叫做“地油”的食物吃下，大家也跟着去吃，于是从前的“三摩地”之食就绝迹了。众生吃了那种“地油”，失去飞天的本领，落到地上，本身之光消失，在黑暗中度日，而愚痴罪业之首由此始起。后来靠所有众生的修炼之功，日月星辰升起，光照[天地]。此后又一时，一个贪馋的众生找到一种叫做“青苗”的食物吃下，大家也跟着去吃。因常吃地上秽食，从此出现了男女之别，于是相互爱慕，生儿育女，而贪欲罪业之首由此始起。此后又一时，一个贪馋的众生找到自然生长的撒鲁稻④，心说：“这是什么食物？管它如何，先尝尝看吧！”就把那种撒鲁稻吃了下去，大家也跟着去吃，于是从前那种食物[青苗]就绝迹了，[只好]吃那种撒鲁稻。[众生们]现吃现取那种稻子，其间一个奸猾的众生当天收回次日的份额存起来，那种稻子也绝迹了，而嫉妒罪业之首由此始起。却说开始种食那种稻子后，就那样常吃下界秽食。吃得多者，容颜丑陋，吃得少者，容貌俊秀。为此以“我生得美、你生得丑”而互相鄙视，又为争抢种稻之田而大肆争斗，互相残杀，而愤怒罪业之首由此始起。又有多取稻者背着少取稻者享用，而悭吝罪业之首由此始起。

后来来了一位英俊、正直、聪慧的众生，对从前的取稻者，爱抚[行为]端正的，惩戒[行为]不端的，均衡分配今后的种植地，公平地照管一切。于是众生立誓："[我们]将不违背你的旨令，奉你为主。"因为是靠众生推举当上了君主，他的印度语王号为"摩诃·三摩多·曷罗阇"，吐蕃语王号为"莽卜思·古而·赞普"，译成蒙古语意为"众恭王"。在三曼陀跋陀罗佛[5]之教中，[他]以"转金轮者斫迦罗伐剌底王"[6]闻名于四大部洲。那个时期的名称是"初劫全备之时"。那时，靠着众生的福缘，日月星辰升起，照耀四大部洲。

[摩诃·三摩多·曷罗阇王]的儿子是妙光王。[妙光王]的儿子是善王。[善王]的儿子是胜善王。[胜善王]的儿子是顶生慈护王。[顶生慈护王]的儿子是自乳王。他们共以"最初六转轮王"[7]著称。从那时到现在，才有了"人"这一称谓。

却说人的寿命越来越短，以至于可以计算。一般时间的最小单位为一瞬，一百瞬只为一息，六十息为一间，三十间为一刻，六十刻为一时，十二时为一天，三十天为一月，十二月为一年，按年的增减来计算则为劫。劫有六种：成劫、续成劫、中劫、坏劫、空劫、大劫。六劫中的首劫为成劫，是从最初造化风坛的形成至无间地狱生灵的新生为止；第二劫为续成劫，是从赡部洲人寿命无算时至寿长十岁时止；第三劫为中劫，是在寿长十岁之终，自杀生之男女二人寿长二十岁又增至八万岁为止；第四劫为坏劫，是从刀剑毁至水毁为止；第五劫为空劫，是从水毁过后再至造化风坛形成之初为止；第六劫为大劫，是从最初造化风坛形成至空劫之终为止。[8]

据说如此增减，形成善时千佛劫，其中主要的一些如尸弃、毗舍婆等七佛[9]已过去。现在按照此种说法推算，当在摩揭陀[国][10]金刚台演示十二因缘[11]时，千佛之中，首先在赡部洲人寿长四万岁时为拘留孙佛；寿长三万岁时为拘那含佛；寿长二万岁时为迦叶佛；寿长一百岁时为如今这位释迦牟尼佛。共有四[佛]过去。

依昭·阿底峡[12]的推算，能者释迦牟尼生于乙丑年，于甲申年涅槃，享年八十岁。依时轮算者的推算，能者释迦牟尼生于丁未年，于丙寅年涅槃，享年八十岁。依萨思迦·扮底达[13]的推算，能者释迦牟尼生于戊辰年，于丁亥年涅槃，享年八十岁。凡此种种，印度、吐蕃等各种姓诸贤的推算颇多。至于[释迦牟尼的岁寿]，正如《金光明经》中所说:“佛断不会涅槃,圣法绝不会泯灭。[佛]为教化众生而于众生面前显示了涅槃之真。反过来说,能者的寿命无人能计算。[佛]净俗色身虽逝,光明真如法身不灭。”[14]尽管如此,现在根据萨思迦,扮底达参照班禅·释迦·室利《吉祥时轮经》所撰《佛法数史》、圣诘底·多斡札参照《佛示无垢女子预言之导引经》所撰旧经、贤静阿克沙·巴达所撰《妙见花蕾书》、大贤桑哥·室利·巴达所撰《红册》等四史,[释迦牟尼的岁寿]与当今在能者之胜教中达到悟域之绝的萨思迦·扮底达的推算相符。

[现在]讲述最初印度国王统的繁衍。自前文所述那位众恭王之释迦种姓一族中的自乳王以来,经过一阿僧祇七万四千五百零六代,狮子颊王[15]在印度摩揭陀国金刚台降生。[狮子颊王]生有四儿四女,四个儿子是净饭[王]、白饭[王]、斛饭[王]、甘露饭[王];四个女儿是净女、白女、斛女、阿弥多质多逻。[狮子颊王]的诸孙为:净饭[王]的儿子一切义成王子、妙难陀二人;白饭[王]的儿子胜室达、贤善二人;斛饭(王]的儿子大名、不灭二人;甘露饭[王]的儿子阿难、提婆达多二人。诸外孙为:净女的儿子善悟、白女的儿子有鬘、斛女的儿子拔底罗、阿弥多质多逻的儿子毗舍离。

净饭王那个名叫一切义成的圣王子,于丙寅年娄[金狗]月二十二日化为丹巴·多噶,以阿罗阇伐剌阗大象之形从兜率天降落到赡部洲摩揭陀地方,[至]丁卯年箕[水豹]月十五日夜里,在曷逻阇姞利呬城[16]以五色光之形进入摩诃·摩耶夫人腹中,[至]戊辰年翼[火蛇]月十五日太阳升起的时候,贵体在蓝毗尼园诞生。[他]从甲戌年七岁时起,专心修炼男子技艺,癸未年十六岁,在迦毗罗城[17]娶执杖[王][18]之女孛米噶[19]为妻,辅佐王政;丙申年二十九岁,在清净塔前自愿出家,沿尼连禅江[20]苦行六年;壬寅年三十五岁,自氐[土貉]月初八日夜里在菩提树下静心坐禅七日,十四日夜间在曷逻阇姞利呬城镇服众妖魔,于第二天即十五日太阳升起之时,在摩揭陀国金刚台获能者自在释迦牟尼佛之道;癸卯年三十六岁,从星[日马]月初一日至十五日,在祇陀园[21]等处显示大神法,又从同年氐[土貉]月初四日之夜起,转动三乘法轮,度化引导普遍三界众生;丁亥年八十三岁,于氐(土貉]月十五日夜里,为向众生演示所讲法义无常,以人间之肉身涅槃。

从前，一切义成王子刚出生六天，母亲摩诃·摩耶夫人就涅槃了。[他]于壬寅年获佛道，时年三十五岁。至六年后的丁未年，[他]以慧眼寻视，只见母亲摩诃·摩耶夫人已超生于三十三天之地，为把她引入菩提之道，[他]飞身上天，诵经九十日。那期间，印度的邬陀衍那王[22]心感寂寞，下令摩诃·目楗连[23]："造一尊[与佛]一模一样的佛像，快慰我心！"目楗连借神力上到三十三天之地，用象头旃檀木雕成一尊直立、手成诵经状的与佛一模一样的佛像，立即从[三十三]天之地迎来，使王心大快。后来佛从[三十三]天之地回来，那旃檀木佛像自动给佛下跪，佛预言说："这旃檀木佛像，在我涅槃一千年后，将前往黑色汉地，在东方成就大义。"

与尊圣能者[释迦牟尼]同时，依次有摩揭陀地方波罗奈城[24]之主释迦种姓之大莲华[王]的儿子具色藏王[25]、拘萨罗地方毗舍离城[26]之主梵授[王]的儿子萨里监王[27]、跋蹉地方[28]无、边[辋王][29]的儿子胜光王和俱赏弥地方[30]百军[王]的儿子沙八王[31]等统治三十二国的四位大王诞生，显示佛德，扶崇佛法。

佛涅槃后的诸佛，为具色藏王的儿子宝月、[宝月]的儿子麻岐舍咾·作乐、[麻岐舍咾]的儿子狮子、[狮子]的儿子十乘。[32]说到[十乘]的儿子，按以佛涅槃之丁亥年的下一年即戊子年为纪年起点的规则，在那个戊子年一百一十年后的丁酉年[33]，摩揭陀国之主具色藏王的孙子麻岐舍咾做了檀越，在毗摩罗·耶那洞窟[34]之地，[与]上座阿难陀、弟子迦叶共三人为首，会集五百应供阿罗汉，讲说了最初的四谛法轮之旨。[35]也是在那个戊子年一百一十年后的丁丑年，十乘王的儿子无忧法王[36]做了檀越，在毗舍离大城会集应供具静等七百阿罗汉，讲说了中间的无相法轮之旨。[37]那位无忧法王修造了无数佛像、经塔、寺庙。在那个戊子年三百年后的丁亥年，迦支国之主迦腻色迦王[38]做了檀越，那时迦支国屈那萨那地方阇烂达罗庙中有妖魔的化身生为摩诃·提婆僧人，以魔法扰乱佛法。以此为由，伐苏蜜咀罗会集五百菩萨、五百阿罗汉、五百扮底达，讲说了最终的妙说法轮之旨。[39]

据说此后相继有腊霜·赞陀、诃利·赞陀、室利·赞陀、阿弃·赞陀、达摩·赞陀、毗摩罗·赞陀、瞿弥·赞陀共七赞陀；[40]；拘·跋罗、达摩·跋罗、毗伽·跋罗、罗摩·跋罗、提摩·跋罗、勿·跋罗、尼·跋罗共七跋罗[41]；跋罗·犀那、伽拔，犀那、阿难陀·犀那、罗甘·犀那共四犀那[42]等众王诞生,扶崇佛法。因[内容]繁多,故不在此[详]述。

现在讲述大雪山之麓王统的繁衍。据智铠大师[43]所撰《殊胜赞广释》记载,大释迦、释迦·梨车·斡利、释迦·山行者三[支]之中,第三[支]的后裔日升王之子怙狮王有五个儿子,[他们]与仇敌的十八万军队交战,被击败,幼子鲁巴底逃到雪山脚下,成了吐蕃的雅隆氏。[44]

那时,跋蹉国能现王[45]生了一个儿子,[这个儿子]天生卷发、牙如白螺、手指脚趾像鹅[掌]一样[有蹼]相连、眼睛像鸟眼一样[眨眼时]下眼皮上合,妙相俱足。[能现王]令占卜者们来占相。[占卜者们]说:"这孩子剋父,应当杀掉。"父王于是令大臣杀死这个[儿子]。大臣遵令去杀,无奈什么刀剑也伤害不了他,于是[把他]装入铜匣丢进了恒河。

却说毗舍离城附近有一位老农正在河边种地,看见[河中]有一只箱子闪闪发光,捞上来打开一看,[里面]原来是一个俊秀的男孩儿。老人无儿无女,心想:"养养看吧。"于是背着国王放在树底下养起来,立刻有各种飞鸟给他衔来鲜果,各种动物给他叼来净肉,哺养了他。待长大成人后,孩子问:"我是什么人的儿子?我是谁?"老人就把事情的经过都讲给他听,那孩子惊呆了一般,[只身]前往东方雪山之地。却说来到高墙神山[46],从游戏神山[47]的山顶沿九级福阶而下,来到雅隆[地方]具势平川的四户塔[48]旁,遇见天安教士、地灵教士[49]等人。他们问道:"你是什么地方的人?叫什么名字?"[那孩子]不吱声,用右手食指向天上一指。[那些人]说:"哎,你肯定是天子,相貌与凡人不同。"[那孩子]说:"我是天子,我的祖先是古时众恭王的黄金后裔。"随后给众人讲述了事情的原由。众人议论说:"这就是从前那个不曾被水淹死,后来又得到各种鸟兽相助长大的[孩子],所以一定是天子。"[他们]用木头做成座椅让他坐上,架在肩上登上尚布雪山,众人一致尊他为首领。这样,[他]于从前那个戊子年一千八百二十一年后的戊申年即了王位,以"颈座王共主"[50]闻名于世。[他]战胜四方各部,成为八十八万吐蕃国之主。

[颈座主]的儿子是木弃·赞普·普世之王·人座[王],[人座王]的儿子是达弃·赞普·乞牙·八布·鸟座[王],[鸟座王]的儿子是花毛骏马火水晶座

[王],[水晶座王]的儿子是亦弃·赞普·巨灶麦座[王],[麦座王]的儿子是悉立弃·赞普·深穴马座[王],[马座王]的儿子是吉里公·赞普·海穴后侧金座王,共称为天座七王[51]。那七个王去世时,从脚往上收缩,顺着头顶所放得道之光的轨迹,在空中化作彩虹逝去,[他们的]尸体埋葬在天神之地。

却说一个名叫隆南的大臣设计杀死海穴后侧金座王[52],自己即了王位,[金座]王三个儿子中的长子失宝出逃往宁布地方,次子孛喇出逃往保布地方,幼子孛儿帖·赤那逃往公布地方。[53]大臣隆南在王位一年半,[金座]王的其他几个大臣携王后出逃,又设法拉众多外藩之人倒向自己一方,诛杀了隆南。[众人]商议:"现在应该迎回三位王子中的一位。"母后说:"从前在生孛喇出之前,一天夜里我梦见与一个白色人共寝,后来生下了一只蛋,那只蛋裂开就成了儿子孛喇出。照此看来,他可能是有福之子,迎他回来吧!"于是遵照王后之命,从保布地方迎回孛喇出,扶他即了王位,[他]从此以不谛·公监王[54]闻名于世。

[不谛·公监]的儿子是阿肖列思,[阿肖列思]的儿子是提肖列思,[提肖列思]的儿子是孛隆热列思,[孛隆热列思]的儿子是古鲁列思,[古鲁列思]的儿子是失剌麻列思,共为地贤六王[55]。自从他们的尸体埋于地下,后世诸王的尸体也都葬于地下。

[失剌麻列思]的儿子是谛竹南雄,[谛竹南雄]的儿子是谛思班,[谛思班]的儿子是谛奴牙,[谛奴牙]的儿子是些筱南,[些筱南]的儿子是苏哇,[苏哇]的儿子是必邻·监赞,[必邻·监赞]的儿子是东里·东赞,共为振兴王统之七王[56]。

[东里·东赞]的儿子是乞里南赞,[乞里南赞]的儿子是陀里·陀赞,[陀里·陀赞]的儿子生于从前那个戊子年两千四百八十一年后的戊申年,取名剌陀·土里。[57][他]于丁卯年即王位,时年二十岁。一天,[他]正在温布剌冈殿[58]中闲坐,有《百拜忏悔经》、盈肘高的金塔、六字真言如意宝匣、《宝箧经》四种物品一齐从空中落到大元妙殿的金幔上。当时不识是苯教还是佛教之物,暂且藏进了库中。由于那些[物品]被埋人地下,王的福分受损,大国之中,孩子天生眼瞎,庄稼不收,灾害瘟疫频发,民不聊生。至四十年后的丁未年,那位[剌陀·土里]王年已六十。一天夜里[他]梦见有五位陌生吏少来到跟前说:"唉,大王!你怎么把那些大自在的

密物压放在库里呢?!"说完立刻不见了。于是王与内臣商议后,从库中取出那四样东西,固定在纛顶上,多方叩拜,虔心敬奉。因此,王的寿福增多,[国中]孩子天生俊秀,庄稼丰收,灾害瘟疫绝迹,[百姓]尽享幸福。

[注释]

① 摩诃·三摩多王,Maq-a sambadi qaγan。清译本(Ⅰ.1v)缺。《源流》后文(K. 3r28)又作 Maq-a sambadi ranza,清译本(Ⅰ.4r)作"玛哈萨玛迪兰咱"。佛教著作中所说人类第一位首领。梵语原名为 Mahāsammataḥ rājā("大平等王"之义);藏语译名 Mang-pos-bkur-ba-rgyal-po(《源流》后文音译为 Mangbor bkurbairgyalbu);蒙古语意译名为 Olan-a ergügdegsen qaγan(众恭王,见《源流》后文及其他蒙文史书);汉译名有"大三末多王"(《俱舍论》卷 12,大正《大藏经》二九.65;《彰所知论》,三二·231)、"摩诃三摩多"、"大平等王"(《起世经》卷 10,大正《大藏经》一·362)等。

② 关于佛教对外部器世界的描述,见《俱舍论》卷 11、12,《起世经》卷 1,《佛本行集经》卷 12,《彰所知论》,以及《王统记》等。

《俱舍论》(卷 11,大正《大藏经》二九·57;卷 12,大正《大藏经》二九·62)谓:"论曰,许此三千大千世界,如是安立形量不同,谓诸有情业增上力,先于最下依止虚空有风轮生广无数,厚十六亿踰缮那,如是风轮其体坚密,……又诸有情业增上力,起大云雨澍风轮上,滴如车轴,积水成轮,如是水轮于未凝结位,……有情业力感别风起,搏击此水上结成金,如熟乳停上凝成膜,……""……极微微金水,兔羊牛隙尘,虮虱麦指节,后后增七倍,二十四指肘,四肘为弓量,五百俱卢舍,此八踰缮那。论曰,极微为初,指节为后,应知后后皆七倍增,谓七极微为一微量,积微至七为一金尘,积七金尘为水尘量,水尘积至七为一兔毛尘,积七兔毛尘为羊毛尘量,积羊毛尘七为一牛毛尘,积七牛毛尘为隙游尘量,隙游尘七为虮,七虮为一虱,七虱为穬麦,七麦为指节,三节为一指,……二十四指横布为肘,竖积四肘为弓,谓寻竖积五百弓为一俱卢舍,……。”

《起世经》谓:“诸比丘,今此大地,厚四十八万由旬,周阔无量;如是大地,住于水上,水住风上,风依虚空;诸比丘,此大地下,所有水聚,厚六十万由旬,周阔无量,彼水聚下,所有风聚,厚三十六万由旬,周阔无量;诸比丘,此大海水,最极深处,深八万四千由旬,周阔无量;诸比丘,须弥山王,下入海水,八万四千由旬,上出海水,亦八万四千由旬;须弥山王,其底平正,下根连住大金轮上,……”

《佛本行集经》(卷12,大正《大藏经》三·710)谓:“……凡七微尘,成一总尘,合七总尘,成一兔尘,合七兔尘,成一羊尘,合七羊尘,成一牛尘,合七牛尘,成于一虮,合于七虮,成于一虱,合于七虱,成一芥子,合七芥子,成一大麦,合七大麦,成一指节,累七指节,成于半尺,合两半尺,成于一尺,二尺一肘,四肘一弓,五弓一杖,其二十杖,名为一息,其八十息,名拘卢奢,八拘卢奢,名一由旬。”

《彰所知论》(大正《大藏经》三二·226)谓:“谓器世界所成之体,即四大种,种具生故。地坚、水湿、火煖、风动,是等大种,最极微细者曰极微尘,亦名邻虚尘,不能具释。彼七邻虚尘为一极微,彼七极微为一微尘,彼七微尘为一透金尘,彼七透金尘为一透水尘,彼七透水尘为一兔毛尘,彼七兔毛尘为一羊毛尘,彼七羊毛尘为一牛毛尘,彼七牛毛尘为一游隙尘,彼七游隙尘为一虮量,彼七虮量为一虱量,彼七虱量为一麦量,彼七麦量为一指节,三节为一指,二十四指横布为一肘量,四肘为一弓,五百弓量成一俱卢舍,八俱卢舍成一由旬,此是度量世界身相,成世界因,由一切有情共业所感。云何成耶?从空界中十方风起,互相冲击,坚密不动,为妙风轮,其色青白,极大坚实,深十六洛叉由旬,广量无数。由暖生云,名曰金藏,降澍大雨,依风而住,谓之底海,深十一洛叉二万由旬,广十二洛叉三千四百半由旬,其水搏击上结成金,如熟乳停,上凝成膜,即金地轮。故水轮减,唯厚八洛叉。……于地轮上,复澍大雨,即成大海,被风钻(原作“鑽”)击,精妙品聚成妙高山,中品聚集成七金山,下品聚集成轮围山,杂品聚集成四洲等……”

妙高须弥山，J̌ibqulang-tu sümber taγ。清译本（Ⅰ·Ⅰʳ）作“须弥山”。Sümber，梵文作 Sumeruḥ（意为“妙高”、“妙光”），是印度神话中的大山，相传高八万四千由旬。

七金山（doloγan altan aγulas），据《王统记》为：持双山、持轴山、担木山、善见山、马耳山、象鼻山、持边山（陈译本 p.1）。

七游戏海（doloγan anubad naγur），清译本（Ⅰ.Ⅰʳ）作“七大海”，不确。《王统记》说七金山之间为七个戏游海，《宝树史》（p.4）说此七戏游海为诸龙王游戏之处。

③《起世经》（卷9，大正《大藏经》一·358）谓：“复次诸比丘，世间转已，如是成时，诸众生等，多得生于光音天上，是诸众生生彼天时，身心欢豫，喜悦为食，自然光明，又有神通，乘空而行，得最胜色，年寿长远，安乐而住；诸比丘，尔时世间转坏已成，空无有物，诸梵宫中，未有众生，光音天上，福业尽者，乃复下生梵宫殿中，不从胎生，忽然化出，此初梵天名娑诃婆帝娑诃者世界名波帝者主也，为如是故有此名生；诸比丘，尔时复有诸余众生，福寿尽者，从光音天，舍身命已亦于此生，身形端正，喜悦住持以为饮食，自然光明，有神通力，腾空而行，身色最胜，即于其间，长时久住，彼诸众生于是住时，无有男女，无有良贱，唯有此名，名曰众生众生也。”

《红史》（p.1）说：“此后，有一些极光净天的神祇死后转生此处为人，他们身具光明，能够空行，依靠静定喜乐之食生活，能够无限长寿。此时，星辰、季节、男女俱无分别。”《王统记》（陈译本 p.4）说：“最初，在印度地方，人种出自极光净天之神，都可以无量长寿，吃的是静定之食，由神变而生，身上具有光明，而且能运用神变在空中行走。”

“三摩地”之净食，Samadi-yin ariγun idegen。清译本（Ⅰ.2ᵛ）作“禅瀫”。梵语 Samādhi，意为“定”，旧译“三昧”、“三摩地”等，指心专注一境而不散乱的精神状态。

④ 撒鲁稻，salu neretü tuturγ-a。清译本（Ⅰ.3ʳ）作“萨鲁之瀫”。salu，梵文作 śālih，意为“稻”，指一种野生稻。藏文作 sa-lu，《王统记》刘译本（p.3）译

为"天生野米名撒鲁者"。《黄史》(p.17)作"不种自生野稻"(ese tariγsan ǰerlig tuturγ-a)。《俱舍论》(卷12,大正《大藏经》二九.65)说:"有非耕种香稻自生,众共取之以充所食,此食粗故残秽在身,……。"《起世因本经》(卷10,大正《大藏经》一·416)说:"粳米出生,不曾耕种,自然显现,无芒无糩,清净米粒,香味俱足,彼时众生,如是食已,……及有男女根相而彰。……便生爱欲。以欲爱故,便于屏处:行非梵行不净欲法。……"

⑤ 三曼陀跋陀罗佛,Samandabadara burqan。译名从《三曼陀跋陀罗菩萨经》(大正《大藏经》一四·666)。清译本(Ⅰ.4ʳ)作"萨满达巴达喇佛"。梵文原名为 Samanta-bhadrah("普贤"之义)。传为释迦牟尼佛的右胁侍,专司"理"德,与专司"智慧"的左胁侍并称,其塑像多为骑白象形。中国佛教四大菩萨之一,相传四川峨嵋山是他显灵说法的道场。

⑥ 斫迦罗伐剌底王,Čakrawar[t] qaγan。清译本(Ⅰ.4ʳ)作"咱噶喇斡尔迪汗"。梵文作 Cakra-varti-rājā,意为"转轮王",旧译"斫迦罗伐剌底曷罗闲"(《玄应音义四》等)、"遮迦越罗"(《大楼炭经》卷3,大正《大藏经》一·290)等。传为因手持轮宝而得名,说他自天感得轮宝,转轮宝而降伏四方。据《俱舍论(卷12,大正《大藏经》二九·64)等,转轮王有金、银、铜、铁四王,其中金轮王领四洲。《俱舍论》谓:"论曰:从此洲人寿无量岁乃至八万岁,有转轮王生。减八万时,有情富乐寿量损减,众恶渐盛,非大人器故无轮王。此王由轮旋转应导威伏一切,名转轮王。施设足中说有四种,金银钢铁轮应别故。如其次第,胜上中下。逆次能王,领一二三四洲,谓铁轮王一洲界,铜轮王二,银轮王三,若金轮王四洲界。"

⑦ 最初六转轮王,eng terigtin-üǰirγuγan čakir ergigülügči qaγan。清译本(Ⅰ.4ᵛ)作"转轮首出之六汗"。

妙光王,Üǰesküleng-ün gerel-ün qaγan。清译本据满译本 Rozagebungge han 译为"啰咱汗"。梵文为 Rocah("妙光"之义),《起世经》(卷10,大正《大藏经》一·363)作"意熹王";《彰所知论》(大正《大藏经》三二·231)作"光妙"。

善王,Buyan-tu qaγan。清译本据满译本 Galiyana 译为“噶里雅纳汗”。梵文为 Kalyānah(“善”之义)。《起世经》作“正真王”;《彰所知论》作“善帝”。

胜善王,Degedü buyan-tu qaγan。清译本据满译本 Wara galiyana 译为“斡喇噶里雅纳汗”。梵文为 Vara- kalyānah(“胜善”之义)。《起世经》作“最正真王”;《彰所知论》作“最善”。

顶生慈护王,Oroi-ača törö γ̄sen ülemǰi tedkün asaraγči qaγan。清译本据满译本 Utbo hada 译为“乌特博哈迭汗”。梵文为 Mnrdha-tah(“顶生”之义)。《起世经》作“顶生王”;《彰所知论》不载。一些佛教著作中,胜善王与顶生王之间还有“胜修王,’(Uposadhah,《起世经》作“受斋戒王”;《彰所知论》作“静斋”)一代。满译本的 Utbo hada 当为 Uposadhah 的音译。

自乳王,Namai köke kemekü qaγan。清译本据满译本 Mandada 译为“满达达汗”,后文(Ⅰ.7ʳ)又作“阿赉努汗”。此王,梵语原名为 Māndhātah(“自乳”之义),藏语译名为 Nga-las- nu。清译本的“满达达”、“阿赉努”分别为其梵语名、藏语名的音译。《起世经》记顶生王的下一代王为“右髀王”。《彰所知论》不载。

《红史》等藏文史籍中无最初六转轮王之说,而是作“最初五王”。所记众敬王以下四王依次为:Hod-mdses(“光妙”之义)、Dge-ba(“善”之义)、Dge-mchog(“胜善”之义)、Gso-sby-ong-hphags(“长净”之义)。长净,其梵语原名为 Uposadhah,即《彰所知论》的“静斋”,据《新订名义集》(p. 178),其蒙古语译名为 Ülemǰi teǰiyegči。藏文史籍中,长净王的下一代王为 Nga-las- nu(自乳),相当于《源流》所说最初六王中的第六位。藏文史籍称该王及其以下四代王为“转轮五王”。

⑧ 劫,galab。清译本(Ⅰ.4ᵛ)作“噶拉卜”。梵文为 kalpa,意为极为久远的时节,旧译“劫波”、“劫簸”等。《俱舍论》(卷 12,大正《大藏经》二九·62)说有四劫:坏劫、成劫、中劫、大劫。《彰所知论》(大正《大藏经》三二·230)说有六劫:中劫、成劫、住劫、坏劫、空劫、大劫。

⑨ 七佛,佛教所谓的"过去七佛"。《长阿含经》(卷1,大正《大藏经》一·1)记为:毗婆尸佛、尸弃佛、毗舍婆佛、拘楼孙佛、拘那含佛、迦叶佛、释迦牟尼佛。梵文分别作:Vipaçyi、Çikhi、Viçva-bhuk、Krakucckanda、Kanaka-muniḥ、Kāçyapaḥ、Çākya-munih,语义分别为:妙观察、持髻、护一切、除邪信、金仙、护光、能仁寂默(释迦族圣人)。

尸弃,Šiki。清译本(Ⅰ.5ᵛ)作"释迦"。误。毗舍婆,Wisbabu。清译本作"毗婆"。《源流》后文又提到Karkasundi(拘留孙)、Kanakamuni(拘那含)、Kašib(迦叶),那么七佛中只有第一位毗婆尸,《源流》未提及。

⑩ 摩揭陀[国],Magada。译名从《大唐西域记》、《新唐书》。清译本Ⅰ.5ᵛ)作"玛噶达国"。梵文作Magadhā。《佛国记》、《继业行记》译"摩竭提";《高僧传》译"摩伽陀";《魏书》译"莫伽陀",参见《西域地名》(pp. 60-61)。大约在公元前8至前6世纪,在印度北部和中部形成了以部落集团为基础的十六个主要地域政体,俗称"十六国"。摩揭陀国在恒河中下游地区,都城原在王舍城(Rajagṛha,在今印度比哈尔邦底赖雅附近),后又迁到华氏城(Paṭaliputra,今印度比哈尔邦首府巴特那)。从公元前6世纪开始,摩揭陀逐渐强大。

⑪ 十二因缘,arban qoyar ǰokiyangγui。清译本(Ⅰ.5ᵛ)作"十二种善言"。为佛教"三世轮回"的基本理论,包括无明、行、识、名色、六处、触、受、爱、取、有、生、老死等十二个部分,十二部分为一总的因果循环链条。佛教修习的最终目标,在于摆脱所谓十二因缘的束缚,跳出三世轮回的范围,亦即达到涅槃。

⑫ 昭·阿底峡,J̌oo atiša。清译本(Ⅰ.6ʳ)作"昭阿迪沙"。即古印度高僧Ati śa("殊胜"之义)。译名从汉译藏籍。原名"月藏",法名"燃灯吉祥智",生活于公元982—1054年间,其故乡今属孟加拉国达卡地区。对五明学造诣较深,曾任那烂陀寺、超岩寺主持。1038年左右入阿里传授佛法,后深入卫藏地区传法。著有《菩提道灯论》等几十种论著和一些医学著作,并参与将多部经典译成藏文。其弟子仲敦巴等弘传他的学说,发展成噶当派。

《笺证》"昭阿迪沙"下注云:"王静安校昭阿迪沙即乔答摩之异译。"按乔答摩,梵文作 Gautama,旧译"瞿昙"、"俱谭"等,为释迦牟尼的姓氏,也用来称呼释迦牟尼本人,与昭阿迪沙无涉。因清译本该处整个句子译文有误,致使王国维误将昭阿迪沙与乔达摩联系在一起。

⑬ 萨思迦·扮底达,Saskiy-a bandida。译名从《出家授近圆羯磨仪范序》(大正《大藏经》四五. 905)。清译本(Ⅰ.6ʳ)作"萨嘉班迪迭"。《源流》后文(K. 42v22)又作 Saskiy-a günlgargyalmtsan(萨思迦·公哥监藏),清译本(Ⅳ. 9v)作"萨斯嘉恭噶嘉勒灿"。即藏文史籍所载萨迦五祖之第四人 Kun-dgaḥ-rgyal-mtshan(元代习惯汉译"公哥监藏")。因出身萨迦款氏家族,又曾拜迦湿弥罗高僧为师,学富五明(声明、因明、工巧明、医方明、内明)而获萨思迦·扮底达的尊号,又简称"萨班"。1244 年,身为萨迦派法主的萨班应蒙古诸王阔端的邀请北上,1246 年到达阔端住地西凉府(今甘肃武威),第二年阔端从漠北(去参加贵由即位典礼)返回,二人会见。萨班随后向乌斯藏僧俗诸首领发出劝降书,乌斯藏遂归附蒙古。萨班于 1251 年病死在阔端封地。《萨迦史》等藏文史书对他的生平有详细记载。

⑭《金光明最胜王经》(卷 1,大正《大藏经》一六·406)该处作:"佛不般涅槃,正法亦不灭,为利众生故,示现有灭尽,世尊不思议,妙体无异相,为利众生故,现种种庄严。"《金光明经》(大正《大藏经》一六·336)说:"佛寿如是,无量无边,……寿不可计,无量无边,亦无齐限,是故汝今,不应于佛,无量寿命,而生疑惑。"

⑮ 狮子颊王,Arsalan uγačitu kemegdekü qaγan。清译本(Ⅰ.7ʳ)据满译本 Singha hanu gebungge han 译为"星哈哈努汗"。其梵语原名为 Simha-hanuḥ-rājā,意为"狮腮王"。藏语译名为 Seng- geḥgram,《红史》汉译本(p. 4)译为"僧格赞木王"。

⑯ 曷逻阇姞利田城,Ranjagraγ balγasun。译名从《大唐西域记》。清译本(Ⅰ.8ʳ)据满译本 Han-i gemülehe hoton 译为"汗所都之城"。梵文作 Rājagrha("王城"之义),《水经注》引支僧载《外国事》作"罗阅祇瓶沙国";《增壹阿含

经音义》作"罗阅祇伽罗",玄应《一切经音义》作"罗阅揭梨醯",云:"罗阅义是料理,以王代之,谓能料理人民也,揭梨醯此云舍中,总名王舍城。"古印度摩揭陀国的都城。在今印度比哈尔邦底赖雅(Tilayā)附近之拉杰吉尔(Rajgir),周围有灵鹫山等五山,是释迦牟尼传教中心地之一。

⑰ 迦毗罗城,Kabiliγ balγasun。清译本(Ⅰ.8ᵛ)作"噶必里克城"。梵文作Kapila-vastu("苍城"之义),译名从《孔雀王经》僧伽婆罗译本。《增壹阿含经》作"迦毗罗越"或"迦毗罗卫";《大唐西域记》作"劫比罗伐窣堵";《孔雀王经》义净译本作"劫比罗"、不空译本作"劫毗罗";《悟空行记》作"迦毗罗伐窣堵";《华严经音义》云:"迦毗罗城,具云迦毗罗皤窣都,言迦毗罗者,此云黄色也,皤窣堵者,所依处也,谓上古有黄头仙人,依此处修道,故因名耳。"参见《西域地名》(pp.41~42)。在今尼泊尔南部提罗拉科特附近。公元前6至5世纪为释迦族集居之地。

⑱ 执杖[王],Γartaγan bilau - tu。清译本(Ⅰ.8ᵛ)据满译本Dandabini译为"丹达必尼"。梵文为Daṇḍapāṇi,意为"执杖"。《佛本行集经》(卷13,大正《大藏经》三·713)说:"……时迦毗罗城内,有一释种大臣,姓檀荼氏,名曰波尼,彼臣大富,……"《普耀经》(卷3,大正《大藏经》三·500).作"执杖释种"。

⑲ 孛米噶,Bomika。清译本(Ⅰ.8ᵛ)作"布密噶"。《佛本行集经》(卷13)说檀荼氏波尼有一个女儿,名叫"瞿多弥",又说(卷12,大正《大藏经》三·707)释种大臣摩诃那摩之女名叫"耶输陀罗"。《普耀经》(卷3,大正《大藏经》三·500)说执杖释种的女儿是"俱夷"。《根本说一切有部毗奈耶破僧事》(卷3,大正《大藏经》二四·111)说执杖释种的女儿是"耶输陀罗"。《大智度论》(卷17,大正《大藏经》二五·182)说《本生经》记释迦牟尼有两个夫人,为"劬毗耶"和"耶输陀罗"。

梵文Gopī~Gopīkā,意为"护地、持地",音译为"俱夷"、"瞿夷"、"乔比迦"、"具毗耶"等;Yo śodharā,意为"持誉、持声",音译为"耶输陀罗"等。《源流》的Bomika当为Gopīkā的不规则音译。《红史》、《王统记》说释迦牟尼娶 Grags-h-ḥdsin-ma（汉译本作“扎真玛”）、Sa-mtsho-ma（汉译本作“萨措玛”）等多人为妃。萨措玛，意为“持地海女”；扎真玛，意为“持声女”。则萨措玛即 Gopīkā（俱夷）、扎真玛即 Yo śodharā（耶输陀罗）。

⑳ 尼连禅江，Narancar -a mören。译名从《大唐西域记》（卷 8）。清译本（Ⅰ.9v）据满译本 Aranjara 译为“阿兰扎喇江”。音不确。梵文原名为 Nairanjana-nadi，今作“帕尔古河”（Phalgu）。

㉑ 祇陀园，Mǰada šečeglig。清译本（Ⅰ.9v）作“祇陀园”。梵文原名为 Jeta-vana-vihāra，汉译名“祇树给孤独园”，简称“祇园”、“祇陀林”等。印度佛教圣地之一。约在今印度塞特马赫特（Setmahet）地方。据说释迦牟尼成道后，拘萨罗国的给孤独长者购置波斯匿王太子祇陀（Jeta）在舍卫城南的花园，建筑精舍，请释迦牟尼前来说法。因此园林以给孤独长者和祇陀太子两人的名字命名。Mǰada 为 Jeta（祇陀）的音译。

㉒ 邬陀衍那王，Udiyana neretü qaγan。译名从《大唐西域记》（卷 5）。清译本（Ⅰ. 10r）作“乌迪雅纳汗”。梵文作 Udayanarājā，意为“东王子”，又译“优陀延王”（《释迦谱》卷 1，大正《大藏经》五〇・17）、“优填王”（《佛为优填王说王法政论经》，大正《大藏经》一四・797）等。古印度诸国之一跋蹉（《佛本行集经》卷 6，大正《大藏经》三・678，梵文作 Vatsa）的国王。其国在恒河和雅木拿河的汇流处，都城为拘睒弥（Kāuçambī，又译“俱赏弥”等）。据说此王笃信佛教。《红史》作 rgyal-po-U-dwaya，汉译本作“邬达雅王”。

㉓ 摩诃・目键连，Maq-a modgalawani。译名从《修行本起经》（大正《大藏经》三・462）。清译本（Ⅰ. 10r）作“玛哈默特噶拉斡尼”。梵文原名为 Mahāmaudgalyāyāna，意为“大采菽氏”，又译“摩诃目犍连”（《阿弥陀经》）、“大目犍连”（《法华经》）、“摩诃没特伽罗”（《法华玄赞》卷 1）等。《大唐西域记》（卷 4）作“没特伽罗子”。据传为古印度摩揭陀国都城王舍城郊人，是释迦牟尼十大弟子之一，最有神通。

㉔ 波罗奈城，Waranas balγasun。译名从《佛本行集经》（卷 6）、《普曜经》（卷

7)。清译本(Ⅰ. 10v)据满译本 Warak hecen 译为“斡喇克城”。梵文作 Vārānasī。《大唐西域记》(卷 7)作“波罗痆斯”。为古印度恒河流域著名古国迦尸(Kā ṣī)的都城,即今印度北方邦的瓦腊纳西(Banāras)城。该城位于恒河北岸,又有 Varuna 河流经城北,Asi 河流经城南,二河之名合为城名 Vārānasī。城郊的鹿野苑,据说是释迦牟尼成道后初转法轮之处。

㉕ 具色藏王,Čoγas-un ǰirüken qaγan。清译本(Ⅰ. 10v)据满译本 Bimbasara 译为“彬巴萨喇汗”。此人梵语原名为 Bimbisāra(“影坚”之义)。《大唐西域记》(卷 8)作“频毗娑罗王”;《佛国记》作“瓶沙王”。古印度摩揭陀国国王,曾将王舍城的竹林精舍送给释迦牟尼,作为他传教的场所。据说他是最早皈依佛教的国王。

《源流》说他是波罗奈城人,但据佛教著作(《释迦谱》卷 1,大正《大藏经》五〇 · 17 等)以及《红史》、《王统记》等藏文史籍,他是王舍城(Rājāgrha,《源流》前文作 Ranjagraγ)人。

㉖ 毗舍离城,Wayišali balγasun。译名从《佛国记》。清译本(Ⅰ. 10v)作“外沙里城”。梵文为 Vai śāli,《大唐西域记》(卷 7)作“吠舍釐”等。为古印度十六国时期跋耆联盟的都城。城址在今印度比哈尔邦哈齐普尔以北 18 英里穆查发浦尔区的比沙尔(Basarh)。

《红史》(p. 5)、《王统记》同处作“舍卫城”。舍卫城,梵文为 Srāvastī,又译“室罗伐悉底”、“室罗伐”等。为拘萨罗国(Koçalā)的都城。城址在今印度北方邦冈达区沙赫 · 曼赫。以崇佛闻名的波斯匿王曾居住于此。城内有祇园精舍。《源流》此处的毗舍离城当为舍卫城之误。

㉗ 萨里监王,GsalrǰaI qaγan。清译本(Ⅰ. 10v)据满译本 Barahanadzida 译为“巴喇哈纳资达汗”。此即印度佛教史上著名的“波斯匿王”(《释迦谱》、《佛国记》等)。梵文为 Prasenajitrājā,“胜军”之义。《大唐西域记》(卷 6)作“钵罗犀那恃多王”。《源流》的 Gsalrǰal 为其藏语译名 Gsal-rgyal 的音译。据传为拘萨罗国国王,信奉、支持佛教,时人称释迦牟尼为“日光”,称他为“月光”。与释迦牟尼死于同一年。

㉘ 跋蹉，Batsala。译名从《佛本行集经》(卷6，大正《大藏经》三·678)。清译本(Ⅰ. 10ᵛ)作“巴特沙拉”。即古印度十六国时期 Vatsa 国。位于朱木拿河沿岸，都城是俱赏弥(Kāuçambi，又译“拘睒弥”)。

㉙ 无边[辋王]，Kiǰaγalal ügei(清译本作“阿南达”)；猛光，Maši gegen(清译本作“巴喇迪岳”)。此父子二人，梵语原名分别为 Ananta-nemih(“无边辋”之义)、Pradyotaḥ(“极现”之义)。为古印度十六国之一阿槃底国北部都城邬阇衍那(Ujjayini，译名从《大唐西域记》。《续高僧传·真谛传》作“优禅尼”；《宋史·天竺传》作“乌然泥”。在今印度古吉拉特以东，今译“乌贾因”)君主。二人所居之城，《红史》汉泽本(p. 6)作“乌仗那城”(译名用字不妥。按《大唐西域记》乌仗那国指故地在今巴基斯坦北部斯瓦脱河流域的 Uddiyana 古国，其都城为瞢揭釐城一 Magala，今译“曼格勒”。参见《西域地名》pp. 98、99)；《王统记》(陈译本 p. 8)作“帕加城”(Ḥphags- rgyal)，即 Ujjayini(“最胜”之义)的意译。《源流》称二人为跋蹉人，误。

㉚ 俱赏弥，Köö šambi。译名从《大唐西域记》、《释迦谱》等。清译本(Ⅰ. 10ᵛ)据满译本 Guucu sambara 译为“彀楚尘缴巴喇”，音不确。即跋蹉国的都城 Kāuçambi(《佛国记》作“拘睒弥”、《孔雀王经》不空译本作“憍闪弥”)。今作 Kosam(科萨姆)，在印度阿拉哈巴德西南三十里处。

㉛ 沙八王，Šarba qaγan。清译本(Ⅰ. 10ᵛ)据满译本 Udiyana 译为“乌迪雅纳汗”。此即前文提到的邬陀衍那王(参见注22)。其藏语音译名为 Çar-pa(《红史》、《王统记》等)，《源流》的 Šarba 即其音译。其父百军王(J̌aγun čerig-tü)，清译本作“沙达尼噶”，为其梵语原名 Çatānikah(“百军”之义)的音译。

㉜ 从具色藏王(频婆娑罗)至无忧法王(阿育王)之间的历代摩揭陀国王，《源流》的记载相当混乱。据《印度通史》，频毗娑罗王之子为“阿阇世”(Aǰatashatru)，阿阇世之子为“优陀延”(Udayana)，后来两经异姓篡位，难陀王朝开始统治。难陀王朝的创始人为“大莲花王”(Mahāpadma，摩诃坡德摩)，传八代后，又有异姓篡位，孔雀王朝开始统治。孔雀王朝的创始人

为“月护”(Chandragupta,旃陀罗笈多),他的儿子是“宾头沙罗”(Bindusara),宾头沙罗的儿子是阿育王。

㉝ 丁酉年,ding takiy-a ǰil。清译本(Ⅰ. 11ʳ)因D本而译为‘丁丑”。此处,《源流》纪年有误。一方面,戊子年经110年后的年份非丁酉,而为丁丑;另一方面,所谓佛教“第一次结集”的时间,一般记为释迦牟尼涅槃的当年或次年,即丁亥年或戊子年。《源流》此处说第一次结集是在释迦牟尼涅槃之次年的110年后,后文又说第二次结集的时间也是在释迦牟尼涅槃之次年的110年后,前后自相矛盾,此处的说法显误。D本、S本改丁酉为丁丑,意义不大。此处实应作“丁亥”(ding γaqai)。

㉞ 毗摩罗·耶那洞窟,Wimala yana-yin köndi。清译本(Ⅰ. 11ʳ)作“必玛拉雅纳叶洞”。该地,梵语称 Vimalā- gartah,《佛国记》作“宾波罗窟”;《大唐西域记》作“卑钵罗石窟”。《佛国记》说释迦牟尼涅槃后五百阿罗汉结集经处为名叫“车帝”的石室。车帝石室(Saptapamaguhā,《大智度论》卷3作“萨多般那求呵”)即七叶窟;《根本说一切有部毗奈耶杂事》(卷39)说佛教第一次结集在宾波罗窟。据《佛国记》,两窟相距五六里,在王舍旧城(Ku śagrapura,《大唐西域记》作“矩奢揭罗补罗城”、《佛国记》作“瓶沙王旧城”)西北。

㉟ 关于佛教第一次结集所集三藏的部数和诵出者,有几种说法。一般的说法是由迦叶主持,阿难达诵出“经”(即“修多罗”或“法藏”),由优波离诵出“律”(“毗尼藏”)。还有阿难达诵出“经”、“论”(“阿毗昙”藏),优波离诵出“律”的说法。还有阿难达诵“经”、优波离诵“律”、迦叶诵“论”(见《付法藏因缘传》卷1、《红史》等)的说法。

《源流》此处所说的“最初的四谛法轮之旨”,据佛教典籍,当是指释迦牟尼成道之后最先在波罗奈(Vārānasī)鹿野苑(Mrga-dēva)为五比丘(憍陈如、马胜、婆沙波、大名、跋提)所讲的经,一般称为“四真谛(苦谛、集谛、灭谛、道谛)法轮”。

㊱ 无忧法王,Γasalang ügei nom-un qaγan。清译本(Ⅰ. 12ʳ)据满译本 Ashuga

han 译为“阿硕噶汗”。此王,梵语称 A śoka,意为“无忧”,汉译名多作“阿育王”,又译“阿恕伽”、“阿输迦”、“无忧王”等。古印度摩揭陀国孔雀王朝的第三代国王,最为著名,在位期间(约公元前 269 ~ 前 232 年)继续前代统治者们的统一事业,最终征服了南亚次大陆。佛教信徒把阿育王推崇为弘扬佛法的圣主,一些典籍说他曾在华氏城召集了佛教的第三次结集,并在这次结集后派传教使节到南亚各地以及东南亚去传教。

㊲ 关于阿育王时期的佛教结集,一般视为第三次结集,时间认为是在佛示寂后 110 年,地点在当时摩揭陀国的都城华氏城(Pataliputra,《佛国记》作“巴连弗邑”、《大唐西域记》作“波吒釐子城”),即今印度比哈尔邦首府巴特那(Patna)。结集以目犍连子帝须(Moggali-puttatissa,阿育王的国师)为上座,召集一千比丘参加,诵出“法藏”。

《源流》此处所说阿育王时期佛教结集的时间、地点、参加人数,均有误。另外,所谓的“中间的无相法轮之旨”,当指所传释迦牟尼在灵鹫山(Gṛdhrakūṭa,王舍城东北)等处为众佛教信徒“二转不共乘无相法轮”(《红史》等)之事。无相法轮,指经典,因为佛教认为所有经典都是依一定的因缘产生的,而不是由本身的法相完成的(《红史》p. 139)。

㊳ 迦腻色迦王,Kanika neretü qaɣan。译名从《大唐西域记》(卷 1)等。清译本(Ⅰ. 12r)作“噶尼噶汗”。梵文作 Kaṇiskaḥ。贵霜王朝最著名的统治者,他的统治年代约为公元 78 ~ 120 年,其间贵霜帝国的疆域扩展得最大,大致包括今乌兹别克斯坦、哈萨克斯坦、塔吉克斯坦的一部分以及北印度的大部分。佛教徒尊他为传播佛教的法王,据传他在位时曾支持召集佛教的第四次结集。

《源流》此处说他是迦支(Kači,清译本作“喀齐”)国之主。Kači 为藏文 Kha-che 的音译。Kha-che 指 Kasmira(《佛国记》作“罽宾”、《大唐西域记》作“迦湿弥罗”、《元史·宪宗本纪》作“怯失迷儿”,即今克什米尔)。克什米尔地区曾在大月氏贵霜王朝统治之下,所以古时西藏人称迦腻色迦为迦湿弥罗人,如《红史》(p. 7)等。

㊴ 关于迦腻色迦王时的佛教结集，一般称为第四次结集，说迦腻色迦王在迦湿弥罗召集五百罗汉，以世友（Vasumitra，古印度说一切有部“四大论师”之一）为上座，论释经、律、论三藏。

《源流》此处的“伐苏蜜呾罗”（Basumida，译名从《俱舍论》，清译本作“巴苏密达”），即 Vasumitra 的音译。

结集的地点，《布顿佛教史》（p. 114）引了几种说法，其中一种为 Dsa-lan-dha-ra 寺，一种为迦湿弥罗的 Kun-pa-na 寺。则《源流》所记“屈那萨那地方阇烂达罗”（Günasana kemekü oron-u Zalandar-a neretü süm-e，清译本作“古纳实纳国中有扎拉勒达喇庙”）中，Günasan-a 为 Kun-pa-na 的形讹，Za-landar-a 为 Dsa-lan-dha-ra 的音译，实将两种说法揉合为一。Jalandhara 其地，《大唐西域记》作“阇烂达罗国”、《继业行记》作“左烂陀罗”，今译“贾朗达尔”（市）。据《印度通史》（p. 60），Jalandhar 寺在今印度东旁遮普。沈曾植（《笺证》Ⅰ. 12r）认为该寺即“那兰陀寺”。按那兰陀寺多作“那烂陀寺”，梵文为 Nālandā，为古印度摩揭陀国著名寺院，位于首都王舍城东（今印度比哈尔邦巴腊贡地方）。Nālandā 与 Jalandhar 读音、地点均不相符，不能视为同一地。

《源流》所说的“最终的妙说法轮之旨”，据《红史》（p. 6），当指所谓释迦牟尼在秣剌耶山（Ma-la-ya，印度最南端的一座山）等处为四部众、无数菩萨等“三转不共乘胜义真实谛法轮”之事。胜义真实谛，东嘎·洛桑赤列释为除广中略般若、戒律、根本密咒以外的大乘经籍的总称（《红史》p. 140）。

㊵《源流》所记迦腻色迦王以后印度的王统，与《红史》基本一致。《红史》说阿育王之后先后有“七赞扎王”、“七跋拉王”、“四塞那王”登上印度的王位。这只是一种概略的说法。据文献记载，后来的印度王统实际上远超过三种姓氏、十八代。统治家族的姓氏成为王朝名。诸多王朝中，有 Gupta（笈多）王朝、Pala（巴拉）王朝、Sena（森纳）王朝等。《源流》所谓的赞陀（Zanda）当为 Gupta（笈多），因为 zanda（藏文作 tsan- tra）只是笈多王朝创

始人 Candragupta(旃陀罗·笈多,与孔雀王朝创始人“月护”同名)名字部分 candra 的音译,而他所在的家族的姓氏为 Gupta,以后历代笈多王朝的国王称呼中都带有 Gupta,如“沙摩陀罗·笈多”、“毗湿奴·笈多”等。藏文史书误以人名 Candra 为氏名,蒙文史书以讹传讹。

《红史》所记“七赞扎”分别为:1. Ha-ti-tsan-tra(哈德赞扎)、2. Shri-tsan-tra(室利赞扎)、3. A-bi-tsan-tra(阿比赞扎)、4. Dharmā-tsan-tra(达磨赞扎)、5. Karmā-tsan-tra(噶玛赞扎)、6. Bhi-kra-ma-tsan-tra(贝扎玛赞扎)、7. Gho-mi-tsan-tra(郭米赞扎)。梵语当分别为:1. Ha-ri-ʦantra、2. Çrhi-ʦantra、3. Akhe-ʦantra、4. Dharma-ʦantra、5. Karma-tsantra、6. Bi-Krama-tsan-tra、7. Go-mi-tsantra(《红册》p. 43)。《印度通史》(p. 129)“笈多王朝世系表”中列有国王 12 人,《红史》所载人名与其多不相符。

㊶ 七跋罗(Bala),《红史》分别作:1. Gōō-pā-la(郭跋拉)、2. Dharmā-pā-la(达磨跋拉)、3. Bhi-kha-pā-la(毕喀跋拉)、4. Ta-ma-pā-la(达玛跋拉)、5. Hi-ma-pā-la(希玛跋拉)、6. Mo-pā-la(摩跋拉)、7. Ni-pā-la(勒跋拉)。梵文当为:1. Gau-pḥa-la、2. Dharma-pḥa-la、3. Bhi-kḥa-pb a-la、4. Ta-ma-pḥa-la、5. Hi-ma-pḥa-la、6. Mo-pḥa-la、7. Ne-pḥa-la(《红册》p. 43)。《印度通史》(p. 151)“巴拉王朝世系表”列有国王 17 人,其中有“戈巴拉一世”、“达尔玛巴拉”、“维格腊哈巴拉”、“摩希巴拉”、“纳亚巴拉”。《红史》的第 1、2、3、6、7 人可与其比对。

㊷ 四犀那(Šina),《红史》分别作:1. Ba-la-se-na(巴拉塞那)、2. Ke-pa-se-na(格巴塞那)、3. Mi-ni-kra-se-na(米尼扎塞那)、4. Ma-hen-se-na(玛痕塞那)。梵文当为:1. Pḥa-la-se-na、2. Ke-sa-se-na、3. Ma-ni-kra-se-na、4. Ma-hen-se-na(《红册》p. 44)。《印度通史》(pp. 193 ~ 195)列森纳(Sena)王朝国王 7 人:萨孟塔·森纳、希孟塔·森纳、毗查耶·森纳、巴拉拉·森纳、拉克什曼纳·森纳、维斯瓦罗巴·森纳、凯萨瓦·森纳。《红史》所载 7 人中,只有巴拉塞那勉强可与巴拉拉·森纳比对。

㊸ 智铠大师,Bilig-ün quyaγ kemekü baγši。清译本(Ⅰ. 13ʳ)缺(满译本即缺

译)。《布顿佛教史》(p.285)提到《殊胜赞释》、《胜天赞释》两部经书,作者均为"协饶果恰(智铠)";《红史》(p.29)也提到"喜饶郭恰大师所著的《殊胜天神礼赞》的注释";《青史》(p.24)作"协饶果恰(智铠)师"。则《源流》此处的智铠即协饶果恰(Shes-rab-go-cha)的意译,《殊胜赞广释》(译名从《藏汉对照西藏大藏经总目录》p.10),当即《殊胜赞释》或《殊胜天神礼赞》的注释。该书收在《西藏犬藏经》(丹珠尔)赞颂部第108函(第46卷),藏文原名为Khyad-par-duḥphags-paḥi bstod-paḥi rgya-cher b śad-pa,汉译名作"殊胜;圣赞广释"。《布顿佛教史》(p.248)还提到他写的另一部佛学著作《法集要颂释》,《藏汉对照西藏大藏经总目录》(p.39)作"《优陀那品注解》"。《西藏通史》(p.13)称他为"印度著名学者"。他的梵语原名为Prajñavarman。

㊹《源流》有关西藏人类来源的叙述,无疑源自藏文史籍,但与藏文史籍所载又有所不同。

《布顿佛教史》(p. 167)讲到"最初西藏地区人的来历"时,引《胜天赞释》说:"是般茶王的五个儿子和十二个极恶的仇敌军团交战的时候,汝巴底王领着他的军队约一千人,乔装为妇女,逃遁到大雪山丛中,逐渐繁殖起来的。"般茶王,梵文作Paṇḍavāḥ,意为"狮子男",又译"班陀波",是印度叙事长诗《摩诃婆罗多》中的英雄人物。《源流》此处所说的"怙狮"(Ite-gel arsalan),清译本(Ⅰ.13ᵛ)即作"班达巴"。《青史》(p.24)也引了智铠大师的说法,Pāṇḍavāh处用的是其藏语译名"嘉色"(Skya-seng),《新红史》(p.15)的记载基本相同,但汝巴底处作"茹西"(Ru-shi)。

关于西藏人类的来源,藏文史籍中还有其他不同的说法,如早期文献中说西藏的先祖是猿猴与罗刹女(魔女)所生(《国王遗教》、《本教通史》等),《布顿佛教史》、《红史》等后期史书虽然收录了这类记载,但只是作为一般介绍,倾向性不强。还是西藏人源自印度的说法后来占了上风,为后世所普遍接受,这种现象自然与佛教在藏地的传播有关。蒙文史书只选择西藏人源自印度的说法,也与佛教在蒙古地区的传播分不开。

㊺ 跋蹉国能现王，Batsala ulus-un Urγuγuluγči neretü qaγan。清译本(Ⅰ.13ᵛ)作"巴特沙拉国之乌第雅纳汗"。《源流》所载与《黄史》(p.20)同。西藏王统起源于印度的这个故事，《布顿佛教史》等藏文史籍已有类似记载。《布顿佛教史》(p.168)称此王为"白萨罗王名'能现'"；《红史》(p.30)作"白沙拉恰切"、《王统史》(p.33)作"勃萨罗国出光王"、《新红史》(p.15)作"贝萨拉王恰切"，其藏文原文均为 Pad- sa-laḤchar-byed。Ḥchar-byed 意为"能现"，其梵语原名为 Udayanavatsarājā(汉译"东王子")。两《黄金史》作"印度摩揭陀国拘萨罗王的儿子沙八王"；《阿萨剌黑齐史》(p.16)作"印度的百军王"，与《王臣记》所载相同。

《源流》此处所说的"能现王"，即前文提到的"邬陀衍那王"、"沙八王"(参见注22、31)。Udiyana、Šarba、Urγuγuluγči，分别为该王的梵语原名、藏语译名、蒙古语译名。

㊻ 高墙神山，Öndür küriyetü tengri aγula。清译本(Ⅰ. 14ʳ)据满译本 Lari giyangto 译为"拉里姜托山"。此山，《敦煌吐蕃文书》(p. 162)作"神山江多"、《工布第穆碑》(《藏族古代文献选辑》p.63)作"江妥神山"、《雅隆史》(p.28)作"绛妥神山"、《汉藏史集》(p.81)作"拉日江脱神山"、《王臣记》(p.13)作"江脱神山"。藏文原文为 Lha-ri. gyang-mtho，意为"高墙神山"。

《西藏通史》(p.22)说："此山位于西藏工布林芝县境内的达孜曲吉纳俄村附近，后来被封为本教神山，即本教祖师辛饶米沃且的圣山。"

㊼ 游戏神山，Čenggegči tengri aγula。清译本(Ⅰ.14ʳ)据满译本 Lari rolbo 译为"拉哩啰勒博山"。此山，《布顿佛教史》(p.168)作"拉日山"；《红史》(p.30)作"若波神山"；《雅隆史》(p.28)作"惹波神山"；《王统记》(p.33)作"拉日若波山"；《王臣记》(p.13)作"游戏神山"。藏文原文为 Lha-ri-rol-po，意为"游戏神山"。

㊽ 具势平川的四户塔，Erketü tala-daki dörben qaγalγatu suburγ-a。清译本(Ⅰ. 14ʳ)作"赞塘所有之四户塔"。《黄史》(p.20)同处仅作"具势平川"。《布顿佛教史》(p.168)同处作"赞塘阁西"、《红史》(p.30)作"赞塘郭细"、

《雅隆史》(p. 28)作“赞塘阁希”、《汉藏史集》(p. 81)作“赞塘果细”、《王臣记》(p. 13)作“赞圹四门平原”。藏文原文为 Tsan-thang-sgo-bshi(有“力量四门平原”之义)。该地据说在西藏山南地区乃东县泽当附近(《雅隆史》p. 154)。

㊾ 天安教士、地灵教士, tengri-yin tübšin bonbu、γaǰarun ǰangbonbu。清译本(Ⅰ. 14r)作“众方”(满译本作 geren——“众人”之义)。《黄史》(p. 20)同处作“两个本教教士”(qoyar bombukümün);两《黄金史》作“吐蕃人(Töbed-ün kümüm);《阿萨剌黑齐史》作“以吐蕃本教教士为首的十二位贤人”(Töbed bombuekilen arban qoyar erdem-tü kümün).

《布顿佛教史》(p. 168)同处作“本教徒们”;《红史》(p. 30)作“看见的人”;《雅隆史》(p. 28)作“苯教徒等十二位贤德牧民”;《王统记》(p. 33)作“诸牧人”;《汉藏史集》(p. 81)作“雅干拉色、托拉温布等十二名聪明少年(在此处放牧牲畜)”;《王臣记》(p. 13)作“在那里放牧的有才干的苯教徒十二人”。

㊿ 颈座王共主, Seger sandali-tu qaγan tükel eǰen。清译本(Ⅰ. 14v)作“尼雅持赞博汗”。《黄史》、两《黄金史》、《阿萨剌黑齐史》均作 Küǰügün sandali-tu qaγan(颈座王)。

《敦煌吐蕃文书》(p. 161)作“聂墀赞普”、《布顿佛教史》(p. 168)作“涅赤赞普”。藏文原文为 gNyaḥ-khri-btsan-po(《红史》等其他藏文史籍亦同),意为“肩座王”。tükel,源自突厥语 tükel,意为“完全、一切、完美”等(参见《词汇选择》p. 272)。

此王为传说中的西藏人最早的君主,多数后期的藏文史籍说他来自印度,有印度王室的血统,被众人以颈为座抬回国中奉为国王,因而得名。但《敦煌吐蕃文书》所载吐蕃赞普世系表(pp. 161 ~ 162)不提他来自印度,只说他是“天神‘自天空降世’”,“来作雅砻大地之主,降临雅砻地方,天神之子作人间之王”。《佛国记》在讲到毗舍离国时,记述了一段传说故事,文中说:“城西北三里,有塔,名放弓仗。以名此者,恒水上流有一国王,王小夫人生一肉胎,大夫人妒之,言:'汝生不祥之征。'即盛以木函,掷恒水中。下流有国王游观,见水上木函,开看,见千小儿,端正殊特,王即取养之。遂使长大,甚勇健,所往征伐,无不摧伏。次伐父王本国,王大愁忧。小夫人问王:'何故愁忧?'王曰:'彼国王有千子,勇健无比,欲来伐吾国,是以愁耳。'小夫人言:'王勿愁忧!但于城东作高楼,贼来时,置我楼上,则我能却之。'王如其言。至贼到时,小夫人于楼上语贼言:'汝是我子,何故作反逆事?'贼曰:'汝是何人,云是我母?'小夫人曰:'汝等若不信者,尽仰向张口。'小夫人即以两手搆两乳,乳各作五百道,堕千子口中。贼知是我母,即放弓仗。"可以看出,后期藏文史书中的说法是根据当时西藏社会思想意识的需求,以印度放弓仗塔之类的传说故事和吐蕃本土天神降世成为人主的传说为蓝本,进行加工改造,揉合出印度某王子落难获救后翻过雪山来到吐蕃,被吐蕃误以为天神而奉为吐蕃王的故事。这不仅反映了佛教对西藏思想意识方面的影响,而且反映了佛教的传入对西藏史学所产生的深刻影响。

51 关于"天座七王"(tengri-yin doloɣan širegetü qaɣan(清译本缺译),诸书记载不尽相同。其他蒙文史书中,《黄史》(p. 21)无"天座七王"之说,所记吐蕃最初六位国王为:颈座王、人座王、鸟座王、麦座王、马座王、金座王。两《黄金史》所记吐蕃最初七位国王为:颈座王、人座王、乞亦・瓦儿布・鸟座王、巨灶麦座王、花毛骏马火水晶座王、深穴马座王、海穴金座王。《阿萨剌黑齐史》只记海穴金座王一人。

《布顿佛教史》(p. 168)以及《红史》(p. 30)等藏文史籍中均有"天赤七王"或"天座七王"之说,所记七人基本相同,仅个别人名有不一致处。其中,《红史》、《青史》、《雅隆史》、《王统记》、《王臣记》所记相同。据《红史》,七王分别为:聂赤赞普(gNyah-khri-btsan-po)、牟赤赞普(Mu-khri-btsan-po)、丁赤赞普(Ding-khri-btsan-po)、索赤赞普(So-khri-btsan-po)、梅赤赞普(Mer-khri-btsan-po)、德赤赞普(gDags-khri-btsan-po)、塞赤赞普(Sribs-khri-btsan-po)。其中的梅赤赞普,《布顿佛教史》作"耶赤赞普",《源流》的亦奔·赞普(Iti bzangbu)与其读音相近。

《敦煌吐蕃文书》(p.162)中的“天上七墀王”为:岱·聂墀赞普、牟墀赞普、丁墀赞普、索墀赞普、德墀赞普、墀白赞普、止贡赞普。其中的止贡赞普,藏文原文作 Gri-gum-btsan-po,《源流》的“吉里公·赞普”(Rigum bzangbu)即其音译,《源流》也以他为七王中的第一位,这与《敦煌吐蕃文书》一致。然而在《布顿佛教史》、《红史》等藏文史籍中,止贡赞普被记为第八代王(第七代王塞赤赞普之子)。

《源流》清译本(Ⅰ.14ᵛ)据满译本将此处的“吉里公·赞普·海穴后侧金座王”译为“色哩持赞博汗”,对后文两处出现的“海穴后侧金座王”,一处(Ⅰ. 15ʳ)改译为“色哩持赞博汗之子曰智固木赞博汗”,一处(Ⅲ.1ʳ)译为“色尔持赞博汗”。满译本之所以这样改动,无疑参照了《红史》等藏文史书的有关内容。

52 海穴后侧金座王,Dalai subin aru altan širegetü qaγan。即前文提到的天座七王中的最后一代王吉里公·赞普·海穴后侧金座王。清译本据满译本将吉里公·赞普·海穴后侧金座王译为“色哩持赞博汗(Ⅰ,14ᵛ),而将此处的海穴后侧金座王改译为“色哩持赞博汗之子曰智固木赞博汗”(Ⅰ. 15ʳ),又将后文出现的海穴后侧金座王译为“色尔持赞博汗”(Ⅲ. 1ʳ)。色哩持赞博、色尔持赞博,即《红史》等藏文史书中天座七王之末代王 Sribs-khri-btsan-po(塞赤赞普)的音译;智固木赞博为 Gri-gum-btsan-po(止贡赞普)的音译。满译文显然参照了《红史》等藏文史书的说法。但满译本的改译使前后文出现矛盾,本来是同一人的金座王(止贡赞普),变成了止贡赞普、塞赤赞普两个不同的人。张尔田在注文(Ⅲ. 1ʳ)中虽然发现了这一矛盾之处,但由于未检核蒙文原文和满译文,没有进一步找出原因。道润梯步(译注《源流》p.89)不察,盲从清译本作“色尔持赞博合罕”。

止贡赞普,语义可释为“死于刀下之王”,得名或许与他被人弑杀有关。传说中还说他被弑后,尸骸被放进铜匣抛入大江(《敦煌吐蕃文书·传记篇》),“海穴后侧金座王”的称呼或许与这个传说有某种关连。

(53) 关于吉里公·赞普(止贡赞普)的诸子,诸书记载颇不一致。其他蒙文史书中,《黄史》、两《黄金史》、《阿萨剌黑齐史》虽然也都记为三人,但长幼顺序与《源流》不同,作:孛喇出、失宝赤、孛儿帖·赤那。藏文史籍中,早期的《敦煌吐蕃文书》(p. 122)记为二人,作:夏歧、聂歧;后期的《红史》(p. 30)记为三人:夏赤、涅赤、甲赤。多出了甲赤一人。《雅隆史》(p. 29)、《王统记》亦同。《汉藏史集》(p. 82)也记为三人,但长幼顺序不同,作:夏赤、甲赤、尼雅赤;《王臣记》(p. 14)说止贡赞普有三子,但只记"嘉赤"一人之名。

夏歧(夏赤),藏文原文为 Sha-khri,意为"乘鹿者";聂歧(涅赤、尼雅赤),藏文原文为 Nya-khri,意为:'乘鱼者";甲赤(嘉赤),藏文原文为 Bya-khri,意为"乘鸟者"。失宝出或失宝赤(Šibaγuču、Šibaγuči),意为"驯鸟人";孛喇出(Boraču),语义不明;孛儿帖·赤那(Börte činu-a),意为"苍狼"。三名之中,只有失宝出可视为甲赤的意译,其他两个则无法比对。尤其引人注意的是,在《秘史》等早期蒙文史书中与吐蕃毫无关系的蒙古人的始祖孛儿帖赤那在这里被列为吐蕃王的后代。联系后文,可以看出这是在为所谓孛儿帖·赤那逃往蒙古地方,成为蒙古人始祖的印藏蒙一统论的故事作铺垫。这个故事与后期藏文史书中所出现的印度的一位王子逃到吐蕃成为吐蕃之王的故事如出一辙,目的同样是为了更有利于佛教的传播。据 15 世纪以前的藏文史籍,止贡赞普的儿子们在父亲被弑之后,逃往公布地方(今西藏自治区工布江达县一带),有一位后来重新当上了吐蕃王,其他人留在当地成了地方首领,根本没有什么止贡赞普的一个儿子逃往蒙古地方之事。16 世纪后半叶格鲁派藏传佛教传入蒙古地区,此后成书的大多数蒙文史书中普遍出现了孛儿帖·赤那为吐蕃王止贡赞普之子的说法。这种现象反映了当时蒙古地区政治形势的舆论需要,即为藏传佛教在蒙古地区的传播制造"合理"借口,鸣锣开道。炮制这一故事的始作俑者,很有可能属于格鲁派藏传佛教僧侣和蒙古右翼万户的高层统治者。

《黄史》等其他 17 世纪蒙文史书中的吐蕃王统史,至此为止。

(54) 不谛·公监王,Sbudi güngrǰal qaγan。清译本(Ⅰ. 15r)作"布德恭嘉勒

汗”。此名,藏文原文作 Spu-lde-gung-rgyal(“胜一切王”之义)。《敦煌吐蕃文书》(p. 125)作“布带巩甲”,以为夏歧的王号;《布顿佛教史》(p. 168)、《雅隆史》(p. 29)、《王统记》(p. 34)、《汉藏史集》(p. 82)、《王臣记》(p. 14)以为甲赤的王号;《红史》(p. 30)以为涅赤的王号。

(55) 关于地贤六王,藏文史籍一般称为“地上六列王”或“中列六王”,其中不包括布带巩甲。《敦煌吐蕃文书》(p. 162)记为:托列赞普、肖列赞普、高茹列赞普、仲西列赞普、梯笑列赞普、义笑列赞普;《布顿佛教史》(p. 168)记为:阿学勒、依学勒、德学勒、古茹勒、仲杰勒、脱学勒;《红史》(p. 30)、《青史》(p. 25)、《王统记》(p. 36)、《王臣记》(p. 15)记为:埃(阿)肖列、德肖列、梯肖列、库茹列、仲西列、俄(依)肖列;《雅隆史》(p. 31)、《汉藏史集》(p. 84)记第一位为伊肖列,第六位为阿肖列。

《源流》的阿肖列思(Ašolig)即阿肖列(A- sho-legs)、提肖列思(Tišolig)即梯肖列(Thi- sho-legs)、孛隆热列思(Brorčilig,清译本作“布隆锡勒克”)即仲西列(ḥ Brong- sher-legs)、古鲁列思(Guurumlig,清译本作“库噜勒克”)即库茹列(Gu-tu-legs)、失剌麻列思(Šilamalig,e 本作 Išolig,清译本作“伊硕勒克”)当即依肖列(I-sho-legs)。由于《源流》将不谛·公监(布带巩甲)算为六王之一,所以实际上藏文史籍中六王之一的德肖列(De-sho-legs)没有得到反映,或许因为该名与梯肖列(Thi-sho-legs)读音相近而被误以为同一人。清译本(Ⅰ. 15ʳ)因满译本而缺译阿肖列思、提肖列思之名。

(56) 所谓振兴王统之七王(清译本作“衍庆七王”)的情况,与藏文史籍有出入。《敦煌吐蕃文书》(p. 163)中无什么七王之说,所记地上六列王以下的七代王为:1. 萨南木森帝;2. 岱处保南木雄赞;3. 岱管;4. 南木岱诺南木;5. 色诺保;6. 岱甲吾;7. 甲森赞。《红史》(p. 31)称地上六列王之后为“地岱八王”,依次作:1. 萨南木森岱(Za- nam-zin-lde);2. 岱朱南木雄赞(Ldeḥprul-nam-gshung-btsan);3. 色诺韩岱(Se-snol-lhan-lde);4. 色诺保岱(Se-snol-po-lde);5. 岱诺南木(Lde- snol- nam);6. 岱诺保(Lde-shol-po);7. 岱甲保

(Lde-rgyal-po);8. 岱珍赞(Lde-sprin-btsan),《青史》、《雅隆史》、《王统记》、《汉藏史集》、《王臣记》亦同。

从读音上分析,《源流》所载的谛竹南雄(Lderü gnamcung,清译本作"德噜纳木松")相当于第二位的 Lde-ḥprul-nam-gshung-btsan;谛思班(Ldis-bal,清译本作"色诺勒纳木德")或许相当于第六位的 Lde-snol-po;谛奴牙(Ldirnuy-a,清译本作"德诺勒讷木")相当于第五位的 Lde-snol-nam);些筊南(Sernunam,清译本作"德诺勒博")或许相当于第三位的 Se- snol-lham-lde;苏哇(Suu-a,清译本作"德嘉勒博")按排除法比对,大致相当于第四位的 Se-snol-po-lde;必邻监赞(Sbrinrjal mzan,清译本作"德必琳赞")相当于第八位的 Lde-sprin-btsan;东里・东赞(Sdongri-sdongmzan,清译本作"多哩隆赞"),当是藏文史籍中的甲德日隆赞(Rgyal-lde-ri-long-btsan)。但他不列入"地岱八王"。《源流》未收"地岱八王"中的第一位 Za-nam-zin-lde 和第七位 Lde-rgyal-po。

满译本、清译本的译名及其顺序,参照了藏文史籍,与《源流》的原文有不符之处。

57 乞里南赞,Krinamzan,清译本(Ⅰ.15ᵛ)作"持赞纳木"。陀里・陀赞,Togri togzan,清译本作"持托克哲赞"。剌陀・土里,Lhato tori,清译本作"拉托托哩年赞"。

多数藏文史籍中,甲多日隆赞(东里・东赞)至拉脱脱日年赞(Lha-to-to-re-gnyan-btsan)共为五代,中间三代分别是:赤扎邦赞(Khri-dgar-dbung-btsan)、赤脱杰脱赞(Khri-tog-rje-tog-btsan)。这五代王被称为"五赞王"或"赞字五王"。《源流》的 Krinamzan 当即 Khi-btsan-nam;Togri togzan 当即 Khri-tog-rje-tog-btsan(《旧唐书》作"瘕悉董摩");Lhato tori 当即 Lha-to-to-re-gnyan-btsan(《旧唐书》作"陀土度")。《源流》缺 Khri-dgar-dpung-btsan 一代,而且将甲多日隆赞算入上代所谓"振兴王统七王"之内,这都与藏文史籍所载不相符。

58 温布剌冈殿,Umbu blasgang kemekü qarši。清译本(Ⅰ.16ʳ)作"温博拉冈

宫”。藏语称 Un-bu-brla-sgang(“母子宫”之义),汉译名有“雍布拉岗”、“永布拉岗”等。该建筑地址在今西藏自治区乃东县城东南5公里处的山岗上。被认为是西藏最古老的佛教建筑。现存建筑是清康熙年间第巴桑结嘉措时重修的。

第 2 卷

［译文］

却说［剌陀·土里王］下令念诵那部《十万宝训》，初得佛法，因此所谓的“佛教前弘”是从那时开始。托此福，那位［剌陀·土里王］又多活了六十岁，于丁未年薨，享年一百二十岁。

［剌陀·土里王］的儿子是揭利失若·宗赞，［揭利失若·宗赞］的儿子是思达里·若恃，［思达里·若恃］的儿子是南里·笼赞，与［前］王共称为妙音七王[①]。

［南里·笼赞］的儿子生于从前那个戊子年二千七百五十年后的丁丑年，生母是萨必里麻·陀葛夫人[②]，［他］妙相俱足、头顶有阿弥陀佛之相、俊秀奇妙。当时父王说：“这孩子有什么说道呢？据说从前我们的先祖颈座王生为一个异相之子时，因无人能识而被丢入恒河。现在［这孩子］不管怎么说总归是自己的儿子嘛！”给他起了最初的乳名叫弃苏农赞[③]，用红绸布缠住他头顶上的阿弥陀佛之相，避人眼目。

己丑年，［弃苏农赞］十三岁上即王位，降伏了周边众小王。壬辰年，他十六岁，派通密·阿努的儿子通密·三布喇大臣和十六个同伴一起前往印度学习。［通密·三布喇］随印度的扮底达天智狮子[④]学习了声明，结合吐蕃语［创制］四个元音字母，配戴三十个辅音字母，［字体］参照迦支字，去除［其］三十四个辅音字母中的十一个，留下二十三个，补加吐蕃的六个字母，再加上“阿”音字，改制成吐蕃的三十个字母,并编制出字韵和八大史册而归,为此王心大悦,闭门[学习]四年,全部学通,翻译了《宝箧经》、《百拜忏悔经》、《三宝云经》等[5]。

却说为了以严政将边陲吐蕃之国引入佛法之制,[弃苏农赞王]修订了严厉的法规,例如杀人者罚金千两[6]、偷盗[者]断其手、说谎[者]割其舌等,禁绝十黑罪业,施行十善法政。因此,他的威名"大慈悲观世音之现身·转千金轮·上斫迦罗伐剌底王·苏农赞干布"响彻四方。王想到如今应该有一个本尊佛像,就从自己心中化出一个名叫噶麻·底思利、头顶有阿弥陀佛之相、与自己一模一样的僧人,命令他说:"从前在拘留孙佛时,大慈悲十一面观世音从色究竟天下来,在印度西方僧伽罗海之滨化入埋于地下的一棵蛇心旃檀树根内,后来在拘那含佛之时发芽,在迦叶佛之时长成大树,在当今释迦牟尼佛之时枝繁叶茂、果实累累,在佛涅槃之时即刻倾倒。为尘土所埋。你[去]刨出它来,迎回那尊十一面观世音菩萨![你]到达僧伽罗海岸边,[会看到]一群大象躺卧在那里,其中有一头名叫阿罗斫伐阗的大象,红鼻子、耳朵上坠着牛黄,[你]把它轰走,挖开它身下的土,就会现出那棵蛇心旃檀树。"奉王的命令,那位化身僧即刻发神,力赶到[那里],果然[见]一群大象躺卧着。[他]赶开那头[红鼻大象],可它并不走远,站[在一旁]等着。[他]动手砍去那棵旃檀树的枝杈时,[树干中]传出来"慢砍!"的声音。随后,十一面观世音菩萨的自现化身从自行裂开的[树干]中显现出来。却说[化身僧]从迦叶佛所持受的花轮塔下请出三佛的不少舍利时,那头阿罗斫伐阗大象设恶愿说:"你那位神变之王从前祈福时曾忘掉了我,如今又毁掉了我的休憩之地。来世我要生为毁你佛法的大力王!"却说[化身僧]请回那尊佛像,献给了国王,并将那头大象的话禀报无遗,王于是说:"从前我在印度生为胜安女子的儿子,修造了扎隆·噶肖塔,在[塔]前祈福时,忘了为曾给那座[塔]驮土的一头牛祝福,那头牛大怒,设下了恶愿,我也设愿以克其灾。现在,这头大象今世卧于观世音之上,看来它的忿怒之心已平,将来可轻易制伏,制伏它的克星仍将是我。"[7]

却说,国王心想:"如今普济这雪域众生,需要一部胜法。"当时,只见那尊自现本尊佛像的两眼之间射出两道光束,一道光束射中尼八剌[国]光铠王的女儿乞利孙公主[8]。[乞利孙公主]生于甲申年,年方十六,皮肤白皙,妙相俱足,美丽绝伦,

纯洁无瑕，口吐优钵罗花香气，拥有无数金银财宝。另一道光束射中汉地唐太宗的女儿文成公主。[文成公主]生于甲申年，年方十六，肤色青润，妙相俱足，美丽绝伦，纯洁无瑕。口吐诃利旃檀香气，通晓一切学问典籍。

却说国王先派遣通密·三布喇大臣和巧辩[9]二人[前去]求聘尼八剌王的女儿，交给他们三封匣装的信，说："尼八剌王将会提出三种不同的问题，到时你们就逐一呈上这些[信]"。[果然]光铠王连续提出三种不同的问题，[两位使臣]靠三封匣装的信相助，答对了问题，使[光铠王]又惊又怕，交出了愤怒母之化身的乞利孙公主。在[迎回]那位白度母乞利孙夫人时，还将迦叶佛所持受的昭不动金刚弥勒法轮、用牛头旃檀雕成的白度母[像]、自现的三[世]佛像以及尼八剌国的所有经卷全部请回吐蕃。[苏农赞干布]王子己亥年二十三岁上[与乞利孙公主]成婚。

却说求聘文成公主，[国王]派出以必里些鲁·公思端[10]、巧辩、通密·三布喇三大臣为首的三百名使臣，事先交给[他们]三种匣装的信。那时，为求聘[文成]公主，相继有印度法王、大食宝王[11]、蒙古聚会之主汗[12]、格萨尔军王等四方面的使臣来到[汉地]。父皇[唐太宗]喜好佛法，说要[把女儿]嫁给宝王；皇兄心仪勇士，说要[把妹妹]嫁给聚会之主汗；公主爱慕俊生，想要嫁给军王，无人提及吐蕃。不过太宗皇帝非常英明，心想："听说这个吐蕃王不同凡人，暂且先听听吐蕃王的使臣怎么说，看他有什么深义。"他问吐蕃的使臣："你们的王有佛之三尊吗？如果有，我就把女儿嫁给他；如果没有，就不嫁。"巧臣呈上第一封匣装的信，[这封信]与此前[吐蕃王]呈给尼八剌王的信一样，也是用金泥写在蓝纸上，皇帝打开一看，上面用汉字写着："太宗皇帝，你有佛像，而我没有。将来有一天，我将派遣自己的化身一百零八个巧匠建造一百零八座佛寺，寺门朝向汉地，那岂不是我[创造]的奇迹吗？如果我那样做了你还不把女儿嫁[给我]，我就派众神兵击杀你，夺走你的女儿，毁坏你的国土！"[太宗皇帝]看后心想："这[话]是真还是假？倘若是真，可就麻烦了。"[他]说："你们的王有佛法之政吗？如果有，我就把女儿嫁给他；如果没有，就不嫁。"巧臣手持第二封信回答说："我们要得到国王的旨令，路途太远，请您[先]过目这封[信]。"说完呈上第二封信。[太宗皇帝]打开一看，[格式]也与前一封信相同，上面写着："太宗皇帝，你有佛法之政，而我没有。将来有一天，我会变出与自己一样的一千个转轮王，施行十善法政，那岂不是我[创造]的奇迹吗？如果我那样做了你还不把女儿嫁给[我]，我就派出众神兵击杀你，夺走你的女儿，毁坏你的国土！"[太宗皇帝]心想："唉，如今这[话]或许当真？"于是[他]又说："你们的王有五欲乐[13]吗？如果有，我就把女儿嫁给他；如果没有，就不嫁。"巧臣呈上第三封信，又禀奏了一遍刚才说过的话。[太宗皇帝]打开一看，[格式]又是同前，上面写着："太宗皇帝，你有五欲乐，而我没有。如果你有欲乐之心，肯把女儿嫁给[我]，我就从自己体内变出五百个化身，造出供眼睛观赏的千种美丽的色彩、供耳朵欣赏的千种和谐的音乐、供鼻子吸闻的各种完美的香气、供舌头品尝的千种各异的美味、供身体享受的千种柔软的服装，那岂不是我[创造]的奇迹吗？如果我那样做了你还不把女儿嫁给[我]，我就派出无数神兵杀掉你，夺走你的女儿，毁灭你的整个国家！"[太宗]皇帝心想："这[话]看来的确当真。"[他]虽然心中恐惧，但仍装出无所谓的样子说："明天我要宴请五百位使臣，你们可以早来。"第二天，那些使臣们都赶来了，[唐太宗]设宴款待，[席间]给每人放了一大瓶白酒，说："你们哪一方能每个人各自喝干这[瓶酒]，我就把女儿嫁给那一方。"却说其他[方的]使臣们没能做到每个人喝干自己的一瓶酒，纷纷喝醉，找不到自己的下榻之处，睡进了别人的房子。巧臣早晨来[赴宴]时，把来路沿途用颜料做了记号，事先让每个人胸前藏一个瓶子，靠着瓶子他们每个人都喝干了[自己的]一瓶[酒]，晚上回去时顺着来路[沿途]的记号回到了下榻之处。[巧臣他们]第二天[来]说："我们喝光了[酒]，请[把女儿]嫁给我们[吐蕃之王]！"[太宗皇帝]为了试探，又给了每个人一只羊，说："明天哪一方能吃光羊肉、鞣好羊皮，我就把女儿嫁给那一方。"其他[方]的使臣倒是每人吃光了一只羊，可是未能鞣好皮子。巧臣先杀了一只羊，津津有味地吃光了羊肉，又从头至尾一遍就鞣好了皮子，然后说："我们成功了，请[把女儿]嫁给我们[吐蕃之王]！"[太宗皇帝]又[令人牵来]一百匹带驹的骒马，分开母马和马驹，交给每个使臣，说"明天你们哪一方能分辨出每对母马和马驹，我[就把女儿]嫁给那一方。"其他[方]的使臣们[随便]把一匹马驹和一匹母马强往一块儿拽，可怎么也拢不住。巧臣晚上把母马和马驹分圈过夜，第二天一合群，[马驹]各自奔向自己的母亲，因此一下子就分清楚了。[巧臣]说：

"我们已经分辨出来了,请[把女儿]嫁给我们[吐蕃之王]!"[太宗皇帝]又交给[使臣们]五百只带雏的[母]鸡,说:"明天你们哪一方能从中分辨出[每对]母鸡和鸡雏,我就把女儿嫁给那一方。"其他[方]的使臣们捉住一只母鸡、一只小鸡硬往一块儿放,可怎么也拢不住,[鸡]一个个跑掉了。巧臣在一块平滩上撒上粮食,放那些鸡进去,[小鸡]立刻各自钻入母亲的脖颈下啄食,因此一下子就分清楚了。[巧臣]说:"我们已经分辨出来了,请[把女儿]嫁给我们[吐蕃之王]!"[太宗皇帝]又[令人]把五百株乌木齐整地[砍去两头]剥掉树皮,说:"你们哪一方能识出这些木头的梢和根,我[就把女儿]嫁给那一方。"其他[方]的使臣们试尽各种办法也没能认出来。巧臣[把木头]放进一大片水中,于是树梢[一端]上浮,树根[一端]下沉,因此一下子就识出了。[巧臣]说:"我们已经识出了,请[把女儿]嫁给我们[吐蕃之王]!"[太宗皇帝]又说:"明天让公主和[与她]容貌相近的五百个姑娘并排坐在一起,你们哪一方能从中认出[公主]来,我[就把女儿]嫁给那一方。"却说第二天五部使臣相约来到皇宫。公主等五百个姑娘穿戴着同样的服饰,坐在皇帝的身旁。[有人]宣布:"使臣兄弟们,现在请起身辨认吧!"其他[方]的使臣们非常傲慢,争先一个接一个地站起,以为非此即彼,各挑中两个美女出去了。巧臣一直与公主的一个侍女相好,[事先]对她说:"[皇帝]说明天你们哪一方从五百个姑娘中认出公主,[公主]就归哪一方。从那么相似的[五百个姑娘]当中,我们哪里能认出[公主]来呢?! 你把她的相貌穿戴详细地告诉我,我会娶你为妻。"姑娘说:"皇帝的法律非常严,一旦得知是我透露的,肯定要杀了我。"巧臣说:"[他]怎么会知道是你说的呢? 没关系,说吧!"[姑娘]说:"我们汉地的卜算者能掐会算,可以凭卜算得知。"巧臣说:"他的办法我明白。"[巧臣]连夜采取了措施:'挖地九庹,里面支上一个三条腿的锅架,上面架上一口锅,[锅]里装满水,[水]上撒满各种鸟毛,[锅]上扣了一个大木盖子,然后让那个姑娘坐在上面,用铁网把她罩住,从网眼伸给姑娘九庹长铜管[的一端],让她含在口中,通过那根铜管说话。却说那个姑娘通过管子对着巧臣的耳朵低声说:"那位公主将变成[容貌]并不比其他[姑娘]更美丽、服饰并不比其他[姑娘]更华丽的样子,[因此]与其他[姑娘]别无二样。要说她与其他[姑娘]的不同之处,就是她面色青润,看上去无比光彩照人，牙齿如水晶般洁净，眼睛如宝蝶花般乌黑，头发如黛玉般黑亮，[14]脖子上戴有小项圈，两眼之间有麦粒般大小的吉祥痣，口中散发出诃利旃檀香气。她坐在最后六个姑娘的前面。"［第二天］巧臣手握系着五色彩绸的鹫羽箭起身说："这坐在最后的是织绸匠之女吧？身上有绸缎织物。她前面的是木匠之女吧？长衫灰白。她前面的是瓷器匠之女吧？［双］手皲裂。她前面的是铁匠之女吧？长衫褴褛。她前面的是画匠之女吧？指甲染色。她前面的是金匠之女吧？［手］戴金戒。她前面的这位，当是神变公主。"说着，用箭尾一指［公主］的衣边，神变公主哭着起身离去，五百个姑娘也跟着一下跑开了。父皇很舍不得女儿，但还是如数送给爱女佛本尊释迦牟尼像、所有精深卜算之书、《如意珍宝史》等十三种史册，以及其他所需各色宝贝，绸缎等财物，均按万数准备，送公主启程嫁往吐蕃。

却说，必里些鲁·公思端心生妒意，说："唉，大皇帝！你把自己唯一的爱女嫁给了我们的国王。现在你如果留下我们三个大臣中的一个，汉地和吐蕃两［国］的政权岂不更加巩固吗?"说着斜瞟了一眼巧臣。［太宗］皇帝于是降旨："你们迎娶了我眼睛般［珍爱］的唯一公主。这位巧臣聪慧过人，如今若能［留］住此地为我佐政，两个大国定能安享幸福。"把巧臣留了下来。却说太宗皇帝命令诸大臣："查出把我心爱的公主女儿密指给吐蕃［使臣］的人!"众大臣们查不出，来禀报皇帝。［皇帝］降旨："传卜算者前来，卜算测出!"卜算之人测算后禀报皇帝："陛下的这位公主不是被人密告的，在九重地之下有三座大铁山，［山］上有一片大铁原，［铁原］上潴积着一片汪洋的海水，［水］上栖息着各种鸟禽，其间还长着一棵大娑罗树。［树］上有那么一个长着九庹铜嘴、全身长满眼睛的女魔，［是她］告诉的。"皇帝听了大怒，要把所有卜算之书投进水里，巧臣心想"曼殊室利讲说的卜算［之书］，怎么可以烧掉?!"于是说："哎，陛下！我们的国王非常明智，在我们前来之时曾提醒我们您将会如此这般地多方试探，说'我将从这里托梦给你们以对付那些［试探］，你们照梦行事!'那天夜里，我们国王护法神的仆从变作那么一副女人的样子来到我的梦中告诉了我。"［太宗皇帝］联想到先前那三封暗中猜中的信，说："或许当真。"放弃了焚烧卜算之书。却说，巧臣约通密大臣出来，对他说："我住此地最多不超过三个月，这期间你要谨慎、警觉行事。"却说［太宗皇帝］赐给巧臣妻子、住

所，把他安顿下来。不久，巧臣施计，声称患了病，两腮里含上蓝靛和朱砂，口吐血沫，把山羊皮放臭了铺在身下，满身臭气地躺着。[太宗]皇帝心中害怕，传令说第二天派大夫来号脉。巧臣于是腋下揣上一只猫躺着，说自己身上臭，让[大夫]通过系在猫爪上的绳子号脉。[大夫]说："仅剩一只微小动物的脉息了。"说完而去。[太宗]皇帝说："这[大夫]说些什么?！明天再派一个大夫去！"巧臣于是怀揣一只鸡躺着。第二天，大夫来号过脉说："仅剩一只微小飞禽的脉息了。"说完而去。[太宗]皇帝大惊，第二天亲自前来，说："唉，[巧]臣！你自身非常精明，[你看]你这病是怎么回事呢？是因何引起的呢？怎样才能治愈呢？"巧臣低声说："唉，陛下！我这病不是由气滞引起、不是由黄疸引起、不是由痰淤引起，[也]不是由血淤引起；不是一千零八十恶魔之病，不是三百六十灾祸之病、[也]不是众菩提之病，而是由于心绪不安致使心脏像中了箭一般，当是染上了瘴病。我住在此地，得不到吐蕃山水之神的抚爱，成了恶鬼。因此我的病难以治愈。国王[您]也不易察知。"说着虚弱地躺下了。[太宗皇帝]问："眼下对此有什么良策吗？"[巧臣]回答："做什么也无济于事了，但如果能登上一座高山，遥望到边远的吐蕃的大雪山，祭祀吐蕃的山水，或许还稍有些作用。"[太宗皇帝]又问："需要些什么祭品？"[巧臣]说："给我一皮囊绸缎灰末、一瘤胃[羊]脾血、枪柄大小三庹[长]的木炭、枣红色马头的沙毛马，还有我用作牺牲的一匹好马和燃料等物品。"[巧臣]连夜送一个仆从携信逃走，第二天说："我的一个仆从知道我快要死了，就逃走了。如果他回到[吐蕃]，我们的国王定会出兵。请马上备齐此前[我要的]那些施魔法之物，我赶紧去上供。"[太宗]皇帝说："烧掉了所有绸缎也没装满一皮囊灰；杀掉了所有羊只也没装出一瘤胃[羊]脾血；烧光了所有林木也没形成一条鞭子大小的木炭，只找到了枣红色马头的沙毛马。"给那匹沙毛马备上金鞍，给一匹好马驮上各种食品和财物，牵了过来。巧臣从前就看出那匹马是好马，于是将那两匹好马骑一匹、牵一匹，在汉人同伴的眼皮底下逃脱而去。当他还在[汉地]时，[太宗皇帝]曾问他："大臣，你很精明，[你说]庄稼怎么种才好呢？"[巧臣]回答："把种子炒了再种，[庄稼]会长得更高，收成更大。"[巧臣]派走的仆从回到[吐蕃]，把信交给那边的人，信中说："丢在尘土中的鱼儿游回大海去了，困在猎围中的鹿儿奔回山里去了；在死水中放满兽毛！在驮子上带着男子之伴！灿烂的阳光照射在后山上，沿途扔掉众多可厌之物！黑铁圈[箍]在心上，月亮已靠近太阳。折起白旗，展开黑旗。莫与远方美丽的孔雀相识，默默无语[独自]哭泣。"通密大臣尽管清楚其意，但还是[把信]拿给公主夫人，公主一看就全都明白了，说："所谓丢在尘土中的鱼，困在猎围中的鹿，就是指[巧臣]他本人已奔向故土；所谓在死水中放满兽毛，在驮子上带上男子之伴，就是让在箭筒中装满箭矢，在驮子上及时备好甲胄刀剑；所谓沿途扔掉可厌之物，是让在途中每个营地留下断鞭、武器残块和马粪；所谓月亮已靠近太阳，是说'我已接近你们'；所谓折起白旗、展开黑旗，是说'我白天休息，夜间赶路'；所谓莫与远方美丽的孔雀相识，默默无语[独自]哭泣，是说不要告诉我[信的事]，要拿给吐蕃的大臣们看；所谓黑铁圈箍在心上，是说那巧臣在我们汉地干了许多坏事。"[公主将信的内容]全部清楚、准确地破译了。却说[太宗皇帝]派一位总兵率军追赶巧臣，他们在[巧臣]离去的每个营地内，看到了许多被扔下的断鞭、武器残块和马粪，说："都说吐蕃国王非常英明，[看来]他已明智地派重兵接应了。"遂中途回兵。却说巧臣很快回到了吐蕃。[苏农赞干布]王于辛丑年二十五岁上[与文成公主]成婚。[15]

[苏农赞干布王]还奇妙地修造了无数佛像、寺庙，令印度的瞿萨罗师、香伽罗婆罗门、尼八剌的室罗·曼殊师、尼八剌的斡思陀师、汉僧摩诃·提婆、吐蕃的译师通密·三布喇大臣和他的弟弟达摩·果沙等人翻译经咒典籍，[16]禁绝十恶罪业，结合王政施行十善法政，在黑暗的吐蕃升起了佛法的太阳。[苏农赞干布王]于戊戌年[17]与两位度母夫人以及通密·三布喇、巧臣等人一起化入十一面观世音心中，将永恒的英名传扬四方，享年八十二岁。

[苏农赞干布王]的长子莽思隆死于父亲在世时。他的弟弟名叫公思隆，生于丙戌年，己亥年十四岁上即王位，壬子年去世，享年二十七岁。[18]

[公思隆]的儿子是器拏悉弄·风力神变王[19]，他是父亲的遗腹子，生于壬子年，同年即王位，在位二十九年，庚辰年去世。

[器拏悉弄]的儿子弃隶缩赞王[20]生于庚辰年，辛巳年两岁上即王位，壬午年去世，享年六十三岁。

[弃隶缩赞]的儿子[乞犁悉笼纳赞][21],是在从前那个戊子年以来经二千九百二十年的庚午年由汉地唐肃宗皇帝之弟景德王的女儿金城公主夫人[22]所生,是个妙相俱足的儿子。[他]于壬午年十三岁上即王位,与笃好佛法的大臣萨思迦·管监班逋苣、贤陀摩那[23]等内臣商议后,于丙戌年十七岁时从萨豁尔地方迎请堪布菩提萨捶[24],王前往莽[地]之公堂山迎见,请回诃思孛利山的宫殿中,禀奏了修建法轮寺之事。[堪布菩提萨捶]说:"因我常常修习菩提之心,故不能制伏鬼怪。若不能先制伏天魔、本地土神,怎能修建寺庙?若想制伏它们,则有乌仗那[国]的钵特摩·三波伐大师[25],[他]是隶使整个宇宙鬼怪罗刹、八部恶神,执掌密咒藏之人,那位圣人前来,即可制伏[众鬼怪]。"王问:"我怎样才能把他请来?"堪布菩提萨捶说:"有能够把他请来的前缘。"[王]问:"是什么呢?"[堪布菩提萨捶]说:"古时候印度地方,有个名叫安乐的驯鸟人,他的女儿名叫胜安,与驯鸟氏、驯犬氏、养猪氏等三姓的男子相好,生下三个儿子。却说母亲去世后,那三个小孩子修造了扎隆·噶肖塔,各自祈福。[26]第一位即驯鸟氏的儿子首先说:'愿藉此福,来世成为一个教中施主、转轮大王!'那么大王如今就是你。第二位即驯犬氏的儿子说:'愿藉此福,来世成为一个掌教大师!'那么大堪布如今就是我。第三位即养猪氏的儿子说:'愿藉此福,来世成为一个为佛教铲除危害的大咒师!'那么那个大咒师如今就是钵特摩·三波伐大师。曾扶助过他的近执就是如今这雅隆[地方]的思必密·乞利失大臣。因为有那样的前缘,现在能够把他请来。"王大喜,于庚寅年[27]二十一岁上,派思必密·乞利失大臣、荡魔金刚等人为使臣,[28]前往印度迎请钵特摩·三波伐大师。去时,果真如先前菩提萨捶所说,[那位钵特摩·三波伐大师]说:"如今从应该出行的前愿来看,我已无权再住此地,所以我务必前往。此前已尽施自身利益之善,而今已到执掌他人利益之时。凤凰一旦羽毛丰满即飞向天空,学习了业法就无闲坐之暇。"于是即刻启程。途中,有桑松·乞利谛魔师逼进两山之间的峡谷,[钵特摩·三波伐]大师遂盘坐于空中,手护前胸,口念其密名,那个[魔师]变成名叫朵儿只·豁奔的一头大黑牤牛奔过来,刮起漫天风雪,使气温骤降,而[钵特摩·三波伐]大师却热得淌汗,[他]用九瓣铁杵一击牤牛前额,牤牛即刻逃向山里去了。顿时,风停雪消,群山苍翠,青石泛着蓝光,灿烂的阳光照耀[大地]。却

说[钵特摩·三波伐]大师[又]手护前胸盘腿而坐,口念其密名,尽数降伏了十二威勇[地]母[29]等吐蕃所有土神和凶猛龙怪,隶使众天魔,和人王乞犁悉笼纳赞一道与众龙之王优波难陀龙王结为盟友[30]。却说[乞犁悉隆纳赞]王于辛卯年二十三岁上,修筑阶梯,按密咒之道、仿大坛之状;按三藏之道、仿律藏之规;按经藏之道、仿本续之级,建起金刚元妙大殿[31]。[殿]内[所供]诸佛,多照密咒之道修造。下层殿堂仿吐蕃式、中层殿堂仿汉式、上层殿堂仿印度式,四大佛祖俱全。下层殿堂[共有]三门,[内供]最胜佛像;中层殿堂一门,仅[供]法身之像;上层殿堂[共]四个大门,[供奉]四无量和四业成之佛像。那座妙吉祥法轮寺,中殿为三世佛像;四面四角为四大部洲、八小部洲;[还有]施碍之门楣、门槛上的日、月两天室、得势四大道,以及八大摩诃·伽罗之庙、四大浮图、光明浮图,加起来总共三十座庙宇,只用一个大铁圈围起来。[这一切]仿照印度隐于海中的邬丹陀布里寺[32]建造,于癸卯年竣工,[乞犁悉笼纳赞]王时年三十四岁。令了知三世之圣钵特摩·三波伐、大堪布菩提萨埵和掌咒之师达摩·诘底[33]等人散花,祈福开光,喜庆之宴持续了三年。

甲午年,[乞犁悉笼纳赞]王二十五岁,为学通深奥密咒,[他]和二十五位伴从请求圣钵特摩·三波伐大师在善逝之聚八韵坛城中施与七百二十佛之灌顶,[钵特摩·三波伐大师]按密咒大宗之道施与了[灌顶]。于是,虚空藏·格隆能驾日光;布达,因遮那能在岩石上钉钉;尊胜音能以马声三嘶;尊胜海慧空行母能使死人起死回生;室利·因遮那能役使众空行母;威仪狮子能隶使鬼怪;毗卢遮那译师能显慧眼;国之君王能驱动世界;古思剌·宁布能了智慧法,因遮那·拘摩罗能显大神通;荡魔金刚能风行无阻;因遮那·瞿诃耶能喧闹天空;室利·提婆能手擒猛兽;因遮那·慧智能飞行如鸟;室利·因陀能以手量水;达摩·离悉摩能记事不忘,神威积能知他人心术;吉祥狮子能使流水倒淌;胜慧能点石成金;支冲译师能手擒空中飞鸟;念空能驱驾野牛;那伽·因陀能如鱼穿游海中;摩诃·曷逻那能把砖石当饭吃;吉祥金刚能直驰山峰;胜吉祥宝能发雷如射矢;胜菩提萨埵能盘坐空中。这样成功地显示了各自成像,更清晰地看见了八位心腹弟子即虚空藏金刚手真谛佛、布达·因遮那·大威德金刚身佛、尊胜马明王佛、持国最胜贤王佛、尊胜海慧空行母金刚顶业佛、威仪狮象世尊称赞佛、威德妙慧圣母离尘佛、毗卢遮那译师持猛咒救护佛等八法师王佛之面。[34]

却说,[钵特摩·三波伐大师]为了将印度语译成吐蕃语,给吐蕃儿童教授了印度语,可是无一个儿童学成。大师因此心灰意懒,决定亲自出门寻找一个可培养成通事的小孩儿,[他]挨家挨户寻找,来到了一户人家的门前。[这家]父母二人不在,[只]有一个七岁的男孩子在家。大师一见那个孩子,停顿了片刻说:"今天就在这里午休吧。"于是下马,撑起白帐住下,叫来那个男孩子问道:"你父亲到哪里去了?"[那个男孩子]回答:"找话去了。"[大师]又问:"你母亲到哪里去了?"[那个男孩子]回答:"找眼睛去了。"稍等了一会儿,[男孩子]的父亲买酒回来了。孩子看见后说:"我说父亲找话去了,就是指这个说的。一喝酒话就多了。"一会儿,他的母亲买灯油回来了,男孩子又说:"我说母亲找眼睛去了,就是指这个说的。一点灯,即使是黑夜也能看见一切。"大师大喜,当下带走了那个孩子。[大师]回来后禀报国王:"这孩子是古时候阿难陀的化身。现为播霍·根端的儿子,人称播霍·毗卢遮那的就是此人。"[大师]教给他印度语,他一学就成。由此以吐蕃之贤毗卢遮那译师著称。

甲辰年,[乞犁悉笼纳赞]王三十五岁,令大莲华生·圣·钵特摩·三波伐大师、印度的毗摩罗·密陀、尼八剌的毗伽摩罗·室罗、吐蕃的贤播霍·毗卢遮那译师、烛卢·鲁亦·监藏、班底·亦摄思谛、噶瓦·班慈、汉地和尚摩诃·衍那等人一字不漏地翻译经咒典籍。[35]他以,"神童·曼殊室利之化身·转千金轮·中斫迦罗伐剌底王·乞犁悉笼纳赞"之名享誉四方,在位五十七年,于戊寅年涅槃,享年六十九岁。

[乞犁悉笼纳赞]的长子木尼·赞普被毒身亡,次子木鲁·赞普被逐往边地;幼子名叫木底·赞普,生于丙辰年,己卯年二十四岁上即王位,[36]他建造了噶充之金刚寺[37]等三座寺庙,在位三十一年,以"善醒妙知·正允·斫迦罗伐剌底王"著称。该王与印度的达摩·跋罗王、中国的唐懿宗皇帝同期相继诞生。[木底·赞普王]于己酉年涅槃,享年五十四岁。

[木底·赞普王]有藏麻、达摩、乞力徐谛赞、逻理哲、伦竹五个儿子。[38]长子藏麻出家。三子乞力徐谛赞生于从前那个戊子年二千九百九十九年后的丙戌年,戊

戍年十三岁上，因品行端正，被众人一致推立为王。那位圣[王]于壬寅年十七岁上率兵征伐汉地，击杀唐肃宗皇帝，俘获甚多，威名远扬。[39][他]修建了一千座庙宇，令印度的堪布恃那·弥达罗、室兰怛罗·菩提萨埵、达那·室罗、菩提·弥达罗；吐蕃的堪布曷逻那·罗室陀、达摩·室罗、烛卢·鲁亦·监藏、昆·班慈之子昆·鲁亦·汪布[40]等人，翻译从前未译的所有经卷，该王在头顶的每个发根上各系一条彩绸，令每条彩绸上各坐一个僧人，无比恭敬地供奉，大力推崇佛法，以佛法养育了雪域之众。因此，那时吐蕃国幸福齐天。[该王]以"大力金刚手之化身君主·乞力热巴巾·转千金轮·木斫迦罗伐剌底·发座王"著称，在位二十四年，于辛酉年涅槃，享年三十六岁。

自佛教前弘之初的丁未年至最后这辛酉年，经过了凡四百九十五年。

由于[乞力热巴巾王]无子，生于癸未年的其兄达摩于壬戌年即位，时年四十岁。他前世生为象属时曾设恶愿，因这一恶劣天性之故，他二十四年之间一直奉行苯教，以朗·达摩王闻名。他将上部纳里三围[41]至下部朵甘思三岗[42]的所有三尊四僧除名，大肆灭法。到那个罪孽王[43]六十三岁的乙酉年，已届从前所设反愿[应验]之时，胜苏农赞干布王的真实化身逻笼·吉祥金刚[44]把空翔白马用墨染成黑色骑上，翻出白色大氅的黑色里子当作黑衣穿上，手在衣袖内暗握弓箭，以拜谒君王为名前来，一拜时搭箭，二拜时拉弓，三拜时射中罪孽王的心脏，杀死了他。然后说："风扬尘，尘没水、水灭火、风镇龙，金刚石破宝，天神镇阿修罗，佛镇妖魔。按此理，我杀死了罪孽王。"他正穿外衣，洗净[黑]马，上马逃往中部甘思地方。

却说，朗·达摩的儿子光护[45]生于其五十三岁的乙亥年，乙酉年十一岁上即王位，不奉行佛法，执政五十三年，于丁丑年去世，享年六十三岁。

[光护]的儿子名叫班珂赞[46]，生于父亲五十一岁的乙丑年，丁丑年十三岁上即王位，因笃好佛法，修建了八座宏伟的庙宇，一心崇信佛法。他在位十八年，于乙未年去世，享年三十一岁。[班珂赞]有吉祥积、日怙两个儿子。[47]

吉祥积有名叫吉祥谛、具光谛、快乐谛的三个儿子，[48]共为中部[卫藏]四大地方[49]之主。

日怙有名叫吉祥[明]怙、吉祥怙、顶怙的三个儿子。[50]他们前往上部纳里三围之地,成为古格王之祖。

所谓佛教的后弘,分“下路弘传”和“上路弘传”两部分。首先叙述下路弘传:朗·达磨灭法之时,室罗·般若、瞿那·般若、室罗·三波伐、室罗·末底、因遮那·末底、伐阇罗·湿伐罗、般若·僧伽、斡哇之阿思塔兄弟二人,以及邬波第尼·室达共十位贤者[51],前往下部丹底地方[52],在一座破庙内所供奉的释迦牟尼佛像前,从汉地和尚摩诃·衍那接受格隆戒,然后又返回上部,以圣·腊展为堪布、以出善为密咒师、以磨儿·释迦牟尼和和尚二人为羯摩师,[53]出家为僧,在中部[卫藏]地方稳固地弘传了佛法。

其次叙述上路弘传:日怙的次子吉祥怙有两个儿子,长子珂列[54]生于从前那个戊子年三千一百二十三年后的庚寅年,后来出家,以剌·喇嘛·因遮那·罗湿密著称。在[庚寅年的]第三年即壬辰年,古格的连真·藏卜译师[55]出生。却说,那位喇嘛·智光于甲寅年修建了佗陵寺[56],时年二十五岁,他派宝贤译师等二十一人前往印度地方,迎请扮底达悉罗驮·羯罗·伐剌曼、钵特摩·迦罗·瞿波达[57]等人,将法相乘和密咒四续部翻译入册,推崇佛法。后来其弟悉笼毗[58]即了王位。[悉笼毗]的儿子孛浪·寂光出家,以尊巴·释迦光著称。[59]他派纳措译师、促乞力木·监八二人[60][前往印度]。印度南方吉祥善王的儿子底邦羯罗·室利·因遮那[61]生于从前那个戊子年三千一百二十七年后的甲午年。在那位昭·阿底峡大师六十岁的甲午年,[两位使臣]请[他]前来,令他翻译了从前没有的经卷,弘传了佛法。吉祥积的次子具光谛的儿子昔谛王[62],迎请迦支[国]的扮底达因遮那·室利[63],令充布之法勤和孤纳译师·全慧·般若二人[64]翻译佛经,广泛弘传了佛法。

“佛教前弘”的最后一年为辛酉年,从其次年的壬戌年至丁亥年,共经过了八十六年。所谓的“佛教后弘”,又从以后的另一个戊子年开始。

[注释]

① 所谓“妙音七王”之称,不见于藏文史籍。藏文史籍记拉脱脱日年赞(剌陀土里)至松赞干布之间有四代王,依次为:赤年松赞(Khri- gnyan-gzung- btsan)、仲年岱乌(ḥ Brom- snyang-ldeḥ u)、达日年塞(Stag-ri-gnyan-gzigs)、南日松赞(gNam-ri-srong-btsan)。称仲年岱乌和达日年塞二代为"中丁二王"。

《源流》的揭利失若·宗赞(Kdignan gzugs bzang,清译本作"持年松赞")相当于Khri-gnyan-gzung-btsan(《旧唐书》作"揭利失若");思达里·若恃(Sdagri sna[n) gzig,清译本作"达克哩年资克")相当于Stag-ri-gnyan-gzigs(《旧唐书》作"讵素若");南里·笼赞(Gnamri srongbzang,清译本作"纳木哩苏隆赞")相当于gNam-ri-srong-btsan(《旧唐书》作"论赞索")。《源流》缺ḥ Brom-snyang-ldeḥu 一代。

② 萨必里麻·陀葛夫人,Samri todgar kemekü qatun。清译本(Ⅱ.1r)据满译本Birima todgar fujin译为"必哩玛托特噶尔福晋"。松赞干布生母,《敦煌吐蕃文书》(p.163)作"蔡邦妃甄玛脱"(Tshes-pong-zaḥbring-ma-thog);《布顿佛教史》(p.169)作"泽邦萨枳萨脱嘎"(Tshe-spongs-bzaḥ-ḥbri-bzaḥ-thod-dkar);《红史》(p.31)作"蔡邦妃甄萨脱噶"(Tshe-spong-bzah-ḥbri-bzah-thod-dkar),《雅隆史》、《汉藏史集》、《王臣记》基本同《红史》。Tshe-spongs,是吐蕃的一个家族名,为六十一千户(东岱)之一(后为万户),领地在今西藏乃东县西南才明的雅堆区一带。bzaḥ(za),藏语"女人"、"妃"之义。该妃的名字是ḥBri-ma-thod-dkar。《源流》的Samri todgar即Za(bzaḥ)-ḥbri-ma-thod-dkar(妃甄玛脱噶)的音译。D本即改Samri(Za-ḥbri)为Brima(ḥbri-ma)。

③ 弃苏农赞,Krilde srongbzang。译名从《通典》(卷190)。清译本(Ⅱ.1v)作"持勒德苏隆赞"。即《布顿佛教史》(p.169)所记松赞干布别名"赤德松赞"(Khri-lde-srong-btsan)的音译。汉籍的"器宗弄赞"(《册府》卷997)、"弃苏农赞"、"弃宗弄赞"(《旧唐书·吐蕃传》、《通鉴》卷194)等,为Khri-srong-btsan的音译。《源流》后文称其王号为"苏农赞干布"(Srong bzang sgambu,清译本作"苏隆赞堪布"),即松赞干布(Srong-btsan-sgam-po)的音译。《红史》等后期藏文史书多不记松赞干布的别名。

④ 天智狮子，Tengri-yin uqaγan-u arsalan。清译本（Ⅱ.2[r]）据满译本 Dewa bitya singha 译为“德斡必特雅星哈”。此人，《布顿佛教史》（p. 169）、《青史》（p. 26）、《王统记》（p. 44）、《王臣记》（p. 21）作“拉日巴生格”（Lha-rig-pahi-seng-ge）。梵文作 Devāvidyāsimha。另外，《汉藏史集》同处作“李敬”（Li-by-in），但据《王统记》、《王臣记》，李敬与拉日生格不是同一人。

⑤ 关于藏文的创制，藏文史书之间所载大致相同，但有详有略，个别细节有些出入。诸书中，《源流》所述与《布顿佛教史》最为接近。《布顿佛教史》（p. 169）说图弥桑补扎在印度“学习了《声明》，而与西藏原有的语言配合起来，总摄为藏文三十个辅音字，以及‘阿’和四个元音字，并参照‘迦湿弥罗’的字体，在拉萨玛如堡，制造出西藏文字和《八种声明论》。藏王也在此闭户专学了四年，继后，也就译出了《宝箧庄严经》、《百拜忏悔经》、《宝云经》等”。

⑥ 杀人者罚金千两，kümün alabasu mingγan anǰu abqu。清译本（Ⅱ.2[v]）据满译本译为“杀人者备受诸刑复行抵命”。施密特（《东蒙古史》p. 31）译为“杀人者罚揍千下”。克鲁格（《宝史》p. 21）译为“杀人者罚挨千鞭”。道润梯步（译注《源流》p. 48）译为“杀人则罚输千俺出”。这句话，还被收入一些辞典，如柯瓦列夫斯基《蒙俄法辞典》（p. 14[b]）译为“杀人者挨千棒”；《蒙古语大辞典》（p. 13）释为“杀人者罚金千回”。

anǰu，意为“罚金”、“罚物抵罪”（见《解释词典》pp. 45、544；莱辛《蒙英辞典》p. 47；《词根词典》p. 39 等）。anǰu 一词，《源流》后文（K. 87v04）还有出现，整个句子为：alaγsanǰiran kümün-ü an ǰu-dur ǰirγuγan ǰaγun šiǰir mönggön öggün——拿出白银六百两，以作为对被杀害的六十个人的抵命钱（清译本译为“抵偿所杀之六十人给银六百两”）。

《汉藏史集》（p. 90）同处载：“于是规定，杀人者罚命价银二万一千两。”就赔偿杀人命价问题，藏文法典《苍龙令十五律》（《藏族古代法律条文选辑》p. 63）载：“往昔，赔偿显贵者千两与千钱，故名‘顿’（千）。”

⑦ 松赞干布迎请本尊佛像之事，《布顿佛教史》只简单提了一句“从印度南方

迎请来蛇心旃檀自然现出的十一面观音像”;《红史》、《青史》、《雅隆史》等无载;《王统记》、《汉藏史集》两书有比较详细的记载,《王臣记》记述稍简。

僧伽罗,Šinggala。译名从《大唐西域记》。清译本(Ⅱ.3ʳ)作“星哈拉”。藏文作Sing-gha-la,梵文作Simhala,《佛国记》、《宋书》、《新、旧唐书》作“师子国”;《元史》有“僧迦剌”、“狮子国”等译名。今称“斯里兰卡”(Sri lanka)。

⑧ 光铠,Gerel-ün quyaγ。清译本依满译本Brambawarma译为“巴喇木巴斡尔玛”,是梵文Prabhavarma(光铠)的音译。此即尼泊尔李查维时期的阿姆苏·瓦儿马国王(Aṁ śu-varman,玄奘音译为“鸯输伐摩”、意译为“光胄”(《大唐西域记》卷7)。藏文史籍多作Ḥod-zer-go-cha(《布顿佛教史》汉译本作“峨色阁恰”、《红史》汉译本作“俄赛郭洽”),意为“光铠”。

乞利孙,Kribsun。清译本(Ⅱ.4ʳ)因满译本无而缺。此名,藏文史籍作Khri- btsun,汉译为“赤尊”、“赤准”等。她的原名是Bhri-kuti,旧译“毗俱胝”。

⑨ 巧辩,Uran tangγariγ。清译本(Ⅱ.4ʳ)据满译本Gardam-ba译为“噶尔丹巴”。后文又称Uran tüšimel(巧臣)。此即松赞干布时期吐蕃著名大臣禄东赞。《敦煌吐蕃文书》(p.15)作mGar-stong-rtsan-yul-sung(噶尔·东赞域宋),又作Blon-che-stong-rtsan(大论东赞);《王统记》、《汉藏史集》、《王臣记》作Blon-po- mgar(伦布噶、大臣嘎)。mGar,吐蕃家族名之一,领地在今西藏自治区止贡一带。Stong-rtsan-yul-sung是他的本名,blon-che、blon- po均为“大臣”之义。汉籍中的“禄东赞”(《旧唐书》、《通鉴》等),当即Blon-stong-rtsan的音译。

⑩ 必里些鲁·公思端,Briserü güngston。清译本(Ⅱ.4ᵛ)因D本无而缺译。此人,《王统记》、《王臣记》作ḥBri-se-ru-gong-ston(止塞如恭顿),说他因妒嫉大臣噶尔(禄东赞)而建议唐太宗将噶尔留在长安作为人质。

⑪ 大食宝王,Dašig erdeni-yin qaγan。清译本(Ⅱ.4ᵛ)因D本无而缺译。Dašig,《王统记》、《汉藏史集》、《王臣记》同处作Stag-gzig(汉译“大食”)。

藏语 Stag-gzig,Ta-zig,均为大食(Tajiks,唐时指阿拉伯人)的音译。

⑫ 蒙古聚会之主汗,Mongγol qural-un eǰen qaγan。清译本(Ⅱ.4ʳ)因 D 本无而缺。

《王统记》同处作 Bha-ta-hor 王(刘译本 p.60 译为"白达霍尔王"、陈译本 p.78 译为"巴达霍尔王")。《王臣记》(p.62)也提到"坝达霍尔地区"。《汉藏史集》(p.96)同处作"霍尔"。《源流》此处的 qural("聚会"之义)当为藏语 Hor 之讹。Hor,唐、宋时指回纥,元以后泛指蒙古人在内的北方民族,尤其指吐谷浑,今指藏北的牧民或青海土族(蒙古人呼为 ČaγanMongγol——"白蒙古"之义)。

Bha-ta-hor,松巴堪布(《宝树史》p.292)定位在"甘州"(今甘肃张掖);《西藏通史》(p.83)认为是指"鞑靼";刘立千(《王统记》刘译本 p.186)认为是指"居于西藏最北部的回鹘或突厥"。另参见卷三注①。

⑬ 五欲乐,tabun küseküi ǰirγalang。清译本(Ⅱ.4ʳ)因 D 本而缺。《王统记》(陈译本 p.80)同处作"五种妙欲"。佛教用语,梵文为 pañcakāmagu ṇāḥ,意为"五欲功德"。蒙古语又作 tabun küseküi erdem(《新订名义集》p.259)。指为追求色、声、香、味、触五境而起的五种情欲。《大智度论》(卷17)云:"著五欲者,名为妙色、声、香、味、触。"

⑭ 宝蝶花,erdeni döndig。döndig 为藏语借词,原文作 ldum stag,意为"蝴蝶花"(《蒙古语外来语词典》p.91、《格西辞典》p.448)。黛玉,rašiwar。rašiwar 为梵语借词,原文作 rasiyar,意为"黑色的宝石"(《蒙古语外来语词典》pp. 159、141)。

⑮ 藏文史籍《王统记》详细记载了松赞干布派使臣迎请唐文成公主的故事,《汉藏史集》和《王臣记》也有类似记载,但相对简略一些。《源流》的有关记述与《王统记》最为接近,只是个别细节有出入。因 D 本删掉了松赞干布的请婚使者赴唐朝迎请文成公主的具体过程,所以清译本(Ⅱ.4ʳ)中见不到这部分内容。

⑯ 松赞干布邀请印度等地高僧来吐蕃译经之事,藏文史籍中多有记载。《布

顿佛教史》(p. 170)说:"那时,有印度的阿阇黎'古萨惹'、婆罗门'香嘎惹'、尼泊尔的阿阇黎'西那曼珠'、汉地的阿阇黎'哈香玛哈德哇泽'(意为大寿和尚),以及译师'图弥桑补扎'及其助手'达摩阁侠'和'拉隆多杰'等人翻译了各种经典,并作了审定。"以上诸人,《红史》(p. 32,藏文本 P. 35)分别作 Ku- sa- ra(古萨热)、Sham- ka-ra(香噶热)、shi-la-mañdsu(西拉曼殊)、Ha-shang-ma-ha-de-ba(和尚玛哈德哇)、Dharma-ko-sha(达磨郭夏)。

《源流》的瞿萨罗(Güsar-a,清译本因满译本无而缺)即 Ku-sa-ra 的音译。此人,《雅隆史》(p. 36)和《汉藏史集》(p. 100)所引《松赞干布遗教》记为 Ku-ma-ra,汉译者译为"拘摩逻多"和"鸠摩罗"。但此名恐怕有误,因为印度的鸠摩逻多(拘摩罗逻多,Kumāralabdha)大师是 3 世纪人,早于松赞干布时代,不可能受其邀请赴吐蕃译经。《源流》的达摩·果沙(Darm-agoš-a,清译本作"达尔玛古沙"),即 Dharma-ko- sha 的音译。《布顿佛教史》和《红史》都说他是 Thon-mi-sam-bho-ṭa(吞米·桑布札,《源流》作 Tongmi sambura——通密·三布喇,清译本作"通密缴布喇")的助手(ḥchan-bu),而《源流》作 degüü("弟")。藏语ḥchan-bu (mchan-bu),意为"弟子"、"学徒"(《格西辞典》p. 276)。"弟子",蒙古语一般作 ditši。degüü 用在僧界,或许兼有"弟子"之义。

⑰ 戊戌年,uu noqai ǰil。清译本(Ⅱ. 7r)同。关于松赞干布的卒年,藏文史书中有几种不同记载。《敦煌吐蕃文书》(p. 101)记为"狗年",按前后文纪年推算,当为公元 650 年的庚戌年。《青史》(p. 32)记为唐高宗登基的庚戌年,也即公元 650 年。《王统记》(p. 106)亦记为庚戌(阳铁犬年),但不好确定其具体年份;《王臣记》的庚戌年,根据其后文的纪年当指公元 710 年。《红史》(p. 32)记为戊子(阴土鼠年,当为阳土鼠年),《汉藏史集》(p. 101)记为戊戌(阳土狗年)。《红史》、《雅隆史》、《王统记》、《汉藏史集》记松赞干布生于丁丑(阴火牛)年,又说他享年八十二岁。照此说法,从庚戌(650 年)前推 82 年是丁亥(567 年),而至丁丑(557 年)中间有 92 年,两个纪年不相符。享年八十二岁之说肯定有误。对照汉籍文成公主 641 年(唐贞观

十五年)入蕃等有关记载,松赞干布的生年当为公元617年的丁丑,享年实为34虚岁。《敦煌吐蕃文书》的记载相当可靠,《旧唐书·吐蕃传》也记松赞干布(弃宗弄赞)卒于唐高宗永徽元年即650年庚戌。《红史》的戊子(公元628年)、《汉藏史集》的戊戌(公元638年)年说显然不对。《源流》作戊戌,是受了《汉藏史集》一类错误记载的影响。

⑱《源流》此处所述有误。据《敦煌吐蕃文书》(p.163)所载赞普世系,松赞干布的儿子是Gung-srong-gung-tsan(贡松贡赞),而贡松贡赞的儿子是Mang-slon-mang-tsan(芒伦芒赞)。《红史》等多数藏文史籍与《敦煌吐蕃文书》相同,只是《红史》等后期藏文史书中芒伦芒赞作Mang-srong-mang-btsan(芒松芒赞)。而《布顿佛教史》(p.171)又误将贡松贡赞与芒松芒赞的顺序颠倒,以芒松芒赞为松赞干布之子、贡松贡赞之父。《源流》的莽思隆(Mang-srong,清译本作"莽苏陇")即Mang- srong的音译、公思隆(Güngsrong,清译本作"恭苏陇")即Gung- srong的音译。Güngsrong当为Mangsrong的父亲,而不是他的弟弟。据藏文史籍,松赞干布的儿子贡松贡赞死在父亲之前,因此松赞干布的王位由其孙芒松芒赞继承。芒伦芒赞(芒松芒赞),汉籍作"乞黎拔布"(《通典》卷190)。

⑲ 器拏悉弄·风力神变王,Duyisrong kei-yin küčün-ü ridiqubilγatu kemekü qaγan。"器拏悉弄"(Khri-ḥdus-srong),译名从《旧唐书·吐蕃传》、《唐会要》(卷97)、《通鉴》(卷207)等。清译本(Ⅱ.7ᵛ)依满译本译为"对苏陇"。此人,即藏文史籍所记芒松芒赞之子ḥDus-srong-mang-po-rje(都松芒保杰),其名有时后缀rlong-nam-ḥphrul-gyi-rgyal-po("风力神变王"之义)。《源流》的Duyisrong即ḥDus-srong的音译。《通典》(卷190)作"乞梨弩悉笼"。

⑳ 弃隶缩赞王,Krilde cugbstan qaγan。译名从《旧唐书·吐蕃传》、《通鉴》(卷207)、《唐会要》(卷97)、《册府》(卷966)等。清译本(Ⅱ.7ᵛ)作"持勒丹租克丹汗"。都松芒保杰(器拏悉弄)之子,《敦煌吐蕃文书》、《红史》等记为Khri-lde-gtsug-btsan(墀德祖赞);《王统记》、《雅隆史》、《王臣记》记为

Khri-lde-gtsug-brtan(赤德祖丹)。

㉑ 乞犁悉笼纳赞,Krisrong ldibzang。蒙文原文此处尚未给出此人之名,据后文补译。译名从《通典》(卷190)。清译本此处(Ⅱ.7ᵛ)据满译本补文C'ysurung dezan译为“持苏陇德灿”。此人,藏文史籍作Khri-srong-lde-brtsan或Khri-srong-lde-btsan(赤松德赞)。汉籍中还有“婆悉笼猎赞”(《旧唐书·吐蕃传》)、“娑悉笼猎赞”(《通鉴》卷217)、“娑悉笼腊赞”(《册府》卷966)等译名。《敦煌吐蕃文书》(p.163)记他的生母是Sna-nam-zaḥ-mang-mo-rje-bshi-steng(那囊妃芒保杰细登),但后期的《布顿佛教史》等藏文史籍却说他的生母是金城公主。

㉒ 金城公主夫人,Gimšing güng ǰü qatun。清译本(Ⅱ:7ᵛ)作“金成公主”。藏文史籍作Kim-sing-kong-jo。据汉籍,金城公主的生父是雍王守礼,祖父是章怀太子贤,曾祖父是唐高宗,曾祖母是武则天。她被唐中宗(章怀太子胞弟)养为己女,自幼在宫廷里长大,公元709年(景龙三年)远嫁吐蕃(《唐书·吐蕃传》、《册府》等)。藏文史籍中有金城公主为唐帝Wi- dzung之女的说法。Wi-dzung,《红史》汉译本(p.33)、《汉藏史集》汉译本(p.107)译为“睿宗”;《雅隆史》汉译本(p.39)、《王统记》刘立千汉译本(p.116)译为“中宗”。不论是睿宗还是中宗,或与史实不符或对音有差距。《源流》记为Tang cuzung(唐肃宗)之弟J̌inde wang(景德王),更是离奇。

㉓ 萨思迦·管监班逋苣,Saskiy-a mgon gbalboče。清译本(Ⅱ.8ʳ)作“萨迦衮巴勒博且”。贤陀摩那,Mergen tamana。清译本因满译本而误译为“五贤臣”。《布顿佛教史》等藏文史籍同处不见这两名,提到的所谓“喜信佛法的大臣们”有:香·嘉业梁桑、廓·赤桑、郭·廓格(廓根)、坝·桑西、坝·色朗(耶喜旺波)等。

《源流》所说萨思迦·管监班逋苣,即藏文史籍中的萨迦家族的“款杰·贝波且”(ḥKhon-rgyal-dpal-po-che),《红史》(p.42)提到他“在赞普赤松德赞时任内相”,将他列为“萨迦五祖”之首官却杰布的四世祖。贤陀摩那,当即藏文史籍中的耶喜旺波,Mergen,蒙古语“贤”、“智”之义,tamana,

梵语 tma——“主”的音译；Ye-shes-dbang-po，藏语“智王”之义。

㉔ 菩提萨埵，Bodistwa。清译本（Ⅱ.8r）作“博迪萨都”。即8世纪印度著名高僧 Sūntarakṣitaḥ（寂护、静命）。藏文史籍中，《布顿佛教史》、《雅隆史》、《王统记》、《汉藏史集》等书记为 Bo-dhi-sa-twa（菩提萨埵）；《红史》、《青史》等书记为 Zhi- ba-htsho（喜瓦措）。Bodistwa、Bo-dhi-sa-twa 均为梵语 Bodhisatt-vaḥ（菩萨、菩提萨埵，“觉有情”之义）的音译，也用作大乘僧侣的尊称，此处即专指寂护。Zhi-ba-ḥtsho 是其梵语原名 Santaraksitaḥ的藏语意译。

萨豁尔，Zahor（他本多作 Saqor）。清译本作“萨和尔”。《青史》（p.27）谈到藏文的创制时说：藏文字母中新造的 za 与梵文 sa 相通，所以印度所说的 Sa- hor，藏文就作 Za-hor。《汉藏史集》（p.108）、《王臣记》（p.55）记为 Sa-hor（萨贺尔、萨霍尔）。Sahor（a）为古代东印度一小国名，其地在今孟加拉国达卡地区。古印度巴拉王朝、森纳王朝均出自该地，阿底峡大师也出生于该地。

㉕ 钵特摩·三波伐大师，Badm-a sambau-a baγši。清译本（Ⅱ.8v）作“巴特玛缴巴斡师”。此即8世纪印度著名佛教高僧 Padmasambhava（莲华生）。藏文史籍多作 Padma-ḥ byung- gnas。为古印度乌仗那（今巴基斯坦境内）人。应吐蕃赞普赤松德赞的邀请，入吐蕃传法，为佛教战胜苯教发挥了重要作用。被后世藏传佛教宁玛派尊为祖师。

㉖ 扎隆·噶肖塔，Bšarung gašoor neretü suburγ-a。清译本（Ⅱ.9r）作“沙陇喀硕尔塔”。《王统记》、《王臣记》作 Bya- rung- kha-shor（甲绒卡肖塔），意为“失口应诺塔”。《宝树史》（p. 261）说该塔在尼泊尔。刘立千（《王臣记》汉译本 p.186）译为“甲绒喀秀塔”，说它“在尼泊尔东境，位于加德满都东北二英里处”。这个三小儿塔前设愿的故事，藏文史籍《巴协》、《王统记》等已有详略不一的记载。《宝树史》的记载比较详细。

㉗ 迎请莲华生的时间，多数藏文史籍无明确记载，《汉藏史集》（p.109）说在赤松德赞二十一岁的虎年为桑耶寺奠基，因神魔破坏工程，遂派人去请莲华生，桑耶寺从阳木虎年（甲寅）动工。此甲寅年只能是公元774年。《源

流》的庚寅当指公元750年。刘立千(《王统记》刘译本p.208)认为莲华生入吐蕃是在749年。不过,桑耶寺的建筑一般认为始于公元767(丁未)年(《宗教词典》p.911)。

㉘ 思必密·乞利失,Sbimi kribši。清译本(Ⅱ.9ᵛ)作“嘉密克哩卜实”。《宝树史》(p.291)提到菩提萨埵“最先为巴赤色(Sba-khri-gzigs)授近圆戒,赐名巴贝央(吉祥妙音)”。Sbimikribši或为Sba- khri-gzigs的音译。

荡魔金刚,Šimnus-i ebdegči wčir。清译本(Ⅱ.9ᵛ)因满译本而缺(似将二人视为一人)。此人之名,见于《布顿佛教史》(p.173)、《王臣记》(p.56),作Sna- nam- rdo-rje-bdud- gyis- gnon(纳朗·多杰堆郎),意为“纳朗氏·降魔金刚”。两书都说他是迎请莲华生的吐蕃王使臣的随行侍从,而使臣,《布顿佛教史》记为:坝·芒杰色朗(Sba-mang-rje-gsal)、生贡拉隆(Seng-gong-lha-lung)。

㉙ 十二威勇[地]母,arban qoyar batu ekes。清译本(Ⅱ.10ʳ)作“十二凶暴女魔”。苯教用语。藏语作brtan-ma-bcu-gnyis,意为“十二地母”,又称“十二丹玛女神”、“永宁地母十二尊”。据《藏汉大辞典》(p. 1123),十二地母为:1.遐迩名扬地母;2.页岩孚佑地母;3.普贤地母;4.魔后地母;5.独具支眼地母;6.贤德明妃地母;7.刚烈尊胜地母;8.白衣龙后地母;9.藏土孚佑地母;10.太一济世地母;11.丽质冰心地母;12.翠聪绿炬地母。其中,第1至4位又称四魔女神,第5至8位称四药叉女神,第9至12位称四医女神。

㉚ 与……结为盟友,……-i anda bolγuǰu。清译本(Ⅱ.10ʳ)因D本而误为“将……作为龙山”。anda,即《秘史》的“安达”,旁译“契友”。a本讹为qadan,D本、S本因讹为qada(“山峰”之义)。D本系统诸译本中,施密特(《东蒙古史》p.41)似乎觉出qada一词有误,改译为“联盟”;汪国钧(汪本《源流》I. f. 84ʳ)则译为“服……为靠山”;道润梯步(译注《源流》p.65)译为“化……为龙王山”。

㉛ 金刚元妙大殿,Wčir činarun ülіši ügei wiman qarši。清译本(Ⅱ.10ʳ)作“元妙金刚庙宇”。即西藏著名的佛教庙宇“桑耶寺”。桑耶,藏文为bSamyas。地名,在今西藏自治区山南札囊县。地名本身有“无边”、“不可想像”之意,佛教术语即“元妙”(üliši ügei)。桑耶寺全名,《雅隆史》(p. 40)作“吉祥桑耶任远成就寺”(dPal-bsam- yas-lhun- gyis- grub-p ḥi-gtsug-lag-khang)。建于8世纪后半叶,是西藏第一座具有僧伽组织的寺院,后来成为宁玛派的根本道场之一。

㉜ 邬丹陀布里寺,Uudanburi kemekü süm-e。清译本(Ⅱ. 10ᵛ)作“鄂丹达布哩庙宇”。即古印度四大寺之一的Uddantapuri(乌丹塔普里,“飞行”之义)寺。《布顿佛教史》(p. 175)作“阿旃延那布尼寺”;《红史》(p. 37)作“欧丹达普日”(O-tan-tapu-ri);《汉藏史集》(p. 109)作“阿丹达布日”;《王臣记》(p. 58)作“阿敦达布日”。诸书均说桑耶寺是仿照此寺修建的。

㉝持咒大师达摩·诘底,tarni-yi bariγči Darm-a girti。清译本(Ⅱ. 10ᵛ)作“塔尔尼齐达尔玛吉尔迪”。为桑耶寺开光的人,藏文史籍多作堪布菩提萨埵(寂护)和莲华生大师二人(《布顿佛教史》、《雅隆史》、《汉藏史集》、《王臣记》等)。《布顿佛教史》(p. 175)另外提到赤松德赞“复迎请持密大师‘达摩根底’,在伏魔密寺中传授《瑜珈金刚界》等曼荼罗灌顶”。《红史》(p. 33)所记赤松德赞迎请的印度高僧中也有一人名为Dharma-kirti-dze-na-mi-tra(达玛格底则那迷扎)。《源流》的Darm-a girti即Dharma- kirtri(梵文Dharma-kīrttih,“法称”之义)的音译。

㉞ 藏文史籍中未见所谓“八位心腹弟子”或“八法师王佛”(清译本作“八大佛”)的内容,而在讲述赤松德赞时期的史事时大多提到“应试七人”,说当时从吐蕃人中选出七人随堪布菩提萨埵(寂护)出家,成为吐蕃最早的出家人。对于七人的称呼,诸书记载有所不同。尽管如此,《源流》的所谓八弟子之名与七试人还是差距很大,仅有一人可以比对:《源流》的“毗卢遮那译师”(Wiroǰana kelemüči,清译本作“必噜咱纳克勒穆尔齐”)即藏文史籍中的“译师毗若遮那”(Bhe-ro-tsa-na,梵文Vairoca-na——“遍照”的音译),此人是吐蕃当时著名的译师。

另外,《王臣记》(p. 62)提到“译师毗若遮那及比丘朗喀领波(虚空藏)

等人,先后去印度求得了甚深法义的无上甘露”。《源流》的“虚空藏格隆”(Oγtarγui-yin ǰirüken ayaγ-a tegimlig)当指这个比丘朗喀领波。虚空藏,梵文为 Ākā śagarbhah,藏文为 Nam-mkhaḥi-snying-po,蒙古语意译即 Oγtarγui-yin ǰirüken。

㉟ 关于赤松德赞时期参加译经的人,藏文史籍的说法不尽一致。《源流》的记载与《红史》(p.33)、《王统记》(刘译本 p.130–131)比较接近。

1. 毗摩罗·密陀(Wimala mida,清译本作“必玛拉玛迪”),即 Bi-ma-la-mi-tra(毕玛拉迷扎、无垢友)。2. 毗伽摩罗·室罗(Wigamala šila,“必噶玛拉锡拉”),即 Ka-ma-la-shri-la(噶玛拉锡拉,莲华戒),此人是堪布菩提萨埵的弟子。3. 播霍·毗卢遮那译师(Bagor wirojana kelemüci,“巴喇古尔啰咱斡必啰咱纳”),即 Bhe-ro- tsa-na(毕若扎那、毗若遮那)。4. 烛卢·鲁亦·监藏(J̌oγro glui rǰalmsan,“卓克罗垒嘉勒灿”),即 Cog-ro-kluhi-rgyal-mts-han(觉若·鲁伊坚赞,龙幢)。5. 班底·亦摄思谛(Bandi išisdi,“班第伊锡德”),即 Ban-dhe-ye-shes-sde(班第益希德,智军)。6. 噶瓦·班慈(Gau-a gbal brzig,“噶斡巴勒则克”),即 Ka-ba-dpal-brtsegs(噶瓦·巴孜,吉祥积)。7. 汉地和尚摩诃·衍那(Kitad-un qašang Maq-a yan-a,“汉僧玛哈雅纳”),即 Ha-shang-ma-ha-ya-na(和尚玛哈衔那,大乘和尚)。

㊱ 关于乞犁悉笼纳赞(赤松德赞)诸子的情况,藏文史籍所载不尽一致。《敦煌吐蕃文书》、《布顿佛教史》只记二人:牟尼赞(谟勒赞普)、岱松赞(赤德赞、色那勒);《红史》、《雅隆史》、《汉藏史集》记为四人:牟尼赞普、牟赤赞普、牟笛赞普、赤德松赞(塞那累江允);《王统记》、《王臣记》记为三人,《王统记》作:牟尼赞普、牟底赞普、赤德松赞·塞拉勒江永,《王臣记》作牟尼赞普、牟汝赞普、牟底赞波·色那勒敬云。《源流》所记与《王臣记》一致。《源流》后文提到木底·赞普(Mudi bzang-bu,清译本作“穆迪赞普”,藏文原文为 Mu-tig-btsan-po)的王号“善醒妙知·正允·斫迦罗伐剌底王”(Sere ǰü sayitur medegči ǰing yunčakrawar-t qaγan,清译本作“萨特纳博克俊咱噶喇斡抡汗”)。这一王号译自藏文史籍中的 Sad-na-legs-ḥjing-yon(塞那累江

允),善醒妙知为 sad-na-legs("善醒"、"吉兆"之义)的意译,正允(ǰing yun)为 hjingyon("歪脖"之义)的音译。汉籍作"足之煎"(《新唐书·吐蕃传》、《通鉴》卷 235)。

牟底赞普(赤德松赞)约于公元 798 年即位,印度的达摩跋罗王约于公元 770 年即位(至 810 年),两人基本上为同时代人,而唐懿宗于公元 860 年至 874 年之间在位,年代晚于前二人。与前二人年代相近的唐朝皇帝应是唐德宗李适,他的在位时间是公元 780 ~ 805 年。

㊲ 噶充之金刚寺,Skarčung-un Wčir činar-tu kemekü süm-e。清译本(Ⅱ.13ʳ)作"琼地方……金刚圆觉……庙"。此即藏文史籍中的 Skar-chung-rdo-rje-dbyings 寺,《红史》汉译本(p.15)作"噶琼多吉英寺"。《源流》的 Skarčung 为 Skar- chung 的音译。rdo-rje-dbyings,意为"金刚界"。拉萨市西南郊拉萨河南岸若子岗还保存有噶琼寺赤德松赞盟书誓文碑,证明该寺确为赤德松赞所建,碑文内容收入《吐蕃金石录》(据《汉藏史集》汉译本 p.120 注文)。

㊳ 关于木底·赞普(赤德松赞)诸子,藏文史籍所记有较大差异。《敦煌吐蕃文书》(p.163)记为二人:赤祖岱赞、吾东木赞;《布顿佛教史》等其他后期藏文史籍记为五人,但人名、长幼顺序等有所不同。《布顿佛教史》记为:赤德松赞、惹巴瑾(即《敦煌吐蕃文书》的赤祖岱赞)、章玛、赤达玛乌东赞(即《敦煌吐蕃文书》的吾东木赞)、拉杰伦珠、赤钦波;《红史》、《雅隆史》、《汉藏史集》记为:藏玛、达玛、(赤)热巴巾、拉杰、伦珠;《王统记》所记五子姓名、长幼顺序同《红史》等,但记为赤德松赞之孙(中间多出"丁赤"一代);《王臣记》记为:章玛、拉杰、伦珠、达玛、惹巴瑾。

《源流》所记基本与《红史》等书相同,藏麻(Bzangma,清译本作"臧玛")为 gTsang-ma(藏玛)的音译;达磨(Darm-a"达尔玛")为 Dar-ma(达玛)的音译;逻理哲(Blor ǰai,"罗垒")为 Lha-rje(拉杰)的不规则音译;伦竹(Lhünrüb,"伦多卜")为 Lhun-grub(伦珠)的音译;乞力徐谛赞(Kribzun ldi,"持松垒")当即赤热巴巾原名 Khri-gtsug-lde-btsan(赤祖岱赞)的不规则音译。汉籍的“可黎可足”(《新唐书·吐蕃传》、《册府》卷981)为Khri-gtsug的音译。《通鉴》(卷246)作“彝泰赞普”。《源流》后文所记他的王号乞力热巴巾(Kri ralba J̌ana,“持喇勒巴展”),即藏文Khri-ral-pa-can(赤热巴巾,意为“有顶髻者”)的音译。

㊴ 所谓赤热巴巾王击杀唐肃宗之事,不见于藏文史籍和汉籍,无疑是误传。《布顿佛教史》(p. 179)、《雅隆史》(p. 42)、《王统记》(刘译本p. 140)、《王臣记》(p. 71)等藏文史籍记载说赤热巴巾王在位时,吐蕃曾出兵汉地,对唐朝造成很大危害,后来双方和解,重叙甥舅关系,相互誓约,并将誓言刻于碑上。据汉籍,赤热巴巾(可黎可足)即位初期,吐蕃曾寇唐河曲、夏州、灵武、维州等地,直至公元821(唐长庆元年辛丑)年,吐蕃遣使赴唐求盟,唐遣大理卿刘元鼎为吐蕃会盟使赴吐蕃,与吐蕃盟于拉萨,823年在大昭寺前立唐蕃会盟碑(《新唐书·吐蕃传》等)。

㊵《源流》所记赤热巴巾王时期参与翻译佛经的这8个人,名字直接见于藏文史籍的有7人:1. 恃那·弥达罗(Zina mida,清译本作“扎纳玛达”)即Ji-na-mi-dra(胜友);2. 室兰怛罗·菩提萨埵(Šilanda bodisadu,“锡纳勒达博迪萨都”)即Shi-lantre-bo-dhi(戒王菩提);3. 达那·室罗(Dana šila,“达纳锡拉”)即Da-na-shi-la(施戒);4. 菩提·弥达罗(Bodi mida,“布达”)即Bo-dhi- mi- dIa(菩提友);5. 曷逻那·罗室陀(Radna rakšida,“喇特纳喇克资达”)即Ratna- rakshi- ta(宝护);6. 达摩·室罗(Darm-ašila,“达尔玛锡拉”)即Dha-rma-ta-shi-la(法戒);7. 烛卢,鲁亦·监藏(J̌oɣro glui rgyalm-can,“卓克罗垒嘉勒灿”)即Cog-ro-kluhi-rgyal-mtshan(龙幢)。第8位昆·鲁亦·汪布(Mgon glri wangbu,“衮垒旺博”),不见于藏文史籍同处,但所谓其父昆·班慈(Mgongbalboči,“衮巴勒布齐”),当即Ka-ba-dpal-brtsegs(吉祥积)。

㊶ 上部纳里三围,degere Mgari ɣurban ayimaɣ。清译本(Ⅱ.15r)作“大乘三藏”,因满译本而误。藏文史籍中有“上方阿里三围”(mNgah-ris-stod-skor-gsum)的说法(《王统记》等)。元代译为“纳里速古鲁孙”。西藏古地理名

词。一般指今西藏自治区的阿里专区一带,三围分别为芒域(今普兰县及克什米尔印占区的拉达克地区)、卜郎(今普兰县境)、古格(今扎达县地区)。

㊷ 下部朵甘思三岗,doora Adaγ kam-un γurban šilis。清译本(Ⅱ.15ᵛ)译为"下乘以上之三乘",因满译本而误。藏文史籍中有"下部多康三岗"(mDo-kams-smad-sgang-gsum)之说(《王统记》等)。西藏古地理名词。三岗分别为朵康(mDo- kams,今西藏自治区昌都以东藏区,元代译为"朵甘思")、朵麦(mDo-smad,今青海省安多地区,元代译为"脱思麻")、宗喀(Tsong-kha,今青海湖以东黄河流域)。《源流》的 Adaγ kam 当为 mDo-kams 之讹。

㊸ 罪孽王,nigültü qaγan。指朗迭磨。满译本译为 suingga han("罪孽王"之义),清译本(Ⅱ.15ᵛ)音译为专名"绥英阿汗",不妥。

㊹ 逻笼·吉祥金刚,Lhalung čoγtu wčir。清译本(Ⅱ.15ᵛ)作"拉隆巴勒多尔济"。此即藏文史籍中的 Lha-lung-dpal-gyi-rdo-rje("拉隆吉祥金刚"之义),汉译名有"拉隆·伯季多杰(《布顿佛教史》p.179)"、"拉隆·贝吉多杰"(《红史》p.36)等。

㊺ 光护,Gerel sakiγči。清译本(Ⅱ.16ʳ)作"鄂特苏隆",即此人藏语原名Ḥod-srong 的音译。Ḥod-srong,有"峨松"(《布顿佛教史》p.179)、"沃松"(《红史》p.36)等译名。据藏文史籍,他是朗达磨与次妃所生。

㊻ 班珂赞,Dbalkor bzang。清译本(Ⅱ.16ʳ)作"巴勒科尔赞"(满译本作 Balkurzan)。其藏语原名为 dPal-ḥkhor-btsan 或 Rje-dpal-ḥkhor-btsan("吉祥轮王"之义)。汉译名有"贝考赞"、"伯柯赞"、"吉·白柯赞"等。

㊼ 班珂赞(贝考赞)的两个儿子,藏文史籍记为:次妻所生的 bKar-shis-brtsegs-pa-dpal(扎西则巴贝,"吉祥积"之义)、长妻所生的 Skyid-lde-nyi-ma-mgon(吉德尼玛衮,"乐军日怙"之义)。《源流》的"吉祥积"(Öi ǰei dabqurlaγsan)、"日怙"(Naran-u ite-gel)为意译;清译本(Ⅱ.16ʳ)的"扎实则克巴"、"尼迈衮"为音译。

㊽ 吉祥积(扎西则巴贝)的三个儿子,藏文史籍记为:dPal-lde(贝德,"吉祥

军”之义)、Ḥod-lde(沃德,“光军”之义)、Skyid-lde(吉德,“乐军”之义)。《源流》的吉祥谛(Čoγtu lde)、具光谛(Gereltü lde)、快乐谛(J̌irγalang lde),前半部分为意译,后半部分为音译。清译本(Ⅱ.16ᵛ)的“巴勒德”、“鄂特德”、“济特德”为音译。

㊾ 中部[卫藏]四大地方,dumdadu dörben möngke γaǰar。清译本(Ⅱ.16ᵛ)作“卫藏四大地方”。藏文史籍中有“中部卫藏四茹”(dBus-gTsang-ru-bshi)的说法。西藏古地理名词。“卫”(dBus)指以拉萨为中心的前藏,“藏”(gTsang)指以日喀则为中心的后藏,卫(前藏)、藏(后藏)各包括两“茹”(ru,“翼”、“部”之义),共4茹,所以称“卫藏四茹”。

㊿ 日怙(吉德尼玛衮)的三个儿子,藏文史籍记为:1. dPal-lde-rjg-pa-mgon(贝德日巴衮,“吉祥军明怙王”之义)或 dPal-gyi-mgon(贝吉衮,“吉祥怙”之义)。2. bKra-shis-lde-mgon(扎喜德衮,“吉祥军怙王”之义)或 bKra-shis-mgon(扎喜衮,“吉祥怙”之义)。3. Lde-gtsug-mgon(德朱衮,“军顶怙”之义)。三人合称为“上部三怙主”或“上部三衮”。《源流》的吉祥(明]怙(Čoγtu itegel)、吉祥怙(Öl ǰei-tü itegel)、顶怙(Oroi-yinitegel)为意译;清译本(Ⅱ.16ᵛ)的“巴勒衮”、“扎实衮”、“德租克衮”为音译。

51 十住贤者之说,《布顿佛教史》(p. 182)、《汉藏史集》(p. 127)等藏文史籍已有记载,又称为“乌斯藏十人”。10 人分别为:1. Klu-mes-shes-rab-tshul-khrims(卢梅·喜饶楚臣,慧戒)、2. ḥBre-ye-shes-yon-tan(孜·意希允丹,智能)、3. Klan-shes-rab-ḥbar(南·喜饶拔,慧火)、4. sBa-btsun-blo-gros-dbang-ph-yug(巴尊·洛追旺秋,智自在)、5. Rag-shi-tshul-khrims-ḥbyung-gnas(热西·楚臣迥乃,戒生)、6. Lo-ston-rdo-rje-dbang-phyug(洛敦·多吉旺秋,自在金刚)、7. Tsong-btsun-shes-rab-seng-ge(宗尊·喜饶僧格,慧狮)、8. U-pa-lte-dkar-ra(伍巴·德迦热)、9. 10. Ḥod-rgyan(峨坚,光饰)兄弟二人。

《源流》所记诸名大致为以上所列藏语人名的梵文意译。其中,室罗·般若(Šila branza,清译本作锡勒巴兰咱”,梵文作 Šila-prajñā,慧戒)即喜饶楚臣;瞿那·般若(Gürna branza,“库尔纳巴兰咱”,梵文作 Guṇa-prajñā,智能）即意希允丹；室罗·三波伐（Šila sambau-a，"锡拉木缴巴斡"，梵文作 Sila-saṃbhava，戒生）即楚臣迥乃；因遮那·末底（InǰJana madi，"音扎纳玛迪"，梵文作 Jñana-matih，智自在）即洛追旺秋；伐阇罗·湿伐罗（Bazarsu-wara，"巴咱尔舒斡喇"，梵文作 Vajrai śvaraḥ，自在金刚）即多吉旺秋；般若·僧伽（Branza šingq-a，"巴兰咱星哈"，梵文作 Prajñā-simha，慧狮）即喜饶僧格。

52 下部丹底地方，dooradu Dandig kemekü γaǰar。清译本（Ⅱ.16ᵛ）作"尼斡克丹迪克地方"。Dandig，藏文为 Dan-tig，《布顿佛教史》（p. 180）、《雅隆史》（p. 55）、《汉藏史集》（p. 126）等藏文史籍说朗达磨灭法后，章·饶色等三位僧人逃到该地的一座寺庙——Dan-tig-shel 寺（"丹底协寺"或"丹底水晶寺"）。该寺在今青海省化隆县金源乡境内，今作"丹斗寺"（《宝树史》p. 323注文）。尼斡克，藏文为 nyi-ḥog，意为"边远"。

53 圣·腊展，Boγda blačan（清译本作"高行拉辰"）；出善，Buyan γaruγči（"格韦绸鼐"）；磨儿·释迦牟尼，Kmar sakǰamuni（"释迦牟尼喇嘛"）。关于为乌斯藏十人（十位贤者）授戒的人，藏文史籍的记载不尽相同。《源流》所记与《布顿佛教史》（pp. 181～182）相近。其中，Boγda blačan 与 gTsang-rabgsal（章·饶色，"极明亮"之义）相当；Buyan γaruγči 即 gYo-dge-ḥbyung，"出善"之义）；Kmar sakǰamuni 即 dMar-shakya-mu-ne（玛·释迦牟尼）。

54 珂列，Körei。清译本（Ⅱ.17ʳ）作"库垒"。藏文史籍中此人作ḥKhor-re（柯热），《布顿佛教史》（p. 190）、《红史》（p. 38）、《汉藏史集》（p. 129）、《王臣记》（p. 78）说他后来出家，取法名为 Lha-bla-ma-ye-shes-ḥod（拉喇嘛耶喜峨，"天喇嘛智光"之义）。《雅隆史》（p. 44）、《王统记》（刘译本 p. 149）以柯热之兄（或弟）Srong-be（松额）为拉喇嘛耶喜峨。《源流》后文提到珂列的法名剌·喇嘛·因遮那·罗湿密（Lha blam-a inǰana rasmi，清译本作"赉喇嘛叶舍依鄂特"），其中 inǰana rasmi 为梵文 jñāna-ra śmiḥ（"智光"之义）的音译，而另一处所称的喇嘛·智光（Blam-a belge bilig-ün gerel，清译本作"喇嘛叶舍依鄂特"），为其意译。

55 连真·藏卜译师,Loozau-a rin čin bzangbu。清译本(Ⅱ.17[r])作"固格罗咱斡琳辰藏博"(固格,满译本作 Guge,蒙文原文无)。藏文史籍记为译师 Rin-chen-bzang-po(仁钦桑波,"宝贤"之义)。据《王臣记》(p.78),他出生于古格地区的娘旺惹纳杜村。《源流》后文又作宝贤译师(Loozau-a sayin erdini,"罗咱斡琳辰藏博")。此人是西藏佛教后弘期著名高僧和译师,被尊称为'洛钦"(Lo- chen,"大译师"之义)。《源流》说他生于壬辰年,可考虑的年份有公元932年或992年。但据藏文史籍,仁钦桑波生于朗达磨灭法后57年的土马年(戊午年),这个戊午年相当于公元958年。《源流》的壬辰年有误。

56 佗陵寺,Toling kemekü süm-e。清译本(Ⅱ.17[v])作"托凌庙"。《布顿佛教史》(p.190)、《红史》(p.38)、《雅隆史》(p.44)、《王臣记》(p.82)等藏文史籍作 mTho-lding 寺(托林寺,"悬空寺"之义);其他藏文史籍中还有作 mThon-mthing-dpal(吞庭巴)寺、Tho-lding-gser-gyl-gtsug(托林赛吉祖)寺的。该寺在今西藏自治区阿里专区扎达县扎桑区。

57 扮底达悉罗驮·羯罗·伐剌曼,bandida Srada kara wanna,清译本(Ⅱ.17[v])据满译本 bandida Gada garmadarmā 译为"班第达噶达噶尔玛达尔玛";钵特摩·迦罗·瞿波达,Badm-a kar-agübada,清译本据满译本 Bamaragubada 译为"巴玛喇固巴达"。《源流》所记天喇嘛智光从印度迎请来的这两位高僧,与《布顿佛教史》(p.190)提到的班智达 Shraddha-ka-ra-warmata(夏达嘎惹哇玛,"信铠"之义)、Padma-ka-ra-gubada(白玛嘎惹古巴达,"莲隐"之义)二人相合。《王统记》(刘译本 p.149)将夏达嘎惹哇玛分记为两个人:Shraddha-ka-ra(商羯罗)、Warmata(哇摩达)。对照藏文史籍,可知《源流》满译本此处的译音不确。

58 悉笼毗,Srongwi。清译本(Ⅱ.17[v])作"陇吉"。藏文史籍作 Srong-nge 或 Srong- be,汉译为"松额"、"松厄"、"松艾"等。

59 孛浪·寂光,Bobrang amurliγsan gerel。清译本(Ⅱ.17[v])作"额卜朗沙嘉依鄂特",其中"额卜朗",满译本作 Pobrang,"额"疑为"颇"之讹。他的法号卜尊巴·释迦光,Bzungbasakǰaliγ-ud-un gerel(“遵巴沙嘉依鄂特”)。此人相当于藏文史籍中的 bTsun-pa-byang-chub-ḥod(尊巴·绛曲沃,“菩提光”之义)。据藏文史籍,他是松额(悉笼毗)的孙子,而《源流》误以为其子。

⑥⓪ 纳措译师,Naγčo loozau-a。清译本(Ⅱ.17ᵛ)作“纳克磋罗咱斡”。促乞力木·监八,Brom-un rǰalu-a。满译本作 Dzulc‘yim giyalwa,清译本钞本作“粗勒特(‘持’之讹)木嘉勒斡”,其他本缺“粗”字。迎请阿底峡尊者的西藏使者,藏文史籍多记为译师 Nag-tsho(纳措)或 Nag- tsho- tshul- khrims- rgyal-ba(纳措·楚臣嘉瓦)、rGya-brtson-ḥgrus-seng-ge(嘉·尊珠僧格)。《源流》似将 Nag-tsho-tshul-khrims- rgyal-ba 一人误分成二人。

⑥① 底邦羯罗·室利·因遮那,Dibamkar-a širi in ǰana。清译本(Ⅱ.17ᵛ)作“迪巴木噶喇锡哩置纳”。此即阿底峡尊者的梵语法名 Dipamkarašriñāna 的音译,意为“燃灯吉祥智”。他的父亲名叫 Kalyāna śrī(藏语译名 dGe-ba-dpal,“善吉祥”之义)。《源流》的“吉祥善”(Čoγtu buyan-tu,“锡哩咱噶达”)为其意译。

⑥② 昔谛王,Ršildi kemekü qaγan。清译本(Ⅱ.18ʳ)作“扎实德汗”。《红史》等藏文史籍作 rTse-lde(则德,“极军”之义)。《源流》说此人是吉祥积(扎西则贝巴)次子具光谛(沃德——Ḥod-lde,“光军”之义)的儿子,与藏文史籍所载有出入。据藏文史籍,此人是扎西则贝巴(吉祥积)之兄(或弟)吉德尼玛衮(日怙)玄孙Ḥod-lde(《王臣记》汉译本作“窝德”,“光军”之义)的儿子,而扎西则贝巴次子 Hod-ldc(沃德)的儿子是 Pha-pa-de-se、Khri-lde、Khri- chung、Ngag-lde 四人。因扎西则贝巴的次子和吉德尼玛衮的玄孙二人同名,都叫Ḥod-lde,致使《源流》的记述出现了混乱,误将吉德尼玛衮的后裔当成了其兄(或弟)扎西则贝巴的后裔。

⑥③ 迦支[国]的扮底达因遮那·室利,Kači-yin bandida Inǰanaširi。清译本(Ⅱ.18ʳ)作“喀齐班第达置纳锡哩”。此人,《布顿佛教史》(p.192)作“喀什米尔的遮那喜”、《雅隆史》(p.45)作“迦湿弥罗·查那师拉”(Kha-che-dzanya-sri-la)、《王统记》(刘译本 p.152)作“罽宾班智达达拉室利”(Kha-

che-bandhida-dū-na-shri)、《汉藏史集》(p. 132)作"克什米尔班智达释迦室利"。《源流》的 Inǰana širi 为 Dzanya- sri(梵文 Jñāna-śrī,"智吉祥':之义)的音译。《汉藏史集》说他生于阳水虎年(1122 年),八十五岁时应邀前往吐蕃传法,十二年间教授出包括萨班在内的众多有学识的弟子。

⑥④ 充布之法勤,Čungbu-yin nom-dur kičiyegči。清译本(Ⅱ.18^{r})作"崇布吹尊"。此人,《布顿佛教史》(p. 192)作"穹波·却准珠"、《王臣记》(p. 83)作"穹波却准"(Khyung-po-chos- brtson)。Khyung-po(穹波)为地名,指今西藏自治区昌都地区丁青县一带。chos- brtson(却准)意为"法精进"、"法勤"。

孤纳译师·全慧·般若,Rguna loozau-a tegüs oyutu branǰa。清译本(Ⅱ.18^{v})作"固纳罗咱斡罗丹锡喇卜"。此即西藏著名的译师 rNgog-blo-ldan-shes-rab(俄·洛丹喜饶)。blo-ldan-shes-rab 意为"大智慧",《源流》的全慧(tegüs oyutu)即其意译;bran ǰa,梵文为 prajñā,亦为"智慧"之义。

第3卷

［译文］

现在要叙述的是王统在巴塔[①]蒙古地方的繁衍。古代吐蕃［诸］王，从颈座王共主下传七代时，名叫隆南的大臣弑杀海穴后侧金座王，篡夺了王位，王的三个儿子孛喇出、失宝出、孛儿帖·赤那逃往异地。其中幼子孛儿帖·赤那去了公布地方。他同那些人过不惯[②]，于是携带妻子豁埃·马阑勒[③]渡过腾吉思海[④]，向东行，来到拜合勒江流域不儿罕·合勒敦山[⑤]下，与巴塔人众相遇。他们向他询问来由，孛儿帖·赤那就从古时候印度的众恭王以及吐蕃的共主［颈座王］开始从头至尾讲述了一遍。那些巴塔人认为讲的有理，就说："这是个有根脚人家的子嗣，我们没有首领，可以奉他为那颜。"［就这样］奉戴他作了那颜，一切遵照他的旨令行事。[⑥]

他有两个儿子，名叫巴塔思罕和巴塔·赤罕[⑦]。巴塔·赤罕的儿子是塔马察[⑧]；他［塔马察］的儿子是豁哩察儿·篾儿干；他［豁哩察儿·篾儿干］的儿子是阿兀站·孛啰斡勒；他［阿兀站·孛啰斡勒］的儿子是撒里·合勒札兀；他［撒里·合勒札兀］的儿子是也客·你敦[⑨]；他［也客·你敦］的儿子是挦锁赤；他［挦锁赤］的儿子是合里·合儿出；他［合里·合儿出］的儿子是孛儿只吉歹·篾儿干[⑩]。孛儿只吉歹·篾儿干之妻忙豁勒真·豁阿[⑪]生的儿子是脱儿合勒真·伯颜，脱儿合勒真·伯颜之妻孛啰黑臣·豁阿生的儿子是都蛙·锁豁儿、脱奔·咩哩犍兄弟二人。

都蛙·锁豁儿的儿子脱内、朵黑申、额木里克、额儿客成了斡亦剌[的]厄鲁特、巴图特、辉特、克烈努特四姓(之祖)[12]。称他为都蛙·锁豁儿的原因,是因为他印堂上只有独眼,却能看到三程[远]的地方。一次,兄弟二人正走在不儿罕·合勒敦山上,哥哥[都蛙·锁豁儿]说:"从都亦连·噶噜迪[地方][13]正有一群移牧的人向统格黎克小河走来,其中一辆车里有一位美貌的姑娘。[我们去]看看她,说给你作媳妇吧。"两人去到跟前一打听,[对方]回答说:"是火里·秃麻[14]的豁里剌儿台·篾儿干[15]之妻巴儿忽真·豁阿[16]在阿里黑·兀孙[17][之地]生下的女儿,名叫阿兰·果火,正在寻选婆家。"于是[都蛙·锁豁儿]把她说给弟弟脱奔·咩哩犍作了妻子。

她生下别勒古讷台、不古讷台两个儿子[18]。脱奔·咩哩犍去世了。后来,阿兰·果火哈屯每天夜里都梦见一个漂亮的男孩子模样的人来与她共寝,第二天天一亮便出[门]而去。[她把这梦]常讲给妯娌们听。久而久之,寡居着生下了博寒·葛答黑、博合靓·撒里直[19]和孛端叉儿·蒙合黑[20]三个儿子。

这些孩子们长大后,一些心怀不良的人挑拨说:"岂有妇人寡居生子之理?你们家中有个[姓]伯牙吾、名叫马阿里的人[21]往来,该是他的[孩子们]吧。"别勒古讷台、不古讷台二人[由此]对母亲产生了怀疑。于是他们的母亲阿兰·果火分给五个儿子每人一支箭,说:"折断它!"[儿子们] 一折而断,扔在[地上]。[母亲]又把五支箭握成一束,说:"把这个也折断!"五个儿子挨个[折,可谁也]没能折断。母亲这才说:"我的两个大孩子,你们[不该]听信他人之言,对我生疑。"接着把先前那梦的原由整个讲了一遍,又说:"由此看来,你们那三个弟弟很像是天神之子。现在,如果你们五个人不和睦,各行其是,就会像前面那些单支箭一样,独自一人就能吃掉[你们];如果共同行动,就会像后面那束箭一样,即使是众人也不能战胜。"从此,[五个]儿子和睦相处。到了分家产的时候,除一匹脊梁上生疮的秃尾黑脊二岁兔鹘马外,什么也没分给孛端叉儿。[孛端叉儿]为此生四个哥哥的气,只身迎斡难河去了。

在那里他看见一只雏黄鹰捉到一只称作"哈喇·忽噜"的野鸭在吃,就用套子捉住[那黄鹰],驯养放飞起来,用它捕捉许多野鸭、野雁当食物。[他]住在称作

“草庵”的房子里。这期间,他在当地的一群流浪民处吃马奶子。

却说他的哥哥别勒古讷台来寻找弟弟,向那些人打听[他的行踪],他们说:“你那个弟弟每天都来这里吃马奶子。他来的时候,总要下飘雪雨。你稍等一会儿吧。”正说着,从无云的天空中顿时落下雨来,随之,孛端叉儿突然从空旷无人的地方走来了。

其后,兄弟五人经过商议,劫掠了那群流浪民。孛端叉儿捉住一个孕妇作了妻子,她名叫孛坛。

后来,博寒·葛答黑姓了哈答斤氏[22];博合靓·撒里直姓了散只兀氏;孛端叉儿姓了孛儿只斤氏。

那奴婢生性的孛坛哈屯腹中的儿子,起名为札只剌歹,后来姓了札只剌氏[23]。

孛端叉儿的两个儿子的名字是:抓来的妇人所生的巴阿哩歹;有汗王血统的合必赤·把都儿。

合必赤的儿子是毕乞儿·把都儿[24]。他[毕乞儿·把都儿]的儿子是咩燃·笃敦[25]。他[咩燃·笃敦]的儿子是合赤·曲鲁克[26]。他[合赤·曲鲁克]的儿子是拜·姓忽儿·多黑申。他[拜·姓忽儿·多黑申]的儿子是敦必乃[27]·薛禅。他[敦必乃·薛禅]的儿子是葛不律合罕[28]。他[葛不律合罕]的儿子是八哩丹·把都儿。他[八哩丹·把都儿]的儿子是也速该·把都儿[29]、聂昆·大司、蒙哥睹·薛禅、答里台·斡赤斤四人[30]。

一天,正当也速该·把都儿带着聂昆、答里台两个弟弟,在雪地里追踪野兔的时候,在乘车移牧的一群人的[车辙]旁,看见了一处妇人的尿迹,他说:“这个妇人应当能生好儿子。”[他们]顺着那移牧人群的踪迹追赶上去,才知是塔塔儿[31]的也客·赤列都从斡勒忽讷迎娶了月伦额客[32],正在归途之中。他们前来会过面,又离去时,月伦额客便问赤列都:“刚才那三人当中年长一个的神情,你注意了没有?”[她]脱下穿在里面的衬衫交给[也客·赤列都],说:“快逃出去吧!”说话间,他们[三人]已经追赶上来。也客·赤列都逃窜而去,[他们三人]追袭,过了三条河[才罢休]。也速该·把都儿抢来月伦额客,给自己作了妻子。

回家途中,月伦哈屯一路哭泣。答里台·斡赤斤说:

"早已涉过了三条河,
早已越过了三道岭,
寻也寻不见踪迹,
望也望不见身影,
哭叫[他]也难得听到。"

听了这番话,月伦就默不做声了。

从先前那个戊子年以后经过三千二百九十五年,[是]壬午年[33],也速该·把都儿父亲和月伦母后二人生下了一个妙相俱足的儿子。因为当时正逢[也速该·把都儿]俘获了塔塔儿的铁木真·斡怯[34]归来,所以就给儿子取昵名:天赐的铁木真。

与铁木真一母所生的,还有哈撒儿[35]、哈赤温[36]、斡赤斤[37],共四个儿子和帖木伦·豁阿公主[38];加上侧室哈屯[39]所生的别克帖儿、别里古台两个,共是六个[儿子]。

后来,也速该·把都儿为了给儿子铁木真找丈人家,[带他]前往其舅家所在的斡勒忽讷[部]。途中遇见弘吉剌[40]的德·薛禅。一见面,[德·薛禅]就说:"乞由氏的孛儿只斤姓[41]亲家,[你]到哪里去啊?"也速该·把都儿说:"我去给这孩子找丈人家。"德·薛禅说:"昨天夜里我梦见一只白海青落在胳膊上。看来本是你们孛儿只斤姓的灵物。我们自古以来,

姿色秀丽的姑娘,
嫁与富有的孛儿只斤作哈屯,
性情贤顺的姑娘,
嫁与天命所归的孛儿只斤作哈屯。

现在我有一个名叫孛儿台的九岁独生女儿,就把她嫁给你这个儿子吧。"父亲[也速该·把都儿]觉得(这女孩子)还小,可是儿子却说:"将来总归是这么回事,[现

在]定就定了吧。”于是[也速该·把都儿]请[德·薛禅]喝过[定亲]酒,留下两匹马作为聘礼,留下铁木真住在那里,踏上了归程。

途中遇上塔塔儿人正在举行宴会,[那些人]说:“[都]是现成的食物,请[一起]吃吧。”想到[有]“不拒邀请”的说道,[也速该·把都儿]就回过马头住下来了。他们[塔塔儿人]记着早先的仇,在食物中掺进了毒药给[他吃]。也速该·把都儿[吃后]身感不适,心慌意乱地回到家来,说:

“我走入亲朋的家中,
享用了美味的饭菜,
自己害了自身性命,
[速]将我铁木真接来!”

再三叮嘱着派去了晃豁坛的蒙力克。这期间,也速该·把都儿升天了。

不久,侧室哈屯也去世了[42]。从此,月伦哈屯独自照料抚养着六个儿子。一天,铁木真、哈撒儿两个儿子对母亲这样说:“从前,别克帖儿、别里古台两个人曾把我们钓来的鱼抢去吃了。今天又抢走了哈撒儿用响箭射中的小雀。我们要除掉他俩!”母亲降旨说:“像从前泰赤乌[43]的斡儿伯亦·豁阿[44]的五个儿子一样,你们怎能说出这种话!

你们除影子之外还有随从吗?
除尾巴之外还有鞭子吗?
你们要亲睦相处,
岂不永远是伙伴?!”

[铁木真、哈撒儿]甩开门帘而出,气势汹汹来到别克帖儿、别里古台二人面前。别克帖儿说:“要杀我就杀吧,不要杀我的别里古台,[他]将来会是为你们出气力的人。”[铁木真、哈撒儿]不等别克帖儿说完,便杀死了他。他们回到母亲身边。母

亲大怒,训斥[他们]说:

“用山薤野葱养大的儿子,
就要长成出名的好汉;
用石松桧皮养大的儿子,
就要长成出名的好汉。

正在因此而欢喜,[你们]却为何做出这样的事,杀死了一个[兄弟]!今后你们还不一个杀另一个,互相杀绝呀?!

像冲向山崖的老鹰,
像咬噬胞衣的[母]狼,
像冲掠自己身影的海青,
像掉尾自击的灰鼠。

你们的身旁,
纤细的有蛇,
粗胖的有蛙,
此外还有谁人?!”

后来,泰赤乌的军队来了,突然包围起来。[宣布]说:“不伤害你们其他人,把铁木真交出来!”铁木真听见这话,正要搭箭往出走,[被]母亲拽住悄悄送出去,钻进了斡难河的密林中[45]。[泰赤乌人]发现后,把守住了进去的通道。过了三夜,[铁木真]正要出去,[只见]马肚带和后鞧系着,鞍子却脱落了。他想:肚带松开也就松开了,可是这后鞧怎么也脱掉了?

看来是父亲在从天上劝阻我。”又过了三天,再次准备出去时,就[见]一块大白石头堵住了通道。他想:“先前并没有这块石头,[想必]又是我的天父在劝阻吧?”又住了三天。这样[在林中]过了九天之后,[铁木真]心想:“现在听天由命吧!”就[从密林中]走了出来。原来泰赤乌人仍在那里把守着。[他们]立即抓走了他,给他戴上铁链、铁镣,轮流在各家看管。

在仲夏月十五日[那天],泰赤乌人举行盛宴欢饮。夜幕降临时,[铁木真]挣断脚镣,用铁链击倒看守,逃了出去。当[泰赤乌人]四处搜寻时,[他]藏进[斡难河的]溜道[46]中仰面躺着。逊都思的锁儿罕·失剌[47]看见了,心想:“[他]从前曾对我的赤老温[48]、沉白两个儿子很好,”就说:“好男儿,你躺[在这儿]是对的,我到林子中去搜。”然后走开了。

到了深夜,[铁木真]心想:“[他]是个好心肠的人,”便来到锁儿罕·失剌家中。[锁儿罕·失剌]的两个儿子赤老温和沉白说:

“草丛尚能遮护钻来的雀儿,
对来求援的上天后裔孛儿只斤,
若不真心照料,好生怜悯,
我们虽有黄金又有何用!”

说着,用斧子砸开他的[铁]链,把他藏进了[装]羊毛的车里坐着。

第二天,[泰赤乌人]挨家搜寻,来到锁儿罕·失剌家搜查。正要搜查[那羊毛]车,锁儿罕·失剌的女儿温良的合答安哭着说:“为什么为了外人,大热天折腾自己子弟?”他的妻子[也]气冲冲地说:“这么热的夏天,羊毛里怎么能藏人?你们为什么怀疑自己人?!”[她上前]阻止,那些人就撤回去了。

事后,锁儿罕·失剌说:“铁木真这孩子,你差一点把我们一家断送了。”然后解下白骒马的右镫,送给他骑,杀了[一只]吃两只羊奶的羊羔给[他]作干粮,让他返回家去。[铁木真]回到家中,与母亲、弟弟们团聚,全家欢喜。

戊戌年,铁木真十七岁上迎娶了十三岁的孛儿台·旭真[49],她生于丙戌年。

后来,泰赤乌人又来赶走了他们的八匹银合骟马。铁木真跨上别里古台捕捉旱獭时骑的答儿吉甘草黄马,顺着踏倒的草迹[追]去。那时,阿鲁剌的纳忽·伯颜[50]的儿子博尔术[51]正在放马。遇见[铁木真],博尔术问:"喂,乞由氏孛儿只斤姓的罕王之子!你从哪里来啊?"铁木真说:

"在太阳升起的时候,
八匹银合骟马被盗;
顺着草道仔细追踪,
前来向你纳忽·伯颜之子打听。"

博尔术说:"我已听说你的艰辛,男子的艰难[52]都是一样的。现在让我和你一起去[找]吧!"他自己骑上名叫"忽儿敦·忽必"的黑鬃黄马,给铁木真骑上自己的名叫"斡啰黑·升忽剌"的黑脊白马,跟着他去了。

天近黄昏的时候,[二人]追赶上来,悄悄一看,[只见]许多人围作一圈正在酣睡。到了夜里,准备进去夺回[那八匹银合骟马],罕王之子[铁木真]说:"我[一个人]进去!"博尔术却说:

"在福荫笼罩的日子,
我跟随了孛儿只斤后裔——你。
岂能在蒙受战乱之时,
脱身逃避而去!"

于是两人[一起]进去把八匹银合骟马赶了出来。

回来的路上到了纳忽·伯颜家。纳忽·伯颜听了儿子的讲述,面朝[儿子]露出笑容,又转过身来落下眼泪,他说:"有志男儿的艰难都是一样的。不要忘了这个。"他杀了[一只]吃两只母羊奶的羊羔给[铁木真]当干粮,让他回家去了。随后,博尔术立即来给铁木真作伴当,在他的顺利和艰险的事业中与他结伴而行。

己酉年,那罕王之子铁木真在怯绿连河畔曲雕·阿兰登上合罕位,当时他二十八岁[53]。在[即位]前三天的清晨,曾有一只类似云雀的五色小鸟落在帐房前一块四方石头上,"成吉思!成吉思!"地啼叫。由此,"速图·孛黑答·成吉思合罕"的英名响彻四方。[54]

却说那块石头突然自行裂开,里面现出称为"玉宝"的[一方]玉印,长宽一拃见方,背面有双龙盘龟的图案,好像雕出的一般。那印不多不少可钤盖一千张纸。随后立即在斡难河源头树起了九斿白纛,派[人]到跌里温·盘陀之地树起了四斿黑灵旄[55],[铁木真]作了四十万巴塔人众[56]之主。主上降旨说:

"当我艰难奔走收集[人众]的时候,
与我同甘共苦竭力效劳的
我这些有如水晶珍宝般的巴塔人众,
历尽千辛万苦,成了天下的中坚。
应当叫做众民之首'阔客蒙古'。"

自降旨后,[国名]就称为"阔客蒙古国"。

却说哈撒儿大王和七晃豁坛人合成一伙反出去了[57]。主上派速不台·把都[58]率兵追赶,降旨说:

"我的大臣们,
像[马]额上的白星,
像冠帽上的穗缨,
像横帘一般紧密,
像磐石一般坚固。
我的士兵们,
合围时有如团城,
并列时有如芦丛。
你们听着!

在嬉笑之事中，
要像小牛那样洒脱；
在突袭之事中，
要像兔鹘那样勇猛；

在玩耍之事中，
要像蚊蝇那样摸索而进；
在征战之事上，
要像鹰鹘那样勇猛冲击！”

速不台·把都禀奏说：

“我将尽力向前，
成败与否还托主上威福保佑。
我将谨慎追赶，
顺利成事还托主上威福保佑。”

随后出发。速不台·把都追赶上来，向哈撒儿大王禀告说：“常言说，

脱离自家骨肉，
便被他人吞食；
自家亲人反目，
便被他人抓获。

众民可以收集，
骨肉不能获取；
部曲可以收集，

兄弟不能获取。”

哈撒儿大王觉得有道理，于是返回来与主上相聚了。

却说，哈撒儿和别里古台二人相伴，傲慢地说：“这主上无道而治，乱施暴虐。[他]靠哈撒儿的射技、别里古台的膂力，才制伏了外族，绥服了强暴。[59]如今要征讨五色人众[60]，除我们二人外又有谁能出力?!”主上察知后，心想得把年轻人的傲气暗中压下去，于是变作一个卑贱的老翁，挨家叫卖一张长角弓。哈撒儿、别里古台两人遇上，过来一看，讥笑说：“唉，老头儿！你这张弓除了当[射]鼷鼠的弓子用之外，还能作什么?”老翁说：“你们两个年轻人怎么没试试就小看[它]呢？试了就会明白的。”听了这话，[哈撒儿、别里古台二人]还在嘲笑。别里古台上弓弦时却气力不支，老翁给扣上了弓弦，哈撒儿接过去却张不开弓。这时，只见那老翁变作一个身骑青线脸骡子的白发老人，在那张长角弓上搭上金哨箭，[一箭]射裂了一座山峰，然后说：“哎，两个年轻人！常言说‘越说大话就越丢人’，[你们]这不是败在快要死去老翁的手中了吗?!”老翁离去后，那[哈撒儿、别里古台]二人议论说：“这不是凡人，该不是主上的一个化身?”从那以后，[他们]心中生畏，不敢乱来。[61]

却说，汪古[62]的兀阑·镇国[63]携三十一个鄂托克[64]反出去了。主上与哈撒儿二人亲自去追赶。追上前来，双方展开了激战。哈撒儿骑着主上的称为“赛因·撒木真”的兔鹘马，与儿子脱黑统阿·把都儿台吉二人率先入[阵][65]，放箭射杀，直杀得赛因·撒木真[兔鹘马]变成了血红马，才镇服了[敌人]，兀阑·镇国因为手艺好，受到赏识被赦免。

却说，斡亦剌一不里牙惕[66]的斡罗思少师[67]，从大拜合勒江捕到一只鸦鹘，进献给圣明的主上，于是[主上]令他统领不里牙惕之众。

庚戌年[68]，[主上]二十九岁，[出外]去放那只鸦鹘。从兀鲁灰河[69]去往兀剌河[70]时，女真的章宗[71]皇帝逃移而去。主上大怒，率兵前去征讨。由于没有渡口，受阻于兀剌河[岸]。当时，脱黑统阿·把都儿的儿子安敦·青台吉把一万匹骟马的缰绳系在一起，[士兵们]呐喊着冲上去，渡过海子包围了他们[女真]的城市。主上传谕：“交出一万只燕子、一千只猫，我就停止围城!”[城中]立即如数送出了那些[动物]。于是,在每只燕子的尾巴上系上麻绳,在每只猫的尾巴上系上棉条,然后点上火。顿时,燕子向房上的巢中飞去,猫向房梁上窜去,不一会儿全城都燃起了大火。主上用这种办法收服了[女真],纳了章宗皇帝的女儿札里海[72]。回师途中,札里海哈屯去世了。[73]

却说,就在壬子年[74]当年,[主上]三十一岁时,向日出的方向进发,远征兀捏干江。因江水上涨,主上在岸这边驻营,遣使臣前去传谕:"给我交纳贡赋!不然就开战!"肃良合[75]的察罕合罕惊惧,把肃良合一篾里乞[76]的带儿·兀孙的女儿忽阑·豁阿[77]献给了[主上],又献上用虎皮围上的帐房和兀洼思[78]、肃良合两鄂托克的人众作为陪嫁。就这样收服了三省白色肃良合人众。[主上]在那里一住就是三年[79]。于是孛儿台·旭真哈屯派哈儿合孙·豁儿赤前去探望。豁儿赤到达[主上那里],请安时向主上禀告说:

"您的妻子哈屯孛儿台·旭真,
您的儿女诸罕王及诸公主,
您的玉廷朝政,
您的全体部属,[一切]安好。

海青在娑罗树上生了卵,
盲目地相信那里一切太平,
不料被花豹毁了窝巢,
蛋卵和幼雏全被吃掉。

天鹅在苇塘中生了蛋,
放心地放在背阴处,
被白爪吃了蛋和雏天鹅。
敬请我洪福齐天的主上明鉴。"

主上说:“你这番提醒的话说得对。”于是从远征处回师。快到家时,主上降旨说:

“功成之前喜结良缘的
孛儿台·旭真大哈屯,
是我珍贵的父亲聘来的
母亲般[慈爱]的妻子。

因出游荒野娶了忽阑,
难见居守家中的孛儿台·旭真之面;
外邦民众尚在,
自家之间仇怨相见是羞辱。

你们九月儿鲁[80]当中先去一人向孛儿台·旭真禀报!”札剌亦儿[81]的木华黎[82]说:“我去!”就先去了。他叩见了孛儿台·旭真大哈屯,禀报说:“[主上]有旨:

‘没有守着已经建立的朝廷,
却希冀着有一个更巩固的朝廷。
没有听大小臣僚们的忠告,
走入了虎帐斑驳花色之中。
为了收服远方的人众,
娶来忽阑哈屯为妇。’”

智睿的孛儿台·旭真哈屯降旨说:

“是孛儿台·旭真哈屯的心愿,
是天下众庶的志向,
是我主合罕威力[无边],

还望我主想念结发前情。

苇塘中有很多天鹅,
任主上射得手指困乏;
广大的国中有很多姑娘妇人,
任主上挑选有缘之人。

妇人愿意[丈夫]再娶,
烈马愿意背上加鞍。

古时的格言说:

‘安乐康平多,不为坏事,
疾病苦难少,并非好事’。
愿合罕的黄金纲纪强固,
我身为妇人又有何可说。”

于是木华黎回来迎驾,禀报了[孛儿台哈屯的原话],主上非常高兴,[大加]称赞,回到金帐住下。

回师途中,一天夜里,哈儿合孙·豁儿赤带上金撒袋到别处去过了夜。因此,主上派博尔术、木华黎二人去除掉哈儿合孙·豁儿赤。他们二人赶紧叫来哈儿合孙·豁儿赤,第二天一早,给他揣上两瓶酒,带他来[见主上]。那时,主上还未起身,博尔术就在[帐]外禀报说:

“阳光已照进您的明亮的庭帐,
罪孽[深重]之人已集合[帐]外,
恭请尊体苏醒起身,

降下圣旨普照此间。

阳光已照进您的玉石般的大帐，
恭请敞开您的[帐]门，
鞫问那孽深罪重的人，
赐下圣旨[不吝]加恩。”

主上起身后，博尔术、木华黎二人推着哈儿合孙·豁儿赤进到[帐]内，未等主上降旨，博尔术、木华黎二人便向[哈儿合孙·豁儿赤]努嘴示意，于是哈儿合孙·[豁儿赤]自己乞奏说：

“反舌喜鹊正在得意鸣叫，
不料芝麻雕扑了过来，
未及出声便仓惶飞逃。
恰如这俗语所说，
天命主上动怒时，
我[惊慌]不知所措。

我从十岁起跟随[主上]，
从未让他感到我嬉荒，
虽然我确实贪恋再酿好酒，
但不曾私存二心。

我从二十岁起跟随[主上]，
从未使他看到我怯懦，
虽然我确实贪恋三酿好酒，
但不曾怀有恶念。”

主上听后降旨说：

“靠你善辩之口得以脱身，我的哈儿合孙！

靠你善辩之唇得以免罪，我的豁儿赤！”

就这样宽恕了他。

却说，泰赤乌人孛阔·赤勒格儿[83]在家里挖了一个坑，上面铺上一块毡子，兄弟几个准备了丰盛的宴席。孛阔·赤勒格儿来请主上，禀奏说：

“在你年幼的时候，

我们无知，与你相争。

[现在]看到你[兵锋]所向，万无一失，

你千真万确是上承天命的圣人。

常言道，亲族之间动怒，

不过是一闪即逝的事。

何必一味追究过错，

敬请驾临我的蓬舍。”

主上正要起程，月伦母后说道：“常言说，

‘不要以为险敌人少，

不要以为毒蛇身细’。

你要警觉！”主上说：“母亲说得对。哈撒儿，持撒袋坐在外面！别里古台，作管事！哈赤温，照看马匹‘！斡赤斤，坐在我身旁！九月儿鲁，一同进帐来！三百六十宿卫，在[帐]外围立！”说完便出发了。

却说主上到[那里]进屋后，正要往毡席当中坐，机敏的斡赤斤拽他坐到了毡席的边上。[外面]一个妇人砍下主上的右马镫，正要离开，被孛可·别里古台看见，追上去一个绊子绊断了[那]妇人的腿，不里·孛阔[84]又用刀砍[伤]了别里古台的肩膀。这时泰赤乌的伏兵出来助战。而哈不秃·哈撒儿放箭还射，箭无虚发，九月儿鲁掩挡着[主上]的身体，别里古台用左手把主上扶上火儿慎[85]的脱黑统阿台吉的白骒马，送[他突出了重围]。[别里古台]自己仍然留在那里，不停地砍杀，压住了[敌人的威势]，进而收服了[泰赤乌人]。

与泰赤乌人如此为仇[的缘故]是：从前巴塔·赤罕的后嗣葛不律合罕的七个儿子，与巴塔思罕的后嗣咸补海合罕[86]的十个儿子反目，咸补海合罕的十个儿子乘马来袭葛不律合罕的七个儿子，交战当中，杀死了[葛不律合罕七子中的]弟兄六人，掳获征服了八部巴塔人众。当时，八哩丹·把都儿等五人有三人负伤，仓惶逃了出来。八哩丹·把都儿的长子也速该·把都儿，那年十三岁，[他]射穿[一个]身着全副铠甲的人，夺过[那人的]战马自己骑上，尾随父亲冲出[重围]。他[八哩丹]的妻子赛因·玛喇勒·哈牙黑，带着聂昆、蒙哥睹、答里台·斡赤斤三个儿子，徒步逃脱出来，一家人会合在一起。从此失去了人众，索居度日。

[却说]，[主上]就那样把宿敌踏在脚下，把仇人抓在掌中，之后，起驾回程。正在大帐中闲坐之际，突然从上方帐顶飘下一口玉碗，里面盛满比果酒还要香甜可口的甘露，点滴不溢地落到主上手中。主上接住那[碗]独自喝了起来，四个弟弟说："上天的恩赐，主上怎么可以一个人享用？"主上说那好，把剩下的[甘露]递给了[他们]。四个人忙争着喝，[可]就是咽不下去。于是四个弟弟启奏说：

"你自在的忽儿木思塔天父，
给你这位圣主天子，
赐下宝觞甘露，
我们无知，口出妒语。
你果真是我们的天赐之主，
今后愿恪守你的旨意和法度。"

主上降旨说：

“当年我上承自在天的旨意，

即合罕之位时，

下界龙王曾经贻赠玉宝之玺。

如今镇服宿仇顽敌，

又赐上天圣水甘露。

想来你们的说法有它的道理。”

就在那癸丑年[87]，[主上]三十二岁，同时娶塔塔儿的也客·出噜的女儿也速哈屯、也速干哈屯两姐妹作了哈屯。

却说收服汉地之事[88]。古时候汉地的第一个皇帝是汉高祖皇帝，自他传位十二代，名叫王莽的大臣篡夺了那个汉高祖皇帝的皇位。十八年后，汉室后裔中名叫刘光武的人当上皇帝，杀了王莽皇帝，[重]掌了从前汉高祖的政权。他的儿子汉明帝在位时，派遣唐僧喇嘛前往印度，迎请班底怛竺法兰[89]，在白龙驹上驮回了经卷。于是请那位班底怛翻译经卷，首次弘扬了佛法。

汉室传至二十四代时，称为汉献帝的皇帝被他的大臣曹[操]篡夺了皇位。后来，那曹皇帝的大臣司马懿篡夺了皇位。此后，他的后裔中有东晋、西晋兄弟二人[即位]，西晋皇帝的大臣升丞相篡夺皇位，当上了皇帝。

后来，[皇]嗣断绝，到隋炀帝在位时，从前汉[室]皇帝的后裔唐高祖作了他的大臣，住在太原府城中。他[唐高祖]生于丙子年，戊寅年六十三岁时篡隋炀帝之位，重建了从前汉[室]皇帝的政权。在位八年，乙酉年崩，享年七十岁。自此，从前的汉室灭，唐室兴。

他[唐高祖]有三个儿子。次子唐太宗皇帝生于戊午年，丙戌年即皇帝位，时年二十九岁。在那个圣皇在位时，有十六个阿罗汉动身来到汉地，演练了夏域之法。他送侄子唐元奘译师前往印度。[唐元奘]从梵文翻译了经咒，拜印度的伐苏畔都为师学习了明学经卷。就这样在中土弘传了佛教。他[唐太宗]在位二十四年,其间有力地执掌了[政教]二道,己酉年崩,享年五十二岁。他有唐高宗、唐中宗两个儿子和名叫文成公主的独生女儿。所谓“文成”,意为发光。

他[唐太宗]的儿子唐高宗生于戊子年,庚戌年二十三岁时即皇位,在位三十四年,癸未年崩,享年五十六岁。

他[唐高宗]的弟弟唐中宗生于丙申年,甲申年四十九岁时即皇位,在位七年,庚寅年崩,享年五十五岁。

他[唐中宗]的儿子唐睿宗皇帝生于戊戌年,辛卯年五十四岁时即皇位,在位两年,壬辰年崩,享年五十五岁。

他[唐睿宗]的儿子唐玄宗皇帝生于甲子年,甲午年即皇位,时年三十一岁。那时,供奉佛舍利,使巫男、巫女改奉佛徒之道,最终弘传了佛教。所谓佛教在汉地的三次弘传就是这样。[唐玄宗]在位四十三年,丙子年崩,享年七十三岁。

他[唐玄宗]的儿子唐肃宗皇帝生于辛卯年,丁丑年四十七岁时即皇位,在位六年,壬午年崩,享年五十二岁。此皇[在位]时,吐蕃的末代转轮王发兵,结果了他的性命。

他[唐肃宗]的儿子唐代宗皇帝生于庚戌年,癸未年三十四岁时即皇位,在位十七年,庚子年崩,享年五十一岁。

他[唐代宗]的弟弟唐德宗皇帝生于辛酉年,庚子年四十岁时即皇位,在位二十五年,甲子年崩,享年六十四岁。

他[唐德宗]的儿子唐顺宗皇帝生于己卯年,乙丑年四十七岁时即皇位,在位六个月零八天,于同年崩。

他[唐顺宗]的儿子唐宪宗皇帝生于甲午年,丙寅年三十三岁时即皇位,在位十一年,丙子年崩,享年四十三岁。

他[唐宪宗]的儿子唐穆宗皇帝生于癸丑年,丁丑年二十五岁时即皇位,在位三十年,丙午年崩,享年五十四岁。

他[唐穆宗]的儿子唐武宗皇帝生于己巳年,丁未年三十九岁时即皇位,在位七年,癸丑年崩,享年四十五岁。

他[唐武宗]的叔叔唐文宗皇帝生于戊寅年,甲寅年三十七岁时即皇位,在位十四年,丁卯年崩,享年五十岁。

他[唐文宗]的儿子唐宣宗皇帝生于癸巳年,戊辰年三十六岁时即皇位,在位十四年,辛巳年崩,享年四十九岁。

他[唐宣宗]的儿子唐懿宗皇帝生于戊申年,壬午年三十五岁时即皇位,在位十五年,丙申年崩,享年四十九岁。

他[唐懿宗]的儿子唐僖宗皇帝生于乙丑年,丁酉年三十三岁时即皇位,在位十四年,庚戌年崩,享年四十六岁。

他[唐僖宗]的叔叔唐昭宗皇帝生于庚辰年,辛亥年三十二岁时即皇位,在位十一年,辛酉年崩,享年四十二岁。

那唐昭宗皇帝的儿子唐哀帝生于己丑年,壬戌年三十四岁时即皇位,在位四年,乙丑年三十七岁时,南家的[一个]姓梁的大臣篡夺了他的政权。

从唐高祖皇帝即皇位的戊寅年到这乙丑年,[共]有十九位皇帝在位,历时二百八十八年。

那姓梁的于丙寅年即皇位,在位五十年,丁卯年[被]汉地的朱王夺去政权。[朱王]于丙辰年即皇位,六传至赵太祖王。从丙辰年起经过一百零二年,至丁酉年,汉地的满洲皇王夺走了政权。

[满洲皇王]传位九代,[即]从戊戌年起经过一百三十七年,至甲寅年,蒙古的成吉思合罕驱逐汉地的满洲金皇帝[90],夺取了政权。[成吉思合罕]于甲寅年三十三岁时征服了红色人众八十万汉儿[91]的十三省,以"大明·速图·孛黑答·成吉思合罕"之名扬威天下。

却说,唐兀的失都儿忽皇帝[92]听到[成吉思合罕]已夺取汉地金皇帝政权的消息,非常恐惧,就派伯颜·撒儿塔阿儿的儿子朵儿统作为使臣前来表示"愿做您的右翼,交纳贡赋。"主上恩准,给予赏赐之后送他回去。

那个使臣[途中]到泰赤乌人牙不哈家中借宿。晚上坐着[闲]聊时,[使臣]对他说:"你们的合罕确实是上天之子,[可是]哈屯们并不美。有了我们的哈屯古儿别勒只·豁阿[93]脸上的光泽,即使是在黑夜也无需找灯[照明]。"当时主上正带着那个,牙不哈的妻子蒙古伦·豁阿出游郊野,那个牙不哈于是私下里对主上禀奏说:

"听说在失都儿忽皇帝的妻子
温良的古儿别勒只·豁阿皇后
美丽绝伦容貌的光彩之下,
灿烂的太阳也会黯然色浑。
我的天命自在主上呵,
请您务必娶她作为哈屯。"

此后,主上派使臣去对唐兀的失都儿忽皇帝说:"我即将出发去远征撒儿塔兀勒,你做我的右翼出征!"失都儿忽皇帝却说:

"你还没有统治一切国家,
何以自称为合罕?
兽中之王乃猛狮,
人中之王乃圣雄。
对于你们二者,
伴当又有何用?"

主上大怒,发誓说:"何时这条性命要终结,那时或许会放过你!请天父鉴知!"弘吉剌人瓦只剌·薛禅[94]禀奏说:"主上呵!

您为何不这样下令:
'[战]至亲子长成壮男,
[斗]至铁镫磨开裂口',
而以您黄金性命发誓?

愿您黄金生命泰康,
愿您的仇敌败亡,

愿您属民增多，

愿您英名远扬！”

却说，[主上]于丁卯年[95]三十四岁上出征撒儿塔兀勒，撒儿塔兀勒的札阑丁·算滩国国王[96]迎战于撒阿里·塔儿巴哈台[地方]。当时，雪泥[97]的吉鲁干·把都儿与忙兀的忽亦勒答儿·火失兀赤二人率先劈杀，击杀札阑丁·算滩国王，收复了五省黄色撒儿塔兀勒人众。

此后，[主上]于丙辰年三十五岁上出征托克马克[98]，托克马克的灭里·算滩国王[99]迎战于孛黑答图·哈速鲁黑[山]上。当时，女真的速不台·把都与主儿勤的出勒吉台·把都儿二人率先劈杀，杀掉灭里·算滩国王，收服了托克马克人众。

[主上]于戊午年[100]三十七岁上派使臣去对克烈[101]的汪罕说：

“先前迎娶孛儿台·旭真大哈屯时，

曾献上衣服中的精萃貂皮袄，尊您为父，

如今愿与您统一政令，

让我们结为父子之盟。”

汪罕不相信，率领众多克烈人出发来[攻]，[主上]迎战于斡难河下游阔涟湖和不亦儿湖。交战中，斡亦剌的脱栾赤太师、兀良罕[102]的折里麦那颜、雪泥的吉鲁干的儿子朵台·阇里必三人率先劈杀，俘获汪罕，收服了人数众多的克烈。

丙申年[103]，[主上]三十九岁，出征乃蛮[104]的太阳合罕。太阳合罕率领八鄂托克别帖斤[105]人，以八万军队前往迎战于哈乞儿河上。许兀慎[106]的博尔忽那颜，阿鲁剌的博尔术的儿子斡格连·阇里必、斡勒忽讷的忽察儿太师三人率先[入阵]，逐走太阳合罕，收服了八鄂托克[乃蛮]人众。

壬戌年，[主上]四十一岁，出征火鲁剌[部][107]，火鲁剌的纳邻合罕率二十万火鲁剌人迎战，双方战于客哩额·阔不客儿[山]上。哈撒儿大王、弘吉剌的瓦只剌·薛禅、汪古的图迭窟驸马[108]、伯牙吾的兀列亦·安达四人陷阵冲杀，活捉纳邻合罕,收服了火鲁剌部众。

甲子年[109],[主上]四十三岁。当时哈剌鲁[110]的阿昔兰合罕是个骄横跋扈的人,他说:

“听说人称圣主的铁木真,
为收服各地人众而奔走,
我这里也不会不来,
人言男子生在家里,死在野外。”

于是率兵来[攻]。主上闻讯,迎战于哈喇·客古勒[山]上。札剌亦儿的木华黎那颜、塔塔儿的失吉·忽秃忽、逊都思的沉白·答儿罕、火鲁剌的万户那颜薛扯·别乞、札只剌的札木合·安达[111]五人陷阵[作战],杀死阿昔兰合罕,收服了哈剌鲁人众。

丙寅年,[主上]四十五岁,出征吐蕃的公哥·朵儿只王,吐蕃王派出以亦鲁忽官人为首的三百人为使,[前来]奉献大批骆驼为贡,表示愿意归降。[他们]在纳臣柴达木之地拜见了主上。主上恩准,重赏了[吐蕃]王和使臣。遣送[使臣]回国时,主上给萨思迦·掣·罗咱斡·阿难答·葛毗喇嘛捎去了书信和礼物。[信中]说:“本想返派亦鲁忽大臣回去请你,由于我还有很多世间的事业没有做,所以就不请了。我将在这里敬奉你,你要在那边护佑我!”就这样收服了纳里三部以下三省八十八万黑色吐蕃人众。[112]

随后,[主上]乘胜进军印度。越过赤惕哈郎岭的山坡,[只见]一个称为“些噜”[113]的野兽,头上长有独角,奔驰过来,在主上面前屈膝拜了三拜。众人正为此感到惊异,主上降旨说:“据说那印度的金刚台座,是古时候尊贵的众佛陀、菩萨、众自在圣人、合罕的出生之地。今天,这个不会说话的[奇]兽,不知为什么像人一样这般叩拜?[看来],如果去到[印度],恐怕会出意外。莫非是我的天父在告诫?”于是班师回返。

却说,[主上]派使臣去对撒儿塔黑臣的俺八孩合罕[传谕]说:“向我归降纳贡

吧!”那[俺八孩]合罕不高兴,遣使臣回话说:

“对安逸无备的人们,
突然掠劫已成了[你们的]习惯,
不要看错,俺八孩从不上当,
你坐家中妄自尊大是所为何来!”

主上大怒,降旨说:“有俗话说‘说大话的要招大损’。我秉承天父的旨意,

曾打算挫败十二凶暴的君主[114],
以太平之政使天下尽享平安;
如今[既然]他说了如此大话,
仰望自在天父您来照鉴!”

戊辰年,[主上]出征,时年四十七岁。俺八孩合罕率十万军队迎[战]于拜合勒江。交战三天之后,主上身先士卒,与阿鲁剌的博尔术那颜、札剌亦儿的木华黎那颜、雪泥的吉鲁干·把都儿、忙兀的忽亦里答儿·火失兀赤等人率先人阵,劈杀起来,积尸如丘,杀死了俺八孩合罕,收服了他的属众。

结束了那次对撒儿塔黑臣的远征后,神圣的主上为修明全国的政制,对九月儿鲁为首的所有效力者,按轻重之序赐予了显贵爵号、重大职务和足够的赏赐,令[他们]作了百户那颜、千户那颜、万户那颜和亿户那颜,并发大仓普济全体国民。当时,唯独没有提到博尔术那颜。晚上休息的时候,[主上]派孛斡勒·别臣守在门口,然后进来准备就寝。这时,孛儿台·旭真·薛禅·速台太后在床上说:

“在你困窘艰难的时候,
自愿来投并且好生相伴,
成就你艰难事业的人,

不是不惜生命的博尔术吗?
你身为众人的主上合罕,
对全国人众[加恩]重赏,
莫非[独]将鞠躬尽瘁的俊杰博尔术遗忘?”

主上说:“我并没有遗忘,只是想向心怀妒意的人们显示一下博尔术的贤德。孛斡勒·别臣,你去他家暗中窥探。他肯定不会生我的气,或许正坐在家里说好话呢。”孛斡勒·别臣遵命前去,正赶上[博尔术]的妻子帖古思干·豁阿在说:

“成功之前即来投奔,
护卫他的治国举措,
创就他的全部事业,
你比所有的人出力都多。

忘掉生身父母,
抛下怀抱养育的妻儿,
你本望为主上效力服务,
今天虽然艰辛但终可享福。

[如今]圣主普施恩惠,
胜任的、不胜任的都成了万户、千户,
不是唯独未提及你博尔术吗?
为孛儿只斤效力的,当以你为鉴。”

博尔术回答说:“常言道,

‘不要贪图饕餮美食,

要坚忍不拔地好生效力，
不要争抢俸禄赏赐，
要永世相伴，竭诚效力。'

妇人缰绳短，心胸狭浅。
愿我主上的黄金缆绳巩固！
只要他玉宇江山平安，
虽今日不曾受封，
后世子孙终会承恩。

着急生气有什么用处？
我将继续不断地效力。
主上必已探听我话语，
他怎么会把我忘记？
圣主心中必另有主意。"

孛斡勒·别臣把这些话如数禀报主上。主上说："我不是提醒过吗？若论从前，[他]比别人出力更多；若论如今，[他]不分人前人后，直述自己的信念。也许会有庸人产生妒意。明天我将把博尔术的这些贤德之事公布于众。重重赏赉。"第二天，庞大的兀鲁思集合起来，主上降旨说："昨天我在向众人进行赏赐的时候，遗漏了博尔术。为此，我的妻子孛儿台·旭真晚上责怪了我。就在那时，童仆路经博尔术家回来，向我禀报了博尔术和帖古思干二人的谈话。"接着如数[复]述了博尔术夫妇二人前一天的对话，又降旨说：

"任凭皮[制]撒袋磨损到破裂，
仍然口出善言的博尔术！
乱世之中竭力相伴，

从未气馁的博尔术！

任凭毛[制]撒袋碎成粉末，
愈加勤恳相伴的博尔术！
生死决战中真心相伴，
不惜生命的博尔术！

因此，现在[我]命令以九月儿鲁为首的我的众那颜、众大臣和众属民们，你们不得妒忌此人！对出力更多的人，如果不加倍施赏，就会阻断今后的效力者。因为这博尔术来投在先，效力最多。我现在比别人更加重赏他，原因就在于此。"全体那颜、大臣们说："[咱们]曾经议论过，说主上在此之前广行赏赐的时候，为什么只字没提这博尔术那颜？主上的心中肯定另有想法。原来是这么一回事。咱们怎么能妒忌他呢？这道命令难道不是对我们大家的爱惜吗？"于是主上降旨说："[赐予博尔术]'对内管辖我玉宇大统，对外主持五色人众，保管嘹亮坚实号角的九省那颜曲律·博尔术'[的称号]！"赐予他的妻子帖古思干·豁阿"夫人太夫人"的称号，擢封博尔术为九月儿鲁的魁首、九省的那颜。[115]

[注释]

① 巴塔，原文写形BADA。《源流》中凡七见。D本作BIDA，满译本因作Bita，清译本因译为"必塔"、或"毕塔"。《黄史》的一种版本作BIDA，另外两种作BADA。其他一些后世的蒙文史书，如《恒河之流》、《金轮千辐》、噶勒丹《宝贝数珠》等，均作BIDA；《如意宝树》、伊西巴勒丹《宝贝数珠》读作Bita；《胜教宝灯》读作pe- te，尹湛纳希（《青史演义》）读作Bet施密特（《东蒙古史》pp. 57、373）、沙斯季娜（《沙拉图济》p. 175）、克鲁格（《宝史》p. 41）读作Bede；汪国钧（汪本《源流》Ⅱ，f. lv）、藤冈胜二（《喀本源流》Ⅱ，p. 1）读作Bata（巴塔）。

关于“巴塔”的词源，沙斯季娜、比拉(《蒙古史学史》p.267)、乔吉(校注《恒河之流》p.41)、留金锁(校注《水晶鉴》p.381)、乌力吉图(校注《黄史》)、道润梯步(译注《源流》p.92)等人认为来源于汉语“北狄”，是它的音译；普契柯夫斯基(《东方研究所目录》第1卷)怀疑是“白鞑”的音译。

这个词不见于《秘史》、《史集》，也不见于17世纪以前大多数藏文史籍，有关的汉籍中也没有与之相对应的名称。这个名称是在16世纪后半叶格鲁派藏传佛教传入蒙古地区以后才出现的，是与印藏蒙一统之说一起传入的。

两《黄金史》和《阿萨剌黑齐史》在与《源流》Bata一词相应的地方作J̌ad，而J̌ad Mongγol的说法在16世纪后半叶的《白史》中已有出现。《世系谱》读作“浙忒”。鲍登(《阿勒坛脱卜赤》p.113)、札奇斯钦(《黄金史译注》p.16)、留金锁(校注《黄金史》p.4)、乔吉(校注《黄金史》p.18)、巴根(校注《阿萨剌黑齐史》p.161)等人都读作J̌ad，认为即《秘史》的“札惕”(外人)，朱风、贾敬颜(译注《黄金史纲》p.3)亦认为“浙忒”当即“札惕”。札奇斯钦、苏鲁格(《政教史》p.40)认为Bede、Bita是J̌ad的讹误。《黄金数珠》、《水晶鉴》同处作Wad，留金锁认为Wad即Wid，亦即Bita。

由于缺乏有力的证据，暂时还不好确定“巴塔”一词的来源和词义。成书于14世纪末的《王统记》提到松赞干布时北方有一个Bhata Hor国。刘立千(《王统记》刘译本p.186)音译为“白达霍尔”，认为是指“居于西藏最北部的回鹘或突厥”。施密特说藏文史籍中常见Pete Hor的写法，他认为Pete是蒙古人的古代称呼，Hor是蒙古人的新称呼。但查阅多种藏文史籍，未见Pete Hor之语。实际上，Hor是西藏人对北方蒙古草原一些住民的泛称，它先是被用来指回鹘，后来又用来专指蒙古。或许有以Bhata ~ Hor称呼北方民族的先例，又有以Hor转称蒙古的变化，Phata也就随之与蒙古挂上了钩。

② 过不惯 ülü idegešin。满译本、清译本(Ⅲ.lv)缺译。idegeši-，意为“人们互相惯熟、适应、相契”等(《解释词典》p.301)。此词，D本、S本讹为itegegsen,施密特(《东蒙古史》p. 57)、道润梯步(译注《源流》p. 89)因误译为“信”。

③ 豁埃·马阑勒,Qoo-a maral。清译本(Ⅲ. lv)作“郭斡玛喇勒”。此人是蒙古人传说中的女性始祖。译名从《秘史》(§1)。豁埃(qo'ai = qolrai)是阴性词,豁阿(qo'a = qoγ-a、qoo-a、qūā)是阳性词。参见小泽重男《秘史诠释》I,pp. 19 ~ 20,亦邻真《秘史复原》p. 3。

④ 腾吉思海,Tenggis neretü dalai。清译本(Ⅲ. lv)作“腾吉斯海”。《黄史》、两《黄金史》作 tenggis dalai,沙斯季娜(《沙拉图济》p. 127)、鲍登(《阿勒坛脱卜赤 >p. 113)朱风、贾敬颜(译注《黄金史纲》p. 3)都将 tenggis 译为专名。《秘史》(§1)原文说孛儿帖赤那是“腾汲思客秃勒周亦列罢”,汉译者将“腾汲思”当专名处理,旁译作“水名”,总译又作“同渡过腾吉思名字的水来”。因为腾吉思一词本身有“大湖”、“海”之义,又常用作湖名,所以《秘史》的记载实际上可以有两种理解:一是按普通名词理解,即“渡过一个海子而来”,一是按专有名词理解,即“渡过腾吉思海而来”。培尔列(《秘史所见地名水名》)说它是蒙古国西境库苏古尔湖之北的 Тэнгэс 河;札奇斯钦(《黄金史译注》p. 1”视它为 Köke Tenggis——里海(按里海为 Köl Tenggis,音译“宽田吉思”)。他们都将腾吉思视为专名。然而也有不少学者指出 tenggis 在这里只是用作一个普通名词,指某一大湖或海子。持这种看法的有村上正二(译注《秘史》I,p. 5)、谢再善(译注《青史》p. 5)、小泽重男(《秘史诠释》I,pp. 21 ~22)、柯立甫(译注《秘史》p. 1)、道润梯步(译注《源流》p. 91)、亦邻真(《秘史复原》pp. 3 ~4)等人。这一看法比较合理。但是这个大湖或海子究竟是指哪一个?又有了几种不同说法。有人认为是里海(李文田《元秘史注》、张尔田《笺证》);也有人认为是青海湖(施密特《东蒙古史》p. 373),还有人推测是呼伦湖(亦邻真《秘史复原》)。诸说之中,以呼伦湖之说可信一些。据蒙古人的自述(《秘史》、《史集》),他们的始祖孛儿帖赤那和豁埃马阑勒是从额儿古涅—昆之地即额尔古纳河岸的山岭森林中走出来,迁徙到蒙古草原上的。而且汉文史籍(《旧唐书·北

狄传》)也证实蒙古人("蒙兀")唐代是住在额尔古纳河流域。从额尔古纳河到鄂嫩河源头不儿罕·合勒敦山一带的草原,从东向西迁徙,沿途所能经过的、可以称为海子(tenggis)的大湖,只有呼伦湖。里海等说未从史实上加以慎重考虑,因而站不住脚。尤其是青海湖之说,盲从《源流》中16世纪杜撰之词,在西藏和蒙古地区之间寻找这一湖泊,方向全被误导。

⑤ 拜合勒江流域不儿罕·合勒敦山,Bayiγal kemekü mören-ükiǰaγar-a Burqan qalduna neretü aγula。清译本(Ⅲ. lv)作"拜噶勒江所属布尔干噶勒图纳山"。《黄史》同处只作Burqan qalduna。Bayiγal,是湖名,非河名,一般汉译为贝加尔。Burqan qalduna,此即《秘史》的"不峏罕合勒敦山",《元史》(卷134)作"不里罕哈里敦"。纳(n-a)是该词的方位格形态,qaldun指山岳。培尔列(《秘史所见地名水名》)考证它的方位是东经109°、北纬49°,在鄂嫩河、克鲁伦河、土拉河三河源头的肯特山中。不峏罕合勒敦与贝加尔湖无涉,看来是《源流》作者在参考《黄史》写这一段内容时擅自添加了"拜合勒江流域"之语。这一错误,又被后世的《水晶数珠》、《黄金数珠》、《胜教宝灯》、伊西巴勒丹《宝贝数珠》等书所因袭。

⑥ 这段有关蒙古人始祖的故事,在17世纪以后的其他蒙文史书中也多有反映,不同的只是一些细节上的差别。对照《秘史》、《史集》等早期史书,可以很容易看出《源流》等后期蒙文史书中的有关故事是杜撰之词,目的是想把蒙古汗统攀挂到西藏王统,进而攀挂到释迦牟尼所属的印度王统,以便使佛教更加名正言顺地在蒙古地区广泛传播。

20世纪30年代,陈寅恪发表《〈彰所知论〉与〈蒙古源流〉》,认为《源流》中蒙藏同源的故事是受了八思巴《彰所知论》的影响而产生的。他说:"……《蒙古源流》于《秘史》所追加之史层上,更增建天竺、吐蕃二重新建筑,……推究其所以致此叠累式之原因,则不得不溯源于《彰所知论》。"一个时期内,'似乎无人反对这种说法。80年代,苏鲁格撰文(《译注政教史》序言)提出了不同意见,他核检了《彰所知论》的藏文原文后,指出陈寅恪对汉译文的误解,进而说明《彰所知论》既未追溯蒙古之族源,也未说"印、

藏、蒙同源”。在这个问题上,一方面确如苏鲁格所说,《彰所知论》中找不到直接把蒙古汗统与西藏王统连接起来的文字,但是另一方面我们也应该把握陈寅恪在文章中阐述的主要观点,他是说《源流》的“基本观念及编制体裁”“取之于《彰所知论》”,也就是说《彰所知论》先讲述印度王统、西藏王统,然后接叙蒙古汗统的写法,实际上是使“蒙兀儿史遂为由西藏而上续印度之通史”,《源流》就是“依此观念,以此方法,采集材料,而成书者”。

《彰所知论》的写法或许给了后人以某种启发。顺着这条思路,后来就有人根据需要进一步添枝加叶,编造出了印藏蒙一统的故事。16 世纪后半叶,蒙古右翼土蛮万户的首领俺答汗和阿儿秃斯万户的忽图黑台·切尽·黄台吉,从与西藏高僧接触发展到在两万户内强制推行佛教。这一行动需要舆论支撑,于是印藏蒙一统的故事应运而生,取代了蒙古人自古以来的祖承传说。从当时的情况来分析,印藏蒙一统故事的出笼,很可能与既精通藏文史籍、典故,又熟知蒙古祖承传说的人有关。在 16 世纪以前的藏文史籍中,在西藏王统起源的问题上已经可以看到后期史书对早期史书的篡改。早期的说法是天神自天降世成为吐蕃之王(《敦煌吐蕃文书》等),而后期的说法(后来成了普遍的说法)是印度某代国王的一个儿子遭难后翻过雪山来到吐蕃,被误认为天降之神而奉为吐蕃第一代王。这显然是佛教传入吐蕃后人们根据需要编造出来的。有了这样的先例,熟通藏文史籍和典故的人是很容易仿造出类似的故事来的。在 17 世纪蒙古史书中,直接出现了印藏蒙一统的故事。《黄金史纲》中的内容较为简略,只说止贡赞普的三个儿子内部失和,幼子孛儿帖赤那北渡腾吉思海,至札惕地方娶豁埃马阑勒为妻,定居下来,成为蒙古一姓。到《黄史》时,内容已增至:止贡赞普为大臣隆南所杀,王位被篡,幼子孛儿帖赤那逃至公布地方,因过不惯,携妻子豁埃马阑勒东渡腾吉思海至不峏罕合勒敦山,遇见巴塔人众,讲述来由,巴塔人众经商议尊奉他为那颜。《源流》的有关内容主要迻录《黄史》,但又进一步增加了些细节。

⑦ 巴塔思罕(Batasqan)、巴塔·赤罕(Bata čaγan)两个儿子,这一说法与其他

有关记载均不相符,不详所出。《黄史》不记孛儿帖赤那至脱奔咩哩犍(朵奔篾儿干)之间的世系;两《黄金史》、《阿萨剌黑齐史》只记一子。《秘史》(§1)只记“巴塔赤罕”(Bataačiqan)一人之名。《史集》(I/2,p.6)虽然说孛儿帖赤那生有许多孩子,但长妻豁埃马阑勒生的一个儿子叫 ītǰiqīān(=btǰī-qāān),他曾登临汗位。根据《史集》的说法,不少学者如拉德洛夫(《突方》p.1518)、村上正二(译注《秘史》I,p.10)、道润梯步(译注《源流》p.92)、乔吉(校注《黄金史》p.18)等人,认为《秘史》的巴塔赤罕应复原为 Badačiqan,即“牧人之汗”。《源流》和罗桑丹津《黄金史》的 Batačaγan、《黄金史纲》的 Batai čaγan、《阿萨剌黑齐史》的 Batačaγ,都是 Batačiqan 的不同变形。

⑧ 塔马察,Tamačaγ。清译本(Ⅲ.2r)据满译本译为“特墨彻克”。此即《秘史》§1 的“塔马察”(Tamača),《源流》收尾 γ 衍。《黄金史纲》、罗桑丹津《黄金史》分别误作 Temüǰin、Temečin。

⑨ 也客·你敦,Yeke nidün。清译本(Ⅲ.2r)作“尼格尼敦”。此即《秘史》§2 的“也客你敦”。清译本因 D 本误 Yeke 为 Nige 而误“也”为“尼”,即误“大眼睛”为“一只眼”。

⑩ 孛儿只吉歹·篾儿干,Borǰigidai mergen。清译本(Ⅲ.2r)作“博尔济吉台墨尔根”。译名从《秘史》(§3)。

Borǰigidai 由姓氏复数 Borǰigid 缀加男性词尾-ai 构成。可是,《秘史》(§42)、《黄史》、罗桑丹津《黄金史》、《源流》和《阿萨剌黑齐史》等书后文又说孛儿只吉歹·篾儿干之孙孛端叉儿的后裔成为“孛儿只斤”姓;《史集》(I/1,p.253)说也速该·把都儿的后裔成为孛儿只斤姓。几种记载相矛盾。这都说明“黄金家族”祖先世系传说成分很大,不可以当作信史确证来对待。

⑪ 忙豁勒真·豁阿,Mongγolǰin γoo-a。清译本(Ⅲ.2r)译为“蒙郭勒津郭斡”。译名从《秘史》(§3)。

Mongγolǰin 之名,由姓氏 Mongγol 缀加女性词尾-ǰin 构成,表明她的父姓是 Mongγol，应当就是“蒙兀室韦”。Mongγol，一般多译为“蒙古”，原来只是一个古老的小氏族部落的名称，在发展过程中，由于人口的自然增殖，逐渐分衍出许多分支（都各自拥有自己的名称），再加不断吸收他部人口，部落名称的范围也逐步扩大，至 13 世纪初，终因成吉思汗统一蒙古高原而成为各部的统称，从此以一个新的统一的民族共同体的名称和地域的名称出现。

孛儿只吉歹·篾儿干和忙豁勒真·豁阿的名字耐人寻味。按照这个传说谱系，蒙古（忙豁勒）与孛儿只斤就是实行族外婚的两个氏族或部落，而且成吉思汗的十四代祖还不属于名为蒙古的氏族或部落。

⑫ 脱内、朵黑申、额木里克、额儿客，Tonoi、Doγši、Emlig. Erke。清译本（Ⅲ.2r）译为“托诺依、多克新、额木尼克（D 本作 Emnig）、额尔克”。此说不详所出。《秘史》、《史集》以及《黄史》等其他 17 世纪蒙文史书都不载都蛙锁豁儿四子的名字，只是后来的《金轮千辐》、《世系谱》、《胜教宝灯》中有相同的内容，显然受了《源流》的影响。

都蛙锁豁儿的四个儿子成了斡亦剌的厄鲁特、巴图特、辉特、克烈努特四姓这一说法，不见于其他 17 世纪蒙文史书。《秘史》§11 的有关说法是“都蛙锁豁儿……的四个孩儿……做了朵儿边姓”（罗桑丹津《黄金史》亦同），朵儿边（“四”之义）是作为专名出现的。《亲征录》、《元史》作“朵鲁班”、“朵鲁别”等，《史集》作 dūrbān，也都是用作专名。与《秘史》的说法不同，《史集》（Ⅰ/2，pp. 6，7）上说：塔马察有五个儿子，长子豁里察儿篾儿干继父位，其余四子离开营地去到别的地区，据说朵儿边部就起源于他们的民族。尽管《秘史》、《史集》二者的说法有些出入，但共同点是都把朵儿边记为一个氏族或部落的名称，它的形成与四兄弟有关，而且四兄弟出于成吉思汗祖先一系，与异姓斡亦剌无涉。《源流》却在《秘史》记载的基础上任意发挥，把关于朵儿边这一蒙古部落的故事，强行移植到四个部落头上，说成是四斡亦剌的祖先，伯希和（《卡评》pp. 24、26）引了《源流》中斡亦剌由厄鲁特等四部组成的这部分内容，作为四卫拉特名单之一，通过四卫拉特的不同名单,认为首先应该承认卫拉特部族的组成在13至17世纪之间有过明显变化。

⑬ 从都亦连·噶噜迪[地方],Düireng garudi-ača。清译本(Ⅲ.3r)译为"自推朗噶噜迪"。《黄金史纲》作 Duyirang giridü-eče。罗桑丹津《黄金史》作 Düyiren gerüdeče。《秘史》(§28)同处作"都亦连(山名)格鲁答察(背后)",总译为"都亦连名字的山背后"。据此,可知 garudi-ača、giridü-eče(从噶噜迪)为 gerü-deče(从背后)的误解和讹写。

⑭ 火里·秃麻,Qori Tümed。清译本(Ⅲ.3r)作"两土默特","两"因D本系统诸本 qoyar(二)而误。此即《秘史》§8的"豁里秃马惕"(Qori Tunlad)。《黄金史纲》贡布耶夫本作 QoriTümed,其他诸本和《阿萨剌黑齐史》作 Tümed,罗桑丹津《黄金史》作 Barγuǰin Tümed。据《元史》(作"火里"、"秃麻"、"秃满"等)、《亲征录》(作"吐麻")、《史集》(作 qūrī,tūmāt),火里与秃麻是相邻的民族或部落,因同源和住地邻近,两部之名常同时出现。克鲁格(《宝史》p.42)译为"二十土默特"、谢再善(译注《青史》p.7)释为"二十万众",均误。Tümed,核以《秘史》、《元史》、《史集》等有关记载,当为 Tumad 的讹写。后来的蒙古人已不熟悉秃麻部,熟悉的相近部名只有当时蒙古右翼的土蛮(土默特)部,于是就用后者取代了前者。

⑮ 豁里剌儿台·篾儿干,Qoritai mergen。清译本(Ⅲ.3r)作"郭哩岱墨尔根"。译名从《秘史》§8(Qorilartai mergen)。-lar,是突厥语复数词尾,相当于蒙古语的 nar。《黄金史纲》作 Qoml-tai mergen,罗桑丹津《黄金史》、《阿萨剌黑齐史》以及《金轮千辐》作 Qoriltai mergen,均有讹误。

⑯ 巴儿忽真·豁阿,Barγuǰin γoo-a。清译本(Ⅲ.3r)作"巴喇郭沁郭斡"。译名从《秘史》(§9)。Barγuǰin 由氏名 Batγud(巴儿忽惕)缀加女性词尾-in 构成(din→ǰin),表明她的父姓为巴儿忽歹,《秘史》说她的父亲名叫"巴儿忽歹篾儿干",是阔勒巴儿忽真脱窟木地方的主人。

⑰ 阿里黑·兀孙,Ariγ usun。清译本(Ⅲ.3r)作"阿哩克忽(文渊阁本作"乌")逊"。译名从《秘史》(§8)。arīq,突厥语,义为"洁净"。村上正二

(译注《秘史》I,p.21)说此河是从蒙古库苏古尔湖流出的额金河的一条支流,至今仍叫阿里黑河。培尔列(《秘史所见地名水名》)说此河位于东经100°、北纬50°左右处。

⑱ 别勒古讷台、不古讷台,Belgütei、Begügtei。清译本(Ⅲ.3r)作“伯勒格特依”、“伯衮德依”。译名从《秘史》§10(Belgünütei、Bügünütei),罗桑丹津《黄金史》、《史集》皆同《秘史》。《源流》拼写显然有误。

⑲ 博合靓・撒里直,Buγu salǰiγu。清译本(Ⅲ.3r)作“博克多・萨勒济固”。译名从《元史・太祖纪》。《秘史》§17作“不合秃撒勒只”(Buqatu Salǰi)。

⑳ 孛端叉儿・蒙合黑,Bodončar mungqaγ。清译本(Ⅲ.3r)作“勃端察尔”。孛端叉儿,译名从《元史・太祖纪》。《秘史》§17作“孛端察儿蒙合黑”。《史集》(I/2,p.80)作 būdnǰār。此人是蒙古—元朝皇室家谱中的重要人物。到了元朝,元皇室似乎只承认孛端叉儿以降的祖先。从《元史・太祖纪》中看出,《实录》是从“十世祖孛端叉儿”开始的。《元史》卷107《宗室世系表》提到当时曾经存在《十祖世系录》一书。这份世系表也把孛端叉儿写作“始祖”。

㉑ [姓]伯牙吾、名叫马阿里的人,Bayaγud-un Maγali kemekü bey-e。清译本(Ⅲ.3r)因满译本而误作“其父之连襟玛哈赉”,语义全非。施密特(《东蒙古史》p.59)译为“伯牙兀的马阿里”、汪国钧(汪本《源流》Ⅱ,6r)译为“巴雅固特(姓也)之玛哈里”、克鲁格(《宝史》p.42)译为“伯牙吾部名叫马阿里的人”、道润梯步(译注《源流》p.96)译为“巴雅古特之玛哈赉”。

罗桑丹津《黄金史》作 Maγaliγ Bayaγudai kümün,源自《秘史》§18的“马阿里黑・伯牙兀歹・古温”(总译:马阿里黑伯牙兀歹家人)。《秘史》(§§12~16)提到朵奔篾儿干曾从一个兀良合惕人要了一只三岁鹿的整身,后来又用其中的一只后腿与一个“马阿里黑・伯牙兀歹人氏”换了他的儿子,带回家去使唤。就是说,父子二人都被称为“马阿里黑伯牙兀歹”,按照古时候蒙古人的习惯,这是指他们父子二人都是属于这一姓的人。然而村上正二(译注《秘史》I,p. 27)、小泽重男(《秘史诠释》I,p.95)却释为

“伯牙吾族的名叫马阿里黑的人”。伯希和(《亲征录译注》p.87)认为Ma′aliγ<Ba′aliγ<Bayauliγ,终归是表示伯牙吾人之意。亦邻真(《秘史复原》p.11)解释为“伯牙吾氏(yasun)的马阿里黑姓(oboγ)的男人”。《秘史》同处旁译作“姓氏”,也可证明马阿里黑是姓氏名,而非人名。类似的用法,《秘史》§38有“札儿赤兀惕·阿当罕·兀良合真”(总译:札儿赤兀惕阿当罕兀良合真的人氏)。《源流》的说法误解了《秘史》的原义。

伯牙吾,元代又译作“伯要”、“伯岳吾”等。据《史集》、《秘史》,分为几支,居地主要在色楞格河地区。其中的一支在汪古儿(成吉思汗的大伯父蒙格秃乞颜之子)的率领下投靠成吉思汗,曾参加成吉思汗与札木合的争战,为十三翼之一。后来成吉思汗组建千户时,汪古儿获准收集散处各地的伯牙吾人组成一个千户,自任千户长,该千户隶右翼万户。另外,西域亦有同名的部族,如玉里伯里山的伯岳吾氏,康里人中也有一部分人称伯岳吾。明代中后期,蒙古部落中开始出现此名。《源流》后文(K本62v22、82v08)提到答言汗时期曾有该氏的一个人在战场上救过满都海夫人的命;俺答汗时,隶土蛮万户的该部首领曾作为代表之一前往迎请西藏格鲁派高僧锁南坚错。《俺答汗传》(§291)说俺答汗会见锁南坚错后,其族人中以Bayaγud部首领之子为首的一百零八人削发为僧。据《九边考》、《皇明北虏考》,该部(作“叭要”)原属火筛的满官嗔部,在答言汗收服右翼部落后,与满官嗔其他部落一起成为俺答汗的属部。《北虏世系》、《三云》、《武功录》等也证实俺答汗时该部为俺答汗属部之一,由俺答汗次子不彦台吉一系所领,不彦台吉因此又以部名被称为“摆腰冶吉”。其住牧地在明大同边外西北一带。明代汉籍中又作‘摆要”(《北虏世系》)等。《山中》作“摆日”。同时,左翼万户中也有一个同名的部落,为内五部罕哈之一(《金轮千辐》),其首领是答言汗第五子纳勒出孛罗(阿勒楚博罗特)之子虎喇哈赤的第四子Sonin dayičing(汉籍作“歹青”)一系,歹青因部名又称“伯要儿”(《辽夷略》)。清人记录中作“喀尔喀把岳忒”(《清太祖实录》卷5)、“把岳特”(《通谱》)等。该部住牧地在辽河套内。歹青之孙恩格德尔是蒙古诸部中较早与后金建立关系的部落首领,也是较早归降后金的人。1622年,歹青所率降众被后金编为一旗,1627年林丹汗攻破内五部罕哈时,把岳忒部余众逃离住牧地。该部之众后来先后编入满洲八旗。

㉒ 哈答斤,Qadagin。清译本(Ⅲ.4v)作“哈塔锦”。此即《秘史》的“合塔斤”、“合答斤”,《元史》、《亲征录》作“哈答斤”,《辍耕录》作“哈答吉”、“合忒乞歹”,《史集》作 qtgīn。亦见于《金史》,作“合底忻”。12世纪末、13世纪初,该部先与塔塔儿、弘吉剌、散只兀等部联合,奉戴札木合为古儿汗,与成吉思汗作对,后又投靠乃蛮部,继续与成吉思汗为敌。1204年成吉思汗灭乃蛮,该部归降。明代不见于记载。今内蒙古仍有许多姓 Qadagin 的人,有的已经改称汉姓:韩。蒙古国著名文学家、学者 Ts. 达姆丁苏隆,便是姓 Qadagin 的。

㉓ 札只剌歹,J̌aǰiritai。清译本(Ⅲ.5r)作“斡齐尔台”,因 D 本作 Wačiradai 而误。译名从《秘史》(§40)。《秘史》说他的名字从“札惕”(J̌ad,“世人”即“外人”)一词而来,他的后人成了札答阑氏。

札只剌,J̌aǰirayid。清译本(Ⅲ.5v)作“斡齐尔台”,亦因 D 本的 Wačirtai 而误。《秘史》同处(§40)及另外两处(§§129、195)作“札答阑”(J̌adaran),但有一处(§141)称札只剌歹的后裔札木合为“札只剌歹札木合”(J̌aǰiradai J̌amuq-a),J̌aǰiradai 去掉男性词尾-ai,即为 J̌aǰirad。罗桑丹津《黄金史》作 J̌arǰirad(J̌āǰirad 之讹)、《史集》作 J̌aǰirāt。J̌aǰirad 当为该部的正确名称。又,《辽史》、《道宗纪》、《部族表》提到北边的“茶扎剌”、“茶赤剌”部,当即 J̌aǰirad 的音译。

㉔ 毕乞儿·把都儿,Bikir baγatur。清译本(Ⅲ.5r)作“伯格尔巴图尔”。两《黄金史》、《阿萨剌黑齐史》所载相同。《秘史》、《元史》以及《史集》无载。《红史》等藏文史籍作 sbe khir 或 bi kher。两《黄金史》、《源流》的此名、抄自藏籍。实则于史无征。

㉕ 咩撚笃敦,Maq-a tudan。清译本(Ⅲ.5r)作“马哈图丹”。译名从《元史·太祖纪》。《秘史》§43作“篾年·土敦”(Menen tudun)。《史集》作 dūtūm mānān。《黄金史纲》作 Maq-a tüden、罗桑丹津《黄金史》作 Maq-a tudun、《阿萨剌黑齐史》作 Menen tüden。在古蒙古文中,menen 与 maqa 写法一样。《源流》等蒙文史书的 Maq-a 为 Menen 之讹。后世的蒙文史书更是错上加错,《水晶数珠》、伊西巴勒珠尔《佛教史》写成了 Maha。maha 为梵语"大"之意,而 menen 为古蒙古语"多"之意。tudan、tüden 当作 tudun。tudun 是突厥官号,一般汉译为"吐屯"。从蔑年土敦一名,可以知道成吉思汗的祖先是有突厥官衔的部落贵族。

㉖ 合赤·曲鲁克,Qači külüg。清译本(Ⅲ. Sr)作"哈赤库鲁克"。译名从《秘史》(§45)。两《黄金史》、《阿萨剌黑齐史》所载相同。《史集》以及《红史》等藏文史籍不记这一代。《元史·太祖纪》不记这个人的名字,但称海都为咩撚笃敦"长孙",表明二人之间还有一代人,《元史·宗室世系表》海都上一代作"既拏笃儿罕"。

㉗ 敦必乃,Tumbaqai。清译本(Ⅲ. 5v)作"托木巴该"。译名从《元史·太祖纪》。《秘史》§47 作"屯必乃"(Tumbinai)。《黄金史纲》作 Tumbiqai(但北京第二版作 Tumbinai),罗桑丹津《黄金史》作 Tumbiqai、Tumbaqai,《阿萨剌黑齐史》作 Tum biqai。《史集》作 tūmbneh,《红史》等藏文史籍作 dum bi nahi。则蒙文史书的 Tumbaqai、tumbiqai 等均为 Tumbinai 之形误。

㉘ 葛不律舍罕,Qabul qaγan。清译本(Ⅲ. Sv)作"哈布勒汗"。此即《秘史》的"合不勒合罕"。《元史·太祖纪》作"葛不律寒"。《秘史》说他是屯必乃的长子,《史集》即列为屯必乃的第六子。此人是蒙古人中的第一位汗,《秘史》§52 说他"合木黑(普)忙豁里(达达行)……箆颠阿巴(管有来)"(众达达百姓,合不勒皇帝管着来),说明他当时已控制了许多蒙古部落,合木黑忙豁勒(全体蒙古人),就是众多部落的联盟。

㉙ 也速该·把都儿,Yisügei baγatur。清译本(Ⅲ. Sv)作"伊苏凯巴图尔"。此即《秘史》的"也速该把阿秃儿"。据《秘史》、《元史·宗室世系表》、《史集》,他是把儿坛把都儿(八哩丹)的第三子,《源流》、罗桑丹津《黄金史》、《阿萨剌黑齐史》列为长子,并误。《元史·太祖纪》说他"并吞诸部落,势

愈盛大”,《史集》(Ⅰ/2,p.64)说他“是大多数蒙古部落的君主,他的长幼宗亲,即叔伯与堂兄弟们全都听命于他”,似乎他的势力很大,可以号令众多蒙古部落。但据《蒙韃备录》,当时他只不过是一个相当于“十人之长”的“牌子头”,也就是十户长,并无多少实力。他确实英勇善战,不愧有“把都儿”(勇士)之号,曾受命多次参加过对其他部落以及对金朝的战斗。在忽图剌汗、合答安太子率军与塔塔儿战,不胜而返的情况下,于1162年出征塔塔儿,捉获了其将领铁木真斡怯等人。此事被后人传为美谈。约在1170年,也速该把都儿被塔塔儿人毒死。他的长子铁木真后来创立了大蒙古国,成了全蒙古的共主,家族也升为统治家族。也速该把都儿生前的身份、地位也因此被人为地抬高,于是出现了《元史》、《史集》那样的说法。

㉚ 聂昆·大司、蒙哥睹·薛禅、答里台·斡赤斤,Nekün tayiši、Menggetü sečen、Daritai očigin。清译本(Ⅲ.5v)作“讷衮泰寔、孟格图彻辰、达哩岱鄂济锦”。也速该的兄弟,《秘史》、《元史》、《史集》所载亦为三人,其称呼和长幼顺序基本一致。《秘史》长兄作“忙格秃乞颜”(《元史·宗室世系表》作“蒙哥睹黑颜”)、次兄作“捏坤太子”(《亲征录》作“捏群太石”)、末弟作“答里台斡惕赤斤”。《黄金史纲》记为Daritai,Očuγun二人,实际是误把答里台斡赤斤分成了两个人。罗桑丹津《黄金史》记为Nekünta yiǰi,Menggetü kiy-a、Mergen yeke-tei、Daritai otčigin四人。其中Mergen yeke-tei于他书无征,是衍文。

㉛ 塔塔儿,Tatar。清译本(Ⅲ.6r)作“塔塔尔”。据突厥文碑铭(阙特勤碑、毗伽可汗碑),约在8世纪初蒙古地区就已经有称塔塔尔(TIR)的部落在活动。唐代汉籍记为“达怛”(《会昌一品集》卷5、卷8)。与“室韦”指同一部分人。《建炎以来系年要录》(卷133)作“塔坦”、《蒙韃备录》作“韃靼”、《辽史·部族表》作“达旦”。《秘史》,以及《元史》等元代文献多作“塔塔儿”。《史集》作Tātār。该部曾是一个强大的部落,包括蒙古部(汉籍称为“黑韃靼”)在内的不少其他部落也都曾经称塔塔儿。《史集》解释说这是“由于他们极其伟大和受尊敬的地位”。12世纪初,蒙古部势力增强,与塔

塔儿部展开争夺,双方互有胜负。当时塔塔儿部的住地在今呼伦湖、贝尔湖一带,分为六部。13 世纪初,该部与弘吉剌、朵鲁班、哈答斤、散只兀等部结盟,拥戴札只剌部首领札木合为古儿汗,与成吉思汗分庭抗礼。1202 年,最终为成吉思汗所灭,成年男子绝大多数被杀,妇女儿童分散各家为奴。据《史集》,虽然塔塔儿部遭到了灭顶之灾,但仍有一些人留存下来,散在各处。塔塔儿人从此成为蒙古人的一部分。明代,蒙古本部察罕儿万户内有 Čaγan tatar 鄂托克(《源流》K 本 68v30),《明史·李成梁传》作"叉汉塔塔儿",《清实录》也提到察哈尔的"察罕塔塔儿"。《恒河之流》把 Tatar 列为察哈尔万户山阳四鄂托克之一。《秘史》、《史集》所记原塔塔儿六部之一便是 Čaγan tatar。

㉜ 月伦,Ögelen。清译本(Ⅲ.6r)作"乌格楞"。此即《秘史》的"诃额仑"(Höḥelün)。《元史》、《亲征录》作"月伦",《史集》作 aūālun。可知《秘史》读作 Höhelün 并不规范。当以《亲征录》、《元史》、《史集》的读法为正。-lun/-lün是用于古代蒙古妇女名字的一种词尾。如 Nomolun(那莫仑)、Temülün(帖木仑)等。据鲍培(《(蒙古秘史)中的一些专有名词》),在布里亚特史诗中,英雄人物之妻的名字由-laŋ/-leŋ 作后缀构成。施密特(《东蒙古史》p.375)将 Ögelen 解释为"云彩之母",误。月伦是也速该把都儿的长妻,与他生有四子一女。长子即后来称成吉思汗的铁木真。她生性刚强,在丈夫死后的逆境中,苦心抚育子女,为家族的事业尽了职责。《秘史》对她多有赞誉之词。成吉思汗就曾说:"共立国的是母亲。"分封诸子诸弟时,成吉思汗给末弟斡赤斤和母亲处共分了一万户。

㉝ 壬午年,šim morin ǰil。即公元 1162 年。《黄史》作"火马年"(丙午,1186 年),但在后文又说成吉思汗"火猪年"(丁亥,1227 年)去世,享年六十六岁,照此推算,其生年当为壬午(1162 年),而不是丙午(1186 年)。《黄金史纲》、《阿萨剌黑齐史》不记成吉思汗的具体生年,但后文说他于"丁亥年"(《黄金史纲》讹为丙亥)去世,享年六十六岁(《黄金史纲》作"六十七岁"),照此推算,其生年也是壬午(1162 年)。罗桑丹津《黄金史》记为"黑

马年”(壬午,1162年)。其他蒙文史书(《金轮千辐》除外),或作“水马年”,或作“黑马年”,均为壬午(1162年)。《绰黑图台吉勒石》亦说成吉思汗生于“水马年”(壬午,1162年)。《元史·太祖纪》不记成吉思汗生年,但说:“二十二年丁亥……崩,寿六十六。”《亲征录》亦不记其具体生年,但说:“癸亥……灭汪可汗。……上春秋四十二。”此癸亥即公元1203年。推算其生年当为1162年。《史集》可能有意歪曲成吉思汗生年(见周清澍《成吉思汗生年考》,载《内蒙古大学学报》1962年第1期),造成混乱,但在一处(I/2,p.143)提到在相当于伊斯兰教历599年6月开始的猪年(即1203年)成吉思汗四十一岁,照此推算,其生年也是作1162年。藏文史籍中,《雅隆史》正确地记为“水马年”(壬午,1162)出生,“火猪年”(丁亥,1227)去世,享年六十六岁。可是《红史》、《青史》却误为“水虎年”(壬寅,1182)出生。

㉞ 铁木真·斡怯,Temüǰin üge。清译本(Ⅲ.6v)作“特穆津”,因满译本而缺译üge。译名从《亲征录》。此即《秘史》§59的“帖木真兀格”。《史集》作tmuǰīn aūkeh。üge,为辽代官名“于越”的音译,此语源于突厥语üge(《九姓回鹘可汗碑》汉文作“纡伽”),从这里可以看出塔塔儿人受突厥、契丹的影响是不浅的。

㉟ 哈撒儿,Qasar。清译本(Ⅲ.6v)作“哈萨尔”。《秘史》作“合撒儿”,《元史·太祖纪》、《亲征录》作“哈撒儿”。《秘史》又作“拙赤·合撒儿”(§60),《元史·宗室世系表》、《亲征录》又作“搠只·哈撒儿”,《史集》作ǰūǰī qsār。《源流》后文(K本36v09)又作Qabutu qasar,《阿萨剌黑齐史》同。《表传》、《游牧记》等作“哈布图哈萨尔”。据《秘史》,他比成吉思汗小两岁,当生于1164年。身强力大、勇猛善射。在统一蒙古高原诸部和对外的战争中,随成吉思汗东征西讨,立下不少战功。成吉思汗曾怀疑他争权,把他抓了起来,经母亲劝说才将其放回。他原分到四千户属民,因此事被夺去一半多,只剩下一千四百户(《秘史》§244)。所以实际上他分到的百姓是成吉思汗诸弟当中最少的。哈撒儿家族的封地在额尔古纳河、呼伦

湖、贝尔湖一带。哈撒儿的后裔,元代封齐王,恩王,入明后保持着很大势力,哈撒尔后裔的领地人众成为火儿慎(科尔沁)万户,是能够左右蒙古局势的强大力量。

㊱ 哈赤温,Qačigin。清译本(Ⅲ.6v)作"哈济锦"。译名从《元史·宗室世系表》。此即《秘史》的"合赤温"(Qačiḥun),《史集》作 qāǰīūn。《黄史》作 Qačuγu、两《黄金史》作 Qačiǰu。Qačigin、Qačuγu、Qačiγu,均为 Qačiḥun 的音讹。据《秘史》§61,他比哈撒儿小两岁,当生于1166年。《史集》(I/2, p.380)说他"早年亡故"。因此史书有关他的记载很少。作为哈赤温的继承人,其子阿勒赤歹(《秘史》§255,《元史》作"按赤带")分到三千户百姓,封地在蒙古高原东部(今内蒙古自治区东乌珠穆沁旗乌拉盖河及其以北地区)。在元代,哈赤温后裔封济南王、济王、吴王、济阳王。入明,他们的后裔还有一定力量。

㊲ 斡赤斤,Očigin。清译本(Ⅲ.6v)作"谔楚肯"(因D本讹为Üčüken)。此即《秘史》的"斡惕赤斤"(Otčigin)或"帖木哥斡惕赤斤"(Temüge otčigin)。《元史·宗室世系表》作"铁木哥斡赤斤"。《亲征录》作"斡赤斤那颜"、"斡真那颜"、"斡陈那颜"。帖木格是本名,斡惕赤斤(突厥语"火主,灶主")表示他是幼子。《源流》的 Očigin、《黄史》、《黄金史纲》的 Očuγu、《阿萨剌黑齐史》的 Očiγu,都是 Otčigin 的音变形式。据《秘史》,他比哈赤温小两岁,当生于1168年。曾随成吉思汗出征乃蛮部。成吉思汗分封诸子诸弟时,与母亲一起共同分到一万户百姓。封地在哈拉哈河及大兴安岭以西地区。1219年成吉思汗西征时,他奉命留守蒙古本土。称国王。在东道诸王中,实力最强。据《史集》,1241年窝阔台汗死后,他曾率军出征,企图夺取汗位,但中途放弃,1246年出席贵由汗即位典礼,受到拘查,后被处死。斡赤斤后人在元代袭国王号,又封寿王、辽王。入明后,斡赤斤后王势力仍然很大。

㊳ 帖木伦·豁阿公主,Tümelün γoo-a abaqai。清译本(Ⅲ.7r)作"图墨埒特郭斡阿巴海",图墨埒特,因D本讹文 Tümeled 而误。即《元史·宗室世系

表》的“帖木伦”、《秘史》§60的“帖木仑”(Temülün)。罗桑丹津《黄金史》作Tümülen。《史集》(I/2,p.65)说月伦“没生下女儿”。非是。她后来嫁给了亦乞列思部的孛秃驸马,封“昌国大长公主”。

㊴ 侧室哈屯,daγaši qatun。清译本(Ⅲ.7r)依满译本译为“原配……哈屯”。误。daγaši,词干daγa-,意为“随、从、依从”等。施密特(《东蒙古史》p.63)、汪国钧(汪本《源流》Ⅱ,f.13v)、克鲁格(《宝史》p.44)、道润梯步(译注《源流》p.105)都音译为专名,分别作Daghaschi、特克什、Dagasi、达哈氏,并误。罗桑丹津《黄金史》记为Sü J̌igel,《阿萨剌黑齐史》记为Manggilun。来源不详。

《蒙兀儿史记》(卷22)说别里古台“母曰豁阿阿巴海可敦,秃马敦氏”。这是被清译本的误译所误。清译本此处全句为“原配图墨埒特郭斡阿巴海哈屯”。图墨埒特郭斡阿巴海实指成吉思汗之妹帖木伦豁阿公主(参见前注),清译本误与daγaši qatun混译在一起,使屠寄猜想图墨埒特即秃马惕(作“敦”,误),故有此讹。

㊵ 弘吉剌,Qonggirad。清译本(Ⅲ.7r)作“鸿吉喇特”。这是一个历史久远的部族。最早见于《辽史》,译作“王纪剌”;《金史》作“广吉剌”或“光吉剌”。元代也存在两种读法:Onggirad-翁吉剌惕(《秘史》)、翁吉剌、雍吉剌、雍吉烈、甕吉剌、翁吉剌歹;Qonggirad-弘吉剌、弘吉列、弘吉烈、晃吉剌等。《史集》作Qōngrat。17世纪以后蒙文史书基本上都作Qonggirad。

此部属迭儿列斤蒙古。与成吉思汗所属的孛儿只斤氏世结婚约。原驻地在贝尔湖、呼伦湖至额尔古纳河一带。1214年被迁往今老哈河、西拉木伦河流域及其以北地区,编为东部五投下之一。元世祖时,该部首领(封“鲁王”)在其领地内建应昌、全宁二城。1368年,元惠宗北返,先至上都,不久再退应昌,于1370年死在那里。同年明军破应昌,估计弘吉剌部因受创而溃散。1371年,明廷以由东胜方面来降的蒙古人众设弘吉剌、斡鲁忽奴、失宝赤等五千户所。和田清(《蒙古篇》p.12)认为弘吉刘千户所的人是因动乱从西拉木伦河迁到东胜方面的。晓克《土默特万户弘吉剌部述略》一文也持相同看法。他们的分析还是有道理的。此后明代汉籍中一时不见此部名。到《九边考》、《皇明北虏考》才提到16世纪初满官嗔部内有"土吉刺"一营。张尔田认为土吉刺为王吉刺之讹,当即弘吉刺。这一考证已为多数学者所接受。据《源流》后文(K本63v24、65r24、65v30),答言汗统一蒙古本部之前,右翼部落中有弘吉刺人。答言汗分封子嗣后,俺答汗所领土蛮万户中有弘吉刺一支,由其长子辛爱(黄台吉)之子青把秃儿台吉统领,青把秃儿因属部之名又被称为"紊圪浪青把秃儿台吉"(《武功录·扯力克列传》)、"洪克烂青把都"(《登坛·胡名》)。紊圪浪、洪克烂,即Qonggirad的异译。看来,弘吉刺等五千户所在设立不久即名存实亡后,这批弘吉刺人后来被收入满官嗔部内,随着俺答汗接管满官嗔部,弘吉刺人又成为土蛮万户中的一支。另外,罕哈万户的内罕哈五部之一也称弘吉刺(《金轮千辐》、《水晶数珠》)。明末,这部分人大部分归降后金,后被编入满洲八旗(《老档》)。

㊶ 乞由氏孛儿只斤姓,Kiyud yasutu Borǰigin oboγ。清译本(Ⅲ.7r)作"却特之嫡派博尔济锦氏"。《黄金史纲》亦有这种说法。

yasu,《秘史》§148作"牙速",旁译"骨头",总译"种";oboγ,《秘史》§11作"斡孛黑",旁译、总译"姓"。yasu是指胞族,oboγ是指姓氏。从一个yasu可以发展出几个或更多的oboγ。Kiyud yasutu Borǰigin qboγ的说法,表明孛儿只斤姓是从乞由氏族中分离出来的。Kiyud,即Qiyahud,Qiyan的再复数形。《史集》(I/1,p.251)说在远古的时候,有名叫"乞颜"(Kiān)和"捏古思"的两个蒙古人因避战乱逃到额儿古涅·昆地方,生息蕃衍,发展成两个大部落,乞颜的后代称"乞牙惕"(Kiyad,乞颜的再复数形式)氏。"各个分支渐以某个名称著称,并成为一个单独的斡巴黑"。孛儿只斤就是后来在乞牙惕氏族中形成的一个新斡巴黑。鲍登(《阿勒坛脱卜赤》p.119)译作"乞由家族和孛儿只斤氏族"(the Kiyud family and Borjigin clan),颠倒了二者的关系。

㊷ 这种说法仅见于《源流》,当是作者的想象之词。据《秘史》(§§101、

112)，别勒古台的母亲此后至少还活了若干年。当篾里乞人来掳走成吉思汗的长妻孛儿台的时候，她也一同被掳。后来，成吉思汗等人打败篾里乞，救回了孛儿台，可是别里古台的母亲却因为羞于见自己的儿子而躲入密林中去，再也没有回来。

㊸ 泰赤乌，Tayičiγud。清译本（Ⅲ.8r）作“岱齐果特”。此即《秘史》的“泰亦赤兀惕”，《元史》、《亲征录》作“泰赤乌”，《史集》作 tāiǰīūt。据《秘史》§47，该部出自俺巴孩汗一系，俺巴孩汗是成吉思汗先祖海都的次子察剌孩领昆的孙子。该部分支很多。成吉思汗时期，该部塔儿忽台·乞邻勒秃黑在也速该死后，迫害铁木真一家人，先是带走了他们的属民，后来又抓走了铁木真。1201 年，泰赤乌部与哈答斤、散只兀、塔塔儿、乃蛮等共十一部结盟，推奉札木合为古儿汗，与成吉思汗争战。成吉思汗获胜，追击泰赤乌部，其众溃散，大部分被俘，残众逃往乃蛮部。1204 年，成吉思汗灭乃蛮部，泰赤乌余众亦被收服。明、清两代不见于记载。但今天的内蒙古的蒙古人中仍有以该部名为姓的人。如科尔沁蒙古人的邰姓人家。

㊹ 斡儿伯亦·豁阿，Örbei γoo-a。清译本（Ⅲ.8r）译为“谔伯埒郭斡”，谔伯埒，因 D 本 Öber-e 而误。《秘史》（§§70、71）提到一个名叫斡儿伯亦（Örbei）的妇人，并说她是泰亦赤兀惕部俺巴孩汗的妻子。

㊺ 钻进了斡难河的密林中，Onon-u tün-e oron abai。清译本（Ⅲ.8v）据满译本误译为“其箭落扣坠于坐侧”。译者没有正确理解 Onon（斡难河）与 tün（密林）的意思。tün，《秘史》作“屯”，旁译“林”。克鲁格（《宝史》p.45）把 tün 译成了“山洞”，亦误。

㊻ 溜道，qarkitu usun。清译本（Ⅲ.9r）依满译本译为专名“哈尔吉图乌逊”。不妥。《秘史》（§81）同处作“兀速讷合儿乞’（usun-u qarqi，旁译“水的溜道”）。说明 qarki 不是专名。qarki，现代辞书一般释为“急流”。

㊼ 锁儿罕·失剌，Torγan šir-a。清译本（Ⅲ.9r）作“托儿干沙喇”。译名从《秘史》§82（Sorqan šir-a），《亲征录》作“梭鲁罕失剌”，《史集》作 surgān šireh。17 世纪蒙文史籍“锁”（so）改作“脱”（to），是讹传。

锁儿罕失剌,逊都思(Suldus,《秘史》作"速勒都思";《元史》作"逊都思")氏,原是泰赤乌部合答安太子之子秃答(又作"脱迭格")家的人丁(哈阑),因帮助被泰赤乌人俘获的铁木真逃脱,后来携家投奔了他。成吉思汗即位后,封锁儿罕失剌为千户长,把篾里乞部的原住牧地色楞格河一带地区赐为他家族的领地。

㊽ 赤老温,Čilaγun。清译本(Ⅲ.9r)作"齐拉衮"。译名从《秘史》(§84)。《元史》、《亲征录》同。《史集》作 J̌īlāūqān。锁儿罕失剌之子。早先与父亲及家人救过铁木真的命。后来随父投奔铁木真,参加过多次征战。与博尔术、木华黎、博尔忽等功臣同称"四杰"(dörben külüg-üd)。继父亲千户长职,子孙世袭第四怯薛长。

㊾ 孛儿台·旭真,Börte fuzin(后文多作 füzin)。清译本(Ⅲ.9v)作"布尔德哈屯"。译名从《元史》。《秘史》作"孛儿帖兀真"。《史集》作 būrteh-fū J̌īn。成吉思汗的长妻。弘吉剌部德薛禅(《元史》卷118作"特薛禅",《亲征录》、《元史》卷1又作"迭夷")之女。十岁时,由父亲做主与铁木真定亲。几年后被铁木真迎娶回去。与铁木真生有四子,即术赤、察合台、窝阔台、拖雷。成吉思汗建四大斡耳朵,孛儿台以大皇后居第一斡耳朵。孛儿台是成吉思汗的得力内助,曾劝成吉思汗脱离札木合,后来又提醒他注意巫师阔阔出七兄弟的势力,成吉思汗于是采取行动,除掉了阔阔出。

《源流》此处说戊戌年即公元1178年孛儿台为十三岁,与前文(K本26v21)相矛盾。前文说当初定亲时孛儿台九岁,那么到1178年她应该是十七岁。即使是十七岁,也与《秘史》不符。《秘史》§66说定亲时铁木真九岁,孛儿台十岁。到1178年,铁木真应该是十七岁,孛儿台应该是十八岁。《秘史》等早期史书不记铁木真迎娶孛儿台的具体年份,《源流》的戊戌年可能是作者凭推测造出来的。

fuzin,源于汉语"夫人"。《秘史》的"兀真"(uǰin)、《阿萨剌黑齐史》的uuǰin,是fuǰin的音变形式。《源流》的,有人读作ǰušin(如施密特、汪国钧、克鲁格)。这是不对的。畏兀体蒙文词首f(w)、ǰ同形;元代蒙文字母

(S)可用来音写[s]、[dz]、[sh]等音。此处的ᠰ读作[dz]。

㊿ 阿鲁剌的纳忽·伯颜,Arlad-un Naqu bayan。清译本(Ⅲ.10r)作“阿尔拉特阿郭巴延”,阿郭,因满译本 ago 而误。此即《秘史》§90 的“纳忽伯颜”。

阿鲁剌,译名从《元史》。《秘史》作“阿嚕剌惕”(Arulad),《史集》作 ārlāt 或 aralāt。据这两部书,该部是成吉思汗先祖海都第三子抄真斡儿帖该的一个儿子创立的。《史集》(I/2,p.276)说阿鲁剌是孝顺之义。

此部名不见于明、清两代文献。田清波《部名表》内有 arlat 一名。《成吉思汗祭奠》一书说主持成吉思汗陵祭典的西牙门图德(圣主达尔哈特)是阿鲁剌的博尔术的后代。1993 年时成吉思汗陵祭典的主持人称自己是博尔术的 38 世孙。

51 博尔术,Boγorči。清译本(Ⅲ.10r)作“博郭尔济”。此即《秘史》的“孛斡儿出”。《元史》作“博尔术”、《亲征录》作“博儿术”,《史集》作 būgūr ǰī 或 būūr ǰī。成吉思汗时代的显赫人物。阿鲁剌部人。少年时即跟随铁木真,是他最早的伴当(那可儿)。与他“共履艰危”。知兵善战。与木华黎、博尔忽(孛罗忽勒)、赤老温称成吉思汗的“四杰”,任四怯薛长之一。因功列为众官之首。成吉思汗即位,被封为右翼万户长,驻按台(阿尔泰)山地区。大约在 1227 年征西夏时病逝。1301 年(元成宗大德五年)追封广平王,谥忠武。子孙世袭万户职、广平王爵。

52 艰难,möng。即《秘史》(§90)同处的“蒙”(mong),旁译“艰难”。《源流》D 本系统诸本多作 mör(足迹、踪迹),满译本将全句莫名其妙地译为“作为男子汉,我并不是不行”,清译本(Ⅲ.10r)据译为“论丈夫本领我非平等”。均误。

53 曲雕·阿兰,Ködege aral。清译本(Ⅲ.llr)依满译本误译为“北郊”。译名从《元史》(卷 2)、《亲征录》。《元史》又作“阔帖兀阿兰”(卷 3)、“阔朵杰阿剌伦”(卷 31)。《秘史》(§269)作“阔迭兀阿剌勒”。《黄史》即说成吉思汗二十八岁在怯绿连河的曲雕阿兰之地即汗位。“己酉年”(1189 年)是《源流》补加的。据《秘史》(§§122、123、202、269),铁木真由阿勒坛、忽察儿等人推戴为一部分蒙古人的首领而称汗时,他的营地是在不峏而罕合勒敦山阳古列勒古山内桑沽儿河沿岸的合喇主噜格山、阔阔纳浯儿地方。于1206年(虎儿年,丙寅)正式即汗位的地点是斡难河源头之地,与怯绿连河的曲雕阿兰无涉。在这个地方即汗位的是斡歌歹(窝阔台)。两《黄金史》说铁木真请来博尔术后,从桑沽儿河迁移到怯绿连河源头不儿格额儿吉下营,然后去给王罕送黑貂鼠皮袄,回来后,即了汗位。似乎是说铁木真在怯绿连河源头即了位。然而对照《秘史》的有关记载,就可以清楚两《黄金史》此处的内容不足信,因为它是由《秘史》第96节的内容(给王罕送皮袄)与第123节的内容(由阿勒坛等人推举为汗)妄加连接而成的。

《秘史》、两《黄金史》都未记载铁木真何时当上部分蒙古人的首领。《阿萨剌黑齐史》说阿勒坛、忽察儿等人于"水虎年"推举铁木真为汗,铁木真当时二十一岁。水虎年即壬寅年,此壬寅年相当于公元1182年。察合台后裔喃答失所立《有元重修文殊寺碑》上说:"……金转轮王皇帝南赡部洲,为世之主,传位于成吉思汗皇帝,即位之年,降生察合歹。……"察合台的生年无明确记载,但据其弟窝阔台生于1186年来推测,察合台的生年大致在12世纪80年代前半期内。《阿萨剌黑齐史》的成吉思汗1182年即位之说,与《有元重修文殊寺碑》的记载有不谋而合之处,值得重视。《源流》这里把铁木真前后两次即位混为一次。

《源流》从这个己酉年即成吉思汗二十八岁以后至他去世之间的记载,与《秘史》有了相当大的距离,《秘史》的有关内容基本已被走了样的后世传说所取代,几乎变得面目全非,另外还收进了不少其他传说,大部分内容都被涂上了佛教神话色彩,反映出明显的时代特征。

54 这个传说,不见于《黄史》、《黄金史纲》,《秘史》、《史集》更无载,但罗桑丹津《黄金史》有两处提到它,细节与《源流》稍有不同:铁木真出生七天后,从海岛上飞来一只黑鸟,在黑石上盘旋,啼叫了三日。当也速该第三次打开黑石看时,里面现出了玉玺,于是拿回家中燃香叩拜。这时,那只黑鸟落到包顶上,"成吉思!""成吉思!"地叫起来。由于那只黑鸟的啼叫声,就称铁木真为成吉思汗。《阿萨剌黑齐史》也有类似记载,但说此事发生在铁木真出生的第二天。札奇斯钦(《黄金史译注》p. 22)提到葛里高尔(Grigor of Akan'c)写于1271年的《弓手国族[蒙古]史》(*The History of the Nation of Archers*)中已有类似的传说:"上帝的使者化作金鹰,把上帝的旨意传给了他们的领袖铁木真。"

15世纪前半叶的藏文史书中已有类似的传说。写于1434年的《汉藏史集》说:"据说,由上天或者是长命鸟的护佑而赐给的宝印,也是在此王(指成吉思汗)之时出现的。"

55 四斿黑灵旄,dörben köl-tü qara sülde。清译本(Ⅲ. llr)作"扬威青色四斿纛"。《秘史》、《史集》中无此说法,《黄史》等其他17世纪蒙文史书也无载。

《成吉思汗祭奠》说现在供奉在成吉思汗陵西殿中的黑色灵旄,又称四斿黑旄,原是成吉思汗的战神象征(dayičin šitügen),是他出征时携带的显威的黑旄纛(doγšin qar-a tuγ sülde)。达尔哈特人传说,成吉思汗在一次战败后,叩拜上天,于是有一只黑旄从天上落到树上,木华黎遵命去取了下来,建议祭奉,因此成吉思汗就令木华黎及其子孙出征时带着这个黑旄,每逢龙年由他们来换柄。《元史·木华黎传》提到木华黎被封为太师、国王时,成吉思汗曾"赐大驾所建九斿大旗,仍谕诸将曰:'木华黎建此旗以出号令,如朕亲临也。'……"《蒙鞑备录》说木华黎国王的大旗为白旗,九尾中有黑月。达尔哈特人的传说,与此当有某种联系。

56 四十万巴塔人众,dočin tümen Bata ulus。后文(K本50r14)又称"四十万蒙古人众"(dočin tümen Mongγol)。四十万蒙古人众的说法,在17世纪蒙文史书中相当普遍。16世纪下半叶的《白史》中已有出现。明代,东蒙古人(明人称为"鞑靼")自称"四十万蒙古",有时亦简称为"朵臣"(döcin,"四十"之义);西部蒙古人即斡亦剌人(明人称为"瓦剌")统称为"四瓦剌",有时简称为"朵儿边"(dörben,"四"之义)。"朵臣—朵儿边"(四十一四)是明代全体蒙古人的统称。

蒙古人的这种惯称，在明代汉籍和清初的文献中也有反映。如：《三云》（卷2）记俺答汗称“北虏夷人四十万”；《明史纪事本末》（补编卷3）说蒙古“四十万部落尽摄于东人”；《满洲老档秘录》（上编）天命四年九月初五条收有努尔哈赤给蒙古内罕哈五部的信，信中有“尔四十万之蒙古人”之语；《清太祖实录》（卷3）天命四年十月辛未条载蒙古大汗林丹汗在给清太祖努尔哈赤的信中，开首便自称“统四十万众蒙古国主巴图鲁成吉思汗”，天命五年春正月丙申条载努尔哈赤在给林丹汗的回信中也说：“阅察哈尔汗来书，称四十万蒙古国主巴图鲁成吉思汗，”还说：“我闻明洪武时，取尔大都。尔蒙古以四十万众，败亡殆尽。……”《清太宗实录》（卷26）天聪九年十二月丙申条载皇太极给朝鲜国王的信中称林丹汗为“四十万蒙古之主”；《清太宗实录》（卷27）天聪十年二月丁丑条载林丹汗之子额尔克孔果尔额哲自称“四十万众蒙古太子孔果尔”。……

关于这一说法的起源，学者们多有论及，主要有四种观点。一是认为可以追溯到辽代，因为辽代文献中有不少类似“四十万兵马”、“四十万军”的记载；一是认为或许与成吉思汗“灭国四十”之说有关（朱风、贾敬颜译注《黄金史纲》）；一是认为始自汉初，因为《史记》有匈奴四十万骑围攻刘邦的记载（金峰《四十万蒙古国名称研究》）；一是认为始自明代蒙古答言汗时期，主要根据《明实录》中有关“小王子四十万众驻察罕脑儿之地”的记载，考证四十万蒙古之称源自当时答言汗六万户的人口总数（宝音德力根《四十万蒙古之称的起源及相关的几个问题》，载《内蒙古大学学报》蒙文版，1996年第4期）。始自汉初，肯定不可能，因为《汉书·匈奴传》同处说匈奴兵是三万人。始自辽代之说，也有些牵强，因为“四十万兵马”、“四十万军”只是指辽朝一部分军队的人数，如北大王四十万，南大王四十万等，《辽史·兵卫志》载：“二帐、二十宫一府、五京，’有兵一百六十四万二千八百。”可见四十万在辽代不是一个通称。成吉思汗“灭国四十”之说，首见于《金史·哀宗纪下》天兴二年（1233年）八月项下，文中引金哀宗的话说：“大元灭国四十，以及西夏。夏亡，及于我。我亡，必及于宋。……”

《元史·太祖纪》赞语因此称成吉思汗"灭国四十,遂平西夏"。"灭国四十",当指成吉思汗征服蒙古高原及其西域诸部,将其全部纳入自己的统治之下。答言汗时期,他的部众到底达到了多少,尚不好确定,因为史书中记载的一些数字往往不完全可靠。《明实录》弘治十六年三月乙酉条所载"小王子四十万众",也不一定就是实有人数。答言汗若是统称自身部众为四十万,肯定有其原因,可能有历史因素包含在内。因此还不能说四十万蒙古之说就是源自答言汗属众的人数。最近看到洪金富的《元代内地蒙古户口数与中国古籍虚词四十万》("蒙元史学术研讨会论文",台北,1999年)一文,作者在仔细查检、分析有关四十万蒙古之说的各种记载以及古代汉籍多以四十万之数记其周边诸族(主要是北方诸族,自匈奴至蒙古)兵力的现象后,指出四十万蒙古的四十万,"也许就是'全体'或'众多'的同义语",而汉籍中的那些四十万,也是"古人似乎把四十万这个数目用来表示极其众多、包括所有的意思"。

蒙文史书中都提到,元惠宗北逃时,四十万蒙古军只逃出了六万。这当然是个传说,而不是什么真实的统计。用数字怀念"大元盛世"的这个传说也反映了大量的蒙古居民留在中原成为明朝臣民的史实。

57 哈撒儿大王和七晃豁坛人合成一伙反出去了,Qasar eǰendoloγan Qongqotanluγ-a nigeǰü dayiǰin negügsen-dür。清译本(Ⅲ. llv)据满译本误译为"哈萨尔汗与多罗干鸿和坦一同追赶岱齐"。dayiǰin,词干 dayiǰi-,意为"反"、"叛",《秘史》"歹真"旁译"反",《华夷译语》"歹亦吉周"旁译"反着"。克鲁格(《宝史》p. 48)译为"战斗",误。

58 速不台·把都,Sübeg etei baγatur。清译本(Ⅲ. llv)作"苏伯格德依巴图尔"。此即《秘史》的"速别额台把阿秃儿"。《元史》作"速不台"、"雪不台"、"速卜带"。《亲征录》作"速不台·把都"。《史集》作 sūbātāi。据《秘史》、《史集》,他是兀良罕部人。《源流》后文(K 本 36r06)说他是 J̌ürčid(女真)人,误。他是蒙古著名将领。历经成吉思汗、窝阔台汗、贵由汗三朝。东征西讨,身经百战。先后参加过对蔑里乞部、以及对金朝、西夏、西域诸国的战事。他是震撼世界的钦察远征的总指挥。所领千户属左翼万户,驻牧地在今蒙古国土拉河地区。1248年去世。后追封河南王。

59 这段话,亦见于两《黄金史》。《元史·别里古台传》载:"当创业之初,征取诸国,王未尝不在军中,摧锋陷阵,不辞艰险。帝尝云:'有别里古台之力、哈撒儿之射,此朕之所以取天下也'。其见称如此。"这是来历悠久的古老典故。

60 五色人众,tabun önggeten。清译本(Ⅲ.12v)据满译本音译为"塔本翁格"。沈曾植、张尔田根据清译本的译文分别比对为白达达汪古部和塔塔儿,均误。《黄史》将五色人众依次列为"köke Mongγol(青蒙古)、čaγan Solongγos(白肃良合=高丽)、šira Sartaγul(黄撒儿塔兀勒)、ulaγan Kitad(红汉儿)、qaraTangγud(黑唐兀,泛指吐蕃和西夏)。两《黄金史》中也有"五色"的说法,与"四夷"(dörben qari)连用。解释"五色四夷"最为清楚的是《白史》:东方白肃良合等,南方黄撒儿塔兀勒等,西方红汉儿等,北方黑吐蕃等,中央四十万青蒙古和斡亦剌。关于"五色"之说的来源,《黄史》(p.95)附有一种传说:吐蕃金座王的十个儿子失和,五个儿子出走,各奔一地,遂成为五色国。这与其正文中金座王三子的说法相矛盾。珠荣嘎(译注《阿勒坦汗传》pp.4~5)认为这是指"来自佛教的'五方色',即东方黄、南方赤、西方白、北方黑、中央青"。

61 这个故事亦见于两《黄金史》,显然是后世的创作,它扭曲地反映出了哈撒儿、别里古台曾与成吉思汗有过某种不和谐。《秘史》讲述了成吉思汗责骂、执讯哈撒儿,又夺去他的百姓一事(§244),又说别里古台也曾由于泄露家族会议的机密而受到成吉思汗处罚,不允许再参加家族会议(§154)。

62 汪古,Enggüd。《源流》中此部名凡三见,清译本两处(Ⅲ.13r、Ⅲ.22r)译为"曩古特"(因满译本作Nanggud),一次(V.26r)译为"恩衮"(因D本作Enggün),均不确。两《黄金史》亦作Enggüd。即《秘史》的"汪古惕"(Önggüd)。《元史》有"汪古"、"雍古"、"旺古"、"瓮古"诸译。《亲征录》作"王孤"。关于17世纪蒙文史书将Önggüd写作Enggüd的问题,亦邻真

(《中国北方民族与蒙古族族源》,载《内蒙古大学学报》1979 年第 3 ~ 4 期)认为"显然是明代蒙古人把口语语音 Önggüt 书面化了的俗写"。周清澍(《汪古部事辑》,载《文史》第 9、10 辑)认为是因为"明代蒙文多将字首 ö 改为 e 的缘故"。

汪古是一个古老的部族。辽、金时期已居住在阴山以北即今内蒙古自治区达茂旗、四子王旗一带。因部众族源和习俗与蒙古人不同,辽、金人称其为"白鞑靼",元代被列入色目人中。部人多信奉聂思脱里派基督教。12 世纪末、13 世纪初,该部首领为阿剌兀思剔吉忽里,继兄受金封"北平王",为金朝守边,后归附成吉思汗。成吉思汗分封诸臣时,汪古部有五千户(一说是四千户),属右翼万户。该部首领元代历封高唐王、鄃王、赵王。王府遗址在今达茂旗鄂伦苏木。1371 年 4 月,末代赵王汪古图降明,不少汪古人内迁。明代,蒙古本部有汪古一姓,隶土蛮(土默特)部,满都海哈屯的父亲即姓汪古(两《黄金史》、《源流》)。明代汉籍中不见此名。《通谱》(卷 68)所列蒙古民族内有"翁科特",当即汪古的异译。

(63) 兀阑·镇国,Uran J̌enggüi。清译本(Ⅲ.13r)作"乌阑昌贵"。《黄金史纲》作 Uran J̌inggüi,写音更确。此人即汪古部第三代首领镇国。

阎复《驸马高唐忠献王碑》(《元文类》卷 23)提到镇国叛走一事。1211 年,汪古部第二代首领不颜昔班(阿剌兀思的长子,与镇国为从兄弟)被部臣所杀,其妻阿里黑(有学者认为即成吉思汗的女儿阿剌海别吉)带儿子孛要合,与镇国一起逃往金国边界,"夜遁至界垣,门已闭,诉于守者,缒垣以登,逃难云中"。后来,蒙古军攻下金地云中,镇国、阿里黑复归。《元史·阿剌兀思剔吉忽里传》亦载有相同的内容。汪古部从 1204 年成为成吉思汗的盟友,此后镇国逃奔金朝辖地,自然被蒙古人视为"叛走"。同一时代的《秘史》、《史集》无载,而几百年后的《源流》等蒙古史书中有所反映,说明口头流传历史的存在和作用。《源流》以及两《黄金史》所收录的这个故事,细节尽管大大走了样,但故事本身毕竟暗示了史实的存在,它启示我们应认真对待这些传说故事,具体情况具体分析,不要一概简单地把它们看成是毫无根据的编造。

64 鄂托克,otoγ。清译本(Ⅲ.13r)即作"鄂托克"。两《黄金史》同处亦作 otoγ(《黄金史纲》个别版本讹为 nutuγ)。该词不见于蒙元时期的文献,《源流》、两《黄金史》及其他 17 世纪蒙文史书中也主要出现于明代以后的部分,指万户(土绵)下面的部落。明代汉籍中,与之相应的名称,用词很不一致,一般多作"营"或"部",如阿儿秃斯等万户内的诸部被称为"营"(《九边考》等),内五鄂托克罕哈被称为"五大营"(《三朝》等),八鄂托克察罕儿被称为"八大营"(《明实录》)等;十二鄂托克土蛮被称为"十二部"(《明实录》、《武备志》等),察罕儿又被称为"八大部"(《山中》)等,另外个别也有称作"枝"或"哨"的。《清实录》中多称为"部"或"部落"。

符拉基米尔佐夫(《制度史》)认为蒙古语中的 otoγ 来源于粟特语的 ōtāk("国家"、"疆域"之义),因此反映出与地域有关系,15 世纪以后才在蒙古出现,是一种新的联合体,以地域单位为基础,不由同一血族集团组成,与由近亲家族组成的爱马不同。明初至 15 世纪中叶,史书中以"爱马"(ayimaγ)称蒙古内部的部落,如《明实录》(洪武二十六年六月丁未条)中"部落"一词,《高丽史》同处作"爱马";《华夷译语·撒蛮答失里等书》"爱马昆"旁译"部落的";《正统临戎录》说也先部内有各"爱马",又解释说:"爱马,华言部落也。"爱马(ayimaγ),元代已有出现,一般称为"投下",是诸王、驸马、勋臣所属人户。曹永年(《蒙古民族通史》卷 3)认为明初的爱马已不仅限于诸王,无论是过去的诸王领地,还是千户、百户,只要是单独存在,都称爱马,各爱马规模大小不一,爱马与 15 世纪出现的鄂托克,社会内涵基本一样,都是地缘的、行政的结合,不是血缘亲属集团,至少在 14 世纪前半叶察合台汗国已存在鄂托克一词,蒙古地区爱马一词逐渐为鄂托克所取代,可能与也先一度号令全蒙古有关。达力扎布(《明代漠南蒙古历史研究》pp. 177、179)认为鄂托克与元代的千户无直接联系,鄂托克一词源于元代的"农土",它的出现大概与达延汗分封诸部后游牧地的相对固定有关,是较大的爱马集团,二者都不是纯地缘组织,也不是血缘组织,而是在蒙古封建领主制度下以人身隶属关系为基础形成的一种社会组织,只是组成各爱马的统治家族之间有血缘关系,随着传袭世次的增加,爱马或鄂托克不断被分割,扩增。

明代蒙古万户下面的部落——鄂托克或爱马,的确不是血缘组织(12世纪时蒙古已无纯氏族组织)或纯地缘组织,部落内成分复杂,答言汗统一蒙古本部以前诸部住地多不固定,由于战乱以及领主家族的繁衍,部落的分化、融合和扩增的现象相当普遍,各部落之间大小规模不尽相同。达力扎布有关鄂托克一词源于“农土”(即《秘史》“嫩秃黑”——营盘)的说法,有待进一步考察。蒙古语中除otoγ外,另有nutuγ一词,意为“家乡”、“地方”,14世纪初的《木卡》(p. 261)已收有此词,释为“故乡”。伯希和(《卡评》p. 137)认为nutuγ即古代的嫩秃黑。《木卡》(p. 271)同时收有otaq一词,释为“小屋”、“临时小屋”。nuntuγ与otoγ大概没有什么关系。关于鄂托克一词究竟何时开始在蒙古地区使用,尚缺乏直接的、确实可信的史料依据,《源流》明代部分中最早出现于也先时期,罗桑丹津《黄金史》明代部分中最早出现于满都鲁汗时期。

《源流》、两《黄金史》此处使用otoγ一词,是以后来的情况上套前事。

65 与儿子脱黑统阿·把都儿台吉二人率先入[阵],Toγtongγ-a baγatur tayiǰi neretü köbegün qoyaγula-ban uduridun oroγad。满译本误译为“将儿子脱黑唐合巴图尔台吉二人诱入”,清译本(Ⅲ. 13r)又误译为“有托克唐阿巴图尔台吉者将二人诱进”。S本的原文有改动,在tayiǰi与neretü köbegün之间插入了-yin Andun čingtayiǰi几个词,意思变成了“与脱黑统阿·把都儿台吉的名叫安敦·青台吉的儿子二人率先入阵”。《源流》后文(K本30v05)提到这个脱黑统阿的儿子是安敦·青台吉,估计施密特据此改动史文。

脱黑统阿,史无其人。这个名字或许是“脱忽”(又作“秃忽”,哈撒儿的第三子)的讹变。安敦青台吉,不见于哈撒儿诸子名单,更是一个不着边际的传说人物。

(66) 不里牙惕,Büriyad。清译本(Ⅲ.13r)作"布里雅特"。《黄金史纲》同处亦作 Büriyad,罗桑丹津《黄金史》作 Buriyad。即《秘史》§239 的"不里牙惕",林木中百姓之一种,居住在贝加尔湖地区。成吉思汗建国后,派长子术赤出征林木中百姓,不里牙惕与林木中百姓其他诸部一起归降。该部名不见于《元史》、《史集》等文献。《元史》(卷 23、24、195)提到"御史大夫不里牙敦"、"诸王不里牙屯"、"山南廉访使卜理牙敦"(北庭人),皆以不里牙惕部为名,可知该部元时为蒙古人所熟知。《源流》以及两《四卫拉特史》都记明代瓦剌人中有不里牙惕人存在。明初瓦剌兴起,可能不里牙惕因住地与他们邻近而有一部分人归属了它。《源流》还提到答言汗时期蒙古本部应绍卜万户中有不里牙惕人,《九边考》、《皇明北虏考》所列应绍不十营之一"孛来"当即此不里牙惕。不里牙惕人除有一部分南下外,大部分仍一直居住在贝加尔湖地区,成为今俄罗斯联邦布里亚特共和国的主体民族。

村上正二(译注《秘史》Ⅲ,p.94)将《元史》卷 114《月鲁帖木儿传》中的"卜领勤·多礼别台"构拟为 BuryankinDörbedei,以卜领勤为不里牙惕,因视不里牙惕为朵儿边的一支,但卜领勤读音与 Buriyad 不符,在族源上不里牙惕也与朵儿边无关。

(67) 斡罗思少师,Oroču šigüši。清译本(Ⅲ.13r)误译为"投降供纳廪给",后文(Ⅲ.13v)又误译为"内附"。施密特(《东蒙古史》p.75)、克鲁格(《宝史》p.50)、道润梯步(译注《源流》p.125)均译为专名,是。两《黄金史》作 Oro šigüši。此人当即《亲征录》的"斡罗思·亦难"、《史集》(Ⅰ/2,p.210)的"斡罗思·亦纳勒",《源流》的 Oroču 为 Oros(斡罗思)之讹。他是乞儿吉思部的一位首领,1207 年与乞儿吉思其他首领一起给成吉思汗献上了白海青等礼物。《秘史》§239 也记有此事,但未记人名。《源流》等后期史书把他说成是不里牙惕首领,是传讹。《源流》等书又将他的官职称为"少师",是把他与后文出现的明代兀鲁人斡罗出少师(Oroču šigüši)弄混了。

(68) 庚戌,即公元 1190 年。《源流》说成吉思汗这一年征金国,时间有误。按《秘史》、《亲征录》、《元史》、《史集》、《金史》等书的记载,应是 1211 年辛未,当时成吉思汗四十九岁。

《黄史》即说成吉思汗二十九岁出征女真;两《黄金史》不记具体年份,但也同样记在不里牙惕人来归降之后,所述征金的过程、细节与《源流》基本相同。估计《源流》有关庚戌征金的说法是根据《黄史》补订的,内容、细节则采自《黄金史纲》一类作品。

(69) 兀鲁灰河,Ulqui-yin γool。清译本(Ⅲ.13v)作"乌勒呼河"。《秘史》作"兀勒灰"、"浯泐灰"(§§153、173)、《亲征录》作"兀鲁回"、《元史》作"兀鲁回"(卷1)、"兀鲁灰"(卷128、131)。即《水道提纲》的"乌尔虎河",《大清一统志》图中的"吴儿灰河"、《游牧记》的"鄂尔虎河"。现在,蒙古语称为Örgen γool,汉译名乌拉盖河,主要流经内蒙古自治区锡林郭勒盟乌珠穆沁地区。

(70) 兀剌河,Ula-yin γool。清译本(Ⅲ.13v)作"乌拉河"。《秘史》§253作"浯剌"。《元史》(卷118)作"兀剌河"。《开原图说》(卷下)作"兀剌江"。《游牧记》亦作"乌拉河",说郭尔罗斯部牧地东至该河。即今松花江。

(71) 章宗,诸本多作Wangzun,D本(S本同)作Wangčuγ,清译本(Ⅲ.13v)据译为"旺楚克"。Wangzun即J̌angzun的形近之讹。罗桑丹津《黄金史》以及《黄金史纲》的贡布耶夫本均作J̌angJ̌un,即汉语"章宗"的音译。但是《源流》等17世纪蒙文史书在这里把金宣宗和章宗弄混了,因为在成吉思汗开始征金(1211年)的三年前金章宗就已死去,向成吉思汗纳女请和并南迁的金国皇帝是金宣宗。

清译本据满译本将全句译为"旺楚克汗背叛来追",误。

(72) 札里海,J̌aliqai。清译本(Ⅲ.14r)作"雅里海"。据《元史》、《金史》、《亲征录》,金人献出的是卫绍王的女儿,称"歧国公主"。嫁给成吉思汗后,又称"公主皇后"(《金史·宣宗纪》)或"公主哈屯"(《史集》I/2),诸书都没有提到她的原名。《源流》说她死于成吉思汗从金朝回师的途中,有误。《史集》(I/2,pp.89~90)说:"四皇后公主哈敦,乞台君主阿勒坛汗之女。……她一直活到阿里·不哥时才死去。"

⑦③《源流》这里所述成吉思汗征金的故事,亦见于两《黄金史》。对照《秘史》、《元史》、《亲征录》、《史集》、《金史》等早期史书,可知成吉思汗征金的历史事件经过后来三四百年的流传,史实本身已保留无几,变成了一个地道的民间传说故事。然而,撇去后加的民间故事成分,剩下的是成吉思汗征金过程中的两次战事。说哈撒儿之孙安敦青台吉渡兀剌河,包围金国城市,实际上反映的是1213年哈撒儿等人奉成吉思汗之命率左手军攻掠大宁、辽西诸地之事。那一次哈撒儿等人从金中都以北沿海攻取了大宁、辽西诸地,曾到达松花江、嫩江(《秘史》"涺剌、纳涺沐列惕"),然后溯洮儿河(《秘史》"讨涺儿"、《元史》"托吾儿河"、"塔兀儿河")回大营会师。说成吉思汗火烧金城,收服女真,反映的是1214年成吉思汗围中都,遣使招降金主,金主纳女请和之事。《源流》等17世纪蒙文史书把发生在不同年份、不同地点的两件事糅合成了一件事。

⑦④ 壬子,即公元1192年。纪年无稽。《黄史》说成吉思汗三十一岁时出征肃良合,《源流》照说。据其他有关史书,成吉思汗娶忽阑哈屯是在1204年甲子,派兵征高丽是在1218年戊寅。

⑦⑤ 肃良合,Solongγas。清译本(Ⅲ.14v)作"高丽"。可能《源流》作者和他以前的17世纪蒙古史家,对高丽已没有什么清楚认识,把它同蒙古地区的某些部落混淆不清,把肃良合同献出忽阑哈屯的篾里乞混为一谈。

⑦⑥ 篾里乞,Merkid。清译本(Ⅲ.14v)作"墨尔格特"。此即《秘史》的"篾儿乞惕"。一个古老部落的名称。村上正二(译注《秘史》I,p.94)认为最早见于唐代,汉译名作"弥列哥",辽、金时期作"密儿纪"或"梅里急"。《元史》、《亲征录》作"篾里乞"或"蔑儿乞",《辍耕录》作"灭里吉"。居地在贝加尔湖之南色楞格河下游一带,与林木中百姓为邻。成吉思汗时期,该部至少有三个分支:兀都亦惕、兀洼思、合阿惕。该部首领脱黑脱阿一直与蒙古部为敌,早先曾与合答安太子、忽图剌罕争战,后来又与塔塔儿、哈答斤、弘吉剌等部联盟,推举札木合为古儿汗,攻袭成吉思汗,战败,逃奔乃蛮部。1204年,随着成吉思汗灭乃蛮,篾里乞余众大都被收服。到1217年,成吉

思汗派速不台在楚河流域剿灭了篾里乞最后的势力。据《源流》后文(K本69v13),明代阿儿秃斯万户内有一篾里乞部,属右翼部落,是衮·必里克吉囊第三子斡亦答儿麻的属部之一,田清波《部名表》收有 merget 一名。

⑦⑦ 忽阑·豁阿,Qulan γoo-a。清译本(Ⅲ.14v)作"和阑郭斡"。此即《秘史》的"忽阑",《史集》作 qūlan。《元史·后妃表》,忽阑皇后,居第二斡耳朵,篾里乞—兀洼思氏。《亲征录》作"忽兰哈敦"。她于1204年(甲子)被父亲答亦儿兀孙献给成吉思汗。两《黄金史》、《阿萨剌黑齐史》说她是肃良合(高丽)不合察罕汗之女,是一种讹传。16、17世纪的蒙古人已经分不清篾里乞、高丽和索伦的区别。

⑦⑧ 兀洼思,Buγas。清译本(Ⅲ.14v)作"布噶斯"。讹传之名。即《秘史》的"兀洼思",《亲征录》作"兀花思"。为篾里乞的一种。

⑦⑨ 这里所说显然与史实不符。成吉思汗在1204年娶忽阑哈屯后的三年间,又有一系列重大活动:击败篾里乞部,杀其首领脱黑脱阿;征服乃蛮部;征西夏;擒杀札木合;1206年在斡难河源即大位。

《源流》下文所讲的故事,仅见于两《黄金史》和17世纪以后的一些蒙文史书,看来是后人联想发挥出来的评语。故事冗长,中间多插有韵文,可为文学研究者的素材,但无实际史料价值。

⑧⓪ 九月儿鲁,yisün örlüg。清译本(Ⅲ.15v)作"九乌尔鲁克"。罗桑丹津《黄金史》(128a)记有具体人名,分别为:1. 札剌儿台·豁阿·木华黎,;2. 女真的楚·篾儿干;3. 阿鲁剌的曲律·博尔术;4. 逊都思的锁儿罕·失剌;5. 兀良罕的折里麦;6. 别速的哲别;7. 斡亦剌的哈喇·乞噜;8. 主儿勤的博尔忽;9. 塔塔儿的失吉·忽秃忽。另外,噶勒丹《宝贝数珠》也记下这九个人,但没有写他们所属的部落名。

《秘史》、《史集》等早期史书中无这一说法。《秘史》对成吉思汗的亲密战友的称呼是"四杰"(朵儿边曲鲁兀惕——dörbenkülüg-üd),还有"四狗"(朵儿边那亥思——dörben noqas),分别为:孛斡儿出、木合里、孛罗忽勒、赤剌温四杰;者别、忽必来、者勒篾、速别额台四狗。örlüg,《元史》音译

"月儿鲁"、"月儿吕"、"月吕禄"、"月吕鲁"等,释其语义为"犹华言能官也"(卷119)。明代汉籍作"袄儿六"、"我儿六"(《武功录》)、"耳六"(《全边》)等,清初译为"吴尔隆"(《清太宗实录》卷24)。

(81) 札剌亦儿,J̌alayir。清译本(Ⅲ.15v)作"札赉尔"。此即《秘史》的"札剌亦儿"。居地原在哈剌和林一带,包括札惕(《元史》作"察哈")、脱忽剌温、朵郎吉惕等十个分部。曾为辽朝属部,隶阻卜札剌部节度使司。元代作"札剌儿"(《亲征录》、《元史》)、"札剌亦儿"、"押剌伊而"(《元史》)等。约在10、11世纪,札剌亦儿遭辽军攻袭,一部分人逃至成吉思汗先祖篾年土敦寡妻莫拏伦的牧地,与她发生冲突,杀死她全家,只有她的长孙海都幸免于难。后来这部分人被海都制伏,成为他的奴属。成吉思汗时期,这部分人原归合不勒汗长子系的主儿乞氏。成吉思汗击败主儿乞氏,包括木华黎家族在内的这部分札剌亦儿人来归。此前已有一部分脱忽剌温札剌亦儿人归附成吉思汗。1214年,札剌亦儿与弘吉剌等部被封往蒙古东部,成为五投下之一。札剌亦儿中有不少人为成吉思汗家族立下战功。明代,汉籍中不见其名。17世纪蒙文史书提到的札剌亦儿为答言汗时期罕哈部属部之一,答言汗的一位夫人即出身于该部,所生之子格呶散札(又称札剌亦儿·皇台吉)被封为该部领主,由此发展为外罕哈七部,即今蒙古国的主要先民。明末还有一部分札剌亦儿人属哈撒儿后裔阿敏,后由清廷编为扎赉特(J̌alayir的复数形J̌alayid)旗,即今内蒙古自治区兴安盟扎赉特旗的前身。另外,今成吉思汗陵的达尔哈特中也有一部分札剌亦儿人,他们是专门守护成吉思汗神旄的"苏鲁德达尔哈特",自称是木华黎后裔(《成吉思汗祭奠》p.418)。

(82) 木华黎,Muquli。清译本(Ⅲ.15v)作"摩和赉"。此即《秘史》的"木合黎"、"木合里"或"摸合里"。《元史》、《亲征录》作"木华黎"。《史集》作 mūq(a)lī。大蒙古国著名将领。札剌亦儿氏。少年时由父亲送至成吉思汗处为仆从,由此成为他的伴当(那可儿),随他四处征战,与博尔术、博尔忽、赤老温共称"四杰"。1206年成吉思汗即大位,木华黎被封为左手万户长,四怯薛长之一。1211 年,参加征金战役,攻取辽东、辽西之地。1217 年,成吉思汗西征时,受封太师、国王,统兵经略中原,克河北、山西等地。1223 年病逝,长子孛鲁一系世袭王爵,领第三怯薛。

⑻ 泰赤乌人孛阔・赤勒格儿,Tayičiγud-un Böke čilger。清译本(Ⅲ.16v)译为"岱齐果特之布克齐勒格尔"。《黄金史纲》所载与《源流》同。据《秘史》(§111),此人是篾里乞人,他有两个哥哥,一个是篾里乞的首领脱黑脱阿,一个是月伦夫人的前夫也客赤列都。

⑼ 不里・孛阔,Büri böke。此即《秘史》的"不里孛阔",是合不勒汗第三子忽秃黑秃蒙古儿的儿子,成吉思汗的堂叔辈。清译本(Ⅲ.17r)因袭满译本的错误,把不里孛阅的名字一截为二,前面的"不里"译成"彼众",后面的"孛阔"与下文的别里古台合译为"布克伯勒格德依"。

⑽ 火儿慎,Qorčin ~ Qoorčin。清译本(Ⅲ.17v)作"科尔沁"。该部名不见于《秘史》、《元史》、《史集》等早期史书。该部大概形成于明初。部名来源于蒙元时期怯薛执事之一的"豁儿券'(qorči——箭筒士,《秘史》)。《元史》作"火儿赤",释为"佩弓矢,国语曰火儿赤"(卷 80),"佩櫜鞬侍左右者"(卷 119)。伯希和、韩百诗(《亲征录译注》p. 75)说:"过了很久以后,为了纪念这个职务才变成了一个部名。"明代,汉籍作"好儿趁"(《武功录》)、"火儿慎"(《登坛》卷 23)。清代以后多译为"科尔沁"。

该部是成吉思汗大弟弟哈撒儿后裔的部落,因此又被蒙古汗室称为"叔父火儿慎"(abaγ-a Qorčin)。答言汗重组诸部,火儿慎不入六万户内。该部最初的游牧地当在哈撒儿封地的额尔古纳河、海拉尔河地区。后来一部分人南迁。明代,该部一直是蒙古本部的一支重要力量。明晚期以前,在蒙古本部与瓦剌的斗争中,或是大汗征服右翼部落的战争中,它始终是大汗的主要依靠力量,为维护大汗的权威发挥了举足轻重的作用。其中较著名的人物有脱脱不花(太松)汗时期的小失的,把都儿,答言汗时期的孛罗乃王、兀捏孛罗王,打来孙汗时期的魁猛可(奎蒙克)等人。南下的魁猛可一系兼并福余卫等部,逐渐定居嫩江流域,因此又称"嫩火儿慎 ~(科尔沁)”。东南与海西女真诸部相邻,一时控制着这些部族,收取贡赋(《开原图说》)。关于嫩科尔沁,《表传》(卷17)说:“哈布图哈萨尔,十四传至奎蒙克塔斯哈喇,……明洪熙间科尔沁为卫拉特所破,避居嫩江,以同族有阿噜科尔沁,号嫩科尔沁以自别。”这段话中的人物、时间有矛盾。张尔田指出,张穆误以阿鲁台败走兀良哈、驻牧辽塞的时间为后来哈撒儿子孙东徙的时间。他的分析也有偏差,但毕竟看出了问题。和田清(《蒙古篇》p. 651)也指出张穆把奎蒙克当作明初的人是个误会,考证奎蒙克就是明人记录中的魁猛可,当是嘉靖中后期(16世纪50年代左右)的人,达力扎布(《明代漠南蒙古历史研究》p. 143)认为一部分科尔沁人南迁嫩江流域与察哈尔部南迁辽河流域发生在同一时期。他们二人的考证是正确的。察罕儿部南迁确在明嘉靖中期,而明人记录中嫩江流域出现魁猛可等人的活动是在嘉靖中后期。林丹汗即位后,察罕儿与火儿慎的关系开始恶化,火儿慎的利益不断受到察罕儿的侵犯。不久建州女真首领努尔哈赤开始收服海西女真四部及周围部族,火儿慎的安全受到威胁。1593年,火儿慎左翼部落的首领出兵支持海西四部与努尔哈赤抗争,但最终失败,此后部内各首领相继与努尔哈赤交好。1625年,林丹汗进攻火儿慎,火儿慎向努尔哈赤求援,后金出兵,察罕儿部不战先退。此后火儿慎更加投靠后金,至1629年完全归附。嫩火儿慎入清后被编为科尔沁六旗,左、右翼各三旗,与同宗所领扎赉特旗、杜尔伯特旗、郭尔罗斯二旗同属哲里木盟,俗称嫩科尔沁十旗。未南下的魁猛可之弟巴衮诺颜一系成为阿噜科尔沁部(属阿噜部落)之主。这部分人于1630年归附后金,入清后以部设阿噜科尔沁旗,隶昭乌达盟。

㊽ 咸补海合罕,Ambaqai qayan。清译本(Ⅲ.17v)作“阿木拜汗”,Ambai是D本系统诸本的写法。此即《秘史》的“俺巴孩合罕”。《元史·太祖纪》作“咸补海罕”(Hambuqāī qān),《史集》(I/2,p. 24)作Hambaqāī khān。说明他的名字原来不是按零声母发音。他出自海都次子察剌孩领忽一系,与出自海都长子伯升豁儿多黑申一系的合不勒汗是同辈。合不勒汗死后,咸补

海继其位，统领全体蒙古人。因事前往塔塔儿部，被塔塔儿人执送金朝，后被金朝杀死。

⑧⑦ 癸丑(güi üker)，相当于公元1193年。纪年有误。据《秘史》(§155)，成吉思汗征服塔塔儿部，娶也客扯连的女儿也遂、也速干两姐妹为后是在1202年壬戌。

⑧⑧ 从此句往下的汉至宋的中原王朝皇统，D本已删去。其中舛误百出，于研究这段历史无补。然而作为蒙文史书中的一部分内容，还是应该保留。这段内容与《红史》、《青史》等藏文史书的有关部分颇为相近，估计是根据这一类藏文史书编译而成的。《源流》作者不仅因袭了藏文史书中原有的错误(如将司马懿写作ḥumas，误以世亲——伐苏畔都为玄奘之师等)，而且又因误解、妄改、妄加等增加了不少新的错误。例如：把朝代名"西晋"、"东晋"误解为人名；把"地方上的丞相"误解为专名"升丞相"；把原为"太平公主"之处改为"文成公主"；因摘编时的差错，致使唐高宗以下诸帝的纪年均误；更甚的是竟把唐玄奘提前到了汉代。

⑧⑨ 竺法兰，Zuγlam。《红史》作dsu ha la，《雅隆史》作dsuha lan。此即汉籍中的"竺法兰"。据《高僧传》、《红史》、《汉地佛教》等，他是古印度人，与迦叶摩腾在西域遇见汉明帝的使臣蔡情等人，受到邀请，遂于公元67年(汉明帝永平十年)来到汉地传播佛教。起初遭到异教徒的反对，经过辩论，获胜。后在洛阳市东郊建白马寺，译经传法。这是汉地佛教传播之始。

⑨⓪《源流》作者以清初的情况称金朝为满洲。满洲皇王(Manzu qong wang)，《红史》同处作dahi gin(大金)的al pa tankhan(阿勒坛汗=金皇帝)。当指金太祖完颜旻(阿骨打)。满洲金皇帝(Manzu altan qaγan)，《红史》同处作hung dbang——皇王(汉译本译为"金哀宗"，不妥)，泛指金朝皇帝。《源流》有关金代的纪年有误，戊戌年相当于公元1118年，过137年的甲寅年为公元1254年。但1118年比阿骨打即位的1115年晚三年，而1254年又比金朝亡国的1234年晚二十年，两个年分都与史实不符。《红史》同处说："金朝传了九代，第九代皇帝hung dbang之时，……成吉思汗攻取了金朝国

土。”实际上,成吉思汗兵围金朝中都,金主纳女请和之事发生在公元1214(甲戌)年,当时的金朝皇帝是完颜珣,是金朝第八代皇帝。

(91) 红色人众八十万汉儿,ulaɣan ulus nayan tümen Kitad。是明代蒙古人对汉人的习惯称呼。红色人众是所谓五色人种之一,又称“红汉儿”(ulaɣan Kitad)。清译本(Ⅲ.18v)据满译本音译为“鄂兰乌鲁斯”,不当。汉儿八十万之说,亦见于《俺答汗传》(§110)、《黄史》等蒙文史书,甚至明代汉籍中也有反映,如《三云》(卷2)载:“俺答等随令头目打儿汉首领等四名对天叫誓说:‘中国人马八十万,北虏夷人四十万,你们都听着,……”《满洲老档秘录》(上编)天命四年九月初五条所载努尔哈赤给蒙古内罕哈五部首领的信中说:“吾小国尔,隐居山谷,未尝敢犯彼八十万之汉人与尔四十万之蒙古人。”《源流》后文有一处(K本49r04)又作“八十八万汉人”。

(92) 唐兀的失都儿忽皇帝,Tangɣud-un Šidurɣu qaɣan。清译本(Ⅲ.18v)作“土伯特地方(满译本作Tubed)之锡都尔固汗”。此即西夏末主李晛,据《秘史》§267,他的西夏语称呼是“亦鲁忽不儿罕”(Iluqu burqan),成吉思汗改其名为“失都儿忽”(“驯服”之义)。从此蒙古人就以此名称呼他。Šidurɣu,《史集》作 šidūrqū;《亲征录》、《通载》(大正《大藏经》四九·701)也音译为“失都儿忽”(称其为“西夏拓跋失都儿忽乾顺小子”),《元史·曷思麦里传》译为“失的儿威”。

(93) 古儿别勒只·豁阿,Gürbelǰi ɣoo-a。清译本(Ⅲ.19r)译为“古尔伯勒津郭斡”。这个人物亦见于《黄史》、两《黄金史》等17世纪蒙文史书,但蒙元时期的有关记载中不见此人。18世纪的蒙古文人喇什朋楚克在其《水晶数珠》一书中,已对所谓古儿别勒只豁阿哈屯的故事的真实性提出了疑问,他认为那不是史实,而是与成吉思汗有仇的斡亦剌、泰赤乌部的后人们在元亡以后有意编造出来的。还有人认为是出自西夏人之口。不管怎么说,这个传说后来在蒙古,尤其是鄂尔多斯地区流传较广,当地的人们直到现在仍把原在准噶尔旗宝日套海苏木境内、50年代迁入成吉思汗陵新建筑内的一座灵帐称为古儿别勒只豁阿的灵帐。

《史集》(I/2,pp. 145,146)说克烈部汪罕之弟札阿绀孛有三个女儿嫁到了成吉思汗家族,他“还有一个女儿,嫁给了唐兀惕国王。这个女儿非常美丽,[容貌]净洁。成吉思汗占领唐兀惕[国]时,杀死了国王,竭力搜寻这个女人,但没有找到”。看来,14 世纪初就已经有了一些这方面的风传。

(94) 瓦只剌·薛禅,Wčir sečen。清译本(Ⅲ.19v)作“斡齐尔彻辰”。此名不见于他书。沈曾植认为即“按陈”,是。按陈是《元史》的写法,《秘史》§202 作“阿勒赤”(Alči),《史集》作 alǰi,是德薛禅之子。Wčir 是 Alči 的讹写。成吉思汗分封诸功臣时,按臣与其子赤窟同封千户长,统领弘吉剌四千户。他曾多次出征,在随木华黎攻略中原、随成吉思汗征西夏、征西域时皆立有战功。1232 年封河西王。其女察必为元世祖忽必烈的皇后。

(95) 乙卯年(yi taulai ǰil),相当于公元 1195 年。纪年有误。《黄史》即称成吉思汗“年三十四岁时”西征撒儿塔兀勒,《源流》因误。据《秘史》、《元史·太祖纪》、《亲征录》、《史集》等,成吉思汗这次西征撒儿塔兀勒是在 1219 年,为己卯年。

(96) 札阑丁·算滩国王,J̌alildun sultan qaγan。清译本(Ⅲ.19v)依满译本译为“札里雅特苏勒德”,下文又译为“札里雅特之苏勒德汗”。此即《秘史》§257 的“札剌勒丁莎勒坛”(J̌alalding soltan)。《元史》作“札阑丁”(卷 1)、“札剌丁”(卷 120),《亲征录》作“速里坛札阑丁”。据《史集》等书,他是花剌子模王马合谋算端之子,当蒙古军在花剌子模境内肆虐时,他冲破包围,躲避于哥疾宁,在那里重新集聚人马,并在八鲁弯打败了由失吉忽秃忽率领的一支蒙古军。1221 年,成吉思汗进军哥疾宁,札阑丁退出该地,在印度河畔被成吉思汗追上,鏖战中,札阑丁乘马跃入河中,渡河逃脱,他的勇敢行为,令成吉思汗为之赞叹。札阑丁逃往德里,于 1224 年又返回波斯,被拥立为算端。1231 年,蒙古再次西征时,札阑丁放弃大不里士,退向阿兰平原,再退底牙儿别克儿,在那里被曲儿忒人杀死。

(97) 雪泥,Sönid。清译本(Ⅲ.20r)作“苏尼特”。译名从《元史》(卷 77)。即《秘史》的“雪你惕”,是海都第三子抄真斡儿帖该第四子雪你惕及其后裔的部落。明代,该部名不见于汉籍。《源流》、两《黄金史》的明代部分也仅一见,此后直至明末,该部未再出现。据《表传》、罗桑丹津《黄金史》、《恒河之流》、《金轮千辐》等,该部名后来成了答言汗嫡长孙不地汗后裔诸辖部之一的名称。清代,以部分设苏尼特左、右翼二旗,隶锡林郭勒盟。

(98) 托克马克,Toγmaγ。清译本(Ⅲ.20r)作"托克摩克"。《黄史》作 Toγmuγ。古碎叶城所在地。后为西辽属地。今属吉尔吉斯斯坦,汉译"托克马克"。成吉思汗1218年(戊寅)派大将哲别灭西辽,包括托克马克在内的大片地区进入蒙古的统治范围之内。后来该地区成为察合台汗国领土的一部分。《源流》后文(K本42v07、57v17)说它是术赤的封地,误。

(99) 灭里·算滩国王,Menggülig sultan qaγan。清译本(Ⅲ.20r)译为"莽克里克苏勒德汗"。《黄史》作 Menggüle qaγan,此即《秘史》§257的"罕篾力克"(qan Melig)。《元史·太祖纪》作"灭里可汗",《亲征录》作"蔑里可汗",《史集》(I/2,p.302)作"汗–灭里"。Menggülig、Menggüle均为Melig之讹。此人是花剌子模的马鲁都督,当花剌子模王马合谋算端被蒙古军所追击时,他曾率众离开马鲁,后来又投奔了马合谋算端之子札阑丁算端,与他一起抗击蒙古军,但在辛河(印度河)一仗受挫,札阑丁算端渡河而逃,罕篾力克被蒙古军擒杀,时间在公元1222(壬午)年。《黄史》、《源流》误把他当成了西辽属地托克马克的首领。

(100) 戊午(uu morin),相当于公元1198年。《黄史》同处作"三十七岁时的壬午年",即公元1222年,纪年有误。《源流》作者根据三十七岁推算后改为戊午,仍误。据《秘史》、《元史·太祖纪》、《史集》等,成吉思汗突袭汪罕父子之事发生在公元1203(癸亥)年。

(101) 克烈,Kereyid。清译本(Ⅲ.20v)作"克哩叶特"。此即《秘史》的"客列亦惕"。《元史》、《亲征录》作"克烈"。古老的部落。住牧地在鄂尔浑河和土拉河流域。信奉聂思脱里派基督教。《辽史》中已见该部的活动,首领磨古斯1089年被辽封为诸部长,其孙脱斡邻(《金史》作"陁括里",即汪罕)为部长时,铁木真曾尊其为父,在其保护下度过了一段艰难的岁月。成吉思汗势力渐强,与汪罕父子产生矛盾,终于1203年发动攻势,征服了克烈部,汪罕逃脱,后被乃蛮人杀死。明代,该部名不见于汉籍。两《黄金史》在叙述答言汗、不地汗的历史时,提到两个冠有该部名的人,他们都是属于蒙古本部左翼部落的人。《黄史》、两《四卫拉特史》说土尔扈特部首领之祖出自克烈的汪罕。《表传》也持此说。

⑩② 兀良罕,Uriyangqan。清译本(Ⅲ.21r)作"乌梁罕",后文(Ⅵ.6v)又作"乌梁海"。此即《秘史》的"兀良孩"、"兀良合"。《元史》作"兀良罕"。箭内亘(《蒙古史研究》)、和田清(《蒙古篇》)把《辽史》的"嗢娘改"、"斡朗改"以及《高昌纪行》的"卧梁劾特"同兀良罕联系起来。蒙、元时期,兀良罕人分布较广。《史集》将其分为两大部分,一部分是"森林兀良合惕",一部分是属迭儿列斤蒙古部落的"兀良合惕"。森林兀良罕人居住在巴儿忽真地区,兀良罕人居住在斡难河地区(《史集》Ⅰ/1,p.255;《秘史》§§9、12、97;《元史·速不台传》)。成吉思汗时,森林兀良罕人兀答赤被任命为左翼千户长之一,后来这一千户奉命守护成吉思汗的葬地;斡难河兀良罕人当中出了折里麦、速不台两员名将,均封千户长,隶左翼万户。1312年(元延祐三年)元朝设"朵因温都儿兀良哈千户所",地在朵颜山一带。朵颜山,《华夷译语·脱儿豁察儿书》作"额客多延温都儿",《全边》作"朵颜山",《游牧记》作"朵云山",在今内蒙古自治区兴安盟扎赉特旗境内,今称"博格达山"。明初,明廷于1389年以这部分人设朵颜卫,以其首领脱儿豁察儿为指挥同知,掌卫事(《明太祖实录》洪武二十二年五月癸巳条)。而这些人仍以部名自称,被明人音译为"五两案"(《武备志》、《登坛》、《卢龙》),明人又将朵颜卫与泰宁卫、福余卫称为兀良哈三卫,意即兀良哈等三卫。箭内亘根据《元史·刘哈剌八都鲁传》所载世祖至元年间曾迁乞里吉思、兀速、憨哈纳思三部之人至肇州之事,认为这与后来明代兀良哈三卫的出现有关。但《表传》卷23《喀喇沁部总传》载:"初,元臣有札尔楚泰者,生子济拉玛,姓乌梁罕氏,……。"清代喀喇沁部的前身即明代的朵颜卫之众,札尔楚泰、济拉玛即《秘史》的兀良合老人札儿赤兀歹和他的儿子者勒篾

(折里麦)。这样看来,朵颜卫兀良罕人原是者勒篾部众,当来自斡难河源头之地。然而《脱儿豁察儿书》中的"俺兀良罕林木百姓"似乎说朵颜山的兀良罕人来自森林地区。说明《史集》所谓的森林兀良罕和斡难河兀良罕是一个整体,都可称森林兀良罕。《史集》说成吉思汗划分的左手万户中有者勒篾之子也速不花的千户(当是从父亲那里继承来的),《脱儿豁察儿书》又说朵颜山兀良罕人自成吉思汗时期就来到朵颜山。看来朵颜山兀良罕人的出现是与者勒篾受封有关。16世纪后半叶,朵颜卫兀良罕人开始与东迁后与相邻的哈剌慎(喀喇沁)部关系密切起来,两部首领家族间相互通婚,共同行动,兀良罕人逐渐冒用哈剌慎之名。如《三朝》所记"朵颜卫属夷三十六家",在《明史·袁崇焕传》中称"哈喇慎三十六家",《三朝》所记朵颜卫首领"速不的",在《清太宗实录》(天聪四年正月丙午条)一作"喀喇沁苏布地",同时又作"朵颜卫都督都指挥苏布地"。明末,苏布地率众归降后金,后来清廷以其所率兀良罕人众设喀喇沁三旗,以苏布地及其家族之人分别授扎萨克,另一支朵颜卫兀良罕人首领善巴成为东土默特左翼旗札萨克。时至今日,这些人的后裔们仍被称为喀喇沁人,但他们的姓氏兀良罕也仍旧保留着,汉译为"吴"、"武"、"乌"等。

除朵颜卫的兀良罕人之外,'明代还有一支活动于蒙古地区西北和北部的兀良罕人,即明人所说的"异种黄毛"、"黄毛达子兀良罕"(《武功录》卷7)、"西北一部落亦曰兀良哈"(《译语》)等,《九边考》、《皇明北虏考》、《殊域》、《四夷考》、《北虏始末志》、《名山藏》等明代汉籍对这一部分兀良罕人也都有记载。17世纪蒙文史书称这部分兀良罕人为蒙古本部左翼部落之一,后被答言汗收编为六万户的左翼三万户之一。不地汗在位时,这部分人被不地、俺答、衮必里克等人合兵击败,余众被其他五个万户瓜分,万户不复存在。《源流》后文(K本65rll)记载了答言汗对这部分兀良罕人解说的一句话"兀良罕也是守护主上金柜的大有福分的人众"。这句话反映出这部分人源自森林兀良罕人兀答赤千户长的部众。而所谓唐努乌梁海、阿勒泰乌梁海,实际是秃巴思、帖良兀惕、脱额列思等其他林木中百姓,也被泛称为兀良罕。

⑩③ 丙申,bing bečin。相当于公元1176年或1236年。纪年有误。D本改为庚申(geng bečin),相当于1200年,纪年仍误。据《秘史》、《元史》、《史集》,成吉思汗出征乃蛮部是在公元1204年,为甲子年。《黄史》即说成吉思汗"于三十九岁时袭取了乃蛮太阳汗",按三十九岁推算,《黄史》的原纪年当是庚申(1200)年。因此《源流》的bing(丙)当为ging(庚)之讹,是错上加错。

⑩④ 乃蛮,Naiman。清译本(Ⅲ.21v)作"奈曼"。此即《秘史》的"乃蛮",《元史》、《亲征录》同。有学者认为《辽史》中的"粘八葛"、《金史》中的"粘拔恩"即乃蛮的同名异译。该部属突厥语族部落,文化较发达,使用回纥文,信奉聂思脱里派基督教。住牧地在额尔齐斯河、阿尔泰山一带。成吉思汗在收服蒙古草原绝大多数部落后,于1204年向西北进军,最后消灭了乃蛮。从此,乃蛮不再以一个整体部落的名称出现。据《史集》,哈赤温之子额勒只带的三千户属民中有一部分是乃蛮人。明代,汉籍中几乎不见此名。《源流》后文(K本57r23)提到阿黑巴儿只吉囊之子哈儿忽出黑手下有同名姓氏的人。《源流》、罗桑丹津《黄金史》还提到答言汗直属的察罕儿万户内有一同名部落。这部分乃蛮人与答言汗的祖父哈儿忽出黑手下的乃蛮人或许有联系。后来该部成为答言汗长子铁力孛罗次子乜密力(Nemig,纳密克)后裔的属部。乜密力的次子是卑麻,卑麻的次子是额参,《辽夷略》说:"额参即乃蛮",当是以部名相称。《表传》说:"图鲁博罗特子二,……次纳密克生贝玛土谢图,子二,……次额森卫征诺颜,详奈曼部总传,"又说:"额森卫征诺颜,即以所部为号。"《恒河之流》、《金轮千辐》所载相同。《源流》后文(K本68v17)以乃蛮部为答言汗第六子格咧孛罗的属部,记载有误。明末,该部于1627年归降后金,清廷以其部设奈曼旗,隶昭乌达盟。

⑩⑤ 别帖斤,Betegin。清译本(Ⅲ.21v)作"必塔锦",音不确,且误以为人名。此部名不见于《秘史》。《辍耕录》作"别帖乞乃蛮歹"。据《史集》(I/1,

p. 225),该部(C、L本作 btkin)是乃蛮的近支,原是一个强大的部落,后衰落,在成吉思汗灭乃蛮后,该部被并入了汪古部。《源流》后文(K本69v15)将该部列为衮必里克吉囊第五子不阳忽里的属部之一,隶阿儿秃斯万户的右翼。田清波《部名表》收有 Bétégener 一种,为 Betegin 的复数形。

⑯ 许兀慎,Ügüšin ~ Ügüüšin。清译本(Ⅲ. 21v)作"乌古新"。此即《元史》的"许兀慎"、"许慎"、"旭申",《辍耕录》作"忽神",《史集》作 hūšīn。据《秘史》§137,此部似乎曾附属于主儿勤部。成吉思汗时,该部首领孛岁忽勒(博尔忽)为其麾下大将,与木华黎、孛斡儿出、赤老温等人共称成吉思汗的"四杰"。成吉思汗分封功臣,孛罗忽勒受封为右翼诸千户长之一,任副万户长。后死于镇压秃马惕人反叛的战事中。元代,孛罗忽勒曾孙月赤察儿在元世祖朝领第一怯薛,曾因弹劾桑哥而获奖赏,又因修成通惠河受奖。成宗时封太师,辅佐晋王甘麻剌督师北边,败海都、笃哇,又以兵迫使察八儿降,封淇阳王。明代,汉籍中有"偶甚"、"兀甚"(《九边考》、《皇明北虏考》)、"兀慎"(《北虏世系》、《武功录》,《三云》讹为"歹慎")等译名。《九边考》、《皇明北虏考》将偶甚记为阿儿秃斯部诸营之一,将兀甚记为满官嗔部诸营之一。《源流》也记阿儿秃斯万户和土蛮(又作满官嗔·土蛮)万户内各有一个 Ügüšin 部,阿儿秃斯所属偶甚是巴儿速孛罗长子衮必里克吉囊第四子那木塔儿尼的属部,土蛮万户内的兀甚是巴儿速孛罗第三子剌不台吉(《北虏世系》、《武功录》作"兀慎打儿汗剌不台吉")的属部。那木塔儿尼所属偶甚部入清后以部设乌审旗,隶伊克昭盟。

⑰ 火鲁剌,Qoorlad。下文又作 Qoorlas。清译本(Ⅲ. 20r)作"郭尔罗斯"。此即《秘史》的"豁罗剌思"、"豁鲁剌思"。《元史》、《亲征录》作"火鲁剌"、"火鲁剌思",《辍耕录》作"郭儿剌思"。《史集》将其列为弘吉剌惕分部之一,出自所谓金瓮第三子的后裔。成吉思汗时,该部一首领薛赤兀儿率众相随,后被封为千户长;又一首领绰纳黑察合安率众与亦乞列思、塔塔儿、哈答斤等部共同推奉札木合为古儿汗,组成联军与成吉思汗战,兵败,后归降。据《史集》(I,1,p. 272),忙兀首领者台的千户之中被分进一部分火鲁

剌思人。《源流》此处所说该部的纳邻汗，是一个虚构人物，而且成吉思汗也没有专门出兵征讨火鲁剌思部。明代，汉籍中不见其名。17世纪蒙文史书中该部名在明代部分的第一次出现是在太松（脱脱不花）汗时期，约为15世纪中叶，诸书均说太松汗的一个岳父是该部的Čabdan，之后这一部名多次出现，可看出是属蒙古本部左翼部落。Čabdan，明代汉籍作“兀良哈头目沙不丹”（《明实录》景泰四年八月甲午条、《皇明北虏考》等）。和田清（《蒙古篇》p. 541）、朱风、贾敬颜（译注《黄金史纲》p. 62）据此认为火鲁剌思部当时附属于兀良哈三卫。但是明朝方面得到的消息也许是误传，错把沙不丹当成了兀良哈人。据两《黄金史》、《源流》以及汉籍的有关记载分析，当时沙不丹的住地是在肯特山以东、克鲁伦河下游一带，与三卫相距较远，三卫的势力恐怕不会到达那里。火鲁剌思倒是应该与邻近地区的火儿慎、罕哈部接触较多。后来哈撒儿后裔魁猛可之孙乌巴什（魁猛可长子博迪达喇的第三子）所部即称火鲁剌思。可能是魁猛可势力强盛时兼并了火鲁剌思。后来火鲁剌思随魁猛可的火儿慎部南迁嫩江流域，成为他孙子的属部，后来也属嫩江十旗。明末，乌巴什之孙布木巴、固穆兄弟二人分别率众归降后金，入清后以部设郭尔罗斯二旗，隶哲里木盟。另外，《黄史》、《阿萨剌黑齐史》记外七部罕哈之一为火鲁剌思。《源流》后文说薛扯・别乞为火鲁剌思人，误。据《秘史》（§§49、122）和《史集》（I/2，p. 119），薛扯・别乞为主儿勤（J̌ürkin，《史集》作 yūrkīn）人。

⑱ 图迭窟驸马，Tüdekü kürgen。满译本译为 Tugdeku hojihon，清译本（Ⅲ. 22r）音译为“图克德库和济欢”，和济欢是满语女婿——hojihon 的音译。沈曾植以图克德库比对“的吉惕”，以和济欢比对“忽里”，认为此人即汪古部的阿剌忽失的吉惕忽里，全误。图迭窟之名不见于史，当是虚构的人名。

⑲ 甲子，ga quluγun-a。相当于公元1204年，纪年有误。《黄史》即说成吉思汗“四十三岁时，哈剌鲁之阿昔兰汗来攻，击杀之，收服其众”。《源流》据此推算为1204（甲子）年。据《元史》、《亲征录》、《史集》，成吉思汗征哈剌鲁是在公元1211年（辛未）。《秘史》§235记为相当于公元1206年的“虎

儿年”(丙寅),亦误。

⑩ 哈喇鲁,Qarliγud。清译本(Ⅲ.22v)作“哈尔里固特”。此即《秘史》§235的“合儿鲁兀惕”。《元史》、《亲征录》作‘哈剌鲁”,《元史》又作“罕禄鲁”(卷38)。《辍耕录》作“哈剌鲁”、“匣剌鲁”,列为色目三十一种之一。是一个古老的部族,唐代汉籍作“葛逻禄”,当时为西突厥的一部,后隶属于西辽。公元1211年,成吉思汗派大将忽必来进军西辽,哈剌鲁君主阿昔兰罕(《秘史》作“阿儿思阑罕”)杀西辽监护官,归降蒙古。1287年(元世祖至元二十四年),元廷以迁入中原的哈剌鲁人组建“哈剌鲁万户府”。据《元史》卷38,元惠宗妥欢贴睦尔生母迈来迪为此阿昔兰汗裔孙。

⑪ 札木合·安达,J̌amuq-a anda。清译本(Ⅲ.23r)作“扎穆噶”,安达,因D本anda处作ele(a本、S本同)而缺。此即《秘史》、《元史》的“札木合”。他是札只剌(札答兰)部首领,成吉思汗最具威胁的竞争者。早年曾与铁木真结为安达(“结盟者”之义),帮助他重集部众。后来二人关系疏远,札木合以兵攻铁木真,双方战于答兰版朱思之地(克鲁伦河上游以北),铁木真战败。1201年,札木合在刊河(额尔古纳河支流,今作“根河”)大会弘吉剌等十一部,被推举为古儿汗(“众部之主”之义),声势大张。1202年,进攻铁木真,战败,1203年逃至乃蛮部。1204年,铁木真灭乃蛮,札木合出逃途中被随从执送铁木真处,遂被处死。1211年成吉思汗征哈剌鲁时,札木合早已死去多年,《源流》此处提到他,或是根据误传,或是臆造。

⑫《秘史》、《元史》、《史集》等早期史书,以及《红史》、《青史》等藏文史书均不载所谓成吉思汗征吐蕃或与吐蕃宗教界有过联系之事。《源流》这段内容,基本上录自《黄史》。《黄金史纲》、《阿萨剌黑齐史》无载。《胜教宝灯》、《宝贝数珠》同处说:当时西藏方面派遣第悉觉噶(雅隆第悉觉噶)和搽里八·公哥·朵儿只到成吉思汗处表示归降。但据《雅隆史》,觉噶的五世孙是与萨思迦扮底达(1182~1251年)同时代的雅隆首领,因此觉噶的生活年代显然早于成吉思汗,根本不可能与他有过什么联系;而搽里八·公哥·朵儿只出生于1309年,又是晚于成吉思汗生活年代的人,也不可能

与他有过来往。

罗桑丹津《黄金史》也提到成吉思汗与吐蕃有过联系，但内容、风格与《源流》不同。其大致内容是：成吉思汗的上师是萨迦派的公哥宁布，成吉思汗遣使赴西藏，请萨迦派的曼殊室利喇嘛施法使他的后代中缘生一位菩萨的化身，于是那位喇嘛用金匣中的金蚊蚫使拖雷的夫人额失哈屯（即唆鲁禾帖尼）受孕，生下了忽必烈、阿里不哥一对孪生子。《俺答汗传》（§3）也说成吉思汗"延请萨思迦尊者公哥宁布喇嘛"弘传佛法。但据藏文史书，公哥宁布（1092～1158年）是早于成吉思汗时代的人，根本不可能与成吉思汗有过接触。《源流》此段内容中提到的公哥·朵儿只（Günlga dorǰi），不见于史。或许是指搽里八·公哥·朵儿只，Günlga dor ǰi 为公哥·朵儿只（Kun-dgah rdo-rje）的讹写。萨思迦·掣·罗咱斡·阿难答·葛毗喇嘛，冈田英弘（《蒙古史料中所见初期的蒙藏关系》，载《东方学》第23期）认为应当分为两个人，一个是本名为公哥宁布的阿难答葛毗，另一个是本名为绰只帕勒的掣罗咱斡。据藏文史书，掣罗咱斡与成吉思汗约为同时代的人，然而藏文史书从未提到他与蒙古有过什么关系。仍据藏文史书，蒙古与西藏的最初接触以及整个藏区归附蒙古，时间都是在阔端封驻凉州时期。17世纪蒙文史书中纷纷出现情节不尽相同，但都说成吉思汗与西藏有过联系的内容，反映出这些说法都是后人为在蒙古地区传播藏传佛教而编造出来的。

⑬ 些嚕，serü。清译本（Ⅲ.23v）作"塞鲁"。serü 即藏语的 gse-m，犀。《元史·太祖纪》称为"角端"，说："十九年甲申（1224年），……帝至东印度国，角端见，班师。"《辍耕录》、耶律楚材神道碑也提到成吉思汗征印度，遇角端班师之事。因怪兽出现而班师，是一种迷信的说法，促使成吉思汗中途班师的真正原因是"山路崎岖，森林难以通过以及水土不服"（《史集》Ⅰ/2，p.310）。

⑭ 十二凶暴的君主，eris-ün arban qoyar qad。清译本（Ⅲ.24r）作"十二强汗"。《白史》中已有这种说法。罗桑丹津《黄金史》更进一步列出了这十二人的

名、氏:1. 泰赤乌的塔儿忽台·乞邻勒秃黑;2. 主儿勤的薛扯·别乞;3. 三姓篾里乞的脱黑脱阿·别乞;4. 克烈的汪罕;5. 札只剌的札木合;6. 哈剌鲁的阿昔兰罕;7. 斡亦剌的忽都合·别乞;8. 火里·秃麻的孛脱灰·塔儿浑;9. 畏兀的亦都忽;10. 乃蛮的太阳罕;11. 塔塔儿的蔑古真·薛兀勒秃;12. 六姓女真的章宗汗。韩儒林(《读蒙古世系谱》,载《中国文化研究汇刊》第一卷)认为十二汗的说法是仿西藏传说习用十二这个数目而硬凑起来的。

⑪⑤ 据《秘史》,孛斡儿出(博尔术)为四杰之首(§163),成吉思汗即大位后,封他为右手万户之长,"座次坐在众人之上,九次犯罪休罚"(§205)。

《源流》中成吉思汗考验博尔术的故事,基本录自《黄史》。罗桑丹津《黄金史》中有一段成吉思汗考验博尔术的故事,但内容情节不同:成吉思汗与博尔术行军至印度边界,对方的首领献上了线脸金黄马、貂皮衣服和带驹母马三样礼物。成吉思汗未赐给博尔术,却赐给了一个不太知名的人。博尔术回到家,妻子问起途中之事,博尔术如实说出。其妻遂出怨言,博尔术劝慰她不应计较,只应忠心效力。成吉思汗派去偷听的人回来报告,成吉思汗从此更加重用博尔术。17 世纪蒙文史书中的这类故事似乎可以从《史集》中找到源头。《史集》(I/1,p. 277)有这样一段记述:当成吉思汗"成为君主时,所有的异密他都赐给了诏敕,却没有赐给孛斡儿臣和孛罗忽勒,[他们]跪了下来,[心想:]这是怎么回事,他怎么不赐给我们诏敕? 成吉思汗对此降旨道:'你们地位之高,已不需要我赐给你们诏敕!'……"

第 4 卷

[译文]

却说,主上降旨说:

“禀承我上苍天父的旨意,
降伏了世上十二强暴的君主,
绥服了众多肆意妄为的小罕,
艰难地收集起散漫无统的民众。
我已经大致完成了所有的事业,
现在[我]要休养身心了。”

从那个戊辰年到丙戌年,[主上]安养了十九年[①],稳固地统治着泱泱大国,建树起玉宇大统,使全民[尽]享和平幸福。那个时候,合罕和臣民的福祉,与众天神天帝的洪福相等。

后来,主上降旨说:“一来,从前我曾经立过誓;二来,现在只剩唐兀人还没有收服。”据说[唐兀的]失都儿忽皇帝的黑鼻长毛黄狗能够晓解预兆,因此圣明主上请出九斿白纛树立起来,三年间几次试探着发兵又收兵。那条狗如果叫得安宁、平静,就[意味]没有敌情;如果长嗥,就[意味]有敌情。那狗[预]知主上将要出征,长嗥了三年。[失都儿忽皇帝]说:“我的狗老了,预兆不灵了。”因此并不戒备。

丁亥年[2]三月十八日,[主上]出征唐兀国。途中,在杭海山打猎时,主上以神机降旨说:“将会有一只惨白色的母鹿和一只苍灰色的狼进到这猎围中来。把它们放出去,不许杀害!还会进来一个骑灰青马的黑脸人,把他活捉来!”于是遵令把进来的苍灰色的狼和惨白色的母鹿放了出去,把黑脸人捉住带到了主上[面前]。[3]主上问:“你是谁的人?干什么来了?”[那黑脸人]说:“我是失都儿忽皇帝的人,失都儿忽皇帝派我来作哨探。

全唐兀中不曾输过的,
名叫哈喇·孛东的就是我,
莫非该我的黑头落地了?
眼睁睁地就让捉住了。

任何走兽不曾追及的,
人称‘善驰钢[蹄]’的青色马,
莫非四只蹄子在地上瘫了?
动也没动就让捉住了。”

主上降旨说:“真是条好汉!”没有杀他。[主上]又问:“听说你们的皇帝能神通变幻,他能怎样变?”[黑脸人]回答说:“我们的皇帝清晨[可]变作黑花蛇,白天[可]变作斑斓大虎,晚上[可]变作黄白小孩儿,根本捉不住他。”

却说,行军途中,孛斡勒·别臣向主上禀报说:“您的弟弟哈撒儿在喝酒的时候摸过忽阑哈屯的手。”主上于是派孛斡勒·别臣去向哈撒儿索要大皂雕的羽翎,[哈撒儿]说:“虽说[你]是全民之主,但是需要大皂雕羽翎的时候还是得我。”交给了大皂雕羽翎。[孛斡勒·别臣]说是久存陈货,没接受就回去了。[主上]又派[孛斡勒·别臣]前去命令[哈撒儿]:“杀一只宾鸿鸟献来!”[哈撒儿]看见宾鸿鸟飞着,问孛斡勒·别臣:“要射哪个地方?”[孛斡勒·别臣]回答说:“射黑、黄两色

之间的地方。”[哈撒儿]于是射断[宾鸿鸟]的尖嘴交给[他],[孛斡勒・别臣]却说:“本来说要献给合罕真正的大皂雕羽翎,可这不是,这是宾鸿鸟,而且还沾上了血。”他又不肯接受,回去了。为此,主上非常生气。看到母纳山[④],主上说:“此地,

国亡时可在这里避居,
国安时可在这里放牧,
饥饿的鹿可在这里吃饱,
老年人可在这里休息。”

正在这时,一只猫头鹰在树梢上叫起来,主上心中犯疑,说:“哈撒儿,射死这不祥的东西!”哈撒儿一射,那猫头鹰起身飞去,空处刚好飞进来一只喜鹊,就被杀死了。主上呵斥[哈撒儿]说:“从前吧,你要和七晃豁坛人合在一起作乱;那天吧,[向你]索要大皂雕羽翎的时候,你[又]舍不得给;现在吧,让你射死那出声不祥的猫头鹰,却射死了报喜的喜鹊!”于是令人捆起哈撒儿,交给四个人看守。月儿鲁那颜禀奏说:“我的主上呵! 常言说,好事常被坏事干扰,贤人的名德常被小人的罪过玷污。不祥的猫头鹰晦气,累及了报喜的喜鹊。请赦免您的弟弟哈撒儿吧!”主上正要恩准,可是想到先前有人说的谗言,就没有放[哈撒儿]。

却说,[大军]进到唐兀[境],把朵儿篾该城[⑤]包围了三重攻打。人称咒者“哈喇・抗噶”的[唐兀]老妪,登上城楼,不停地挥动黑旗,口念咒语[⑥],[主上的]士兵和战马便一片片地倒下。速不台・把都为此向主上禀奏说:“我主! 大军中士兵和战马就要死光了。现在放了哈撒儿,让他来射死[那个老妪]。”主上恩准,让哈撒儿骑上主上的黑鬃黄骠快马赶来放箭,哈撒儿大王[一箭]射裂了[那个]老妪的膝盖接缝处,她摔下来死了。却说,当失都儿忽皇帝变作[花]蛇的时候,主上变作禽中之王大鹏;当[失都儿忽皇帝]变作老虎的时候,主上变作兽中之王狮子;当[失都儿忽皇帝]变作小孩儿的时候,主上变作天神之王上帝。失都儿忽皇帝不得已束手就擒。失都儿忽皇帝说:“如果处死我,将对你自身有害;如果赦免[我],将对你的后代有害。”主上说:“对我此身倒不要紧,但愿我的后代平安!”于是[用箭]

射、[用刀]砍、[用剑]刺，[可]就是刀箭不入。失都儿忽皇帝这时说："你用其他刀剑砍杀不动我。我这靴底里有三折的'米撒哩'钢刀[7]，用那刀来砍就行。"取出他那把刀的时候，[失都儿忽皇帝]又说："现在您就要杀死我，如果从我身上流出奶汁，就会对你自身有害；如果流出鲜血，就会对你的后代有害。还有，如果你要娶我的古儿别勒只・豁阿，应当仔细搜查她的全身！"用那把米撒哩钢刀砍断[失都儿忽皇帝]的脖颈时，从他的脖颈里流出了奶汁。就这样杀死了失都儿忽皇帝，[主上]纳了他的古儿别勒只・豁阿皇后，收服了人称"米纳黑"[8]的唐兀国。[众臣]商议说："就在那阿勒塔哈纳山[9]山阳、哈剌木连河[10]岸边驻夏吧。"

却说，众人都惊叹古儿别勒只・豁阿皇后的美貌，古儿别勒只・豁阿却说："我的容颜从前比这更美丽，现在蒙上你们军队的征尘，[容颜]已经减色。如果在水里洗浴一下，就可以恢复从前那样的光彩。"[主上]说："那么，你就按自己的讲究去洗浴吧。"古儿别勒只・豁阿说："我要到河边去入浴。"[她]去到河边，[看见]父亲[喂养]使唤的一只称作"家鸟"的小鸟在空中盘旋着飞来，就[把它]捉住了。然后说："有你们这么多人陪从，我感到害羞。你们大家待在这里，我要一个人去洗。"说完去到[河边]，写下"我将要落入这条哈剌木连河而死。不要顺流去找我的遗骨，要逆流去寻找"[的字条]，系在那只鸟的脖子上，放它[飞]回去。洗浴之后回来[一看]，她的容貌果然是更加艳丽。夜里入寝之后，[她]加害主上的御体，主上因此身上感到不适，古儿别勒只・豁阿皇后乘机起身离去，跳进哈剌木连河身亡。从那以后直到现在，哈剌木连河就被叫做"哈屯・额客"[河][11]了。

却说，[古儿别勒只・豁阿]在汉地亦儿该城[12]中的父亲，姓吴，人称"薛禅王爷"，[他]按照女儿的话前来寻找她的遗骨，[可是]没有找到，只找到她的一只珍珠镶边的袜子。由于每人在[那只袜子]上埋上一锹土，就形成了名叫"铁木儿・兀勒忽"[13]的小山包。

却说，主上的病情加重，弥留之际降旨说：

"我的姻缘有素的贤明孛儿台・旭真哈屯，
我的融为一体的忽阑、也速、也速干三[哈屯]，

我的终生相伴的俊杰博尔术那颜，
我的鼎力相助的九月儿鲁伴当们！

我的铁石般的四个弟弟，
我的骏马般的四个儿子，
我的磐石般的众臣那颜，
我的仓廪般的泱泱大国！

我的玉宇大统，
我的哈屯子嗣，
我的纭纭臣民，
我可惜的土地！”

说完就要昏迷过去，这时雪泥人吉鲁干·把都儿禀奏说：

“您心爱的贤明的孛儿台·旭真哈屯将要逝去，
您的玉宇金廷将要散乱，
您的哈撒儿、别里古台两个[弟弟]将要悲伤沮丧，
您的众多臣民将要四散他方。

您自小结缘的贤明的孛儿台·旭真哈屯将要逝去，
您高崇隆盛的政权将要凋谢零落，
您的窝阔台、拖雷两个儿子将变得孤苦无恃，
您苦心收集的属众将要失去主人。

您巧结良缘的贤明的孛儿台·旭真哈屯将要逝去，
您的斡赤斤、哈赤温两个弟弟将要悲伤沮丧，

您广为收置、失之可惜的民众将要离散，
您出类拔萃的博尔术、木华黎两人将要凄怆悲伤。

沿着那杭海山的山阴行进⑭，
您的众哈屯、儿孙将悲号来[迎]。
我们不知合罕圣主[您]去往何方，
我的主上，飞翔驾临。”

主上向上欠起身子，降旨说：

“对我寡孀孛儿台·旭真、聪慧的哈屯，
对我孤儿窝阔台、拖雷两人，
你们要真心诚意地[始终]与之相伴，
毫不动摇地永远为之效力！

玉石不生毛皮，
坚铁没有胶汁，
可惜此身不可能永生，
你们须勇往直前自强不息！

做事能成功便是事业的精华，
恪守诺言的人心地坚实；
你们做事要谨慎寡欲，要与众人合顺！
我的此身真要逝去了。

忽必烈孩儿出言不凡，
你们大家要按照他的话行事！

到时候，他会像我生时那样，
使百姓享福。你们不必愁。”

丁亥年七月十二日，[主上]在朵儿篯该城驾崩[15]，享年六十六岁。

却说，[众臣]辇舆载着主上的遗体起程，全体属众挥泪随行。雪泥的吉鲁干·把都儿哭颂说：

“您像黄鹰一样飞去了吗？我的主上呵！
您竟成为辚辚舆车的载荷而去了吗？我的主上呵！
您果真撇下后妃子嗣而去了吗？我的主上呵！
您果真抛下属众臣民而去了吗？我的主上呵！

您像啼鸣的鸦鹘消失了吗？我的主上呵！
您像颤动的嫩草飘走了吗？我的主上呵！
您为使九色人众幸福安乐，
而在六十六岁升天逝去了吗？我的主上呵！”

行进之间，来到了母纳山的松软沼地，舆车的车毂陷进[泥中]一动不动了。挽上五色人众的骏马[驾车]，也没能拉动。全体人众正在犯愁，雪泥人吉鲁干·把都儿又禀奏说：

“受命于永恒苍天而降生的
我人中之狮天赐圣主呵，
抛下您全体臣民，
回到天境去了。

您结缘的各位后妃，

您建立的升平皇庭,
您肇始地缔造的法令典章,
您的万千臣民,[都]在那边。

您爱恋着结缘的哈屯,
您金碧辉煌的殿帐,
您奠定的神圣皇庭,
您收聚的臣民,[都]在那边。

您出生之地和浴身之水,
您繁茂生长的蒙古臣民,
您众多的官员和臣僚,
您的斡难河跌里温·盘陀故乡,[都]在那边。

您的枣骝马鬃制成的神纛,
您的鼓、钹、号角以及笛箫,
您的收聚了世间万物的金帐,
您在怯绿连河曲雕·阿兰即位的地方,[都]在那边。

您功成之前结成姻缘的贤明的孛儿台·旭真哈屯,
您的不儿哈图山、吉祥的辽阔营地,
您的博尔术、木华黎两位重要的伴当,
您的完美无缺地建立的宪章制度,[都]在那边。

您的靠神力结成姻缘的忽阑哈屯,
您的胡琴、胡笳等[各种]美乐,
您美丽的也速、也速干二哈屯,

您总揽万物的黄金殿帐,[都]在那边。

莫非以哈喇兀纳山[16][更]温暖,
莫非以外邦唐兀人多[势重],
莫非以皇后古儿别勒只貌美,
果真抛弃了故国蒙古吗?我的主上呵!

虽然未能保住您的黄金生命,
但送回您美玉般的明净遗体,
与您孛儿台·旭真哈屯相见,
[让]您的全体国众都满足[心愿]。"

禀奏到此处,主上开恩[允许车子前进],大车才辚辚作响动了起来。全体臣民莫不欢欣,一直护送到称为罕·也客·哈札儿的地方。

却说,各后妃、诸王子们,以及众人一齐放声痛哭。由于请不出主上的金体,绝望之中,只好修建了永久的陵墓,在那里建起了普天供奉的"八白帐"[17]。据说,主上的金体安葬在按台山山阴、肯特山山阳的"也客·斡帖克"[18]地方。

[主上]这样结束了[一生],[但]他永恒的名号"速图·孛黑答·大明·成吉思合罕"一直传扬至今。

[成吉思合罕]的儿子是察合台、术赤、窝阔台和拖雷四人,加上贤明的扯扯亦坚公主[19]共五个[儿女]。他们当中,主上在世时,长子察合台阿哈[20]在撒儿塔兀勒作了罕。次子叫做术赤[21],在托克马克作了罕。三子窝阔台守了合罕位。幼子拖雷守着火灶,还在主上在世时便已逝去。[22]

窝阔台合罕生于丁未年,戊子年即合罕位,时年四十二岁[23]。本想迎请萨思迦·乞剌思八·监藏[24],[但因事]耽搁。在位六年,癸巳年崩。享年四十七岁。

他[窝阔台]有贵由、阔端两个儿子[25]。哥哥名叫贵由[26],生于乙丑年,癸巳年即位,时年二十九岁。在位六个月,于同年去世。

弟弟名叫阔端[27],生于丙寅年,甲午年即位,时年二十九岁。乙未年染上了龙王之疾[28],没人能治得了。当时[人们]议论说:“听说西土不坏法域有一位名叫萨思迦·公哥·监藏的学富五明的奇[僧],如果请他前来,就能治好。”于是,立即派出以畏马忽的朵儿答·答儿罕[29]为首的使臣前去迎请。

那位萨思迦·扮底达生于壬寅年,就是先前那个戊子年之后三千三百七十五年。[他]于戊辰年二十七岁时前往印度,驳倒了六位异端大师,获“扮底达”的称号而返。回来之后,他的叔父乞剌思八·监藏[30]这样预言说:“今后某个时候,[头]戴鹰栖样帽子、[脚]蹬猪鼻样靴子、[身]居木网样房屋、话不出三句就有‘额赤吉’发音的蒙古国君主、菩萨化身的阔端合罕,将派来名叫朵儿答的使臣迎请你。那时,你务必前去。你的法门将在那里得到弘传。”

[萨思迦·扮底达]心想:那次预言指的就是现在这件事,就于甲辰年起程,当时六十三岁,丁未年六十六岁时拜见了[阔端]合罕。却说,[他]造出狮吼观音菩萨[像],降伏了龙王,为合罕施与了灌顶,作了祝福。因此合罕立刻开始摆脱病痛,大家非常欢喜。从那以后,按照那位萨思迦·扮底达的法旨,在边陲的蒙古地方首次弘传了佛教。萨思迦·扮底达于辛亥年获涅槃之福,享年七十岁。阔端·合失合罕在位十八年,也于同一辛亥年去世,享年四十六岁。这就是常说的:福田喇嘛和施主合罕,两人同逝于一年。

却说,拖雷大王的唆鲁禾帖尼·别吉太后[31][生了]蒙哥、忽必烈、旭烈兀[32]和阿里·不哥[33]四个儿子。长兄蒙哥[34]生于丁卯年,壬子年四十六岁时即位,在位八年,己未年崩,享年五十四岁。

却说,[蒙哥]的弟弟忽必烈薛禅皇帝[35]生于乙亥年,庚申年即位,时年四十六岁。[他]在从五十岁的甲子年至辛未年的八年之间,修建了夏宫上都·开平·库儿都城[36]、冬官大都城、按台山山阴阿喇勒[地方]的察罕城[37]、额儿出吉[地方]的凉亭城[38]等四座宏伟的都城,治理着洋洋大国、四大政统,不累四隅,不扰八境,使天下井然有序,使天下尽享太平。却说,萨思迦·扮底达的侄子麻底·多斡札[39]生于乙未年,丁未年十三岁,随同叔叔一道来朝。在他三十岁的甲子年,圣忽必烈·薛禅皇帝的神明的察必·豁阿皇后[40]向皇帝禀奏说:“这位麻底·多斡札,是我们的上师喇嘛的继承人,我们从他那儿接受吉祥喜金刚灌顶吧。”皇帝回答说:“你这话虽然言之有理,可是我怎么能坐在那个孺童下边?你问问那个孺童,如果我坐在台桌上方,那个孺童坐在下方施与灌顶的话,我就接受;如果那样不行,[我]怎么可以接受灌顶?”

皇后去向孺童麻底·多斡札禀报了皇帝的旨意,他降法旨说:“凡以先时修行练就的灌顶而进入金刚乘之门,另一个是解脱修炼,二者具备,得菩提之福的大德喇嘛,显然是金刚持[的化身]。因此,我怎么可以坐在皇帝的下方呢?”由于老少二人意见不一,察必皇后心灰意懒,说:“如果在诵经和灌顶的时候,喇嘛坐在法坛上方,皇帝坐在坛下;处理政事的时候,喇嘛和皇帝二人一起坐在台子上方,怎么样?”[忽必烈皇帝和喇嘛]二人都表示同意,说:“就那么办吧!”于是皇帝降旨说:“明天,麻底·多斡札比丘我们俩人将要讨论本尊吉祥喜金刚的秘密经义。”第二天,当来回展开辩论时,对皇帝所提出的问题,麻底·多斡札一个也答不上来。因此他心感忧倦,说了声:“明天再[接着]辩论吧。”就回去了。原来,萨思迦·扮底达手中的《喜金刚本续》[现]在皇帝的手中,麻底·多斡札还没有看过。

那天夜里,麻底·多斡札心中愁闷,没有入睡,只是稍稍打了个盹的工夫,[就见]一个满头白发、婆罗门样的、发髻上插有入骨号角的那么一个老头儿来[到跟前]说:“哎,我的孩子!你不要发愁,赶紧好好准备一盏灯。”说完就不见了。过了一会儿,老头儿拿来一大卷书,说:“赶快把这[卷书]读好,记在心里!天亮之前我要取走放[回原处]。”说完又不见了。麻底·多斡札童子[把书]读过三遍,牢牢背了下来。这时,天亮了,刚才那老头儿跟着也到了,说:“如果看完了的话,我要把书拿走放起来。”又说:“孩子!你昨天是因为把上师奉想于南面的空中,在他对面展开辩论,才输了。今天如果把上师奉想在头顶上,深入辩论的话,那位皇帝就会敌不过你。你要记住:在供奉上师的时候,使[上师]面向里边;辩论的时候,使[他]面向外边!”说完消失而去。说来是这么一回事:吉祥萨思迦父子的根本护法神吉祥沙·摩诃·伽罗,以神变化身前去,从皇帝的枕头上偷来了《吉祥喜金刚本续》。

第二天,一辩论,皇帝就敌不过麻底·多斡札童子。由此,皇帝非常钦佩,受了吉祥喜金刚四种圆满灌顶,赐封[麻底·多斡札]称号:吐蕃语作“加孙·捌思吉·间卜·喇嘛·八思巴”,汉语作“三省大王国师”[41],蒙古语作“忽儿班·哈札·塔乞·那门·合罕·兀列木只喇嘛”。[献上]百两黄金做的围坛,上面放着察必皇后的父亲、篾里乞氏莎儿哈秃·马儿哈匝所献的如驼粪块大小的无孔珍珠;千两白银做的围坛,坛上有金铸的须弥山、四大部洲、太阳、月亮、七宝和八供;另外,还献上了无数金、银、琉璃等珍宝,绫绸、蟒缎等财物,以及大象、骏马、骆驼等牲畜,并赠献了失里木只[42]城中建有功绩的百姓[和]土地。这样,在黑暗的蒙古地方升起了圣教的太阳。从印度迎请了佛牙[43]、佛舍利、四大天王所献的钵盂,以及旃檀木佛像等,施行十善法政[44],平定天下,为广袤世界带来了和平幸福。因此,“转千金轮斫迦罗伐剌底·薛禅皇帝”之名远扬四方。[他]在位三十六年,于庚申年[45]驾崩,享年八十二岁。

却说,斫迦罗伐剌底·薛禅皇帝的美丽的察必皇后生了朵儿只、忙哥剌、真金、那木罕四个儿子和名叫薛只干的一个独生女儿。

却说,先前在薛禅皇帝六十六岁、八思巴喇嘛四十六岁的庚辰年,当[八思巴喇嘛]准备起程返回[吐蕃]的时候,皇帝曾降旨说过:“我的四个儿子当中,如果你们哪一个肯前去[护]送这位大宝神圣喇嘛,将来就让他继承我的皇位。”两个哥哥说:“我们不去。”三[弟]真金太子说:“我要报答父亲的恩德,我去吧。”[他]护送八思巴喇嘛前往[吐蕃],就在[那]不坏法域去世了。[46]

却说,[忽必烈]以“我已经隆过圣旨”[为信],在审视了真金太子的三个儿子甘麻剌、答剌麻·八剌和完泽笃[47]三人之后,[降旨]说:“这个完泽笃能执掌政权。”于是,[忽必烈皇帝]在自己还健在,但已寿达八十岁的时候,于甲午年使[真金]第三子完泽笃即了皇位。

那完泽笃皇帝生于乙丑年,甲午年即皇位,时年三十岁。在祖父[忽必烈皇帝]去世之后,自丁酉年开始执政,奉萨思迦·曼殊·瞿贺耶·曷逻那·乞都喇嘛[48]为福田,按照祖宗之制,均平地执掌二权,以四项大政使全国民众安享太平。在位十一年,于丁未年驾崩,享年四十三岁。

却说,答剌麻·八剌的儿子曲律皇帝生于辛巳年,戊寅年二十八岁时即皇位,

令僧人搠思吉·斡节儿·法光[49]译师翻译了经卷和本续的大部分,以两道养化民众,在位四年,于辛亥年驾崩,享年三十一岁。

[曲律皇帝的]弟弟普颜笃皇帝生于己酉年,壬子年二十八岁时即皇位,奉萨思迦·大法主·室利·巴答喇嘛为福田,效仿前代,平稳地执掌玉[宝]大政,在位九年,庚申年驾崩,享年三十六岁。

[普颜笃皇帝的]儿子格坚皇帝生于癸卯年,辛酉年十九岁时即皇位,奉萨思迦·不答失哩喇嘛为福田,以政教两道造福于全民,逐杀称"丞相"的唐兀官人,平定了米纳黑人众。在位三年,于癸亥年驾崩,享年二十一岁。

却说,甘麻剌的儿子也孙·铁木儿皇帝生于癸巳年[50],甲子年,三十二岁时即皇位,令萨思迦·不尼耶·巴答喇嘛和蒙古的译师摄思剌卜·相哥二人翻译了从前未曾翻译过的经卷,在位五年,戊辰年驾崩,享年三十六岁。

曲律皇帝的长子阿剌吉八皇帝生于庚子年,于己巳年[51]三十岁时即皇位,在位四十天,于同一己巳年驾崩。

[阿剌吉八皇帝的]弟弟和世瑓皇帝[52]生于乙巳年,于那己巳年二十五岁时即皇位,在位一个月二十天,于同一己巳年驾崩。

却说,普颜笃皇帝的儿子札牙笃皇帝[53]生于甲辰年,于那个己巳年即皇位,时年二十六岁。[他]敬奉萨思迦·阿难达·巴答·迦罗喇嘛为福田,向召释迦牟尼为首的上方,布施了大量金银珍宝,极力尊崇能者[释迦牟尼]的教义,依照[前]规,[均平地]施行政教[二道],在位四年,壬申年驾崩,享年二十九岁。

和世瑓皇帝的儿子懿璘质班皇帝生于丙寅年,壬申年即皇位,年[仅]七岁,在位一个月,于同年驾崩。

札牙笃皇帝的儿子妥欢·贴睦尔·乌哈笃皇帝[54]生于戊午年,己酉年即皇位,时年十六岁。[他]奉萨思迦·阿难达·麻底喇嘛为福田,按照祖宗旧制,均平地施行两道,政教两宜,安享幸福。就在那时,汉人姓朱名惴的老头儿庚申年生了叫朱哥[55]的儿子,当时,房中射出了五色彩虹。在那个时候,阿鲁剌氏博尔术那颜的几代后裔、剌哈[56]的儿子亦剌忽丞相[57]向皇帝禀奏:

"似这等凡人出生时，
能出现这样的征兆。
他定是个异己之人，
应在其年幼时除掉！"

皇帝不以为然，没有杀[朱哥]。亦剌忽丞相又说：

"如今不肯听我的话，
最终恐怕会敲脑袋，
等这小儿长成人，
怕是带来各种祸灾。"

后来，那孩子渐渐长大，变得越发聪明伶俐，皇帝非常喜爱，降旨说："脱脱[58]、哈剌章[59]父子二人已经统领我右翼省的百姓，那么就让[朱]惴老人的儿子朱哥、不哈[60]兄弟二人统领我左翼省的百姓！"[就这样]让[他们]统领了左翼省。却说，那朱哥官人又与称为哈麻平章[61]的一个汉儿内臣相互串通，结为心腹，让他对皇帝启奏说："脱脱太师似乎对皇帝心怀不轨，擅自与外邦有往来。"哈麻平章常进谗言，挑拨诬告。

那期间，皇帝在一天夜里做了一个梦：一只生有铁牙的野猪跑进城来，见人就咬，[他]找不到藏身的地方，正在东奔西躲的时候，太阳和月亮一起落下去了。第二天，[皇帝]令汉人王道士给解[梦]，那[王道士]说："这是将要失去政权的先兆。"皇帝心想："这人为什么要说出这么不吉利的话？"于是讲给阿鲁剌氏亦剌忽丞相，丞相说："但愿一切无事。从前我不是说过吗？从那尘土飞扬的地方，将会腾起烽烟。"皇帝[听后]心想："他[朱哥]人还小，懂得什么？"[又]招来弘吉剌氏的脱脱太师问询，太师这样说："生有铁牙的[野]猪，是朱姓人反叛的征兆；日月同时落下，是分不出皇帝和庶民的征兆。"皇帝问："那么现在怎么办才好？"[太师]说："从前亦剌忽丞相的那些话是对的。现在同样，除了杀掉朱姓人之外，没有其他办法。”皇帝心想:“这太师身为大人物,却因为我提拔了朱哥官人而眼红。”[还是]没杀[朱哥]。

却说,朱哥官人听说那些话后,除了早就勾结在一起的哈麻平章之外,又让其他亲信们不断[向皇帝]进谗诬陷。脱脱太师听说后,曾多次向皇帝做了禀报。[但]后来心想:“现在我几次禀报都不信,这可没什么好事。”因而自己有所提防。

果然,朱哥官人派人前来试探脱脱太师。太师料到后,事先想出这样一个办法:在门口摆上一大盘水,水里放上几块松树的碎片,在那[碎片]上面放上剃刀和鬃尾毛两样[东西],坐等着。那人来看见后,回去说:“什么也没谈。他在门口摆着那样一些东西坐着呢。”朱哥官人[一听]也明白了,[他]说:“那盘水是比喻大海一样的大国;树木的碎片就像海上的船只一样,是比喻皇帝、太师、众官人和宰相等;剃刀和鬃尾毛两样东西是比喻比薄刀还要锋利、比毛发还要纤细的皇帝的法度。”[心里]又想:“得想个什么办法除掉这个隐患。如果不除掉这个人,[后患无穷]。他知道一切,不能留他。”于是又让哈麻平章[向皇帝]禀奏说:“那脱脱太师对皇帝心怀不轨,是确切无疑的事。征候是,如果皇帝命令[他]前来赴会,他[肯定]不来。由此可以验知。”[皇帝]派哈麻平章前去传召[脱脱]太师。哈麻平章中途返回来禀报说:“传谕太师前来,可他不从。”皇帝说:“假如他真是心中无鬼,怎么会不来呢?[看来]他确实心怀恶念。”于是派哈麻平章率兵前去诛杀脱脱太师。

却说,哈麻平章出发后,把重兵留在失噜罕城[62],自己先来到[太师处],对太师说:“密旨到。”然后悄悄说:“有人向皇帝禀报说朱哥官人对皇帝心怀不轨。因此,为了[弄清]真假,[皇帝]特传旨召太师前去商议。”太师虽然心中明白,但由于时限已到,不得不去,临行时心想:“因为[我]从很早就一直受到皇帝的信任,所以这话也许是真的?”就动身了。哈麻平章说:“我要先去准备驿马,如果耽搁久了,皇帝要怪罪的。”他先去抓紧布置了人马,一把太师让进[城中],立刻杀死了[他],回来向皇帝禀报了事情的经过。皇帝降旨说:“现在令朱哥官人统领右、左翼各省全体百姓!令哈麻平章执理内政。”

却说,那朱哥官人禀奏说:

“既然我主对我如此大加惠爱，
我怎能贪图安逸坐在家内？
位卑小官前去定会扰累大众，
我该亲自前去征敛国家赋税。”

皇帝非常赞许，降旨说：“就那样办吧。”

朱哥官人一去三年不返，皇帝大怒，严令门卫：“这朱哥官人耽搁得太久了，如果他回来，不许放他进城！”

却说，又一天夜里皇帝做了这样的梦：一个满头白发的老头儿来到[跟前]，怒气冲冲地训斥道：“你杀了自己的看家狗，现在外面的恶狼就要来了，看你对此还有什么办法可想！”说完转眼间就不见了。第二天，皇帝因为那个梦而惶恐不安，心想：“所谓自己的狗，是不是指我杀了脱脱太师一事呢？所谓外面的狼，是不是指朱哥久出不归呢？”他[把梦]禀告了阿难达·麻底喇嘛，喇嘛沉默了片刻说：“早先，我们的最尊上师、达到五识终极的圣萨思迦·扮底达在他所著《善说宝藏》一书中曾说：‘自己的友伴变为敌人，尚属有益；仇怨的敌人变为友伴，则属有害。’正像此话所说，你杀了看家狗一样的脱脱太师，宠信恶狼一样的朱哥，由此将引出恶患。你这梦就是这恶患的预兆。”皇帝问：“现在做[些]什么可以补救呢？”喇嘛说：“还是在从前你的先祖圣忽必烈皇帝的时候，我们的至上法王八思巴喇嘛曾经痛哭三日，[忽必烈]皇帝问：‘我的上师呀！你为什么这样大哭呢？’[八思巴喇嘛]说：‘不是在皇帝你和我二人的这个时候，而是在我们下辈九或十代的时候，将有妥欢皇帝出世，那时咱们俩的政教[二道]就将毁灭。我因此而哭。’[忽必烈]皇帝说：‘哎，我的上师！你年纪这么小，怎么能知道那么远呢？’[八思巴喇嘛]说：‘皇帝呵！[我]还知道在古昔的某一时期，这个地方曾下过七天血雨呢。’[忽必烈]皇帝一查古书，果然有一本书中记着：古时汉地唐太宗皇帝的时候，这个地方下了七天血雨。印度的无碍尊师[63]的弟弟伐苏畔都师的弟子、汉地的唐元奘译师说：‘不是在皇帝你这个时代，而是在你下辈十多代的时候，你的后嗣中将有称为唐哀帝的皇帝出生，那时你的朝代要更迭。[这血雨]是征候。’据说，看了那本书之后，[忽必烈]皇帝比从前更加心服了。正如诸位先贤显示预兆一样,时至今日的各种罪业,又有谁能够劝止呢?既然是这样,就唯有祈求上师大德,皈依三宝,恭敬自己的保护神,或许能有所获益?”然而,皇帝的心已被妖魔扰乱,对喇嘛大发雷霆,下令说:“喇嘛你现在就回原籍去吧!”上师心中大喜,说:“在皇帝的黄金缰缆无事,玉宝大政太平的这时,让我返回原籍,这不是皇帝的命令,而是喇嘛我的运气。”即刻动身返回[吐蕃]去了。

[注释]

① 所谓成吉思汗在征西夏前曾休养十九年的说法,源自《黄史》,《源流》只是补加了起止年份。这与史实显然不符。其他17世纪蒙文史书无记载。

② 丁亥,ding γaqai。指公元1227年。关于成吉思汗最后一次征西夏的时间,史书所载稍有不同。《秘史》(§265)和罗桑丹津《黄金史》记为“狗儿年秋”即1226年(丙戌)年秋,《元史·太祖纪》记为“二十一年”“春正月”,即1226年初,《黄金史纲》、《黄史》、《阿萨剌黑齐史》亦记为狗年(1226年)。《亲征录》记为“乙酉秋”,即1225年秋,《史集》亦同。1226年之说大致不错。1225年,成吉思汗刚由西域班师回营(《秘史》记为秋天,《元史》、《亲征录》记为春天),而至1227年春成吉思汗已经将西夏都城围困了一段时间(《元史·太祖纪》),当时他留兵继续围困,自己率兵去攻略西夏其他地区。

③ 据《秘史》§265,成吉思汗在进军西夏途中,曾于1226年(狗儿年,丙戌)冬天在“阿儿不合地面围猎”,当时成吉思汗骑的一匹红沙马被野马所惊,将成吉思汗摔下,成吉思汗因伤在“搠斡儿合惕地面”下营休养,召诸子商议后事。《史集》同处(I/2,p.318)作“翁浑·答兰·忽都黑地方”。所记三地,均不详,应该是在临近西夏的地方或在西夏境内。村上正二(译注《秘史》Ⅲ,p.265)猜测搠斡儿合惕地面或许是西凉府所属“搠罗河罗”等地名的音译。成吉思汗征西夏途中在杭海山围猎的故事,不见于《黄史》、

《阿萨剌黑齐史》,但两《黄金史》有载。把地点说成是杭海山,或许是传讹。故事中有关苍灰色的狼(孛儿帖赤那)和惨白色的母鹿(豁埃马阑勒)的情节,则反映出古老的图腾观念在当时蒙古人头脑中的遗存。

④ 母纳山,Muna qan。清译本(Ⅳ.2v)译为"穆纳地方"。不确。qan 与 aγula(山)同义。此山,蒙古人今称为 Muni aγula,汉译名"乌拉山",在今内蒙古自治区巴彦淖尔盟乌拉特前旗境内。南临黄河,山口处为蒙古高原西部入塞要冲。历史上曾有"木赖山"、"木剌山"、"牟那山"、"木纳火失温"、"母纳山"、"木纳汉山"、"木纳山"等译名(详见朱风、贾敬颜译注《黄金史纲》,pp. 25、26)。《黄史》、两《黄金史》、《阿萨剌黑齐史》亦说成吉思汗征西夏时路过该地,见环境优美,曾大加赞赏。然而据《秘史》(§264、265),成吉思汗征西夏时是从蒙古高原土拉河、黑林的旧营出发,经阿拉善(作"阿剌筛",总译作"贺兰山")进军的,未曾走母纳山之路。明代东蒙古强臣阿鲁台于15世纪30年代被瓦剌首领脱欢打败,曾一度逃至此地住牧(《明实录》宣德九年十月乙卯条)。1632年(后金天聪六年)后金军追击蒙古大汗林丹汗,皇太极于五月率军进至归化城(今内蒙古自治区首府呼和浩特),后金军乘胜迅速收降了"西至黄河木纳汉山,东至宣府,自归化城南及明国边境所在居民逃匿者"(《清太宗实录》天聪六年五月甲子条)。

⑤ 朵儿篾该,Dörmegei。清译本(Ⅳ.3v)作"图尔默格依"。此即《秘史》§267的"朵儿篾该",旁译"灵州"。为今宁夏灵武县。陈寅恪有详细考证(《灵州宁夏榆林三城译名考》,载《国立中央研究院历史语言研究所集刊》第1册)。

⑥ 口念咒语,K 本系统诸本多作 arbabasu,D 本系统诸本作 qariyabasu(骂)。清译本(Ⅳ.3v)据满译本译为"施镇压之术"。arba-,不见于现代辞书。《秘史》§272 有它的祈使形"阿儿巴惕浑"(arbatqun),旁译"咒您"。《突方》(I,335) apδa 一词,释为"施魔术"、"责骂"、"预言"等。可见 K 本系统用词较 D 本系统古老。

⑦ 米撒哩钢刀,Misan neretü bolad ildü。清译本(Ⅳ.4r)作"密萨里刚刀"。古

代阿拉伯人称今埃及为Misr，汉译名有“米昔儿”、“米西儿”、“密昔儿”、“勿斯里”等。因此克鲁格(《宝史》p.68)译为“埃及(即大马士革)钢刀”。《元史·顺帝纪六》提到1353年(至正十三年)九月西边扎你别之地贡献“米西儿刀”等宝物之事。伯希和认为米西儿刀当为大马士革制造的叙利亚剑，《源流》提到的Misari bolot(埃及钢)实际上也是大马士革钢(《马可波罗游记注》，卷Ⅱ，p.640)。黄时鉴同意伯希和的看法，同时指出蒙元时期大马士革处于埃及玛木路克王朝统治之下，不过当时埃及的兵器已经十分精良，颇具名声，似不必将米西儿刀单一地认作叙利亚的产品，钦察汗国札你别汗进献元廷的米西儿刀等礼品得自埃及(《元代札你别献物考》，载《文史》第35辑，1992年)。《源流》中出现Misari一名，说明当年传入蒙古地区的西来之刀确实很有名气，以至于过了很久蒙古人还记得这种刀。但有些人没有弄明白Misari是个地名，而误以为一个普通的词，如小林高四郎(译注《黄金史纲》p.54)、江实(译注《源流》p.63)分别认为源自藏语mi gsal(“隐藏起来的”之义)、miγsal ba(“不可得的”之义)，均误。另外，令伊拉克北部的摩苏儿古称Mawsil，汉译名“勿斯离”，《元史·地理志·西北地附录》作“毛夕里”。《速勒合儿尼传》提到呼罗珊地区的Mišir城(《回鹘式蒙古文文献汇编》pp. 421、429)，或即此Mawsil。

⑧ 米纳黑，Minaγ。清译本(Ⅳ.4r)作“密纳克”。源自藏语Mi-nyag。吐蕃人称西夏为Mi-nyag，汉译名有“弭药”、“弥娥”等。沈曾植以《武备志·译语》的“满剌”比对密纳克，韩儒林(《关于西夏民族名称及其王号》，载《穹庐集》)已予以纠正，指出满剌为阿拉伯文maulā(教师、教士之义)的对音，与密纳克无关。

⑨ 阿勒塔哈纳山，Altaγan-a qan。a本作Altaγan qan，D本作Altan qan，清译本(Ⅳ.4r)译为“阿勒台汗山”。此名不见于他处，不详。张尔田认为是鄂尔多斯右翼中旗(今内蒙古自治区伊克昭盟鄂托克旗、鄂托克前旗)西北的阿尔布坦山，王国维认为是贺兰山。据《元史·太祖纪》、《史集》(Ⅰ/2，p.320)，成吉思汗在征西夏期间度夏的地方是“六盘山”，《秘史》§266作

"雪山"。

⑩ 哈剌木连,Qara mören。清译本(Ⅳ.4v)作"哈喇江"。古代蒙古人对黄河的称呼,其名亦见于《元史》等元代文献和《史集》。《元史》(卷100)即作"哈剌木连"。

⑪ 哈屯·额客[河],Qatun eke。清译本(Ⅳ.5r)作"哈屯额克江"。《黄史》、《俺答汗传》(§275)作 Qatun γool("王后河"之义);《俺答汗传》有几处(§§145、306、308)又作 Qa-,tun mören("王后江"之义);两《黄金史》作 Qatun-u γool("王后之河"之义);Qatun eke 意为"母后[河]"。Qatun γool 等名是明代以来蒙古人对黄河的称呼。《黄史》、两《黄金史》也说哈剌木连因西夏古儿别勒只哈屯投河自尽而被后人更名为哈屯豁勒。但这一说法显然是在对哈屯豁勒一名的俗词源学理解的基础上编造出来的。蒙古人改变对黄河称呼的真正原因,不得而知。

⑫ 亦儿该,Irγai。清译本(Ⅳ.5r)依满译本译为"宁夏"。此即《秘史》§265的"额里合牙",旁译"宁夏"。《史集》作 īrqī 或 arīkai。蒙古人对西夏都城兴庆府(1205年改"中兴府",今宁夏银川市)的称呼。《黄史》、《源流》误以为是汉地城市。关于该城的名称,详见陈寅恪《灵州宁夏榆林三城译名考》。

⑬ 铁木儿·兀勒忽,Temür ulqu。清译本(Ⅳ.5r)作"铁芦冈"。此名亦见于《黄史》、两《黄金史》和《阿萨剌黑齐史》。诸书均说此地是西夏末主失都儿忽汗(李睍)的王后古儿别勒只哈屯的埋葬地。ulqu,意为"小山包",《秘史》,§77作"忽勒浑",旁译"小独山",源于突厥语,《突方》(I. p. 396)作 алгун——小山。如前所述,古儿别勒只哈屯是一个虚构的、传说中的人物,根本谈不上有什么实际存在的葬地,说铁木儿·兀勒忽是其葬地,不过是为了增加故事的真实性而借用该地之名而已。今内蒙古自治区首府呼和浩特南郊的青冢(即俗称的"昭君墓"),蒙古语称为 Temür ulqu。《大清一统志》卷124《归化城·六厅·陵墓》说:"青冢,在归化城南二十里,蒙古名特木尔乌尔虎。"

⑭ 沿着那杭海山的山阴行进,Qangγai qan-i arulan kürküi-e。清译本(Ⅳ.6r)译为"前至杭爱汗山之阴",不确。arula-,"沿山阴走"之义,两《黄金史》、《黄史》同处作 qaǰγulan("沿着边走"之义)。

⑮ 关于成吉思汗去世的地点,史说不一。《秘史》无明确记载,只提到他去世之前曾攻打朵儿篾该城。《史集》说他来到六盘山地方,后来到猪儿年去世了。《金史·撒合辇传》似乎暗示成吉思汗死于清水县。《元史·太祖纪》记为"崩于萨里川哈老徒之行营"。《红史》、《汉藏史集》记为 mi nyag gha 之地。有学者认为 mi nyag 指西夏地区,gha 是"夏"的藏语音译,二者连用指以兴庆府(今银川市)为中心的广大地区(卢梅、聂鸿音《藏文史籍中的木雅诸王考》,载《民族研究》1996 年第 5 期)。17 世纪蒙文史书均记为朵儿篾该(灵州)城。

考成吉思汗在西夏境内的行程,清水县之说似乎比较合理。成吉思汗在攻取灵州后,不久又离开该地,继续攻略西夏其他地方,于 1227 年闰五月到达六盘山避暑,六月西夏国主李睍请降,其后成吉思汗又迁往清水县,至七月十二日即病逝。因此,朵儿篾该、六盘山只是成吉思汗在到清水县之前一度驻营的地方,不是他最终所到之地。而萨里川远在漠北,更无可能。

⑯ 哈喇兀纳山,Qaraγun-a qan。清译本(Ⅳ.7v)作"哈尔固纳山"。《俺答汗传》(§§145、291、310)提到俺答汗在此山之阳、黄河之滨修建楼阁、城市。据此可知此山即今呼和浩特一带的大青山。《夷俗记》、《三云》记俺答之孙把汉那吉在山西偏关边外西北"哈朗兀"住牧,朱风、贾敬颜(译注《黄金史纲》p.34)认为哈朗兀即此哈喇兀纳山。当是。

⑰ 八白帐,Naiman čaγan ger。清译本(Ⅳ.8v)作"白室八间"。八白帐是指由八座白色的大毡帐组成的成吉思汗灵堂。其中包括成吉思汗生前住过的斡耳朵(宫帐)及一些遗物,还有后来相继去世的他的几大哈屯的灵位等。由成吉思汗的四大斡耳朵发展而来。成吉思汗的埋葬地在不儿罕合勒敦山的起辇谷,对外严格保密,周围由特派的一千户兀良罕人守护,禁止人们

进入该地区。祭奠成吉思汗的仪式在其灵堂即八白帐举行。成吉思汗的四大斡耳朵先由其幼子拖雷继承,13世纪末拖雷之子忽必烈的嫡孙甘麻剌封晋王,镇守北边,成吉思汗的四大斡耳朵亦归其管辖。进入明代以后,由于战乱的影响,八白帐也受到冲击,开始在草原上不断迁徙,"。在一段时期内似乎基随大汗所部行动。至15世纪前半叶脱脱不花(太松)汗时期,该汗封胞弟阿黑巴儿只为吉囊(ǰinong ~ ǰinang,汉语"晋王"的蒙古语音转),驻守右翼,八白帐因此也当在他管辖之内。后来其孙伯颜猛可继任吉囊(称孛罗忽吉囊),15世纪70年代,孛罗忽吉囊与满都鲁汗、乩加思兰太师同在河套地区活动,不久被乩加思兰所杀。估计其部众及八白帐当时落入乩加思兰之手。乩加思兰后来被族弟亦思马因杀死。亦思马因是应绍卜部的首领。继他之后的应绍卜首领是其族人亦卜剌。这时汉籍中开始出现"阿儿秃斯"之名,此即ordos(清译鄂尔多斯),是斡耳朵(ordo)的复数形,部名源自八白帐。明人在称亦卜剌为应绍卜首领的同时,又称他是阿尔秃斯部首领(《九边考》、《皇明北虏考》等),《源流》等蒙文史记当时阿儿秃斯的首领是满都来·阿哈剌忽,他常与亦卜剌一起行动。可能因为亦卜剌势力大,实际控制阿儿秃斯部,明人就以为他是阿儿秃斯部首领。从乩加思兰到满都来,八白帐一直处于异姓封建主的控制中。16世纪初,俺答汗击败亦卜剌·满都来等右翼异姓封建主,夺其部众,重新统一蒙古本部,重整六万户,阿儿秃斯为右翼三万户之一,答言汗第三子巴儿速孛罗出任吉囊,坐镇右翼,直辖阿儿秃斯万户,其长子一系成为该万户的世袭领主,八白帐的管辖权又重新掌握在成吉思汗—忽必烈系黄金家族的手中,八白帐也最终固定在河套即今鄂尔多斯地区,逐渐形成了今天的"成吉思汗陵"。

⑱ 也客·斡帖克,Yeke öteg。清译本(Ⅳ.8v)作"大谔托克"。此名亦见于《黄史》、两《黄金史》、《阿萨剌黑齐史》。不见于《秘史》、《元史》、《史集》等早期史书。

关于成吉思汗的葬地,《秘史》未曾提及。《元史·太祖纪》记为"起辇谷”。《黑鞑事略》说是在他出生地一带,《史集》说是在不儿罕合勒敦山中,证明起辇谷是在不儿罕合勒敦山。根据亦邻真起辇谷即古连勒古的考证(《起辇谷和古连勒古》,载《内蒙古社会科学》,1989 年第 3 期),以及培尔列对古连勒古地理方位的考证(《〈秘史〉某些地名的考辨》),起辇谷为肯特山脉不儿罕合勒敦山阳的一片山地。那么,17 世纪蒙文史书所说的也客斡帖克当指起辇谷。最近宝音德力根就也客斡帖克发表专文,讨论了与成吉思汗葬地相关的问题(《成吉思汗葬地“大斡脱克”及相关的几个问题》,载《内蒙古大学学报》蒙文版,1995 年第 4 期)。他的主要结论是:öteg即古语 ötögen(ötegen、etügen——地)的变形,Yeke ötög 等于 Yeke γaǰar(大地),都是对成吉思汗葬地起辇谷(古连勒古)的尊称,起辇谷因此又有 öteg aγula 等称呼。

⑲ 扯扯亦坚公主,Sečeyigün günǰi。清译本(Ⅳ.8v)作“彻辰肯公主”。译名从《秘史》§239(Čečeyigen),《史集》作ǰīkān。据《史集》,她是成吉思汗和孛儿台夫人所生的第二个女儿。《秘史》说她嫁给了斡亦剌首领忽都合别乞的儿子亦纳勒赤,《史集》说她嫁给了忽都合别乞的儿子脱劣勒赤,而《秘史》以亦纳勒赤为脱劣勒赤之兄。《元史·公主表》“延安公主”位下记:“阔阔干公主,适脱亦禾赤驸马。”《元史》中华书局点校本已校“亦禾”为“栾”,并在校记中指出,阔阔二字为“阇阇”之误。是。另据《俺答汗传》(§§100、101),也可证实扯扯亦坚(作 Čečegen)公主确实嫁给了脱劣勒赤(作 Törölči)。

⑳ 察合台阿哈,Čaγadai aq-a。清译本(Ⅳ.8v)作“察干岱”。《元史》作“察合台”、“察阿歹”。《源流》以察合台为成吉思汗长子的说法有误。致误的原因可能在于察合台阿哈的习惯称呼。察合台与长弟窝阔台关系融洽,窝阔台即汗位后,汗国大事必先征求察合台的意见,因窝阔台尊称他为阿哈(兄),以后历代大汗也就随之称其继承人为察合台阿哈。《永乐大典》卷19417《站赤》至元十八年四月二十九日有议论察合台后王“阿只言旧站消乏”奏言,忽必烈谕称:“彼处站赤,乃茶合解兄所立。”此乃自蒙古文译出

之汉文文件,从习惯称察合台为“兄”(阿哈),并非确指他是忽必烈之兄。《源流》作者因此误以为察合台是长子。

他的汉译名还有“察合带”、“察哈歹”、“茶合斛”、“茶合带”等。成吉思汗分封诸子时,他分到四千户。曾于1211年、1213年两次参加征金的战争,1219年随父亲、兄弟西征,攻陷许多地方,后来得到畏兀儿以西直至阿母河之间的大片土地为封地,发展为察合台汗国,汗帐设在阿里麻里(今新疆霍城附近)附近的虎牙思。

㉑ 术赤,J̌öci。清译本(Ⅳ.8v)作“珠齐”。此即《秘史》的“拙赤”。《元史》作“术赤”。成吉思汗的长子。成吉思汗分封诸子时,他分得九千户。曾于1211年、1213年两次参加征金的战争,1217年奉成吉思汗之命征林木中百姓,收降其各部。1219年,随父亲及诸弟西征。后来得到也儿的石河(今额尔齐斯河)以西至乌拉尔河以东的钦察草原东部和阿母、锡尔两河下游的花剌子模地区。其次子拔都在此基础上将汗国疆域进一步扩大到东起也儿的石河,西至斡罗思,南起巴尔喀什湖、里海、黑海,北至北极圈的地域。术赤的封地,不包括托克马克,《源流》所说有误,托克马克当时是在察合台的封地境内。

㉒《源流》此处说法有误。拖雷并未死在成吉思汗之前。据《秘史》、《元史》、《史集》等,1227年成吉思汗去世后,拖雷一时监国至1229年窝阔台即汗位。1231年参加征金,率西路军,在三峰山(今河南省禹县境内)大败金军,使金朝精锐部队损失殆尽。1233年,病死于北返途中。《秘史》等三种史书都说拖雷主动以自身性命换来了窝阔台的痊愈。罗桑丹津《黄金史》中有类似的故事,只是把窝阔台换成了成吉思汗。《源流》的说法,恐怕根据的就是这种传说。

㉓ 窝阔台,Ögedei。清译本(Ⅳ.9r)作“谔格德依”。《秘史》作“斡歌歹”,《元史》作“窝阔台”。成吉思汗第三子,蒙古汗国第二代大汗。曾于1211年、1213年先后两次参加征金,1219年随父亲西征,出征前被确定为汗位继承人。得到的封地为叶密立(今新疆额敏县一带)、霍博(今新疆和布克赛尔

县一带）地区。1227 年，随父征西夏。1229 年即汗位。据《元史·太宗纪》，《源流》所记其生年、即位年、卒年均有误。正确的纪年分别应是：1186（丙午）年生、1229（己丑）年即位、1241（辛丑）年卒。

㉔ 萨思迦·乞剌思八·监藏，Saskiy-a gragsba rgyalmsan。清译本（Ⅳ.9r）作“萨斯嘉扎克巴嘉木灿”。此即藏文史书所载萨迦五祖之第三人的 grags-pa rgyal-mtshan（元代汉译乞剌思八监藏，今或译扎巴坚赞）。他是著名的萨班的三叔。据《红史》等藏文史书，他生于 1147 年，死于 1216 年。可知窝阔台 1229 年即位时此人已死去多年。《源流》说窝阔台即位后邀请此人，与史实不符，纯粹是后人为在蒙古地区传播藏传佛教而编造的。

㉕ 据《元史·宗室世系表》和《史集》，窝阔台有七个儿子：贵由、阔端、阔出、哈剌察儿、合失、合丹、灭里。

㉖ 贵由，Güyüg。文渊阁本作“库裕克”、“库玉克”，笺证本作“库克”。即《元史》“贵由”，窝阔台长子，脱列哥那皇后所生。据《元史·定宗纪》，贵由生于 1206（丙寅）年。《源流》的乙丑（1205）年有误。贵由曾于 1233 年参加攻略辽东的战役，1235 年参加西征，侵入斡罗思及东欧地区。1241 年窝阔台去世后，脱列哥那摄政，五年后贵由才于 1246（丙午）年即位。《黄史》、《源流》记为癸巳（1233）年，显误。贵由与术赤之子拔都不和，贵由即位时，拔都曾借口生病未出席推举贵由为汗的忽里勒台。贵由于即位的次年秋天西行，声称回藩邸叶密立（今新疆额敏县境内），引起拔都的戒备，形势一时紧张。1248 年春，贵由病死在途中。《黄史》、《源流》说他只“在位六个月”，当然与史实不符。这两种书缩短贵由的在位年限，是为了给实际并未当过大汗的阔端留出在汗位的空当，最终目的还是与在蒙古地区传播藏传佛教有关。

㉗ 阔端，Köden。清译本（Ⅳ.9v）作“库腾”。译名从《元史·宗室世系表》。早期又有“廓丹”（《通载》）、“扩端”（《元史·宪宗纪》）等汉译名。窝阔台的次子。若按《黄史》和《源流》，阔端生于丙寅（1206 年），与其兄贵由生于同一年。屠寄《蒙兀儿史记》（卷 19、37）考证阔端生母为窝阔台三皇后

乞里吉思帖尼,蔡关彪(《脱列哥那后史事考辨》,载《蒙古史研究》第3辑)认为“似可信从”。与《黄史》、《源流》一样,《阿萨剌黑齐史》也说阔端曾即汗位,这当然与史实不符。阔端是蒙古宗室中最早与西藏建立联系的人,因而著名。他的封地是西夏故地,与藏区毗邻。他于1239年派兵进军藏区,给当地僧俗造成很大威胁。在掌握了那里的政治情况后,阔端派使者给当地势力最大的萨迦派的首领萨班送去了邀请函。萨班于1246年来到西凉府(元代降为西凉州)谒见阔端,受阔端之命给藏区的僧俗领主写了劝降信,于是乌斯藏归降蒙古。阔端的这一举动,不仅沟通了蒙藏关系,而且为西藏地区后来纳入元朝的版图奠定了基础。

《源流》后文又称他为“阔端·合失合罕”,或许是把他与其弟合失舍为一人。

㉘ 关于阔端曾患病一事,《史集》也曾提到,说是因为法迪玛施了妖术。《萨迦史》说阔端身染重病,萨班为他做了狮子吼菩萨仪轨,治好了他的病。苏鲁格解释所谓龙王之疾是“麻风或疮疥发炎肿胀等皮肤疾病,迷信说此皆因龙毒所致,故称龙病”(《译注政教史》p.46)。

㉙ 朵儿答·答儿罕,Doorda darqan。清译本(Ⅳ.9v)作“道尔达达尔罕”。即藏文史书中记载的蒙古将军“多达那波”(dorto nag po)或“多达”(dor da)。据《朗氏家族史》、《贤者喜宴》、《王臣记》等藏文史书,此人曾奉阔端之命率蒙古军队侵入藏区,后来又作为阔端的使臣前来迎请萨班。朵儿答·答儿罕所属姓氏畏马忽(Uyimaγud),清译本(Ⅳ.9v)作“韦玛郭特”。该部之名不见于《秘史》,也不见于《元史》等元代汉文文献。唯有《史集》CI-I,p.117)在介绍古儿列兀惕部时提到其属部之一的āūīmāqūt(畏马忽惕)。《源流》的Uyimaγud即此āūīmāqūt。《史集》说该部的额不干那颜、孛栾台父子二人是成吉思汗时代的异密,孛栾台之子tūrtāqā(脱儿塔合)曾供职于阿里不哥处,后被忽必烈授于官职,再后来被派往海都处,成宗时仍在世。脱儿塔合即《元史》的“朵儿答哈”(卷138,又作“朵儿朵海”、“朵儿朵怀”),仕世祖、成宗朝,任丞相、知枢密院事。türtäqä、朵儿答哈、dor to、

Doorda,当为同一人名的不同写法。有关详情,尚需进一步的考证。《源流》此处的记载提供了可资印证的新史料来源。

㉚《红史》(p.43)即说萨班在接到阔端的邀请以前,扎巴坚赞(乞剌思八·监藏)曾预言:"以后由北方来一与我们语言族属不同、头戴飞鹰似的帽子,脚穿猪鼻靴的人前来迎请,如应邀前去,对佛教大有利益。"《萨迦史》(p.80)说扎巴坚赞去世前对萨班说:"在你的后半生,蒙古使者将前来,如果去,对发展佛教及众生大有裨益,无论如何应当前往。"这是后人编造的神话。

㉛ 唆鲁禾帖尼,Soorqaγtni。清译本(Ⅳ.10v)作"苏喇克台",因满译本将D本的Sorqartni读为suraktai所致。译名从《元史》。此即《秘史》的"莎儿合黑塔泥",《史集》作Srqū qtni。罗桑丹津《黄金史》作Sümandari,《阿萨剌黑齐史》作Taqai。她是克烈部首领汪罕之弟札阿绀孛的次女,1203年嫁拖雷,为其正妻,生有蒙哥、忽必烈、旭烈兀、阿里不哥四子。在拖雷死后,接管家族权力(包括封地和军队)。与术赤次子拔都一系关系密切,贵由汗死后,蒙哥靠拔都之力被拥戴为汗,蒙古汗统由此从窝阔台系转入拖雷一系。她信奉景教,于1252年春去世。

别吉太后,begi tayiqu。清译本作"伯启太后"。为唆鲁禾帖尼的尊称,如《元史·顺帝纪》称世祖皇帝之母为"别吉太后"。别吉(别姬),考《秘史》、《史集》、《元史》等,多缀于大首领之女的名字后面,如成吉思汗的女儿豁真、阿剌海、阿勒屯等,汪罕之女察兀儿、札阿绀孛之女亦巴合、唆鲁禾帖尼等,都有此称号。《至元译语·君官门》释"别吉"为"公主"。

㉜ 旭烈兀,Ülegü。因D本系统诸本缺,清译本(Ⅳ.10v)亦缺。

旭烈兀生于1217年,1252年奉蒙哥汗之命出镇阿母河以西波斯地区,继续征服西边未降诸国,1256年灭木剌夷,1258年攻陷报达(今伊拉克巴格达),1259年攻入叙利亚地区,1260年因听到蒙哥去世的消息返回波斯。因拥护忽必烈即汗位,忽必烈将阿母河以西直至密昔儿(今埃及)边境的土地划为旭烈兀的封地,旭烈兀在此基础上建立了伊利汗国。

㉝ 阿里·不哥,Arig böke。清译本(Ⅳ.10v)作"额哩克布克"。译名从《元

史》。按蒙古幼子继承父产的习俗,随母亲同住,后继掌家业。1258年蒙哥汗进军南宋时,他与蒙哥之子玉龙答失留守大斡耳朵,统帅漠北蒙古军。1260年,与忽必烈争汗位,忽必烈在漠南开平称汗,阿里不哥在漠北和林称汗。双方开战,阿里不哥败,逃往吉利吉思。1261年,阿里不哥率军南下,忽必烈迎击,双方战于昔木土脑儿(今蒙古国东部境内),因实力相当,罢战退兵。1262年,阿里不哥至阿力麻里,因政策不当,部下大多离去,又遇饥荒,兵力大减,遂于1264年向忽必烈请降。1266年病死。

㉞ 蒙哥,Möngke。清译本(Ⅳ.10v)作"莽赉扣",不确。拖雷长子。生于1209年初(《元史·宪宗纪》作"戊辰年十二月三日"),《源流》、两《黄金史》、《阿萨剌黑齐史》记为"丁卯年"(或"兔年")即1207年,误。1230年参加征金,1235年西征,1237年春,破钦察,又进军斡罗思。1251年夏,在由拔都主持的忽里勒台上,被拥戴为大汗。《源流》记为壬子(1252年),误。蒙哥即位后,为整顿内政采取了一些积极措施,同时继续以武力向外扩张,1252年命忽必烈征大理,命也古征高丽,1253年遣旭烈兀分镇波斯,继续向西征服诸国,又派兵征欣都思(今印度)、怯失迷儿(今作克什米尔),1257年亲征南宋,1259年七月,病死于钓鱼山(今四川省合川东)。

㉟ 忽必烈·薛禅皇帝,Qubilai sečen qaγan。清译本(Ⅳ.llr)作"呼必赉彻辰汗"。元朝的开国皇帝,庙号世祖,薛禅为其蒙古语尊号。生于1215年(两《黄金史》误为1221辛巳年)。1251年,在其兄蒙哥即汗位后,受命总理漠南汉地军国庶事,多与汉地僧、俗界有识之士交往,了解汉地国情,询问儒学治国之道。1253年,与兀良合台分军征大理,收服其地。1256年,在桓州以东滦水以北修建开平城。1258年,率东路军参加征宋。1259年九月兵围鄂州(今湖北省武汉市),得到阿里不哥谋自立为汗的消息,撤兵北返。1260年春,在开平即汗位,称皇帝,仿汉制建元中统。1271年,建国号为"大元"(取《易经》"大哉乾元"之义),次年定都大都。1274年,派兵征南宋,1276年攻克其都城临安(今浙江省杭州市),南宋灭亡。蒙古以北方草原民族入主中原,至此结束了中国几百年来南北对峙、诸国并存的分裂割

据状况,为中国今天疆域的形成奠定了基础。忽必烈在位期间,基本以汉法治理国家,调整中央、地方机构,建立行省制度,加强中央集权,但也保留了一些蒙古旧制。采取不少有利于发展生产的积极措施,如举农桑,扩屯田,修水利等,使社会经济逐步得到恢复和发展。忽必烈时期可以说是元朝的鼎盛时期。但他不断对内、对外用兵,如对内多次平定汉族地主、蒙古诸王的反叛,对外远征日本、安南、占城、缅国等国,给国家财政和人民生活都造成了很大的负担,对元朝自身的发展埋下了隐患。

㊱ 上都·开平·库儿都城,Šangdu Keyibüng Kürtü balγasun。清译本(Ⅳ. llr)作"上都克依绷库尔图城"。两《黄金史》称为 keyibüng Šangdu(开平·上都)。开平府城为忽必烈于 1256 年在滦水(今闪电河)之北龙岗(在今内蒙古自治区锡林郭勒盟正蓝旗政府所在地敦达浩特东北约 20 公里处)所建藩府驻所,1263 年开平升为上都。是忽必烈即位的地方,1272 年忽必烈定都大都城(今北京)后,上都成为夏都。库儿都城即桓州治所,在开平西南(今敦达浩特东北约 5 公里处),初为金朝所设,曾为西北路招讨使司驻地。《口北三厅志》卷 3 引《一统志》说:"桓州驿,土人呼为库尔图巴尔哈孙城。"因三个地名实在同一区域,而且开平与上都又同为一地,所以出现了后来蒙古人三名连用或两名连用称其地的现象。开平之名还见于清初满文史料,《清初内国史院满文档案译编》记天聪八年(1634 年)后金皇太极的大军进至上都地区,闰八月十二日"以米三百石运至克蚌地方";又记崇德三年(1638 年)三月皇太极西巡至上都地区,"二十三日,驻跸克宜蚌地方"(《内国史院满文档案》上册,pp. 103、289)。克蚌、克宜蚌,满文原文作 keyibung(《满文内国史院档》,全宗号 02、卷号 006、册号 2;卷号 012、册号 3),即开平的蒙古语读音。

㊲ 察罕城,Čaγan balγasun。清译本(Ⅳ. llr)作"察罕巴勒噶逊"。"白城"之义。当即元行都中都,为元武宗于 1307 年命人在旺兀察都之地(今河北省张北县北)所建。故址今称"白城子"。

㊳ 凉亭城,Lang ting balγasun。清译本(Ⅳ. llr)作"兰亭"。当指上都附近的

凉亭。据叶新民《元上都的凉亭》一文(载《内蒙古大学学报》1995 年第 2 期),上都东、西各有一处凉亭,作为御用猎区。西凉亭即察罕脑儿行宫(故址在今河北省沽源县闪电河乡下甸子西北五里处),东凉亭又称只哈赤·八剌哈孙,故址即今内蒙古自治区多伦县北白城子古城。

㊴ 麻底·多斡札,Madi doozau-a。清译本(Ⅳ. llv)作“玛迪多斡咱”。《黄史》作 Madi dhwaza。梵文作 mati-dhvajah,义为“慧幢”,是八思巴的法名 blo-gros-rgyal-mtshan(元代汉译“罗古罗思监藏”)的梵语音译。

《源流》后文称 Pagsba 或 Kbagsba,即八思巴(ḥPhags-pa)的音译。八思巴意为“圣者”。据藏文史书和《元史·释老传》等,他于 1235 年生于萨迦款氏家族,因自幼聪颖,学习经文有灵性而被众人呼为八思巴。随伯父萨班学习五明。1244 年,与弟弟察纳朵儿只一起随萨班前往蒙古诸王阔端处,1246 年抵西凉府,1247 年受到阔端接见。1251 年,萨班去世,八思巴继为萨迦派法主。1253 年,赴六盘山谒见了忽必烈,受到赏识。1254 年入忽必烈藩府,随往汉地。1258 年初,忽必烈在开平召开释道两教的辩论会,辩论中八思巴表现突出,以渊博的学识和出色的应辩才能驳倒了对方。1260 年,被刚即位不久的忽必烈封为国师,受命统领佛教。1264 年,以国师领新设立的总制院,掌管全国佛教和西藏僧俗政务。1269 年,奉忽必烈之命制成蒙古新字(以藏文字母为基础,后人俗称八思巴字),颁行国内。1270 年,受封为帝师,赐号“大宝法王”。1274 年回到萨迦,统治西藏。1280 年去世。

㊵ 察必·豁阿皇后,Čambui γoo-a qatun。清译本(Ⅳ. llv)作“秦贝郭斡哈屯”。此即《元史》的“察必”。忽必烈的皇后。弘吉剌氏,祖父是德薛禅。1259 年,是她派人将阿里不哥欲即汗位的消息及时通报给正在鄂州城下的忽必烈,使他得以迅速北返抢先即位。《元史·察必传》评价她“性明敏,达于事机,国家初政,左右匡正,当时与有力焉”。生有朵儿只、真金、忙哥剌、那木罕四个儿子。《萨迦史》称她曾劝说忽必烈从八思巴接受灌顶。

㊶ 加孙·搠思吉·间卜,Gamgsum Čoyiǰi rgyalbu。清译本(Ⅳ. 13r)作“喀木苏

木垂济嘉勒布”。为藏语 Khams-gsum chos-kyi rgy-al-po(三地法王)的音译。《源流》说汉语作“三省大王”(šingšing dayi wang),误,大王应作法王。忽必烈赐给八思巴的封号,《元史·释老传》作“皇天之下一人之上宣文辅治大圣至德普觉真智佑国如意大宝法王西天佛子大元帝师”,《拔思发行状》又多“开教”二字(在“宣文辅治”前)。

㊷ 失里木只,Šilimǰi。清译本(Ⅵ.13v)译为“塞勒木济”,后文(Ⅵ.22v)又作“锡里木济”。据后文(K本70v21),这是一个三河汇流的地方。山口瑞凤认为此 Šilimǰi 可能是藏文史书中出现的 gser-mo-ljongs 的蒙古语读法,过去称为 gser-mo-ljongs 的地方在黄河、大夏河、洮河三河汇流处以南的临洮方面(《17世纪初西藏的反抗与青海蒙古人》,载《东洋学报》第74卷)。忽必烈进军大理之前曾在临洮驻军,其间八思巴曾于1253年应忽必烈之召前去与他会面。所谓 Šilim ǰi 城或许是指临洮。

㊸ 佛牙,šidün。清译本(Ⅳ.13v)据D本 šitügen 译为“神像”。据《萨迦五祖全集》所收八思巴《释迦法王功德赞颂及祈愿文》,忽必烈得到过一枚佛牙,八思巴在文中提到“佛牙舍利从云南来此方”,“我向这佛牙舍利顶礼!”陈庆英推测这枚佛牙是忽必烈出兵云南,从那里带回来的(《八思巴》p.70)。

㊹ 十善法政,arban buyan-tu nom-un ǰasaγ。清译本(Ⅳ.13v)作“十善福事”。十善,佛教用语,指佛教的基本道德信条,依次为:不杀生、不偷盗、不邪淫、不妄语、不两舌、不恶口、不绮语、不贪欲、不嗔恚、不邪见。

㊺ 庚申,ging bečin,相当于公元1260年。纪年肯定有误,根据上下文,ging(庚)当为 bing(丙)的形讹,但丙申(1296年)也与史载不符。《元史·世祖纪》、《史集》均记忽必烈在位三十五年,于甲午(1294)年去世。《红史》等藏文史书以及两《黄金史》亦不误。

㊻《源流》所说八思巴离开大都的时间有误,庚辰相当于1280年。据陈庆英考证(《八思巴》pp.170~176),八思巴约于1271年夏初离开大都出居临洮,将大都的宗教事务托付给弟子胆巴,1274年春,八思巴在皇太子真金

的护送下由临洮前往萨迦。1277 年正月，八思巴在曲弥仁莫寺举行有七万僧众参加的大法会，真金担任施主。

《源流》说真金死在西藏，亦有误。据《元史·裕宗纪》、《史集》的有关记载，真金不可能死在西藏。他于 1273 年被立为皇太子，1279 年开始参与处理朝政，凡中书省、枢密院、御史台及百司政事都须先向他禀报，然后奏闻忽必烈。后来得到有人请忽必烈禅位于皇太子的报告，真金非常害怕。此报告也未被上奏忽必烈，忽必烈得知大怒，真金因此更加不安，不久忧病而死（死于 1286 年初）。他死时是在大都。

㊼ 完泽笃，Ölǰei-tü。清译本（Ⅳ.14r）据满文殿本改译为"特穆尔"。特穆尔，《元史·成宗纪》作"铁穆耳"，为元成宗的本名，Ölǰei-tü，《元史》作"完泽笃"，为元成宗的蒙古语尊号。《源流》说他在忽必烈健在时已即位，与史实不符。据《元史》，他是在忽必烈去世三个月后即位的。

㊽ 萨思迦-曼殊·瞿贺耶·罗那·乞都，Saskiy-a manzu guqay-aradna kidü。清译本（Ⅳ.14r）作"萨斯嘉满珠郭喀喇特纳格都"。此人之事录自《黄史》。不见于《元史》（《成宗纪》、《释老传》）。关于元朝历代帝师，17 世纪蒙文史书的记载混乱不堪，人名、年代，各书之间记载不一，且与元代文献和藏文史书所载不相合。编造的痕迹，彰然可见。

㊾ 搠思吉·斡节儿·法光，Čoyiǰi gowedzer（odser）nom-un ger-el。清译本（Ⅳ.14v）作"垂济鄂特色尔"。法光为藏语 chos-kyi-hod-zer 的意译。此即《元史》的"搠思吉斡节儿"，《元代画塑记》作"搠思哥斡节儿"、"搠思吉月即儿"。据有关记载，他只任过国师，并未当过帝师。他本是畏兀儿人，翻译过不少佛经，其中较著名的有《入菩提行经》。他还写过一部著名的蒙古语语法著作《心箍》（J̌irüken-ü Toltu），对蒙古文字学、语法学的发展产生了巨大影响。

㊿ 癸巳，güi moγai，相当于公元 1293 年（元世祖至元三十年）。《黄史》不载也孙帖木儿的生年，只说他享年三十六岁，两《黄金史》和《阿萨剌黑齐史》都说是"蛇年"，即 1293 年癸巳。《元史·泰定纪》记为"至元十三年"，即

1276年(丙子),同时又说他"寿三十六"。也孙帖木儿的卒年,《元史》和蒙文史书一致记为戊辰年(1328年)。《元史》前后文时间相矛盾,若按享年三十六推算,则与蒙文史书相同,为1293年,若按生于1276年计算,他的享年就成了五十三岁。高文德(《元泰定帝寿年证误》,载《蒙古史研究》第二辑)根据《元史》(卷29《泰定纪》、卷108《诸王表》)的三条记载,否定了1293年出生之说。三条记载一是说也孙帖木儿大德六年"嗣晋王,仍镇北边",二是说成宗、武宗、仁宗之立,也孙帖木儿"成与翊戴之谋";三是说也孙帖木儿之弟松山"至元三十年封(梁王),以皇曾孙出镇云南"。大德六年为公元1302年,成宗即位是在至元三十一年(1294年)四月,而松山封王是在至元三十年(1293年)七月,如果说也孙帖木儿生于1293年,就成了他还未出生(生于十二月十九日),弟弟已先封王;出生才几个月就参与拥戴成宗即位;刚十岁就统兵镇漠北,这些当然是不可能的。因此1293年出生,之说不能成立。高文德推测《元史》也孙帖木儿"寿三十六"的结论是史官计算错误所致,误把"至元十三年"当成"至元三十年",正确的应该是生于1276年、卒于1328年,享年五十三岁。《元史》的这一讹误,间接影响到后世的蒙文史书。

51 己巳,gi moγai,相当于公元1329年。纪年有误。据《元史》,阿剌吉八于1328年(戊辰)九月即位。两《黄金史》记为"龙年",也即1328年戊辰。

52 和世瑓,Kösala。清译本(Ⅳ.15r)作"库色勒"。《黄金史纲》作 Qutuγ-tu qaγan,《阿萨剌黑齐史》作 Kösala qutuγtuqaγan,《红史》作 ku sha la gu thug。即《元史》的明宗和世瑓,Qutuγtu(忽都笃)为其蒙古语尊号。和世瑓为武宗长子。《黄史》、《源流》以泰定帝之子阿剌吉八为武宗长子,而以武宗长子为阿剌吉八之弟,误。《源流》所记其生年乙巳为公元1305年,纪年有误,据《元史-明宗纪》,当为庚子(大德四年,1300年)。所记他在位的时间"一个月二十天",清译本据满译本误为"二十日"。其他17世纪蒙文史书多说他在位一个月,然而《元史》说和世瑓正月即位,八月暴死。则在位七个月。

(53) 札牙笃,J̌ayaγatu。清译本(Ⅳ.15r)据满文殿本译为"托克特穆尔"。J̌ayaγatu 即元文宗图帖睦尔(Tuγ temür)的蒙古语尊号,《元史》音译为"札牙笃"。图帖睦尔为武宗次子,明宗之弟,《黄史》、《源流》误以为他是仁宗之子。

(54) 妥欢·贴睦尔·乌哈笃,Toγan temür uqaγatu。清译本(Ⅳ.15v)作"托欢特穆尔乌哈噶图"。《元史》作"妥欢贴睦尔",即元惠宗。明谥"顺帝"。乌哈笃是他的蒙古语尊号。据《元史》,他是明宗和世㻋的长子,《黄史》、《源流》误为文宗(图帖睦尔)之子。关于他的生年,《黄史》、《源流》记载有误。《黄史》记为"水马年"(壬午,1282 年),实为土马年(戊午,1318 年)之讹,《源流》因改为"戊午"。然据《元史·顺帝纪一》,他生于 1320 年(延祐七年,庚申)。

他是元朝末代皇帝。即位时国家已是一派朝政败坏、社会动荡的混乱景象。权臣擅政、财政空虚、官吏腐败、自然灾害频发,积重难返。妥欢贴睦尔又采取了一些错误措施,使阶级矛盾和民族矛盾进一步激化,终于导致了元末农民大起义的爆发。起义军中朱元璋一支的力量迅速壮大,逐步统一了南方,衰败的元朝军队已无法与其对抗。而元廷内部又分成拥护皇帝和拥护太子的两派,双方之间争权夺利,互相攻伐,使北方陷入军阀混战的局面,妥欢贴睦尔实际已失去对国家的控制权。元朝到了大势已去的地步。1368 年七月,在朱元璋的军队逼近大都时,妥欢贴睦尔无奈弃城而去,北奔上都,结束了元朝作为中原王朝的历史。1369 年明军攻上都,妥欢贴睦尔再奔应昌,1370 年在那里病死。

(55) 朱哥,J̌üge。清译本(Ⅳ.16r)译为"朱葛"。17 世纪蒙文史书均以此名称呼朱元璋。《源流》所记其生年甲申,相当于 1344 年,有误,据《明史·太祖纪》,朱元璋生于 1328 年(戊辰)。

(56) 剌哈,Laq-a。清译本(Ⅳ.16r)作"拉哈"。当指《元史》所记博尔术的三世孙"木剌忽"(卷 119《博尔术传》)。木剌忽曾袭爵为万户,封广平王,还身为驸马(卷 108《诸王表》)。

57 亦剌忽丞相，Ilaqu čingseng。清译本（Ⅳ.16r）作“伊拉呼丞相”。两《黄金史》、《阿萨剌黑齐史》作 Ibaqu。应相当于《元史》所载博尔术的四世孙“阿鲁图”（卷139《阿鲁图传》）。此人 1337 年袭广平王爵，1344 年任中书右丞相，后罢，1351 年复起为太傅，出守和林边，同年死。

58 脱脱，Toγtaγ-a。清译本（Ⅳ.16r）作“托克托噶”。两《黄金史》同。即妥欢贴睦尔朝的中书右丞相“脱脱”。据《元史》，他是篾里乞氏（《源流》后文误以为他是弘吉剌氏），出身于名门，父亲马札儿台、伯父伯颜都是朝廷重臣。脱脱本人历仕泰定帝、文宗、惠宗几朝，1335 年统兵平息唐其势党羽，1338 年进御史大夫，1340 年乘其伯父伯颜（时任中书右丞相）出猎之机，奉旨将其罢黜。1341 年出任中书右丞相之职，在任期间，曾主持修撰辽、金、宋三史，并奏请修《至正条格》，后封太师，1354 年遭哈麻等劾，被罢黜。1355 年流放云南，被哈麻派人杀死。

59 哈剌章，Qarağang。清译本（Ⅳ.16r）作“哈里常”。罗桑丹津《黄金史》、《黄金史纲》贡布耶夫本同。即《元史》脱脱长子“哈剌章”，1362 年授中书平章政事，封申国公，分省大同。

60 不哈，Buq-a。清译本（Ⅳ.16r）作“布哈”。两《黄金史》亦说不花是朱哥之弟，显然无稽。此不哈，张尔田认为是右丞相别儿怯不花。据《元史》（卷140《别儿怯不花传》等），别儿怯不花是燕只斤氏，曾祖父忙怯秃为千户，从宪宗南征有功，父亲阿忽台在成宗朝曾任丞相，他本人初侍明宗和世㻋于藩邸，后入侍卫，侍仁宗，历仕英宗、泰定帝、惠宗几朝，1343 年任中书左丞相，1347 年进右丞相，素与脱脱有隙，后被劾罢相，谪居渤海县，死于1350 年。

61 哈麻平章，Kam-a bingğing。清译本（Ⅳ.16v）据满译本译为“司马平章”，误。道润梯步（译注《源流》p.209）译为“洗马平章”。亦误。冈田英弘（《顺帝悲歌之源流》，载《亚非言语文化研究》第 1 辑，1968 年）认为是指妥欢贴睦尔朝的奸臣“哈麻”，是。据《元史》，他是康里人，母亲曾为宁宗的乳母，他初充惠宗宿卫，又有口才，因而很爱宠。历任礼部尚书、同知枢密院事等职,1349年被劾罢官,1352年复为中书添设右丞,1353年任右丞,不久出为宣政院使,因此对脱脱极为不满。1354年乘脱脱率军出征,复入中书为平章政事,屡向惠宗、皇后奇氏等谮谗脱脱、也先帖木儿兄弟二人,终使他们被贬逐死,1355年拜中书左丞相,1356年,因密谋奉皇太子践位之事泄露,被杖死。

㊷ 失噜罕城,Širuɣan qota。清译本(Ⅳ.17v)作"锡啰干城"。不见他处记载。王国维认为此城之名意为黄色汗城,指大都城;道润梯步(译注《源流》p.214)认为此城意为"土城",虚指某个小镇。其实城名之义和具体所指均无可考,不过是一个虚构的名称。

㊸ 无碍,Dürbel ügei。清译本(Ⅳ.19r)据满译本译为"托克默特"。即指古印度大乘佛教瑜伽行派创始人之一的"无著",梵语名 Asaṅga,音译"阿僧伽",是世亲(Vasubandu)的哥哥。伐苏畔都,Suwandu。清译本(Ⅳ.19r)作"苏班都"。Suwandu 是梵语 Vasubandu(世亲)的不规则音译。

第 5 卷

[译文]

却说,那朱哥官人在南京城里住了三年,与总共八十八万汉人紧密勾结,立了盟誓。然后返回,给皇帝带来了这样一封信:“遵照天下之主大皇帝的圣旨,带来了精心征敛的赋税。”[他]来到的时候,城门门卫遵照[皇帝]先前的圣旨没有放他进[城]。[他]拿珍宝财物取悦城门门卫,得以进[城],[向皇帝]禀报说:“我用九万辆大车驮回了珍宝财物。”卸车的时候,[他]说:“前三万辆车上是各种珍宝财物,中间三万辆车上是武器,最后三万辆车上是吃喝的东西。”首先卸下前三万辆车,果然是珍宝绫罗。后六万辆车中,[实际上]是身穿铠甲,全副武装的士兵。还有用蜡裹着的三门大炮,[他]说:“如果到天黑还卸不完车里的东西,这是用来点[亮]的蜡烛。”[他们]已约定:当’蜡烛燃尽,火烧到炮捻子上,炮声响起的时候,那些[藏]在车里的士兵就出来。前三万辆车刚卸完,炮声就响起来,那些士兵紧接着突然冲出来攻战。[众人]惊恐,没人能抵御。皇帝[钻]进先前梦中所见到的那个地洞,袖揣着玉玺,带着众后妃和儿孙往外[逃]。与阿鲁剌氏亦剌忽丞相、乃蛮氏不花丞相、哈撒儿的后代朵豁勒忽·把都儿台吉等七个伴当一起力战,[逃了]出来。①

就这样,乌哈笃皇帝从癸酉年起,在位三十六年,在五十一岁的戊申年,[由于]爱听谗言致使大都城落入了仇敌的手中,失掉了玉宇。

自福德成吉思合罕诞生的壬午年起经过二百零七年;自圣主[成吉思合罕]即位的己酉年起经过一百八十年,至戊申年,蒙古的十五位皇帝执掌了政权。

却说,[乌哈笃]皇帝从古北口出逃,一路上泣吟而行:

"诸色[珍宝]修成的我那宝贵宏伟的大都城哟,
惬意消夏而居的我那上都·开平·库儿都城哟,
古时诸圣的夏营地我那上都的失喇·塔剌[②]哟,
在那万物枯黄的戊申年,我误失了大国哟!

九色珍宝装修成的我那宏伟的大都哟,
可执缚九十九匹白马[③]的我那上都·开平哟,
广受众惠的我那政教二道的福乐哟,
称为天下之主的我那可惜的美名哟!

起早登高举目远望,烟霞缭绕,
前后眺望观赏,景色悦目,
不分冬夏,居住无忧快活,
是我自在薛禅皇帝建立的宝城大都!

先祖享乐的我那宽广宏伟的大都哟,
有缘相聚的我那众王侯、宰相和属民万众哟,
不听亦剌忽丞相明谏之言,是我的遗恨,
听信反叛而去的朱哥官人,是我的昏昧!

误杀具足智慧的脱脱太师,
逐回大德上师,是我的罪过。
可惜我万众之主的皇帝名声!

可惜我那尽情享受的快乐！

具有神力的薛禅皇帝多方营建的，
福禄汇集的我那大都城哟！
被汉人朱哥官人收占去了！
恶名落到我妥欢·贴睦尔身上了！”

却说，[当时]一帮接一伙，陆续拼杀着逃脱出来的，是四十万蒙古人中的六万人，[其余]三十四万人被截留[在了汉地]。[4]

[妥欢·贴睦尔皇帝]聚合起先后[逃]出的六万人，来到怯绿连河河畔，修建了巴儿思合托[城][5]住下。[他]于庚戌年驾崩，享年五十三岁。

[妥欢·贴睦尔皇帝的]儿子必里秃[6]皇帝生于戊寅年，辛亥年三十四岁上即位，在位八年，戊午年崩，享年四十一岁。

[必里秃皇帝的]弟弟兀思哈勒[7]合罕生于壬午年[8]，乙未年三十八岁即位，在位十年，戊辰年崩，享年四十七岁。

[兀思哈勒合罕的]儿子是昂客·招力图合罕[9]、额勒别克·纽列速克赤合罕[10]和哈儿忽出黑·都隆·帖木儿·皇台吉[11]三人。

却说，昂客·招力图合罕生于己亥年，己巳年三十一岁即位，在位四年，壬申年崩，享年三十四岁。

他的弟弟额勒别克合罕生于辛丑年，于癸酉年即位，时年三十三岁，以额勒别克·纽列速克赤合罕之名著称四方。谁知魔怪突然占据了合罕的心脏。有一天，他在雪地上射倒[一只]兔子，看见兔子的血滴在雪地上，合罕降旨说：“但愿有面孔像这雪一样白皙、脸颊像这血一样红润的妇人。”瓦剌的扎哈·明安[12]氏忽兀海太尉[13]说：“合罕呵，你的弟弟哈儿忽出黑·皇台吉的妻子完者秃·皇·豁阿妃子[14]，容貌比这还要美丽。”于是合罕说：“能使话语成真、心想事成的我的忽兀海太尉，你使我见她一面，我就让你做丞相，统领四瓦剌[15]！”

却说，都隆·皇台吉刚出去打猎，忽兀海太尉便来到皇·豁阿妃子处说：“圣

旨如下:‘众人都惊叹你的美貌。我要到你家里来看你。’”妃子大怒,说:

“岂有天地二者相混之理?
岂有至尊来看弟妇之规?
莫非听到了弟弟哈儿忽出黑·皇台吉死讯?
莫非他的合罕哥哥变成了黑狗?!”

忽兀海回来,把这些统统说了,合罕 怒之下,把弟弟截杀在路上,夺走已有三个月身孕的弟媳。[额勒别克合罕]的那个弟弟哈儿忽出黑·皇台吉生于癸卯年,于己卯年遇害,享年三十七岁。

却说,在合罕动身去放鹰之后,忽兀海太尉来讨丞相之号,带着宴食坐在野地里等着合罕。皇·豁阿妃子听说后,派哈儿忽出黑的仆人朵黑申·失喇去说:“你与其坐在野外[等],还是来家里等着吧!”邀来[忽兀海],恭敬备至,在银制的大杯中斟满搀有黄油的豁儿札烈酒,皇·豁阿妃子手持[银杯]说:“你使我低下之身变得高贵,使我卑微之身变得显赫;你使我由皇妃子当上了别吉太后,使我由卑微台吉的妃子当上了至尊合罕的哈屯。你的哪项恩德也数道不尽。大恩赏由你合罕主公来定,我这里[向你]敬酒谢恩。”说着献上[银杯],[忽兀海太尉]信以为真,一饮而尽,失去知觉,倒在地上。[妃子]让人把忽兀海抬放到床上,弄断自己的一缕头发,又把[身上]抓破几处,召集附近的许多人来到跟前,给他们看[这一切],然后派哈儿忽出黑的仆人朵黑申·失喇去追回合罕。合罕回来的时候,[她]面对墙壁坐着哭泣。合罕进来问:“你为什么哭啊?”[她]把刚才给忽兀海敬酒时所说的话全部讲了一遍后,说:“[忽兀海]喝了我的酒,醉了以后胡说八道,调戏我,因为我不从,就把我弄成了这个样子。”[忽兀海]躺着听见这番话,跳起来跨上马就逃走了。合罕说:“从忽兀海逃跑来看,[妃子说的话]是真的了。”说完去追赶[忽兀海],追上之后双方打了起来,[忽兀海]射断了合罕的小拇指,[合罕]就地斩杀了[忽兀海]。令雪泥氏旺沁太保剥下忽兀海脊背上的皮,带回来交给了妃子。妃子说:“常言说偿命也不足以解恨,”说完舔了合罕小指上的血。[又]说:“看看人皮

是什么味儿,”说完舔了忽兀海皮上的油,然后说:

“舔了黑心肠的合罕的血,
舔了挑拨离间的忽兀海的油,
[我]虽为妇人却为丈夫报了仇,
如今即便何时死,也死无遗憾。快点杀我!”

[合罕]贪恋皇·豁阿妃子的姿色,并没有生气。[合罕]以误杀其父为由,把长妻可温台哈屯生的撒木儿公主嫁给了忽兀海的儿子巴秃剌,[16]让他当上了丞相,掌管四瓦剌。

却说,瓦剌—可烈努特[17]人兀格赤·哈什哈[18]非常恼火,说:“这个合罕行的不成体统的国政,杀死了自己的弟弟哈儿忽出黑·皇台吉,把[弟]媳皇·豁阿妃子夺做哈屯;施行不合理义的法度,上了妃子的当,杀了我的大臣忽兀海,出于羞愧,竟在官人我还在世的时候,让我的庶属巴秃剌掌管四[瓦剌]!”[合罕]听说后,与驸马巴秃剌丞相商议说:“杀掉兀格赤·哈什哈!”可温台大哈屯把这话传给了兀格赤·哈什哈,兀格赤·哈什哈立即上马前来,杀了额勒别克合罕。自己纳了完者秃·皇妃子,收服了蒙古人的大多数。

额勒别克合罕于癸酉年即位,在位七年,于己卯年三十九岁时害死了哈儿忽出黑,[只]过了四个月,也在那个己卯年被兀格赤·哈什哈杀死。

完者秃·皇·豁阿妃子,在[额勒别克]合罕娶[她]的时候已怀孕三个月,在兀格赤·哈什哈娶[她]的时候已怀孕七个月,过了三个月,于庚辰年生下了一个男孩儿,取名为阿斋[19],兀格赤·哈什哈[把他]当做儿子来抚养。巴秃剌丞相让一个名叫斡额迭列枯的阿速[20]人背着粪筐捡牛粪,就唤他“阿鲁台”[21],使唤着。

此后,当蒙古人众暂时平定下来的时候,额勒别克合罕丁巳年生的长子坤·帖木儿[22]于庚辰年即了位,时年二十四岁。[他]在位三年,壬午年崩,享年二十六岁。

由于[坤·帖木儿]无嗣,他的弟弟生于己未年的完者·帖木儿[23]于癸未年即了位,时年二十五岁。[他]在位八年,庚寅年崩,享年三十二岁。

[完者·帖木儿的]儿子答里巴[24]合罕乙亥年生,辛卯年十七岁时即位,在位五年,乙未年崩,享年二十一岁。

就在那个乙未年,兀格赤·哈什哈起了坏心,为了前仇杀死了忽兀海太尉的儿子巴秃剌丞相。[25]

却说,四瓦剌当时召集会盟,去[与会]的三个人在回来的路上,[遇上]阿速氏阿鲁台正在拾牛粪。[阿鲁台]问:“你们大人们的会盟,情况怎么样啊?”麦力艮·亦乞台讥笑[他]说:“这真是脖子上挂着[筐]绳,还为大政操心。”[接着又]说:

“要修筑昙花一现的城了,
要击打黄杂花色的犍牛了;
要奉阿斋台吉为合罕了,
要封阿鲁台小儿为太师了。”

在他们走后,阿鲁台解开粪筐放下,说:“这不是你[麦力艮·亦乞台]的话,而是天的旨意。对我[这个]庶民能有什么,[可]阿斋台吉是天的儿子,愿他的天父鉴知!”说完,向前跪拜了上天。

却说,兀格赤·哈什哈不久就死了。此后,也是在那个乙未年,兀格赤丁卯年生的儿子额薛古[26]即了位,时年二十九岁。[他]娶了巴秃剌丞相的撒木儿公主,号称额薛古合罕。完者秃·皇·豁阿妃子、阿斋台吉母子俩,还有阿速人阿鲁台太师,[共]三人,在额薛古合罕家里干活儿。那位额薛古合罕从乙未年起,在位十一年,乙巳年崩,享年三十九岁。

就在那时,撒木儿公主记恨兀格赤·哈什哈所做的坏事,暗地里把完者秃·皇·豁阿妃子、阿斋台吉和阿鲁台太师三人送了出去。送[他们]回娘家——蒙古,让[他们]捎话说:

“额薛古合罕已经死去了,
额儿客彻兀[27]人乱了头绪;

向主上父亲叩拜乞命，

若乘此机会发兵就能奏效。”

当时，她的儿子巴黑木[28]说：“虽然说是母亲的娘家，但是对外人怎么能那么说呢？”母亲一发怒，[他]就不做声了。

那时，火儿慎[部]斡赤斤大王的后裔阿台[29]台吉统领着剩存的蒙古人。[完者秃·皇·豁阿妃子]他们回到[蒙古]后，完整地复述了公主的话。那位阿台台吉生于丙辰年，于庚寅年三十五岁时娶了完者秃·皇·豁阿妃子，在圣主[成吉思合罕]的[灵位]前即了位[30]，赐予阿鲁台“太师”之号。接着阿台合罕、阿斋台吉、阿鲁台太师三人为首，发兵札剌蛮山[31]，征讨四瓦剌，收服了[他们]。当把巴秃剌丞相的儿子巴黑木捉来的时候，阿斋台吉说：“为了报答我们公主姐姐的恩德，放了她的这个儿子怎么样？”阿鲁台太师说：“常言说：‘不可养狼崽，不可育敌子。’那天送我们出来的时候，她的这个儿子不是说过悖逆的话吗？”阿台合罕以为阿鲁台说得对，[把巴黑木]带了回来。阿鲁台太师说：“从前你的父亲巴秃剌丞相给我背上粪筐，给我起名叫阿鲁台，让我服各种劳役。现在，天日重见，政权新建，要清算你父亲结下的仇，向他的儿子来复仇。”说完，给巴黑木扣上[一口]锅，把他唤做“脱欢”[32]，在家中使唤着。阿鲁台太师的妻子格哷勒阿噶[33]，因为[巴黑木]是公主的子嗣，[对他]十分爱怜。一天，格哷勒阿噶正在给脱欢梳辫子，满官嗔[34]的猛可伯[35]过来，看见后说：“阿噶，与其给他梳头发，不如断了他的命。”说完走开了。

却说，撒木儿公主亲自前来，索回了她的儿子脱欢太师。脱欢一回到[瓦剌]，就对四[瓦剌]的首领们说：

“现在的蒙古人，

和从前的我们一个样，

已经乱了头绪，

乘此机会发兵必能取胜。”

他的母亲撒木儿公主说:“这孩子因为自己受过苦,说话总是怀恨。何必走作恶的老路?”[脱欢]不听,上马出发了。阿台合罕正在打猎,双方相遇了。那时阿台合罕给名叫赛木真、撒剌木真的两个瓦剌少年腰间系上插有箭头的撒袋,自己佩带插有四支大箭的撒袋,正在瞄准野兽。那两个仆从认出是四瓦剌[来了],叛离过去。[阿台]合罕用撒袋里的四支大箭[射]倒了四个人,逃到圣主[成吉思合罕]的官帐中据守抵抗。由于没有武器,被弑杀了。却说,脱欢太师身骑米喇散的良种淡黄马,绕圣主[成吉思合罕]的官帐三圈儿,挥刀劈帐顶,说道:“你是速图之身的白帐,而我是速台的后嗣脱欢。”[36]对此,四十[蒙古]、四[瓦剌]两方的大多数人议论说:“这圣主不仅仅是蒙古的主上,而是收服了整个五色四夷的皇天之子。[脱欢的]举止,该是招灾引祸的征兆!”[又对脱欢]说:“你的言行举止太悖谬了,你应该向圣主谢恩叩拜,以求活命。”[脱欢]不听,说:“我自己的命还要向别的什么人去求吗?现在全体蒙古人众都已成了我的[属民],我要按照从前蒙古历代皇帝的规矩建立帝号!”说完给圣主奉上了供物,转过身时,[只听]圣主的金箭筒“啪!”地发出了响声。向那厢一看,[金箭筒]中孔内有一支铍箭在颤动着。当即,脱欢太师的鼻子和嘴里冒出了鲜血,[他]慌乱不知所措。当有人给他脱下衣服,让他恢复知觉时,大家看见他的两个肩胛骨中间显出了箭痕。到主上的箭筒跟前去一看,只见中孔内有一支铍箭的铁扣两边沾上了血迹。四十[蒙古]、四[瓦剌]两方的所有人都说:“圣主不高兴了。”

却说,[脱欢]叫来儿子也先[37],说:

“具足福荫的男家传下了男子汉,
具足福荫的女家却不能保护。
[为了]寻找具足福荫的[祖]母而来,
[反]被圣主弄成这副模样。
已为你除尽荆刺,
仅剩下满官嗔的猛可伯了。”

说完就咽气了。[38]

那位阿台合罕庚午年生,丙午年即位,时年三十七岁。在位十三年,于戊午年被脱欢太师害死,享年四十九岁。

就这样,阿台合罕和脱欢太师二人先后死于同一年。

也在那一年,即戊午年,脱欢之子、丁亥年生的也先在圣主[成吉思合罕]的[灵位]前即了位,时年三十二岁。[他]遵照父亲的[遗]言杀死了满官嗔的猛可伯,并于当天率四十[蒙古]、四[瓦剌]两方出征汉地。[39]一天夜里,也先合罕做了一个梦,他说:“我梦见自己再生,[有人]议论说:‘这回谁来抚养他呢?’[有人]说:‘除了阿速的阿鲁台太师的儿子阿里蛮丞相[40]的妻子阿哈答来阿噶之外,还有谁来养活呢?’你们给我解解这个梦!”瓦剌—巴图特人失喇亦罕·必失温解释说:“愿捉住汉地的大明皇帝,交给阿速的阿里蛮丞相照管!”

却说,进军到大同地方,活捉了大明景泰[41]皇帝,[也先]以为是应了梦的预兆,就让阿里蛮丞相来照管,又说应养在暖和的地方,[把他]留在六千我着。[42]回师的时候,[也先]下令:“谁若在我之前告诉我母亲,说捉住了大明皇帝,[我]就杀了他!”,回来之后,[也先]拥抱过母亲,说:“妈妈,我又重生了。”母亲对儿子说:“好呵,你这是说捉住了大明皇帝的事吗?”[也先]问:“这是谁说的?”[母亲]说:“应绍卜[43]的孛客·索儿孙高兴地告诉了我。”也先合罕不听母亲的劝阻,杀死孛客·索儿孙,挂在弯曲的树上。因此,蒙古和瓦剌的耆老们纷纷说:“这次远征,出发的时候杀了一个人,收兵的时候[又]杀了一个人,总是流血有什么好事?”又有一些蒙古人众说:“在此之前,杀了猛可伯;现在又杀了索儿孙。照此下去,要把我们蒙古人杀光的呀。”于是陆陆续续叛离[也先],大多数人回到了[原地]。

却说,阿斋台吉生有三个儿子,长子太松[44]台吉生于壬寅年,次子阿黑巴儿只[45]台吉生于癸卯年,幼子满都鲁[46]台吉生于丙午年。太松台吉于己未年自立为合罕,时年十八岁,封十七岁的阿黑巴儿只为吉囊[47],带着十四岁的满都鲁台吉,兄弟三人带头出征。四瓦剌迎战于都亦连[48]的哈喇之地。当时,为了争夺大阵的圆心,要先[派出]两个勇士比试。却说蒙古[方面]派出了兀鲁[49]氏把都儿·小失的[50];瓦剌[方面]派出了不里牙惕氏把都儿·归邻赤。于是那两个勇士互问姓名,相互高声通报后，知道了对方的姓名，[把都儿·小失的]说："咱们两人从前在太平岁月里曾经是安答，一天[咱们俩]在喝酒当中我曾说过这样的话：'如果四十[蒙古]和四[瓦剌]两方分裂开战，出头阵的，除了你我二人还能有谁？如果真是那样，到时候我们俩人相遇，你会把我怎么样？'[你]归邻赤说：'我箭射得好，我要把你连铠甲一起射穿。'我说：'我刀砍得好，要把你从头劈到开骑。"'他身穿两层铠甲出来迎战。把都儿·小失的从远处吆喝着[冲]过来：！'善于远射的人，你先射！"把都儿·归邻赤先射了，[一箭]把小失的两层铠甲射穿，稍稍碰到了身上，把他射到了后鞍桥上，他纵身往前坐好，一刀砍去，把归邻赤从头劈到了开骑。

这时候太阳已经偏西，[双方]商议第二天太阳出来以后再战。那天夜里，[双方]对峙着宿营。四瓦剌非常恐惧，他们说："现在是投降呀，还是怎么办呀？"帖良兀思[51]人阿卜都剌·扯臣说："蒙古人眼光不行，我去说些挑拨的话试试看。假如我[能]回来，请提拔我；假如[我]死了，请照料我的子嗣。"说完去了。[他心]说："太松合罕精明，能察觉，阿黑巴儿只吉囊冒失，就打他的主意试试吧。只是他的狠毒的儿子哈儿忽出黑[能]觉察，怎么对付他呢？行不行的，听天由命吧。"[他]去了，进到吉囊的屋里说："也先太师派我捎来话：'如果吉囊你一个人收降的话，我们就投降；如果你和合罕两个人分收的话，[我们]怎么能投降你们呢？与其被你们瓜分，还不如双方拼个你死我活。'我们听说你的合罕哥哥总是欺负你。兄长坐着吃，却不给自己的弟弟。"当天夜里，[阿黑巴儿只属部]自己内部进行商议，吉囊说："阿卜都剌的那番话说得对，而且切实。我的合罕哥哥从前封我为吉囊，派我到右翼万户去的时候，只给我骑了一匹瞎眼的黑公驼，送我走。在这次远征中[又]抢走了我的仆从阿剌黑出[52]人察罕。我怎么能[再]称他为哥哥，与他做伴呢？我现在就要和四瓦剌合为一处，把他赶走！"他的儿子哈儿忽出黑台吉说："常言说，

'断绝亲族就会衰落下去，
离开母体就会兴旺发迹，
断绝亲家就会衰败下去，

离开合罕就会遭到非议。’

也先太师是我的岳父，
可为了父亲你的名声我才[这样]说，
与其听信生人说的话，
不如趁敌人招惹[我们]，斩了他。”

吉囊说：“你小孩子瞎说什么！”就在当天夜里派肃良合人忽都巴哈、火你赤兀[53]氏猛可二人随阿卜都剌·扯臣回去，与四瓦剌联合起来。第二天，[阿黑巴儿只]带着瓦剌的军队来[攻]，他的哥哥太松合罕尽管奋力拼杀，但是他的队伍还是被击败了。合罕说：

“把都儿·小失的越发显示了奇能，
[然而]转眼之间天运掉转了方向；
阿黑巴儿只吉囊上了阿卜都剌·扯臣的当，
可惜我的名声狠遭败坏和玷辱。”

太松合罕骑着野生黑鬃黄马，直奔肯特山，渡过怯绿连河逃去。[太松合罕]从前曾经抛弃火鲁剌人沙不丹[54]的女儿阿勒塔哈勒真[55]，把她休回[娘家]。在逃奔的途中，[太松合罕]遇上了那个火鲁剌人沙不丹。父亲沙不丹说：“常言说：‘仇人狭路相逢，’我要杀了他！”女儿劝阻说：“过去是我不对。要是害及孛儿只斤氏，[将来]要遭不测。现在如果在他逢难的时候救他一把，将来不是有用处吗？”[沙不丹]不听，杀了[太松合罕]。

太松合罕从己未年起在位十四年，壬申年死于沙不丹之手，享年三十一岁。

却说，阿黑巴儿只吉囊与四瓦剌合兵之后，说：“昨天，我的声明远扬的儿子哈儿忽出黑说：‘趁外人惊慌失措的时候追上去斩杀，以报前仇！’当时我发怒制止了他。”瓦剌和蒙古的人众背地里都讥笑[他]说：

“我们这位吉囊，
不是个真吉囊，
原来是头叫驴，
看你那稀松样！”

所谓“阿黑巴儿只吉囊变成了驴”的说法就是从这儿引出的。

在此之后，瓦剌人内部商议：“这个吉囊是个牲畜一样的人。哈儿忽出黑台吉是个将来会报仇的人。怎么能把活狐狸绑在鞍子上？凡是我们四[瓦剌]与四十[蒙古]结下的怨仇，已经[太]多了。想到那些怨仇，现在怎么可以让他们活命呢？把这父子二人杀掉吧！”也先合罕袒护自己的女婿，说：“他的父亲虽然有不是，但毕竟赶走了自己的哥哥，和我们联合在一起；而[这]儿子是可以做伴从的好人。为什么杀他们？”阿卜都剌·扯臣说：“他的父亲赶走自己的哥哥，[又]说自己儿子的坏话，是个不晓得亲疏的人，怎么能和外敌的我们做伴呢？儿子是个不可养育的心狠的毒种，[他]不是抢先说出恶毒的话了吗？”大家认为说得对，接着设下了计谋。按照计划，阿卜都剌·扯臣去对吉囊禀奏：“我们四十[蒙古]和四[瓦剌]两方，已经成了你一个人的属民。现在，请我们的主人吉囊你来当合罕，把吉囊之号赏给我们的也先太师！”吉囊说：“你们的这番话[说得]非常对，就那么办吧！”等[阿卜都剌·扯臣]他们出去之后，哈儿忽出黑台吉说：“上天有太阳、月亮二物，下土有合罕、吉囊二主，皇后家的后裔有太师和丞相二职，自己的称号怎么可以送给别人?!”他的吉囊父亲[一听]，[把他]怒斥了一顿。儿子哈儿忽出黑台吉[又]说：

“本不该与合罕父亲抗言，
只是为了珍惜名声和皇权我才张口，
你贪心，使你黑发头颅要落地，
你贪心，使所有的蒙古人都受苦受难！”

说完出去走了。

却说，召集起四十[蒙古]和四[瓦剌]两方，阿黑巴儿只即了合罕位，封也先太师当了吉囊。

不久，四瓦剌设下圈套，把两个大毡帐连着搭在一起，在后面的毡帐里挖了一个大坑，用毡席覆盖上。他们准备了丰盛的宴席，然后由歹毒的阿卜都剌·扯臣去向吉囊禀奏："吉囊，你已经做了四十[蒙古]和四[瓦剌]两方的合罕，给我们四额儿客出赏赐了吉囊之号，恩泽无比。为此，你的外甥也先吉囊由衷高兴，准备了宴席，要恭请合罕舅舅，特派我来[迎请]。"[阿黑巴儿只]立即动身前去。[阿卜都剌·扯臣]说："以合罕为首，众弟兄各带两个伴当，依次入[座]，我们要边唱歌边敬酒。"于是让其他人坐在远处，安排合罕带着四个伴当，众台吉各带着两个伴当[入座]，等前面的人刚一人[座]，立即响起了歌声，在众人大声唱歌当中，[把合罕等人]挨个抓住杀死，扔进了后一个毡帐的坑里。杀光三十三个头插羽翎的卫兵的时候，哈儿忽出黑台吉感觉不对，派乃蛮氏名叫亦纳黑·格咧的家僮悄悄[去]看[动静]。亦纳黑·格咧[回]来说："没见着一个人影，后面毡帐的毡墙下淌着血呢。"哈儿忽出黑台吉说：

"说了要躺，就躺吧，
说了要死，就死吧。"

说完带着家僮亦纳黑·格咧，俩人逃走了。当瓦剌的三十个好汉追上来的时候，[他们]在翁衮合牙峡谷之地扎寨安身。瓦剌的失勒必思·把都儿身穿叫做"图呤"的双层铠甲，三人一起爬了上来，亦纳黑·格咧一箭射穿了[他的]双层铠甲，[他]连带着后面的两个人一起摔下[山]去了。接着，土尔扈特[56]人彻列克·秃儿根身穿三层铠甲，手持长矛向上爬来，亦纳黑·格咧说："我敌不过他。台吉[你]射吧！"台吉照着那人的心脏射去，[箭]穿透了三层铠甲，从他的后背露了出来，彻列克·秃儿根倒下[死了]，后面的人逃走了。

俩人商议说："咱们俩步行能走到哪儿呀？"于是亦纳黑·格咧[回]去，趁黑夜进去把也先合罕的叫做“不兀喇·哈卜撒黑”的黑马和叫做“额咧篾克·失儿哈黑臣”的亮鬃草黄色线脸骒马双双盗了回来。亦纳黑·格咧把黑马给台吉骑上,自己骑上亮鬃草黄色骒马,以为“托克马克的诸罕是术赤的后代,是我们的亲戚”,奔托克马克去了。途中遇上一个名叫阿黑·猛可的托克马克富人,[哈儿忽出黑]台吉就和他做伴住下来。[哈儿忽出黑]对亦纳黑·格咧说:“[你]去探听也先太师是不是还活着,四十[蒙古]和四[瓦剌]两方情势如何。另外,有办法和时间的话,假如我的妻子薛扯克还没[改]嫁[他]人,就试着把她带回来!”派他回去了。

却说,也先即了合罕位,统治着四十[蒙古]和四[瓦剌]。

后来,[托克马克的]那个富人打猎,当追袭十只黄羊的时候,[哈儿忽出黑]台吉放走了一只,把其余的都杀死了。为此,阿黑·猛可的弟弟牙克失·猛可不能容忍,以“失手了”为借口,把[台吉]射死了。

却说,家僮亦纳黑·格咧[回]来后,在外面抓住阿黑·猛可的马倌询问[情况],[那人]说:“把你的台吉就那么杀了。”[亦纳黑·格咧]当下杀了那人,赶着一群马返回来,拜见了主母薛扯克妃子,讲了事情的来龙去脉,相对落泪悲啼。然后[亦纳黑·格咧]去拜见也先合罕,说:“托克马克人害死了我的台吉,残虐地役使我,因此[我]就叛逃回来了。”

却说,[也先的]女儿薛扯克妃子,尽管父亲说要把她[再]嫁[他]人,可是[她]一直坚持说:“在听到哈儿忽出黑的死讯之前,我不[再]嫁人!”[她]在怀孕七个月的时候与哈儿忽出黑分离,三个月之后,就在那壬申年生下了一个孩子。父亲也先合罕说:“薛扯克[生]的那个孩子,如果是女孩儿就留她一条活命;如果是男孩儿就杀了他。”女儿听说后,把孩子的小雀儿向后拽着系住,给[来]检查的人看,[那人]说:“是个女孩儿”,就走了。在那个人出去之后,薛扯克妃子把察罕儿[57]一忽剌巴鄂托克的斡堆婆娘的女儿放在摇车里,[自己]去[见]曾祖母撒木儿公主,讲了事情的原委。公主让人把孩子送来,[给他]起名叫伯颜·猛可[58],交给肃良合人桑哈勒都儿的妻子哈喇黑臣太夫人抚养。

却说,在她孙子也先合罕说要杀那个孩子的时候,祖母撒木儿公主生了气,说:“你说这[孩子]将来长大不知会长成什么样的人,[可能]会来报仇。他虽说是我的玄外孙，不也是你的外孙吗？如果我的儿子脱欢还在，[他]会对我这样说。也先，你可不要伤害自己的外孙呀！”她的孙子[也先]当时吓得没出声，出[门]回去后说：“本来想彻底断了孛儿只斤氏的后嗣，[可是]奶奶不答应。现在我要背着公主杀了[那孩子]！”亦纳黑·格咧听到后，报告了公主。于是公主说：“但愿有可以信得过的人[把他]送回蒙古去。”亦纳黑·格咧说：“[听说]瓦剌的斡吉台太保常抱怨说：‘我十三岁就[开始]打头阵，一心一意出了很多力。即便是这样，也先也并没有珍视我’。我试着探听一下他的口气。”然后就去[对斡吉台太保]说：“勇士斡吉台，你要是想寻求重用，[正巧]人们议论说也先要杀死薛扯克妃子的三岁儿子，如果你报告给公主，把那个孩子送往蒙古，甭说是你这辈子，就是你的后代要变成蒙古人中的显贵，又有什么可愁的呢？”斡吉台太保赞同[他的]这番话，来到公主处，说：“你的孙子也先要杀死这个孩子，我愿意[把他]送到你的娘家蒙古去。”公主非常高兴，说：“你这话如果当真，那就太好了。”随后派瓦剌—豁仑·明安人斡吉台太保、蒙古—哈剌嗔[59]人孛来太师[60]、撒儿塔兀勒人伯颜台·麦力艮和弘吉剌人额薛来太保四人[把伯颜·猛可]送了出去。途中，兀鲁人斡罗出少师[61]把女儿失乞儿献给那个伯颜·猛可作后妃，答应[把他]送往[他那些]余留下的亲戚那里，留他住下来，相依为命。

那时，瓦剌右翼的阿剌丞相[62]、左翼的帖木儿丞相二人来对也先合罕说：“你已经当上了四十[蒙古]和四[瓦剌]的合罕，现在请把太师之号封给阿剌丞相！”[也先]说：“我没有料到你们会这么说，[所以]已经先封给我的儿子了。”他们二人[一听]非常气愤，说：“这[也先]靠着阿卜都剌·扯臣的计谋，[靠着]巴秃剌·把都儿的诡计，[靠着]亦乞台·麦力艮的努力，夺取了蒙古的政权，才使自己身享美名。让你们父子二人掌管四十[蒙古]和四[瓦剌]二部的政权[去]吧！”说完出去了。[他们]立即发兵前来进攻，也先合罕逃了出去，[可是]妻子儿女、百姓以及牲畜都[被]掠走了。却说也先合罕只身逃奔，途中被从前孛客·索儿孙的儿子巴忽抓住杀死，[尸体]挂在了库该山山坡的[一棵]树上。[63]

却说，阿速人阿里蛮丞相，送给也先合罕所捉到的大明景泰皇帝[一个]名叫莫鲁的妇人，把他唤作察罕小厮，在家里使唤。那期间，那部分人当中灾害瘟疫丛生。一天夜里,那个察罕小厮正在睡觉,阿里蛮丞相的一个侍女起床去挤牛奶,一看,正看见从察罕小厮的眼皮中放出红黄色的光,向上盘旋,[她]告诉了夫人阿哈答来阿噶。于是大家都[过来]看,相互称异,说:“这是个大有福分的人。自从收留他以后就不对劲儿,现在[又]显示了不同于凡人的征兆。[还是]把他送回去吧!”大明景泰皇帝[被]送回去的时候,[他]赏给六千我着人以大都的也客失喇名分,[以及]车载不动的大量仓储。那景泰皇帝在蒙古娶的名叫莫鲁的妻子生了朱大哥子,他的后代无疑是阿速的塔勒拜拓不能。[64]

却说,听说也先合罕死了,太松合罕的小哈屯撒木儿太后,把生于丙寅年、年已七岁的儿子马儿苦儿吉思[65]放在驮箱里,他母亲撒木儿太后亲自挎刀,率领骑马的、役牛的、步行的军队出征,在空归・札卜罕地方[66]向四瓦剌发起进攻,缴获了大量战利品,回营驻下。随后扶七岁的儿子马儿苦儿吉思即位,人称“兀客克图合罕”。[他]统聚着剩存的蒙古人,不料于癸酉年被多罗・土蛮[67]的朵豁郎台吉[68]杀害,年仅八岁。

却说,先前太松合罕休回阿勒塔哈勒真哈屯的时候,留下了三岁的[儿子]莫兰[69]台吉。[莫兰台吉]生于丁巳年,[长到]十六岁时,沙不丹因为他是自己的外孙,就抚养起来。就在那[癸]酉年,沙不丹去世,火鲁剌的哈卜赤儿在家里使唤着[莫兰台吉]。当时那些人当中突然发生了非常可怕的事,一问算卦的人,[那人]说:“[这]是对孛儿只斤氏做坏事引起的灾祸。”[众人]议论说:“这恐怕真是那么回事。”因此吓得[赶紧]让谦只兀[70]人答哈台太保、火鲁剌人莫勒太二人[把莫兰台吉]送到了汪流[71]的毛里孩王[72]处。

却说,当众人提议:“你已经平定了大国的政局,现在你来即合罕位吧!”的时候,[毛里孩王]却于癸酉年给十七岁的[莫兰台吉]骑上良种淡黄马,插上金刚杵,带他来到圣主[成吉思合罕]的[灵位]前,扶他即了位。

却说,肃良合人忽都巴哈来到莫兰合罕处,说:“毛里孩王与撒蛮地王妃合谋,已经带兵前来征伐你。”莫兰合罕不相信,说:“他既然为我做了好事,现在怎么会[又对我]生歹意呢?”派了其他的人去查看。[去查看的人一看见毛里孩王处因打猎腾起的飞尘,就中途返回来[报告]说:“这事属实。那里烟尘滚滚。”[莫兰合罕]说:“既已如此,就迎战吧!”率领士兵上马去迎战。这时,又是[那个]忽都巴哈走脱开去,先到[毛里孩王那里]说:“莫兰合罕说要杀了你,夺走你的百姓。已经发兵,就要到了。”毛里孩王不相信,说:“我对他有过的只是救助,而从未有过伤害,他怎么会向我发兵呢?”[忽都巴哈]说:“如果认为我是在说谎,请派探子去查看。”毛里孩王说:“这十九是谎话,[不过]自己还是上去看看吧!”说完上马登上高处向远处眺望,[然后]穿上铠甲,向上天圣主洒酒献祭,禀奏说:

“上苍青天请您鉴知!
圣主请您鉴知!
我曾救助您的后嗣,
不想竟会向我施毒手。

您的黄金后裔莫兰合罕
和臣下毛里孩王二人的是非,
请您自己加以判别!
请您降旨或赏或罚!”

[毛里孩王]以少战[多],杀死了莫兰合罕。莫兰合罕自癸酉年起在位两年,于甲戌年崩,享年十八岁。

却说,莫兰合罕的蒙固泽哈屯伤心地哭诉道:

“玷辱了可惜了大好的名声,
使我们离开主上的,是忽都巴哈!
毁掉了已建立起来的政权,
使我们离开共主的,是忽都巴哈!
破坏了与[义]父毛里孩的关系,
使我们离开主上的,是忽都巴哈!”

毛里孩王听到后,后悔[杀了]莫兰合罕,就割下忽都巴哈的舌头把他杀死了。

由于侄子莫兰合罕无子而逝,他的叔叔满都鲁于癸未年即了位。[满都鲁]是阿斋台吉的瓦剌哈屯于丙午年所生,当时三十八岁。为了给兀客克图合罕报仇,[满都鲁合罕]出兵杀死了哈赤温的后裔朵豁郎台吉,收服了多罗·土蛮人众。

后来,侄孙伯颜·猛可台吉、失乞儿妃子二人,由先前的那四位大臣和[伯颜·猛可的]岳父斡罗出少师一起护送过来。叔祖父满都鲁合罕非常高兴,立刻降旨说:"愿他成为孛儿只斤皇家的冢嗣!"封伯颜·猛可为孛罗忽吉囊[73]。为了给莫兰合罕报仇,[他们]出兵征讨毛里孩王。兀鲁人把都儿·小失的儿子兀捏孛罗王[74]身骑剪耳菊青马,率先冲杀,追赶毛里孩王,过了三道山梁,杀死了他。

由此,满都鲁合罕、孛罗忽吉囊祖孙二人协议一致,共同治理着六万户。

满都鲁合罕有两位哈屯。大哈屯是畏兀人别格儿先太师[75]的女儿也客·哈巴儿图中根[76];小哈屯是汪古人绰啰黑拜·帖木儿丞相的女儿满都海·扯臣哈屯。

却说,孛罗忽吉囊[手下]的哈流嗔人晃豁来向满都鲁合罕进谗言说:"你的侄孙孛罗忽吉囊要谋害合罕,夺走也客·哈巴儿图中根。"[满都鲁]合罕不信,把晃豁来的话告诉了孛罗忽吉囊。吉囊说:"这是什么话? 何等罪孽!"合罕说:"如果真是那样,就惩治那个挑唆长辈和晚辈的人吧!"于是把谗谮的晃豁来的嘴唇割下来,杀死了。

那以后,应绍卜的亦思马因太师[77]对[满都鲁]合罕说:"替死鬼晃豁来说的本来是实话,可是已就戮于无过之地了。"又到[孛罗忽]吉囊那里说:"你的叔祖父合罕相信了先前晃豁来的话,要对你下手呢。"因为吉囊不相信,[亦思马因太师]又说:"你要是不信,查验的人就会来的。"说完走了出去。合罕心中暗想:"这话已经听到过两次了,也许是真的?"便派了两个使臣去对[吉囊]说:"合罕传谕:你为什么这样仇视我? 已经有人对我说了晃豁来的话是真的。"吉囊心想,既然派人来查验,那么[事情]是真的了。便怒上心头,没有给回话。使臣回去报告说:"吉囊生气了,没有给回话。"合罕[也]信以为真,勃然大怒,说道:"我除了孛啰黑臣、也失格两个[女儿]之外,没有儿子,总有一天我所有的百姓都将归属于他。既然他现在就急着[篡位],我又为什么坐等呢?!"于是派亦思马因太师领兵去征讨。[孛罗忽]吉囊逃了出去,没有受到伤害,可是他的百姓和畜群都被掳掠。应绍卜的亦思马因太师收纳了失乞儿太后。

从前在甲申年,失乞儿太后为孛罗忽吉囊生了一个男孩子,取名把秃·猛可,[78]寄养在巴勒哈嗔人巴海家里。

满都鲁合罕的也客·哈巴儿图中根没有生育;孛啰黑臣、也失格那两位皇女是满都海·扯臣哈屯所生。孛啰黑臣公主嫁给了畏兀人别格儿先太师;也失格公主嫁给了满官嗔一彻兀[79]人火筛拓不能[80]。

满都鲁合罕从癸未年起在位五年,于丁亥年崩,享年四十二岁。

伯颜·猛可·孛罗忽吉囊戊子年二十九岁,三年之后,[81]于庚寅年被应绍卜人客哩耶、察罕、帖木儿、猛可、哈喇·巴歹五人杀害,享年三十一岁。[82]

他的儿子把秃·猛可四岁的时候,亦思马因太师娶走了他的母亲失乞儿太后,[她在亦思马因太师那里]生下了巴不歹、卜儿孩[83]两个儿子。她到亦思马因太师那里去的期间,巴勒哈嗔人巴海抚养把秃·猛可很不精心,于是唐剌哈儿人帖木儿·哈达黑[把他]夺回去照料。由于从小离开父母[无人关照],他染上了痞疾。帖木儿·哈达黑的妻子赛海[以银碗盛奶,用来]摩擦[患处],直到把碗底磨穿,才治好了。

却说,火儿慎的兀捏孛罗王提出要向满都海·扯臣哈屯求婚,满都海·扯臣哈屯[听说后]说:"如果主上的后裔确实绝尽了,这位王爷也[算]是主上的亲族,[改嫁他]也属合乎情理。听说万众之主的嫡孙、一个名叫把秃·猛可的孩子,还在这边帖木儿·哈达黑的家里。除非他使人断念绝望,不然我是不会嫁给[兀捏孛罗王]的。"阿剌黑出人桑该·袄儿六非常赞许,就没有给[回话],在那里等候着。满都海·扯臣哈屯又问火鲁剌人撒歹:"在先,火儿慎的兀捏孛罗王曾经提出过求婚。现在,这个小孩子[把秃·猛可]已经来了。[我]该嫁给他们两人的哪一个?"撒歹说:"与其守候一个小孩子,不如嫁给兀捏孛罗,这样对我们大家都有好处。"[满都海·扯臣哈屯]又依前话询问桑该·袄儿六的妻子只罕阿噶,只罕阿噶[回答]说:

“如果嫁给哈撒儿的后裔，
就会招来黑道[厄运]，
离开你所有的国土人众，
失去你的哈屯册封！

如果守着合罕的嫡亲后裔，
就会得到皇天佑护，
主宰你所有的国土人众，
让你哈屯的声名远扬！”

扯臣哈屯[非常]赞许只罕阿噶的话，怒斥撒歹说：

“你以为合罕的子孙幼冲卑小，
你以为哈撒儿的后裔强大[可恃]，
你以为哈屯我寡居[无靠]，
竟敢说出这样的话！”

说罢，把滚烫的热茶浇在了他的头上。就在那个庚寅年，[满都海·扯臣哈屯]牵着七岁的把秃·猛可的手，把他领回[家]来，请灵帐总管蒙根·亦剌忽作洒马奶子仪式，[她]自己向也失哈屯[84]作了如下的祷告：

“我在分不清黑白的地方嫁来做媳。
[欺侮]皇族孛儿只斤子嗣幼小，
哈撒儿的后裔兀捏孛罗王要娶我，
[所以]我来到母后你的斡耳朵跟前。

我在分不清花马[毛色]的时候嫁来做媳。

当叔王哈撒儿的后裔嫌你嫡孙幼小，
肆意专横跋扈的时候，
我不顾生命危险来到这里。

如果我把你坚强硕大的门户看轻了，
把你高贵宏大的门限看低了，
只因异系的兀捏孛罗王强大，便去改嫁，
请母后也失哈屯，看着你的奴婢媳妇！

如果我做到向母后你祈奏的这番真诚的话，
守着您年幼的后裔把秃·猛可，做他的妻子，
请您在我内襟中赐给我七个男孩子，外襟中赐给一个女孩子。
倘若我祈奏的话果真实现，就起名叫七个孛罗，来延续您的香烟。"

祈祷之后，她回到[家中]。兀捏孛罗王[听了]，称赞不已，[感动得]哭了起来。把原来提说的[求婚之事]全放弃了。

当时，作为曾叔祖母的满都海·扯臣哈屯生于戊午年，已经三十三岁，而把秃·猛可生于甲申年，才七岁，她做了他的妻子，同居相依。就在那庚寅当年，给他上称号为"答言合罕"[85]，意思是让他做天下之主。[答言合罕]在也失哈屯[神主]前被扶上了合罕之位。聪慧过人的满都海·扯臣哈屯，把垂散的头发梳上来，做成发髻，把国主答言合罕放在座箱里，领着他出征，去讨伐四瓦剌。在帖思·孛儿图[86]地方发起进攻，缴获了大量的战利品。

后来，满都海·扯臣哈屯生下了铁力·孛罗、兀鲁思·孛罗一对儿子，之后又孪生了脱啰勒图公主和巴儿速孛罗，[87]再后又生下阿儿速孛罗一个。又后来，正是妊怀纳勒出孛罗[88]和阿赤赖·孛罗两个孪生子的时候，四瓦剌[突然]来袭，满都海·扯臣哈屯骑上马逃走，从马上跌落下来。弘吉剌人额薛来太保、哈嗔[89]人只会打儿汉、巴勒哈嗔人伯颜·孛客、阿速人把秃·孛罗四个人掩护着[她]，让她骑上

摆腰人赛罕的草黄骏马，脱险而出。[她]就在这时生下了那两个儿子。以后，又生了纳儿孛罗[90]一个。[大家]都说："这都靠也失哈屯的慈恩旨意，靠母后满都海的真诚。"于是摆起了大喜庆的盛宴。

［注释］

① 据《元史》、《北巡私记》等，1368 年七月妥欢贴睦尔准备北遁时，留淮王帖木儿不花（元世祖之孙）监国，任庆童（康里氏，明里帖木儿之孙）为中书左丞相，命二人同守大都城，自己由左丞相失烈门、平章政事臧家奴、右丞定住、参知政事哈海等百余人扈从，逃出大都，退往上都。明军攻陷大都，帖木儿不花、庆童二人被杀。《源流》此处提到的三个人物，都与史载不合，所谓亦剌忽丞相相当于阿鲁图，已死于 1351 年；另两人，更是于史无证，是虚构的人物。

② 失喇·塔剌，Šira tala。清译本（V. 2r）作"沙喇塔拉"。张尔田认为是应昌府所在之"答里海子"即达里诺尔，误。朱风、贾敬颜（译注《黄金史纲》p. 43）以为是金莲川，是。Siratala，意为"黄色平野"，今上都城遗址（在内蒙古自治区锡林郭勒盟正蓝旗境内）一带的草滩仍称 Šira tala，因长满 Šira čečeg（黄色花）而得名。Šira čečeg 即古人所说的金莲花（周伯琦《扈从诗前序》谓其地"多异花，五色，有名金莲者，绝似荷花而黄"），Šira tala 即金莲川。金莲川是金代以后的名称，原称"曷里浒东川"，金世宗大定八年（1168 年）改名为金莲川（《金史》《世宗纪上》、《地理志上》），曾为金朝皇帝的避暑地，建有景明宫。元代又称为"滦野"（王恽《中堂事记》）。成吉思汗征金期间曾在该地避暑（《元史·太祖纪》）。1251 年，忽必烈受命出镇漠南汉地，驻帐于金莲川，广招贤士，建"金莲川幕府"。1256 年，在金莲川之地筑开平城，后升为上都。金人、元人有不少咏金莲川的诗作。

③ 白马，čaγaγčiγud。清译本（V. 2r）译为"政"。不确。《白史》提到"四时庆宴"之一为"春季白色畜群之庆宴"，每年春季最后一个月二十一日成吉思

汗都要拴住九十九匹白骒马,挤奶做马奶祭。冈田英弘(《顺帝悲歌之源流》)认为《源流》此处所说无疑与这类仪式有关。是。

④ 这种说法,与《黄史》相同。两《黄金史》和《阿萨剌黑齐史》说四十万蒙古人中逃脱出了十万人,三十万人被困。这是一种传说。《黄史》和《源流》的六万人指蒙古本部六万户,而两《黄金史》等的十万人合指蒙古本部的六万户和瓦剌的四万户。《黄史》、《源流》的说法甚至传到了后金努尔哈赤的耳中,他于1620年(天命五年)在给林丹汗的回信中说:"我闻明洪武时,取尔大都。尔蒙古以四十万众,败亡殆尽,逃窜得脱者,仅六万人。……"(《清太祖实录》卷3)

⑤ 巴儿思合托[城],Bars qota。清译本(V. 3r)作"巴尔斯和坦"。《黄史》即说妥欢贴睦尔北奔后,至怯绿连河畔建巴儿思城而居。两《黄金史》说他出古北口后建巴儿思城而居。两说均有误。据汉籍,元惠宗退回蒙古草原后,不曾到过漠北,先是奔上都,约一年后移往应昌,第二年就死在那里。因此,他不可能在漠北克鲁伦河畔建城居住,而他在漠南居住过的城市也不是巴儿思城。克鲁伦河畔确曾有巴儿思城,《大清一统志》作"巴拉思和滩",在喀尔喀车臣汗部辖境内,龚之钥《后出塞录》作"巴喇和屯",言在克鲁伦河中游。达力扎布(《北元初期的疆域和汗斡耳朵地望》,载《蒙古史研究》第3辑)考证此城在车臣汗部中左旗境克鲁伦河北岸,认为应是元昭宗爱猷识理达腊所居之地。是。

⑥ 必里秃合罕,Bilig-tü qaγan。清译本(V. 3r)据满文殿本译为"阿裕锡哩达喇"。即元昭宗爱猷识理达腊,必里秃为其蒙古语尊号,《明实录》洪武二十一年(1388年)四月癸丑条称他为"故太子必里秃",此必里秃即Bilig-tü的音译。

关于他的生年,《元史》以及17世纪蒙文史书均不记具体年份。《元史·脱脱传》说他曾养于脱脱家,至正三年(1343年)被送还时年已"六岁";《黄史》说他即位时年龄是三十四岁。据这些记载推算,他的生年当是1338年(戊寅),《源流》所载与之相合。他的生母是高丽人奇氏(肃良合氏),常干预朝政。1359年,他与母亲共谋迫使妥欢贴睦尔内禅,但未成功。1367年受命总领天下军马,无奈元朝大势已去,于1368年随父亲一同北还。即位后,改元"宣光",以示中兴大元王朝的决心。首先整顿朝政,"延揽四方忠义',以为恢复之计"(《高丽史》卷133辛禑列传二年十月项),名将扩廓帖木儿等成为其主要依靠力量。面对1372年明军的三路大举进攻,集中主要兵力对付中路,采取诱敌深入的战术,取得了胜利。自岭北之役后,蒙、明对峙的局面基本形成。爱猷识理达腊于1378年病逝。

⑦ 兀思哈勒,Usqal。清译本(V.3r)据满文殿本译为"特古斯特穆尔"。其他17世纪蒙文史书亦作Usqal。明代汉籍称爱猷识理达腊的汗位继承人为"脱古思帖木儿"(《明实录》、《明史》、《北虏始末志》)、"妥古思帖木儿"(《明实录》)等,沙迷《武功记》记为Dūqūz Timūr,这是他的本名,兀思哈勒是他的尊号。明代汉籍还记有爱猷识理达腊汗位继承人的另一个称呼"买的里八剌"。《明实录》的多处记载都证实这个买的里八剌就是脱古思帖木儿。买的里八剌于1370年被明军在应昌俘获(《明实录》洪武三年五月辛丑条),不久被明廷封为"崇礼侯"(洪武三年六月乙亥条),1374年被送回蒙古(洪武七年九月丁丑条),其后出现的蒙古大汗即被记为"虏主脱古思帖木儿"(洪武二十一年三月甲辰条),而到1408年明朝方面再次提到当年送买的里八剌回蒙古即位一事时,他的名字已换成了"妥古思帖木儿"(《明实录》永乐六年三月辛酉条)。就是说他先后有两个名字。

《源流》称他为必里秃汗即爱猷识理达腊之弟,实从《黄史》之说。然而《明实录》把他记为后者的儿子(洪武三年冬十月辛巳、五年十二月壬寅条),或称为元惠宗的"嫡孙"(洪武三年五月辛丑条)。明朝方面的根据当来自买的里八剌本人,按理说不会错。况且《元史·宗室世系表》已经明确记载爱猷识理达腊虽有两个弟弟,但都死得较早。因此他的汗位继承人不可能是他的弟弟。

脱古思帖木儿即位后,建元"天元",但他在位期间似无什么大的举措。他约于1378年或1379年即位,但明朝方面十年后才首次提到他。在这十年间,明朝方面针对蒙古采取了一系列行动,先是在西面袭击亦集乃路,1382 年以后又招降了东面的女真各部,同年攻取元梁王占据的云南地区,至 1387 年又大举出动,攻略辽东,蒙古大将纳哈出被迫投降。1388 年,明朝大军直指蒙古汗廷,蓝玉率军十五万趋捕鱼儿海(今贝尔湖),乘蒙古军不备发起进攻,蒙古兵败,脱古思帖木儿仓惶逃出,奔和林,至土拉河被阿里不哥的后裔也速迭儿执杀(《明实录》洪武二十一年十月丙午条、《华夷译语·捏怯来书》)。自此,蒙古内部陷入混乱,权臣蜂起,为掌握最高统治权你争我夺,大汗权威日衰,沦为权臣们手中的傀儡。

⑧ 壬午,šim morin。相当于公元 1342 年。作为脱古思帖木儿的生年,这个纪年有疑问。脱古思帖木儿既为爱猷识理达腊之子,那么他的生年就不可能像《源流》所说是 1342 年,因为他父亲的生年 1338 年比这个年份只早四年。《黄史》不记具体年份,只说他三十岁即汗位,在位十年去世,照 1388 年去世推算,生年是 1349 年,但这个纪年同样不合适。《黄史》、《源流》因误以脱古思帖木儿为爱猷识理达腊之弟,所以纪年出现误差,致使下文一系列相关的纪年,如所谓脱古思帖木儿诸子的生年等等,都存在疑点,不能作为可靠依据。

⑨ 昂客·招力图合罕,Engke ǰoriγtu qaγan。清译本(V. 3v)作"恩克卓里克图汗"。与《黄史》同。两《黄金史》、《阿萨剌黑齐史》记为 ǰoriγtu qaγan(招力图合罕)。而且罗桑丹津《黄金史》、《阿萨剌黑齐史》同处记为两代大汗,即招力图合罕和昂客合罕(Engke qaγan)。明代汉籍中,脱古思帖木儿(兀思哈勒合罕)至坤帖木儿之间的几代大汗缺载。对照波斯文史料,此处应该有两代大汗。罗桑丹津《黄金史》等书所记招力图汗,相当于波斯文史书《武功记》、《突厥系谱》、《传记之友》的 Yisūdār,昂客汗相当于 Anka,他们二人被记为父子。Yisūdār 当即弑杀脱古思帖木儿的也速迭儿,《华夷译语·捏怯来书》说他是阿里不哥后裔,弑杀大汗,"夺了大印",篡了位。忽必烈系黄金家族避讳这一事实,在列述汗统时,不提他的也速迭儿之名,只记他的招力图汗号。有些蒙文史书(两《黄金史》、《阿萨剌黑齐史》)隐而

不提其家系，而有些蒙文史书（《黄史》、《源流》）干脆把他改称为忽必烈系后裔。Anka 即 Engke（昂客）。《黄金史纲》虽然未记其名，但自招力图汗去世的羊年（1391 年辛未）到下代大汗额勒别克即位的狗年（1394 年甲戌）之间有三年的空位，显然是漏掉了昂客汗一代。《黄史》和《源流》颠倒两代人名合为一代，把即位年和卒年分别下移一年，又把下代大汗额勒别克的即位时间提前一年，弥补了因少记一代而出现的空缺。

⑩ 额勒别克·纽列速克赤合罕，Elbeg nigülesügči qaγan。清译本（V. 3v）作"额勒伯克尼古埒苏克齐汗"。又简称 Elbeg qaγan（额勒别克汗）。其他 17 世纪蒙文史书所载均同。明代汉籍无载。波斯文史书中相应的人是 Alyak、Alnak、Amlik 等，均为 Elbeg 的讹写。《源流》依《黄史》以他为兀思哈勒汗（脱古思帖木儿）的次子，但得不到其他蒙文史书以及波斯文史书的证实。本田实信（《关于北元早期汗系》，载《乌拉尔—阿尔泰年鉴》第 5 卷）认为蒙文史书津津乐道地讲述他与瓦剌的冲突以及被其所杀之事，说明他当是忽必烈后裔。薄音湖（《关于北元汗系》，载《内蒙古大学学报》1987 年第 3 期）认为达延汗被视为忽必烈的后裔而受到拥戴，那么作为他远祖哈尔古楚克（哈儿忽出黑）的兄长（《源流》之说）或父亲（《黄金史纲》之说），额勒别克也应当是忽必烈后裔。两人的看法都有一定道理。额勒别克之女撒木儿公主在嫁给瓦剌首领巴秃剌（马哈木）之后对蒙古本部所持的亲善、偏护的态度，也可以有助于说明同样的问题。《明实录》提到脱古思帖木儿的两个儿子，长子天保奴，次子地保奴，长子与父亲一起被也速迭儿杀死，次子地保奴被明军俘获，后被流放到琉球（洪武二十一年四月乙卯条）。因此额勒别克即使真是忽必烈后裔，也不像《黄史》、《源流》所说是脱古思帖木儿的次子。

⑪ 哈儿忽出黑·都隆·帖木儿·皇台吉，Qarγučuγ dügürengtemür qong tayiǰi。清译本（V. 3v）译为"哈尔古楚克都古楞特穆尔鸿台吉"。《黄史》即说他是兀思哈勒汗（脱古思帖木儿）第三子，然而两《黄金史》、《阿萨剌黑齐史》说他是额勒别克汗之子。

⑫ 扎哈·明安,J̌aq-a mingγan。清译本(V.4r)即作"扎哈明安"。不见于他书。词义为"边军千户",与"豁伦·明安"(Γool-un mingγan)——中军千户(见于《俺答汗传》§§87、246)一样?大概都是由军政组织名称转为部名的。忽兀海太尉的后人成为准噶尔部人,而其姓氏为绰罗斯(Čoros),那么扎哈明安当是由绰罗斯人组成的。

⑬ 忽兀海太尉,Quuqai tayiu。清译本(V.4r)作"浩海达裕"。此人不见于明代汉籍,亦不见于《四卫拉特史》等托忒文史书。《西域图志》载有准噶尔部世系:孛罕→乌林台巴达台什→达耀→鄂尔鲁克诺颜→巴图兰青森→额森诺颜。其中,"达耀"应该就是这个忽兀海太尉,因为达耀即太尉的不同音译,而巴图兰青森就是17世纪蒙文史书所说忽兀海太尉之子巴秃剌丞相,额森诺颜就是也先太师。《西域图志》的"达耀"与"鄂尔鲁克诺颜"当指同一人。忽兀海(睾丸)是个奚落他的浑名,不是本名,鄂尔鲁克(örlüg)诺颜,犹言"能官",是一种美称。

17世纪蒙文史书中,"太尉"的较正规的写法有tayiu、tayu、tayuu等等,《黄史》、《阿萨剌黑齐史》作dayu,《源流》D本系统三本作taǰu。太尉的元代读音为tai ü(《蒙古字韵》:太——tay,尉——hü),蒙古文ᠲᠠᠢ(tai)ᠦ(ü)连写,即成tayiu,最终变成tayu。由于古蒙古文y、ǰ在词中有时亦同形,t、d又常同形,所以后来又有da ǰu、dayu等误读(如施密特、鲍登、道润梯步等人)。沙斯季娜作таджу(《沙拉图济》p.142),误。《世系谱》译为太尉,是。

⑭ 妃子,biiǰi。清译本(V.4r)译为"拜济"。biiǰi,17世纪蒙文史书又作beyiǰi(《黄史》、《阿萨剌黑齐史》)、bigiiǰi(《黄金史纲》)、bigiǰi(罗桑丹津《黄金史》)等,均为汉语妃子的音变形式。返译为汉语,明代汉籍多作"比妓"(《名山藏》、《武功录》、《明史》卷222、《明史纪事本末》等),又作"妣妓"(《武备志》卷207)、"比吉"(《明实录》隆庆四年十月癸卯条、《四夷广记》、《献征录》卷120)、"妣吉"(《东莱赵氏楹书丛刊·北虏三娘子列传》)、"燮只"(《明实录》万历十一年六月丁卯条、《卢龙》)等。其中也见

有 ji 音译为"吉"字的,与 tayiǰi(源自"太子",返译为"台吉")等情形相同,说明当时北方汉语某些方言中已出现"见、溪、群"(k、k′、g′)与"精、清、从"(ts、ts′、dz′)走向混一的现象。biiǰi 之义,《卢龙·译语》释为"妾曰孽只",《三云·夷语解说》释为"比妓,各台吉之妻,与宗室妃同",《蓟门考》说:"前各酋首之妻,虏中皆呼为孽只。"符拉基米尔佐夫(《制度史》)、田清波(《导言》)、留金锁(校注《黄金史纲》)、道润梯步(译注《源流》)都把 bii ǰi 与 begi(别吉)混同起来。bii ǰi 与 begi 的关系,《源流》下文所记完者秃皇妃子的一段话可以说清楚。她说:"你(指忽兀海太尉)使我由皇妃子(bii ǰi)当上了别吉(begi)太后,使我由卑微台吉的妃子当上了至尊大汗的哈屯"。两《黄金史》、《阿萨剌黑齐史》也有近似的内容。

⑮ 四瓦剌,dörben Oyirad。清译本(V.4r)作"四卫喇特"。Oyirad 之名出现在蒙古帝国以前,《元史》作"外剌"、"猥剌"、"斡亦剌"、"歪剌歹"等,《辍耕录》作"外剌歹",《秘史》作"斡亦剌惕",《史集》作 Oirat。明代汉籍作"瓦剌",清代以后一般译为"卫拉特"。

成吉思汗时,斡亦剌人居住在蒙古草原西部,色楞格河支流德勒格尔河至叶尼塞河上游锡什锡德河一带,后归降成吉思汗。其首领忽都合别乞被封为千户,据《史集》,他的属下包括四个千户。至明初,东蒙古因累遭明军打击,势力渐衰,瓦剌乘势而起,在原来四千户的基础上发展为四大部,已称四万户。17 世纪蒙文史书称其为"四万户瓦剌(dörben tümen Oyirad)或"四瓦剌"(dörben Oyirad),或直接简称为"四[部]"(Dörben)。四瓦剌所包含的诸部,各种记载不尽相同。《源流》记为 Ögeled(厄鲁特)、Baɣatud(巴图特)、Qoyid(辉特)、Kerenügüd(克烈努特)。帕拉斯《蒙古史料汇编》中所收集的四个部落为 Ölöt(厄鲁特)、Khoit(辉特)、Tümed(土默特)、Bargha- Burat(巴儿虎·布里亚特);嘎班沙拉布《四卫拉特史》记为:1. 厄鲁特;2. 辉特、巴噶图特;3. 巴儿虎·布里亚特;4. 杜尔伯特、准噶尔、和硕特、土尔扈特。巴图尔乌巴什图门《四卫拉特史》所记与嘎班沙拉布基本一致,只是"土尔扈特"作"土默特"。这些不同记载反映出 Oyirad 内部构成在不同时期的变化。Kergüd，施密特（《东蒙古史》p. 57）、伯希和（《卡评》p. 6）认为即吉尔吉斯；Tümed、Bargha（Barγ-a）、Burat 即《秘史》的"秃马惕"、"巴儿忽惕"、"不里牙惕"，这四个部落都属林木中百姓，住地邻近斡亦剌，秃马惕在成吉思汗时代就已归属斡亦剌（《秘史》§§240、241），其他三部看来在元末明初斡亦剌兴盛之时也在其控制之下。所以它们也被记在四部之内。这只是一时的情况，脱欢太师统治时，瓦剌进一步强盛，四部又有了新的变化。到15世纪中期以后至17世纪中叶逐渐形成了新的四瓦剌，就是后来出现的杜尔伯特、准噶尔、和硕特、土尔扈特四部（《藩部要略》、《表传》）。早期的辉特、巴噶图特等部因势力逐渐衰弱，虽留其名，但已不入四部之列。

明初，瓦剌乘东蒙古衰落，逐渐向东南发展，到也先统治时已控制整个蒙古，主力驻在札布汗河、杭爱山和鄂尔浑河流域，也先的住地南移至杭爱山以南的推河、塔楚河之间的地带（《明实录》正统八年五月乙亥条、《少保于公奏议》卷2）。也先败亡后，瓦剌仍占据漠北大部分地区，15世纪80年代，也先后裔内讧，又遭答言汗攻袭，势力大衰，约于16世纪初放弃了漠北东部，其后逐渐向西南发展，开始新的发展时期。

⑯ 巴秃剌，Batula。清译本（V. 6r）作"巴图拉"。明代汉籍中不见此名。17世纪蒙文史书一致说巴秃剌之子是Toγon（脱欢），脱欢之子是Esen（也先）。明代汉籍记脱欢之父是"马哈木"。因此大多数学者认为巴秃剌即马哈木。据明人记载，明初瓦剌在强酋猛可帖木儿死后，一时出现了三个大首领，马哈木是其中势力最强的。他的名字最早于1403年开始出现在明人记录中（《明实录》永乐元年夏四月壬子条）。他的大多数活动是与东蒙古强臣阿鲁台相争，杀其所立大汗本雅失里，另立答里巴为汗。曾为与东蒙古抗衡而与明朝交好，并被封顺宁王，但当他势力大有增强时，又遭到明成祖的亲征（1414年），兵败，不久又为阿鲁台所败，很快死去。

⑰ 克烈努特，Kerenügüd。a本、D本作Keregüd，S本作Kergüd。清译本（V. 6r）译为"克埒古特"。Kerenügüd的形式不见于他书。施密特（《东蒙古

史》p.57)、伯希和(《卡评》p.6)认为 Kergtid 即吉尔吉斯。吉儿吉斯，音 Kirgiz(< Qirqiz = qirq + iz)，意为“四十”。Kergüd 可以视为 Kirg 这一突厥词单数原形上缀加蒙古语复数词尾-üd 构成的。《俺答汗传》(§§93、97)记有一个名为 Kerγud 的部落，是瓦剌的一个属部，住牧地在札剌蛮山和阿尔泰山一带。《黄史》、《阿萨剌黑齐史》提到外罕哈的属部中有一 Keregüd 部。Keregüd，或许是 Kergüd 的形讹，Kerenügüd 是 Kirg 的讹变复数形式。

⑱ 兀格赤・哈什哈，Ügeči qašq-a。清译本(V.6r)作“乌格齐哈什哈”。此名不见于明代汉籍。关于这个人，学者们有不少推测。霍渥斯(《蒙古史》)、和田清(《蒙古篇》)等人认为他是明代汉籍中的“鬼力赤”，白翠琴(《瓦剌史》)以及《准噶尔史略》、《卫拉特蒙古简史》的作者们认为他是明代汉籍中的“猛可帖木儿”。乌格齐哈什哈不大可能与鬼力赤是同一人。据明代汉籍(《明实录》等)和波斯文史书(《突厥系谱》)，鬼力赤很有可能是窝阔台后裔，不是什么瓦剌人，而且他在位期间的行动主要是与瓦剌相争，而乌格齐哈什哈是站在瓦剌自身的立场上与大汗相争，两人是对头，不可能是同一人。本田实信(《关于北元早期汗系》)、薄音湖(《关于北元汗系》)也都否定乌格齐即鬼力赤的说法。至于乌格齐是否是猛可帖木儿的问题；尚缺乏较为直接、有力的史证，不过他们二人出现的大致时间(14世纪末15世纪初)和身分(都是瓦剌的首领)有相似处。

⑲ 阿斋，Aǰai。清译本(V.6v)作“阿寨”。据前文所述，他是哈儿忽出黑的遗腹子。两《黄金史》、《阿萨剌黑齐史》无载，亦不见于明代汉籍。《黄史》、《源流》记下这个人，使脱脱不花汗以后各代大汗的家系有据可查。

⑳ 阿速，Asud。清译本(V.6v)据满译本译为“阿萨特”，音不确，而且视为人名，以为是乌格德勒库(斡额迭列枯，即阿鲁台)之父，更误。Asud 这一部名来源于中亚的民族——阿思人。其先人是伊朗语系的游牧民族，古代住在里海东岸到顿河流域。后来因受外族压迫，由北高加索移居到打耳班和伏尔加河一带。信奉希腊东正教。《元史・西北地附录》称此族为“阿

兰”、“阿思”。Asud,《辍耕录》和《元史》多处译作“阿速”,《元史》又有译作“阿宿”的。《秘史》作“阿速惕”。1221 年,速不台等率军从高加索逾太和岭北上,大败阿速等部联军,1239 年,蒙哥率军攻下阿速的蔑怯思城,大批阿速人被迫东迁。元朝于 1272 年组成阿速拔都军,武宗时成立左右阿速卫侍卫亲军,成为朝廷的重要军事力量。明代,蒙古出现的阿速部当是在元代一部分阿速军的基础上形成的。也有一些阿速人留在了明朝境内,明初燕王麾下的胡兵中就见有阿速人(《明实录》洪武二十年夏四月癸未条)。

㉑ 阿鲁台,Aruγtai。清译本(V.7r)作“阿噜克台”。此即明代汉籍中著名的鞑靼首领“阿鲁台”。《李朝实录》(世宗七年二月丁巳条)作“阿禄太”。《源流》此处说他为巴秃剌(马哈木)拾牛粪,后文又说他在额薛古家中受役使,都是毫无根据的臆谭,是一种俗词源学的解释。阿鲁台与马哈木几乎同时出现在 15 世纪初,分别为东、西蒙古的强臣,两人相争多年,马哈木先死,额薛古在位时,阿鲁台势力更有增强,根本不可能做他们二人的家仆。明代汉籍中,阿鲁台之名最早出现在 1403 年(《明实录》永乐元年二月己未条),当时他是大汗鬼力赤的部下,职衔是“太保枢密知院”,后来又称“太师”。蒙文史书一直称他为太师。他是明代蒙古史上一个重要人物,从 15 世纪初起一直活跃了三十多年,是当时东蒙古最具实力的部落首领,他曾拥立本雅失里、阿台两代大汗,西与瓦剌抗衡,南与明朝时战时和,并曾受封为“和宁王”。明成祖为削弱蒙古的力量,曾五次亲征漠北,其中有四次是针对阿鲁台的,但最终未能除掉这一心腹大患,自己却在最后一次北征时死于归途。阿鲁台的结局,17 世纪蒙文史书未载,据《明实录》宣德九年(1434 年)十月乙卯条,阿鲁台先于同年二月遭到瓦剌脱欢所立大汗脱脱不花的袭击,徙居黄河母纳山(今内蒙古自治区巴彦淖尔市乌拉特前旗乌拉山)一带,七月又遭到脱欢的攻袭,兵败被杀,部众溃散,后多为脱脱不花所收。

㉒ 坤·帖木儿,Gün temür。清译本(V.7r)作“琨特穆尔”。此即明代汉籍中

的"坤帖木儿"。他是自脱古思帖木儿(兀思哈勒)以来,明人确知其名的第一个蒙古大汗。明成祖在一篇谕文(《明实录》永乐六年三月辛酉条所收)中说:"夫元运既迄,自顺帝之后,传爱猷识理达腊,至坤帖木儿,凡六辈,……"此人,《黄史》、《阿萨剌黑齐史》亦作 Gün(或 Güng)temür,两《黄金史》作 Toγoγan,《传记之友》、《突厥系谱》相当于坤帖木儿的人作 Tūrān timūr。

关于他的家系,《黄史》即说他是额勒别克汗的长子,两《黄金史》等不载。《突厥系谱》说从他开始"汗位再次落入成吉思汗其他子孙手中"。木田实信(《关于北元早期汗系》)、薄音湖(《关于北元汗系》)因此认为他应是阿里不哥的后裔。瓦剌人既然不久前曾两度拥立阿里不哥的后裔登上汗位,那么他们在仇杀忽必烈后裔额勒别克汗之后再次把阿里不哥后裔扶上汗位,还是有可能的。明代汉籍方面,坤帖木儿之名首见于《明实录》建文二年(1400 年)二月癸丑条,当时明朝得知蒙古将犯边,于是皇帝遣使谕"坤帖木儿和瓦剌王猛可帖木儿等人,晓以祸福",1402 年八月,明成祖"以即位遣使赍书诏谕和林、瓦剌等处诸部长"。这两条记载反映出坤帖木儿与瓦剌关系不错,可以作为坤帖木儿是阿里不哥后裔的间接证据。《黄史》、《源流》的说法,还是为了保持成吉思汗—忽必烈系黄金家族汗统的纯洁性。

㉓ 完者·帖木儿,Ölǰei temür。清译本(v. 7r)作"额勒锥特穆尔"。《黄史》、《阿萨剌黑齐史》同;两《黄金史》作 Olui temür;波斯文史书作 Aljī tīmūr 或 Īlchī tīmūr。此即明代汉籍中的"本雅失里",又被称为"完者秃"即 Ölǰeitü。《明实录》永乐五年冬十月壬辰条载:"完者秃,元之遗裔,名本雅失里者,……"本雅失里,梵语作 puṇyaḥ srī,意为福德吉祥,Ölǰei (tü)是其蒙古语意译。

关于他的家系,《黄史》、《源流》说是忽必烈系(额勒别克汗的次子),但《突厥系谱》说他是阿里不哥后裔。根据明代汉籍称他为"元之遗裔"、"元之后"、"故元宗室"、"顺帝后"(《明实录》永乐五年冬十月壬辰条、《明史·鞑靼传》、《北狄广记》、《北虏始末志》)等记载分析,阿里不哥后裔之说恐是误传。另外,本雅失里与东蒙古的密切关系也可以证实这一点。本雅失里于1398年曾为避乱而去到中亚的帖木儿汗庭(《武功记》),后来明朝的使臣曾在撒马儿罕见到他,当时他"部属不过百人"(《明实录》永乐五年冬十月壬辰条),1408年他取道别失八里返回蒙古(《明实录》永乐六年春正月甲子条、三月辛酉条、六月己亥条),同年十二月明朝就得到了"鬼力赤为众所戕,北虏迎本雅失里"的报告(《明实录》同月癸巳条)。东蒙古阿鲁台等人迎立本雅失里,杀"非元裔"的窝阔台系后裔鬼力赤,原因之一大概就是想使自己控制下的大汗尽量能是成吉思汗—忽必烈系黄金家族的成员,这样就更具号召力,行动起来就更加名正言顺。

关于他的即位时间,《源流》所记的癸未相当于1403年,《黄史》等其他17世纪蒙文史书不记具体年份,只说是在上代大汗去世之后,那么两《黄金史》所记就是指1402年(壬午)。然而这两个纪年都有误。据明代汉籍,本雅失里正式即位大约是在1408年(《明实录》永乐六年十二月癸巳条)。蒙文史书与明代汉籍所载之间有四五年的差距。实际在这段时间内蒙文史书少记了一代大汗,即明代汉籍中的"鬼力赤"、波斯文史书中的Uruktīmūr。《明实录》中,鬼力赤之名首见于1404年(永乐二年二月己未条),称为"鞑靼可汗鬼力赤",1408年已死去。

明人说鬼力赤不是元室正统,说他"非元种"、"非元裔"(《四夷考》、《殊域》、《北虏始末志》等)、"篡立"(《明史·鞑靼传》);波斯文史书说他是窝阔台的后裔(《突厥系谱》)。本田实信(《关于北元早期汗系》)、薄音湖(《关于北元汗系》)都相信他是窝阔台后裔。蒙古以成吉思汗—忽必烈系汗室为正统,明代汉籍所谓鬼力赤非元裔,可能只是指他不是出自忽必烈系正统。蒙文史书不提鬼力赤这一代大汗,可能与他的地位受到来自出身于元室正统的本雅失里的冲击有关,鬼力赤虽然当上了大汗,但不久本雅失里从西域回到蒙古,立即受到蒙古本部的欢迎,人们准备废鬼力赤而迎立他,他还受到明朝方面的重视,明廷在其即位前就遣使与他通好(《明实录》永乐五年五月丙寅条等),他的影响一时盖过了鬼力赤,因此不被后世的蒙古人提及。

本雅失里的卒年,《源流》所记庚寅相当于1410年(永乐八年),两《黄金史》、《阿萨剌黑齐史》记为"虎年",亦相当于1410年庚寅。这一年份与明代汉籍所载相合。据明代汉籍,本雅失里于1408年杀了明朝的使臣郭骥,不久还传言他将南侵,于是明成祖于1410年春亲征漠北,直趋本雅失里在克鲁伦河流域的大本营,本雅失里得到情报移往兀古勒札河,再奔斡难河,明军五月在斡难河击败本雅失里(《明实录》永乐八年五月己卯条),本雅失里奔瓦剌,结果被马哈木所杀(《明实录》永乐八年十二月丁未条等)。

㉔ 答里巴,Delbeg(A本作Dalbaγ)。清译本(V.7r)作"德勒伯克"。《黄史》、罗桑丹津《黄金史》也作Delbeg,《黄金史纲》作Dalbaγ,《阿萨剌黑齐史》作Dalba。波斯文史书记为Dāltāy,当为Dalbaγ的讹写。译名从明代汉籍。关于他的家系,《黄史》即说他是完者帖木儿(本雅失里)之子,两《黄金史》等不载;明代汉籍也无有关说明;《传记之友》说他是阿里不哥后裔。本田实信(《关于北元早期汗系》)、薄音湖(《关于北元汗系》)也都接受《传记之友》的说法。薄音湖认为瓦剌马哈木既杀元裔本雅失里,不可能再立其子,况且已有瓦剌拥立阿里不哥后裔的先例。他的分析是有道理的。《黄史》、《源流》之说又是对史实的篡改,目的在于维持成吉思汗—忽必烈系汗室正统的纯洁性。

对他的活动,明朝方面也没有多少记载。他的即位年和卒年,蒙文史书的记载和明人记录中反映出来的情况基本相合。

㉕ 马哈木的卒年,《黄史》即记为答里巴去世之年。《源流》的乙未相当于1415年。两《黄金史》记为"蛇年",相当于1413年癸巳。明代汉籍多记为永乐十四年(1416年)。《明实录》同年六月丁卯条载:"……瓦剌归附人言马哈木已死。"但《皇明北虏考》、《四夷考》却在洪熙元年(1425年)项下仍记有马哈木的活动,说他立脱脱不花为汗,显然是把脱欢的事安在马哈木

头上了，因为明代汉籍中脱欢已于1418年就作为马哈木的继承人出现了（《明实录》永乐十六年三月甲戌条）。明代汉籍未载马哈木的死因，两《黄金史》、《阿萨剌黑齐史》的说法与《源流》不同，说他是被Atai（阿台）袭杀的。比较两种说法，为阿台所杀之说较为可信。如果以乌格齐为猛可帖木儿，他就是早于马哈木时代的人，他死后才出现马哈木等瓦剌三大首领，因此杀马哈木的不可能是乌格齐。阿台是阿鲁台拥立的大汗，他早年可以杀死马哈木。

㉖ 额薛古，Esegü。清译本（V. 8v）作"额色库"。《黄史》即作Esegü。罗桑丹津《黄金史》作Oyiradai，《阿萨剌黑齐史》作Oyirudai，《黄金史纲》作Oyiridai。波斯文史书记为Urdāy，即Oyiradai。此人，明代汉籍无载。

《源流》依《黄史》之说，以额薛古为瓦剌人乌格齐哈什哈之子，但波斯文史书《传记之友》说他是阿里不哥后裔。札奇斯钦（《黄金史译注》p. 204）、鲍登（《阿勒坛脱卜赤》p. 159）因其名而视他为瓦剌人，薄音湖（《关于北元汗系》）认为当以《传记之友》的记载为准，他认为既然同是瓦剌人，强大的首领马哈木等人不称汗，反立一个无名小辈，道理上说不通。他的分析有一定道理。马哈木此前杀东蒙古阿鲁台所立忽必烈后裔本雅失里，立阿里不哥后裔答里巴，答里巴死后，按理说马哈木应继续立阿里不哥系后裔，也许就是答里巴之子。Oyiradai的称呼，可能因他是由瓦剌人拥立而叫开的，也可能他的舅家是瓦剌人。

㉗ 额儿客彻兀，Erkečegüd。清译本（V. 9r）作"额尔客彻古特"。用来指瓦剌，《源流》后文（K本57r10，清译本V. 17v）又有dörben Erkečüd（四额尔克楚特）的说法，用于指四瓦剌。Erkečegüd是Erkečüd的不规则拼写，意为"有权之众"，这一称呼的出现，大概与明初以来瓦剌权势大盛有关。

王国维以《源流》卷三所记都蛙锁豁儿第四子之名为"额尔克"，认为"卫拉特之先有名额尔克者，故卫喇特亦称为额尔克彻固特"。误。都蛙锁豁儿四子并非斡亦剌先人，他们及其后代形成的部落是蒙古"朵儿边"氏。因此所谓Erke与Erkečegüd（Erkečüd）无关。《俺答汗传》（§16）中也出现一个 Erkečüd 之名,指满都海哈屯的娘家部落。据《源流》,满都海的娘家部落是 Enggüd(汪古)。汪古人很早就开始信奉被称为“也里可温”(Erkegün)的聂思脱里派基督教,因此该部落的人又有 Erkegüd(Erkegün 的复数形)之称。《俺答汗传》的 Erkečüd 当是 Erkegüd 的变写。

㉘ 巴黑木,Baγmu。D 本作 Baqamu,清译本(V.9r)因译为“巴噶穆”。《黄史》作 Baqamu。霍渥斯(《蒙古史》)、和田清(《蒙古篇》)、伯希和(《卡评》)等多数学者都认为巴噶穆即马哈木的同音异译,而《源流》误为马哈木之子脱欢的原名。

㉙ 阿台,Atai。清译本(V.9v)作“阿岱”。此即明代汉籍中的“阿台王子”、“阿台”(《明实录》等)。《突厥系谱》、《传记之友》作 Adāy。关于他的家系,《源流》说他是斡赤斤大王(Očigin eǰen)的后裔,但《黄史》说他是主上(Eǰen)即成吉思汗的后裔。明代汉籍无有关说明。《突厥系谱》说他是 Urūk tīmūr(相当于鬼力赤)的儿子,即窝阔台后裔。本田实信(《关于北元早期汗系》)、薄音湖(《关于北元汗系》)认为窝阔台后裔之说比较合理。本田指出阿台也曾得到阿鲁台的支持,住牧地也在甘肃边外,也为瓦剌人所杀,这些都与鬼力赤相似,当为其子。这一分析有一定道理。《源流》此处的说法令人生疑。首先,它的主要史源文献《黄史》作 Eǰen 之处,它改为 Očigin eǰen,其次,又在前面加上 Qorčin-u(火儿慎的,即科尔沁的),不知有何根据。这一改,不仅使阿台变成了斡赤斤后裔,而且把斡赤斤与哈撒儿后裔的部落科尔沁扯在一起,由此引起混乱,例如和田清(《蒙古篇》p.214)就曾根据这一随意性很大的说法,推测科尔沁部的首领原为斡赤斤系子孙,后来被东迁的哈撒儿系子孙取代。然而有关科尔沁部起源以及斡赤斤后裔属部的记载,都证实科尔沁部与斡赤斤子孙无关。

《源流》所记阿台的即位时间,前后矛盾。一处作庚寅,相当于 1410 年,后文又作丙午,相当于 1426 年。两《黄金史》、《阿萨剌黑齐史》记为蛇年,按前文所载纪年顺序,相当于 1425 年乙巳,也就是上代大汗额薛古去世的那一年。阿台之名在《明实录》中首次出现的时间是 1434 年(甲寅,明宣德九年)七月。同年八月庚午条载:“降虏多言阿鲁台已死,其故所立阿台为王者,欲依凉州境外避匿。”说明阿台即位已有一段时间。王雄(《关于阿台汗》,载《蒙古史研究》等5辑,1998年)据《黄金史纲》的记载,认为如果马哈木是为阿台所杀,那么阿台即汗位当在马哈木卒年1416年之前,而《黄金史纲》所记阿台即位之年的蛇年当为1413年癸巳。根据当时东、西蒙古的形势分析,这一结论比较合理。在本雅失里死(1410年)后,瓦剌推举答里巴为汗,而东蒙古相应拥立了阿台。两《黄金史》、《阿萨剌黑齐史》为保持蒙古汗统的一贯性,掩盖答里巴、阿台同时称汗的事实,将阿台排在答里巴下代大汗 Oyiradai(《源流》作 Esegü——额薛古)之后,将其即位年推到十二年后的另一个蛇年1425年乙巳。从1413年到1434年约有二十一年的时间,明朝方面竟不知蒙古这位大汗的存在,只是在其拥立者、控制者阿鲁台死后,他的名字才显露出来,可见其权力衰微的程度。阿台汗死于1438年(戊午)。蒙文史书说他是被脱欢所杀,明代汉籍说他是被脱脱不花所杀。明朝方面于1438年九月得到阿台“已被脱脱不花王杀死”的消息(《明实录》正统三年九月丁未条)。根据《明实录》此前的一系列有关记载,当时的前后过程是:脱欢与其拥立的脱脱不花汗(太松)在1434年袭杀阿鲁台之后,继续追击其拥立的阿台汗,阿台与阿鲁台的部将朵儿只伯逃往贺兰山后亦集乃一带屯住,不时侵扰宁夏、甘肃边,同时也几次遭到来自明朝以及脱脱不花、脱欢方面的袭击,1438年五月,阿台、朵儿只伯被明朝军队击败,“远遁绝漠”(《明实录》正统三年秋七月辛卯条),至九月就传来他们二人被杀的消息。结合蒙文史书的记载,大概他们二人在逃向蒙古草原深处时,又遭到脱欢、脱脱不花的截击,被杀身亡。

㉚ 在圣主[成吉思合罕]的[灵位]前,Eǰen-ü emüne-eče。清译本(V.9v)缺译。指在八白帐前即位。这是17世纪蒙文史书中首次有关明代蒙古大汗在成吉思汗灵帐即位的记载。元朝皇室退回蒙古地区以后,蒙古内部很快陷入了混乱状态,争夺汗权的斗争十分激烈,八白帐遂成了汗位继承人合法性的标志、历代大汗争夺的对象。继阿台汗之后,异姓封建主瓦剌的脱

欢想即汗位,也跑到八白帐来,他的儿子也先也是在八白帐即的汗位,答言汗统一蒙古本部后,又在八白帐重新举行了即位仪式。

㉛ 札剌蛮山,J̌alaman qan。清译本(V. 10r)依满译本误译作人名"济勒满汗",后文(Ⅵ. 25v)又作"济拉玛汗山"。此山之名亦见于《俺答汗传》(§§87、92)、《黄史》。这座山的名字在唐代已见于记载,《元和郡县图志》(卷40)作"时罗漫山",说在伊吾(今新疆哈密)"北百二十里","一名白山","匈奴谓之天山,过之皆下马拜"。《太平寰宇记》(卷153)、《旧唐书·地理志三》作"析罗漫山"。《大明一统志》作"折("析"之讹)罗漫山",清代译为"雅尔玛罕山",今地图作"雅勒玛山"。有人说此山因成吉思汗时代兀良罕人者勒篾得名,非是。

㉜ 脱欢,Toγan(Toγon)。清译本(V. 10v)作"托欢"。此即明代汉籍所记马哈木之子"脱欢"。脱欢于其父马哈木(巴秃剌)去世(1415年左右)后,继任为太师,并于1418年三月向明廷遣使奉表,请袭马哈木的顺宁王爵,1419年四月正式袭爵。约于15世纪20年代中期兼并瓦剌另两位首领贤义王太平、安乐王把秃孛罗的部众,成为瓦剌的独裁者。30年代前期拥立脱脱不花为蒙古大汗,势力日张,先后击杀东蒙古权臣阿鲁台及其拥立的大汗阿台,暂时统一蒙古,为其子也先后来的霸业打下基础。17世纪蒙文史书都说脱欢曾在阿台汗、阿鲁台太师进攻瓦剌时战败被俘,在阿鲁台家中受役使。这又是基于一种俗词源学的解释(误以Toγon为Toγoγan——锅)而编造出来的故事。明代汉籍中见不到脱欢曾败于阿台的记载,只记于1419年、1420年左右两次败给阿鲁台,但并无被俘之事。不久他就借助明朝的攻势,于1423年夏进攻阿鲁台,大胜,1431年再败阿鲁台,并于1434年最终袭杀了阿鲁台,1438年又杀阿台。

㉝ 格咧勒阿噶,Gerel aγ-a。清译本(V. 10v)作"格埒勒阿哈"。两《黄金史》记为Onoi aγ-a。aγ-a,古代蒙古贵族妇女的一种尊称。元代的《竹温台神道碑》中称桑哥剌吉公主(《元史》作"祥哥剌吉公主",为忽必烈之孙答剌麻巴剌之女)为aγ-a。《源流》中有阿噶之称的人共是五人:阿鲁台太师之

妻 Gerel aγ-a，阿鲁台之子阿里蛮丞相之妻 Aqadalai aγ-a（实为伯颜帖木儿之妻）、阿剌黑出人桑该袄儿六之妻 J̌iγan aγ-a，满官嗔人失你该袄儿六之妻 Ebegei aγ-a、瓦剌—辉特人马尼明安图之妻 J̌igegen aγ-a。《登坛·译语》、《武备志·译语》阿噶释为"娘子"。符拉基米尔佐夫(《制度史》)说鄂托克—和硕、兀鲁思—土绵的首领(sayid)的妻子一般被称为阿噶，意即夫人，又说伏尔加河畔的卫拉特人以及其他一些卫拉特部落的人也知道这个词。

㉞ 满官嗔，Mongγolǰin。清译本(V. 10v)作"蒙郭勒津"。即明代汉籍中的"满官嗔"(《九边考》、《皇明北虏考》、《四夷考》等)、"满冠正"(《全边》卷3)、"猛古振"(《明实录》万历四十四年正月壬午条)，"莽观镇"(《译语》)等。清代作"蒙古尔济"(《通谱》)等，以后又译"蒙古真"等。

明代汉籍中此部之名最早出现于弘治年间(1488～1505年)，比17世纪蒙文史书中该部名出现的时间要晚，当时该部的首领是著名的"火筛"。火筛为满官嗔的首领，蒙、明双方的记载一致。《源流》称为 Mongγolǰin-u Čegüd-ün Qoošai tabunang(满官嗔—彻兀人火筛拓不能)、两《黄金史》称为 Mongγolǰin-u Qošai tabunung(满官嗔人火筛拓不能)。汉籍中满官嗔之名虽然出现得较晚，但根据有关线索，它的历史还可以追溯得更早些。据明人记载，火筛为"脱罗干之子"(《明实录》弘治十二年五月乙丑条、《武备志·北虏考》、《武功录·俺答列传上》等)，脱罗干为满都鲁汗、答言汗时期的人，被称为"满都鲁部下大头目"，与亦思马因太师关系密切，一起杀死了乩加思兰太师(《明实录》成化十五年五月庚午条)，住地在大同以北地区(成化十六年十月壬申条、弘治三年十一月癸卯条)，1488年九月答言汗遣使明朝，脱罗干也同时派出使臣。两《黄金史》中也可以见到脱罗干之名，作 Mongγolǰin-u Tübšin-ü köbegün Sayin tölögegen(满官嗔的土不申的儿子赛因·脱罗干)或 Tümed-ün Tübšin-ü köbegün Sayin tölögegen(土蛮的土不申的儿子赛因·脱罗干)，他出兵直接杀死了伯格儿先太师(乩加思兰)。从两《黄金史》的记载看，满官嗔与土蛮是同一部落的不同名称，另外,17世纪蒙文史书中又有Mongɣolǰin Tümed(满官嗔·土蛮)、Tümed Mongɣolǰin(土蛮·满官嗔)两名连用的形式。对照汉籍,《九边考》、《殊域》等书"满官嗔营八,故属火筛,今从俺答"的记载,可找到原因。这些情况说明因为俺答汗的土蛮源自火筛的满官嗔,所以出现两名羞用或混用的现象。

那么,满官嗔为什么又称土蛮了呢?《九边考》、《皇明北虏考》、《殊域》等汉籍记有俺答汗时期满官嗔所辖六营的名称,列为第一营的是"多罗土闷"("闷"或作"蛮")。其蒙古语是Doloɣan tümed(七土蛮之义)。满官嗔变成土蛮,与这个多罗土蛮一定有某种联系。《源流》里可以见到Doloɣan tümed之名(K本59vll、60v07,多罗·土蛮,清译本作"多伦土默特"),首次出现于马儿苦儿吉思称汗时期,当时它的首领是哈赤温的后裔Doɣolang tayiǰi(朵豁郎台吉,清译本作多郭朗台吉),他出兵杀死了马儿苦儿吉思汗,后来满都鲁汗袭杀朵豁郎台吉,收其部众。火筛的满官嗔诸分部内出现多罗土蛮之名,或许是该部作为满都鲁汗给女儿也失格公主的陪嫁而进入了火筛的部落。到答言汗分封诸子时,其第四子阿儿速孛罗成了多罗土蛮的新领主。从该部之名被列为满官嗔诸营之首来看,它在火筛时期已发展成满官嗔诸分部中较强的一部,因此使满官嗔又有了一个异称——土蛮,俺答汗在接收满官嗔旧部时,这一异称也随之被带过来,并取代原部名满官嗔而成为新的正式名称。和田清(《蒙古篇》p. 404)认为满官嗔原是七土默特的一部。从上文所述满官嗔、多罗土蛮的发展历史分析,他的这一观点难以成立。和田清还认为由七土默特发展扩大为十二土默特。他的这一看法也有问题,森川哲雄已提出不同意见,认为多伦土默特只是十二土默特属部之一(《土默特十二鄂托克考》,载《江上波夫教授古稀纪念论集·历史篇》)。他的观点是对的。多罗土蛮只是一个分部的专名,不是七个分部,十二土蛮(土蛮万户)是在多罗土蛮等六个分部的基础上发展成的,只是土蛮万户的名称辗转源自多罗土蛮。多罗土蛮虽是土蛮万户的分部之一,但其首领不是俺答汗一系的人,类似的情况还有土蛮另一分部兀甚，它的新首领是俺答汗的弟弟剌不台吉（拉布克台吉）。奥登（《16世纪蒙古土默特万户考》，载《蒙古史文集》）对满官嗔与土蛮二者关系的论述也有不妥之处，她认为多伦土默特指的是"满官嗔八营七万人"。如上所说，多罗土蛮是一个具体的部名，不表示七万的数字概念，况且火筛的满官嗔八营不一定就是七万人。

宝音德力根（《满官嗔—土默特部的变迁》，载《蒙古史研究》第5辑，1998年）把满官嗔—土默特与卜剌罕卫联系起来，认为卜剌罕卫或多罗土蛮即满官嗔—土默特部的前身，满官嗔（Mongγolǰin）表示"类蒙古"之意，说明该部人本非蒙古人，而是渐已蒙古化了的异族人，是针对卜剌罕卫兀者人而言的，因为他们是蒙古化的兀者人。宝音德力根的这一考证、分析很有见地。

满官嗔归俺答汗之后，满官嗔之名在蒙汉书中都很少出现。1619年到过土蛮地区的俄国人伊万·佩特林在其报告（收入《俄国·蒙古·中国》第2卷）中提到Mugalchin一部。Mugalchin就是满官嗔。佩特林提到这个部的女领主是Manchi-katut，她的儿子称Onchun taichi。两人分别相当于《源流》所记Dayičing eǰi（即汉籍所称"把汉那吉".或"大成台吉"）之妻Tuγtai maǰig buyantu dalai qatun和《黄史》所记Dayičing eǰi之子Ončun tayiǰi。这么说，满官嗔一名还具体保留为俺答汗第三子铁背台吉（把汉那吉之父）一系的部落名。

满官嗔之名后来只保留在清初所设土默特左翼旗（隶卓索图盟）的俗称上，这一旗的后身今辽宁省阜新蒙古族自治县的蒙古人仍称Mongγolǰin。这一现象比较特殊，按理该旗不应有满官嗔之称，因为其扎萨克一支源自明代朵颜卫的兀良哈人。左翼旗之所以俗称满官嗔，大概是因为该旗的扎萨克一支的先人与土默特人关系密切。明嘉靖中期，俺答汗的长子辛爱驻牧土蛮万户的最东边，与东邻的兀良哈人联姻，娶妻生子，其中一个儿子赶兔（《表传》作"噶尔图"）随母亲驻牧兀良哈地；不少兀良哈人，包括清土默特左翼旗王公始祖善巴（单巴）的祖父猛古歹所部都受土蛮控制（《卢龙》

卷15说他们"附属西虏安滩")。明末清初,善巴又与土蛮赶兔之子温布(《表传》作"鄂木布楚琥尔")一起归降皇太极。大概因为这层关系,清初编旗时,鄂木布所部被编为土默特右翼旗,而善巴所部为左翼旗,从此也有了土默特之称,进而又被称为满官嗔(蒙古真)。

㉟ 猛可伯,Möngkebei。清译本(V. 10v)作"蒙克拜"。两《黄金史》同处出现的人是"阿鲁台太师的弟弟"。《源流》后文(K本54r15)此人再次出现之处,两《黄金史》作"满官嗔的猛可"。似乎这个满官嗔的猛可伯就是阿鲁台的弟弟。《世系谱》因此综合二者,记人名为"蒙库贝",又解释说他是"阿噜克台太师弟"。朱风、贾敬颜(译注《黄金史纲》p. 58)也以猛可伯为阿鲁台之弟。但据《源流》,阿鲁台是阿速人,如果猛可伯真是阿鲁台之弟,按理也应称阿速人,可他却称满官嗔人。那么,阿速与满官嗔又该是什么关系?这也许是很重要的问题。因缺乏有力证据,一时难以辨清真相。

㊱ 脱欢的这句话,原文作也 Či sutu-yin bey-e Čaγan ger bolosa, bi sutai (D本讹为 sutu) -yin üre bayinam。清译本(V. llr)据满译本译为"尔身系索多,室从白色可耳,我则索多之后裔托欢也"。误。《黄史》等其他17世纪蒙文史书也有类似的内容。sutu(速图),意为"有福荫",一般专指成吉思汗,sutu的阴性形式sutai(速台)一般多用于成吉思汗家族后妃的称呼,如成吉思汗的母亲月伦哈屯(《秘史》§111)、成吉思汗的大夫人孛儿台哈屯(《源流》等)、拖雷的夫人唆鲁禾帖尼(罗桑丹津《黄金史》)等人都有此称。斡亦剌贵族与成吉思汗家族世代通婚,不少女子嫁给成吉思汗家族为后妃。后世的斡亦剌贵族可能因此有了"速台后裔"的意识。符拉基米尔佐夫(《制度史》)认为脱欢说这句话是想为他篡权的企图找根据。

㊲ 也先,Esen。清译本(V. 12r)作"额森"。即明代汉籍中的"也先"。他是脱欢太师的儿子,于父亲去世(1439年)之后继任为太师,仍控制脱脱不花汗,成为蒙古实际上最高的统治者。他在脱欢势力的基础上继续发展,以武力威胁、政治联姻等手段向外扩张,在西边先后绥服了哈密、沙州三卫,在北面兼并了乞儿吉思,在东边大破兀良哈三卫,兵锋直抵女真。然后南

向，于1449年(明正统十四年)大举侵明，在土木之役中俘获明英宗，一年后送还。1452年击杀脱脱不花汗(《明实录》景泰三年九月庚子条)，自登汗位，次年遣使明朝，称"大元田盛大可汗"，建元"添元"(《明实录》景泰四年十月戊戌条)。和田清指出"田盛"为"天圣"之乖译(《蒙古篇》p. 286)。也先在位期间势力所及，西至中亚，东接朝鲜，北连西伯利亚南端，南临长城，"漠北东西万里，无敢与之抗者"(《明实录》正统十二年正月庚辰条)，他成为元亡以来惟一统一东、西蒙古的大汗。但其统治非常不稳固，称汗几年后就于1454年(明景泰五年)死于内讧之中，政权也随之瓦解。

也先即汗位的时间，《源流》后文记为"戊午"年，相当于1438年，是把他袭太师职和称汗的时间混为一谈。

㊳ 脱欢欲在成吉思汗灵帐八白帐登上蒙古大汗之位，却遭成吉思汗在天之灵报应而死的故事，《黄史》等其他17世纪蒙文史书也有记载。据明代汉籍，脱欢确曾想自立为汗，但因遭到反对，不得已才立脱脱不花(太松)为汗。《明史·瓦剌传》载："脱欢……欲自称可汗，众不可，乃共立脱脱不花，以先所并阿鲁台众归之，自为丞相。"明代汉籍记下的是史实，蒙文史书记下的是以史实为根据编出来的故事，两方面的记载都反映出当时蒙古人在汗位继承问题上的正统观念：只有孛儿只斤氏成吉思汗—忽必烈系子孙才有资格成为大汗。脱欢身为异姓，却想当大汗，当然要被视为篡权而遭到反对和谴责。

脱欢的卒年，《源流》记为戊午，相当于1438年(正统三年)。《明史·鞑靼传》、《四夷考》、《王亨记·鞑靼传》等记为"正统四年"(1439年)。《明实录》中无明确记载，1439年二月以前，瓦剌入贡是以脱欢的名义，十月就换成脱脱不花了，到1440年十一月，也先的名字已出现。因此1439年之说大致不错。《北虏始末志》、《北狄广记》、《殊域》等记为"正统八年"(1443年)，误。

㊴ 据明朝方面的记载，也先此次出征明朝是在公元1449年(己巳，明正统十四年)。1448年，也先与明朝在蒙古贡使人数问题上发生矛盾，于是以此

为借口,于1449年兵分几路大举进攻汉地。《明实录》正统十三年十二月庚申条载:"初,遣使不满百人,十三年增至三千余人,又虚益其数,以冒支廪饩。会同馆官勘实数以闻,礼部验口给赏,其虚报者皆不与。使回,虏酋愈怒,遂拘留我使,胁诱群胡,大举入寇。"十四年秋七月己丑(十一日)条载:"是日,虏寇分道,刻期入寇。也先寇大同,至猫儿庄。……脱脱不花寇辽东,阿剌知院寇宣府,围赤城,又别遣人寇甘州。"

㊵ 阿里蛮,Aliman。清译本(V. 13r)作"阿里玛"。两《黄金史》同处出现的人物是Yüngšiyebü-yin Esen sami(应绍卜人额先撒米)。据明代汉籍(《北征事迹》、《正统临戎录》、《北使录》、《否泰录》等),也先俘获明英宗后,交与"知院伯颜帖木儿"照管。《源流》称阿里蛮之妻为Aqadalai ay-a(阿哈答来阿噶),而《明实录》(天顺元年二月辛酉条)记伯颜帖木儿之妻为"阿答哈来阿哈",《正统临戎录》记为"阿挞剌阿哈"、"何搭剌哈",都是Aqadalai aγ-a的音译。明人方面的记载是当时、当事人的记录,不会有误,照管明英宗的人是伯颜帖木儿。因此蒙文史书所说的阿里蛮、额先撒米之名,都是传讹。关于《源流》记为阿里蛮的原因,宝音德力根(《释明代蒙古官号"阿哈剌忽知院"和"得知院"》,载《内蒙古大学学报》1996年第2期)根据《明实录》弘治元年九月乙丑条中的"阿里麻知院"一名,推测这个答言汗时期的阿里麻即《源流》的阿里玛,按年代当为伯颜帖木儿之子,《源流》误将父亲的事按在了儿子的头上。这一推测似有一定道理。他还综合蒙文史书及明代汉籍的记载,进一步考证伯颜帖木儿就是阿速人阿鲁台太师的儿子。伯颜帖木儿为阿速氏,大概不成问题。据《明实录》正统四年正月癸卯条,他在阿鲁台败亡后不久,与阿鲁台另一部下孛的打里麻一起投靠了瓦剌脱欢和脱脱不花汗。说明他原是阿鲁台的部下,可能为阿速氏。《源流》、两《黄金史》记载的一则故事说:明英宗在蒙古期间,娶蒙古妇女生下一子,这个孩子的后代是阿速氏。这也可以从另一个侧面证明明英宗当时所在的伯颜帖木儿营就是一支阿速人的部落。但伯颜帖木儿是否真是阿鲁台之子,还缺乏有力的证据。明朝方面无这方面的说明,两《黄金史》也

无这种说法。明朝方面对阿鲁台的后代显得很在意,提到他们时,总要点出是阿鲁台之子,先后提到阿鲁台的四个儿子:也先孛罗、阿卜只俺、昂客孛罗、火儿忽答孙(《明实录》永乐十二年二月丁未条、宣德九年九月乙未条、宣德十年二月癸卯条、正统二年十月癸酉条),但在提到伯颜帖木儿时,未作任何这方面的说明。伯颜帖木儿本身又是重要人物,如果真是阿鲁台之子,明人不会不作交代。因此还不能肯定伯颜帖木儿就是阿鲁台之子。至于两《黄金史》将照管明英宗的人记为应绍卜人的原因,宝音德力根也谈了看法,认为阿速部后来属应绍卜万户,所以该部的人也被称为应绍卜人。这一解释说得通。

㊶ 景泰,J̌ingtai。D 本改为 J̌engtüng,清译本(V. 13r)因作“正统”。D 本是根据史实改正的。当年被也先俘获的是明英宗,年号正统,景泰是他弟弟明代宗的年号。17 世纪蒙文史书都把正统误为景泰。据明朝方面的记载,明英宗于 1449 年(正统十四年)七月十六日从北京出发,亲征也先,八月一日到达大同,第二天听到先前所派各路军队战败的报告,决定退兵,八月三日开始东撤,十四日到达土木堡(今河北怀来县境内),十五日瓦剌军追至,将明军包围起来,当日明英宗被俘。

㊷ 我着,Üǰiyed。清译本(V. 13r)作“乌济叶特”,后文(V. 22v)又作“乌齐业特”。两《黄金史》说明英宗由 ölge-yinǰirγuγan mingγan Üǰiyed(山阳之六千我着)送回明朝。《俺答汗传》(§68)提到 Üǰiyed ulus(我着兀鲁思),同时称他们为 ölgetümen(山阳万户)。《黄史》说我着是斡赤斤的属民。《武备志》、《登坛》、《卢龙》三书的译语部分都收有“我着”一名,释为福余卫。这个我着,还原为蒙古语即 Üǰiyed。Üǰiyed(我着)源于兀者野人,《华夷译语》因释“野人”为“兀赤也惕”(Üǰiyed)。《俺答汗传》(§§68、69)说我着的首领 Engke 举族携 Ögelen qatun(月伦哈屯)的宫帐来归降俺答汗,Engke 之众被赐给了俺答汗的弟弟昆都仑汗。对照《卢龙》等汉籍,成为昆都仑汗(作“昆都力哈”)属夷的是朵颜卫首领“影克”(Engke)。这说明“山阳我着”不单指福余卫,而是泛指整个兀良哈三卫。月伦哈屯的宫帐能在我着

人处,也证明这些人的首领是斡赤斤的后裔,因为据《秘史》、《元史》、《史集》等早期史书,月伦是与幼子斡赤斤同封一处的。《元史》(卷30)还记载说泰定三年(1326年)秋七月"辽王脱脱请复太母月也伦宫守兵及女直屯户,不允"。证明月伦哈屯的宫帐确在斡赤斤后裔处。这与《黄史》的记载相合,也与兀良哈三卫首领是元辽王后裔(《明实录》洪武二十二年五月癸巳条)的记载相合。兀良哈三卫因地处兴安岭南麓而被称为"山阳我着"、"山阳万户"。

据明方记载,明英宗被俘后,一直住在伯颜帖木儿营内,随其行动,在明朝境外的活动范围基本是在丰州、大青山一带至大同边外的地域。仍据汉籍,此前在1446年(正统十一年),也先曾征兀良哈三卫,朵颜、泰宁乞降,福余卫奔嫩江,后来朵颜、泰宁二卫部众被迁往漠南蒙古西部(《明史·鞑靼传》)。到1449年发生土木之变时,这些人仍在漠南西部地区,如《明经世文编》卷33《朵颜三卫入贡疏》记载:"今三卫老小车辆尽在小黄河、牛头山一带住札打围。"小黄河即今内蒙古自治区四子王旗境内的锡拉木伦河。就是说伯颜帖木儿营的活动地点与三卫当时的住地大致属同一区域。蒙文史书说明英宗被留在我着处,可能与此有关。

《金轮千辐》记内罕哈五部之一为Üǰiyed,首领是阿儿速孛罗之子虎喇哈赤的第五子Šooqan batur(即明人所记"炒花")。这一部分我着人是虎喇哈赤在南下辽河流域过程中兼并来的三卫人,这一部后来发展为五部中最强的一支,因此明人称整个内罕哈五部为"炒花五大营"。1626年,林丹汗攻内罕哈五部,我着受到重创,部众多被收服,炒花之子卫征巴拜于同年十月偕妻子数人归降后金(《清太宗实录》天命十一年十一月乙酉条),后被编入满洲八旗。因此《金轮千辐》说这一部"入了内地"。

㊸ 应绍卜,Yüngšiyebü。清译本(V. 13v)译为"永谢布"。明代新出现的蒙古部落名。后来发展为蒙古本部六万户之一。明代汉籍作"应绍卜"(《九边考》、《皇明北虏考》等)、"永邵卜"(《武功录》)等。清代作"永谢布"、"雍谢布"(《清实录》等)。

关于这一部落的来源，亦邻真(《蒙古姓氏》，载《内蒙古大学学报》蒙文版，1977 年第 2 期)首先提出与元代“云需府”(云需总管府)有关，云需府在元亡之后逐渐变成了部落名称，近代又译为汉姓“云”或“荣”。薄音湖(《关于应绍卜》，载《内蒙古大学学报》1986 年第 1 期)亦持相同观点。说应绍卜源自云需府，不仅对音相合，而且从当时的历史情况来分析，也存在很大的可能性。元末明初，位于明军主要袭击目标上都附近的云需府，不会不受到冲击。估计云需府的人众在战乱中逃离驻地，辗转游动于草原深处，随着生活环境的改变和岁月的流逝，这些人逐渐形成了一个部落，而他们原来所属机构的名称云需府就自然成了这个新部落的名称，只是发音逐渐蒙古语化了。

《源流》此处是首次提到这一部名，两《黄金史》中应绍卜的首次出现也是在同一时期，只是冠在另一个人的名字前面，作应绍卜的 Esen sami。值得注意的现象是，前文在提到照管明英宗的人物时，《源流》记为阿速人，两《黄金史》记为应绍卜人。把同一人所属的部落说成两下，说明这两个部落之间有某种特殊关系。后来的情况显示这两部经常一起活动，最终阿速成了应绍卜的属部之一。估计当阿速部在阿鲁台太师统领下(15 世纪初至 30 年代)势力强盛时，应绍卜曾处在其控制之下，当阿鲁台被杀，阿速部势力锐减时，应绍卜获得了自身发展的机会，逐渐改变了自己的地位，到 15 世纪中叶乩加思兰太师为首领时，应绍卜已成为一个强大的部落。

应绍卜的部众成分比较复杂，《皇明北虏考》、《九边考》等明代汉籍记下了亦卜剌太师统治时期(16 世纪初)应绍卜十个分部的名称，分别为：阿速(Asud)、哈剌嗔(Qaračin)、舍奴郎(?)、孛来(Buriyad，《源流》两处提到 Yüngšiyebü Buriyad——应绍卜——不里牙惕之名)、当剌儿罕(Tanglaγar?)、失保嗔(Šibaγučin.)叭儿厫(Barγud)、荒花旦(Qongqotan)、塔不乃麻(tabun ayimaγ?)。可以看出，属众来自东、西不同方面，说明该部在发展过程中不断吸收了新成分。部落的首领也从乩加思兰时(15 世纪中叶)开始，接连三任都变成了出身于哈密北山的野乜克力人。答言汗收服该部,他的子孙又成为该部的新首领,先是封给答言汗第十子五八山只(《源流》K 本 68v18),后改封给答言汗第三子巴儿速孛罗的第六子卜只剌(《源流》K 本 69r07,《北虏世系》)。驻地在"宣府张家口边外正北,离边约二十日程"(《北虏世系》)的地方。明末,林丹汗率察罕儿部西行,沿途攻掠右翼诸部,应绍卜等部虽经抵抗,但最终战败,部众溃散。今内蒙古自治区土默特左、右二旗中有不少"云"或"荣"姓的蒙古人,估计在明末应绍卜大营溃散时,不少人融入了土蛮部中。另外,蒙古国也有一些应绍卜人,据说还有由应绍卜人组成的村子。罗桑丹津《黄金史》当初就是从一位应绍卜氏台吉家得到的;蒙古当代著名学者永·林钦也是应绍卜氏。说明应绍卜大营溃散时,部众流向不同的地方。

㊹ 太松,Tayisung。清译本(V. 13v)据满译本译为"岱总"。其他 17 世纪蒙文史书亦作此名。此即明代汉籍中的"脱脱不花"、"普化可汗"、"不花可汗"等。太松是他的汗号,源自汉语"太宗"。《黄史》、《源流》说他是阿斋台吉的长子,即忽必烈系后裔。波斯文史书不记脱脱不花及以后历代蒙古大汗。冈田英弘(《四卫拉特的起源》,载《史学杂志》83—6)怀疑他是阿里不哥的后裔,但和田清(《蒙古篇》p. 219)、本田实信(《关于北元早期汗系》)、薄音湖(《关于北元汗系》)等人还是相信他是忽必烈后裔,他们的观点是有史实根据的。太松汗虽为瓦剌脱欢太师所拥立,但脱欢并不情愿,他本想自立为汗,在"众不可"的情况下才不得已拥立脱脱不花的。那么脱脱不花应当具有能使众人认可的身分和资格,即忽必烈后裔。叶向高《四夷考》(卷 6)即说:"是时,虏众皆属也先,脱脱不花以元裔名为君,……"太松汗遭脱欢之子也先攻袭,逃跑途中死于他人之手后,也先大肆捕杀他的亲属,明人称为"杀元裔几尽"(《王享记·北狄》)。因此太松还应该是忽必烈后裔。

脱脱不花在明代汉籍中首次出现的时间是 1409 年(《明实录》永乐七年七月丁亥条),被称为"鞑靼脱脱不花王",当时他从明甘肃边外率众投降明朝,1412 年(《明实录》永乐十年五月乙酉条)马哈木曾向明廷提出:

"脱脱不花王子今在中国,请还之。"至1432年(《明实录》宣德七年夏四月癸卯条),脱脱不花"既降复叛",驻"铁门关西"。不久,他即被脱欢拥立为汗。据汉籍看,《源流》所记太松汗的生年——壬寅(1422年)是有问题的。和田清(《蒙古篇》p.217)、早已指出他不可能生于1422年,只能比这个年份早得多。《源流》提供的明初几代大汗的家系和纪年有不少问题,以致影响到后来与之相关的纪年,所以这里所说脱脱不花的生年也是不足为信的。太松汗的即位年,《源流》后文记为己未年,相当于公元1439年。两《黄金史》、《阿萨剌黑齐史》记为马年,也就是阿台汗去世的那一年,公元1438年戊午。根据当时的可靠记载,这两个纪年都有误。《明实录》不载脱脱不花即位的时间,其他明代汉籍中的说法各异,都不是来自直接的报道。唯有《李朝实录》世宗二十四年(1442年)五月戊辰条的记载最为可信,因为它收录了脱脱不花使臣送往朝鲜的招谕敕书的大意,其中提到:"今我承祖宗之运即位,今已十年。"从1442年上推十年,就得出脱脱不花即位的年份—1433年(明宣德八年,癸丑)。据明代汉籍,脱脱不花是被瓦剌脱欢太师拥立为汗的。当时,阿鲁台太师已于1413年左右在东边拥立了阿台汗,脱欢又于1433年拥立了脱脱不花汗,蒙古一时出现了两汗并存的状态,东、西蒙古的权臣各打着大汗的旗号相互争夺,以图最终控制整个蒙古。这种状态到1438年阿台汗死后才结束。太松汗的卒年,蒙文史书、明代汉籍所载一致。《源流》后文记为壬申年(1452年),两《黄金史》记为猴年,亦即1452壬申年。据《明实录》景泰三年春正月丙辰条,脱脱不花与也先的交战开始于1452年初,到同年八月,朝鲜方面得到了脱脱不花被杀的消息(《李朝实录》端宗壬申八月庚午条),明朝方面也得到了同样的消息(《明实录》景泰三年八月甲午条)。《源流》后文及其他17世纪蒙文史书都说他是被沙不丹杀死的,这也与《明实录》景泰四年八月甲午条所载相合。

㊺ 阿黑巴儿只,Aγbarǰi。清译本(V. 13v)作"阿噶巴尔济"。《黄史》即作Aγbarǰi;《黄金史纲》作Agbrǰin,罗桑丹津《黄金史》作Abgarǰin,也都说他是

太松之弟,任右翼部落的吉囊。明代汉籍提到脱脱不花有弟弟,但未记其名(《少保于公奏议》卷10),不过提到的另一人名字与阿黑巴儿只相近,就是被记为脱脱不花之子、也先外甥的“阿八丁王”(《少保于公奏议》卷3)。同奏议卷6还说阿八丁王(该处作“哈巴王”)杀脱脱不花人马,投靠也先。阿八丁的读音,他杀脱脱不花人马投靠也先的行为,都与蒙文史书有关阿黑巴儿只的记载颇为相合,只是在他与脱脱不花的亲缘关系上记载有矛盾。由于汉籍之间有关方面的记载本身也有矛盾,暂从《源流》之说。

㊻ 满都鲁,Manduγulun。清译本(V. 25r)作“满都古勒”。《黄史》作Manduγul,两《黄金史》、《阿萨剌黑齐史》作Manduγuli。此即明代汉籍中的“满都鲁”。《皇明北虏考》等汉籍中倒讹为“满鲁都”。17世纪蒙文史书说他与太松、阿黑巴儿只为异母兄弟,《黄史》和《源流》更明确说他的母亲是“阿斋台吉的瓦剌夫人”。两《黄金史》和《阿萨剌黑齐史》说,当年也先与太松相仇杀时,满都鲁因远在Yisüd山而幸免于难。在明代汉籍中,其名首见于1473年,但所记其活动可上溯到1465年(成化元年)左右,当时他与乩加思兰等人进入河套地区活动(《明实录》成化九年冬十月壬申条)。不时侵掠明边。1473年九月,明军乘满都鲁、孛罗忽(答言汗之父)、乩加思兰三人率众西行寇边之际,抄其老营,使其“庐帐畜产皆已荡尽,妻孥亦多丧亡”(同上),三人遂率部迁出河套。1474年夏季击败并绥服三卫。1475年,满都鲁被乩加思兰拥立为汗[成化十一年十月己卯条]。乩加思兰本来“欲立孛罗忽太子为可汗,而以已女妻芝:因自立为太师,孛罗忽不敌当,让其叔满都鲁。乩加思兰以已女(即《源流》所记Yeke qabar-tu ǰünggen)妻满都鲁,而立为可汗,已为太师,有众数万,由是调度进止,惟其所命”(成化十五年五月庚午条)。1476年,乩加思兰与满都鲁杀死了孛罗忽(成化十二年十月戊戌条),1479年,满都鲁亦死(成化十五年七月庚辰条)。

《源流》后文把他的即位年和卒年分别记为“癸未”(1463年)和“丁亥”(1467年),比《明实录》所载各晚十二年。这是由于《源流》的纪年从

马儿苦儿吉思汗开始普遍提前十二年所致。参见注㊙。

㊼ 吉囊,J̌inong。明代汉籍音译为“吉囊”、“吉能”,以前者专称答言汗之孙衮必里克吉囊,以后者称衮必里克吉囊之子那言大儿吉能。清代以后译为“济农”。这个封号是个汉语借词。《世系谱》的作者、符拉基米尔佐夫(《制度史》)、朱风、贾敬颜译注(《黄金史纲》)等人认为源自“亲王”一词;博明(《西斋偶得》)、伯希和(《明史中的火者与写亦虎先》,载《通报》卷38)、田清波(《导言》)、塞瑞斯(《笺注》)等人认为源自“郡王”;沙斯季娜(《沙拉图济》)认为源自“政王”;冈田英弘先认为ǰinong即亲王(《达延汗的年代》,载《东洋学报》48—3、4,1966年),后来又论证ǰinong是“晋王”的音译(《达延汗六万户的起源》,载《榎博士还历纪念东洋史论丛》,1975年)。说源自“晋王”,这是正确的解释。的确,这个称号是与历世镇守蒙古高原本土的元世祖嫡孙晋王甘麻剌一系有联系的。元代,皇帝坐镇都城大都,晋王镇守蒙古本土,守成吉思汗四大斡耳朵;明代,大汗掌管全权,吉囊掌管右翼,守成吉思汗八白帐。元以后,见于记载的第一个有吉囊之号的人就是17世纪蒙文史书中的阿黑巴儿只。后来他的孙子伯颜猛可(即答言汗的父亲)、答言汗的次子兀鲁思孛罗也拥有这一称号。答言汗统一蒙古本部后,封第三子巴儿速孛罗为吉囊,派驻右翼,直辖八白帐所在部落阿儿秃斯万户。吉囊的职位相当于大汗的副王,执掌右翼之权,一般由大汗的儿子或兄弟出任。《源流》后文(K本56v)将大汗与吉囊的关系描述为“上天有太阳、月亮二物,下土有大汗,吉囊二主”。自巴儿速孛罗以后,吉囊一衔一直由其嫡支子孙袭封,到清初废止,最后一代吉囊为巴儿速孛罗五世孙尔邻勤(额林臣)。但这一封号在明代就已经出现滥用的现象,不少非巴儿速孛罗系的人也开始称吉囊,如铁力孛罗、阿儿速孛罗等人的后裔中都有称吉囊的人(《清实录》、《金轮千辐》、《表传》等)。

㊽ 都亦连,Düirin。a本作Türiwe,D本改为Turman,清译本(V. 14r)因译为“吐鲁番”。误。此即《秘史》§28的“都亦连”(Düyiren),当是贝加尔湖地区火里等部南下漠北中部必经之路上的一座小山。张尔田认为即吐鲁番、

哈剌火州，当然不对。查汉籍所记也先、脱脱不花那一段时间的活动范围，可知他们这次决战不可能发生在吐鲁番。脱脱不花的常驻地在克鲁伦河下游呼伦贝尔一带；也先的常驻地在杭爱山南的推河、塔楚河之间的晃忽儿淮地面（《明实录》正统五年八月乙亥条等）。当时一位从土拉河逃回的明朝人报告说："又听得也先怪恨脱脱不花王，要人马去征杀了。……有脱脱不花王整点人马，要与也先厮杀，"又说："有赛罕王得知，收什人马，报与也先，一同前去谎忽儿孩地面躲避。"（《少保于公奏议》卷2）看来是脱脱不花由东向西进攻也先，也先退避到杭爱山南麓的老营，后来脱脱不花兵败，又东越肯特山，沿克鲁伦河退逃，准备回到呼伦贝尔地方的老营，但途中被杀。因此双方交战的地方与远在西南方向的吐鲁番无涉。

㊾ 兀鲁，Uruγud。清译本（V. 14r）因D本作Urqad而译为"乌尔哈特"。此即《秘史》的"兀鲁兀惕"，元代又译为"兀鲁吾"（《亲征录》、《元史》卷7）、"兀鲁兀"（《元史》卷119、《辍耕录》）、"吾鲁兀"（《元史》卷15）、"兀鲁"（《元史》卷8、121、131）等。明代汉籍作"兀鲁"（《九边考》、《皇明北虏考》等）、"五路"（《武功录》、《北虏世系》等）。清代作"兀鲁特"（《清太祖实录》、《通谱》等）。

据《秘史》（§§46、170、208等），兀鲁氏是由成吉思汗先祖篾年土敦第七子纳臣把都儿长子兀鲁兀歹一系形成的。成吉思汗时期，该部首领是"主儿扯歹"，他一直追随成吉思汗，在灭克烈部、乃蛮部时立下大功，成吉思汗将自己的一位夫人亦巴合（克烈部札阿绀孛之女）赐予他为妻，当时该部有四千人左右，札木合曾评论该部说："能厮杀，虽当混战时不乱，从小枪刀里惯。"元代，该部与弘吉剌、亦乞烈思、忙兀、札剌亦儿同为东蒙古五诸侯（《元史》卷121《博罗欢传》、卷119《木华黎传》）。明代，兀鲁人至少有三大枝，一枝是《九边考》、《北虏世系》等汉籍所载满官嗔（土蛮）六营之一的"兀鲁"或"五路"，其首领是俺答汗长子辛爱（僧格）的次子，以部名称"五路把都儿台吉"，本名"那木儿台吉"，驻牧地在明"大同天城边外正北五克儿掬儿克一带"（今内蒙古自治区乌兰察布盟丰镇东北的牛心山一带)。另一枝是察罕儿属部之一的“五路”(《辽夷略》、《登坛》)。明末其首领是“郎台吉”(《辽夷略》),《登坛》、《武功录》以部名称其为“五路台吉”、“兀鲁台周”。其驻牧地,《辽夷略》记为“离广宁、镇靖、镇边、镇远等堡三百余里”。达力扎布(《明代漠南蒙古历史研究》p. 128)推定为今内蒙古自治区哲里木盟库伦旗一带。这一枝,罗桑丹津《黄金史》、《金轮千辐》、清初史料也有记载。罗桑丹津《黄金史》说:“兀鲁(Urud)台吉之嗣为兀鲁的龙那颜(Lung noyan)。”《金轮千辐》说:“格咧孛罗生龙台吉(Lung tayi ǰi),其后裔为兀鲁(Uruyud)的那颜。”《满文老档》(汉译本,上册 p. 371)提到“龙贝勒”。龙那颜、龙台吉,龙贝勒,即《辽夷略》所记郎台吉。1622 年,这一枝的首领明安率众归降皇太极,后设兀鲁特蒙古一旗,天聪末,改隶满洲正黄旗。《金轮千辐》也说这部分人“据说今在北京”。再一枝是《准噶尔全部纪略》所载准噶尔旧鄂托克之一的“乌鲁特”,有五千户。1755 年这部分人归降清朝。

张尔田把《世系谱》的“吴鲁忒”与兀剌(清译本作“乌喇特”)视为同一部,和田清(《蒙古篇》p. 516)也推测兀鲁“恐即乌喇特”。这是错误的。吴鲁忒、兀鲁,蒙古语读音为 Uruγud,兀剌、乌喇特的蒙古语读音为 Urad,前者是 uruγ——“种子、血族、后代”的复数形,后者是 uran——“工匠”的复数形。况且乌喇特是远在兴安岭北的“阿噜蒙古”之一,是哈撒儿后裔的属部。两者根本不是一回事。

㊿ 把都儿·小失的,Baγatur šigüšitei。清译本(V. 14r)作“巴图鲁锡古苏特”。两《黄金史》作 Šigüšitei baγatur ong。当即明人记录中的“小失的王”(《明实录》正统四年正月癸卯条、八年正月壬午条等),脱脱不花麾下的重臣。《黄史》、《阿萨剌黑齐史》说他是“哈撒儿的后裔”,《源流》后文(K 本 60v17)说他的儿子兀捏孛罗王是火儿慎(科尔沁)人。两《黄金史》、《源流》还都提到他的另一个儿子 Bolonai,即明代汉籍中的“齐王孛罗乃”(《明实录》成化三年三月己丑条)。齐王是元代哈撒儿子孙的王号,由引可知小失的是哈撒儿后裔,火儿慎人。《源流》此处说他是兀鲁人,恐是误传。据

两《黄金史》,他后来被也先所杀。

51 帖良兀思,Telenggüs。清译本(V. 14v)作"特凌古斯"。王国维认为即《秘史》的"田列克"、《亲征录》的"帖良兀"、《史集》的"帖良古惕"。是。《史集》说该部"类似于蒙古人",也属于森林部落,住地在乞儿吉思人和谦谦州人地区的森林里。伯希和(《卡评》p. 70)说这一部名早在鄂尔浑古突厥文碑铭中就已出现,是一个操突厥语的原始部族。村上正二(译注《秘史》Ⅱ,p. 413)把它同唐代铁勒诸部之一的"多览葛"联系起来。语音不可勘同。成吉思汗时期,该部与其他林木中百姓一起归降蒙古。明代汉籍中不见此名。《准噶尔全部纪略》记准噶尔十二鄂托克之一为"特楞古特"。对照《黄史》、《源流》的记载,至少在明代瓦剌人中就已经有了一些帖良兀思(惕)人。而该部的大部分人后来仍一直住在原来的地区。

52 阿剌黑出,Alaγčud。清译本(V. 15r)依满译本译为"阿勒噶齐特"。《黄金史纲》作 Alaγčiγud,罗桑丹津《黄金史》作 Alaγčuγud。从语义来看,似与唐代的驳马部有某种联系。《史集》(I/1,p. 165)说昂可剌河与谦河汇合流向滨海地区,其地有一处地名叫 alāqčīn,据说他们的马都是花斑色的(alā)。这就是《通典》(卷 200)和《新唐书》(卷 217 下)中的"驳马"。《通典》加注说:"突厥谓驳马为曷剌,亦名曷剌国。"《新唐书》称驳马为"遏罗支"。曷剌、遏罗支,分别源于突厥语的 ala 和 alač,意为"斑驳的"、"白底黑花的"。在蒙古语中转为 alaγ,加上形容词词尾-čin,成为 alaγčin,再加名词复数词尾-ud、-γud,就成为 alaγčud 或 alaγčuγud ~ alaγčuγud。参见周清澍《读(唐驳马简介)的几点补充意见》(《元史及北方民族史研究集刊》第 3 期)。

此名不见于明代汉籍。《恒河之流》、《金轮千辐》记察哈尔八鄂托克之一为 Alaγčud(《恒河之流》写作 Alčud)。《满文老档》(太宗七)中也见有"察哈尔阿剌克绰特"的字样。

53 火你赤兀,Qoničiγud。清译本(V. 15v)据满译本译为"辉察固特"。音不确。《源流》后文(K 本 69v18)又有这一部名的另一形式 Qoničin(火你嗔),列为阿儿秃斯万户右翼部落之一,首领是衮必里克吉囊第七子八的麻·三巴瓦。田清波《部名表》收有 xonitš′it、xoni′tš′ut 之名,当即八的麻·三巴瓦属部的后人。

54 沙不丹,Čabdan。清译本(V. 15v)据满译本译为“彻卜登”。此人亦见于《黄史》等其他 17 世纪蒙文史书,也被说成是 Qorlad(火鲁剌 = 郭尔罗斯)人。《明实录》(景泰四年八月甲午条)说杀死脱脱不花(太松汗)的人,是其“姻家”“兀良哈头目沙不丹”。

55 阿勒塔哈勒真,Altaqalǰin。清译本(V. 15v)作“阿勒塔噶勒沁”。两《黄金史》作 Altai,说她被太松汗休回娘家,是因为她与别人私通。

综合蒙古、明朝方面的记载,脱脱不花至少有三位妻子,一是正室夫人即也先的姐姐(《明实录》景泰三年二月壬午条、《皇明北虏考》等),她所生的儿子大概就是明人记录中的“也先猛可王子”、两《黄金史》中的 Mönggölei(两《黄金史》说他是长子,自杀;《明实录》说也先欲立己甥也先猛可为太子,脱脱不花不悦,引发战争,也先猛可被迫自尽)。二是此处所说的阿勒塔哈勒真,生的儿子即蒙文史书所记 Molan(莫兰)、明人所记“脱谷思太子”(“帖骨思太子”、“脱思”)。三是蒙古史书所记太松汗小哈屯 Samur(撒木儿),生子即“马儿苦儿吉思”(Margürgis)。

56 土尔扈特,Turγaγud。清译本(V. 18v)据 D 本 Turγud 译为“托尔郭特”。《黄史》同处无载,后文在列举瓦剌四部之名时提到 Turγud。两《黄金史》、《阿萨剌黑齐史》无载。该部名,不见于《秘史》等早期史书,亦不见于明代汉籍。清代汉籍一般作“土尔扈特”。伯希和(《卡评》p. 127)推测《辍耕录》所载非蒙古种的部名“秃鲁花”即 Turghaq(突厥语“巡更者”、“哨兵”之意)的对音,并据此认为这一部名早在 14 世纪中叶就已经存在了。托忒文史料所载早期瓦剌诸部中,无此名。估计该部还是在明以后被兼并进瓦剌的。《扶持汗廷史》说土尔扈特人归附瓦剌是在脱欢太师时。关于该部的族源,有关记载一致说该部首领出自克烈部的汪罕。《黄史》明确说是出自 Kereyid Ong qan;《扶持汗廷史》说克烈的余众投靠了脱欢太师,脱欢太师赐给他们"土尔扈特"之名;两《四卫拉特史》只说出自 Wang qaγan,但在列述该部首领后裔时提到有人成为 Miqačin kereyid 氏,说明 Wang qaγan 指的就是克烈的汪罕。伯希和(《卡评》p. 125)说:"我们承认古代克烈族人,至少那些没有被突厥化和没有皈依伊斯兰教的人是部分或全部土尔扈特人的祖先。"

57 察罕儿,Čaqar。清译本(V. 20r)作"察哈尔"。不见于《秘史》等早期史书。在明代汉籍中以多种译名出现,作"察罕儿"(《明实录》嘉靖二十五年十月癸巳条、《九边考》、《皇明北虏考》、《殊域》等)、"擦罕儿"(《明实录》万历二十九年八月己丑条)、"擦汗儿"(《武备志》卷205)等。《山中》作"插汉儿"、"插汉"。清代以来一般译作"察哈尔"。

关于 Čaqar 一名的词源,有多种不同的解释,如有源自ǰaq-a(边陲)说、源自 čaγan(白色)说,源自东突厥语 čaqar(围猎区)之说等,但都不如伯希和的分析令人信服,他认为 čaqar 源自波斯语 čākar(家人、王公的卫兵、仆人)。估计这个部落就是由妥欢贴睦尔系汗室的近身随从们发展形成的。罗桑丹津《黄金史》(114 b)说成吉思汗为感恩,赏给拖雷之妻唆鲁禾帖尼(误为(Čaqur begi)naiman otoγ Čaqar tümen(八鄂托克察罕儿万户)。这个后世的传说,当然不能证实察罕儿部在成吉思汗时就已存在,它只有助于说明察哈尔是拖雷—忽必烈系后裔的部落。薄音湖(《关于察哈尔史的若干问题》,载《蒙古史研究》第5辑,1998年)认为察哈尔的得名也许与蒙古帝国时代成吉思汗赐与唆鲁禾贴尼的军队的名称有关,即当时就可能称作 Čaqar,这一名称又源于唐代突厥军队的一种——柘羯,而柘羯一名来自波斯语(意即仆人),借入突厥语后意为战士,再转入蒙古语,仍是战士之意。

《黄史》等其他17世纪蒙文史书也是在同处首次提到该部之名,文中似乎可以看出当时察罕儿部属答言汗的祖父哈儿忽出黑。估计由他传给儿子伯颜猛可孛罗忽吉囊,再传给答言汗,从此成为大汗的直辖部,列左翼三万户之首。答言汗长子铁力孛罗一系守大汗位,直接统辖察罕儿万户。答言汗时期,察罕儿部的住地仍在以往多数大汗的大本营克鲁伦河下游一带地区。16世纪40年代(明嘉靖中期)察罕儿南下至西拉木伦河流域及其以北地区(详见达力扎布《明代漠南蒙古历史研究》)。1627年,林丹汗率部西迁至明朝宣、大边外的阴山以北地区,1632年,后金军大举进攻察罕儿,林丹汗率部奔青海,病死在大草滩,遗众归降后金。清廷设察哈尔八旗,属内属蒙古。

蒙、汉文史书中都有察罕儿分为八部的记载。蒙文史书一般称作"八鄂托克察罕儿",明代汉籍称为"八大营"(《明实录》天启元年四月甲戌等条、《辽事实录》等)、"八部"(《明实录》天启六年二月癸卯条)。但双方都未能提供这八部的具体名称。17世纪蒙文史书(主要是《源流》)零散提到的察罕儿属部有:Qulabad、Auqan、Naiman、Kešigten、Qaɣučid、J̌aɣud、Kemǰigüd等。《九边考》记为"五营",分别作"好城察罕儿、克失旦、卜尔报、东营曰阿儿、西营曰把即郎阿儿"。好城察罕儿当即qaɣučin Čaqar(旧察罕儿之义),应该相当于蒙文史书中的Qaɣučid(好赤,清代译为"浩齐特"),指察罕儿最初的基本部众;克失旦即Kešigten;卜儿报,当即两《黄金史》中几次出现的Burbuɣ,最早出现于莫兰汗时,该部首领为莫兰汗部下,后来答言汗的部将中也出现该部之人,看来是察罕儿的一个属部;阿儿,《皇明北虏考》作"召阿儿"即J̌egün ɣar(左翼、东营);把即郎阿儿,《皇明北虏考》作"把郎阿儿",即baraɣun ɣar(右翼、西营)。《武备志》卷205所引《兵略》说:"擦汗儿达子大部落,山后地名阿力素等处住牧。"《清太祖实录》(天命十年八月项)所载科尔沁奥巴洪台吉的话中,也出现"南察哈尔"、"北阿禄察哈尔林丹汗"的说法。18世纪成书的《恒河之流》也说察哈尔分为"山阳四鄂托克"、"山阴四鄂托克",《金轮千辐》作"山阳左四鄂托克"、"山阴右四鄂托克"。那么《九边考》等书所说的把郎阿儿指的就是山后林丹汗的大部落,召阿儿指的就是山前的部落。《恒河之流》所记山阴四鄂托克为Üǰümüčin(乌珠穆沁)、Qaɣučid(浩齐特)、Kemǰigüd(谦只兀)、Qalq-a(森川哲雄《察哈尔八鄂托克考》认为应是Sönid苏尼特);山阳四鄂托克为Alčud(阿剌黑出)、Kešigten(克什克腾)、Uuqan(敖汉)、Naiman(奈曼)、Tatar(塔塔儿)。尽管有些疑点,但还是大致反映出浩齐特等铁力孛罗长子一系的部落驻山阴,与《武备志》、《清太祖实录》有关林丹汗驻山后的记载相合,而铁力孛罗次子、诸弟的部落驻山阳。所说的山,达力扎布(《明代漠南蒙古历史研究》p. 129)认为是兴安岭。值得提一句的是,"八鄂托克察哈尔"已成定称,见于记载的部名早已超过八个,不可能排出整齐的八鄂托克的图表。

(58) 伯颜·猛可,Bayan möngke。清译本(V. 20r)作"巴延蒙克"。17世纪蒙文史书都把哈儿忽出黑台吉与也先之女所生的孩子记为伯颜猛可,并说他后来生的儿子即把秃猛可答言汗。明代汉籍中也见有"伯颜猛可"之名,但《明实录》弘治元年九月乙丑条里他似乎与答言汗(大元大可汗)是同一人;《明史·鞑靼传》把他与答言汗(称"大元大可汗"的小王子)分记为不同的两个人;《皇明北虏考》、《殊域》、《四夷考》、《名山藏》、《武功录》等书说他是前代小王子(大汗)把秃猛可之"弟",他本人是称大元大可汗的人。汉籍之间,记载相互矛盾,且无一与蒙文史书的记载相吻合。霍渥斯(《蒙古史》)、和田清(《蒙古篇》)、荻原淳平(《研究》)、佐藤长(《关于达延汗的史实与传说》,载《史林》48—4)、冈田英弘(《达延汗的年代》,《东洋学报》48—3、4)等人都就把秃猛可与伯颜猛可的关系发表过看法,提出了一些推测,但这一问题仍旧难以得到圆满的解决。由于汉籍记载过乱,无法理出头绪,而否定蒙文史书的说法又会带来一系列的麻烦,所以目前多数人还是依从蒙文史书的说法,以伯颜猛可为把秃猛可的父亲。参见拙文《关于达延汗史实方面几个有争论的问题》(载《内蒙古社会科学》1983年第3期)。

(59) 哈剌嗔,Qaračin。清译本(V. 21r)作"喀喇沁"。译名从《皇明北虏考》、《武功录·俺答列传》。《黄史》等其他17世纪蒙文史书也是在同处首次提到这个部落名。明代汉籍中,这个部名出现得更早些,是在15世纪10年代初,作"哈剌陈"(《弇山堂别集》卷88《诏令杂考四》),明代其他汉译名还有"呵剌嗔"(《九边考》)、"哈剌慎"(《四夷考》)、"阿剌嗔"(《译语》)

等。清代以后译为“喀喇沁”。

关于该部的起源，不少学者都提到与元代的哈剌赤有关。根据史料分析，这一看法可以肯定。《元史·土土哈传》说土土哈之父班都察在忽必烈即位前“尝侍左右，掌尚方马畜，岁时挏马乳以进，色清而味美，号黑马乳，因目其属曰哈剌赤”。《元史》卷100《兵志三·马政》载：“世祖中统四年，立群牧所，……典掌御位下、大斡耳朵马。其牧地，……凡一十四处，……牧人曰哈赤、哈剌赤。”哈剌赤，即 qarači，词源为“黑色”，称群牧所的牧人为哈剌赤，恐与忽必烈称班都察部属为哈剌赤有关。土土哈 1283 年“兼领群牧司”，其子床兀儿又为太仆少卿，其家族似乎一直控制着群牧所的一些牧群，班都察、土土哈、床兀儿、答里祖孙四代又统帅哈剌赤军。这都说明哈剌赤与土土哈家族有密不可分的关系。参见曹永年《关于喀喇沁的变迁》(载《蒙古史研究》第 4 辑)。

土土哈的先人，据《元史·土土哈传》，是从蒙古草原迁到钦察去的，因此称钦察。土土哈之孙燕帖木儿的女儿是元惠宗的伯牙吾氏皇后，则土土哈一族当为伯牙吾氏，因迁至钦察地，日后就被称为钦察。蒙哥汗时，班都察归降蒙古，后以“钦察百人从世祖征大理、伐宋”。他的部众中后来又陆续补进一些钦察人、康里人、汉人等，因此其家族所率哈剌赤军中的基本成分是钦察人。哈剌赤军驻漠北，1335 年，哈剌赤军首领答里因叛乱被诛。

明代，1410 年首次出现“哈剌陈”之名时，这部分人似乎是在阿速部首领阿鲁台控制之下。《弇山堂别集》说永乐八年明成祖北征，败本雅失里，追阿鲁台，途中遣使谕知院失乃干以及“哈剌陈各爱马官员头目人等”。当时驻地仍在漠北。脱欢时，再次出现。叶向高《四夷考》说：“脱欢……击杀阿鲁台，悉收其部落，……乃行求元后脱脱不花王为主，以阿鲁台众归之，居漠北，哈剌慎等部俱服属焉。”但不久脱欢与脱脱不花仇杀，“有阿哈剌忽知院不忿，领部下一支人马，又有哈剌嗔三千人马，都投顺脱脱不花王去了。”(《少保于公奏议》卷 2)此后至正德初年(16 世纪初)的一段时期内，汉籍中不见该部名。《源流》等蒙文史书此处的记载非常关键，提供了孛来太师是哈剌嗔人的重要线索，使该部这一时期的活动不致无从考究。据汉籍，天顺年间(15 世纪中叶)，孛来总是与先前同哈剌嗔三千人马一起投靠脱脱不花的阿哈剌忽知院共同行动。这个阿哈剌忽知院原来似乎也是阿鲁台的部下。阿哈剌忽是称号，不是人名，宝音德力根(《释明代蒙古官称“阿哈剌忽知院”和“迭知院”》)考证他就是当年阿鲁台的部下孛的打里麻。这时哈剌嗔与阿速已开始有些平起平坐了。孛来太师率哈剌嗔部曾一度活动在河套及甘州、凉州一带，后东移，经略三卫和女真地区，驻牧地已到宣府边外。1465 年，孛来被毛里孩杀死，“孛来下大头目阿罗出”继为该部首领，率众驻河套，后被癿加思兰、孛罗忽等逐出该地区，不久癿加思兰即“收并阿罗出部下残寇”(《明实录》成化七年十月丁酉条)。癿加思兰为应绍卜部首领，哈剌嗔就这样被收入应绍卜之内。所以《九边考》、《皇明北虏考》才有“正德以后，应绍不、阿儿秃厮、满官嗔三部入套，应绍不部下为营者十，曰阿速、曰哈剌嗔、曰……”的记载。1510 年答言汗征右翼诸部，右翼派出的七员大将中有一个是哈剌嗔人(《源流》等)。右翼战败，应绍卜首领亦卜剌西逃青海，部众“遂分散无几，惟哈剌嗔一营仅全”(《皇明北虏考》)。该部基本完整地转入答言汗的属下，后来成为其第三子巴尔速罗的第四子伯思哈勒(明人称为“昆都力哈”或“捞把都”)的属部(《源流》、《北虏母系》等)，驻牧地在明宣府边外旧开平一带(即今内蒙古自治区锡林郭勒盟正蓝旗一带)。后逐步扩张到朵颜卫地区，朵颜卫的大部分受其控制(《皇明世法录》卷 57、58，《武备志》卷 205，《登坛》卷 23，《俺答汗传》§§68、69)。哈剌嗔、朵颜卫两部首领来往密切，相互联姻，共同行动。因此，明代汉籍中哈剌嗔与朵颜之名经常混用，如“朵颜三十六家”被称为“哈剌嗔三十六家”(《辽事实录》卷 7、《明史·袁崇焕传》、《经世文编》卷 463)，等等。1628 年，“朵颜卫属夷三十六家酋首速不的”(《辽事实录》卷 9)率众归降后金，又称“喀喇沁部落苏布地”(《清太宗实录》天聪二年二月条)。1635 年，后金以苏布地所部设喀喇沁右翼旗，以其弟、其叔的部落分别设喀喇沁中旗、喀喇沁左翼旗(《表传》卷 23)。从此哈剌嗔之名正式成了朵颜卫兀良哈人(者勒篾后裔)的部落名称。而真正的哈剌嗔部在1628年被西进的林丹汗大军击破,部众"多溃散,或入边内避之"(《明史纪事本末》补编卷3)。

⑥⓪ 孛来太师,Bolai tayiši。清译本(V. 21r)作"博赉太师"。即明代汉籍中的"孛来太师"(偶作"孛罗")。其名在汉籍中首次出现于1455年,《明实录》景泰六年四月戊戌条载:"孛罗以阿剌知院杀死也先,率兵攻之,杀败阿剌。"《明史》的《鞑靼传》、《瓦剌传》同处孛罗作"孛来"。《明实录》景泰七年后均作"孛来"。据汉籍,他是一个声名显赫的人物,是继阿鲁台之后东蒙古出现的两大强酋之一,在也先死后开始崛起,杀瓦剌阿剌知院,后立脱脱不花之子马儿苦儿吉思为汗,不久又杀了他,与另一强臣毛里孩相争,向明朝自称"己乃鞑靼国之为首者"(《明实录》天顺六年十二月癸酉条),明朝方面也说"北虏部落惟孛来最强"(《明实录》天顺八年秋七月乙未条),可见其野心之大,势力之强。但他最后还是败在毛里孩手下,被杀,他死于1465年(《明实录》成化元年十一月辛未条)。

⑥① 斡罗出少师,Oroču šigüši。清译本(V. 21v)据满译本误译为"寻来助给口粮"。Oroču,是人名,意为"最幼"、"最晚生的"(《秘史》§203"斡罗出"——"晚生的");šigüši,是汉语"少师"的音译。此即明代汉籍中的"斡罗出少师"(《明实录》成化三年正月丙子条),又译为"阿罗出"(天顺四年秋七月己丑条等)、"阿罗出小石王"(成化六年五月乙酉条)、"阿老出"(天顺七年六月丁亥条等),有时单称"小石"(成化五年十一月乙未条)。"小石"即 šigüši 的音译。他是"孛来下大头目"(天顺五年八月乙巳条)。在孛来死后统领哈剌嗔部,驻牧河套地区,继续与毛里孩相仇。15世纪70年代,被乩加思兰等人逐出河套,部众为乩加思兰所收。

⑥② 阿剌丞相,Alaγ čingseng。清译本(V. 21v)作"阿拉克丞相"。两《黄金史》作 Alaγ temür čingseng。即明代汉籍中的"阿剌知院"(《明实录》等)、"平章哈剌"(《皇明北虏考》)。据汉籍,1449年也先进攻明朝时,阿剌为中路军统帅。明英宗被俘,也先继续进军北京,阿剌与也先意见不一,主张与明

朝议和。后来与也先的矛盾激化,先是向也先求太师位未成,两个儿子又被也先杀死,于是兴兵袭也先,也先逃跑途中被他人所杀。阿剌于1455年被孛来太师击杀(《明实录》景泰六年四月戊戌条)。

63 阿剌丞相等人袭杀也先之事,明代汉籍也有详细记载。《明实录》景泰五年冬十月甲午条引宣府大同等处总兵官的报告说:"有定州卫达军可可帖木儿,自也先弟赛罕王部下脱归,备言也先既杀其主,自称可汗。阿剌知院求为太师,也先不许,遂生嫌隙。也先遣其子守西番,俾阿剌次子从行,因令持药酒,毒死阿剌次子。阿剌诈报兀良哈盗己马,遣使请于也先,取回长子,同追捕之。也先命其二弟歹都王、赛罕王,统众与俱,临行,觞阿剌长子,复毒之。行至中途死。阿剌怨益深。给也先二弟先渡川,俟其既渡,阿剌统部落三万人,径趋也先所居。……时,阿剌旧部曲卜剌秃佥院、秃革帖木儿掌判、阿麻火者学士,事也先久,也先不之疑。因共趋也先帐中,拔所佩刀刺也先,并杀特知院等,其众遂散。……"《皇明北虏考》说:"也先有平章哈剌者,欲继也先为太师,言于也先曰:'主人衣新衣,幸以故衣赐臣。'也先不许,而以其弟("子"之误)平章阿失帖木儿为太师。哈剌怒,欲杀也先。也先……乃召哈剌子饮酒,酒中饮之鸩,哈剌子呕吐,觉,走出,不能行。啮指血染箭,令其仆持告哈剌。哈剌阳不知,益敬顺也先。也先以哈剌畏已,防稍解,哈剌伏众,伺也先出猎,袭也先,也先仓惶战,败走。从数十骑遁。又恐此数十骑通哈剌,半夜弃此数十骑,与二亲信走。道中饥窘,至一妇人所乞浆。妇人饮之酪,遂去。夫归,妇言状,夫疑其为也先,急追攻之,果也先,杀之。诸部遂分散。"《皇明北虏考》所述也先逃出以至被杀的情节,与两《黄金史》的记载颇相合。两《黄金史》说:也先太师只身逃奔,来到索儿孙[寡]妻家,喝过酸马奶后离去。索儿孙之妻说这个人走路的样子像也先,让儿子留意,后来也先又来了,索儿孙的儿子孛浑把他抓住杀了。综合几种记载,也先被杀的情况基本清楚。他遭到阿剌知院等人的袭击,但侥幸逃了出来,后来在逃跑途中被仇人之子杀死。阿剌等人袭也先时,赛罕王并不在也先近处,其部下所获也先当时即被杀的消息是一时的误传。

库该山,Kügei qan。清译本(V. 23r)作"库克汗山"。此名亦见于《俺答汗传》(§89)、《黄史》。《俺答汗传》说俺答汗在1558年过后不久出兵瓦剌,越过此山进攻厄鲁特、巴噶图特部,大有俘获。此Kügei qan当即《游牧记》(卷10、8、7)的"库克岭"、"枯库岭"、"库库岭",为杭爱山山脉中的一山,塔米尔河源出其北麓,推河源出其南麓。据明代汉籍,15世纪中叶也先的常驻地是在推河、塔出河之间的晃忽儿淮地面(《明实录》正统五年八月乙亥条等)。也先遭部下偷袭,仓惶出逃,逃至一户人家乞食,偏巧碰上仇家,这家的儿子为报杀父之仇杀死了也先,将其尸体挂在树上。看来也先当时是溯推河向北而逃,至河源地库该山被杀,因此尸体才会被挂在这座山山坡的树上。

64 塔勒拜拓不能,Talbai tabunung。清译本(V. 23r)误译为"塔勒拜之婿"。明英宗在蒙古娶妻生子的故事,也见于两《黄金史》。《世系谱》又补充说"镶黄旗蒙古旗下阿达哈哈番班珠尔塞楞等"也是明英宗在蒙古的后裔,不知有何根据。《东华录》所载康熙四十八年上谕中说:"正统间事,史书所载,不能明确,其在沙漠,曾生一子,今其裔孙,尚在旗下。"康熙的消息来自明朝遗人。看来这个故事明代在蒙古和汉地都有流传。史书中无正式记载,当年在蒙古一直随侍明英宗的袁彬和杨铭只提到也先曾想把妹妹许配给明英宗,但被拒绝(《北征事迹》、《正统临戎录》)。

拓不能(tabunung),明代汉籍中有多种译法,如"倘不能"、"他不能"、"他卜能"、"拓不能"、"傥不浪"、"倘不浪"、"他不浪"等(《夷俗记》、《武功录》、《三云》、《登坛》、《武备志》、《卢龙》等)。tabunung即taban ong(五王)的连写形式。《黄金史纲》北京第一版中有tabun ong的写法。有时也作tabunang。朱风、贾敬颜(译注《黄金史纲》p. 71)认为这一名称是从元代的五部探马赤即五投下来的。是。弘吉剌、兀鲁兀、忙兀、札剌亦儿、亦乞烈思等五部首领,元成宗以后相继封王,可能因此有五王之称。而这五部中的弘吉剌、亦乞烈思两部与成吉思汗家族世为姻亲,因此到了明代就以

“五王”(tabun ong→tabunung)转用来称呼大汗或显贵们的女婿,代替了元代驸马的蒙古语称呼“古列干”。从此古列干只保留了一般词义“女婿”。如《卢龙·译语》即说:“女婿曰古列根,官家婿曰他不浪。”《武备志·译语》载:“女婿——苦力干,官家女婿——他不浪。”《夷俗记·匹配》说:“其酋长之婿名倘不浪。”《三云·夷语解说》说:“倘不浪,是王子家女婿,即仪宾。”

(65) 马儿苦儿吉思,Margürgis。满译本译为 Mergeskis,清译本(V. 23r)却译为“蒙古勒克埒青吉斯”。音乖误。两《黄金史》作 Maqagürgis。即明代汉籍中的“马儿苦儿吉思可汗”(《明实录》成化三年正月丙子条)、“麦儿苦儿吉思可汗”(天顺八年春正月辛酉条)、“马可古儿吉思王子”(天顺七年五月癸丑条),又作“麻儿可儿”(景泰六年四月戊戌条)等。Margürgis,来源于叙利亚语,mar 是聂思脱里派基督教教职名,gürgis 原音为 Giwargis(相当于英语中常见的 George——乔治),转为突厥语和蒙古语的 Körgüs 或 Görgüs,再转为 Kürgis 或 Gürgis。参见伯希和《唐元时代中亚及东亚之基督教徒》(汉译文收入《西域南海史地考证译丛》)。

《源流》后文说他即位后称“兀客克图合罕”(Ükeg-tüqaγan,清译本作“乌珂克图汗”),说法出自《黄史》。ükeg-tü,意为“坐在驮箱里的”,因年龄小,出征时被放在驮箱内而得名。明人称为“小王子”(《明实录》成化二年五月丙申条),以后明代汉籍就以“小王子”统称蒙古大汗。

关于他的即位时间,《源流》的说法可推算出是 1452 年壬申,可知是将他的即位放在上代大汗太松(脱脱不花)去世的当年。两《黄金史》记为“猴儿年”,也相当于 1452 年壬申。但这个纪年有误,比汉籍所记的 1455 年(乙亥,据《明实录》景泰六年八月己酉条)早三年。汉籍中,在 1452 与 1455 年之间,即 1453 至 1454 年是瓦剌也先太师称“大元田盛可汗”的时期(《明实录》等)。蒙文史书虽然也提到也先曾称汗,但在纪年中截去了他在汗位的时间,因为也先不是孛儿只斤黄金家族正统,蒙文史书不予承认。

关于马儿苦儿吉思的卒年,记载不一。《源流》后文记为“癸酉”,相当于1453年，癸酉是《源流》作者根据《黄史》马儿苦儿吉思七岁即位，八岁去世的说法推算添加的。《黄金史纲》与《阿萨剌黑齐史》不记他的在位年数，只说他死于“鸡儿年”，罗桑丹津《黄金史》说他“在位八年，于鸡儿年去世”。从太松汗死去的1452年壬申下数，第一个酉年为癸酉(1453年)，于在位八年之说不符，第二个酉年为乙酉(1465年)，若以这个酉年按在位八年上推，他的即位年就成了戊寅年(1458年)，与前文和汉籍所记1452年壬申不相符，因此也不可能。如果按两《黄金史》等书的惯例，将1452壬申年视为他的即位年，将1465乙酉年视为卒年，其在位年数就不是八年，而是十四年，这个数字与《明实录》反映出来的十三年(景泰六年至成化二年，1455至1466)只相差一年，只是卒年比汉籍所记早一年。因此，两《黄金史》的鸡儿年当是1465年乙酉。冈田英弘(《达延汗的先世》)已指出《源流》的癸酉为乙酉之讹。由于《源流》此处按《黄史》的误载将马儿苦儿吉思的卒年提前了十二年，使得以下一系列有关的纪年也都相应提前了十二年。

⑯ 空归·扎卜罕地方，Könggei J̌abqan。清译本(v. 23r)作“库奎札巴哈”。当指蒙古国空归河、札卜罕河两河之间的地区。两河在乌里雅苏台以西，合流后注入吉尔吉斯湖。《游牧记》(卷10、8)Könggei河作“空归河”、J̌abqan河作“札卜罕河”或“札布噶河”。Könggei河之名与乌里雅苏台以东的库该山(Kügei qan)无关。

马儿苦儿吉思即位之后征瓦剌一事，《明实录》有记载(景泰六年冬十月条)，说当年(1455年)夏季马儿苦儿吉思即位，十月与孛来等人率四万余骑进攻瓦剌阿剌知院，当时阿剌知院“屯坎坎地面，亦聚众三万待之。”此“坎坎地面”当即Könggei(空归)河、札卜罕河之间的地区。

⑰ 多罗·土蛮、Doloɣan tümed。清译本(V. 23r)作“多伦土默特”。此即明代汉籍中的“多罗土蛮”(《明实录》隆庆五年九月癸未条，《北虏世系》、《三云》等)、“多罗土闷”(《九边考》等)、“哆罗土蛮”(《武功录》)、“哆啰土蛮”(《全边》等)、“朶落土蛮”(《武功录》卷9)等。关于该部的起源以及至阿儿速孛罗为首领时的沿革史，见注34。据《北虏世系》，该部后来成为

阿儿速孛罗长子一系的辖部,其长子称"不只吉儿台吉","营名多罗土蛮","在山西偏关边外六、七百里住牧"。1578年,不只吉儿长子达云·皇台吉(《俺答汗传》Dayun qong tayiǰi,《源流》Dayun noyan,《北虏世系》"歹雅黄台吉")作为迎请锁南坚错的使臣之一赴青海,后来其弟火落赤等人率所部留驻该地区。1584年,达云·皇台吉再赴青海迎接三世达赖,不久多罗·土蛮的首领几乎全部集结于青海。后来虽有一些属部东归,但多罗·土蛮部在青海地区仍保有相当大的势力。参见江国真美《青海蒙古史的一个考察》(载《东洋学报》69—3、4)。

⑱ 朵豁郎台吉,Doγolang tayiǰi。清译本(V. 23r)作"多郭朗台吉"。两《黄金史》、《阿萨剌黑齐史》无载。沈曾植认为此人即明代汉籍中的"瘸王子"(见于《明实录》成化十年七月辛巳条),同时又推测也可能是朵颜卫的"朵罗干"。《源流》后文说他是哈赤温后裔,而汉籍中的瘸王子有王子之称,朵豁郎 doloγang)又为"瘸"之义,因此沈曾植的第一种推测有些可能。朵罗干(Dölögen)与Doγolang读音不同,而且两人所属部落不同,不能比对为一人。明代汉籍说是孛来太师弑杀了马儿苦儿吉思汗(《明实录》成化三年春正月丙子条),或说孛来、瘸太子共同杀了马儿苦儿吉思汗(《皇明北虏考》)。和田清(《蒙古篇》p. 302)根据蒙、汉文史书双方的记载,认为是多郭朗受孛来的指使,或是得到孛来的默许去杀死马儿苦儿吉思的。而宝音德力根(《满官嗔—土默特部的变迁》)认为朵豁郎台吉就是瘸太子,又进一步考证瘸太子即汉籍所见卜剌罕卫头目郑王脱脱罕。

⑲ 莫兰,Molan。清译本(V. 23v)作"摩伦"。明代汉籍中不见此名,所载马儿苦儿吉思与满都鲁之间的一代小王子是一位不知名的"新立可汗"(《明实录》成化三年春正月丙子条、《明史·鞑靼传》等),或称为"脱思"(《皇明北虏考》、《殊域》等)。和田清(《蒙古篇》p. 299)认为"脱思"即《明实录》另一处(正统四年春正月癸卯条)提到的脱脱不花之子"脱谷思太子"。是。

他的即位年,据《明实录》成化三年春正月丙子(九日)条的记载,当在成化二年即1466年(《明史·鞑靼传》即记在成化二年项内)。两《黄金史》作"鸡儿年",相当于1465年(乙酉)。双方记载基本相合。《源流》由于把马儿苦儿吉思的卒年提前了十二年,所以莫兰的即位年也随之被提前了十二年(癸酉,1453年),同样,他的卒年也被提前了十二年(甲戌,1454年)。据《明实录》上引条,他死于即位的当年即1466年,两《黄金史》作"狗儿年",亦为1466年(丙戌)。明朝方面的记载也说他死于毛里孩之手。

⑳ 谦只兀,Kemǰigüd。清译本(V. 23v)作"克木齐古特"。亦见于两《黄金史》和《阿萨剌黑齐史》。不见于明代汉籍。沈曾植认为即《通谱》的"克穆齐特"、"克穆楚特"。是。此部名源于元代的"谦州"。据《源流》后文(K本83v20),该部属察罕儿万户。

㉑ 汪流,Ongliγud。清译本(V. 24r)译为专名"翁里郭特"。《黄史》、两《黄金史》作Ongniγud。伯希和、韩百诗(译注《亲征录》)认为"现代所说的Ongni'ut即较古时期的Ongli'ut,就是Ongliq的复数,意即'国王的人'(ong出自汉语'王')"。韩儒林(《元代的吉利吉思及其邻近诸部》,载《穹庐集》)指出"汪流"(罔留)即《黄金史》Onglighut的对音,意为属于"王的人民",今翁牛特旗之名就是该词的音译,所谓王是指斡赤斤玄孙辽王脱脱。和田清(《蒙古篇》p. 312)主张指蒙古王族。宫胁淳子(《蒙古·瓦剌关系史》,载《亚非语言文化研究》第25辑,1983年)指出Ongliγud是在大兴安岭山脉北部分得领地的成吉思汗诸弟领属后裔的总称,包括后来清代哈撒儿子孙率领的科尔沁部、哈赤温子孙的翁牛特部、别里古台子,孙的阿巴嘎(叔父)、阿巴哈纳尔(叔父们)部。后来她又重申了这一观点(《最后的游牧帝国》p. 130)。宫胁把Ongliγud与东道诸王领属的后裔联系起来,是个创见,但她未将斡赤斤后裔的部落列入Ongliγud。Ongliγud实指成吉思汗四个弟弟——哈撒儿、哈赤温、斡赤斤、别里古台后裔的属众。Ongliγud是由ong(王)加形容词词尾-liγ,再加名词复数词尾-ud构成的,意同现代蒙古语的Ong-tu-nar—王领、王领人众,犹言"诸王"。与qaraliγud(庶民)属同一类型的词。成吉思汗诸弟多封王,明代其后裔中也多有保留王号的,如哈撒儿后裔仍保有齐王之号,孛罗乃称齐王(《明实录》成化三年三月己丑条

等,天顺七年六月丁亥条中的"孛罗乃西王"即孛罗乃齐王的音变);斡赤斤后裔仍保有辽王之号,泰宁卫首领兀南帖木儿所称"刘王"(天顺七年六月甲戌、成化元年十二月庚寅条)实为辽王之音转;别里古台后裔仍保有广宁王之号,毛里孩所称"黄苓王"(成化三年三月己丑条)即广宁王之音转。所以成吉思汗诸弟后裔又可统称 Ongliγud。此处,别里古台后裔毛里孩被称为 Ongliγud,《俺答汗传》(§13)中哈撒儿后裔兀捏孛罗王也被称为 Ongliγud,该书说心怀不轨的 Ongliγud 恃强,险些娶走满都海哈屯。而《源流》等其他 17 世纪蒙文史书都说兀捏孛罗曾向满都海求婚,但遭到拒绝。则《俺答汗传》的 Ongliγud 指兀捏孛罗。《蒙古文学精粹百篇》(p. 83)有 Qorčin terigülen Ongniγud(以火儿慎为首的汪流)之语。中国第一历史档案馆所藏蒙文档案第 57 件为火儿慎土谢图汗写给皇太极的信,信中提到 dörben abaγ-a 之语。dörben abaγ-a,意为"四位叔叔",代表成吉思汗四个弟弟后裔的部落,即 Ongliγud。胡日查在《关手"阿噜蒙古"的几个部落》(载《内蒙古师范大学学报》蒙文版 1994 年第 4 期)一文中说 Ongliγud 或 Ongniγud 实际上是针对成吉思汗诸弟后裔的称呼,并简述了斡赤斤、别里古台、哈撒儿、哈赤温称王的情况。宝音德力根(《往流、阿巴噶、阿鲁蒙古》,载《内蒙古大学学报》1998 年第 4 期)详细考证了 Ongliγud 包含斡赤斤后裔所领泰宁卫、哈赤温后裔所领翁牛特等部、别里古台后裔所领阿巴噶等部、哈撒儿后裔所领科尔沁部。《源流》后文(K 本 73r14)提到巴儿速孛罗的后裔中有一家族成了 Ongliγud(王领),也并不是说他们形成了 Ongliγud 氏。

Ongliγud 泛指成吉思汗诸弟的部落,已成了一个专名,后来逐渐保留为其中一人的部落名,一般译为"翁牛特"(Ongniγud)。因为《源流》称毛里孩为 Ongliγud,所以有不少人把毛里孩王当成了《表传》所记翁牛特部人。这是不对的。《表传》(卷 31)记"斡楚因"(斡赤斤之讹)为翁牛特部始祖。宝音德力根(《往流、阿巴噶、阿鲁蒙古》)则考证哈赤温为翁牛特部始祖。此前宫胁(《蒙古·瓦剌关系史》)已指出翁牛特为哈赤温系部落,但未做考证。即使翁牛特为哈赤温一系的部落,也与毛里孩无关,因为他是别里古台后裔,一方面有明代汉籍所记载他的黄苓王(产宁王)的称号作证;一方面:从两《黄金史》的有关记载也可看出他是别里古台后裔:毛里孩杀死了莫兰汗,哈撒儿后裔兀捏孛罗发兵讨伐毛里孩,说:"也速该把都儿、月伦生了铁木真、哈撒儿、哈赤温、斡赤斤,四人是一母同胞,另一个哈屯生了别克帖儿、别里古台二人。圣主成吉思汗率我们的先祖哈撒儿杀死了别克帖儿,因有此仇,现在毛里孩才杀死了莫兰汗。莫兰汗虽然无嗣,但我作为哈撒儿的后裔,定要追究。"因此,别里古台后裔毛里孩不可能是《表传》所记翁牛特部的人。他是阿巴噶部贵族的先祖。《恒河之流》、《金轮千辐》把他列为别里古台第十三代孙.说他的后人成了阿巴噶的首领。《表传》也说阿巴噶部的先祖是别里古台。

和田清(《蒙古篇》p. 313)受《源流》清代汉译本的影响,把毛里孩当成翁牛特部人,又据《表传》有关翁牛特部先祖的记载,说或许后来斡赤斤的子孙西进,取代了别里古台的子孙成了翁牛特部的首领。这一说法缺乏史料依据。沈曾植、沙斯季娜(《沙拉图济》第 5 章注 26)都认为此处的 Ongliγud 指元代的雍古特(即汪古),显误。

⑫ 毛里孩,Moliqai。清译本(V. 24r)作"摩里海"。《黄史》作 Mooliqai,两《黄金史》、《阿萨剌黑齐史》作 Maγuliqai。即明代汉籍中的"毛里孩",偶作"卯里孩"(《明实录》景泰六年八月己酉条),"木里王"(成化二年九月丁酉条)。继阿鲁台之后东蒙古出现的两大强酋之一,在也先死后开始崛起。1455 年(景泰六年)开始出现于《明实录》等汉籍中,1460 年(明天顺四年)始入河套地区活动,与另一强酋孛来太师相争,最终获胜,于 1466 年杀死孛来太师,拥立新汗(即莫兰汗),不久又将其杀死。不时侵扰明边。1468 年左右,遭满都鲁汗所遣兀捏孛罗攻袭,逃跑途中困病而死(《源流》、两《黄金史》)。

⑬ 孛罗忽吉囊,Bolqu ǰinong。清译本(V. 25v)作"博勒呼吉囊"。据 17 世纪蒙文史书,是伯颜猛可的封号。明代汉籍作"孛罗忽",偶作"卜儿户吉囊"

(《登坛·北虏各支宗派》)。《明实录》中,孛罗忽之名首见于成化七年(1471 年)七月丙子条。但实际上成化六年(1470 年)十一月甲午条已见有他的活动,只是译名稍有不同。该条作:“平虏将军总兵官抚宁侯朱永奏:‘虏酋阿罗出潜据河套,出没边境。近孛罗又率穷寇作筏渡河併而为一,贼势愈众。……”阿罗出,即斡罗出少师。《源流》前文提到伯颜猛可由四位大臣从瓦剌送回蒙古,途中至斡罗出少师家,纳其女,留住下来,实际上就是《明实录》这条记载的故事化了的传说。那么,“孛罗”即“孛罗忽”。《明史·宪宗纪》成化六年十一月项下说:“是月,孛罗忽渡河与阿罗出合。”已将“孛罗”改为“孛罗忽”。孛罗忽依靠岳父斡罗出少师的力量逐渐壮大自己,不久就由“穷寇”一变而为与满都鲁、乩加思兰时常联名出现的大人物。权臣乩加思兰本打算立他为汗,他“不敢当,让其叔满都鲁”(《明实录》成化十五年五月庚午条)。1476 年,明朝得到他被满都鲁与乩加思兰杀死的消息(《明实录》成化十二年十月戊戌条)。《源流》等蒙文史书说孛罗忽是遭到亦思马因的袭击,逃跑途中被人杀死的。亦思马因是乩加思兰的同族,后继乩加思兰当上应绍卜部的首领。或许是当年他受乩加思兰的指派前去击杀孛多忽的。

⑭ 兀捏孛罗王,Ünebolod ong。清译本(V. 26v)作“乌讷博罗特王”。《黄史》不记此人事迹,只在列举哈撒儿后裔世系时提到他,作 Noya bolod。据两《黄金史》和《黄史》,他是孛罗乃(明代汉籍作“孛罗乃齐王”)的弟弟。《黄史》、《金轮千辐》所列哈撒儿后裔世系中,不记他的后代,《金轮千辐》还说:“不知道他有没有子嗣。”据后来的记载,哈撒儿后裔所领诸部中,除和硕特的首领为兀捏孛罗的先祖兀噜黑帖木儿一系子孙外,科尔沁等其他部落的首领均为孛罗乃一系子孙。

⑮ 别格儿先太师,Begersen tayiši。清译本(V. 26r)作“伯格埒逊台吉”,台吉,因 D 本作 tayi ǰi 而误。此人不见于《黄史》、《阿萨剌黑齐史》。即明代汉籍中活跃于天顺末年至成化十五年间(1464 ~ 1479 年)的“乩加思兰太师”,偶作“伯革谦太师”(《明实录》成化六年五月乙酉条)。伯希和(《明史中的

火者与写亦虎先》)认为乩加思兰可能是突厥语名称 Bäg-Arslan。

关于他的族属，记载不一。《源流》此处说是 Oyirad(瓦剌)人，后文(K本 61r29)又说是 Uyiγud(畏兀)人。罗桑丹津《黄金史》作 Uyiγud，《黄金史纲》作 Oyirad。《明实录》成化十五年五月庚午条说："乩加思兰，……。初，部下止三、四百人，在迤西土鲁番地面往来。"其他明人著作中也多说他"故居哈密北山"(《皇明北虏考》、《殊域》、《四夷考》、《名山藏》等)。明代汉籍称亦思马因为乩加思兰"族弟"(《明实录》成化十五年五月庚午条)，又称与亦思马因是同族的亦卜剌为"野乜克力"人(《明实录》弘治八年六月甲寅条)。《平番始末》也说："野乜克力原系北虏乩加思兰及恩赤马因(亦思马因之讹)遗落部种。"亦思马因、亦卜剌两个人，蒙文史书(两《黄金史》、《阿萨剌黑齐史》、《俺答汗传》)也称为 Uyiγud 人。因此，乩加思兰一族实际上是住地在哈密北山一带的野乜克力(即金、元时代的"磨可里"、"灭乞里")。因畏兀儿、野乜克力、瓦剌三者住地邻近，蒙古人以为野乜克力即畏兀儿，又时而把它与瓦剌相混。

乩加思兰是明代中期蒙古本部的一个著名首领，曾左右蒙古汗廷，他的活动频频出现在明代汉籍中。明人称他"虏酋之桀黠者，有智术，善用兵"(《明实录》上引条)，最初以三西百人起家，后来当上了蒙古应绍卜部的首领，约于明成化初年(1465 年)率众进入河套地区，与诸部争雄，不时寇掠明边，逐渐发展为势力最强者。把女儿嫁给满都鲁，立他为汗，自任太师，他的部众当时已发展到数万人，由于过分擅权，招忌恨，于 1479 年被满都鲁汗部下亦思马因、脱罗干等人杀死。

⑯ 中根，ǰünggen。清译本(V. 26r)作"钟金"。《世系谱》(Ⅲ. 18r)作"中根"。明代蒙古贵族妇女的一种称号，用于大汗的哈屯，以及吉囊、罕的夫人。如此处所说大汗满都鲁的夫人，还有后文出现的俺答汗的夫人"那颜出中根哈屯"、卜失兔吉囊的夫人"台哈勒中根哈屯"等。《俺答汗传》多称俺答汗之妻为"中根哈屯"。明代汉籍中出现的"竹根"(《明实录》万历十五年十月丁卯条：忠顺夫人竹根大儿阿不害)、"中爱"(《明实录》万历二年十一月

丙寅条:河西酋妇中爱哈屯;《武功录》卷 14:吉能中爱哈屯)等,当是 ǰünggen的汉语音译。

关于中根的词源,尚无定论。莱辛(F. D. Lessing)《蒙英辞典》(p. 1075)释为"中宫",塞瑞斯同意这一解释(《钟根——蒙古王妃的一种称号》,载《乌拉尔—阿尔泰年鉴》第47 卷)。冈田英弘(《达延汗的先世》)译为"中宫",道润梯步(译注《源流》p. 287)也译为"中宫"。按蒙古语发展的元音逆同化规律(即所谓"i 的转折"),还原为"正宫"是可能的。"正"的元代读音是ǰing,"宫"的读音是 güng,正宫ǰinggüng 转为ǰüngging,又演变为ǰünggin ~ ǰünggen。蒙文史书中还有其他可以用元音逆同化来解释的变了样的汉语词汇。如ǰuyang,可能就源于"知院"。知院ǰi-ön,转为 jöyen,再演变为 ǰuyang。《源流》前文两次见有ǰüngge ergün 一语(K 本 30v26, 58v24),清译本一处译为"进献",一处译为"许与……为妻"(Ⅲ. 14v、V. 21v)。《俺答汗传》(§93)也有ǰüngge ergükü 一语。ǰüngge 是ǰünggen 的不定格。这是一个习惯语,指向汗王进献女子作夫人,直译为"奉为中根"。

⑺ 亦思马因太师,Isman tayiši。清译本(V. 26v)作"伊斯满太师"。《黄金史纲》作 Ismal,罗桑丹津《黄金史》多处作 Ismal,两处作 Smal,《阿萨剌黑齐史》作 Samul。Smal、Samul 均为 Ismal 的讹写。这是一个伊斯兰教名,原形为 Ismail。此人即明代汉籍中活跃于成化年间的"亦思马因太师"。他是哈密北山野乜克力人(参见注 75),《源流》此处说他是应绍卜人,是因为他曾是应绍卜部的首领。他于 1476 年参与杀害了孛罗忽吉囊(参见注 75),又于 1479 年与满都鲁汗的另一个部下脱罗干一起杀死了乩加思兰,继任为应绍卜部的首领(《明实录》成化十五年五月庚午条)。不断扩大自己的势力,1480 年曾东侵兀良哈三卫。明人说他"纠众沙漠,雄长诸部"(《明实录》成化十八年闰八月乙未条)。答言汗即位后,开始对他采取行动。1483 年,答言汗与亦思马因开战,亦思马因败走(成化十九年五月壬寅条),1486 年明朝得到"亦思马因已死"的报告(成化二十二年七月壬申条),据蒙文史书,他是被答言汗派脱火赤少师袭杀的。

⑱ 把秃·猛可，Batu möngke。清译本（V. 27r）作“巴图蒙克”。《皇明北虏考》等明代汉籍作“把秃猛可”。17 世纪蒙文史书一致记为答言汗的本名。

关于他的生年，17 世纪蒙文史书所载不一。《源流》所记“甲申”相当于 1464 年，这一年份取自《黄史》的“木猴年”即 1464 年甲申。两《黄金史》和《阿萨剌黑齐史》不记具体年份，只说他猪儿年七岁即位，四十四岁去世。此猪儿年，据其上下文当为 1479 己亥年，那么他的生年可推算出是 1473 年癸巳。《俺答汗传》（§§17、32）说他七岁即位，于丁丑年四十四岁去世。此丁丑年当为 1517 年，据此可推算出他的生年是 1474 年甲午。《明实录》中，满都鲁汗去世以后小王子的第一次出现是在成化十七年（1481 年）五月。明朝方面有关这期间小王子的记载相当混乱，也弄不清答言汗到底是一个还是两个，不少汉籍将把秃猛可和伯颜猛可当成了兄弟俩，说他们二人相继即位，《明实录》中所能得到的确切年份是小王子向明朝“自称大元大可汗”（即答言汗）的弘治元年（1488 年）。汉籍的记载对考证答言汗的生年没有多少帮助。分析只能从蒙文史书入手。总的来说，《俺答汗传》的纪年一般都相当可靠；两《黄金史》、《阿萨剌黑齐史》的纪年也比《黄史》和《源流》准确。两《黄金史》等书所记的猪儿年（1479 年己亥），正是《明实录》和两《黄金史》等书所记答言汗上代大汗满都鲁的卒年，所以说答言汗于这一年即位还是合乎情理的。与此相比，《源流》后文所记“庚寅”（1470 年）就有问题，因为这一年满都鲁还在位。由于《源流》从马儿苦儿吉思的卒年往下，历代大汗的即位年都被提前了十二年，在满都鲁与答言汗之间又插进了实际并不存在的孛罗忽在位的三年，使答言汗的即位年共提前了八年，不然的话，应该是作 1478 年，与两《黄金史》所载只差一年。《源流》也同其他 17 世纪蒙文史书一样，说答言汗七岁即位，这恐怕不会错，那么照 1479 年即位推算，答言汗还应该是生于 1473 年、1474 年左右。

把秃猛可答言汗的卒年，《源流》后文记为“癸卯”，相当于 1543 年，这一纪年出自《黄史》，《黄史》作“兔儿年”，又说他享年八十岁，推算的结果就是1543年癸卯。《俺答汗传》(§32)记为"红牛年"即丁丑,相当于1517年。两《黄金史》不记具体年份,但据其所记答言汗[己]亥年(1479年)七岁即位,享年四十四岁的记载推算,他的卒年是作1516年丙子。明代汉籍不载答言汗卒年。根据有关巴儿速孛罗在答言汗去世后曾即汗位的记载(参见注87),以及《俺答汗传》(§33)有关他死于1519年(兔儿年,己卯)的记载,《黄史》、《源流》的1543年之说显然有误,还是《俺答汗传》的1517年说可信。

⑲ 彻兀,Čegüd。清译本(V. 27v)作"察库特",因满译本Cakut而误。当与《元史》(卷28、132)的"彻兀台"、"彻兀台氏"有关系,Čegüdei(彻兀台)由姓氏Čegüd缀加男性词尾-ei构成,表明拥有Čegüdei之名的人出身于Čegüd姓氏。该名不见于其他17世纪蒙文史书和明代汉籍。

⑳ 火筛,Qoošai。清译本(V. 27v)作"科赛",后文又作"郭锡"、"浩锡"、"和实"。两《黄金史》和《阿萨剌黑齐史》作Qošoi。此即明代汉籍中的"火筛",满都鲁汗、答言汗时期强臣脱罗干之子,其名首见于《明实录》弘治十二年(1499年)五月乙丑条,被称为"枭鸷尤甚",是小王子(答言汗)手下的骁将。《名山藏·鞑靼传》也说他"狡黠善用兵"。还在父亲在任时,就已显露头角(据《明实录》,脱罗干至少活到了1499年七月),统领满官嗔部,几次在答言汗与明军的作战中,率众出征。与答言汗关系密切,娶满都海夫人与满都鲁汗所生之女也失格公主为妻,答言汗第三子巴儿速孛罗还曾携长子衮必里克、次子俺答在他家住过一段时期(《源流》,K本64r02),后来衮必里克娶其女为妻(《源流》,K本69r28)。关于他的结局,《明实录》及蒙文史书都无明确记载。《明实录》中最后一次出现他的名字是在弘治十七年(1504年)六月,当时他率部与明军作战。《皇明北虏考》说他"日强盛跋扈,与小王子争雄长",《武功录·俺答列传上》也说:"火筛与小王子相仇杀。"《四夷考》甚至说:"小王子与火筛相仇杀,火筛死。"《源流》中看不到火筛与答言汗相争之事,两《黄金史》提到答言汗征右翼时先击满官嗔,但未提火筛之名,所记情节与《源流》所记答言汗首征亦卜剌时的一

致，其中的一个人物纽列该，两《黄金史》记为满官嗔人，《源流》却记为阿儿秃斯打郎部人。《源流》说亦卜剌等人杀死答言汗次子兀鲁思孛罗时，火筛曾为巴儿速孛罗一家的安全，派人将他们护送回答言汗处，当答言汗征右翼首战失利，遭亦卜剌等人追击时，又是火筛派人送口信给答言汗，使他免遭更大损失。总之，各种记载之间很难协调。但可以肯定的事实是他的部落最终还是落入了答言汗之手，后来成为俺答汗的属部。

⑧1 这句话，清译本(V. 28r)据满译本误译为“岁次戊子博勒呼济农年二十九岁时生巴延蒙克”。张尔田虽看出清译本的矛盾，但因不懂蒙文原文，以为“巴延蒙克”是“巴图蒙克”之误。其实，这里根本没有谁生谁的意思，伯颜猛可与孛罗忽是同一人。萩原淳平(《研究》pp. 130、145)、佐藤长(《关于达延汗的史实与传说》)以清译本的误译文，作为自己论证蒙、汉文史书都载孛罗忽生有二子(兄为把秃猛可、弟为伯颜猛可)的依据。当然也是错上加错。

蒙文原文中的“……ǰil-eče……od boloɣad”，是蒙文史书中表示汗和吉囊在位年数的习惯用法。这里所说的戊子年相当于1468年(明成化四年)。这句话本身有矛盾，因为前文说伯颜猛可生于壬申年，到此戊子年(1468年)，他的年龄只是十七岁，而不是二十九岁。因满都鲁汗的卒年被提前了十二年，此戊子年也当是提前了十二年的年份，推后十二年到庚子年(1480年)，才与二十九岁相符。据此，可知《源流》孛罗忽的即位、去世年本应是作1480年和1482年的，虽受其他纪年的影响被提前了十二年，但在他的年龄上还是留下了提前的痕迹。即使是这样，说孛罗忽曾即汗位和庚寅年死，都是不确实的。因为据明代汉籍，孛罗忽始终未曾即过汗位，他曾有机会，但让给了满都鲁(《明实录》成化十五年五月庚午条)。而且他死在1476年(《明实录》成化十二年十月戊戌条)，比满都鲁还早死三年，因此不可能在满都鲁之后即位为汗。两《黄金史》也说孛罗忽曾即汗位，即位时间为“猪儿年”，当指1479年已亥。亦误。

⑧2 庚寅，相当于公元1470年。两《黄金史》、《阿萨剌黑齐史》作“虎儿年”，相

当于1482年壬寅。纪年均有误。当为1476年(《明实录》成化十二年十月戊戌条)。孛罗忽最后被害的经过,两《黄金史》记述得比较详细:孛罗忽听到满都鲁集合军队,就逃到满都鲁的女儿孛啰黑臣公主处,后因公主之夫伯格儿先(乩加思兰)不容而出亡,遭到亦思马因太师的袭击,妻子失乞儿被掳。孛罗忽逃脱,与孛鲁台逃至应绍卜的边民处,孛罗忽派孛鲁台前去了解情况,孛鲁台遇上姐姐,被留住不放行。孛罗忽口渴难忍,就到一户人家喝酸奶。一个女人见他骑的白马、穿的银鼠皮夹里蟒袍和佩带的金扣带等物,便动了贪心,在他离去之后,她见水边有不少人,就过去对他们说有个有油水的人刚离开。于是应绍卜的那五个人追上来索要金扣带,孛罗忽不给,他们就用缰绳把他勒死了。

㊸ 卜儿该,Burqai。清译本(V. 28v)作"布喇该"。两《黄金史》亦说失乞儿太后与亦思马因生有Buqai、Babudai两个儿子,在亦思马因被杀之后,这两个儿子与失乞儿太后一起被接回答言汗处。这个卜儿孩,很可能就是后来明代汉籍中出现的海虏之一"卜儿孩"。《俺答汗传》(§41)称活动于西海的卜儿孩为"畏兀之卜儿孩太师",蒙古人称亦思马因为畏兀人,可见卜儿孩与亦思马因同属一族,明人也说他曾是小王子部下,因此有可能就是亦思马因与失乞儿所生之子。他的名字首见于《明实录》嘉靖十一年(1532圭)正月,丁卯条:"虏酋卜儿孩者,本小王子部落也,以内乱奔据西海,久为甘肃患。"说明他到西海已有一段时间,同书嘉靖十二年(1533年)二月癸卯条说卜儿孩为庄宁边患"已二十年",那么他也是在右翼之战(1510年)之后不久迁到西海去的。卜儿孩入西海后,与亦卜剌等人联营,侵占了撒里畏兀人的住地,又四下纵掠邻境,对周围的部族和明朝边境造成威胁。1532年左右,阿儿秃斯衮必里克吉囊等人出兵西海,"袭破亦不剌营,收其部落大半,惟卜儿孩所领余众脱走"(《明实录》嘉靖十一年正月丙子条)。《俺答汗传》(§41)也记载了这件事。1541年(嘉靖二十年)正月以后,卜儿孩之名不见于《明实录》。《俺答汗传》(§§62、65)说俺答汗于黑虎年即1542年至青龙年即1544年之间再征卜儿孩,将其降伏后,赐予自己的

侄子歹成那颜(即《北虏世系》的"恩克跌儿歹成台吉",又称"永邵卜大成台吉"。是俺答汗末弟卜只剌的长子,为应绍卜部首领)。

㉞ 也失哈屯,Eši qatun。清译本(V. 29v)据满译本译为"母老福晋"。《黄史》、两《黄金史》亦作 Eši qatun。据罗桑丹津《黄金史》(114a),这是对忽必烈汗生母唆鲁禾帖尼的尊称。文中说:"成吉思汗请求萨迦的曼殊室利喇嘛使他的孙辈中诞生一个菩萨的化身。于是曼殊室利班底怛让人给成吉思汗带去一个金匣子。鸡儿年正月十五日举行盛大的庆宴,[把那匣子]给拖雷大王名叫也失哈屯的媳妇打开来一看,里面的三只金蚊飞出来钻入也失哈屯的鼻子里,进到她的御胎中。十个月后在和林城中生下了转轮圣王的化身薛禅皇帝、阿里不哥一对孪生子。"

称唆鲁禾帖尼为也失哈屯(始初母后)以及满都海哈屯向也失哈屯祈请赐福,并在也失哈屯位前扶把秃猛可即位的记述,反映出明代蒙古汗族将元朝的开国之主忽必烈汗的生母唆鲁禾帖尼作为崇拜和祭祀的女祖先,这说明当时成吉思汗的后裔是把拖雷—忽必烈系视为成吉思汗嫡裔,把元朝皇统视为正统。

另外,札奇斯钦(《黄金史译注》,p. 265)提到《成吉思汗嘉言录》中成吉思汗大夫人孛儿帖的尊号为 Qamuγ eši eke qatun——"始母后";《宝贝数珠》称忽必烈的皇后察必为 Eši qatun。这些当是后世产生的异说。符拉基米尔佐夫(《制度史》)认为也失哈屯是指所谓蒙古孛儿只斤氏族始祖母阿兰豁阿,沙斯季娜(《沙拉图济》)、鲍登(《阿勒坛脱卜赤》)沿袭这一说法。留金锁(校注《黄金史纲》)、道润梯步(译注《源流》)认为即孛儿帖。

eši,本义为"根柄"、"起始"、"源",引申用为"母亲"的尊称,如《卫拉特法典》说:Ečige köbegün-iyen, eši beri-bensurγan nilaqul-a γai ügei——"父亲因教育儿子、[婆]母因教育儿媳而动手打人,不算犯法。"Eši qatun,施密特7(《东蒙古史》p. 181)译为"原始母亲",沙斯季娜(《沙拉图济》p. 188)解释为"根源母亲",是。道润梯步(译注《源流》p. 296)将 Eši 释为"天干的干",将 Eši qatun 释为"天后",误。eši 一词用作天干的"干",是清代以后的事。

《俺答汗传》(§50)提到1538年(黄狗年,戊戌)不地汗等人征剿兀良罕万户时,先在成吉思汗灵帐前誓师,然后俺答汗、衮必里克吉囊率右翼三万户,携成吉思汗八白帐进驻杭爱山阳,不地汗率左翼三万户携也失哈屯灵帐进驻杭爱山阴。从这一记载来看,也失哈屯的灵帐当时已是八白帐的一个随帐。当八白帐定位于今内蒙古自治区伊克昭盟伊金霍洛旗伊金霍洛苏木 Borotoloγai 之地时,也失哈屯的灵帐(当地人称为 Eši qatun qoroγ-a ›Šitun qoroγ-a)随之安置于五六里远的地方。1956年,也失哈屯灵帐移入新建的成吉思汗陵的东殿中(参见 N·胡日查《也失哈屯霍洛及其起源变迁》,载《蒙古学研究》蒙文版,1990年第4期)。

㊿85 答言合罕,Dayan qaγan。清译本(V. 30r)作"答言汗"。明代汉籍作"歹颜哈"(《北虏世系》、《四夷考》、《武备志·四夷》)、"答言罕"(《登坛·北虏各支宗派》)等。Dayan,罗桑丹津《黄金史》和《俺答汗传》作 Dayun。Dayun 即汉语"大元"(元代读音为 dai ön)的音译。Dai ön 连写,即成 Dayun,Dayan 是经过元音顺同化调整后的形式。Dayun ~ Dayan 即"大元",可以从明代汉籍中得到证明。答言汗相当于汉籍中成化末年出现的小王子,他在弘治元年(1488年)向明朝"奉番书求贡",书中"自称大元大可汗"(《明实录》弘治元年九月乙丑条)。《源流》所见"给他上称号为'答言合罕',意思是让他作天下之主"的说法,出自《黄史》。两《黄金史》等其他17世纪蒙文史书皆无此说。这显然是后人的一种俗词源学的解释。详见拙文《Dayan 与"大元"——关于达延汗的汗号》(载《内蒙古大学学报》1990年第1期)。

答言汗是蒙古历史上一个非常重要的人物,因重振汗权,重新统一蒙古而受到蒙古人的尊敬和史家的重视,17世纪蒙文史书中对他的伟绩都有记载。明代汉籍的记载多侧重于他与明朝的关系。他一生最主要或最具影响的举措是收服右翼、统一蒙古本部和重整六万户、分封子嗣。从而剥夺了异族异系封建主对部落的控制权,重新恢复了大汗在全蒙古的统治,减少了频繁的内战,客观上使分裂混乱中的蒙古地区一时获得了相对的稳定,为经济的恢复和发展打下了基础。他本人也成为明末及有清一代内、外蒙古大部分王公贵族的共同始祖。

⑯ 帖思・孛儿图,Tes Bor-tu。清译本(V. 30v)作"塔斯博尔图"。《世系谱》作"忒思布尔都"。沈曾植说:"塔斯者特斯河也。"当是。《游牧记》卷13《杜尔伯特部》项内记有"特斯河"、"博尔河"两条河流,均流入阿尔泰山之东的乌布萨泊(今蒙古国乌布苏诺尔湖),特斯河在湖东,博尔河在湖北。此帖思・孛儿图大概指特斯河与博尔河之间的地区。

⑰ 巴儿速孛罗,Barsubolod。清译本(V. 30v)作"伯尔色博罗特",后文又作"巴尔斯博罗特"。《源流》后文又称他为 Barsubolod sayin alaγ——巴儿速孛罗・赛那剌(K 本 65r29、68v12)或 Sayin alaγ——赛那剌(K 本 64r10等)。赛那剌,清译本作"赛因阿拉克"。《俺答汗传》(§§27、33)也记下了巴儿速孛罗的 Sayin alaγ 之称。明代汉籍中,他以多种名称出现,如:"谡阿郎"(《明实录》嘉靖二十年七月丁酉条、《武功录・俺答列传上》)、"赛那剌"(《北虏世系》、《四夷考》、《名山藏》)、"赛那浪"(《两朝平攘录》、《登坛・胡名》)、"赛那浪罕"(《筹边纂议》卷1《历代夷名宗派》)。《宣化县志》作"洒阿汗",以上都是 Sayin alaγ(qaγan)的音译。另有"阿着"(《皇明北虏考》)、"阿著"(《武功录・俺答列传上》)、"哈不害罕"(《登坛・北虏各支宗派》)等。

他是答言汗统一蒙古本部后的首任吉囊,驻右翼,直辖阿儿秃斯万户。两《黄金史》、《阿萨剌黑齐史》都说在答言汗去世之后,因不地(答言汗嫡长孙)年幼,巴儿速孛罗即了大位。《皇明北虏考》说:"阿著称小王子,未几死,众立卜赤,称亦克罕。"《四夷考》、《武功录》、《武备志・北虏》也有类似的记载,再从汉籍中称他为"罕"来看,他确曾即位为汗。《黄史》、《源流》不提他曾即汗位一事。但《源流》后文(K 本 69rll)出现巴儿速孛罗"在罕位二十年"的说法,让人感觉到《源流》作者欲掩盖事实真相时对史料处理得不够彻底,露出了马脚。和田清(《蒙古篇》p. 411)认为是《源流》作

者出于维护自己祖先的名誉,有意回避了巴儿速孛罗曾非法即汗位的事实。两《黄金史》等书未记他即位的具体时间,汉籍中也无明确说法。估计是在答言汗去世的1517年左右。他在位的时间很短,1519年就死去了(《俺答汗传》说他死于"兔儿年"即1519年己卯)。

⑱ 纳勒出·孛罗,Nalču bolod。清译本(V. 31r)作"阿勒楚博罗特"。《俺答汗传》(§18)作El buγura。此人相当于《北虏世系》的"纳力不剌"。古蒙古文中,n音常不带识点,与元音同形,此处ALČO BOLOD即可读作AIču bolod,也可读作Nalčubolod。收入16世纪末《北虏世系》中的答言汗后裔世系表,据说是从一份蒙古王公人名表汉译的,许多名称是按照蒙古语口语读音形式译出的(塞瑞斯《笺注》导言),因此"纳力不剌"的读音要比清乾隆四十年间的"阿勒楚博罗特"的读音可靠。

⑲ 哈嗔,Qačin。D本系统三本作Sečen(为Qačin之形讹),清译本(V. 31r)因译为人名"彻辰"。此部名当源自元代的"哈赤"(qači)。《元史》卷100《兵志·马政》记太仆寺(典掌御位下、大斡耳朵马)"马之群,或千百,或三五十,左股烙以官印,号大印子马。……牧人曰哈赤、哈剌赤,有千户、百户,父子相承任事"。哈嗔为哈赤的复数形式。《源流》中该部名只此一见,其他蒙文史书不载。《山中》有"哈慎"一部名,与敖目、朵颜等名排在一起,或即此Qačin。现在,察哈尔蒙古人当中有Qačin姓。

⑳ 纳儿孛罗,Narbolod。满译本误为Irsubolod,清译本(V. 31v)因误为"阿尔苏博罗特",与前文提到的答言汗第四子Arsubolod之名相混。此人之名,两《黄金史》、《阿萨剌黑齐史》、《俺答汗传》(§§18、20)作Nal buγura,《黄史》作Nal bolod。相当于《北虏世系》的答言汗第七子"那力不赖"。

第 6 卷

［译文］

又有札剌亦儿人忽秃黑少师的女儿速米儿哈屯[①]生了格咧孛罗[②]、格列山只两个儿子；瓦剌一巴图特的把哈儿衮鄂托克的阿剌丞相的儿子忙吉来·阿哈剌忽的女儿古失哈屯生了五八山只·称台吉、克列兔台吉两人。［这样］一共分出十一个罕。

却说，得知应绍卜的亦思马因太师落草为寇，［答言合罕］便派火鲁剌人脱火赤少师率领奇兵，攻杀了亦思马因太师。［脱火赤少师］请失乞儿太后上马启程，［她］却为亦思马因太师伤心落泪，不肯上马。脱火赤少师非常气愤，说道：

“难道你结发之夫善良的吉囊不好吗？
难道你［亲生的］儿子答言合罕不好吗？
难道你的邦国察罕儿万户不好吗？
难道仇人亦思马因太师反倒那么好吗？！”

说着抽出刀来，［太后］吓得［赶紧］上了马。为此，大家都讥笑失乞儿太后。脱火赤少师把亦思马因太师的［妻妾］忽鲁台·兀牙罕[③]纳为己妇。带回失乞儿太后，让她见了合罕。

不久,从右翼万户中有阿儿秃斯[4]—哈儿哈坛[5]人伯出忽儿·打儿汉、应绍卜—不里牙惕人只儿忽阿台·麦力艮、土蛮—毛·明暗[6]人朵豁兰·阿哈剌忽这三位大臣带领三十个侍从前来。[他们启奏]说:

"我们的天命之主登上皇位,
削平了骄横不臣的仇敌;
守嗣复嫁的满都海·扯臣哈屯,
祈愿应验,生下七位孛罗。

为了扶立一位吉囊,在圣主八白帐中
点燃伟大的明灯、清馥的香火
征敛六大国的贡赋,
[我们]前来迎请陛下的一位皇子。"

合罕、哈屯和众人一致赞同,立兀鲁思·孛罗为右翼三[万户]的吉囊,派火鲁剌人巴巴海·袄儿六随行。

阿巴海[7]到达[右翼]之后,为了在圣主[神位]之前即吉囊位,准备第二天就叩拜圣主。这时应绍卜人亦卜剌太师[8]、阿儿秃斯人满都来·阿哈剌忽[9]两个人[密]议说:"有什么必要在我们头上另立封主?还是自己给自己做主的好!现在就把这个阿巴海干掉!"于是挑唆失保嗔[10]的一个名叫孛勒术木儿的人说:"明天,人们聚集起来准备叩拜圣主的时候,你就说阿巴海骑的马'是我的',去跟他争抢,一争吵起来我们就进攻。"三个人[这样]勾结定了。第二天,在[阿巴海]骑马前来的时候,孛勒术木儿按照前约上前说:"这马是我的!"说着拽住了阿巴海的马缰绳。阿巴海说:"放开!以后再争辩!"[孛勒术木儿]拽住,不放,阿巴海一怒之下拔出腰间的佩刀砍了他的头。亦卜剌、满都来两个人愤愤地说:"刚一来就做出了这种事,今后要把我们灭绝掉呀!杀了这阿巴海,乘此时机进攻吧!"阿儿秃斯—哈儿哈坛人伯出忽儿·打儿汉说:

“所有的人一致同意才派去人陈请，

说‘庶民百姓怎能没有领主？

乞请合罕委派一位皇子’。

现在却要干犯合罕，上天能宠爱（我们）吗？”

虽然这样劝告，亦卜剌、满都来两个人并不理会，穿着全副铠甲领头冲杀过来。弘吉剌人把都儿·古哩孙从自己的红沙骏马上跳下来[把马]送给[阿巴海]说：“群情叵测，[快]逃出去吧！”说话间，[亦卜剌、满都来等]已经急不可耐地冲了过来，[阿巴海]躲进了白帐。厮杀之间，阿儿秃斯人土蛮·伯颜马剌射穿了亦卜剌的胸膛。阿巴海正在击倒一个人的时候，被[对方]后援兵射杀了。

却说巴儿速孛罗·赛那剌被也失格公主姑母[11]带在身边，就住在满官嗔—彻兀人火筛拓不能家中。那巴儿速孛罗要在他哥哥做吉囊的时候前去朝拜圣主，火筛拓不能说：“这个年月是什么[可以]靠得住的年月吗？给这孩子骑上黄毛骏马，阿儿秃斯人帖木儿，你随他前去！”这样嘱咐着送走了[他们]。

到发生凶变的时候，赛那剌骑着黄毛骏马，[与]帖木儿二人逃了出来。于是也失格公主、火筛拓不能两个商议：“这孩子我们养不了了，还是送回他父亲那里去吧。”正在寻找心地善良的人来护送，阿儿秃斯—可兀人帖木儿、偶甚人巴黑速忽里·火儿赤、打郎[12]人绰亦·秃儿根、兀喇[13]人脱亦马黑、卜哈思[14]人昂古儿、升豁儿人阿哈台、满官嗔人必里秃这七个人表示愿意护送。于是让一个妇人为赛那剌的孛坦哈屯作随身侍从，带走三岁的衮·必里克，[15]把俺答[16]寄放在满官嗔的失你该·袄儿六、也别该阿噶家里，便启程去父亲合罕处。

[途中]，用完了干粮，[只好]采野韭、草根充饥，[继续]赶路。帖木儿杀了一头野骡，充作行粮，终于护送到了。为此，答言合罕赐给帖木儿“太师”的名号，又封那七位伴从为“大打儿汉”。[答言合罕]立即出兵征讨右翼万户，从翁衮山口[17]而人，沿着秃儿根[河][18]扎营。打郎人把都儿·纽列该赶着一大群犏牛，吹着嵌有角饰的号角[19]冲来。左翼三[万户]误把牛蹄[声]当成了铠甲声，以为来了旗手、号手军，纷纷惊散奔逃。答言合罕骑的号称有角的甘草黄马，跳下河的时候仆倒在

地,合罕的盔顶插进了泥里,[使他]直不起身来。别速[20]人脱观喊道:“栗毛儿马陷进泥里了!”札忽[21]人赛因·彻吉彻、察罕两人回身下马,一同把[答言合罕]扶上乘骑,继续行进。到了夜间,找不到峡谷的出口,就从山的低坡处翻越过去了。因为有很多马鞍遗落在那里,所以[从此]就把那地方称为“阳哈儿察黑岭”。于是,把都儿·纽列该唱道:

“本来无事,左翼万户却来侵犯,
是非曲直,自有苍天明断,
秃儿根哈屯[河]已经赏给[他们]筋斗,
伟大的金光已经让[他们]四下溃散。”

答言合罕回军驻下之后,亦卜剌、满都来二人又率领三万人前来[追袭]。当时火筛拓不能从军中密遣两个人去给答言合罕报告消息。他们[得讯后]慌乱移营。[亦卜剌、满都来]尾追不止,在噶海·额列孙[地方]追上了克失旦[22]、谦只兀两个鄂托克,攻杀了一番便回师而去。火筛派遣的那两个人向合罕禀奏说:“陛下发兵又返回的时候,我们的把都儿·纽列该曾经如此这般唱过。”[答言]合罕气愤已极,叩拜苍天上帝,说:

“亦卜剌、满都来两人突然悖逆作乱。
兀鲁思·孛罗·阿巴海无辜地把性命送断,
把都儿·纽列该口出狂言,放肆地讥嘲,
天父上帝洞察作证,请作明断!”

就这样向天帝申告,洒马奶子祭奠,行叩拜大礼,随后率领左翼三万户和叔王火儿慎部出征。

右翼三万户听到合罕出征,便在答兰.帖哩温[23]地方迎战。开战的时候,答言合罕降旨说:“阿儿秃斯是保存圣主八白帐的命大缘深的人众;同样,兀良罕也是护守圣主金榧的命大缘深的人众，就让叔王火儿慎部［与它］对阵！十二鄂托克罕哈[24]与十二土蛮对阵！八鄂托克察罕儿与庞大的应绍卜对阵！”交战中，火儿慎人兀儿图忽海那颜[25]的儿子卜儿海·把都儿台吉、兀良罕人把都儿·巴牙海、札忽人赛因·彻吉彻、五鄂托克罕哈人把阿孙拓不能、克失旦人把都儿·兀噜木五个人率先冲锋陷阵。当罕哈追击土蛮、察罕儿追击应绍卜的时候，阿儿秃斯—哈儿哈坛人伯出忽儿·打儿汉、奎惕[26]人答儿麻·打儿汉、哈流嗔人兀塔阿赤·昆迭连、土蛮—康邻[27]人阿勒出来·啊哈剌忽、弘吉剌人把都儿·古哩孙、应绍卜—不重牙惕人锁黑塔兀·不儿杭忽、哈剌嗔人忙忽勒歹·合收赤七个人聚合在一起，呼叫着姓名赶上前来，领头冲阵，从兀良罕中间掠过，追赶劈杀。这时，巴儿速孛罗·赛那剌率领着四十个勇士冲上前来，从土蛮中间冲过去，再由阿儿秃斯的后面包抄过来砍杀，阿儿秃斯的猛可兀·纛赤认出赛那剌，说道：“圣主合罕的黑色大纛归到合罕的后裔手中了！”于是带着大纛前来归降。赛那剌命令他手持大纛站在原地。追击兀良罕的阿儿秃斯军兵从远处看见大纛，误［以为是自己的阵地］，赶上前来，结果大部分都战死了。

右翼三万户的一半逃跑了，一半归降了。答言合罕一直追到青海，把三万户全部收服。在纳臣·柴达木[28]地方杀死了阿儿秃斯的满都来·阿哈剌忽。从此就称那里为“阿哈剌忽之柴达木”。应绍卜的亦卜剌太师只身一人浑浑噩噩地奔走着，进入白帽人的哈密城，被人杀了。

答言合罕彻底收服了右翼三［万户］，收聚平抚六万户[29]大国，在圣主的八白帐前重新[30]宣布了合罕的称号，［降旨］说：“我的十一个儿子当中，令长子铁力·孛罗的儿子不地[31]继承我的合罕之位！功勋卓著的巴儿速孛罗曾经亲自陷阵，为我夺回了右翼三［万户］的政权，就令［他］在右翼万户之上作吉囊。”封赛那剌为吉囊的同时，又对曾经护送孛罗忽吉囊归来的那四个人，曾经援救过满都海哈屯的那四个人，曾经为赛那剌效力的那七个人，曾经抢回答言合罕精心照料的唐剌哈儿人帖木儿·哈达黑，曾经在［亦卜剌等人］要杀害阿巴海的时候出来劝阻的哈儿哈坛人伯出忽儿·打儿汉，曾经将红沙马让给阿巴海的弘吉剌人把都儿·古哩孙，曾经送给阿巴海腰刀，让［他］躲进圣主［八白帐］里的灵帐总管兀儿塔兀太师，曾经射穿亦卜剌胸膛的土蛮·伯颜马剌·打儿汉,曾经在答兰·帖哩温的战阵中率先冲杀的左翼万户那五个人,以及所有曾经效力的人,[答言合罕]都颁赐了“大打儿汉”名号,以及丹书敕令、金印和显爵。把满都海·扯臣哈屯的独生女儿脱啰勒图公主下嫁给了札噜人把阿孙·打儿汉拓不能。

后来,兀良罕人格根丞相、秃黑台·哈剌·忽剌两人为首的兀良罕万户反叛作乱。答言合罕率领察罕儿、罕哈两个[万户]出征,并派出使臣通告皇子巴儿速孛罗吉囊。[吉囊]率领右翼三万户兵马赶来。[两军]会合后,在勺儿合勒山梁[32]上与兀良罕万户交锋。左翼万户中有罕哈一札噜人把阿孙·打儿汉拓不能、察罕儿一札忽人赛因·彻吉彻的儿子昂客贝·昆迭连·哈什哈两人;右翼万户中有阿儿秃斯一哈儿哈坛人伯出忽儿·打儿汉、土蛮一康邻人阿勒出来·阿哈剌忽两人,[答言合罕]命令这四个人率领决死军出战,击破兀良罕的勺儿合勒太阵,收服了它的余众,把他们并人[其他]五个万户之内,削去了它的万户名称。[33]

答言合罕收集治理着六万户人众,为大蒙古国带来了平安幸福。[他]在位七十四年,于癸卯年宾天,享年八十岁。

他的儿子铁力·孛罗与兀鲁思·孛罗二人生于壬寅年[34],脱啰勒图公主和巴儿速孛罗二人生于甲辰年,阿儿速孛罗生于丁未年,纳勒出孛罗和阿赤赖·孛罗二人生于庚戌年,纳儿孛罗生于己卯年,札剌亦儿姓的哈屯[生]的格咧孛罗生于壬戌年、格列山只台吉生于壬寅年[35],瓦剌姓的哈屯[生]的五八山只·称台吉生于丁卯年、克列兔台吉生于乙亥年。

铁力·孛罗于癸未年死在[答言]合罕在世时,享年四十二岁。他的儿子不地台吉生于甲子年,甲辰年即合罕位,时年四十一岁。火儿慎人把都儿·毛罗斋曾经[建议]说:“[留着]右翼三[万户]对谁有好处?[我们]或是进攻并驱散[他们],或是[把他们]分为等份,并人左翼三[万户]内平分吧。”不地·阿剌黑合罕表示赞许,正在商议出兵右翼三万户的时候,他的察阿章娘娘太后母亲说了这样一番话:“有议论说你要平分右翼三万户。从前火儿慎的兀儿图忽海王在大破答兰·帖哩温的大阵之后曾经祈奏说:‘如果让这右翼三[万户]聚在一起,就会扰害我们的后代;如果把两个主要的兀鲁思——察罕儿和巴札儿二者合并起来,把庞大的应绍卜和我们二十万火儿慎合并起来，把十二土蛮并入十二鄂托克罕哈，将会永[保]安宁’。当时你贤明的祖父曾经降旨叱责说：

‘已找到杀害我心肝儿子的仇人，
已看到亦卜剌、满都来二人的下场；
从前四十万蒙古仅剩下六万，
倘若[不加爱惜]只知道破坏分割，
作为天下之主合罕的我，
又能有什么丰功伟绩可言呢?!’

如今你自以为生得比贤明的祖父有本事，就要违背那道圣旨吗？还说什么要吞并右翼三[万户]。一则，你怎么可以破坏你贤明的祖父所创定的大国和安定的玉宇?! 一则，我听人说赛那剌的长子衮，必里克·麦力艮吉囊的次子不阳忽里：都剌儿·歹成[36]是一个见到敌人就控制不住自己，抑止之间不由地披上铠甲，毫不犹豫率先冲入战阵的大勇士。有人说[赛那剌的]次子俺答的儿子辛爱·都龙·铁木儿[37]即使身着全副铠甲也能跳越过[一头]三至五岁的公驼。有人说麦力艮吉囊的一个儿子那木·塔尔尼·花台吉[38]的儿子忽图黑台·切尽台吉[39]是能追忆住昔、预知未来的贤人。有人说[麦力艮吉囊的另]一个儿子不阳忽里·都剌儿·歹成的儿子别勒该·歹崩台吉[40]拉弓时两肩胛骨相触，所以[经常]带着背垫，[他]能把奔跑着的狐狸按节射断尾巴。有人说他的弟弟不儿赛·哈坛·把都儿[41][一箭]能射穿三把铁锹。一旦开始拆散[他们]，若能成功，当然是好事；如果不成功，岂不是把自己和人家两部分人都毁了吗?”经[母亲]这样降旨劝阻，儿子不地·阿剌黑合罕听从了母亲的话，打消了原来的念头。[不地合罕]安抚着广大国家的百姓，在位四年，于丁未年崩，享年四十四岁。

他的儿子是打来孙台吉、可可出大台吉、汪兀·都喇。[42]

长兄打来孙·枯登台吉[43]生于甲辰年，于戊申年二十九岁时在白帐前获得合罕之号，并与右翼三[万户]结盟和好。在返回的途中，[赛]那剌的次子俺答前来相迎,禀奏道:“你已经成了正主合罕,安定了政局。曾经有过称为‘护卫皇政之失帖兀罕[44]’的小罕之号,现在请赐给我那个称号,我将护卫你的大政。”[打来孙]合罕应许,[赐]给了俺答“失帖兀罕”的称号。[打来孙合罕]回去之后,以“枯登合罕”称名四方。自此,安定玉宇大政,安抚着广大国家的大众。由于命运的大限已经到头:[打来孙·枯登合罕]于丁巳年驾崩,享年三十八岁。

他的儿子是土蛮台吉、庄兔台吉、塔儿尼·巴哈·打儿汉和大成台吉四人。[45]

土蛮台吉[46]生于乙亥年,戊午年即位,时年二十岁。[他]于丙子年三十八岁时拜见了系结大刀的噶儿麻喇嘛,[47]皈依佛门,聚集起六万户人众,制定了大法规,指令左翼万户中察罕儿[万户]的那木大·黄台吉[48]、罕哈[万户]的威正·速不亥[49]、右翼万户中阿儿秃斯[万户]的忽图黑台·切尽·黄台吉、阿速[部]的那木答喇,合落赤那颜[50]、土蛮[万户]的纳木歹·扯力克·皇台吉[51]这几个人执掌法规,以“扎撒黑图合罕”之名扬名四面八方,使广大国家政局太平,从女真、捏流[52]、答吉兀儿[53]三种部族处收取贡赋,以莫大的幸福满足国民,在位三十五年,壬辰年驾崩,享年五十四岁。

他的儿子是不彦台吉[等]兄弟十一人。[54]长子不彦台吉[55]生于己卯年,于癸巳年三十九岁时即位,以“扯臣合罕”扬名四方,以政教[二道]安抚着大国民众,癸卯年驾崩,享年四十九岁。

他的儿子是莽骨速台吉、喇卜噶儿台吉和毛·起炭台吉三人。[56]

长兄莽骨速台吉在父亲健在时去世。

他的儿子是林丹·把都儿台吉和桑噶儿赤·我托汉台吉二人。[57]

长兄林丹·把都儿台吉[58]生于壬辰年,于甲辰年十三岁时即位,以“忽秃图合罕”之称扬名各方,从迈答哩法王[59]、卓尼·绰儿只等人接受了精深密乘的灌顶等等,扶崇佛法。[他]在丁巳年二十六岁时拜见萨思迦·答察·沙儿巴·虎督度[60],再次接受了精深密乘的灌顶,修建了宏伟的殿宇和金刚白城[61],在城中兴建了[供奉]释迦牟尼像的众多庙宇,一个夏季当中即迅速建成,[寺]内的众佛像[也]全部完工。(他)依照前规均平地建立了[政教]二道,[但是]由于五百[年]的灾难时代已经临近,散居于六大兀鲁思的答言合罕后裔、诸合罕的宗亲以及众多臣民之中,违法的行为经常发生,以至于已经无法以仁政来加以统治。说来正如古时旧谚说的,“合罕一怒而政权毁。大象一怒而围栅摧”。由于合罕的明慧之心蒙生愦溃,因此六大国[被]大清国收服。[林丹·忽秃图合罕]在位三十一年,于甲戌年遭受厄运去世,享年四十三岁。

[以上]这是答言合罕长子铁力·孛罗系诸合罕的政绩。

[答言合罕]的第二个[儿子]兀鲁思·孛罗无嗣。因此由巴儿速孛罗·赛那剌坐镇右翼三万户;阿儿速孛罗·麦力艮·皇台吉坐镇多罗·土蛮;纳勒出孛罗坐镇五鄂托克罕哈;格列山只坐镇七鄂托克罕哈;阿赤赖·孛罗坐镇察罕儿[万户]的八鄂托克克失旦;格咧孛罗坐镇察罕儿[万户]的敖汉[62]、奈曼;纳儿孛罗坐镇察罕儿[万户]的好赤;[63]五八山只坐镇阿速、应绍卜两部;克列兔台吉也没有子嗣。

那位巴儿速孛罗的儿子是衮·必里克·麦力艮吉囊、俺答合罕、剌不台吉[64]、伯思哈勒·昆都力合罕[65]、伯颜答喇·那林台吉[66]、卜只剌·我托汉台吉[67]、塔喇海台吉[68]七人。

长子衮·必里克·麦力艮吉囊生于丙寅年,驻领阿儿秃斯万户。俺答合罕生于丁卯年,驻领十二土蛮的大部分。剌不台吉生于己卯年,驻领土蛮[万户]的兀甚。伯思哈勒生于庚午年,驻领应绍卜[万户]的七鄂托克哈剌嗔。伯颜答喇生于壬申年,驻领察罕儿[万户]的察罕·塔塔儿。卜只剌生于甲戌年,小的时候他曾经开玩笑地唱过:“愿那出、失喇二人相残!愿我驻领阿速、应绍卜二[部]!”[后来]五八山只·称台吉的儿子那出、失喇兄弟二人相残,那出因杀死弟弟而[被]没收封部。失喇被害,没有留下后嗣。因此[众人]议论说是应了[歌中的]话,而让卜只剌驻领了阿速、应绍卜二[部]。塔喇海夭折。

他们的父亲赛那剌先前于壬申年二十九岁时即吉囊位,在罕位二十年,辛卯年去世,享年四十八岁。此后,衮·必里克·麦力艮吉囊于壬辰年二十七岁时继为吉囊,与弟弟俺答合罕二人率领右翼三[万户]出兵汉地,汉军迎战于音迭格山口处。麦力艮吉囊的儿子不阳忽里·都剌儿·歹成和俺答合罕的儿子辛爱·都龙·铁木儿二人从左右向汉军阵地各发起三次[冲击],相继攻人,大破音迭格大阵,班师回营。[69]那衮·必里克·麦力艮吉囊的名叫唐速黑的大哈屯是土蛮一康邻人埃兰·

薛额儿的女儿,她生下了那言大儿吉能[70]、伯桑豁儿·狼台吉[71]二人;名叫额失格的婶母哈屯是罕哈—札剌亦儿人额先·蛇进的女儿,她生下了斡亦答儿麻·那木按那颜[72];阿勒坛出·赛因哈屯是土蛮—满官嗔的彻兀人火筛拓不能的女儿,她生下了那木·塔儿尼·花台吉、不阳忽里·都剌儿·歹成、巴札喇·威正那颜[73]、八的麻·三巴瓦·扯臣·把都儿[74]四人;阿木儿札哈屯是应绍卜的亦卜剌太师的女儿,她生下了阿木答喇·打儿汉那颜[75]、翁剌罕·银锭那颜[76]二人。他们被称为九罕。[77]

麦力艮吉囊在位十九年,庚戌年去世,享年四十五岁。

他的儿子那言大儿生于壬午年,于辛亥年三十岁时继为吉囊。接着,九罕析分财产,言大儿吉能驻领四豁哩牙;伯桑豁儿生于癸未年,驻领右翼的客兀—失保嗔、兀喇—唐兀二[部];斡亦答儿麻生于癸未年,驻领右翼的打郎—康邻、篾里乞—叭哈纳思二[部];那木塔儿尼生于甲申年,驻领右翼的别速—偶甚[部];不阳忽里生于丙戌年,驻领右翼的别帖斤—哈流嗔[部];巴札喇·威正生于戊子年,驻领右翼的好赤—客哩耶思[部];八的麻·三巴瓦生于庚寅年,驻领左翼的察哈、明阿、火你嗔、忽牙忽嗔四[部];阿木答喇生于辛卯年,驻领右翼的四鄂托克畏兀嗔[部];翁剌罕生于癸巳年,驻领右翼的三鄂托克阿麻海坛[部]。

[衮·必里克·麦力艮吉囊]长子那言大儿的儿子[是]不彦·把都儿·黄台吉[78]、那木图·都隆那颜、隐布·答来那颜、比巴石·我托汉那颜和赛因哈屯所生的莽骨思·朝库儿,共五个[儿子]。[79]

伯桑豁儿的儿子是埃答必思·答言那颜、奥巴·著力兔那颜、大正·宰桑那颜、昆都连那颜四人。[80]

斡亦答儿麻的儿子是铁盖·合收赤·黄台吉、海努黑·把都儿那颜、纳乞牙·昆迭连·歹成、朝儿克·青·把都儿、脱赤·薛缠·公谷儿、哭线·威正·著力兔六人。[81]

那木·塔儿屁·花台吉的尼温·帖古思·扯臣哈屯生了忽图黑台·切尽·黄台吉、不颜答喇·合落赤·把都儿、赛因答喇·青·把都儿;迭勒格儿哈屯生了那木大·麦力艮台吉,[共]四人。[82]

不阳忽里的脱孙·烛剌哈屯生了别勒该·歹崩那颜、不儿赛·七庆·歹成二人。

巴札喇的烛剌哈屯生了朵儿计·打儿汉·歹成、庄秃赖·威正那颜、恩克·合收赤那颜三人。[83]

八的麻·三巴瓦的阿勒坛·烛剌哈屯没有儿子,因此他的三个哥哥商议说:"赛因哈屯母亲双双生下的[儿子们],我们怎么可以单撇下一个,来析分八的麻的属众呢?让巴札喇的[儿子]朵儿计驻领四鄂托克吧!"就这样,让[朵儿计·]打儿汉·歹成驻领了四鄂托克。

阿木答喇的儿子是土麦·打儿汉·歹成、明爱·额耶赤那颜、比八失台吉三人。[84]

翁剌罕的儿子是吉赤吉·银锭那颜、备巴哩那颜、虎秃大台吉三人。[85]

却说,俺答合罕于壬子年四十七岁上出兵四瓦剌,在空归·札卜罕地方,击杀八千辉特的那颜马尼·明阿图,收降了[他的]妻子只格干阿噶[和]两个儿子脱豁亦、孛客兀歹,以及全部人众,囊括四瓦剌,收归自己控制之下。[86]此后十九年,[俺答合罕]远征占取了城市的汉人,残破他们的国土,骚扰他们的百姓。汉人惊恐异常,派遣了使臣,授予俺答合罕"顺义王"的称号,并[赐予]金印,表示愿意请和。辛未年,俺答合罕六十五岁,与汉地的大明隆庆皇帝议和,打开了取之不尽的大仓之门。[87]癸酉年,[俺答合罕]六十七岁,出兵黑吐蕃,收服了上下两部撒里·畏兀[88],[以及]下部朵甘思的阿哩克·桑噶儿吉合卜、鲁·伦奔、思纳儿堂·萨领合卜三位首领和众属民,以阿升喇嘛[89]、古密·速噶经师二人为首,带领众多的吐蕃人来归。[90]自此,阿升喇嘛为[俺答]合罕多次讲诵三种恶趣中轮回世界的恶弊,向色究竟天超升的善果,以及取舍的区别[等等],因此合罕的心中稍稍萌发了佛法,开始念诵六字真青。

同时,生于庚子年的忽图黑台·切尽·黄台吉,于壬戌年二十三岁时出兵四瓦剌,在额儿赤思河进攻土尔扈特人,杀死哈喇·不兀喇[91],在他们的炉灶前面树起黑纛,收服了失勒必思、土尔扈特两[部]的一半[人众],班师回营。

丙寅年,[忽图黑台·切尽·黄台吉]二十七岁,出兵吐蕃,在失里木只的三河汇流处扎营,向大卜儿萨喇嘛、禅些喇嘛、打儿汉喇嘛以及兀松答儿·蛇进、安坛·蛇进等人遣使[宣谕]说:"如果你们归降我们,我们愿意奉行佛法;如果不归降,我们就进攻!"[那些人]非常害怕,内部商议起来。三天过后,[忽图黑台·切尽·黄台吉的]两个弟弟说:"这样等下去怎么得了?现在就进攻吧!"哥哥切尽·黄台吉说:"明天太阳升起来的时候,将会有三个喇嘛前来,其中坐在中间的一位喇嘛会同我认真交谈。暂且等等他们。"果然,第二天来了三个喇嘛,中间[那位]称为打儿汉喇嘛的,在与切尽那颜交谈之间,[被]切尽那颜问道:"您的亲族当中有名叫瓦只剌·土麦的一位贤智的桑哈思巴[喇嘛]吗?"[打儿汉喇嘛]说:"没有那样一个人。"[切尽那颜]说:"现在您回去带属众前来归降,我们不会加害你们。"这样说定之后,[那三个喇嘛]回去了。第二天,瓦只剌·土麦。桑哈思巴正在放牧,一个身骑老虎,眼皮和胡须向外冒火的人追赶过来,他刚要进家,[那个人]就不见了。他把事情缘由讲给众人听,他的叔叔打儿汉喇嘛说:"昨天那位切尽那颜似乎不是凡人,大概是他稍微显示神灵了吧?这可逃脱不成了。现在[你]必须和我们一起前去。"说完就带他去了。到达后,一见面,[发现]骑虎的人就是那位那颜,于是赶紧[上前]拜见。当时,[切尽那颜]就像老相识似地说:"哎,桑哈思巴!你为什么要躲着我呢?如果不是你变作白凤[飞]去,我本会立即把你捉住的。"[桑哈思巴的]叔叔打儿汉喇嘛说:"我不是已经说过的吗?"由此,[忽图黑台·切尽·黄台吉]收聚起三河[地方]的吐蕃人众,给予安置。将卜勒儿干喇嘛、阿思朵黑·赛罕·班第、阿思朵黑·瓦只剌·土麦·桑哈思巴三人带回蒙古地方,赐给瓦只剌·土麦名叫兀罕出·陈坛的妻子,以及"国王·黄金"的称号,封他为众臣之首。

后来,[忽图黑台·切尽·黄台吉的]两个弟弟,[一个是]生于壬寅年,年已三十一岁的不颜答喇·合落赤·把都儿[另一个是]生于乙巳年,年已二十八岁的赛因答喇·青·把都儿,于壬申年出兵托克马克,在失喇木连[河]地方进攻阿哈撒儿合罕,[92]抢掳了他的属众和牲畜,捉住了他的哈屯,青·把都儿收了那个名叫彻兀该的哈屯[做妻子]。回师的时候,阿哈撒儿合罕率领十万军兵追至尼出衮·哈速鲁黑地方,交战中,二十八岁的青·把都儿,生于丙午年、年已二十七岁的不儿赛·七庆·歹成和生于丙辰年、年已十七岁的切尽·黄台吉的长子完者·允都赤[93]三人,亲自率先人阵。从右翼驱杀时,合落赤,把都儿由中[路]冲入,坐骑被射倒后,又跨上另一匹马,[那匹]马膝盖中箭,把他摔了下来,敌方的后继人马冲上来,杀死了他。青・把都儿赶到哥哥跟前下马[营救],也一同被害。七庆・歹成与卜哈思人土儿别亦・把都儿、哈儿哈坛人脱黑塔阿太师等七个伴从一道徒步突围出来。完者・允都赤的战马被打死,[他]身着全副铠甲徒步而行,正在这时,阿巴该的吉鲁干认出他来,就牵着自己的从马过来,[完者・允都赤]从左侧飞身上马。那马又被杀死,[他]又步行,[被]哈儿哈坛的名叫赛因・赛努黑的侍卫遇见,[那人]把自己骑着的马送给了他,他翻身上马,让[那人]叠骑上,赛努黑却说:"我不是有个名叫巴牙儿的儿子吗?[将来]照管他就行了。不要管我。"说完转过身[冲]入敌阵,战死了。[完者・允都赤]骑着那匹马杀出了[重围]。

癸酉年,切尽・黄台吉三十四岁,从称为"赛因哈屯之四营五腹"的五哨队中精选了七百名士兵出征。来到结仇的哈速鲁黑地方,托克马克的阿哈撒儿合罕率领十万军兵迎战,双方在额失勒・达布地方交战。切尽・黄台吉下令说:"任何人不准在我之前进入这个战阵!我一定要亲自带头[冲进去]!"说完,骑上不儿忽察人赛因・阿兀剌的撒儿伯红马,穿上用象皮制成的描金红色皮甲,带头冲了过去。那边敌军的眼中,只见[这边]领头者的眉毛胡须冒着火焰,他两侧两队骑黑马的士兵,马蹄下迸出火光,[直冲]过来,[敌军]即刻纷纷败逃,[切尽・黄台吉等人]直杀得死尸高堆,找回青・把都儿的铠甲,活捉了阿哈撒儿合罕的儿子三个算滩,训话之后放他们回去。就这样,痛快地给两个弟弟报了仇,然后班师回营。

甲戌年,[切尽・黄台吉]听说不彦・把都儿・黄台吉兄弟们出兵四瓦剌,即将到达那里,就把辎重放置在巴里坤之地,同时向四瓦剌进军。把都儿・黄台吉在哈儿该山[94]阳,尽行收服了以额薛勒贝・恰[95]为首的八千辉特万户,这时切尽・黄台吉在札剌蛮山阴收服了以哈木速、都哩库二人为首的巴图特[部]。他的儿子完者・允都赤追赶三个月,因缺乏行粮,就吃[一种]称为"不喇・秃列格"的石头,继续追赶,[终于]在土卜罕山[96]阳收服了以绰啰阿思的别赤咧・蛇进为首的杜尔伯特鄂托克。[97]却说,各自陆续踏上归途后,切尽・黄台吉在卜隆吉儿[河]地方派出别该・扯臣・宰牙气、土别・哈什哈・宰牙气二人为首的使臣去对[不彦・把都儿·黄台吉]说:"额薛勒贝·恰的眼睛像老鹰的眼睛似的,[他]不是什么安份的人。我们平分了他的八千辉特万户,分散他的力量吧!"把都儿·黄台吉不以为然,让那些[使]臣坐在[帐]外。这时,额色勒贝·恰念及"切尽·黄台吉曾经对我十分友好",就擅自从锅里的肉中取出八根马的长肋骨送给了那两个[使]臣。送走[使臣]他们之后,[不彦·]把都儿·黄台吉对额薛勒贝大怒,令人从一块整马肉上卸下四根长肋条和肩胛骨来,训斥额色勒贝·恰说:"你把这些统统吃掉!就像俗语中所说的'在牛奶里蘸手指头,在畜群中挥动大长竿'一样,你竟然伸手从我的锅中取肉,拿我的东西送人情。"让人夹住[额色勒贝的]手指[强逼]他吃,引得四瓦剌人议论纷纷。却说额色勒贝·恰吃完了那些肉,出去时说:"我并非吃了八根马的肋条,而是吃了父亲速台·明阿图的八根肋条!"[用脚]跺地,走了。当天夜里,额色勒贝·恰纠集军队前来攻袭,在乞儿察巴黑河地方杀死了[不彦·]把都儿·黄台吉,叛离而去。[98]

那言大儿吉能在吉囊位二十三年,于甲戌年去世,享年五十三岁。

不彦·把都儿·黄台吉的儿子是卜失兔吉囊[99]、完者秃·宾图·黄台吉、班第·麦力艮·著力兔三人。[100]

那木图·都隆的儿子是班第·都隆、满珠失哩二人。

隐布·答来那颜没有子嗣。

比巴石·我托汉·把都儿与古迭台、薛吟两个儿子成了汪流。

莽骨思·朝库儿的儿子是不纳班·皇·把都儿、不答失哩·允都赤、奔巴台吉、阿巴海·我托汉·著力兔、奔不歹·歹成、不彦台台吉六人。

埃答必思·答言那颜的儿子是阿赤图·答言那颜、额呈吉·宾图那颜、马只克·我托汉那颜三人。

奥巴·著力兔的儿子是阿难答·合收赤那颜、晁兔台吉、阿木·辛爱台吉、朵儿只·歹成、图巴·银锭五人。

大正·宰桑的儿子是班冲·黄台吉。

昆迭连的儿子是备马图。

铁盖·合收赤的儿子是乞塔·黄台吉、剌麻·瓦只剌·银锭、土蛮答哩·扯臣·合收赤三人。

海努黑·把都儿的儿子是乞塔·大把都儿、古哲额赤·合落赤、土麦·麦力艮那颜、比巴失那颜、库先台那颜五人。

纳乞牙·昆迭连·朝库儿的儿子是斡亦马孙·宰桑·合收赤、散斋·朝库儿那颜。

脱赤·薛缠·公谷儿的儿子是斡讷衮·黄台吉、额失干台吉、失班答喇台吉、额思客勒台吉四人。

朝儿克·青·把都儿的儿子是哈坛·把都儿、青·把都儿二人。

哭线·威正的儿子是朵儿只·威正、萨冈·皇台吉[101]二人。

忽图黑台·切尽·黄台吉的儿子是完者·允都赤·打儿汉·把都儿、石答答·扯臣·朝库儿、苦跌跌·宾图·歹成、不言大·扯臣·著力兔、奔不歹·晁兔台吉、奔巴失哩·扯臣·把都儿、答纳·失哩·哈坛·把都儿七人。[102]

不颜答喇·合落赤:把都儿的儿子是莽骨思·额儿迭尼·合落赤。

赛因答喇·青·把都儿没有子嗣。

那木大·麦力艮台吉的儿子是土雷·青·合落赤。

别勒该·歹崩的儿子是纳臣·歹崩那颜。

不儿赛·歹成的儿子是撒台·国师·皇台吉、撒只·把都儿·皇台吉、瓦剌·麦力艮那颜、额歹·银锭·合收赤、察忽·麦力艮·著力兔、薛呤·哈坛,把都儿、巴图特台吉七人。[103]

朵儿计·打儿汉·宰桑的儿子是明爱·青·歹成。

庄秃赖·威正的儿子是喇失·威正·皇台吉、答来·宰桑、失喇卜·晁兔、翁归·朝库儿、喇失颜台吉、阿班歹台吉六人。

恩克·合收赤的儿子是萨只·合收赤、失答丹·朝库儿、奔答儿台吉六人。

土麦·打儿汉·歹成的儿子是奔拜·歹成那颜、奔巴失哩台吉、赤亦拜台吉、捏该台吉、撒斤台吉、额楞该台吉、奔不台吉、土雷台吉八人。

明爱·额耶赤的儿子是不颜台·额耶赤那颜、昂客失哩台吉、猛可失哩台吉三人。

吉赤吉·银锭的儿子是备麻图那颜、宰桑那颜、宰桑豁儿·合落赤、衮卜台吉四人。

虎秃大的儿子是必巴·歹成、不都儿·扯臣·著力兔、孛勒术木儿台吉三人。

备巴哩的儿子是不答失哩·皇台吉、额篾延歹·歹成、剌拜台吉、昂客台吉、昂客失哩台吉五人。

九罕的这些子孙们相继出世。

忽图黑台·切尽·黄台吉在不彦·把都儿·黄台吉被杀之后，于乙亥年回师驻营，说："父亲在家中[安然]辞世，儿子在荒野死于敌手。如今八白帐断了供奉，陷入了极大的困境。"于是在丙子年，把生于乙丑年、年已十三岁的卜失兔吉囊扶上了吉囊位。同年，[忽图黑台·切尽·黄台吉]三十七岁，前去拜见了叔父俺答合罕，禀奏说："已经向昔日占取城池的汉人讨还了血债，与他们议和；之后又向瓦剌人报了仇，降伏他们并夺取了他们的政权。如今，合罕[您]的年寿已高，渐渐趋于老迈。贤人们说：'有益于今世和来世的，[唯]有佛法经教，'听说如今西方雪域有识者大自在大慈悲观世音菩萨以真形现世。如果迎请他前来，依照从前圣明的忽必烈·薛禅皇帝、贤明的八思巴喇嘛二人的前制，建立起政、教[二道]，岂不是美事吗？"[104]俺答合罕极为赞许，随即与右翼三[万户]协议，就在那丙子年，派出俺答合罕[方面]的阿都撒·打儿汉、昂客·打儿汉二人，以及切尽·黄台吉[方面]的晃豁歹·答言经师等人[前去]邀请圣识一切锁南·坚错圣人。[105]

在那些使臣到达之前，有一天，那位圣人[静]坐之间突然说："蒙古的那位俺答合罕虽然年寿已高，但壮心犹坚。"一旁的弟子们听见后议论说："这话是什么意思呢？"后来那些使臣前来，奉上书函贽仪，禀报了迎请的事由，圣识一切微笑着降旨说："由于我们众人[都]有前世信仰佛法的善缘，我如今务必前往。众使臣，你们可以先行返回，向合罕等众施主禀报。"赏赐了书函贽仪后，送他们先期回去。

却说，使臣们回来后，[右翼]三万户商定，在青海的恰卜恰地方修建了寺庙[106]。丁丑年，右翼三万户启程前去迎接[锁南·坚错]，到达恰卜的恰地方。由此，第一批前去迎请的，是以应绍卜的把儿勿·歹成、阿儿秃斯的哈坛·把都儿、土蛮的马哈臣经师为首的八百人，[107][他们]献上大量的珍宝、财物、骆驼马匹等重礼拜见。

为了引化他们,当来到五郎木连[河][108]畔时,[圣识一切]作了手印,向那河水中一指,河水立即向上逆流。他们的信仰因此变得不可动摇了。

第二批前去迎请的,是以阿儿秃斯的青·把都儿、土蛮的著力兔那颜为首的一千人,[109]当[他们]献上五千[种]贽仪叩拜的时候,空无一物的地上突然涌出了一眼清泉。众人因此树立了至诚的信仰。却说住宿于五郎木连[河畔]的那天夜里,[圣识一切]向圣马头明王的法旨倾听者大力巴克匝·摩诃·伽罗献上施食,提及守护佛法的事业,降旨托令,派遣[他]前去收服蒙古地方的天龙。到达衮·额儿吉[地方]的[那天]夜里,[圣识一切]将[摩诃·伽罗]所收服的蒙古地方的众天龙、妖魔鬼怪以及驼、马、牛、羊、猫、鹰、狼等各种[兽怪],以咒法加以羁缚,尽行降伏。

[注释]

① 速米儿哈屯,Sümir qatun。清译本(Ⅵ.1r)作"苏密尔福晋"。对于格吗孛罗、格列山只二人的生母,17世纪几种蒙文史书所记不同。除《源流》称她为札剌亦儿人忽秃黑少师的女儿外,两《黄金史》说是"兀良罕的忽秃黑图少师的孙女撒木儿太后"(Uriyangqan-u Qutuγtu šigüši-yin ači ökin Samur tayiqu);《黄史》、《阿萨剌黑齐史》记为"兀鲁的斡罗出少师的女儿只米思干哈屯",(Uruγud-un Oroču šigüši-yin ökin J̌imisgen qatun)。这三种不同说法中,《源流》的说法比较合理,因为《黄史》和《阿萨剌黑齐史》都记有格吗孛罗、格列山只兄弟二人曾先后被外罕哈—札剌亦儿的蛇进们请为该部之主的故事。答言汗之所以派去这两个儿子,很可能与他们生母的娘家是札剌亦儿人有关,另外,后来成为外罕哈王公之祖的格列山只又称格列山只·札剌亦儿·皇台吉(GeresanJ̌a J̌alayir qong tayiJ̌i),显然是号从母舅。两《黄金史》所说兀良罕的忽秃黑图少师,以及《黄史》、《阿萨剌黑齐史》所说的兀鲁的斡罗出少师,前文已分别指为伯颜猛可孛罗忽吉囊的岳父,与《源流》此处所说札剌亦儿的忽秃黑少师不是一个人。

② 格咧孛罗,Gerebolod。清译本(Ⅵ.1r)作“格埒博罗特”。《北虏世系》答言汗第八子作“称台吉”,第十子作“五八山只台吉”,实将 Ubasanǰa čing tayiǰi 误分为二人,以称台吉占了格咧孛罗的位置,《北虏世系》记称台吉之子为“通石”、“长力”而据《黄史》等,Tongši tayiǰi、Čangli tayiǰi 为 Ubasanǰa(五八山只)之子。《北虏世系》实缺格咧孛罗一人。《俺答汗传》记答言汗第八子为 Gegen möngke(格干·猛可)。

③ 忽鲁台·兀牙罕,Qulutai uyaγan。清译本(Ⅵ.1v)据满译本译为“……之妻郭罗泰”。uyaγan,a 本、D 本作 uyuγan。道润梯步(译注《源流》p. 302)音译为“讷由欢”。施密特(《东蒙古史》p. 182、p. 185)妄改为 nere-tü ökin(……名的女儿),从而译为“女儿”。

两《黄金史》称此人为“亦思马因太师名为忽刺台的阿噶”(Ismal tayiši-yin Qulatai(罗桑丹津《黄金史》讹为 Qulari) neretüaγ-a)。《源流》后文(K 本 64r22)提到一个妇人,称她为 Ebegeiaγ-a,《俺答汗传》(§27)同处作 Ebegei uyuγan。可知 uyuγan(uyuγun、uyaγan)与 aγ-a 同义。阿噶一般用于部落首领的夫人的称呼。因此,忽鲁台当是亦思马因太师的妻子,而非其女儿。

④ 阿儿秃斯,Ordos。清译本(Ⅵ.1v)译为“鄂尔多斯”。明代汉籍作“阿尔秃斯”、“阿尔秃厮”(《九边考》、《皇明北虏考》、《明实录》弘治六年冬十月癸巳等条、《殊域》)、“袄儿都司”(《四夷考》、《武功录》)、“我儿都司”(《明实录》隆庆四年十月癸卯条)等,清代以后译为“鄂尔多斯”(《清实录》、《表传》等)。

Ordos 为 ordo(元代译为“斡耳朵”)——“宫帐”的复数形式,因成吉思汗的灵帐八白帐得名。明代以管理八白帐的人众为主逐渐形成部落,就以阿儿秃斯为名。在蒙、汉文史书中,这一部名出现的时间都比较晚,约在明正德初年(16 世纪初),当时该部已进入河套地区活动。蒙古有吉囊分镇右翼,兼管八白帐的惯例。明代见于记载的第一位吉囊是脱脱不花汗之弟阿黑巴儿只(阿噶巴尔济),他是脱欢、也先时期(15 世纪中叶)的人,见于

记载的第二位吉囊是他的孙子伯颜猛可孛罗忽吉囊，八白帐及其管理者们应该是随他们这一系活动的。据明人记载，孛罗忽于1470年(明成化六年)率众进入河套，与已在河套的斡罗出少师(孛罗忽的岳父)“併而为一”(《明实录》成化六年十一月甲午条)。这一年应该是阿儿秃斯人最初进入河套地区的时间。不久斡罗出少师被乩加思兰杀败，逃出河套(《明实录》成化七年冬十月己巳条、八年春正月癸卯条)，孛罗忽又与成化初(1465年为成化元年)已进入河套地区的满都鲁、乩加思兰合为一处。1473年冬，乘满都鲁、孛罗忽、乩加思兰西行侵掠明边时，明军偷袭他们的老小营，使他们遭受惨重损失，三人率众迁出河套(《明实录》成化九年冬十月壬申条)。此后二十多年间，河套之内没有多少蒙古人活动，只是大汗时常于冬季入套，开春之前出套北行，经大同、宣府边外返回克鲁伦河下游的驻地(《明实录》弘治十二年五月乙丑等条)。据《明实录》弘治十三年六月壬寅、十四年七月癸丑、以及十四年闰七月己卯等条分析，火筛所率满官嗔部约于1499年冬进入河套，亦不剌所率应绍卜约于1500年进入河套。《明实录》中看不出阿儿秃斯部再入套的具体时间，但记载了该部首领与亦不剌一同被答言汗于1510年逐出河套之事，《九边考》等汉籍又说应绍不、阿尔秃斯同时入套，可以证明阿儿秃斯部也是1500年左右进入河套的。《九边考》“正德以后应绍不、阿尔秃斯、满官嗔三部入套”的说法稍有误，三部都是正德以前、弘治末相继入套的。这时阿儿秃斯部的首领，蒙文史书记为Mandulai aqalaqu(满都来阿哈剌忽)，汉籍方面，《九边考》等说阿儿秃斯部“亦属亦不剌”，《明实录》记为“阿儿秃厮”(以部名相称)，与亦不剌是不同的两个人。《明实录》嘉靖三年十一月己巳条说阿尔秃厮、亦不剌二人与土鲁番的首领是“先世亲族”，那么阿尔秃厮与亦不剌也是同族，因为当时亦不剌的势力大，阿儿秃斯部实由其控制，所以《九边考》就以亦不剌为阿儿秃斯部的首领。亦不剌为亦思马因同族(《明实录》弘治八年六月甲寅)，而亦思马因为乩加思兰“族弟”，乩加思兰为哈密北山的野乜克力人(《明实录》成化十五年五月庚午条)，说明守卫八白帐的阿儿秃斯人已被野乜克力人统治,很可能是乩加思兰、满都鲁杀死孛罗忽吉囊(1476 年,《明实录》成化十二年十月戊戌条)后,乩加思兰吞并了他的部众。该部再入河套后不久,真正阿儿秃斯人,哈儿哈坛氏的伯出忽儿打儿汉,率应绍卜、满官嗔的两个人来到答言汗处请求派去一位吉囊。答言汗遂任次子兀鲁思孛罗为吉囊,随他们前往右翼,但到达后不久就被心怀不满的亦不剌、满都来等人杀死,招致答言汗大举进攻右翼,亦不剌、满都来战败,出套西遁,大多数部众被收服。答言汗收服右翼后,封第三子巴儿速孛罗为吉囊,驻右翼,直辖阿儿秃斯部,八白帐又回到吉囊的管辖之内,阿儿秃斯部继续在河套地区定居下来,河套地区也因此而获得鄂尔多斯地区之称。

《九边考》说:"阿尔秃斯部下为营者七,旧属亦不剌,今则大酋吉囊领之。为营者四,曰哱合斯、曰偶甚、曰叭哈思纳、曰打郎。"答言汗征右翼,右翼损失惨重,大部被收服,残众随亦不剌、满都来奔西海,此阿儿秃斯部七营变成四营。这是一时的情况。蒙文史书一般称阿儿秃斯为"十二鄂托克阿儿秃斯",如《白史》、《大祭仪》(1634 年成书,收入永·林沁《蒙古萨满教》第 1 集)等,《源流》等书说该部有十二鄂托克,分为左、右两翼。两《黄金史》提到"八鄂托克阿儿秃斯",是一特例,使用"八"字是为了适应韵文中押头韵的要求,以与"八鄂托克察罕儿"相对应。由四营到十二鄂托克,表明部落的不断发展。实际上见于该部的鄂托克后来不止十二个。《源流》所记右翼共有十四个小部落名,分为八部分,是六个人的领属,左翼有六个小部落名,分为两个人的领属,右翼各部为 Kegüd Šibaγučin, Urad Tangγud, Dalad Qanglin, Merkid Baqanas, Besüd Ügüšin, BeteginQaliγučin, Uyiγurčin, Amaγai- tan;左翼各部为 Qaučid, Keriyes, Čaγad, Mingγad, Qoničin, Quyaγučin;另外吉囊驻四豁哩牙(八白帐所在部落),这就是衮·必里克吉囊(巴儿速孛罗长子)九个儿子领属的情况。《大祭仪》所记左、右翼各部名称,与《源流》的大致相同。除这些分部之外,《源流》零散提到属阿儿秃斯的部落还有:Qarqatan、Qakilis、Buqas、Köbegüd、Šingqur、Küid(K 本、63r16、84v29、64r17、64r15、64r18、65r22)。《九边考》的"哱合斯"即

Buqas,“偶甚”即 Ügüšin,“叭哈思纳”当为 Baqa-nas,“打郎”即 Dalad。韩百诗《蒙古人定居黄河套考》(载李盖提编《蒙古研究》,1970 年)以叭哈思纳、打郎分别比对 Qabqa-nas、Tëlëng(güt)(《秘史》§239“合卜合纳思”、§207“帖良古惕”),不妥。森川哲雄(《鄂尔多斯十二鄂托克考》,载《东洋史研究》32—3)已纠正。森川哲雄不多不少正好排出了左、右翼各六个鄂托克,把多出的一些小部落如 Uyiγurčin、Qarqatan 等排除在十二鄂托克之外,这一做法也欠妥当,十二已成定称,只能说明某个阶段属部的数字与它有关,整个部落不断分衍、发展,属部的数字不可能一直停留在十二上。

1632 年林丹汗西逃青海,途经阿儿秃斯部,尔邻勤吉囊等被迫率众随其西行。1634 年,阿儿秃斯部归降后金,后由清廷以部设旗编佐,初设六旗,左、右翼各三旗,后增至七旗。

⑤ 哈儿哈坛,Qarqatan。清译本(Ⅵ. lv)作“哈尔噶坦”。其名不见于其他 17 世纪蒙文史书和明代汉籍。波塔宁《中国边疆的唐古特西藏》第 4 章“鄂尔多斯蒙古人”中提到 Xapxatani ~ Гapxatani 一名,列于乌审旗内(转引自森川哲雄《鄂尔多斯十二鄂托克考》)。田清波《部名表》列有 Garxa't'an 一种。

⑥ 毛·明暗,Maγu mingγan。清译本(Ⅵ. 2r)作“茂明安”。其名亦见于两《黄金史》。明代汉籍中很少见。《北虏世系》记俺答汗之孙扯力克长子五十万打力台吉的别称为“毛明暗台吉”,当是以部名相称,说明明代蒙古土蛮部中确有毛·明暗一支。清代史籍中有“毛明安”(《清太祖实录》卷 27、28)、“茂明安”(《表传》卷 40、《平定罗刹方略》卷 4)等名,但据《表传》,这个茂明安(或毛明安)是“阿噜蒙古”之一,首领为哈撒儿后裔,1633 年归降后金,后来出于军事需要,清廷将该部调往大同、归化等地,1735 年(雍正十三年)“撤还所部一旗驻牧彻特塞哩,隶乌兰察布盟”。后来成为今内蒙古自治区乌兰察布盟达尔罕茂明安旗的一部分。不知此土蛮的毛明暗与阿噜蒙古的毛明安有何联系,或是同名异部,或是一部的不同分支。

⑦ 阿巴海,Abaγai。清译本(Ⅵ. 2r)同。兀鲁思·孛罗的别称。后文(K 本

65r02）又称他为 Ulus bolod abaγai——兀鲁思·孛罗·阿巴海。两《黄金史》称他为 Ulus bayiqu abaγai。abaγai，叔父，男性的尊称。如成吉思汗系后代称哈撒儿为 abaγai（罗桑丹津《黄金史》）；著名的土蛮万户首领俺答汗也有此尊称，明代汉籍称他为“俺答阿不孩”（《明世宗实录》、《九边考》、《殊域》、《武功录》等）。施密特（《东蒙古史》p.408）说这个词是个别号，通常用于王的次子，他处当“叔父”解。清译本这里的译文有误，将 Abaγai kürčü（阿巴海到达）误译为“称为阿巴海”，并将另一人 Babaqai（巴巴海）误译为“巴巴岱”。沈曾植因此把阿巴海与他的随从巴巴岱（巴巴海）当成一个人，以为即前文所说失乞儿太后与亦思马因所生的巴布岱，因与答言汗同母，所以称叔父巴巴岱。

⑧ 亦卜剌太师，Ibarai tayiši。清译本（Ⅵ.2v）依满译本译为“伊巴哩台吉”。误。此即明代汉籍的“亦不剌”、“亦卜剌”（《明实录》、《九边考》、《皇明北虏考》、《殊域》、《四夷考》、《北虏始末志》等），又作“亦不剌因”（《明实录》弘治八年六月甲寅条）、“亦孛来”（《明实录》正德四年十二月壬寅条）、“倚巴”（《明实录》弘治十四年闰七月己卯条）、“尾白儿”（《皇明北虏考》、《译语》）等。这些译名，都是伊斯兰教名 Ibrahim 的不同音译。

《源流》说他是应绍卜人，两《黄金史》说他是 Uyiγud（畏兀儿）人，《明实录》说他是野乜克力人（弘治八年六月甲寅条），则他与乩加思兰、亦思马因是同族。《九边考》、《皇明北虏考》说他是应绍卜首领。综合几种记载，他本人出身于野乜克力，继同族亦思马因成为应绍卜首领，蒙古人以为野乜克力是畏兀儿，所以又称他为畏兀儿人。

他在汉籍中首次出现于1495年（弘治八年），当时他从野乜克力之地派人到明边（肃州塞）报告说“为迤北大达子劫杀”，请求“近边住牧”。1501年（弘治十四年）他已在河套内活动，到1511年（正德六年），他因败于答言、汗（小王子），已逃至庄、凉一带，此后又进入青海，在青海、甘肃一带重新活跃，成为蒙古本部右翼部落首批入居青海地区的人，到1536年（嘉靖十五年）初，被阿儿秃斯万户衮·必里兖吉囊袭破其在青海的大营，此后不见其名，估计已死。《源流》后文说答言汗征右翼，亦不剌、满都来战败西逃，亦不剌入哈密城被杀；两《黄金史》记亦不剌死于右翼之战后的一次内讧中。对照汉籍，可知这两种说法都是误传。

⑨ 满都来。阿哈剌忽，Mandulai aqalaqu。清译本（Ⅵ. 3r）作“满都赉阿都勒呼”，阿都勒呼，因 D 本 adulqu 而误。aqalaqu，“为兄”、“为首”之义，用于官称中，原本指首平章、首知院，后来多单独使用，后面的知院、平章被省略。宝音德力根对该词有专门考证（《释明代蒙古官称“阿哈剌忽知院”和“迭知院”》，载《内蒙古大学学报》，1996 年第 2 期）。此人，两《黄金史》称为 Ordos-un Legüši aqalaqu（阿儿秃斯的列兀失·阿哈剌忽）。此即明代汉籍中的“阿尔秃厮”，首次出现于 1511 年（正德六年），当时因被小王子（答言汗）杀败，西遁至庄、凉一带（《明实录》正德六年冬十月癸巳条），后来一直在甘肃一带活动，偶入青海，最后一次出现是在 1524 年（《明实录》嘉靖三年十一月己巳条），后来不知所终。《源流》后文说他死于右翼之战（1510 年）后西逃途中，两《黄金史》说他死于右翼之战后不久的一次内讧中。对照汉籍，可知这两种说法都是误传。

⑩ 失保嗔，Šibaɣučin。清译本（Ⅵ. 3r）作“锡巴郭沁”。《源流》后文（K 本 69vll）提到阿儿秃斯万户右翼部落中有失保嗔一部，是衮必里克吉囊次子伯桑豁儿的属部。而明代汉籍记应绍卜部内有“失保嗔”一营。田清波《部名表》列有 Šiw ụ̄ʻtšʻin 一种，当源自伯桑豁儿的属领。

道润梯步（译注《源流》p. 304）将该部名译为普通名词“司鹰者”，误。该部名的词义确为饲鹰者，在元代成为一种专职，《元史》（卷 99、101）“昔宝赤”释为“主鹰隼之事者”、“鹰人”，明初，明朝在北边设立“失宝赤千户所”（《明实录》洪武四年正月癸卯条），但很快就名存实亡，该地（元东胜州地区，今内蒙古自治区托克托县一带）已不在明军手中。失宝赤千户所的人估计流散各处。

⑪ 也失格公主姑母，Ešige günǰi qaqai egeči。清译本（Ⅵ. 3v）据满译本译为“伊姊额锡格公主噶海”，误。qaqai egeči，意为“姑姑”。《华夷译语》、《卢

龙·译语》载:“姑曰阿孩额格赤”;《五体清文鉴·亲戚类》载:“abaγa egeči,basa qaqai egeči kememüi——姑姑,又称 qaqai egeči”;《蒙俄法辞典》作 qaγai egeči,亦释为“姑姑”(la tante)。

⑫ 打郎,Dalad。清译本(Ⅵ.4r)作“达拉特”。译名从明代汉籍(《九边考》、《皇明北虏考》等),清代以后译为“达拉特”。为今内蒙古自治区伊克昭盟达拉特旗的前身。明代汉籍和《源流》都把它列为阿儿秃斯的属部,两《黄金史》先将它列入满官嗔名下,后又列入阿儿秃斯部。该部后来成为衮·必里克吉囊第三子斡亦答儿麻的属领(《源流》K 本 69v13)。

Dalad,为 dala(七十)的复数形式。和田清(《蒙古篇》p.590)认为达拉特的正确缀音应该是 darqad,汉字写作“达拉特’、“达喇特”、“达尔哈特”等j误。Darqad 是 darqan(答儿罕)的复数形式,是专门守护成吉思汗灵帐那一部分人的称呼,与 Dalad 无关。

⑬ 兀喇,Urad。清译本(Ⅵ.4r)作“乌喇特”。不见于其他 17 世纪蒙文史书和明代汉籍。明末归降后金的蒙古十六部中有“吴喇忒”一部(《清太宗实录》天聪十年,卷 27)。《通谱》(卷 69)亦作“吴喇忒”,《表传》(卷 41)作“乌喇特”。今作“乌拉特”,内蒙古自治区巴彦淖尔盟的三个旗以此命名。Urad,蒙古语“匠人”uran 的复数形式。明代至少有两部分人称 Urad。《表传》将乌喇特列为“阿噜蒙古”的一部(卷 17),又说:“……元太祖弟哈巴图哈萨尔十五世孙布尔海游牧呼伦贝尔、号所部曰乌喇特。……康熙二十九年,噶勒丹袭喀尔喀,昆都伦博硕克图衮布逾乌勒札河,奉命选兵驻归化城,……所部三旗,驻牧哈达玛尔,隶乌兰察布盟。”(卷 41)这部分人即今巴彦淖尔盟乌拉特前、中、后三旗本地蒙古人的先民。《源流》此处所说的 Urad,一直是阿儿秃斯的属部,被封与衮·必里克吉囊的次子伯桑豁儿·狼台吉(《源流》K 本 69vll)。17 世纪 30 年代成书的《大祭仪》所列阿儿秃斯诸部名称中也见有 UIad 一种。田清波《部名表》中也有 ixkxe urat 等名。

⑭ 卜哈思,Buqas。清译本(Ⅵ.4r)作“布喀斯”。不见于其他 17 世纪蒙文史书。明代汉籍作“卜哈思”(《明实录》永乐十五年四月已卯条)、“哱合斯”

(《九边考》、《皇明北虏考》),记为阿儿秃斯部诸营之一,与《源流》所记相合。田清波《部名表》中列有Bu̯xas、Xara Bu̯xas、Šara Bu̯xas 之名。

⑮ 衮·必里克,Gün bilig。清译本(Ⅵ.4v)同。巴儿速孛罗的长子,后来继父亲的吉囊位,称衮·必里克麦力艮吉囊。即明代汉籍中的“吉囊”,这是以其号作其名,《北虏世系》作“麦力艮吉囊”。蒙文史书中,他又被称为Kümeli(库蔑里)、Mergenqar-a J̌inong(麦力艮·哈喇吉囊)、Kümeli mergen qar-a J̌inong(库蔑里·麦力艮·哈喇吉囊),说称他为库蔑里(一种野菜的名称),是因为他在被从右翼送回答言汗处的途中曾以这种野菜充饥的缘故(两《黄金史》)。

他1533年首次出现于明代汉籍中(《明实录》嘉靖十二年二月癸卯条),当时已“拥十余万众”,势力日盛,与弟弟俺答等人常共同行动,不时侵掠明边。还曾多次率兵攻打兀良罕万户,1538年最终灭掉了它。1532年、1534年两征青海亦卜剌、卜儿孩,收服其众。《源流》后文说他死于庚戌年即1550年,时间有误。《俺答汗传》(§60)说他死于壬寅年,《武功录》等明代汉籍说他死于嘉靖二十一年,都相当于公元1542年。当以此为准。他去世时,俺答正值壮年,凭借威望和势力,取代吉囊成为右翼三万户实际的首领。

⑯ 俺答,Altan。清译本(Ⅵ.4v)作“阿勒坦”。巴儿速孛罗的次子。即明代汉籍中的“俺答”,又作“俺探”(《译语》)、“安滩”(《卢龙》、《皇明世法录》卷57)、“俺滩阿卜亥”(《北虏纪略》)等。是蒙古本部右翼三万户之一土蛮万户的首领,初常与长兄衮·必里克吉囊共同行动,在衮·必里克吉囊去世后,成为右翼部落的实际控制者,依仗势力从大汗打来孙索得汗号,因称俺答汗。他是蒙古历史上一个著名的人物,一生做过不少大事,为促进蒙古右翼地区与明朝之间经济贸易关系的正常化,为发展本地区的生产,以及在引进藏传佛教方面,都发挥了重要作用。对他一生的业绩,蒙、汉、藏三方都有不少记载。蒙文史书方面,记载最为详细准确的是《俺答汗传》,其次是《源流》;明代汉籍方面,《明实录》中有大量的记载,《武功录》也为他

写有一篇长传;藏文史书《三世达赖传》主要记载了他与三世达赖的关系。

他的生年,《源流》后文(K本68v25)记为丁卯年即1507年,《俺答汗传》(§24)记为丁卯年十二月三十日。杨绍猷(《俺答汗生卒年考》)说如按浦派推算,合公元1508年2月1日,如按萨迦派推算,合公元1508年1月2日。

⑰ 翁衮,Ongγon。清译本(V.5v)作"翁观"。汉籍中又作"翁衮山"(《山西通志辑要》)、"翁公山"(《大清一统志》卷348)。即今内蒙古自治区首府呼和浩特市城北大青山上的蜈蚣坝。历史上又叫"翁衮坝"、"白道岭"、"神山"(《归绥县志》)。翁衮是Ongγon的音译,后转为蜈蚣,神山是Ongγon的意译。沈曾植一面把它视为"归化城北之大青山",一面又把它与《元史》的"官山"当作同一山。据《元一统志》,官山在废丰州东北一百五十里,为大黑河的发源地。即在今内蒙古自治区卓资县境内。显然与位于废丰州(今呼和浩特东郊白塔一带)西北四五十里的翁衮山不是一回事。

⑱ 秃儿根,Türgen。清译本(Ⅵ.Sv)依满译本译为"急欲"。误。此河名词义为"急、湍急"。即流经今呼和浩特市城南的大黑河,蒙古名'又称"伊克土尔根"——Yeke türgen(《大清一统志》卷348)。发源于内蒙古自治区乌兰察布盟卓资县北、察哈尔右翼中旗南山,西南流,至呼和浩特西南托克托县境内汇入黄河。克鲁格《(蒙古源流)中的诗段》p.134)直接视为黄河(Huang Ho),误。

⑲ 吹起有角饰的号角,eber qalǰa-bar büriy-e tatan。清译本(Ⅵ.5v)译为"吹海螺"。两《黄金史》作qalǰin büriy-e(bürige)。《译语》说:"小王子常以精兵数千或数万相随,有旗纛,无金鼓,惟吹别咧为号,其声呜呜,然不中音律。或曰,近亦有喇叭,以木为制,角为饰,不知然否。"此处所说的大概就是指这种"木为质、角为饰"的喇叭。

⑳ 别速,Besüd。清译本(Ⅵ.6r)据满译本译为"巴苏特"。施密特(《东蒙古史》p.189)也读为Bassud。均误。此即《秘史》(§§47、119)的"别速惕"。亦见于两《黄金史》。明代汉籍无载。据《源流》后文(K本69v14),它是阿

儿秃斯万户右翼部落之一,为衮·必里克吉囊第四子那木·塔儿尼的领属。田清波《部名表》有 Beset 一种。

㉑ 札忽,J̌aqud。清译本(Ⅵ.6r)作"札固特"。不见于其他17世纪蒙文史书和明代汉籍。据《源流》后文(K 本 66r17),该部属察罕儿万户。《秘史》§281 有"札忽惕",旁译"金人每"。《蒙古译语》:札忽歹,汉儿(《事林广记》)。邵循正指出,此即"虬"的复数形式(《邵循正历史论文集》,1985年,北京,pp. 27,28)。

J̌aqud 还有另一种书写形式:J̌auqud。《史集》上就有ǰāūqūt。最近发现的少林寺《圣旨碑》,蒙哥汗癸丑年蒙古文圣旨和忽必烈汗鸡儿年蒙古文圣旨,都作J̌auqud,相对应的汉字都是"汉儿"。

J̌aqud,J̌auqud,都是指原为金朝臣民的汉人(不包括南宋臣民"南人"Nanggiyad,<南家)。

㉒ 克失旦,Kešigten。清译本(Ⅵ.6r)作"克锡克腾"。源于成吉思汗时期创立的扈卫军"客失克田"。《秘史》(§§191、224 等)"客失克田"旁译"扈卫每"。《元史》等作"怯薛丹"。《源流》后文(K 本 68v16)言此部为察罕儿属部之一。明代汉籍作"克失旦"(《九边考》、《皇明北虏考》)、"克失探"(《登坛》卷23)、"黑石炭"(《武功录》卷13)、"克石炭"(《辽夷略》)等,言为蒙古大汗(作"亦克罕")的属部(《九边考》、《武功录》),与《源流》所载相合。清代文献中作"察哈尔克什克腾"(《清太宗实录》卷12)、"克什克腾"(《表传》卷32,《游牧记》卷3,等等)。是今内蒙古自治区赤峰市克什克腾旗旗名的来源。

《表传》(卷33)说:"元太祖十六世孙鄂齐尔罗特再传至沙喇特达,称墨尔根诺颜,号所部曰克什克腾。"《源流》后文(K 本 68v17)说答言汗第六子(两《黄金史》、《北虏世系》作第五子,当是)阿赤赖·孛罗被封为克失旦部之主。此阿赤赖孛罗即《表传》之元世祖十六世孙鄂齐尔罗特("罗特"前遗一"博"字,《游牧记》作"鄂齐博罗特")。《源流》、《表传》所载相合。但《武功录》(卷13)说不地汗(作"孛只")第五子名为"黑石炭",《辽夷略》进一步说孛只第五子克石炭为克石炭一枝。关于这一点,和田清(《蒙古篇》p.451)认为克什克腾部在答言汗分封诸子时被封给斡齐尔博罗特(阿赤赖·孛罗),后来可能是由于不地汗第五子的势力强盛,暂时控制了该部。他的看法有问题。《北虏世系》记不地有五子:打来素台吉、可可出大台吉、汪兀都剌台吉、公兔台吉、那宾兔台吉。《武功录》(卷13)言孛只有五子:打来孙、阿牙台皮、卜以麻、王文打来、黑石炭。对照《源流》(K本67v03)和《表传》的记载,打来素、打来孙即Darayisun(库登汗);可可出大即Kökečüdei(库克齐图),汪兀都剌、王文打来即Ong'γon durar(翁衮都喇尔)。《武功录》所记,只有两人与之相合,另外的三人,据蒙文史书、《北虏世系》、《表传》等,都是误记。阿牙台皮、卜以麻,《北虏世系》作"换大笔失台吉"、"卑麻台吉",记为不地汗之弟乜密力台吉之子,《表传》等不记阿牙台皮一系,只记其弟贝玛(Buyima,即卜以麻、卑麻)继承父亲乜密克(Nemig)为敖汉、奈曼之主;黑石炭,同样据蒙文史书、《表传》等,是《武功录》、《辽夷略》误把答言汗第五子(阿赤赖·孛罗,克什克腾贵族之祖)当成了不地汗第五子。

㉓ 答兰·帖哩温,Dalan terigün。清译本(Ⅵ.6v)作"达兰特哩衮"。两《黄金史》、《阿萨剌黑齐史》、《俺答汗传》(§31)也都说答言汗与右翼部落在这个地方交战。珠荣嘎认为即呼和浩特北面的大青山,大青山的蒙古语名称是Dalan qar-a。另外,《大清一统志》(卷329)、《游牧记》(卷6)记伊克昭盟右翼中旗(今鄂托克旗)东北四十二里有"大蓝土禄"(《游牧记》作"达兰土鲁池"),其地今为鄂托克旗苗圃苏木达拉图鲁嘎查。

㉔ 罕哈,Qalq-a。清译本(Ⅵ.6v)作"喀尔喀"。译名从明代汉籍(《皇明北虏考》)。清代以后多译为"喀尔喀"。和田清(《蒙古篇》p.131)认为该部名称源自哈勒哈河。是。该部在蒙、汉文史书中出现的时间大致相当,都是16世纪左右。《源流》此处说十二鄂托克罕哈,后文(K本68v14)又分为"内五鄂托克罕哈"(dotor-a-yin tabun otoγ Qalq-a)和"北七鄂托克罕哈"(aru-yin doloγan otoγ Qalq-a)。其他蒙文史书也有类似的说法,《黄金史

纲》作"十二罕哈",《金轮千辐》一作"十二库伦(küriy-e)罕哈",罗桑丹津《黄金史》、《金轮千辐》也有五鄂托克罕哈、七鄂托克(罗桑丹津《黄金史》作 qošiγu—和硕)罕哈之说。清代文献中也有"喀尔喀五部落"和"阿禄喀尔喀"的记载(《清太祖实录》卷6,《清太宗实录》卷27)。据罗桑丹津《黄金史》、《黄史》、《表传》、《金轮千辐》等,七鄂托克罕哈是答言汗第十一子格列山只的属领(《源流》多数本子误为格咧孛罗,本译文已据D本改为格列山只),他的七个儿子各领一个鄂托克;五鄂托克罕哈是答言汗第六子纳勒出孛罗的属领,其子虎喇哈赤的五个儿子各领一个鄂托克。这说明罕哈有十二鄂托克之称,不是在答言汗时期,《源流》等书是以后来的情况上推的。

《黄史》、《阿萨剌黑齐史》、《金轮千辐》记七鄂托克罕哈为:1. Üneged(《黄史》作 Üüšin)、J̌alayir;2. Besüd、ElJ̌gen;3. Kergüd(《黄史》作 Kerüg)、Qorlas;4. Qoroγo、Küriy-e、Čoqoγur;5. Kükeyid(《金轮千辐》作 Keregyed)、Qadagin(《黄史》作 Kentegin、《金轮千辐》作 Su seügin);6. Tangγud、Sautaγul;7. Uriy-angqan. 其中熟知的部名有札剌亦儿、别速、燕只斤、乞儿吉思、火鲁剌思、哈答斤、唐兀、撒儿塔兀勒、兀良罕。《金轮千辐》、《水晶数珠》记五鄂托克罕哈为:1. J̌arud(札噜特);2. Baγarin(巴林);3. Qonggirad(弘吉剌);4. Bayud(摆腰);5. ÜJ̌iyed(我着)。

罕哈为答言汗左翼三万户之一,驻地当初在哈勒哈河两岸地区。16世纪上半叶,不地汗、衮·必里克吉囊、俺答等屡征漠北的兀良罕万户(明人称为"黄毛达子"等),最终收降了这个万户,瓜分其众,格咧散札后裔遂向西发展,占据了原兀良罕万户的驻地(因此七鄂托克之一为兀良罕,《恒河之流》统称格列山只的部落为兀良罕,《武功录·俺答列传上》说"故和林地则黄毛诸达虏居之"),并不断向西扩展,占据了瓦剌在空归、札卜罕河流域以及唐努山、萨彦岭一带的驻地。入清,格列山只长子阿什海一系子孙成为喀尔喀蒙古札萨克图汗部王公,三子诺诺和后裔衮布一系子孙成为土谢图汗部王公,诺诺和之子图蒙肯一系子孙成为赛因诺颜部王公,四子阿敏都喇勒一系子孙成为车臣汗部王公。即今蒙古国的前身。虎喇哈赤在16世纪中叶(明嘉靖中期)随打来孙汗、火儿慎部魁猛可等人一同南下,进入辽河河套住牧,其五子各领一部,遂形成内五鄂托克罕哈。明末,内罕哈五部在后金、察罕儿的打击下,大营溃散,札噜特、巴林两部归降后金,后以部设旗,隶昭乌达盟;其他三部大部分被察罕儿兼并,一部分归降后金,后被编入满洲八旗。

㉕ 兀儿图忽海那颜,Urtu-γuqai noyan。清译本(Ⅵ.6v)作"鄂尔多固海诺延"。后文(K本66v17)又作Urtauqai ong(清译本作"苏尔塔该王")。两《黄金史》作Urtaγuqai noyan或Urtaγuqaiong;《黄史》作Urtuqai buyantu noyan,说他是孛罗乃之子。《恒河之流》、《金轮千辐》也说他是孛罗乃之子(排为哈撒儿第十四代孙),是茂明安部贵族的祖先。《表传》说哈撒儿第十四代孙锡喇奇塔特号土谢图汗,长子多尔济,号布颜图汗,子车根嗣,号所部曰茂明安。《恒河之流》以锡喇奇塔特(作Tüšiyetüšir-a qaγan)为兀儿图忽海之孙。《金轮千辐》以为是兀儿图忽海曾孙。

㉖ 奎惕,Küid。清译本(Ⅵ.7r)作"奎图特",因a本、D本作Küidüd而译。Küidüd为Küid的再衍复数形。其名不见于他处。田清波《部名表》有K'id一种,当是此部。森川哲雄(《鄂尔多斯十二鄂托克考》)推测Küid是Kegüd或Keüked的讹写。不妥。Küid(Küidüd)与Kegüd(Keüked)字形、读音均差距较大,况田清波《部名表》中另有K'üd一名,这才应当是Kegüd部。

㉗ 康邻,Qanlin。清译本(Ⅵ.7r)据D本Qanggin译为"杭锦"。其他17世纪蒙文史书不载。此部名可追溯到成吉思汗时代,即《秘史》的"康邻"(§§262、270等),《辍耕录》、《元史》的"康里"、"康礼"。原是西域一部族,住地邻近钦察。敦煌藏文书卷P1283号《北域君主王统记》中有"牧羊部落合剌·康里"。金末,曾有一部分康里人(三万户)降金(《金史》卷121)。成吉思汗时,康里部曾为克烈部汪罕的同盟(《元史》卷130)。在蒙古大军西征时,该部族被成吉思汗手下大将速不台征服,好多人被杀,一部

分作为俘虏补充进蒙古军队，后在元武宗时（至大三年，1310 年）组成“康礼卫”（《元史》卷 99《兵志二 · 宿卫》）。参见亦邻真《额济纳、阿拉善、杭锦——内蒙古旗名的语源》（载《内蒙古地名》蒙文版，第 2 期）。

该部族之名在元代就以“康里”Qangli（《元史》等）、“康邻”——Qanglin（《秘史》）、“杭斤”——Qanggin（《元史 · 速不台传》）几种形式出现。《源流》不同版本中，较早期的写作 Qang-lin（如 K 本、A 本等），较晚期的写作 Qanggin（如 a 本、D 本等）。关于这一问题，亦邻真认为 Qanglin（康邻）是 Qangli（康里）的蒙古语形式，附加词尾-n 音是当时蒙古语的习惯，如将“河西”（Qaši）读作“合申”（Qašin）；而 Qanglin 又写作 Qanggin（杭斤），是同它们的词根都是 qang（突厥语，“车”之义）有关系。Qanglin < Qangli < Qangliγ，-liγ 相当于蒙古语的- tu/-tü（形容词词尾），因此 Qanglin 等于蒙古语的 teretü（“有车的人”之义），Qanggin 是 qang 的复数形，相当于蒙古语的 terged（“众车”之义）。因为《元史 · 速不台传》的史料来源是忽必烈汗时期王恽所作《大元光禄大夫平章政事兀良氏先庙碑铭》，所以可知“康里”又作“杭斤”至少是从忽必烈时期就开始了。

该部名不见于明代汉籍。明代以后出现的 Qanglin 或 Qang-gin，当是元代康里卫的遗人。《源流》先将该部记为土蛮的属部（K 本 66r20、69r23），后来又记为阿儿秃斯的属部，并说被封给了衮 · 必里克吉囊的第三子斡亦答儿麻（K 本 69v13）。后一种说法与《表传》卫达尔玛为清代鄂尔多斯右翼后旗（俗称杭锦旗）之祖的记载相合。清代鄂右后旗即今内蒙古自治区伊克昭盟杭锦旗的前身。

㉘ 纳臣 · 柴达木，Način čayidam。清译本（Ⅵ. 7v）作“阿津柴达木”。

张尔田将此地比对为伊克昭盟左翼后旗（今内蒙古自治区伊克昭盟达拉特旗）境内滔赉昆兑河发源地“敖柴达木”。但据《源流》前后文内容来看，此地当在青海。《源流》前文（K 本 39v19）提到成吉思汗攻打吐蕃时，当地首领遣使三百人前来纳贡，在 Način-u čayidam（清译本因 D 本译为“柴达木”）之地拜见了成吉思汗。也似指此地在青海。张尔田又说：“卷八云林沁额叶齐回至萨囊彻辰洪台吉国之达木地方,即指此。"误。其实,《源流》彼处(K 本 91v)的原文中并无"达木地方"之语,而是作 Yeke šibertü γaǰar(也客·失别儿图地方),满译本不知为何译为 Dam 之地,清译本因误。也客·失别儿地方在今内蒙古自治区伊克昭盟乌审旗境内,是萨冈的家乡,与此纳臣柴达木无关。

㉙ 六万户,ǰirγuγan tümen。17 世纪蒙文史书中用作蒙古本部的统称,与"四十万蒙古"同义。《源流》等书说妥欢贴睦尔从大都逃出来时,只带回来四十万蒙古人中的六万,又说满都鲁在位时与孛罗忽吉囊共同治理六万户。六万户成为一个定称,还应该是答言汗以后的事。答言汗重新统一蒙古本部,在原有格局的基础上将诸部调整为六万户,分左、右两翼,每翼三万户。据蒙文史书所载,所谓答言汗的六万户,左翼为察罕儿、罕哈、兀良罕,右翼为阿儿秃斯、应绍卜、土蛮。大汗总领六万户,驻左翼,直辖察罕儿万户,吉囊分镇右翼,直辖阿儿秃斯万户。后来的六万户首领均为答言汗后裔,但答言汗当初分封诸子时,未封子嗣到兀良罕万户和土蛮(满官嗔)万户,《源流》(K 本 68v)列举答言汗诸子封领时,未提到这两部,《俺答汗传》(§49)中 1538 年出现的兀良罕首领还称丞相,显然不属孛儿只斤家族,满官嗔原是火筛属部,据《源流》所述,火筛对答言汗家族有功,因此答言汗也许暂时未动他的属部,但不久该部就成了答言汗之孙俺答的属部;兀良罕万户也在 16 世纪上半叶被不地汗、衮·必里克吉囊、俺答等人击灭,部众被瓜分,万户之称不存。但六万户之称已成定称,不再改动。火儿慎部等成吉思汗诸弟后裔的部落,也归答言汗统辖,但答言汗在调整诸部时,未动火儿慎等部,它们不入六万户之列,不过六万户作为整个蒙古本部的统称,火儿慎等部还是被包括在内的。

㉚ 重新,tungqun。清译本(Ⅵ.8r)因满译本而漏译。此即《秘史》§278 的"统浑",旁译"作新"。施密特(《东蒙古史》p. 193)译为"宣誓效忠",道润梯步(译注《源流》p. 315)译为"宣告",都因将 tungqun 与 tongqaγ(la)——(宣告、宣布)一词相混而致误。

㉛ 不地,Bodi。清译本(Ⅵ.8v)作"博迪"。名字取自梵语 bodhi(菩提,"觉")。明代汉籍称为"卜赤"(《皇明北虏考》、《殊域》、《四夷考》、《武功录》等)、"保只"(《明实录》嘉靖二十六年夏四月己酉条)、"不地"(《北虏世系》)、"孛只"(《登坛》卷25、《武功录》卷13)等。蒙文史书又称他为 Bodi alaγ qaγan(不地·阿剌黑合罕)。

《源流》后文说他生于甲子年,相当于公元1504年。这个年份大致不会有什么问题,材料得自明嘉靖二十二年(1543年)左右的《译语》说:"自谓其长曰可汗,亦曰寒,即小王子也。云姓白氏,其名莫详,今四十余矣。"与《源流》所记基本相合。

关于他的即位时间,《黄史》、《源流》所载有误。两书都把答言汗的纪年延长了二十四年(到1543年),又隐而不提答言汗之后巴儿速孛罗曾即汗位之事,所以《源流》所说"甲辰年"(1544年)不可信。据《俺答汗传》(§33),巴儿速孛罗死于1519年(兔儿年,己卯),那么不地汗的即位时间当在这一年或1520年左右。

不地的卒年,《源流》后文记为"丁未",相当于公元1547年。两《黄金史》记为"羊儿年七月十日",据前后文,此羊儿年亦为1547年丁未,与《源流》所记相合。明代汉籍中无明确记载,其名(保只)在《明实录》中最后一次出现是在嘉靖二十六年(1547年)夏四月己酉。证明蒙文史书的记载还是准确的。

不地汗在位期间,完成的最大一件事,就是与衮·必里克吉囊、俺答等人一起灭掉了兀良罕万户。兀良罕万户,明人呼为"异种黄毛",经常从北边骚扰不地汗辖部及右翼诸部,《皇明北虏考》说:"北有兀良罕营一,故小王子(指答言汗)北部也,因隙叛去,至今相攻。"叶向高《四夷考》也说:"异种黄毛者,不能别生死,众少于三部(指不地汗、衮·必里克、俺答的部落),虏或时深入,黄毛辄从后掠缴,取子女玉帛,虏苦之。"不地汗等人为消灭这一心腹之患,多次出兵征剿,《明实录》嘉靖七年(1528年)八月癸卯条就记载了其中的一次:"小王子欲驱套虏东渡,击黄毛达子。"《俺答汗传》记载了不地汗、衮·必里克吉囊、俺答等人先后四次征兀良罕,终于将其灭掉之事。不地汗在位时,已开始感受到来自右翼的冲击,衮·必里克吉囊、俺答的势力迅速壮大,向外扩展,明人说衮·必里克吉囊(作“吉囊”)即“有吞并小王子之心”(《明实录》嘉靖十五年十二月丁未条)。

㉜ 勺儿合勒山梁,J̌orγal-un J̌on。满译本译为“一齐攻击”,清译本(Ⅵ.9v)因译为“攻入”。J̌orγal-un,D 本误为 oroγulun(“使进入”之义),满译本、清译本因误。《源流》后文(K 本 66r22)又作 J̌orγal-un yeke bayiri(勺儿合勒之大阵),清译本缺译。《俺答汗传》(§39)作 J̌orγal,说衮·必里克吉囊与俺答在第二次远征兀良罕时在那里打败了对方。此即《秘史》§177 的“勺峏合勒昆”,《秘史》该节说成吉思汗谴责汪罕背信弃义的行为时,提到他们二人从前曾在勺峏合勒昆盟誓永不听信他人离间之词;而第 164 节首次讲到他们二人那次盟誓时,地点是作土剌河的黑林。则勺峏合勒昆与土剌河黑林当在一地或相距很近。黑林在今蒙古国首都乌兰巴托东偏南。《亲征录》同处作“卓儿、完忽奴山”。王国维(《校注亲征录》)认为是土拉河之南、位于土谢图汗右旗的“卓尔郭尔山”。是。据《俺答汗传》,此山在不儿罕合勒敦山(作 Burqatu qan,在今乌兰巴托东北)附近,结合《秘史》所载,当是指不儿罕·合勒敦山南脉。《中国历史地图集》(谭其骧主编,第 7 册,第 11 ~ 12 图)将卓儿完忽奴山标在乌兰巴托西南,似不确。

㉝ 收服兀良罕,削其万户之称一事,《俺答汗传》、《译语》也有记载,但时间、人物与《源流》有异。《译语》说:“……闻小王子集把都儿台吉、纳林台吉、成台吉、血剌台吉部下着黄皮袄为号,莽晦、俺探、己宁诸酋首兵,抢西北兀良哈。杀伤殆尽,乃以结亲给其余至,则悉分各部。啖以酒肉,醉饱后皆掩杀之,此其一事也。”这里所说的小王子是不地汗,俺探即俺答,己宁即衮·必里克吉囊,时间记在嘉靖二十年(1541 年)左右。《俺答汗传》(§§49 ~ 52)记不地汗等人灭兀良罕万户是在“黄狗年”(1538 年戊戌,嘉靖十七年),这一年因兀良罕出兵劫掠不地汗的部众,不地汗闻讯率领左翼万户及右翼衮·必里克吉囊、俺答的部落出兵杭爱山,大败兀良罕,将其部众析分

各处。《译话》、《俺答汗传》的记载，证实兀良罕万户被灭是在不地汗时期，而不像《源流》所说是在答言汗时期。《源流》此处所记答言汗剿灭兀良罕万户的情节，与《俺答汗传》中俺答等人 1531 年（辛卯）二征兀良罕、1538 年（戊戌）四征兀良罕的情节相仿，大概《源流》是把这两次战事合为一次记在答言汗头上了。

㉞ 铁力·孛罗的生年，不可能是《源流》这里说的壬寅年（1482 年），因为他父亲答言汗生于 1474 年，两个年份相距太近。《源流》将答言汗的生年提前了十年，记为 1464 年（甲申），也许铁力孛罗等人的生年也相应被提前了十年，如果推后十年就是 1492 年壬子，但这又与铁力孛罗之子不地的生年甲子（1504 年）相距太近。其他 17 世纪蒙文史书基本不记答言汗诸子的生年，《源流》的说法又相当混乱，很难令人相信。

㉟《源流》所记格列山只的生年有误，壬寅，相当于公元 1482 年，这个年份与格列山只之父答言汗的生年 1474 年相距太近。《黄史》、《阿萨剌黑齐史》记格列山只生于癸酉年，即公元 1513 年。格列山只为外罕哈贵族之祖，《阿萨剌黑齐史》出自他的后裔之手，《黄史》有关外罕哈的记载又基本与《阿萨剌黑齐史》一致，材料当来自外罕哈，所以这两书有关格列山只生年的记载当不会有误。

㊱ 不阳忽里·都剌儿·歹成，Buyangquli durar dayičing。清译本（Ⅵ. llr）作"布扬郭赉都噶尔岱青"。据后文（K 本 69v15），他是衮·必里克吉囊的第五子。《北虏世系》作"歹成都剌儿台吉"，《武功录》（卷 14）作"歹成"。《源流》后文（K 本 69v15）说他被封为阿儿秃斯万户 Betegin（别帖斤）、Qaliγučin（哈流嗔）部的首领，这两部属阿儿秃斯万户右翼。他的后裔在清代成为鄂尔多斯右翼前末旗（俗称札萨克旗）的王公（《表传》卷 43）。这一旗的驻地今为伊金霍洛旗的一部分。

㊲ 辛爱·都龙·铁木儿，Sengge dügüreng temür。清译本（Ⅵ. llr）作"僧格都古棱特穆尔"。后文（K 本 80v29）又作"辛爱·都龙·铁木儿·黄台吉"。即明人所记"辛爱"（《明实录》嘉靖二十九年七月戊申条、《武功录》卷 8）、

"黄台吉"(《明实录》隆庆四年九月戊辰等条,《北虏世系》、《武功录》卷8),又作"辛克都隆哈"(《北虏世系》)、"都龙铁木儿黄台吉"(《武功录》卷8)等。《武功录》有他一篇传记《黄台吉列传》,说他的母亲是俺答开的"矮克哈屯"(yeke qatun——大夫人)。他袭封顺义王后,称"乞庆哈"(Sečen qaɣan,《明实录》万历十一年十一月庚寅条、《武功录·黄台吉列传》)。据《北虏世系》,他的部落是"委兀儿趁"(Uyiɣurčin,即《九边考》所记"畏兀儿"),住地在"宣府边外旧兴和所小白海、马肺山一带"。明人说他"桀骜"、"强力"(《明实录》万历十一年十一月甲申条)、"剽悍,雄诸部"(《武功录·黄台吉列传》)。他还控制东邻的朵颜卫一些部众(《辽夷略》)。死于1585年底(《明实录》万历十四年正月辛酉条)。

㊳ 那木·塔儿尼·花台吉,Nom tarni qoo-a tayiǰi。清译本(Ⅵ. llr)作"诺木塔尔尼郭斡台吉"。《北虏世系》作"花台吉"。据后文(K 本 69v13),他是衮·必里克吉囊的第四子,受封的部落是别速(Besüd)和偶甚(Ügüšin,乌审),属阿儿秃斯万户的右翼。《北虏世系》说他"在榆林以西花马池住牧"。花马池,在宁夏盐池县东北部,与陕西、内蒙古两省区边境的苟池、北大池等合称"花马诸池"。他的长子即有名的忽图黑台·切尽·黄台吉(明人称为"切尽黄台吉",《源流》清译本作"库图克台彻辰鸿台吉")。那木·塔儿尼次子一系后裔成为清代伊克昭盟鄂尔多斯右翼前旗(俗称乌审旗)的王公(《表传》卷43)。

㊴ 忽图黑台·切尽·台吉,Qutuɣtai sečen tayiǰi。清译本(Ⅵ. llr)作"库图克台沙津台吉",沙津,因 D 本 sa ǰin 而误。后文又作 Qutuɣtai sečen qong tayiǰi(忽图黑台·切尽·黄台吉),清译本(Ⅵ. 20r)译为"库图克台彻臣鸿台吉"。《武功录》卷14为他写有一篇传记,称为他"切尽黄台吉"(Sečen qong tayiǰi),这一译名也见于《明实录》、《北虏世系》等。据《源流》后文(K 本70r01)和《北虏世系》,他是那木·塔儿尼的长子。他对阿儿秃斯的历史乃至整个蒙古的历史产生过重要影响,又是《源流》作者萨冈的曾祖父,因此《源流》对他的记载较多。他曾率军远征额尔齐斯河、青海地区三

河汇流处等地，安排主持了卜失兔吉囊（博硕克图济农）的即位仪式；与土蛮万户首领俺答汗关系密切，俺答汗就是采纳了他的建议，才决定迎请西藏高僧锁南坚错（即三世达赖喇嘛）的；他作为蒙古右翼部落的代表前往迎接锁南坚错，在仰华寺大会上代表蒙古一方发表演讲，赢得赞誉；他还被大汗土蛮（图们）选为五执政之一，参与蒙古本部六万户的总体协调管理。《武功录·切尽黄台吉列传》称他“善用奇兵”，“雄视一套，投足左右，便有轻重”，“为人明敏，而娴于文辞，尤博通内典”，阿儿秃斯万户与明朝达成贡市之约时，是他“亲为表文”，一位明朝和尚（宛冲）还随他“传经译字”。现存《十善法门白史》，序言中提到该书是由忽图黑台在元代同名著作的基础上参照他本编纂而成的。可见他是一个能文能武，实力很强的人。他一生的业绩中，给后世留下最大影响的，就是说服、协助俺答汗将格鲁派藏传佛教引进了蒙古地区。

《源流》后文（K 本 82v12）说忽图黑台死于丙戌年，享年四十七岁。丙戌，相当于公元 1586 年（明万历十四年）。但《武功录·切尽黄台吉列传》说他“丁亥冬”“逢雾露死”。丁亥，相当于公元 1587 年（明万历十五年）。《明实录》万历十五年四月癸亥条载：“赐病故套酋龙虎将军切尽黄台吉祭。”则《武功录》所说丁亥冬当为 1587 年初。《源流》所记时间稍有出入。据以上记载，忽图黑台生于 1540 年左右。

㊵ 别勒该·歹崩，Belgei tayibung。清译本（Ⅵ. llr）作“伯尔格岱绷”。《北虏世系》作“歹崩把都儿台吉”，相当于《武功录》（卷 14）的“秃退台吉”。他是不阳忽里的长子。据《武功录》，他于 1586 年（万历十四年）春赴榆林互市时‘：会染天花”，“道逢雾露死”，他的儿子怀疑是汉人用毒酒害死的。《北虏世系》亦说他“出痘疮死”。

㊶ 不儿赛·哈坛·把都儿，Bursai qatan baγatur。清译本（Ⅵ. llv）作“布尔赛哈坦巴图尔”。后文（K 本 70r05）又作 Bursai sečen dayičing（不儿赛·七庆·歹成），清译本（Ⅵ. 20r）作“布尔赛彻辰岱青”。《北虏世系》作“七庆歹成台吉”（Sečen dayičing tayiǰi），相当于《武功录》卷 14 的“哈汉把都儿台

吉”。据汉籍,他与哥哥别勒该歹崩一起死于天花病。

㊷ 不地汗诸子,《黄史》即记为三人;两《黄金史》只记有两人:Daraisun küdeng qaγan,Kökǚcidei noyan;《阿萨剌黑齐史》记为五人:Küdeng qaγan,Kökečüdei tayiǰi、Duraγal tayiǰi、J̌oriγtu tayiǰi,Böke tayiǰi;《恒河之流》、《金轮千辐》也记为五人:Küdeng qaγan,Kökečüdei mergen noyan,Ongγon dural noyan,Nomtu,Güngdü。《北虏世系》列有五人之名:打来素台吉、可可出大台吉、汪兀都喇台吉、公兔台吉、那宾兔台吉;《武功录》(卷13)所记五人为:打来孙、阿牙台皮、卜以麻、王文打来、黑石炭。根据蒙文史书、《北虏世系》、《表传》等,《武功录》所记阿牙台皮、卜以麻、黑石炭三人不是不地的儿子,阿牙台皮、卜以麻是不地汗之弟乜密力(纳密克)的儿子,黑石炭指答言汗第五子阿赤赖孛罗(以部名Kešigten相称)。《阿萨剌黑齐史》所记J̌oriγtu tayiǰi、Böke tayiǰi,可能是Nomtu(那宾兔)、Güngdü(公兔)的称号。

㊸ 打来孙·枯登台吉,Daraisun küdeng tayiǰi。清译本(Ⅵ.12r)作“达赉逊库登台吉”。后文(K本67v14)又作Küdeng qaγan.(枯登合罕),靖译本译为“库登汗”。即明代汉籍中的“打来孙”(《明实录》嘉靖三十年二月甲戌等条、《皇明世法录》、《全边》、《武功录》、《开原图说》等),《北虏世系》作“打来素台吉”。《表传》作“库登汗”。

不地汗的长子。《源流》说他生于“甲辰年”,当为庚辰之误,因为他的即位年被记为戊申(1548年),又说他当时二十九岁,从1548年上推二十九年,是1520年庚辰。王国维说:“甲辰当是甲申之讹。”也不对。甲申为公元1524年,到1548年,中间是二十五年,与二十九岁即位之说不符。他的即位年,两《黄金史》、《阿萨剌黑齐史》记为“猪儿年”,根据前后文,此猪儿年相当于公元1551年辛亥,比《源流》的1548年戊申晚三年。塞瑞斯(《笺注》)把这个猪儿年视为公元1539年己亥。这与两《黄金史》等书上下文的纪年不符,况且上代大汗不地1547年才去世,打来孙不可能于1539年就即位。《明实录》中打来孙之名虽然首次出现于1551年(嘉靖三十年),但在不地去世的1547年~1551年间,已出现小王子之称,这个小王子当指打来孙。他的卒午,《源流》所记丁巳相当于公元 1557 年,两《黄金史》等记为“蛇儿年”,也相当于 1557 年丁巳(罗桑丹津《黄金史》说他在位十九年,则蛇儿年就成了 1569 年己巳,有误)。《明实录》中打来孙之名最后一次出现是在嘉靖三十九年(1560 年)九月庚辰条,但那是在谈到以前的事时提到的,他下代大汗土蛮的名字已于 1558 年首次出现(《明实录》嘉靖三十七年十月壬申条),这个纪年与《源流》、《黄金史纲》等蒙文史书的 1557 年基本吻合。

打来孙在位期间,右翼部落势力更加强盛,尤其是土蛮万户的俺答已成为右翼三万户实际上的领袖,他竟仗势向打来孙索得汗号。受到右翼势力的冲击,为图发展,打来孙率察罕儿万户于 16 世纪中叶开始南下至西拉木伦河一带驻牧。

㊹ 失帖兀,Šiteü。a 本作 Šitteü,D 本、S 本作 Sutu。清译本(Ⅵ. 12r)据满译本译为“索多”。Šiteü,取自《黄史》。两《黄金史》、《阿萨剌黑齐史》不载。《俺答汗传》§ 55 作 Suu- tu。《内国史院档》(上册,p. 187)在记载天聪九年(1635 年)鄂木布的乳母之夫毛罕谋叛事件处,说毛罕“独断专行,私称博硕克图之子为西土完汗,自称吴尔鲁克额齐克达尔汉贝勒……”博硕克图(卜石兔)即俺答汗嫡玄孙,其子即鄂木布,鄂木布所称“西土完汗”,《清实录》蒙文本同处作 Šitügen qan。Šitügen 疑为 Šiteü 之传讹,鄂木布当是以先祖的汗号自称。

关于 Šiteü 的词源,宝音德力根认为当是“世祖”(元世祖)的音译(《“四十万蒙古”名称的来源及相关的几个问题》,载《内蒙古大学学报》蒙文版,1996 年第 4 期)。但元代畏吾体蒙古文中,既用来表示 s(心母),也表示 dz(精母),还表示 š(禅母),如“金紫”作,这一惯例在明代也有些影响,如太宗写作,总兵写作,太祖写作,等等。照此惯例,世祖似应写作,而不是。道润梯步(译注《源流》p. 329)认为 šiteü 即 šitu,与 metü 同义,说:“失图合罕即蔑图合罕,汉译则即为‘如合罕’也。”更是离奇。Šiteü,或许源自汉语“司徒”。

《俺答汗传》说俺答是向不地汗索得 Suu-tu(速图)之称的。这一说法恐怕有误。suu-tu ~ sutu,一般专用于成吉思汗,俺答当时不可能要求这么高级的称号,也许是后人为抬高他而写成了 Suu-tu。再者,《俺答汗传》同处说不地汗称 Küdeng qaγan(枯登合罕,库登汗),显然是把不地与打来孙弄混了。赐给俺答汗号的大汗还应该是打来孙·枯登合罕。

㊺ 打来孙四子中的第二子 J̌ongtu tayi ǰi,D 本缺(s 本亦缺),满译本因将“四人”改为“三人”,清译本(Ⅵ.12r-12v)却将打来孙诸子译为“图们台吉、达赉巴噶达尔罕歹成台吉二人”,更误。

《黄史》所记打来孙的四个儿子为:Tümen tayiǰi、J̌ongtu duraγal、Baγ darqan、Dayičing tayiǰi。《北虏世系》记为“土蛮台吉、昆都力庄兔台吉、大成台吉、威正打儿汗台吉”。其中,第三子、第四子的顺序,与《黄史》、《源流》的颠倒。罗桑丹津《黄金史》说 Tümen qaγan(土蛮合罕)为打来孙之子,打来孙另外还有四子:Kükčüdei tayiǰi、Dural noyan、J̌oriγtu tayiǰi、Böküü tayiǰi,其实是把打来孙的四个弟弟当成了他的儿子,参见注㊷。

㊻ 土蛮,Tümen。清译本(Ⅵ.12v)作“图们”。又称 Tümen ǰasaγtu qaγan(《阿萨剌黑齐史》)、J̌asaγtu qaγan(《源流》、《黄金史纲》)。明代汉籍多作“土蛮”(《明实录》嘉靖三十七年十月壬申等条、《北虏世系》、《武功录》、《四夷考》、《鞑虏纪事》等),又作“土蛮罕”、“土买罕”(《武功录》)、“土蛮憨”(《辽夷略》)等。《武功录》卷 10 有他一篇传记。

土蛮汗时期,察罕儿万户实力较前有不小的恢复,控制朵颜等卫东边部落,还从女真等部收取贡赋,从五个万户(兀良罕万户已不存)中各选一位能力较强的首领任执事,以便协调各万户,加强统治。明人说他“控弦之士六万,最精壮”(《武功录》卷 10)。他经常率兵侵掠蓟辽明边,1567 年九月侵入明境,“京师震动”(《明实录》隆庆元年九月壬申、十二月乙巳条)。

关于他的生年,《源流》所记己亥相当于公元 1539 年,《黄金史纲》记为“猪儿年”,也相当于 1539 年己亥。《黄史》说他二十八岁即汗位,生年则可推算为 1531 年。但这肯定有误,1531 年与他父亲打来孙的生年 1520

罕相距太近。关于他的即位年,《源流》所记戊午相当于公元1558年,这与明代汉籍中土蛮之名首次出现的时间(《明实录》嘉靖三十七年——1558年十月壬申条)不矛盾。他的卒年,《源流》所记壬辰相当于公元1592年。两《黄金史》不载。《武功录》说他死于1586年(万历丙戌),恐怕不确。土蛮之名在《明实录》中最后出现的时间是1588年(万历十六年闰六月壬午条)。

㊼ 系结大刀的噶儿麻喇嘛,ildün-i ǰanggiduγči Garm-a lam-a。清译本(Ⅵ.12v)译为"盘结腰刀之噶尔玛喇嘛"。《黄史》作Garm-a blam-a。其他17世纪蒙文史书无载。此人可能是藏传佛教噶玛(kama)噶举派的喇嘛。这一派的噶玛拔希在忽必烈时期名声很大,《红史》说他神通广大,能显示无数神变,火烧、水淹、刀砍、喂毒,都不能伤其身。札奇斯钦在《蒙古与西藏历史关系之研究》一书(p. 508)中说:"所谓'盘结腰刀',就是在持咒之时,手能把坚硬的刚刀随意盘结如绳的意思。"又说:"按喇嘛降神者,有能将坚硬之钢刀盘结如绳状者,笔者于蒙古时,曾见为彼等所盘结之刀剑。"

㊽ 那木大·黄台吉,Namudai qong tayiǰi。清译本(Ⅵ.12v)作"阿穆岱鸿台吉"。其名亦见于《黄史》,其他17世纪蒙文史书不载。此即《北虏世系》的"那木大黄台吉",列为铁力孛罗(铁力摆户)次子乜密力(纳密克)的长子挨大笔失的长子,与土蛮汗为从兄弟。明代汉籍中多作"脑毛大"或"脑毛大黄台吉"(《明史·李成梁传》、《全边》、《武功录》、《辽夷略》、《辽事实录》等),也作"那木大"(《登坛》卷23)、"奴木大"或"奴木大黄台吉"(《明穆宗实录》、《武备志》卷205)等。

据《武备志》,他属于察罕儿山前部落(左翼),在宁远、广宁边外西北青山住牧,常寇明边,明人称他势力"强"。《武功录·脑毛大列传》说他自1572年开始寇明边,1583年曾率兵万余骑驰广宁关下,1586年又率兵七万再至广宁关下,要求互市,互市不成,遂大举侵掠广宁、锦、义等地。森川哲雄(《察哈尔八鄂托克考》)认为他的部落是Alaγčud(阿剌黑出),但据《辽夷略》、《清实录》等,阿剌黑出(阿剌克绰特)是他的幼弟拱免(挨大笔失~

瑷塔必第十子)一系的部落。《北虏世系》、《武功录》都未提他子嗣的情况,《恒河之流》、《金轮千辐》也不记他这一支,也许他无嗣。

㊾ 威正·速不亥,Üiǰeng subuqai。清译本(Ⅵ.12v)作"卫征索博该"。《黄史》作 Subuqai üiǰeng。其他17世纪蒙文史书无载。沈曾植认为即"明史之速不孩,藩部表巴林之先苏巴海"。是。《明实录》作"速不亥",其他明代汉籍多作"速把亥"(《明史》卷238、《全边》卷10、《皇明从信录》、《登坛》、《辽夷略》、《武功录》卷12等),《北虏世系》作"苏不害打儿汗台吉",列为答言汗第六子纳力不剌(纳勒出孛罗)之子虎剌哈[赤]台吉之子。《武功录·速把亥列传》将其列为虎喇哈赤第二子,《恒河之流》、《金轮千辐》同。据《表传》(作"苏巴海达尔汉诺颜")、《恒河之流》等,他是内五部罕哈之一巴林(Baγarin)部首领。据明代汉籍,他"剽悍",有兵一万余骑,常侵掠明边。1582年(明万历十年)死于义州镇夷堡之役(《明史·李成梁传》、《武功录》、《辽夷略》)。明人又称他为"泰宁卫酋长"(《武功录》)、"泰宁部长"(《明史》)、"泰宁酋"(《全边》)、"泰宁卫之夷酋"(《辽夷略》)等,这是因为内五部罕哈南下,巴林部逐步控制并侵占了泰宁卫的住地,使明人产生了误会。《武功录·速把亥列传》即说:"速把亥,……迁徙旧辽阳迤北沙埚之间,于是部泰宁人抄本、花大、把儿都、红脸孛罗等,引弓之夷万余人,颇航勇。"

㊿ 那木答喇·合落赤那颜,Nomdara qulači noyan。清译本(Ⅵ.13r)作"诺木达喇古拉齐诺延"。《黄史》作 Nomdara qulučinoyan。其他17世纪蒙文史书不载。此即《北虏世系》的"哑速火落赤把都儿台吉",列为巴儿速孛罗第六子卜只剌(作"我托汗卜只剌台吉")的第三子,哑速即 Asud 的音译,是以部名相称。《武功录》卷9作"合罗气把都儿台吉",又作"哈罗气"、"合落赤"。《金轮千辐》、《水晶数珠》亦记为卜只剌第三子。卜只剌继承了应绍卜、阿速两部,后来应绍卜成为其长子(《北虏世系》作"永邵卜大成台吉")的部落,阿速成为其第三子的部落。经常在明张家口一带活动。和田清(《蒙古篇》p.534)认为这个人就是明代汉籍中所见青海的"火落赤"。

江国真美(《青海蒙古史的一个考察》)对此提出异议,指出青海的火落赤应是多罗土蛮(多伦土默特)人,是歹雅黄台吉(达云那颜)的三弟。江国的意见是正确的。据《北虏世系》,哑速火落赤是在宣府张家口边外活动,而多罗土蛮的火落赤是"在陕西河州边外莽、捏川住牧",《青海史》也说青海的火落赤属土蛮(实为多罗土蛮)。这些都可以证实青海的火落赤是多罗土蛮的首领,与《源流》此处所说阿速的首领合落赤(哑速火落赤)无关。

(51) 纳木歹·扯力克·黄台吉,Namudai čürüge qong tayiǰi。清译本(Ⅵ.13r)作"楚噜克鸿台吉",因满译本而缺译 Namudai 一词。此名录自《黄史》,两《黄金史》等不载。即俺答汗嫡长孙,《俺答汗传》(§§197、341)记为 Namudai sečen qong tayiǰi、Namu -dai sečen qaγan;明代汉籍作"撦力克"(《明实录》万历十五年三月乙卯等条)、"扯力克"(《武功录》等)、"扯力克哈"(《北虏世系》)。撦力克、撦力克,即 čürüge 的音译。《恒河之流》、《金轮千辐》作 čürüge sečen qayan。1587 年继父亲辛爱(黄台吉)袭封为第三代顺义王。《武功录》为他写有一篇传记,称他"为人强,而习于计,慑服群夷,控弦之士,动以万数"。据汉籍,他死于 1607 年(《明实录》万历三十五年四月壬子条、《三云》卷 2)。

(52) 捏流,Neligüd。清译本(Ⅵ.13r)依满译本译为"额里克特"。不确。《世系谱》作"纳里古忒"。此名不见于他处,不详。但根据上下文,当是东边的部族。王国维认为是卫拉特(作"卫拉",疑脱"特"字),和田清(《蒙古篇》p.435)认为是《朔方备乘》(卷 2)的"鄂勒特"(厄鲁特)。均不妥。

(53) 答吉兀儿,Dagiγur。清译本.(Ⅵ.13r)译为"达奇鄂尔"。《世系谱》译为"搭吉古尔"。此名不见于他处。疑为 Daγur(达斡尔)的异写。张尔田推测为"古格异译,盖谓西藏也",误。

(54)《源流》说土蛮汗有十一子,但只提到长子不彦台吉(Buyan tayiǰi)一人。《黄史》提到两人:Buyan、Sangγarčai dügüreng ǰinong。两《黄金史》、《阿萨剌黑齐史》只提到一人:Buyan(Dayung) sečen qaγan。《北虏世系》说他"子一",即"不彦七庆台吉"。其他一些明代汉籍所记也不完全一致。《筹边纂议》(卷1)、《登坛》(卷23)记为六人:卜言台住、宰桑兀儿、伯彦户儿、把哈委正、额参、先银。《武功录》(卷10)说土蛮有八子,但同处只列出七人之名:卜言台周、宰桑兀儿、伯颜户儿、把哈委正、额参、先银、烧花,另外提到"伯彦兔"(卜彦兔)一人。《武备志》卷205共记有十二人之名:七庆哈(又说长子是"黄台吉即煖兔台吉"),圪炭台吉、把拜台吉、姑列台吉、索浪台吉、威敬黄台吉、素浪达儿汗台吉、歹青台吉、矮参台吉、补大台吉、琵琶台吉、桑葛在台吉。其中"索浪台吉"和"素浪这儿汗台吉"可能是一个人,重复记在两处。合为一人,总数正好是十 -人。《辽夷略》说上蛮憨有"九子":扯臣憨、委正黄台吉、额参台吉、锁迷台吉、歹青台吉、琵琶台吉、莽官儿大台吉、卜言大台吉、桑阿儿寨台吉。《恒河之流》说有十四子,《金轮千辐》说有十子,但从所列具体人名来看,大概是十一人:Buyan sečen qaγan(=卜言台周、七庆哈、扯臣憨)、J̌ayisangγur(=宰桑兀儿)、Engke bayisangγur(=伯彦兀儿)、J̌ayisang、Mangyu üiǰeng(=把哈委正、威敬黄台吉)、Esen(=额参、矮系)、Sonin dayičing(=先银、索浪、锁迷)、Bodi(=补大、卜言大)、Baban ~ Babai(=把拜)、Saγaral ~ Saγaram(=烧花)、Sangγarči dügüreng noyan(=桑葛在、桑阿儿寨)。

55 不彦台吉,Buyan tayiǰi。清译本(Ⅵ.13v)译为"布延台吉"。土蛮汗长子,即位后称"扯臣合罕"(Sečen qaγan),清译本译为"彻辰汗"。《黄史》、《阿萨剌黑齐史》称他为Buyan dayun sečen qaγan(不彦·达云·扯臣合罕),两《黄金史》称为Buyansečen qaγan(不彦·扯臣合罕)。即明人记录中的"不彦七庆台吉"(《北虏世系》)、"卜言台周"(《武功录》)、"七庆哈"(《武备志》)、"扯臣憨"(《辽夷略》)、"撦臣憨"(《明实录》万历二十九年十二月辛未条)等,《清实录》作"察哈尔车臣汗"。蒙文史书、明代汉籍对他的事迹,都记载得很少。《明实录》中也很少见到他的活动。《武功录》卷10有他一篇传记,主要记载了1574年(万历甲戌)至1595年(乙未)之间他不断侵掠明辽东边的情况。

《源流》所记他的即位年癸巳,相当于公元1593年;他的卒年癸卯,相当于公元1603年。《黄金史纲》说他死于"兔儿年",也相当于1603年癸卯。

56 不彦·扯臣合罕诸子,《源流》所记与《黄史》同。两《黄金史》只记Mangγus (mergen) tayiǰi一人。《恒河之流》说不彦合罕有二子,但只记Mangγus mergen qong tayiǰi一人之名;《金轮千辐》记为Mangγus mergen tayiǰi、Muu kitad odqan tayiǰi二人。《北虏世系》说不彦七庆台吉"子十",但未记其名。《武功录·卜言台周列传》未提其子嗣的情况。《辽夷略》记扯臣憨有二子:莽骨速台吉(Mangγus tayiǰi)、毛起炭(Muu kitad)。莽骨速(Mangγus),清译本(Ⅵ.13v)译为"莽和克",因D本Mangγuγ而误。

57《源流》莽骨速生有二子的说法,取自《黄史》。其他17世纪蒙文史书只记Lindan qaγan(林丹合罕)一人。《恒河之流》、《金轮千辐》等18世纪史书也只记Lindan一人。《辽夷略》说莽骨速有二子"虎墩兔憨(即林丹)、炒兔黄台吉(Čoγtu qongtayiǰi,或许是桑噶儿赤的称号)。

58 林丹,Lingdan。清译本(Ⅵ.14r)同。《黄史》、罗桑丹津《黄金史》、《阿萨剌黑齐史》、《金轮千辐》作Lindan;《黄金史纲》、《恒河之流》、《水晶数珠》作Ligdan。《武备志》(卷205)作"民旦",为Lindan的音讹。《清实录》等清代文献作"林丹"。

林丹即位后称Qutuγtu qaγan(忽秃图合罕),清译本(Ⅵ.14r)译为"库图克图汗"。明人译为"虎墩兔憨"(《明实录》天启二年七月乙未条,《辽夷略》等)、"虎墩兔哈"(《武备志》卷205)或"虎墩兔"(《明史·鞑靼传》、《辽事实录》等)。明人又称他为"虎酋"、"虎憨"、"虏酋插汉儿王子"等(《明实录》天启元年闰二月壬寅、天启六年八月癸丑、天启七年四月甲辰条)。

林丹是蒙古最后一代大汗。即位时,大汗权威已再度衰微,仅能控制直辖部察罕儿万户,东面又有女真迅速兴起,对蒙古构成威胁。在明末风雨飘摇的形势中,林丹汗幻想再现当年成吉思汗、忽必烈汗时的盛世。他在写给女真首领努尔哈赤的信中自称"统四十万众蒙古国主巴图鲁成吉思汗”(《清太祖实录》天命四年十月辛未条);《甘珠尔》译后记中称他为 Kümün-ü erketü lindan qutuγ-tu dai yuwan sečen qaγan(人中大自在林丹·忽秃图。大元·薛禅合罕),又称 Tngri-yin tngri legdan činggis qaγan(神中之神林丹·成吉思合罕);《金轮千辐》记为 Lingdan qutuγtu činggis dayiming sečen,ǰüg-üd-i teyin ilaγči buyu dai tayisung tngri-yin tngri,delekei-dekin-ü qormusta altan kürdün-i ergigülügči nom-un qaγan(林丹·忽秃图·成吉思·大明·薛禅·战无不胜者·大太宗·神中之神·宇宙天帝·转金轮法合罕)。这些称号从一个方面反映了他的抱负。他想靠武力重新号令蒙古各部,遭到抵制。1625 年,率兵征讨投靠后金的火儿慎部,不克。察罕儿万户属部敖汉、奈曼等部也先后归附后金。1628 年,林丹汗又率部西进,兵锋直至河套地区,沿途击溃右翼的哈剌嗔、应绍卜、土蛮等部。夺各部所受明朝的岁赐,控制蒙古与明朝的互市贸易。1631 年,再向东进攻归附后金的阿噜火儿慎。1632 年皇太极组织后金、蒙古联军远征林丹汗,林丹汗闻讯,率部西奔右翼地区,1634 年进入青海,不久病死。1635 年,其子额哲被迫投降后金,漠南蒙古诸部尽为后金收服,蒙古汗统断绝。

59 迈答哩法王,Mayidari nom-un qaγan。清译本(Ⅵ.14r)作“迈达哩诺们汗”。林丹汗从迈答哩法王接受灌顶之事,《源流》取材自《黄史》,其他 17 世纪蒙文史书无载。

据《源流》后文(K 本 85v),四世达赖前往西藏之后,给 Lgendun gbalbuzang rǰamsu širi bada 赐名 Yekede asaraγči mayidarinom-un qaγan(大慈迈答哩法王),让他代为主持蒙古地区的佛教事务,他于 1604 年(甲辰)来到土蛮地区。《黄金史纲》也记载了这件事。但《四世达赖传》不载。又据《源流》后文(K 本 86r、91r),他曾于 1614 年前往阿儿秃斯万户为卜失兔吉囊修造的释迦牟尼像开光,于 1626 年应卜失兔吉囊夫人的邀请再次前往阿儿秃斯万户,为她从西藏迎请来的《丹珠尔》经开光。

60 萨思迦·答察·沙巴尔·虎督度,Saskiy-a bdaγča šarba qutuγtu。清译本(Ⅵ.14r)译为“萨斯迦班辰沙喇巴胡土克土”,班辰,因 G 本、D 本作 bhan-

can(a 本作 bengčin)而译,《黄史》同处作 dananǰin、《金轮千辐》作 bdanzin,估计 bdaγča、bengčin ~ bhancan 均为 bdanǰin(丹津)之讹。

关于此人的身分,尚不十分明确,从其名号前冠有萨思迦一词来看,他当是萨迦派(花教)僧人。札奇斯钦(《蒙古与西藏历史关系之研究》p. 507)将《源流》所记此人分作两人:萨迦·班禅、沙儿巴·呼图克图,以前者为元代帝师萨迦法主的后嗣,以后者为西藏红、黄两派冲突中的红派领袖人物沙尔巴喇嘛。惟缺乏证据。至于林丹汗是否会见过西藏红教首领沙尔巴喇嘛,也缺乏其他史料依据。《源流》的跋文中提到名叫 Šarba qutuγ-tu 的人创作了一部《诸汗源流史》。但经分析,写这部书的 Šarba 很可能是元代的沙罗巴,与此处的 Šarba 无关。

61 金刚白城,Wčir-tu čaγaγan qota。清译本(Ⅵ. 14r)因 D 本缺(a 本即缺)而缺译。此城名,不见于其他 17 世纪蒙文史书。《金轮千辐》说林丹汗在 Abaγ-a qar-a aγula(阿巴嘎·哈喇山)修建了 Čaγan qota(白城),《水晶数珠》说林丹汗在阿巴嘎·哈喇山阳建了一座城。

P·都嘎尔发表过一篇专门讨论林丹汗白城的文章,题名《林丹呼图克图汗的白城》(载《内蒙古社会科学》蒙文版,1984 年第 2 期),文中介绍了他 80 年代初考察、研究的结果。他认定今阿鲁科尔沁旗罕苏木(Qan süm-e)苏木西面十几里处阿巴嘎哈拉山(Abaγ-a qar-a aγula)山阳的旧城址,就是林丹汗的白城。他的主要根据是:当地的老人都说传说此城就是当年林丹汗住过的白城,而且所在山名、城名都与史书记载相吻合;从地理位置上说,该地与学者们考证林丹汗的住地基本一致;另外城址内有不少建筑物的残迹,有大量的琉璃瓦残块等,与史书所记林丹汗崇佛修庙的记载可以符合。另外,张松柏(《阿鲁科尔沁旗白城明代遗迹调查报告》,载《内蒙古文物考古文集》第 1 辑,中国大百科全书出版社,1994 年)也认为阿鲁科尔沁旗的白城即林丹汗时期修建的都城。但学术界对此也有不同意见。曹永年撰文《阿鲁科尔沁旗白城为林丹汗都城遗址说质疑》(载《内蒙古文物考古文集》第 2 辑,1997 年),主要根据史书记载和前人考证,指出今阿鲁科尔沁旗白城地区从明嘉靖中期以后已是内喀尔喀的牧地，而驻牧广宁边外小库伦地方的林丹汗不可能到他部的牧地去建城。对林丹汗驻牧地的考证，目前尚有分歧，因此林丹汗白城的考定，还有待于对史料的进一步研究和考古方面新证明的出现。

(62) 敖汉，Auqan。清译本（Ⅵ.15r）作“敖罕”。其他17世纪蒙文史书不载。亦不见于明代汉籍。清代以后一般译为“敖汉”。今内蒙古自治区赤峰市敖汉旗名的来源。

《源流》此处说该部被封给答言汗之子格呼孛罗，与他书所载相矛盾。据《表传》、《游牧记》、《恒河之流》、《金轮千辐》等，该部王公的始祖为铁力孛罗次子纳密克（Nemig，Elmig），纳密克之子Buyima（贝玛）的长子一系为Auqan的王公。《黄史》、《金轮千辐》说Gerebolod（格呼孛罗）的儿子是Lung tayiǰi，而罗桑丹津《黄金史》记Lung noyan是答言汗之子Urud tayiǰi之子，《登坛》卷23也说答言汗有一个儿子称“五路”，《辽夷略》说“五路”又称“郎台吉”，《老档》记兀鲁特部落的首领是“龙贝勒”（Lung beile）。这些记载说明格呼孛罗是兀鲁（五路、兀鲁特，Uruγud ~ Urud）的首领，而不像《源流》所说是敖汉的首领。

(63) 好赤，Qaγučid。清译本（Ⅵ.15v）作“浩齐特”。《黄史》作Qaučid，两《黄金史》同《源流.》。当与《九边考》所记大汗（亦克罕）属部之一的“好城察罕儿”（Qaγučin Čaqar）有关系。清代一般译为“浩齐特”。

两《黄金史》中，该部之名最早出现在答言汗征讨亦思马因之时，当时该部原首领Esen tükel（额先·土客勒）等人与火鲁剌思的脱火赤少师一起奉命出征，击走亦思马因，带回失乞儿太后。后来该部也同其他部落一样，作为属部封给答言汗的子孙。关于该部的分封，《源流》此处的说法与其他史书的记载抵牾。《源流》说是封给了答言汗第七子Narbolod（纳儿孛罗），可是它的材料来源之一《黄史》却说是封给了答言汗的嫡曾孙Küdeng qaγan（打来孙·枯登汗）的次子J̌ongtu duraγal（庄兔·都剌儿），《恒河之流》、《金轮千辐》等也是持相同说法，《表传》说“库登汗，号所部曰浩齐特”,后由其两个曾孙分掌右翼旗、左翼旗。《源流》此处的记载肯定有误。作为察罕儿万户主要部落,好赤一定是分封给答言汗长子一系的。而据《黄史》、《阿萨剌黑齐史》、《金轮千辐》,以及《北虏世系》等,纳儿孛罗(Narbolod ~ Narbuγura,那力不赖)的后裔另有部落,是 Darai mingγan(打剌明安)等。

64 剌不台吉,Labuγ tayiǰi。清译本(Ⅵ. 15v)作“拉布克台吉”。Labuγ,《黄史》作 Labus,当为 Labuγ 的形近之讹。罗桑丹津《黄金史》作 Labuγ noyan。《俺答汗传》(§21)、《阿萨剌黑齐史》同《源流》。此即《北虏世系》的“兀慎打儿汗剌不台吉”。

他的生年,《源流》诸本多作 gi taulai——己卯,惟 S 本作 gimoγai——己巳,清译本(Ⅵ. 16r)也改为“己巳”。按己卯年相当于公元 1519 年,己巳年相当于 1509 年。考剌不台吉之兄俺答生于 1507 年丁卯,其弟伯思哈勒生于 1510 年庚午,则剌不肯定不可能生于 1519 年己卯,改为 1509 年己巳还是合理的。

他是巴儿速孛罗的第三子,《源流》后文(K 本 68v26)说他分封到的部落是 Tümed-ün Ügüšin(土蛮之兀甚),《北虏世系》在他的名前冠有“兀慎”字样,当是以部名相称,《九边考》、《皇明北虏考》也说俺答汗所领满官嗔(土蛮)万户中有“兀甚”一营。《武功录》卷 9 提到这一枝的住地“与摆腰(Bayaγud)同,闲至葫芦海子”,“控弦之士不及千数”。葫芦海子在大同边外。史书对剌不事迹的记载比较少。

65 伯思哈勒·昆都力合罕,Bayisqal köndelen qaγan。清译本(Ⅵ. 15v)译为“巴雅思哈勒昆都楞汗”。《俺答汗传》(§21)作 Bayisqal tayiǰi,《黄史》、《阿萨剌黑齐史》亦作 Bayisqal köndülen qaγan,罗桑丹津《黄金史》作 Köndülen qaγan。即明人记载中的“昆都力哈”(《明实录》隆庆五年四月辛亥条、《北虏世系》、《武功录》卷 9),“髡突里哈”(《武功录》卷 8)、“坤肚儿哈”(《武功录》卷 10)、“坤的里罕”(《武功录》卷 9);又称为“老把都”(《明实录》隆庆五年二月庚子等条,《名山藏》、《武功录》等)、“老把都儿台吉”(《北虏世系》)、“把都台吉”(《明实录》嘉靖二十六年四月己酉等条)。

他是巴儿速孛罗的第四子,名声也比较大,《武功录·昆都力哈列传》说他“甚好兵”,有“精兵三万”,常与二兄衮·必里克吉囊、俺答一起行动,曾参加剿灭兀良罕万户的战役(《译语》等),所领哈剌嗔部势力逐渐向东扩展,控制朵颜卫的一部分属众(《俺答汗传》、《辽夷略》等),常寇明边,“俺答封贡”告成后,授都督同知。1572 年(壬申,明隆庆六年)病死。同年衮·必里克吉囊之子那言大儿吉能(明人多称其为“吉能”)亦病死,“俺答如失左右手,日夜哭”(《武功录·昆都力哈列传》)。

⑯ 伯颜答喇·那林台吉,Bayandar-a narin tayiǰi。清译本(Ⅵ.15v)译为“巴延达喇纳琳台吉”。《黄史》、《阿萨剌黑齐史》亦作 Bayandar-a narin tayiǰi,罗桑丹津《黄金史》作 Narin noyan,《俺答汗传》(§21)作 Narin tayiǰi。即《北虏世系》的“那林台吉”。

他的生年,诸本多作 šim bečin(壬申)。D 本、S 本作 šimbars(壬寅),清译本(Ⅵ.16r)因译为“壬寅”,皆误。按壬申相当于公元 1512 年,壬寅为 1542 年,伯颜答喇之弟卜只剌生于 1514 年(甲戌),那么 1542 年壬寅不可能是伯颜答喇的生年,bars(寅)当为 bečin(申)之讹。

《源流》说他的部落是察罕儿的察罕·塔塔儿(Čaqar- unČaγan tatar),可是罗桑丹津《黄金史》(174b)说察罕塔塔儿是答言汗第七子 Narbura(即 Narbolod,那力不赖)的部落。据其他史书(《北虏世系》、《黄史》、《阿萨剌黑齐史》、《金轮千辐》等)记载,纳儿孛罗另有部落(Darai mingγan,打剌明安等),《金轮千辐》也记察罕塔塔儿是伯颜答喇的部落。因此罗桑丹津《黄金史》的说法有误。《明史·李成梁传》提到“叉汉塔塔儿”一名,称是卜言台周(土蛮汗之子卜彦扯臣汗)西边的部落,证实察罕塔塔儿确属察罕儿万户。

⑰ 卜只剌·我托汉台吉,Bodi dar-a odqan tayiǰi。清译本(Ⅵ.15v)译为“博迪达喇鄂特罕台吉”。《黄史》、《阿萨剌黑齐史》亦作 Bodidar-a odqan tayi ǰi,

《俺答汗传》(§21)、罗桑丹津《黄金史》作 Boǰidara。即《北虏世系》的“我托汉卜只剌台吉”。《北虏世系》记其营名为“永邵卜”,他的长子、第三子的名号前分别冠有“永邵卜”、“哑速”之称,说明卜只剌受封的部落确实是应绍卜和阿速。

但是,《源流》关于那出、失喇为答言汗第十子五八山只·称台吉之子的说法,与其他书矛盾。《北虏世系》记“失喇台吉”、“那出台吉”是答言汗第七子那力不赖(Narbolod ~ Nalbura)的儿子,而“称台吉”(五八山只)的儿子是“通石台吉”、“长力台吉”。《黄史》、罗桑丹津《黄金史》、《金轮千辐》、《水晶数珠》等书也说五八山只·称台吉之子是 Tüngši tayi ǰi、Čangli tayiǰi,与《北虏世系》所载一致。因此《源流》的说法有误。应该是纳儿孛罗先被封为应绍卜、阿速部之主,后来两个儿子失喇、那出相残,所部改封卜只剌。

⑱ 塔喇海,Taraqai。清译本(Ⅵ. 15v)同。《俺答汗传》(§21)亦作 Taraqai tayiǰi,罗桑丹津《黄金史》记为 Qo ǰigir tayiǰi,《黄史》、《黄金史纲》、《阿萨剌黑齐史》不载。《北虏世系》作“那竹台吉”。《源流》说塔喇海早亡,《北虏世系》说那竹“故,不嗣”。或许因为早亡无嗣,一些蒙文史书不载其名。

⑲ 壬辰,相当于公元 1532 年。据《明实录》,衮·必里克吉囊、俺答二人于 1533 年(嘉靖十二年,癸巳)以五万骑入西海击破亦不剌营后,1534 年(嘉靖十三年,甲午)六月又率十万骑由花马池(宁夏盐池县东部,与陕西苟池、内蒙古自治区伊克昭盟鄂托克前旗的北大池合称“花马诸池”)入犯明朝延绥地区(嘉靖十五年正月丙子、十三年六月戊戌条)。《俺答汗传》(§46)说衮·必里克吉囊、俺答二人于红猴年(丙申,1536 年)出征汉地 Irγai 城(宁夏镇,今银川)。

⑳ 那言大儿吉能,Noyandara ǰinong。清译本(Ⅵ. 18,)作“诺延达喇吉囊”。《黄史》、《阿萨剌黑齐史》同,两《黄金史》不载。《金轮千辐》误为其孙卜失兔吉囊(Bošoγtu ǰinong),《水晶数珠》误为其父衮·必里克吉囊(Gün bilig mergen ǰinong)。即明人一般所说的“吉能”(《明实录》、《武功录》等),

也是以号相称。《北虏世系》作"那言大儿吉能"。《武功录》卷14有他一篇短的传记,说他常寇明边,"俺答封贡"后,于1571年派切尽黄台吉等人请贡。1572年病死。

关于他的即位年,《源流》所记辛亥相当于公元1551年,D本,S本作šim γaqai,道润梯步(译注《源流》p. 33)据译为"壬亥",šim(壬)实为šin(辛)讹文,干支纪年法中无壬亥年。满译本改译为辛亥,但同时误将他即位时的年龄三十岁改为三十九岁,致使清译本(Ⅵ. 18r)根据三十九岁而改译为"庚申"(1560年)。即使是辛亥,这一纪年也有误。《源流》将衮·必里克吉囊的卒年误记为庚戌(1550年),据《俺答汗传》(§60)和《武功录》等明代汉籍,他死于1542年(壬寅,嘉靖二十一年)。所以他的继承人那言大儿的即位年当相应改为癸卯年(1543年),不然中间就会出现九年的空位,况且吉能之名已于1546年(嘉靖二十五年)就见于《明实录》(七月戊辰条)中了。他的卒年,《武功录·吉能列传》记为明隆庆六年三月初三日(1572年4月14日),《明实录》隆庆六年五月辛丑条也提到"赐虏吉能祭",说明那大儿吉能确实死于1572年,而不像《源流》所说是甲戌年(1574年)。

⑰ 伯桑豁儿·狼台吉,Bayisangqor lang tayiǰi。清译本(Ⅵ. 18r)作"拜桑固尔台吉",lang,因D本缺(a本、G本即缺)而缺译。《黄史》作Bayisangqor lang noyan。《阿萨剌黑齐史》同《源流》。即明人记载中的"狼台吉"(《明实录》嘉靖二十四年闰正月甲申等条,《武功录》卷7、《北虏世系》等)。

据《源流》后文(K本69vll),他受封的部落是KeükedŠibaγučin、Urad Tangγud两个鄂托克,属阿儿秃斯万户右翼,据《北虏世系》、《明实录》等,他的长子宾免台吉(《源流》作Ayidabis)在甘州庄浪边外松山驻牧;据《金轮千辐》、《表传》(卷43),他的次子著力兔(《北虏世系》)一系后裔成为清代鄂尔多斯右翼中旗(俗称鄂托克旗)的王公。

⑰ 斡亦答儿麻·那木按那颜,Oyidarma nomqan noyan。清译本(Ⅵ. 18v)译为"卫达尔玛诺木欢诺延"。《黄史》、《阿萨剌黑齐史》同,两《黄金史》不载。

即《北虏世系》的"那木按台吉"。据《源流》后文(K 本 69v12),他受封的部落是 Dalad Qanglin(打郎—康邻)、Merkid Baqanas(篾里乞—叭哈纳思)两个鄂托克。《北虏世系》说他在"榆林边外住牧,东与神木县相邻"。据《金轮千辐》、《表传》(卷 43),他的后裔成为清代鄂尔多斯左翼后旗(俗称达拉特旗)的王公。

⑬ 巴札喇·威正那颜,Bajar-a üiǰeng noyan。清译本(Ⅵ.18v)作"班札喇卫征诺延"。《黄史》、《阿萨剌黑齐史》作 Ba ǰar-a üi ǰeng。即《北虏世系》的"克邓威正台吉"。据《源流》后文(K 本 69v17),他受封的部落是 Qaučid、Keriyes(好赤、客哩耶思),属阿儿秃斯万户左翼。《北虏世系》说他"在榆林以东孤山边外住牧"。据《金轮千辐》、《表传》(卷 43),他的后裔成为清代鄂尔多斯左翼前旗(俗称准噶尔旗)的王公。

⑭ 八的麻·三巴瓦·扯臣·把都儿,Badm-a sambau-a sečen baγatur。清译本(Ⅵ.18v)作"巴特玛繖巴斡彻辰巴图尔"。《黄史》缺。《阿萨剌黑齐史》作 Badm-a sečen tayiǰi。《金轮千辐》不载,《水晶数珠》作 Badm-a sambau-a。从衮·必里克吉囊诸子长幼顺序看,相当于《北虏世系》的"哥落哥台吉",而且《源流》后文说八的麻无嗣,《北虏世系》也说哥落哥"不嗣"。

据《源流》后文(K 本 69v18),他受封的部落是 Čaγad、Mingγad、Qoničin、Quyaγučin(察合、明阿、火你嗔、忽牙忽嗔),属阿儿秃斯万户左翼。Qoničin、Quyaγučin——火你嗔、忽牙忽嗔,a 本、D 本误作 Qorčin、Qoya γucin,清译本(Ⅵ.19v)依满译本译为"火儿慎之三十四处"。误。

⑮ 阿木答喇·打儿汉那颜,Amudar-a darqan noyan。清译本(Ⅵ.18v)作"阿穆尔达喇达尔罕诺延",阿穆尔达喇,因 G 本、D 本作 Amurdar-a 而误。《黄史》不载,《阿萨剌黑齐史》作 Amu-dara darqan tayiǰi。《金轮千辐》不载,《水晶数珠》作 Amudar-a darqan。相当于《北虏世系》的"把都儿台吉"、《武功录》的"打儿汉台吉"。《北虏世系》说把都儿台吉次子是"土麦台吉",《武功录》说打儿汉台吉是"吉能之弟",其长子为"土昧阿不害",可见打儿汉台吉就是阿木答喇·打儿汉。据《武功录·打儿汉台吉列传》,他曾

被明廷授与指挥同知秩，遵守互市协约。1586 年（万历十四年，丙戌）赴榆林互市时，染天花而死。

⑯ 翁剌罕·银锭那颜，Onglaqan yeldeng noyan。清译本（Ⅵ. 18v）作“鄂克拉罕伊勒登诺延”。《阿萨剌黑齐史》作 Ongluqan yeldeng tayi ǰi，《黄史》等其他 17 世纪蒙文史书不载，《水晶数珠》作 Ongγalan ildeng。相当于《北虏世系》的“哈麻艾且台吉”、《武功录》的“银锭台吉”，银锭即 yeldeng 的音译。据《武功录·银锭台吉列传》，这位“吉能之弟”曾与切尽黄台吉一起在永昌一带活动，准备侵掠西番，在“俺答封贡”后，曾赴红山互市，约死于 1575 年（万历三年，乙亥）。《源流》后文（K 本 69v22）说他的部落是三鄂托克 Amaγai- tan（阿麻海坛，清译本作“阿玛该”），属阿儿秃斯万户右翼。田清波《部名表》中有 amagät 一种，当即此 Amaγai- tan。

⑰ 衮·必里克吉囊诸子人数，《黄史》记为六人（实际只列出五人的名号）；《阿萨剌黑齐史》同《源流》，也记为九人；《金轮千辐》虽说有九子，但只列出五人的名号；《水晶数珠》的排列不够整齐，还是列出九人之名。《北虏世系》也记有九人之名，《武功录》（卷 7）所记衮·必里克吉囊诸子，人数超过九人，其中不少名号不可考，估计不是传讹就是异称。参阅塞瑞斯《笺注》有关注释。

阿儿秃斯万户本无汗号，《源流》称衮·必里克吉囊的九个儿子为“九罕”，一方面反映后来汗这一称号用得太滥，另一方面反映作者作为衮·必里克吉囊的后裔，有意抬高自已的祖先。

⑱ 不彦·把都儿·黄台吉，Buyan baγatur qong tayǰji。清译本（Ⅵ. 19v）作“布延巴图尔鸿台吉”。《黄史》作 Buyan baγaturǰinong，《阿萨剌黑齐史》同《源流》，其他蒙文史书不载。明人一般称为“把都儿黄台吉”（《明实录》隆庆六年六月庚午等条，《武功录》等），《北虏世系》作“西哨把都儿黄台吉”，西哨指他属西边部落。《武功录》卷 14。《把都儿黄台吉列传》说他 1568 年左右住牧甘肃大小松山一带，为“寇钞瓦剌”，“在河西之日久”，在父亲那言大儿（吉能）死后，于 1572 年（隆庆六年，壬申）东返，死于 1573 年。《北

虏世系》说他“为西瓦剌所杀”，与《源流》后文（K 本 73r05）所说一致，只是《源流》记为甲戌年（1574 年）的事。

⑲ 那言大儿吉能次子至第五子：那木图·都隆那颜（清译本作“诺木图都古棱诺延”）、隐布·答来那颜（鄂木布达赉诺延）、比巴石·我托汉那颜（必巴锡鄂特罕诺延）、莽骨撒·朝库儿（莽固斯楚克库尔），分别相当于《北虏世系》的圪赤圪台吉、碗布台吉、比巴石台吉、丢儿盖朝库儿台吉。其中，碗布台吉，《武功录》作“隐布台吉”（其名亦见于《明实录》万历元年九月戊戌条），为他写有一篇小传，说他“为人驯谨而有体”，恪守互市规则，但因“与弟北把什争分畜产”而被其弟所杀，时间约在 1577 年（万历五年，丁丑），《北虏世系》也说他“为弟比把石所杀”。《源流》将莽骨撒·朝库儿排在第五位，《北虏世系》将丢儿盖朝库儿台吉排在第二位，估计《源流》是按嫡出、庶出的关系排列的，《北虏世系》是以长功的顺序排列的，朝库儿即čükegür，为汉语“指挥”的音转：ǰiküi→ǰüküi→ǰükür ~ čükür→čükü′ür ~ čŭke′ŭr。

⑳ 伯桑豁儿诸子人数，《源流》记为四人，《阿萨剌黑齐史》、《北虏世系》均记为三人。《源流》所记前三人：埃答必思·答言那颜（清译本作“爱达必斯达延诺廷”）、奥巴·著力兔那颜（谔巴卓哩克图诺延）、大正·宰桑那颜（塔噶济宰桑诺延），分别相当于《北虏世系》的宾兔台吉、著力兔台吉、大正台吉，《源流》所记第四人昆都连那颜，他书不载，或许他早逝。

埃答必思，即宾兔台吉，《武功录》卷 9《火落赤列传》提到“宾兔妻及其子额成格”等人，在火落赤之后到甘肃明边新城互市，《北虏世系》说宾免“在甘州庄浪边外松山住牧”，《源流》后文（K 本 73r18）说埃答必思次子称Ečenggi bingtü noyan，Ečenggi 即额成格，bingtü 即宾兔，看来是子承父号。

㉑ 斡亦答儿麻诸子人数，《阿萨剌黑齐史》、《北虏世系》也都记为六人。《源流》所记铁盖·合收赤·黄台吉（清译本作“达奇和硕齐鸿台吉”）、海努黑·把都儿那颜（海努克巴图尔诺延）、纳乞牙·昆迭连·歹成（后文又作纳乞牙·昆迭连·朝库儿，清译本作“阿恰昆都楞岱青”、“额恰昆都楞楚

库克尔")、朝儿克·青·把都儿(楚噜克青巴图尔)、脱赤·薛缠·公谷儿(托济彻辰控库尔)、哭线·威正·著力兔(库色勒卫征卓哩克图),分别相当于《北虏世系》的铁盖黄台吉、把都儿黄台吉、朝库儿台吉、朝儿克台吉、薛缠公谷儿台吉、哭线台吉。其中,据《阿萨剌黑齐史》、《北虏世系》,《源流》颠倒了第五子脱赤·薛缠·公谷儿和第六子哭线·威正·著力兔的顺序。

㉜ 那木·塔儿尼诸子,《阿萨剌黑齐史》所载与《源流》同;《黄史》、《金轮千辐》、《水晶数珠》只记长子一系。《北虏世系》同一栏内列有二人,实际应为四人,另两人被错列在别的栏内。《源流》所记忽图黑台·切尽·黄台吉、不颜答喇·合落赤·把都儿(清译本作"布延达喇古拉齐巴图尔")、赛因答喇·青·把都儿(赛因达喇青巴图尔)、那木大·麦力艮台吉(阿睦尔达墨尔根台吉),分别相当于《北虏世系》的切尽黄台吉、合罗赤台吉·青把都儿台吉、那木大台吉。《北虏世系》误把青把都儿台吉、那木大台吉列在合罗赤之子一栏内,《武功录》卷14《那木歹台吉列传》说:"那木歹台吉者,切尽黄台吉之弟也。"也可证实《北虏世系》排列有误。

㉝ 巴札喇诸子,《阿萨剌黑齐史》所记与《源流》同。《黄史》、《金轮千辐》、《水晶数珠》只12长子一人,作 Mingγaidayičing。《源流》所记朵儿计·打儿汉·歹成(清译本作"多尔济达尔罕岱青")、庄秃赖·威正那颜(钟都赉卫征诺延)、恩克·合收赤那颜(恩克和硕齐),分别相当于《北虏世系》的打儿汗歹成台吉·威正庄秃赖台吉、恩克台吉。其中,长子朵儿计·打儿汉·歹成,《武功录》(卷14)作"朵儿计",《源流》后文(K本73v16)说朵儿计的儿子是 Mingγai čing dayičing(明爱·青·歹成),《北虏世系》作"明暗台吉"、《武功录》作"明爱台吉",证实《黄史》等书记载有误,把巴札喇的长孙当成了他的长子。《武功录》卷14有《庄秃赖列传》,说"威正即庄秃赖也",住地在"神木、孤山间",常侵扰明边。庄秃赖之名也屡次出现在《明实录》中。

㉞ 阿木答喇诸子,《阿萨剌黑齐史》所记与《源流》同。其他蒙文史书不载。

《北虏世系》记为二人。《源流》所记土麦·打儿汉·歹成(清译本作"图墨德(D本讹为 Tümedei)达尔罕岱青")、明爱·额耶赤那颜(清译本作"明安之额叶齐诺延"),分别相当于《北虏世系》的土麦台吉、明爱台吉。其中,《北虏世系》颠倒了两人的长幼顺序,《武功录》(卷14)说"土昧阿不害"为"打儿汉台吉之长子",可作旁证。《明史·鞑靼传》载1591年(万历十九年)"明安、土昧分犯榆林边,总兵杜桐御之,斩获五百人,杀明安",又说:"摆言太以父明安之死,无岁不犯。"《源流》后文(K本73v26)说明爱之子为 Bayantai eyečinoyan,据此,在榆林边被明军杀死的明安是阿木答喇的儿子。可是《北虏世系》却在打儿汗歹成台吉(即巴札喇之子朵儿计打儿汉·歹成)之子明暗台吉项下作注说:"此酋被榆林杀死。"看来是把阿木答喇之子的事错按在了朵儿计之子的身上。

㉟ 翁剌罕三子,《阿萨剌黑齐史》所记基本上与《源流》相同。其他蒙文史书无载。《北虏世系》也只记"虎秃大台吉"一人,即《源流》所记翁剌罕第三子虎秃大台吉(清译本作"库图克泰台吉")。

㊱ 俺答汗出兵瓦剌,收服辉特部之事,《俺答汗传》也有记载。该传(§§87~93)说俺答汗于马儿年(戊午,1558年)首次出征瓦剌,直趋札剌蛮山,豁伦·明安(Γool-i mingγan)的首领归降。俺答汗在札剌蛮山扎营时,派使者赴只格干·阿噶(J̌igegen aγ-a)处转达愿结为亲家的愿望,吉格干·阿噶遂将女儿献与俺答之子古鲁格赤(Gülügeči)为妻。然后,俺答汗又率军越过库该山,进攻厄鲁特(Ögeled)、巴图特(Baγatud)部,二部败退,俺答汗班师回营。据《明实录》(嘉靖三十八年正月甲申、八月癸卯等条),到1559年,俺答汗已西牧宁夏山后、西海多时,夺占周围部落之地,估计其间就曾攻打过瓦剌。《源流》把此次俺答汗征瓦剌之事记在壬子年即1552年,时间有误。

㊲ 据汉籍,俺答汗与明朝达成贡市协约,接受明廷所赐顺义王之号,是在1571年(辛未,明隆庆五年)。1570年九月,俺答汗第三子铁背台吉之子把汉那吉(大成·矮吉)因对俺答汗不满,携家人、随从十余人至明山西平虏卫乞

降。俺答汗当时正率众西行,攻掠西番,得知把汉那吉投明,立即东返,直趋平虏,其长子黄台吉(辛爱)兵至大同。后来经过蒙、明双方使者多次协商,商定以板升汉人头目赵全等人交换把汉那吉。十一月把汉那吉北归,俺答汗遣使至明朝致谢,并提出通贡互市的要求,十二月又联合阿儿秃斯、哈剌嗔、应绍卜诸部,遣使赍书,再次向明朝提出通贡互市的要求。在王崇古、高拱、张居正等人的努力下,明廷终于决定与俺答汗方面建立通贡互市关系。1571年三月,明廷封俺答为顺义王,接着又授予老把都(伯思哈勒)、黄台吉、吉能(那言大儿吉能)等一百多人官衔。五月以后,各互市点陆续开市。史称这次事件为"俺答封贡"。

⑧ 撒里·畏兀,Šira Uyiγur。清译本(Ⅵ.22r)作"沙喇卫郭尔"。即蒙元时期的"萨里畏吾"(《元史·速不台传》)、"撒里畏兀"(《元史·文宗纪四》)。普兰·迦尔宾记为Sari-huiur。《拉施德史》记为Sarigh Uyghur。即突厥语Sariγ Uyγur。一般认为源于宋代的"黄头回鹘"(《宋史》、《宋会要》),即河西回鹘,又称甘州回鹘。元代为威武西宁王(后改封豳王)出伯(拖雷后裔)及其子孙的封地。明初,出伯之孙卜烟帖木儿降明,明廷以其为长,设安定卫等甘肃西部四卫(《明实录》洪武七年六月壬戌条,《明史·西域传》)。《源流》两次提到撒里畏兀之名(K本70v03、86r07),都说蒙古右翼部落征藏区时也收服了该部,第二次出现时提到其首领名为Gürü bsodnam rǰal,显然是个藏语名。《朔漠方略》(卷30、康熙三十五年九月戊辰条)提到甘州附近有"西喇古儿[黄]番人"和"西喇古尔黑番人",《甘州府志》(卷16)说:"黄番者古鞑靼族,皆元之支庶也,"又说:"黑番者系古羌种"。看来由于与藏族住地相邻,逐渐受到藏族的影响,并融进了一部分藏族人。

《俺答汗传》(§§64、86、346)说俺答先后两次征撒里畏兀,1543年左右首征其地,其众降服;1558年再至其地,收取贡赋。1591年,土蛮万户的首领出征违命的藏族、撒里畏兀人,将其降伏。

⑨ 阿升喇嘛,Ašing lam-a。清译本(Ⅵ.22r)据D本Ariglam-a译为"阿哩克喇嘛"。Ašing,D本所据G本即作Arig,但a本作Ašing,估计G本将成衮扎

布呈献本的 Ašing 改成了 Arig。改动的原因,尚不清楚。《俺答汗传》亦作 Ašing lam-a,《三世达赖传》也提到这个人。这两部书也说阿升喇嘛来到土蛮地区,为俺答汗讲经说法。《俺答汗传》(§232)和《源流》后文(K 本 77v21)都说俺答汗以他弘法有功,赐给他 Ečige lam-a(额赤格喇嘛,"父亲上师"之义)的称号。他是使俺答汗皈依佛教的重要人物。在他和切尽黄台吉的建议和劝说下,俺答汗决定迎请藏传佛教格鲁派高僧锁南坚错。北京故宫博物院藏有一方用藏文音写蒙古语的金印,照那斯图(《素囊黄台吉献给阿兴喇嘛的金印》,写于 1999 年,未刊)识读印文为:sod-nam γong tha-vi-ji'e-chi-gechor-ji du khun-teu yekhe'al-than tham-Ga'eor-geu-pe,汉译为:素囊黄台吉献给哀乞盖绰尔济的贵重金印。素囊为俺答汗之孙。证明阿升喇嘛确曾获 Ečige lam-a 之号。

《锡勒图库伦喇嘛传汇典》收有库伦旗锡勒图库伦第一至十六任活佛的传记,其中第一任为呼图克图曼殊室利,又称"阿升喇嘛",该传记说他出身于青海安多地方的萨木鲁家族,少年时出家,前往哲蚌寺等著名寺院学习,成为一名博学的喇嘛,本名西儿巴,因与三世达赖的母亲是同族近支,被尊为阿升·曼殊室利,简称阿升喇嘛,阿升意为舅父。到过五台山,后到蒙古土蛮地区弘法,结识俺答汗。后来又到哈剌嗔地区传教。明末,应皇太极之请一度去过盛京,约于 1632 年返回蒙古,居住在今内蒙古自治区哲里木盟库伦旗境内,于 1636 年(丙子年)八月十五日圆寂,终年八十多岁。详见齐克奇整理、编译的《锡勒图库伦喇嘛传汇典》(载《库伦旗志资料汇编》第一辑)。但舅舅藏语作 a- shang,《三世达赖传》、《安多政教史》(p. 35)记该喇嘛之名为 A-seng。Ašing、A-seng,读音均与 a-shang 有差距,藏文和蒙文史书中又无阿升与三世达赖有亲戚关系、被称为舅父的确切记载,因此 Ašing 之名与"舅父"一语有关之说尚存疑问。《源流》清译本所译"阿哩克",薄音湖(《关于喇嘛教传入内蒙古的几个问题》,载《蒙古史论文选集》第 2 辑)认为是部落名,是以部落名称其人。阿哩克(Arig),藏文作 A-rig,是安多地区的一个藏族部落,原居地在今青海省海南藏族自治州兴海县的温泉一带(《中国藏族部落》p. 301),明代汉籍称为“阿力族”(《武功录》卷9)。《安多政教史》(p. 35)说俺答汗的使臣前往该地迎接锁南坚错。藏文、蒙文史书中均无阿升喇嘛为阿哩克人的记载,不过《三世达赖传》、《安多政教史》称他为 mDzod-dge A-seng(佐格阿升),佐格为地名,据《宝树史》(p. 525)、《安多政教史》(p. 30),佐格亦为安多地区藏族居住地,与阿里克部落的居地同属一个区域。

⑩ 据明代汉籍《俺答汗征藏区是1570年左右的事。当年九月发生了俺答汗之孙把汉那吉投明事件,“会俺答攻掠西番,闻变亟引还”(《明实录》隆庆四年十月癸卯条);《武功录·俺答列传中》也说隆庆四年(1570年)九月“俺答西辕,掠吐蕃”;《俺答汗传》虽然没有明确提到俺答汗1570年征藏区之事,但说阿升喇嘛于1571年(母白羊年,辛未)来到土蛮万户;《三世达赖传》也说俺答汗1571年(铁羊年,辛未)向阿升喇嘛询问西藏佛教之事。这些记载都证实俺答汗征藏区是在1570年(庚午),而不像《源流》所说是癸酉(1573年)。

⑪ 哈喇·不兀喇,Qara buγura。清译本(Ⅵ. 22v)作“喀喇博郭罗”。两《四卫拉特史》所载土尔扈特贵族世系中,Kiwang(Mkas dabang)四传至 Buyiγu örlög,其次子名叫 Buur-a,是著名的 Qo örlüg(和额尔勒克)的叔叔。此哈喇·不兀喇或即 Buur-a(不兀喇)。

⑫ 切尽黄台吉1572年(壬申)、1573年(癸酉)两征托克马克之事,不见于他书。和田清(《蒙古篇》p. 623)认为《源流》所说托克马克的 Aqasar qaγan(阿哈撒儿合罕,清译本作“阿克萨尔汗”),就是霍渥斯《蒙古史》(卷2,pp. 632 ~ 634)提到的哈萨克首领 Ak Nazar Khan,失喇木连大概指楚河。据霍渥斯,Ak Nazar Khan 是哈萨克 Kasim Khan 的儿子,是个声名远扬的人,为改变父亲去世后一段时期内哈萨克的混乱状态,恢复哈萨克的繁荣做出过不少努力。他于1580年被塔什干的统治者 Baba Sultan 杀死。

⑬ 完者·允都赤,Ölǰei ildüči。清译本(Ⅵ. 23v)作“鄂勒哲伊勒都齐”。《源流》后文(K本73v05)又作 Ölčei ildüči darqanbaγatur(完者·允都赤·打

儿汉·把都儿)。《北虏世系》作"打儿汗把都儿台吉"。《武功录》卷14提到一个"阿著兔阿不害",称为"切尽黄台吉部夷"。这个阿著兔(Ölǰei-tü)当指完者·允都赤,因为列在阿著兔后面的"折答答阿不害"(也被称为"切尽黄台吉部夷"),无疑是指切尽黄台吉的次子石答答(Šidatai)·扯臣·朝库儿。

⑭ 哈儿该山,Qarɣai。清译本(Ⅵ.25v)作"哈尔该",但误译为人名。和田清(《蒙古篇》p.626)、羽田明(《16至17世纪的准噶尔史,厄鲁特的起源》,载《乌拉尔一阿尔泰年鉴》第42期)、《卫拉特蒙古简史》(p.150)等,都把此哈儿该山视为杭爱山。

⑮ 额薛勒贝·恰,Eselbei kiy-a。清译本(Ⅵ.25v)作"额色勒贝侍卫"。

据《黄史》,此人是成吉思汗时代斡亦剌部首领忽都合别乞的后代。两《四卫拉特史》所载辉特部贵族世系中也有Eselbei之名。

⑯ 土卜罕山,Tubqan qan。D本、S本作Tubaqan qan,清译本(Ⅵ.25v)译为"图巴罕汗"。和田清(《蒙古篇》p.626)、羽田明(《16至17世纪的准噶尔史,厄鲁特的起源》)、《卫拉特蒙古简史》(p.43)等,都把此土卜罕山视为唐努乌梁海地区的都播山。

⑰ 杜尔伯特鄂托克,Dörbed otoɣ。清译本(Ⅵ.25v)因D本作Dörben otoɣ而译为"四鄂托克"。Dörbed,清代以后一般译为"杜尔伯特"。据两《四卫拉特史》等,该部首领与也先后裔准噶尔部贵族同宗,亦姓Čoros(Čoroɣas,绰罗思),曾依附于准噶尔部。后来逐渐发展壮大,成为卫拉特新四部之一。《表传》说也先(作"额森")长子为该部始祖。

⑱ 不彦·把都儿被辉特部额薛勒贝·给所杀一事,明代汉籍有反映,《北虏世系》说他"为西瓦剌所杀"。《卫拉特蒙古简史》(p.151)误把巴图尔乌巴什图们《四卫拉特史》所记的一段故事,与额薛勒贝击杀不彦·把都儿·黄台吉之事混为一谈。其实二者毫不相干,人名、时间都对不上。《四卫拉特史》所记故事中双方的主人公分别是额薛勒贝的儿子Sayin ka(=kiy-a)和罕哈—和托辉特部首领Sayin maǰiɣ;所记事件发生的时间是1588年(火鼠

年，戊子年），而不是1574年（甲戌）。

⑲ 卜多兔吉囊，Bošoγ-tu ǰinong。清译本（Ⅵ.26v）作“博硕克图济农”。《北虏世系》作“卜失兔台吉”，《武功录》作“卜失兔阿不害”，《明实录》作“卜失兔”，并常冠以“套虏”字样，以与俺答汗曾孙“卜石兔”（Bošoγtu）相区别（万历八年正月己酉等条）。

《源流》后文说他丙子年即1576年即吉囊位，甲子年即1624年去世。《源流》对他即位后的活动记载较多。《武功录·卜失兔阿不害列传》主要记载他与明朝的关系，说他先授正千户，后袭父职都督同知，恪守互市协定，后因明朝封赏不均，对明廷不满，加之属下几位首领相继在互市时染天花而死，怀疑是被明人投毒所致，于是开始侵犯明边，1587年袭水泉，战败负伤，女儿被俘，人畜损失惨重。据《明实录》等，他于1592年曾与庄秃赖等率兵支援宁夏副总兵哱拜的反明兵变。

⑩ 不彦·把都儿·黄台吉的次子和第三子，其他蒙文史书不载。《武功录·卜失兔阿不害列传》记他有名叫“俺坠兔”和“阿只兔”的弟弟，俺坠兔、阿只兔当是同名异译，即Ölǰeitü，相当于《源流》所记不彦的次子Ölǰei-tü bingtüi qong tayiǰi（阿只兔·宾图·黄台吉，清译本作“谔勒哲炳鸿台吉”）。《武功录·满金台吉列传》说满金“亦卜失兔之弟”，相当于《源流》所记不彦第三子Bandi mergen ǰoriγtu（班第·麦力艮·著力兔，清译本作“班第墨尔根卓哩克图”）。据《武功录》，这兄弟二人对明朝的态度不同，哥哥阿只兔与明朝不和，弟弟满金“驯谨”，“岁款塞如约”。

⑩ 萨冈·皇台吉，Saγang qong tayiǰi。清译本（Ⅵ.27v）作“桑鸿台吉”，桑，因D本作Sang（a本即作Sang）而译。Sang为Saγang之讹。此人与《源流》作者、萨冈·扯臣·皇台吉同名，称号又相近，致使清末乌审旗文人客失克巴图将二人混为一人（Erd-eni-yin Tobči，写于1905年）。按世系，萨冈·皇台吉为衮·必里克吉囊第三子斡亦答儿麻的孙子；萨冈·扯臣·皇台吉为衮·必里克吉囊第四子那木塔儿尼的玄孙。

⑩ 切尽黄台吉次子至第七子：石答答·扯臣·朝库儿（清译本作“锡塔台彻辰

楚库克尔")、苦跌跌·宾图·歹成(昆德德宾图岱青)、不言大·扯臣·著力兔(布延岱彻辰卓哩克图)、奔不歹·晁兔台吉(本巴岱绰克图台吉)、奔巴失哩·扯臣·把都儿(本巴锡哩彻辰巴图尔)、答纳失哩·哈坛·把都儿(达纳锡哩哈坦巴图尔),分别相当于《北虏世系》的石答答台吉、苦跌跌台吉、不言大台吉、骨秃大台吉、恩著大台吉、圪石大台吉。《武功录》(卷14)的"折答答阿不害"、"本的大"分别相当于石答答和奔不歹(骨秃大)。

⑩③ 关于不儿赛·七庆·歹成(《北虏世系》作"七庆歹成台吉"、《武功录》作"哈汉把都台吉")诸子,《北虏世系》只说他"子七",但未记具体名号;《武功录》(卷14)收有其三个儿子的小传,长子作"圪塔台吉",次子作"把秃台吉",另一子作"歪利台吉"。这三人,大概分别相当于《源流》所记不儿赛第六子"薛呤·哈坛·把都儿"(色凌哈坦巴图尔)、第七子"把秃台吉"(巴图特台吉)、第三子"瓦剌·麦力艮那颜(卫喇特墨尔根诺延)。另外,《武功录》(卷14)还记有"沙计阿不害"一人,与圪塔台吉、把秃台吉等关系密切,或许是《源流》所记不儿赛次子"沙计·把都儿·黄台吉"(萨济巴图尔鸿台吉)。

⑩④ 切尽黄台吉建议俺答汗迎请西藏高僧一事,明代汉籍中也有反映。《明实录》万历五年(1577年)闰八月丙午条载:"……兵部尚书王崇古言今岁春初,俺答以书送边寄臣,谓其侄孙套酋切尽黄台吉请赴西海迎奉活佛。……"《武功录·切尽黄台吉列传》说:"先是,切尽约俺答携众西援,以求得志于番夷,俺答虽口许,而实以春秋逾七十,手足不矍铄,殊不欲往……切尽……以迎佛饮长生[水]耸动之。于是俺答携三娘子,倾部而往西海迎佛……"

⑩⑤ 关于俺答汗遣使邀请锁南坚错一事,《源流》记在丙子年(1576年),《三世达赖传》说:"火牛年(丁丑,1577年)……俺答汗派遣的迎请他去青海会晤的使团再次来到拉萨。"说明此前已有俺答汗的使臣来过。《俺答汗传》(§§159~173)说俺答汗于青狗年(甲戌,1574年)即派达云恰等人前往锁南坚错处,提出双方会晤之事,并商定了会见的时间和地点。据《三世达

赖传》,三世达赖生于1544年(癸卯)正月二十五日(藏历第九饶迥水虎年十一月二十日),所属家族为前藏堆龙玛氏贵族。被任定为格鲁派高僧根敦·坚错的转世灵童,于1547年被接往哲蚌寺,受居士戒,获法名bsod-nams rgya-mtsho(《明史·鞑靼传》作“锁南坚错”,今多译“索南嘉措”),1549年受沙弥戒,1552年正式继任为哲蚌寺法台(第十二任),1558年,兼任色拉寺主持。1564年受比丘戒。在藏区广泛传法收徒,曾到过藏北蒙古人的住地。后受到蒙古土蛮部首领俺答汗的邀请,于1577年(火牛年)十一月二十六日从哲蚌寺启程赴青海,1578年(土虎年)五月十五日在恰卜恰地方与俺答汗一行相会。

⑯ 这座寺院,即蒙古人所称Čabčiyal süm-e(恰卜恰庙),明人称为“仰华寺”。《三世达赖传》说俺答汗、锁南坚错二人1578年会见之后,决定修建该庙,并说建成之后由锁南坚错命名为“特钦曲科林寺”(theg-chen chos-hkhor gling“大乘法轮寺”之义)。但据明朝方面的记载,俺答汗在青海修建的寺庙,至少在1577年四月以前就已完工,《明实录》万历五年四月癸亥条载:“顺义王俺答建寺西海岸,以寺额请,赐名仰华。”1591年,明朝以“东套二虏藉口礼拜迎佛,肆行抢掠”为由,烧毁仰华寺,“以绝二虏西牧之念”(《明实录》万历十九年三月癸卯条)。

⑰ 关于俺答汗所派出的第一批迎请使者,蒙、藏文史书的记载基本一致。《三世达赖传》记为:永谢布的巴尔忽岱青台吉、哈丹巴图尔、土默特的玛哈泌巴克什所率领的八百多人。

把儿勿·歹成,即《北虏世系》所记巴儿速孛罗第六子卜只剌(作“我托汉卜只剌台吉”,应绍卜首领)次子也辛跌儿之子“把儿勿台吉”。《俺答汗传》(§197)同处作“应绍卜·哈剌嗔之把儿勿·扯臣·青台吉”。

哈坛·把都儿,即前文所见衮·必里克吉囊第五子不阳忽里的次子不儿赛·哈坛·把都儿(不儿赛·七庆·歹成)。

⑱ 五郎木连[河],Ulaɣan mören。清译本(Ⅵ.31v)作“乌兰莫棱”。沈曾植认为此河指大通河上源的“乌兰穆伦”河。此说不能成立。仰华寺所在的恰

卜恰地方,在今青海省共和县境内,即在青海湖的东南面,而大通河在青海湖北面。锁南坚错由拉萨北上前往仰华寺,没有必要也未曾到过青海湖以北的地方。《三世达赖传》同处作“一条小溪”。因此《源流》所说的可能是一条不知名的小河,蒙古人称它为五郎木连。

⑽《三世达赖传》所记俺答汗的第二批迎请使者为:鄂尔多斯的彻辰洪台吉、土默特的迭延诺颜及其率领的三千多人。这与《源流》,所记第三批迎请使者相当,而《源流》所记第工批迎请使者,与《三世达赖传》的第三批相当。

青·把都儿,或即前文所说衮·必里克吉囊第三子斡亦答儿麻的第四子朝儿克·青·把都儿。

著力兔那颜,即《北虏世系》所记俺答哈第五子把林台吉的第五子“著力兔台吉”。《三云》说他与几个兄弟“俱随丙兔海上住牧”。《明实录》中也经常出现他的名字。

达云那颜,即《北虏世系》所记答言汗第四子阿儿速孛罗(作“我折黄台吉”,多罗土蛮首领)长子不只吉儿台吉的长子“歹雅黄台吉”(《武功录》、《三云》作“歹言黄台吉”)。

第7卷

［译文］

第三批［前去］迎接的，是由阿儿秃斯的切尽·黄台吉、土蛮的达云那颜为首的三千人。［他们］献上各式珍宝、金银，各种礼帛、蟒缎、绢缎，［以及］戴有金银鼻环的骆驼、备有珍宝金鞍的骏马等共一万件礼品，行了拜见礼。当时，切尽·黄台吉的眼中只见能识一切显形为四手观世音菩萨。却说第二天移驾行进途中，能识一切骑乘的名叫“大如意宝”的枣骝马踏出蹄印的石头上化现出了六字［真言］，众人看见，获得了至诚的信仰。

戊寅年，正当全体九色人众因得以拜见圣识一切而万分欢欣之时，［俺答］合罕与切尽·黄台吉一见到圣识一切，立即目不转睛地盯着那位圣人，似乎惊呆了一般。于是圣识一切令瓦只剌·土麦·古英·黄金翻译［他的话］说：“合罕和那颜二人，你们为什么盯着我看呢？”［俺答］合罕首先说道：“我的腿曾经患过痛风病。从前，听说在那痛风病发作的时候，把腿放进马的胸腔里可以缓解疼痛，所以令人宰杀了［一匹］马，［可是］刚把腿伸进马的胸腔里，就感到疼痛难忍，［不由得］向上看去，只见一个白色的人站在空中说道：‘合罕呵，你怎么造出如此大的罪孽！’说完，转瞬间消逝而去。从那以后，［我］一直心怀恐惧，恰在那时，唐兀的阿升喇嘛教我奉诵六字［真言］，我就令古密经师持捻数珠，［我］每天念诵一百零八遍。［现在］看来那个［白色的］人就是你，所以我才吃惊地盯着［你］看。”然后，切尽那颜也说道："从前，[有一次]我在母亲身旁下棋玩耍，母亲给了我[一块]马颈上的肉，正要吃的时候，手中的刀子[突然]跃向高处，转着圈子像风轮一样落在我的膝盖前面，[刀]尖插进了地里。[还在我]抬头看刀的时候，只见一个身穿黑色夹袍，长着孩童面孔的人怒斥说：'你为什么要吃马肉！'说完即刻消逝而去。从那以后我就不再吃马肉了。现在看来，那个人也是圣喇嘛[你]。圣喇嘛洞察我们众人，只是我们不能辨识喇嘛，对于[你]所显示的这一奇迹，[我]看得惊呆了。"于是，圣识一切微笑着说道："合罕、那颜[你们]二人的这番话就算是说中了吧。我们不只是今日才见面，而是从很早以前就已经见过多次面了。俺答合罕，从前你在生为成吉思合罕后裔中的忽必烈·薛禅皇帝的时候，我则生为萨思迦·扮底达·阿难答·多斡札·室利·巴答的侄子麻底·多斡札·八思巴喇嘛，多次为薛禅皇帝、察必皇后二人演示了吉祥喜金刚的四种圆满灌顶等导化、解脱的法旨之权和修炼之次第。因此，[薛禅皇帝]授予我汉语称作'三省大王国师'的称号，赐予珍宝玛瑙大印和册封人众、国土的黄书，尊奉我为居顶庄严法台喇嘛。这位切尽·黄台吉，昔日在我们佛祖释迦牟尼的时代，生为摩揭陀国之主可足占·宁卜王①，做了佛教的施主。他的弟弟七庆·歹成，与他同时做了拘萨罗国之主萨里监王②。这位大通译瓦只剌·土麦·黄金，在从前孛隆思端[巴]③大师的时代，曾是亦儿库克的通译罗丹·失劳，后来在八思巴喇嘛的时代，成为亦儿桑的名叫"哈喇·骓骊图"的通译，即薛禅皇帝与八思巴喇嘛二人的通译，如今又成了我们三人的通译，[他]已经是第三次作我的弟子了。"

却说，先行回到辎重地之后，作为争斗时期转轮王的俺答合罕，显示了照亮边陲黑暗部洲的征兆。俺答合罕身穿白衣，骑上白马，与那颜出·中根哈屯④为首，率领一万人再次前去迎接[圣识一切]，[将他]接到恰卜恰寺住下。举行欢庆盛宴当中，[俺答合罕]献上了具有皈依之缘的见面礼，其中包括：以五百两白银制造的宝银坛城、以十两黄金制作的镶嵌着七珍八宝的三十两重的盛满宝石的金碗、前所未见的上好绸缎各十四、五色绸缎一百匹、备有镶嵌宝石之金鞍的白马十匹等等，共币帛五千[件]、牲畜五千头，总计万件。喜庆盛宴欢乐地进行，阿儿秃斯的切尽·黄台吉通过瓦只剌·土麦·古英·黄金通译说了这样一番话："由于从前善愿的缘分,如今膜拜之位的喇嘛、布施之主的合罕二人如同日、月同时升于晴空一样坐于位上。在现今这个时代,从前曾有遵奉自在天帝之命,征服了五色四夷的速图·孛黑答·成吉思合罕的嫡裔即菩萨的化身阔端合罕和转轮王忽必烈·薛禅皇帝二人,与通彻悟域之绝的萨思迦·扮底达和生灵依庇之法王八思巴喇嘛二人为首,凡蒙古的众法罕与萨思迦[氏]的众神明喇嘛结缘,以[政教]二道为普世众生带来洪福。后来,自乌哈笃·薛禅皇帝以来,由于政教二[道]稍有衰敝,我们行动,则制造罪孽;食用,则享噬血肉。如今于今日,[即]自净斗时期的释迦牟尼圣喇嘛与本土的大力天帝合罕二人相聚的这一吉善之日起,倘若将血浪涌动的大江化作乳浆澎湃的澄海,打通昔日众圣人所开辟的那条佛法善道,那将是我们依靠合罕和喇嘛二人的恩福所在。"[5]就这样,在会集的汉、吐蕃、蒙古、畏兀等僧、俗十万余众之中,[切尽·黄台吉]如同孟夏月的杜鹃啼鸣一般,把话语和谐地传人全体百姓的耳中,会聚的各色人众[无不]称奇。

却说,自圣识一切和俺答合罕二人以至众僧侣、俗人、诸罕、百姓一致赞同:从前,蒙古人中有人死后,[家人]尽力宰杀骆驼、马匹,作为殉葬牺牲一同埋葬。如今愿屏除那种[恶习],转为尽力致心于佛法,[6]每年、每月坐禅斋戒,持守八节之斋戒[7]。对待四种僧人,遇有俗人以手触碰,或是辱骂、或是搂抱[……],绰儿只们的特权,与黄台吉同;蓝咱巴、噶卜出等,与台吉同;格隆等,与拓不能、黄金、太师、宰桑同;比丘、尼姑、乌巴什、乌巴散札等,与王领属民相同。禁止在每月把斋的三天日子里宰杀牲畜、放鹰打猎。如果有僧人违犯教规娶妻,则依照教规涂黑他的面孔,责令他绕着寺庙倒行三周,然后逐出,以为惩戒。如果有乌巴什、乌巴散札等违犯教规伤害性命,则依照前例予以处治,并[将其财产]没收入官。如果比丘、乌巴散札等饮酒,则俵散他的全部[财物],等等。[这样]参酌从前吐蕃的三转轮王、蒙古的忽必烈·薛禅皇帝时期的旧典章,创立了十善法规。并为圣识一切尊封"瓦只刺·答喇·达赖喇嘛"[8]的称号,奉如昔日的法王八思巴喇嘛。对所有四品僧众免派征战、狩猎的差役,免除贡赋。均平地制定了[政教]二道。圣识一切瓦只刺·答喇·达赖喇嘛封俺答合罕为"转千金轮斫迦罗伐刺底·扯臣合罕"[9],封卜失兔吉囊为"斫迦罗伐刺底·扯臣.吉囊.哈失罕"[10],以古代印度的称号封切尽·

黄台吉为“具色藏·切尽·黄台吉”[11]，对七庆·歹成，命令不译其号，封为“萨里监·七庆·歹成”，封瓦只剌·土麦·黄金为“灌顶·国主·黄金，封阿升喇嘛为“额赤格喇嘛”；封古密经师为“速噶·黄金”，封阿尤什经师[12]为“阿难答·国师”。此外，又对各个万户的那颜、拓不能、经师以及大臣们，依据[政教]二道赐与名号，按他们的职位轻重加以叙用。却说圣识一切瓦只剌·答喇·达赖喇嘛以曾经许愿要在尼鲁木草地[13]修造弥勒[佛]像为由，准备启程前往尼鲁木草地；俺答合罕准备在会聚流动人众的阔阔合托[城][14]中以珠宝金银修造万众皈依的释迦牟尼像；卜失兔·斫迦罗伐剌底·扯臣吉囊准备修建三世[佛]寺[15]；具色藏·切尽·黄台吉准备以珠宝金银装修法旨汇总的经典一百零八函《甘珠尔》经；萨里监·七庆·歹成准备修建三世[佛]寺。人人相互立誓保证兑现诺言。达赖喇嘛启程前往尼鲁木草地。

却说，在瓦只剌·答喇·达赖喇嘛前往尼鲁木草地的时候，途中有各色人众前来叩拜，倾听灌顶之法，[旅程]因此耽搁。于是达赖喇嘛对名叫班禅·锁南·吉剌思巴的小虎督度说：“你先行一步，到达之后，在尼鲁木草地的中央驻下，然后坐圣马头明王之禅，绥服那个地方的众土神！过三天或七天之后，那个地方的土神将会把我的一份收藏指给[你]。[你]就用那份[收藏]做奠基物，夯垒寺阶吧！”嘱咐一番后，派遣他先期前往。小虎督度即刻赶到[那里]，按照上师喇嘛的旨令，坐起圣马头明王之禅来。结果，三天后的夜里，一个左手缠绕白色水晶念珠、身穿白衣、肩披白色袈裟的俊秀少年前来，在小虎督度面前合掌叩拜，跪着说：“从前，当你的那位尊圣上师生为印度南方巴塔国的国主、即名为三宝奴的王子的时候，曾经命令我[为他]保存[一副]用各色珍宝镶嵌的金鞍和一副全部用珍宝黄金制成的马具，并给我授予了乌巴什噶之戒。当时令我保存的[藏品]，我从那时一直保存到今天。现在，因为你已经遵照尊圣上师的旨令完成了[坐禅]，所以明天取出来交付给你。”说完就不见了。黎明来临，[小虎督度]一觉醒来，果然[看见]有一副用各色宝石镶嵌的完完整整的马具。[他]拿上那副[马具]，心里[不禁]佩服喇嘛的法旨真是灵验。于是用那副[马具]完成了为那座寺院的奠基，就在[寺]阶的夯筑即将竣工的时候，圣瓦只剌·答喇·达赖喇嘛驾到了。

却说,从前有一位吐蕃的僧人前往章国萨达木国王[16]的父亲处行商,[送给]那位国王[的父亲]一幅这位瓦只剌·答喇·达赖喇嘛的画像。那位国王[的父亲]接受之后,扔到地上。当天夜里,[他]梦见一个身穿黑色夹袍的人来到跟前,用水晶柄的刀子剖开了他的心脏。第二天,[他]就两个鼻孔冒血而死。如今,由于喇嘛大慈大悲的粉尘落到这位萨达木国王身上,使他心受感动,从前的悟性苏醒出来,省悟到父亲那种[结局的]缘由,心想:“我不可能亲自前去以头叩拜,那么就把自己的头颅奉献过去吧。”于是令人用一百两黄金做成一副自己的头颅,与五百两黄金、一千两白银,以及不计其数的各种宝石、绫罗绸缎一起作为贡献,派遣札哈、不哈二人率领三百人前去[禀奏]:“我将在内心里真诚皈依祈祷。倘若赐爱于我,请施恩泽,用寄上的十两黄金,仿照喇嘛[您]自己塑造[一尊雕像],赐给[我]。”[圣喇嘛]立即命令尼八剌工匠塑造喇嘛[自身]之像,另外又赐给加持神药等物,让[使臣们]回去了。那位萨达木国王大喜,[从此]精心供奉那尊喇嘛金像。因此,那位国王活到了八十七岁。

却说,[圣喇嘛]就用那位萨达木国王进献的黄金修建了那座寺庙外室的屋顶,还精心塑造了称为“剌禅·班巴”的吉祥弥勒佛的极乐雕像,然后亲自散花开光。于是,智慧众神显形降下,化入[像内],空中落下花雨,众人看见,心悦诚服。

却说,名叫纳木尼的桑松巫士对瓦只剌·答喇·达赖喇嘛施妖术,驱降天雷,[被]圣喇嘛用袈裟接住,抛进了水中。第二天,那个巫士来到圣喇嘛面前,叩拜之后祈奏说:“我曾经施用妖术害死了九十七个人,然而对圣喇嘛您三次施作妖术,都未能奏效。如今我已经活了九十七岁,在临死的时候,却险些要坠入三恶趣之中。[我]要在现世观世音菩萨您的面前洗刷、忏悔自己从前的恶行,[向您]祈求来世皈依内道佛陀的福分。现在请授予我僧行之戒。我愿死在您的身旁,求得指点冥途。”[他]做了僧人,过了七天死去。[圣喇嘛]将他引入了菩提之道。[17]

却说,[俺答]合罕携同东科儿·曼殊室利·虎督度[18],于己卯年回到了蒙古地方。

却说,先前在大明隆庆皇帝四年的辛未年,[隆庆皇帝]以切尽·黄台吉为大政出过力,决定授予他“龙虎将军”的称号,并赐给他玉印、黄牒。然而由于一时耽搁没有[来得及]领受。[19]到了庚辰年,[切尽·黄台吉]年已四十一岁,赴宁夏城领受了[封赐],于是上自宁夏城下至榆林城,[20][共]从二十一座城市中输取了不计其数的财物。[21]

壬午年,俺答合罕已是七十六岁,染上了重病。在他外表的形体衰缩,内里的气脉还没有绝尽的时候,满官嗔—土蛮的那颜和大臣们私下商议说:“这佛法有什么益处?既然不能有益于这位合罕的黄金性命,那么今后又能对别的事有益吗?这[完全]是喇嘛们的骗人行径。现在就除掉这些僧人吧!”曼殊室利·虎督度听说后,召集土蛮的所有那颜和大臣们来到合罕的身旁,对他们降法旨说:“凡是已经肇始的事业均没有尽头,而如水中之月的人身则不能永常。如同镜中的人像一样,但凡这生死轮回中的生灵,没有何人可以不死,所以谁都不可能超越一死。只有摆脱了生死的金刚佛身才不存在死灭。如果想获得那样的佛道,除无上佛法之外没有任何可依仗的。在获得佛道之前,任何人都不可能不死。就是三世诸佛,尤其是今世的生灵皈依的释迦牟尼佛,也不曾说过[人]会不死。眼下,即使我们的圣明喇嘛圣识一切瓦只剌·答喇·达赖喇嘛明天起驾前来,[他]也会这么说的。对于命定的寿终,谁也无法阻挡;对于夭折离世,尚可以用药物、[法]事等加以挽救。然而,如今这位合罕已经到了寿终之时,[一切都]无济于事了。尽管如此,由于圣识一切有法旨‘这位合罕不是凡人,是菩萨[的化身]’,所以,释迦牟尼之圣教、掌教之菩萨,以及佛法之施主合罕三者果真有缘,就请圣识一切的慈悲福佑之力,鉴知圣明合罕真诚的信仰之志吧!”[曼殊室利·虎督度]宣讲了这番大诫之法后,令宝德·允丹·领占医生把药[粉]吹入合罕的鼻孔中,曼殊室利·虎督度口中念诵三遍:“唉,合罕!为了佛法,请起身吧!”[俺答]合罕即刻复生起身,[22]众人[无不]惊喜仰佩,每个人毫无隐讳地讲起此前的事情。于是合罕降旨说:“十二土蛮的那颜、大臣们,你们为什么诋毁我所广传的佛法,还要加害于僧人们?!在从前无佛法的时代,我们的先祖当中,以及在无佛法、无僧侣的地方,供奉巫神鬼怪的众生当中,你们可曾见过有什么人长生不死吗?所有在我之前像我这样的合罕们,像你们那样的宰臣们,有什么人曾经长生不死吗?又有什么人曾经活到一百岁吗?我已经年近八十,到了[寿终的]时候。昨天我的上师圣识一切不是说过:在我之前，释迦牟尼佛祖就是为了向众生宣演死亡之真而亲身演示了涅槃之形吗？这句话，你们当中是没有谁会明白的，如果阿儿秃斯的切尽·黄台吉在这儿，那孩子是会明白的。”切尽·黄台吉听到[俺答]合罕[生病]的恶讯，前来拜望他的哈屯和子孙们，十几天后赶到。合罕非常高兴，露出了笑容，详尽地讲述了此前[发生]的事情。然后立即召集十二土蛮的那颜、大臣们，展示了东科儿·虎督度的经书，合罕、切尽·黄台吉二人相继反复多次地宣讲佛法的功益，并相互许愿设誓：为了今后不致[残毁]佛法、迫害僧众，愿[将誓言]记人史册，以弘扬佛法。[俺答合罕又]在世一年，宽慰了众人[之心]，于癸未年去世，享年七十七岁。[23]

[俺答合罕]的长子辛爱·都龙·铁木儿·黄台吉生于戊戌年，于甲申年继罕位，时年四十七岁。[24]同年，右翼三[万户]经过商议，向[达赖喇嘛]奉寄为俺答合罕祈冥福的资财，并请他前来。[25]瓦只剌·答喇·达赖喇嘛因此即刻启程。[途中]，汉地甘肃城的侯都堂[26]设盛宴邀请，献上了大量贽仪。当时，从瓦只剌·答喇·达赖喇嘛面前点燃的香灰中显化出一个“召”字来，纵然用力去抓也不能使它变形。众人[纷纷]称奇。甘肃地方的属民献上无数的贡献，心甘情愿地恭听灌顶经文，产生了至诚无悔的信仰。

随后，宁夏城以庆王[27]为首的都堂、总兵及大小官员[前来]邀请，隆重款待。其间，圣识一切[化作]白色的一面四臂[佛]，前两只手合掌于胸前，[后两只手]右边的一只持握菊花，左边的一只持数白色水晶念珠，双腿作金刚跏趺坐，以诸相装扮得端庄秀丽，以各色珍宝绸缎装饰得雍容华贵，放射出灿烂的五色光芒。众人看见，遂敬呈无数的贡献，心甘情愿、尽情倾听精深经义，获得了至诚信仰的力量。

乙酉年[28]，[达拉喇嘛]四十四岁。来到切尽.黄台吉的住地也客·失别儿[29]地方，在忙噜黑泉[30]边坐禅三月，修成收服三界者圣马头明王[之道]，为忽图黑台·具色藏·切尽·黄台吉、脱儿罕·烛剌·切尽哈屯[31]二人以及所有施主，多次施与了无穷修炼之灌顶和法旨缘引之[术]等。[32][达赖喇嘛]然后启程北行，途中，有众施主、众那颜多次延请，敬献了无数的贽仪。[33]却说来到卜失兔:扯臣吉囊。[住地]外，指出了[修建]三世[佛]寺的地点。在阔额不儿地方[34]，卜失兔·扯臣吉囊、切尽·黄台吉和七庆·歹成三人接受了瓦只喇·答喇·达赖喇嘛的吉祥喜金刚四种圆满灌顶，立誓互不侵扰，依照前制整建［政教］二道，在黑暗的大洲升起了教法的太阳。

却说［达赖喇嘛］启程来到十二土蛮［地方］，谴责土葬俺答合罕遗体之事，说：“你们怎么能把这无与伦比的珍宝抛人地下?!”于是立即掘取出来焚化，当不可思议的大量舍利子等奇异征象显现的时候，众百姓无不称奇。[35]另外，从前［俺答合罕］的父亲［赛］那剌吉囊有三位妻子，其中第三位是木兰哈屯[36]。父亲死后，俺答合罕收纳了［她］。她只有一个名叫铁背台吉[37]的独生子。那个儿子死后，母后不惧怕遭报应，要杀一百个人的孩子殉葬，杀一百峰骆驼的驼羔，使母驼哀号。令人杀到四十多个孩子的时候，眼看大国就要破散，满官嗔的失你该·袄儿六的儿子卓罕都来·恰台吉[38]说：“［不能任凭］别人在那里残害孩子。我去！杀我殉葬吧!”因为不能杀他，便放了［他］，后面的［孩子］也免遭杀害。却说那位哈屯死后，她的尸体［被］整个埋葬了。现在，因为那位哈屯曾经造孽，所以阎罗不离她的身体，［她］变成僵尸，［尸身］向上欠起。圣达赖喇嘛察知这一情形，摆设了吉祥金刚威慑者阎曼德迦的烈业火坛，以镇抚［她］。为架火坛，［达赖喇嘛］准备了三角坑灶等物。在那个［坑灶］里放进那位哈屯的寿衣，然后喇嘛口诵大真［经］，以四句经咒、四支佛手捉拢众阎罗投进灶中。顿时，有一条蛇蜥［窜］过来，从左袖［口］钻进衣服里，又从领口探出头来。于是，圣喇嘛恭诵解脱的益处、轮回的罪孽等死亡之真的经文，只见那条蛇蜥像叩头似地弯脖三次，即刻死去。［达赖喇嘛］以三摩地之禅点燃［坛中之］火，将供品献给在世和去世的所有宾客。那件衣服和蛇蜥一起被焚烧，散发出难以忍受的恶臭味，使得一些人窒息，一些人晕倒，一些人痛苦万状。［众人］苏醒过来，就见一道白色的光柱随着火坛的烟雾向上升去，在它的顶端，化出一个像瓦只剌·萨都的天神童子离去。众人看见，惊奇不已，获得了至诚的信仰。这样，如同黑夜中出现曙光，灿烂的太阳普照［大地］一般，三宝的大法得到了广泛传播。

却说［达赖喇嘛］前往哈剌嗔万户[39]的途中，有土蛮的兀甚、摆腰、不格咧思、毛·明暗［等部］的众那颜延请，［他们］也倾听了博大精深的经义，呈上了无数的贡献。

那时,阿儿秃斯的切尽·黄台青已于丙戌年去世,享年四十七岁。赛罕·囊速、瓦只剌·土麦·古英·国师、阿喇章·威正·袄儿六、别该·扯臣·宰牙气等人为首,前去为他送葬。瓦只剌·答喇·达赖喇嘛深为叹悼,说:“他追寻菩提之道而去,你们不必悲愁。[倒是]你们为什么放弃自身的福分,把可惜的一袋舍利子等奇妙的神物扔入地里呢?”说完,为获希望之道的祝愿,奠定了怙主法缘的根基。

[切尽·黄台吉的]儿子完者·允都赤·打儿汉·把都儿,从前于父亲在世时,曾以十七岁的年龄率先冲入托克马克的大阵,身着全副盔甲,飞身上马冲杀。如今,大营的两位那颜已经过世,[40]众人以为他谈论有道,共同商议,在那个丁亥年授予[他]“把都儿·扯臣·皇台吉”的称号,任以政事。他于己丑年去世,享年三十四岁。

在此之前最近的丁亥年,罕哈的阿巴歹·哈勒札兀台吉前来叩拜[达赖喇嘛],献上用貂[皮]制成的皮帐和数以万计的财物,甘心情愿地尽情倾听了经义。[达赖喇嘛]对那位合罕说:“请伸手从我的众佛[像]当中选取一幅佛[像]吧。”[阿巴歹]伸手恰好触到金刚持的画像,就收下了。就要启程返回,[阿巴歹]说:“请赐给我冠有‘瓦只剌’之名的合罕之号吧!”[达赖喇嘛]回答说:“只是担心对你们蒙古的政统有妨害。”尽管这样说了,可是当[阿巴歹]再次恳请时,他还是赐给了“瓦只来合罕”的称号:达赖喇嘛说:“这幅勘巴·瓦只剌合罕的画像,据说当满屋佛像连同房屋一起遭火灾的时候,不曾被烧毁,是大有神力的佛[像]。”说完,又赐给[阿巴歹]拇指大小的[一块]释迦牟尼佛的舍利子、[一尊]白铜铸造的斫迦罗·苫婆罗佛像,以及从印度地方迎来的众多神运佛像等,[另外]赏赐了虎皮大帐等财物,说:“[你]即是金刚持的化身。”赐予[他]“佛法大瓦只剌合罕”的称号。[41]

还是在那个丁亥年,察罕儿的那木大·黄台吉前来叩见[达赖喇嘛],献上了数以万计的金银财宝、驼马牲畜等物。[42]他说:“从察罕儿土蛮合罕开始,我们察罕儿万户仰盼圣喇嘛,为了佛法[特]派使臣[前来]迎请。”圣识一切降法旨说:“如果[你们]在明年之前来[迎],[我]或许可以前往;倘若明年才来,我将无暇前往。”众人并未留意他的话,可是那木大·黄台吉却思忖:“这话是什么意思呢?”[达赖喇嘛]为那位那木大·黄台吉多次施与灌顶引缘法,满足了他的愿望。

过了不久,在戊子年十月的一天,圣识一切[来到]一座高山上,坐在花果繁茂的树下。这时突然从[树]顶[下]来一个身穿旧衣服的僧人,两人互相打过招呼,左叩右拜,用梵语交谈了好长时间才分手。一旁的众弟子问起[事由],[达赖喇嘛]说:“那位僧人是尼鲁木草地寺院中的,名叫塔儿拜·坚灿,译成蒙古语意为‘解脱至胜之纛’。因为我启程[的日子]已经临近,所以前来见我。”

从那里回来之后,[达赖喇嘛]就染上了重病。[43]当时,汉地大明万历皇帝的使者——以总兵、副将、参将[等]三个官员为首的一千多名使者前来迎请,给达赖喇嘛献上了供倚坐的金椅、供担抬的金轿、供乘骑的金鞍白马九匹、供载货的大车三百辆,[还有]用于迎请的贽仪:黄金一百两、白银一千两;此外还有各色宝石、财物之类,各一百件。[他们]呈上黄色敕书禀奏说:“我愿依照唐太宗皇帝、永乐皇帝、宣德皇帝的旧规扶崇佛法,愿依照蒙古忽必烈·薛禅皇帝的旧制赐与[你]‘三省大王国师’的称号,敬奉你为上师喇嘛。”[44]与此同时,察罕儿的土蛮合罕的使臣、克失旦的土麦·皇台吉、谦只兀的巴哈·打儿汉那颜为首,率领一千人带一万匹驿马前来[叩见]。圣喇嘛说道:“这两大国皇帝的敕谕确实在理。因为汉地、蒙古两大国的国主、两位强大皇帝的敕谕不只是为了各自的利益,而是为了众生灵的利益,对于扶崇佛法具有巨大意义,所以我务必前往,况且你们[带]来了强大皇帝的敕谕。我去年不是对那木大·黄台吉说过吗?‘如果明年之前[来迎]还可以,倘若明年来,我将无暇前往’。那句话是指现在已经到了开创之业终结的时候,因此,为了他人的利益,我将要离去。”说着,当着那些使者的面,以极乐通慧神变之身寂灭,回到从前那个戊子年以来经三千六百七十五年的壬寅年诞生色身的崇灵宝匣之内,化入普度者圣贤观世音菩萨的心中,升往只儿蛮台地方,时在戊子年三月二十六日,享年四十七岁。[45]却说,四月二十五日焚化[达赖喇嘛的]尊体,出现了观世音菩萨、斫迦罗·苫婆罗[之形],以及完备的头骨、慈悲的眼睛、无数舍利子和文字等,构成了一如从前无忧法王[所修建]的宝塔。[46]

却说,圣识一切以慈悲的眼睛观视蒙古人众,化入都龙合罕第四子松木儿·歹成[47]的[夫人]答喇哈屯[48]的腹中,过了整九个月、临近十个月的时候,于己丑年奇妙地再次降生。[49]闻知是圣识一切瓦只剌·答喇·达赖喇嘛的转世,有使者前来准备迎往不灭之地。可是,蒙古人才疏智微,却盛气凌人,说什么:“孩子年龄太小,我们怎么可以送走?! 十三岁之前不会[把他]送去!”就这样没有送走。[50]

此后,阿儿秃斯的卜失兔吉囊于壬辰年二十八岁时率阿儿秃斯万户出兵汉地,[51]在星失兀河[52]逗留三天,得到大批虏获回师。途中,宁夏城的王总兵[53]前来迎战。右翼偶甚的把都儿·脱忽、哈儿哈坛的阿失图·哈喇·库只、哈流嗔的吉雷·宰牙气、卜哈思的把都儿·土儿贝等人,率先冲入[敌阵]劈杀。切尽·黄台吉的长子完者·允都赤的儿子巴图台吉生于庚辰年,当时年已十三岁,身骑唤作“斡斤歹”的枣骝马尾随而上,活捉了一个手持长枪的汉人。为此,吉囊以至众人都喜爱[他],以他父亲的封号称[他]为“打儿汉·把都儿”。

此后,扯臣吉囊于甲午年三十岁时再次出兵汉地。进至阿剌黑山,榆林城的麻总兵[54]前去追击。交战中;以左翼的明爱·青·歹成的先锋军迎战。明爱·青·歹成的[部将]忽秃黑台·合收赤拓不能、脱黑塔儿·允都赤·哈喇·忽剌二人首先入[阵],夺取了[敌人的]红旗,旋师回营。途经哈喇合托[城],[55]转奔蒙古地方。来到五郎·斡隆地方,[56]年已十五岁、未参加此前征战的巴图·打儿汉·把都儿受命率领土别·哈什哈·宰牙气等众大臣,前去截击,以掩护众军。没等与大队士兵、旌纛、号角会合,还在途中宿营的时候,得到前来报信之人的情报,立即迎战。当时,又是哈儿哈坛的帖古儿格的那位阿失图·哈喇·库只与哈乞里思[57]的海努黑·答哈迈·合收赤二人率先入阵追杀,[巴图·打儿汉·把都儿]自己则身骑先前的那匹枣骝马斡斤歹紧随入[阵],从兀努兀赤山包[58]地方到速海河,[59]一直追击一上午,取得了大量虏获,班师回营。迎着众人出示[缴获的]铠甲、马匹等物,众人惊讶不已,就以他祖父的封号“把都儿·扯臣·皇台吉”来称呼[他],依前制任以政事。

此后,圣识一切年已十四岁的化身于壬寅年启程。却说来到四处不破之地,圣识一切在班禅·额尔德尼面前,出家脱凡,受比丘戒,通晓了教旨和精深经典咒语。[60]于是仿效前世圣识一切,前去叩拜灵域之佛。咙地方寺庙[众]佛像中的主尊、即称为"咙·萨木灿"的弥勒的极乐佛身,是镀金红铜铸成的,自佛冠至佛面共有一庹之长,佛像长大惊人。那尊佛[像]突然自身严重倾斜,所有尼八剌匠人、内行人都不能[把它]纠正过来。圣识一切云丹·坚错叩拜过那尊佛像,坐视片刻后降法旨说:"正对着这尊佛像的头顶,在寺庙的房梁上放着一具得道阿阇梨的尸骨。为了避开那具[尸骨],佛像才所以倾斜了。"[有人]立即上去查看,果然见到一具尸骨,随即把它扔进了河水中。圣识一切飞散花朵,[那尊佛像]顿时恢复了从前稳正的姿位。显圣多次,圣识一切即以"达赖·额儿丹图[61].瓦只剌·答喇·达赖喇嘛"之名著称于世。如同前世瓦只剌·答喇·达赖喇嘛一样,[圣识一切云丹·坚错]达到慧悟之绝,彻底树立起能者[释迦牟尼]的佛法之幢,更以圣宗喀巴·苏摩地·诘底的宗教,将天下照耀得如同白昼一般。

[注释]

① 摩揭陀国之主可足占·宁卜王,Magada ulus-un eǰen Gsugǰansningbu kemekü qaγan。清译本(Ⅶ.2v)作"玛噶达国之俎克占宁博汗"。指古印度摩揭陀国国王频毗娑罗(Bimbisāra,意为"影胜")。Gsugǰan sningbu 的藏文原文为 Gzugs-can sying-po,而 Gzugs-can sying-bo 为 Bimbasāra 的藏语译名。其蒙古语译名为 Čoγčas -un ǰirüken qaγan(具色藏王)。参见卷一注㉕。

② 拘萨罗国之主萨里监王,Koosala ulus-un eǰen Gsarǰal neretü qaγan。清译本(Ⅶ.2v)作"高萨拉国之萨勒札勒汗"。指古印度拘萨罗国国王波斯匿(Prasenajit,意为"胜光")。Gsarǰal 的藏文原文为 Gsal-rgyal,而 Gsal- rgyal 为 Prasenajit 的藏语译名。参见卷一注㉗。

③ 孛隆思端[巴],Bromston。D 本缺(a 本即缺),清译本(Ⅶ.2v)因缺。即藏传佛教噶当派的创立人 hBrom-ston-pa;一般汉译为"仲敦巴"。生活于1005—1064 年。曾徒步从康区赶到阿里拜见印度高僧阿底峡太师,从此一直跟随阿底峡在藏区传教,阿底峡去世后,他成为阿底峡大部分徒众的首

领和师长。后应邀到热振地方传法，建热振寺。以该寺为根本道场，逐渐形成了噶当派。

④ 那颜出·中根哈屯，Noyanču J̌ünggen qatun。清译本（Ⅶ.3r）作"诺延钟金福晋"。《俺答汗传》（§96 等）中也见有这一称呼，珠荣嘎（译注《阿勒坦汗传》p.62）译为"乌讷楚钟根哈敦"。吉田顺一等人转写为 Uyancu J̌önggen qatun（《俺答汗传译注》p.293）。人名部分，据李盖提《蒙文甘珠尔刊本目录》第 1 卷所载《到达智慧彼岸》的跋文诗，当读作 Noyanču（那颜出），因为它出现在韵文的行首，而那一节韵文的头韵是 n-。此即明代汉籍中的"三娘子"。《武功录》卷 9 有她一篇传记，说她"又名也儿克兔哈屯"。也儿克兔，还原为蒙古语即 erketü（"有权势"、"自由"之义）。那颜出是她的本名，也儿克兔是她的称号，因为是俺答汗的第三夫人，所以被明人呼为三娘子。贾敬颜（《三娘子生卒年考》，载《民族历史文化萃要》）据《隆万两朝平攘录》卷 1 及《武备志》卷 236 等有关记载，考证她生于 1550 年，卒于 1612 年。她生有三个儿子，长子为"不他失礼"（Budaširi）（《俺答汗传》§99，《北虏世系》、《武功录》等）。她曾随俺答汗出征瓦剌、赴青海会见锁南坚错，支持俺答与明朝达成通贡互市协约（《武功录·三娘子列传》说"始封事成，实出三娘子意"），并积极维护这种经济贸易关系的正常发展，被明朝封为忠顺夫人。

⑤《三世达赖传》说："在一次近十万人的集会上，福田、施主二人犹如日、月二象升于天空，会上，洪台吉以蒙古语作演说，由固什巴克什担任翻译：'我们从来就是强有力的，因为祖先出自恰噶尔天神之族，曾经征服了汉地、西藏和霍尔，并与萨迦教主结成了福田与施主的关系，使佛法得以弘扬。后来妥欢帖睦尔汗之时，佛法衰亡，作恶不善，唯有饮血食肉，如坠黑暗血海之中。今蒙福田、施主如日月一般之洪恩，开拓了正教之道，使血海变为乳海，此恩浩荡！因此，居于此方的汉、藏和蒙古一切民众，务必遵守十善法规……"

⑥《三世达赖传》所载忽图黑台·切尽·黄台吉的演讲中有这样一段话："从

前,蒙古人死后,按其贵贱尊卑,以其妻妾、奴仆和马牛等殉葬。今后凡是用来宰杀祭祀的马牛等财物,都要心甘情愿地献给僧伽和上师,请求为死者做回向祈愿,严禁杀生祭祀死者。倘若依旧杀人殉葬,则要依法处死;如果宰杀牲畜殉葬,则要依法没收其全部财产……”

⑦ 八节之斋戒,naiman gešigütü bačaγ。清译本(Ⅶ.4r)译为“按八节持戒”。即“八关斋戒”,指佛教为在家的男女教徒制定的八条戒律。具体内容是:1.不杀生;2.不偷盗;3.不淫欲;4.不妄语;5.不饮酒;6.不装饰、打扮及观听歌舞;7.不眠坐高广华丽之床;8.不食非时食(正午过后不吃饭)。前七为戒,后一为斋。临时奉行,多者几天、几周,最少者一昼夜。

⑧《三世达赖传》记俺答汗给锁南坚错上的尊号为“达赖喇嘛瓦赤喇达喇”(即金刚持遍主达赖喇嘛),并说赠给他“用黄金百两制成的金印一颗,上面刻有五爪龙和蒙文‘金刚持达赖喇嘛之印’,印盒是用纯银制成的”。《俺答汗传》(§223)记俺答汗给锁南坚错上尊号为“Wčir-a dar-a sayin čoγ-tu buyan-tu dalai——瓦只剌·答喇·赛因·绰黑图·不颜·达赖(金刚持善吉祥福海)”,并赐金印一颗。俺答汗为锁南坚错所上尊号,成为达赖喇嘛名号之始。锁南坚错追认根敦朱巴、根敦嘉措为第一世、第二世达赖喇嘛,自己排为第三世。舒迪特《西藏印谱学》收有三份盖有 rdo-rje hchang ta-lahi bla-maha-yi tham-ka rgya(金刚持达赖喇嘛之印)的达赖喇嘛封文印记,1648 年的一份(印Ⅰ)与 1698 年、1748 年的两份(印Ⅱ)在文字形式上稍有不同(前者无起首符,rgya 的 r 写法与后者不同),西藏自治区文管会现藏一颗与印Ⅱ文字形式相同的印,另有一颗内容相同的印,只是无起首符,尚未及鉴定 rgya 之 r 的写法,或许与印Ⅰ完全相同,但这两颗印都是木纽铜印,不是金印,当为代用品(照那斯图《素囊黄台吉献给阿兴喇嘛的金印》未刊稿)。

⑨《三世达赖传》记锁南坚错给俺答汗上的尊号为“法王大梵天”。《俺答汗传》(§225)记为“Qotala esrün yeke küčün-tüčakrawarti nom-un qaγan——梵天大力转轮法汗”,并说赐俺答汗银印一颗。

⑩《三世达赖传》、《俺答汗传》不载锁南坚错赐给卜失兔吉囊的称号。D 本缺 Bošoγtu ǰinong-dur Čakrawarti sečen(封卜失兔吉囊为斫迦罗伐剌底·扯臣)一段文字(a 本即缺),致使清译本将"济农哈什汗"直接译在俺答汗的尊号之下,成了俺答汗尊号的一部分。qaši(哈失),语焉不详。札奇斯钦(《蒙古与西藏历史关系之研究》p.428)认为 qaši 一词"系在元代为河西的对音,不知此时是否仍有此意,表示他们对河西及青海一带在经略上的成功?"。

⑪《三世达赖传》、《俺答汗传》不载锁南坚错赐给忽图黑台的称号。Čoγčas-un ǰirüken(具色藏,"蕴藏"),清译本(Ⅶ.Sr)因 D 本作 Koka karbi 而译为"郭喀噶尔弼"。

⑫ 阿尤什经师,Ayuši baγši。清译本(Ⅶ.5v)作"阿玉锡巴克什"。即蒙古文阿俐—伽俐字母的编制人。因翻译佛经有功,在仰华寺大会上被锁南坚错赐与封号,《源流》记为"阿难答国师",《俺答汗传》(§226)记为 Ananda manǰuširi güši——阿难答·曼殊室利国师。俺答汗从青海返回蒙古地区时,留阿尤什经师与自己的儿子丙兔等人为三世达赖送行(《俺答汗传》§258)。在翻译佛经的过程中,为解决现有蒙文字母难以准确表达梵文、藏文中某些读音的问题,阿尤什编制了特殊的书写符号。他在一篇蒙译佛经《Yeke Mingγan-i Maγad Daruγsan Kölgen Sudur》的跋文中,提到编制这种符号之事(见永·林沁《蒙古语语法》)。遵照扯力克、三娘子的命令,他与石里额图·国师·绰儿只等人一起,于 1607 年(红羊,丁未)完成了《甘珠尔》经的蒙译工作(《俺答汗传》§§379~380)。

⑬ 尼罗木草地,Nilom tala。清译本(Ⅶ.5v)作"尼洛木塔拉"。《俺答汗传》(§254)作 Nolam tala,也说三世达赖将由仰华寺前往该地修建寺院。《三世达赖传》说 1579 年(土兔年,己卯)达赖喇嘛拔帐起程,前往朵甘思的理塘修建寺院,1580 年(铁龙年,庚辰)五月二十日理塘大寺动工兴建,三世达赖为护法殿等殿堂举行了开光典礼,赐寺名为"图丹绛钦雪檀杰协南贝嘉维德"(佛教大慈各方殊胜寺)。理塘,今为四川省甘孜藏族自治州理塘

县。珠荣嘎(译注《阿勒坦汗传》p. 131)认为尼罗木是理塘以北百余公里处的“聂龙”,今作“新龙”。

⑭ 阔阔合托[城],Köke qota。清译本(Ⅶ.5v)作“归化城”。即今内蒙古自治区首府呼和浩特的前身。

该城为俺答汗时期所建,蒙古名 Köke qota(清译“库库河屯”),明廷赐名“归化”。关于该城的基本情况,蒙、汉双方的记载大致相合,但在建城的具体时间上稍有出入。《俺答汗传》(§§144~145)说水猴年(1572 年,壬申)俺答汗在哈喇兀纳山阳、黄河岸边,仿照元大都修建了拥有八座奇美楼阁的城市,名为 Köke qota。《源流》说 1578 年(戊寅)俺答汗在仰华寺会见锁南坚错时,许下诺言准备在 Köke qota 城中修造释迦牟尼金银像,说明该城于 1578 年以前已建成。《明实录》万历三年(1575 年)十月丙子条载:“顺义王俺答遣夷使乞佛像、经文、蟒段等物,所盖城寺乞赐城名。……上……赐城名曰归化。”《武功录·俺答列传下》也有类似的记载。据此,该城于 1572 年动工,1575 年建成,不存在什么问题。但是由于《全边》、《明史纪事本末》中有俺答万历三年(1575 年)所建之城曰福化,万历九年(1581 年)所建之城曰归化的说法,张居正万历九年所写的信中也提到当时俺答正在建城,因此给人一种印象,似乎这一年(1581 年)建的城才是归化城(库库河屯)(胡钟达《呼和浩特旧城(归化)建城年代初探》,载《内蒙古大学学报》创刊号,1959 年)。薄音湖(《呼和浩特(归化)建城年代重考》,载《内蒙古大学学报》1985 年第 2 期)在郑洛《抚夷纪略》中找到了有关 1581 年修城的详细记载:“辛巳(万历九年)春二月,虏王议修罗城方二十里。……王乃使屈儿克首领……等持王书。书云:‘……适迎佛归化城,欲于城外修罗城周围二十里,望大人助夫五千名,车五百辆,……’。”就是说,1581 年的建城,只是给归化城加修外城,并不是新建归化城。《全边》《明史纪事本末》的说法有误。至于福化城,一般认为是今内蒙古自治区包头市土默特右旗境内的美岱召,薄音湖考证其修建时间约为 1577 年至 1580 年之间。

总而言之,Köke qota(库库河屯,归化城)于1572年动工兴建,1575年完工,1581年又加修了外城 。清代,1732年至1739年(雍正十年至乾隆四年)间,又在归化城东北五里处修建了一座新城,名绥远。后置归化绥远厅,1913年二城合并为归绥县,日伪统治时期,曾名厚和,抗战胜利后,成立归绥市,解放后,于1954年定名为呼和浩特,成为内蒙古自治区的首府。

⑮ 三世[佛]寺,Ɣurban čaγ-un süm-e。D本缺(a本、G本即缺),清译本(Ⅶ.Sv)因缺。《源流》后文(K本81v09)提到三世达赖前往土蛮万户途中,经过阿儿秃斯万户,到卜失兔吉囊住地,为其指出修建三世佛寺的地点。《三世达赖传》提到三世达赖应邀来到卜失兔吉囊(作"吉囊王")的牧地之后,"为新建的佛殿和寺庙举行盛大的开光典礼"。据《三世达赖传》,三世达赖于1585年(木鸡年,乙酉)来到阿儿秃斯地区(《源流》也说是在1585年乙酉),从1578年仰华寺大会时卜失兔吉囊许愿修寺以来,已过了七年,寺庙应该已经修成。《源流》后文(K本81v09)说1585年才定下修寺的地点,说法有误。这座寺庙即一般所说的Yeke joo(伊克昭),或称Wang-un γol-un ǰoo(王爱召),正式名称为Uqaγan-i Badaraγuluγči süm-e——广慧寺。寺址在今内蒙古自治区伊克昭盟达拉特旗树林召镇东南约40里处。1941年初被日军烧毁。参见田清波《导言》,宝斯尔、杨勇、托娅《鄂尔多斯历史与文化》。

⑯《三世达赖传》中有一"丽江萨达木王",曾征集乌拉,召集工匠修建理塘大寺,邀请三世达赖为该寺的护法殿等殿堂开光,当时"由于恶鬼作祟,达赖喇嘛以贡桑孜乃和喇嘛林沁僧格为助手,举行了阎罗修习法事。……"这位丽江王,佐藤长《中世西藏史研究》(p.343)作Hjan sa tham che。

据王辅仁《西藏佛教史略》(p.212),当时康区的理塘、巴塘一带是云南丽江地区纳西族木土司的辖区。

⑰《三世达赖传》说:"铁蛇年(公元1581年)新年过后,达赖喇嘛应昌都众人的邀请前往昌都,……一天晚上,他们在一座本教寺院附近插帐安宿,本教徒呼风唤雨,雷电交加,下起冰雹。达赖喇嘛拿起身边的金刚橛,作愤怒观

法,随着舞蹈,将雷雹引向本教寺院上空。本教徒惶恐不安,次日前来忏悔罪过,奉献礼物。”都是一种神话化的宣传。

⑱ 东科儿,曼殊室利·虎督度,Sdong skor manǰuširi qutuγ-tu。清译本(Ⅶ.7v)作“栋科尔满珠锡尔瑚图克图”。东科儿虎督度随俺答汗前往蒙古地方一事,《俺答汗传》(§§257、259)、《三世达赖传》也有记载。《俺答汗传》称他为 Manǰuširi qutuγtu(曼殊室利·虎督度),说他受三世达赖的派遣,随俺答汗一同前往蒙古地区;《三世达赖传》说锁南坚错 1579 年(土兔,已卯)将东科儿法王允丹坚剉派往蒙古地方,以作为他的临时代表。

据 1865 年成书的《安多政教史》(pp. 177、178),此东科儿虎督度为青海东科儿寺(在今青海省湟源县)的第二世东科儿活佛,1557 年(藏历第九饶迥丁巳年)生于中部康区,曾师从大堪布 dkon-mchog、rgyal-mtshan(管术坚灿),并游历青海、四川藏区许多佛寺,1579 年(《三世达赖传》作 1578 年,当是)前往恰卜恰大乘林寺(即仰华寺)拜谒锁南坚错,受了比丘戒,并多次听经,后奉锁南坚错之命前往俺答汗处,作俺答汗的供养师数年(另参见若松宽《青海湟源县的东科儿寺及东科儿呼图克图》,载《三田村泰助博士古稀纪念东洋史论丛》)。

东科儿虎督度 1579 年左右赴蒙古土蛮地区之事,可以说确认无疑,但有关他后来的情况,蒙、藏文史书记载有矛盾。《安多政教史》说在俺答汗去世之后,东科儿活佛于 1582 年赴西藏,在色拉寺担任了几年堪布后回故乡,后来又赴札什伦布寺,于 1587 年去世,遗体供放在东科寺。可是据《阿萨剌黑齐史》等蒙文史书的记载,东科儿虎督度至少 1585 年时还在蒙古地区,并且至少活到了 17 世纪 10 年代末,这期间似乎也一直在蒙古地区。《阿萨剌黑齐史》提到外罕哈的阿巴歹听说俺答汗处有一位 Sdongkor manǰuširi(东科儿·曼殊室利),就派使者前去邀请,得到病中的俺答汗的准许。东科儿虎督度(该处作 Samala nangsu,但从前后文看,当指东科儿虎督度)一行于 1583 年(水羊,癸未)抵达阿巴歹处,1585 年(木鸡,乙酉)在旧城(即指哈剌和林)修建了寺庙(即指额尔德尼召)。《额尔德尼召史》的某些版本也提到该寺是在 Man ǰuširi darqan(曼殊室利·打儿汉)的指导下建成的(参见比拉《蒙古史学史》汉译本 p. 166)。写于 1864 年的《呼和浩特席力图召简史》(Köke qota-yin Γaǰar Oron-uǰaq-a Kiǰaγar ba Širegetü Gegen-ü Tobči Namtar)说:俺答汗让 Širegetü qutuγ-tu(石里额图·虎督度,或译席力图呼图克图、锡埒图呼图克图)住在呼和浩特,掌管佛教事务,后来外罕哈的 Tüšiye-tü qan(土谢图汗,即阿巴歹)邀请三世达赖,三世达赖让石里额图虎督度代替他前去,赐给他 Bandida güüširi čorǰi(班底怛·国师·绰儿只)之号。据此,石里额图虎督度与东科儿虎督度为同一人(《呼和浩特席力图召简史》说他在三世达赖去世后坐于三世达赖在蒙古的法床 širege,因此获 širegetü güüširi čorǰi 之称)。《呼和浩特席力图召简史》还说三世达赖临终前嘱咐石里额图虎督度为他办理后事并寻找转世灵童,石里额图虎督度一一照办。《俺答汗传》(§§358~362)说 Širegetü güüši čorǰi(石里额图·国师·绰儿只)作为纳木歹汗(即扯力克)和中根哈屯(即三娘子)的使者,于 1600 年至 1602 年间前往拉萨,接来西藏方面迎请四世达赖的使者。该传(§§379~380)还说石里额图·国师·绰儿只和阿尤什国师等人,在 1602~1607 年间将《甘珠尔》经译成了蒙文。《本义必用经》(Čiqula Kereglegči Tegüs Utq-a-tu NeretüŠastir)一书的跋文提到作者是 Manǰuširi güüši širegetü čorǰiu-a(曼殊室利·国师·石里额图·绰儿只)。已知石里额图·国师·绰儿只最晚的译著是 1618 年的《米拉日巴传》(参见比拉《蒙古史学史》,乔吉《锡埒图·固什·绰尔济生平叙补》,载《蒙古史研究》第一辑)。《安多政教史》(p. 178)则说二世东科儿活佛 1587 年去世后,于 1588 年转生于三处,其中 rgyal-ba rgya-mtsho(嘉哇嘉措)生于巴尔康地区达桑地方,在东科儿寺坐床,成为三世东科儿活佛,1639 年去世,在世期间未曾到过蒙古土默特地区;另两位转世分别为"喀尔喀的曼殊室利"、"鄂尔多斯的曼殊室利阿旺嘉样隆珠"。《宝树史》(p. 799)提到"喀尔喀地方"的"被称为曼殊室利的阿旺洛桑嘉贝丹增",此人或即《安多政教史》所载二世东科儿活佛在喀尔喀的转世。

《安多政教史》与蒙文史书之间以及蒙文史书自身之间的矛盾,因缺乏有力的史料依据,一时尚难以解决,有待今后进一步研究。

⑲ 关于忽图黑台封龙虎将军一事,《武功录·切尽黄台吉列传》说他"初授指挥佥事",因此"心怀泱泱","请加封侯伯",俺答汗等人也为他向明廷请过更高官爵("欲为切尽请给都督金印"),甚至明宣大总督王崇古也曾"欲以好爵縻之"。看来几方面的努力最终见效。后来,自1579年以后,忽图黑台即以"龙虎将军切尽黄台吉"之称见于汉籍中(《明实录》万历十年四月壬寅等条,《武功录·俺答列传下》等),《北虏世系》说:"切尽黄台吉,先授指挥佥事,后升指挥同知,又升龙虎将军。"汉籍的记载证实:忽图黑台的龙虎将军之号,并不像《源流》所说是俺答封贡当年即1571年(辛未)就由明廷授予的,而是几年后才授予。

⑳ 榆林城,Temegetü qota。清译本(Ⅶ.8r)同。陈寅恪(《灵州宁夏榆林三城译名考》)对照《源流》与《明史》1594年(明万历二十二年)的记事,考证《源流》(清译本)提到的马姓总兵即当时明延绥(明成化以后徙治榆林)总兵麻贵,因此推断Temegetu qota即为榆林。田清波《鄂尔多斯七旗地图·中国城镇名》:Temegetü—榆林。

㉑ 据《明实录》、《武功录》等,阿儿秃斯部与明朝互市的地点主要在宁夏方面,忽图黑台曾多次赴宁夏清水营(今宁夏灵武县东)互市。《源流》此处说"输取了不计其数的财物"(čaγügei yeke sang-yi γatγabai)。田清波《鄂尔多斯七旗地图·中国城镇名》中,"宁夏清水营"作Sang qota(直译"仓城")。《源流》所说当指清水营互市之事。

㉒ 曼殊室利·虎督度使俺答汗从弥留之中恢复过来之事,不见于《武功录·俺答列传》、《三世达赖传》等。《俺答汗传》(§§260、261)的记载与《源流》相近,说1580年(白龙,庚辰)俺答汗患病高烧,不解佛法深义的手下众臣又开始信仰前已禁止的邪教,为此曼殊室利·虎督度甚为忧虑,祈祷作法,俺答汗遂烧退苏醒。看来,藏传佛教在蒙古地区的传播,开始时并不是那么一帆风顺的。

㉓ 俺答汗的去世时间,《俺答汗传》(§275)、《武功录·俺答列传下》记载一致,为明万历九年(白蛇,辛巳)十二月十九日。万历九年辛巳为公元1581年,辛巳年的十二月十九日,按公历算,已进入1582年1月。森川哲雄(《(俺答汗传)研究》)、杨绍猷(《俺答汗生卒年考》)推算为1582年1月13日。《明实录》万历十年(1582年)二月癸巳条记载了俺答汗去世的消息,传到明朝的时间。都证实俺答汗死于1582年初。《源流》记为癸未即1583年,有误。

㉔ ……的长子辛爱·都龙·铁木儿·黄台吉,yeke köbegün anuSengge dügüreng temür qong tayiǰi。D本缺(a本、G本即缺),清译本的译者觉出有缺,在该处留下七字之空(Ⅶ.9v)。

辛爱(黄台吉)的即罕位年,《源流》记为甲申,相当于公元1584年。纪年有误。《俺答汗传》(§295)说他黑马年(壬午,1582年)在圣主的八白帐前继承了父亲的罕位。《武功录·黄台吉列传》说万历十年(1582年)十月,他与三娘子成婚,十二月遣使明廷请嗣顺义王,不久称乞庆哈(Sečen qan)。《明实录》记载他1583年闰二月受封为顺义王,六月已以"顺义王乞庆哈"之名出现(万历十一年闰二月甲子、六月丁卯条)。《源流》因将俺答汗的卒年推后了两年,致使辛爱的即位年也相应推后了两年。

㉕ 土蛮等右翼部落派使臣前去邀请三世达赖的时间,《俺答汗传》(§296)记为黑马年(壬午,1582年),说辛爱和中根哈屯(三娘子)派遣使臣前去邀请三世达赖来为俺答汗祈福,使臣们在青海塔尔寺与其相会。《三世达赖传》说水马年(壬午,1582年)蒙古一个以王族成员为首的使团前来邀请达赖喇嘛,他便从昌都赴青海,水羊年(癸未,1583年)到达塔尔寺。据此,辛爱等人派出的使臣于1582年出发,1583年见到达赖喇嘛。《源流》所说的甲申(1584年),不确。

㉖ 三世达赖前往甘肃镇(甘州,今甘肃省张掖)的时间,据《明史·西域传》、《张太岳集番夷求贡疏》,是在1579年(明万历七年,己卯),当时的甘肃巡抚是侯东莱(由副都御史升兵部右侍郎,兼右佥都御史)。《源流》此处的

Qoo duutang，即指侯东莱，D 本缺 Qoo 一词（a 本、G 本即缺），清译本（Ⅶ. 9v）因缺。札奇斯钦（《黄金史译注》p. 434）译为“高都堂”，不妥《俺答汗传》（§252）没有提供这件事的具体年份，但根据前文，是在 1578 ~ 1580 年之间。《源流》记在甲申年（1584 年内，纪年有误）。

㉗ 庆王，Čing wang。满译本漏译 Čing，清译本（Ⅶ. 10r）因译为“王”。张尔田正确指出此王即“明庆王倪熿”。陈寅恪（《灵州宁夏榆林三城译名考》）对照《明史》，也考证此王即万历五年（1577 年）至十六年（1588 年）在王位的庆端王倪熿。札奇斯钦（《黄金史译注》p. 438）、道润梯步（译注《源流》p. 401）以 Čing 为亲王之“亲”，误。

庆王倪熿邀请三世达赖之事，不见于他书。

㉘ 乙酉，yi takiy-a。G 本、D 本讹为 gii takiy-a，清译本（Ⅶ. 10r）因误为“已酉”。此乙酉年相当于公元 1585 年。据《三世达赖传》，三世达赖于 1584 年（木猴，甲申）后半年晚些时候到达忽图黑台的住地，住到 1585 年（木鸡，乙酉）新年过后。

㉙ 也客·失别儿，Yeke šiber。清译本（Ⅶ. 10r）据满译本 Ike sibar 译为“伊克锡巴尔”，音不确。田清波（《导言》）指出当读作 Yeke šiber，因为鄂尔多斯当地人称其地为 i'kxe šiwer，šiwer 指杂草丛生的湿地。《靖边志稿·边外总图》作“大石碑”，《绥乘·贻将军创办两盟垦地图》作“依克西薄尔”，《内蒙古自治区地图册》（1985 年版）作“大石砭”。“大”为 Yeke 的意译，“石碑”、“石砭”为 šiber 的音译。此地在今内蒙古自治区伊克昭盟乌审旗南部，靠近陕西靖边县的地方。

㉚ 忙噜黑泉，Mangruγ bulaγ。D 本讹为 Makruγ bolos，满译本作 Miruk bolos，清译本（Ⅶ. 10r）因译为“密噜克博罗斯”。田清波（《导言》；《帮尔多斯词典》p. 455）作 maŋruk̬ bu̬lak̬，说此泉在苏海河（又称 Šara usu γool）左岸，靠近也客·失别儿，但发源地已干涸。

㉛ 脱儿罕·烛剌·切尽哈屯，Toγan ǰula sečen qatun。清译本（Ⅶ. 10r）作“托尔罕珠拉彻辰福晋”。《武功录》卷 14 有她一篇小传，称她为“切尽妣吉”

(Sečen bii ǰi),主要记述她在丈夫切尽黄台吉(忽图黑台)死后约束部众,遵守互市之规,其间只有一次受人挑唆,于1590年(明万历十八年)向明方索要大赏,因未能如愿,至明边抢掠牲畜、粮食而去。

㉜《三世达赖传》说三世达赖于1584年到达忽图黑台(切尽·黄台吉)的牧地后,“接受了金银、绸缎以及上万头牲畜的礼品,向他传授了灌顶、随许等几种教法”,1585年“举行了盛大的新年神变供养,剃度了近千人出家为僧”。《俺答汗传》(§§300、301)说三世达赖到达忽图黑台(切尽·黄台吉)的住地后,忽图黑台奉献了无数的布施,从达赖喇嘛接受了灌顶,率领全体阿儿秃斯人皈依了佛门。

㉝《三世达赖传》说三世达赖在1585年离开忽图黑台(切尽·黄台吉)的住地之后,曾前往彻辰岱青的住地。这个彻辰岱青是衮·必里克吉囊第五子不阳忽里的次子,全称不儿赛·七庆·歹成,与忽图黑台是堂兄弟关系。

㉞ 阔额不儿,Kögebür。清译本(Ⅶ.10v)因满译本而缺译。田清波(《导言》)也提到这个地名,记为K′öwör,说在达拉特旗境内,紧临卜失兔吉囊建庙的地方。

《俺答汗传》(§§303、304)说卜失兔吉囊将三世达赖请到Olan bulaɣas(“多泉”之义)地方,奉献了大量礼物,接受了灌顶。说明Kögebür与Olan bulaɣas实指同一地理范围。珠荣嘎认为Olan bulaɣas在今成吉思汗陵(八白帐)所在地伊金霍洛旗的伊金霍洛苏木,因为当地有多眼泉水。其实,当时阿儿秃斯吉囊一支的住地是在今内蒙古自治区伊克昭盟达拉特旗一带,到清朝顺治年间吉囊所部被编设为郡王旗(后来成为今伊金霍洛旗的一部分),才迁到现在的伊金霍洛苏木。伊克昭(王爱召)所在地,“北枕黄河、西靠豪庆河,南对河滩草原,南北还各有两眼水泉,人称‘龙眼’。”(《鄂尔多斯历史与文化》p.76)因此,Olanbulaɣas或阔额不儿之地当在今达拉特旗伊克昭遗址一带。

《三世达赖传》说三世达赖于1585年(木鸡,乙酉)到达白色毡房(指八白帐)的首领吉囊王的驻地,吉囊王向达赖喇嘛奉献了宝碗和绸缎百匹、白银千两等大量礼品,达赖喇嘛为吉囊王等人传授灌顶,并为吉囊王所建佛殿和寺庙开光。

㉟《三世达赖传》说三世达赖应俺答汗长子都龙汗的邀请,于1586年(火狗,丙戌)到达青色的城(即 Köke qota,归化城),他先为俺答汗建造的释迦牟尼银制佛像(当即今呼和浩特大召的释迦牟尼银像)装藏开光,然后又主持了火化俺答汗遗骨的仪式,他又为以一千两白银制成的俺答汗的纪念塔(即舍利塔)举行了盛大的开光典礼。

《俺答汗传》用三十节的篇幅(§§306~335)讲述了三世达赖到达土蛮万户后的活动情况:都龙汗、中根哈屯于1585年(鸡儿年,乙酉)渡过黄河迎接达赖喇嘛,将他迎至 Köke qota,安排下榻于城南的释迦牟尼庙(即今呼和浩特大召,明廷赐名"弘慈寺"),达赖喇嘛提议应将俺答汗的遗骨火化,得到都龙汗、中根哈屯及大小那颜的赞同。于是达赖喇嘛于1587年(猪儿年,丁亥)三月二十六日设立法坛,主持火化仪式,又令巴勒布匠人以珍宝金银修造了舍利塔,在释迦牟尼庙的西厢修建了青色宫殿,由济陇·虎督度(四世拉旺曲结坚赞)。开光。安放了舍利塔。

㊱ 木兰哈屯,Mulan qatun。清译本(Ⅶ.11r)作"莫伦"。《武功录》(卷8《俺答列传下》、卷9《把汉那吉列传》)称铁背台吉的母亲为"一克哈屯",同书卷8《黄台吉列传》又称黄台吉的母亲是"大娘子"或"矮克哈屯"。一克哈屯、矮克哈屯(yeke qatun),都是大哈屯之义,其本名为木兰。据《武功录》所载,她是俺答汗长子辛爱,(黄台吉)和第三子铁背台吉的生母。《源流》此处说她只生有铁背台吉一人,不确。《武功录·黄台吉列传》说她死于1571年(明隆庆五年)俺答封贡之后不久。

㊲ 铁背台吉,Töbed tayiǰi。清译本(Ⅶ.11r)作"土伯特台吉"。《黄史》、《阿萨剌黑齐史》均记为俺答汗第三子。俺答汗第三子,《明实录》作"铁背台吉"(隆庆四年十月癸卯条),《北虏世系》作"铁拜台吉",《武功录·俺答列传下》作"铁背台吉",又作"黑台吉"。他的儿子即明代汉籍中的把汉那吉(或作大成台吉等,《黄史》作 Eǰei dayičing,《源流》后文作 Dayičing eǰi),曾

因1570年(明隆庆四年)投明而引出俺答汗与明朝的和解,双方达成通贡互市协议。铁背台吉死得较早,《北虏世系》说把汉那吉"幼年丧父",《武功录》说把汉那吉"四岁丧父",史书对铁背台吉的事迹基本无记载。

㊳ 卓罕都来·恰台吉,J̌oγandulai kiy-a tayiǰi。清译本(Ⅶ. llr)因满译本而误译为"谓小儿聋又谓侍卫台吉"。蒙文史书中,有kiy-a(侍卫)称号的人不少,但称kiy-a tayiǰi的只此一人。明代汉籍中,也只见有一个"恰台吉"或为同一人。

据《北虏世系》,恰台吉是俺答汗的"义子","在山西偏关边外二百余里妥妥城(附近)住牧"。据《三云》(卷1),这位恰台吉是俺答的养子"脱脱",他的子孙"非虏王正族"。《武功录·俺答列传中》亦说脱脱为俺答义子。脱脱之名屡见于《明实录》,被称为俺答之"子"(嘉靖三十年三月壬辰条),早在1550年就与俺答、辛爱一起行动,侵掠明边(嘉靖二十九年七月戊申条)。"俺答封贡"后,授指挥佥事(《北虏世系》)。在俺答死后,曾站在把汉妣吉(把汉那吉之妻)一方,阻止三娘子吞并大板升地,冲突中,他的属众数人被杀,一千多人被掳,他又抢夺三娘子的一百多匹马(《武功录·三娘子列传》)。据《三云》,恰台吉死于1591年(明万历十九年)。

一般认为恰台吉即《俺答汗传》中的Dayun kiy-a(达云恰)。据该传,达云恰原名Sarmani(萨儿麻尼),1574年(青狗,甲戌)作为俺答汗的使臣之一,前往拉萨给锁南坚错送去邀请函(§159),后在仰华寺大会时,因邀请三世达赖、请来佛经等功劳,被三世达赖赐予Uran tangγariγ dayun kiy-a(兀阑·唐哈哩黑·达云·恰)的称号(§277),《俺答汗传》就是以他写的书为蓝本写成的(§391)。Dayun kiy-a,《明实录》作"歹言恰"(万历十一年十一月壬寅条),他作为辛爱(黄台吉)的代表赴明朝贡马。

㊴ 三世达赖应邀赴哈剌嗔部之事,《俺答汗传》、《三世达赖传》也有记载。据《俺答汗传》(§§308、336),在1585年(鸡儿年,乙酉)辛爱和中根哈屯渡过黄河亲迎三世达赖时,Bayiqungdai köndelen qaγan,Köndülen dayičing即率哈剌嗔部赶来献礼问安,其后又于1587年(猪儿年,丁亥)迎请三世达赖

至哈剌嗔地区。《三世达赖传》也提到 1587 年(火猪年,丁亥)哈剌嗔部长遣使迎请三世达赖前往自己的住地。Bayiqungdai köndelenqaγan,即明代汉籍中的"白洪大",是俺答的大弟弟伯思哈勒·昆都力合罕(汉籍作"昆都力哈"或"老把都")的嫡长孙;Köndülen dayičing,汉籍作"昆都伦歹成台吉",是昆都力哈的次子,为白洪大的叔父。

㊵ 大营的两位那颜已经过世,qoriyan-u qoyar noyad-i ebderegs-en-dür。清译本(Ⅶ.12v)因满译本而误译为"杀其诺延二人"。道润梯步(译注《源流》p.407)亦误为"破两营,杀二将"。

两位那颜,一个指那言大儿吉能之子不彦·把都儿·黄台吉(死于1573 年),另一个指忽图黑台·切尽·黄台吉(死于 1586 年末或 1587 年初)。

㊶ 关于外罕哈的阿巴歹台吉前来拜见三世达赖一事,《俺答汗传》、《阿萨剌黑齐史》、《三世达赖传》也都有记载,但所记时间稍有不同。《俺答汗传》(§§319~321)记为 1585 年(青鸡,乙酉);《阿萨剌黑齐史》记为 1586 年(火狗,丙戌);《三世达赖传》(p.199)说"喀尔喀多尔济王"(即阿巴歹)于1587 年(火猪,丁亥)前来拜见三世达赖。

《阿萨剌黑齐史》作为外罕哈人撰写的史书,对阿巴歹的记载较为详细:阿巴歹是格吲散札·札剌亦儿·皇台吉第三子 Noγonoqu uiǰeng(《表传》作"诺诺和"或"伟征诺颜")的长子,1554 年(木虎,甲戌)生于色楞格河住牧地。1581 年(铁蛇,辛巳)曾迎请东科儿·曼殊室利活佛到自己的住地,1585 年(木鸡,乙酉)在旧城(指哈剌和林)旁修建寺院(即额尔德尼召),1586 年(火狗,丙戌)夏季末月十五日前往拜见了达赖喇嘛。当时三世达赖让他从一屋子的佛像中选取一件,他选到了 Baγmuruba 之像,达赖喇嘛说这尊佛像在满屋子佛像尽被烧毁时未被伤及,是大有神力之像,又说阿巴歹是 Wačirbani(金刚持)的转生,因此赐给他 Nom-un yeke wačir qaγan(佛法大金刚汗)的称号。Baγmu ruba,藏文作 phag-mo gru-pa(帕木竹巴),是藏传佛教帕竹噶举派创始人 Rdo-rje rgyal-po(朵儿只结卜,今译

"多吉杰波",义为"金刚王")的原名。《源流》此处两次提到三世达赖赐给阿巴歹的汗号。前一次作 Wačirai qaɣan(瓦只来合罕),与《俺答汗传》(§319)所记相同。D 本系统三本不记这一汗号,而记为后一次的 Nom-un yeke wačir qaɣan,与《阿萨剌黑齐史》所记相同。K 本系统诸本不记这一汗号。其实,a 本的抄制者(当为外罕哈人)删去原文中与前一处汗号有关的内容,换上了后一处内容(基本录自《阿萨剌黑齐史》)。现将两个系统本子的内容都收进来,就出现了前后两种汗号。《哲布尊丹巴·呼图克图传》作 Wačirai abadai qaɣan。

自土蛮部俺答称汗后,其他非大汗的一些蒙古贵族也相继仿效,阿巴歹是外罕哈第一个称汗的人。他后来成为外喀尔喀土谢图汗部王公的始祖。

㊷ 察罕儿的那木大·黄台吉(明代汉籍作"那木大"、"脑毛大"等,不地汗之弟纳密克之孙)拜见三世达赖的时间,《三世达赖传》(p. 187)记为 1586 年(火狗,丙戌),说当时三世达赖刚为俺答汗举行过遗骨火化仪式,"这时,阿木岱洪台吉从察哈尔来会见达赖喇嘛,奉献了无数礼品。达赖喇嘛给讲授了纯正的佛法"。

㊸ 戊子年相当于公元 1588 年。《三世达赖传》(pp. 199 ~ 200)将类似的故事记在 1587 年(火猪,丁亥),说当时达赖喇嘛应邀来到白塔所在地,为一座新寺院开光。"有一天,他进入有小片树林的山中,见到一个衣衫褴褛的比丘,达赖喇嘛与他相互平等致礼,叙述了很多事情,正谈话间,那位比丘突然起身离去,消失在密林深处。随从们问达赖喇嘛这是怎么回事,他回答说:'在我临行前,大成就者塔巴坚赞从嘉拉托顶走来话别。'……这时,达赖喇嘛得了病。"塔巴坚赞,藏文原文为 thar-pahirgyal-mtshan,《源流》的 Tarbai rjalmzan 为其音译。thar- pa,"解脱"之义。

㊹ 明廷赐给三世达赖的称号,《明实录》记为"朵儿只唱"。同书万历十五年(1587 年)十月丁卯条载:"番僧答赖准升朵儿只唱名号。"朵儿只唱,藏文为 rdo-rje-hchang,即梵文 vajra-pānih(金刚持)的意译。《三世达赖传》(P.

200)记为"灌顶大国师",说1588年(土鼠,戊子)"从正月底起,达赖喇嘛身患重病。这个时候,明朝皇帝派遣乘坐八抬大轿的使臣前来钦赐达赖喇嘛'灌顶大国师'封号及种种头衔……"

㊺ 三世达赖去世的时间,《俺答汗传》(§337)记为1588年(鼠年,戊子);《三世达赖传》(p. 206)同《源流》,亦记为1588年(土鼠,戊子)三月二十六日。三世达赖去世的地点,《三世达赖传》不载;《俺答汗传》记为"哈剌嗔的只哈速台地方"。珠荣嘎(《阿勒坦汗传》P. 159)认为J̌iγasutai(有鱼)和《源流》所记J̌irmantai(有小鱼)是同地异名,当为今内蒙古自治区锡林郭勒盟正蓝旗两"吉噶苏台诺尔"(一在吉噶苏台苏木,一在桑根达来苏木)之一。妙舟《蒙藏佛教史》记为"名叫卡欧吐密的小地方",不知有何根据。其名不详。

㊻《三世达赖传》(p. 207)将三世达赖遗体火化的日子记为十二月二十五日,说:"达赖喇嘛的遗体被火化了,头盖骨上出现在了胜乐和观世音菩萨的身像以及很多字母。其舍利被分发到四面八方,各自建立了无数灵塔,堪与阿育王建立百万宝塔的故事相媲美。"

㊼ 松木儿·歹成,Sümer dayičing。清译本(Ⅶ. 14v)作"苏密尔岱青"。《黄史》、《阿萨剌黑齐史》作Sümir tayiǰi,罗桑丹津《黄金史》作Sümer tayi ǰi,《俺答汗传》(§339)作Sümber sečenčükegür(松木儿·扯臣·朝库儿)。《北虏世系》、《武功录·俺答列传下》、《三云》作"松木儿台吉"。《四世达赖传》(p. 224)作"彻辰曲库尔"、"苏弥尔台吉"。据《北虏世系》,他是辛爱(作"辛克都隆哈)的第五子,《武功录》称他的生母为。黄台吉妻五兰比妓"。据《北虏世系》、《三云》(卷2),松木儿曾受指挥佥事,住地在"宣府下西路正北边外擦哈揉儿"(即元上都地区一带),《三云》说他"极穷,为盗,即开市之虏亦多苦之,名其部曰贼达子"。

㊽ 答喇哈屯,Dara qatun。清译本(Ⅶ. 14v)作"达喇福晋"。《黄史》、《阿萨剌黑齐史》作Bayiγan ǰula(拜罕·烛剌),罗桑丹津《黄金史》作Biriγan ǰula,《俺答汗传》(§339)作Bikčuγbigiǰi(必克出黑妃子)。《四世达赖传》作

“巴堪珠拉”。Biriγan 为 Bayiγan 的形近之讹。拜罕·烛剌是四世达赖生母的本名,答喇(“度母”之义)哈屯是她的尊称。据《黄史》、《阿萨剌黑齐史》、罗桑丹津《黄金史》,她的父亲是哈撒儿后裔。

㊾ 所谓三世达赖的转世即四世达赖,其出生时间,《四世达赖传》、《阿萨剌黑齐史》记为 1589 年(己丑)正月初一日;《俺答汗传》(§339)记为同年正月。诸书均未记他的本名,只记其法名“云丹·坚错”(《源流》后文作 Yondan rǰamsu);《北虏世系》、《三云》(卷 2)记为“虎督度”,又说“即小活佛”。虎督度,即 qutuγtu(指活佛)的音译。据《四世达赖传》,在他出生之后,西藏方面曾派出由不少高僧组成的使团前往蒙古地方,经验证确认他为三世达赖的转世灵童,三世达赖的大管家巴丹嘉措(又称“襄佐僧格”)给他起法名为“云丹坚错班藏卜”。

俺答汗的一个曾孙被确定为三世达赖的转世灵童,符合蒙古和西藏格鲁派双方的意愿,蒙古土蛮部想借此进一步扩大自己在诸部中的影响,格鲁派想借此继续得到蒙古方面的支持。

㊿《四世达赖传》也说三世达赖的转世灵童十四岁之前一直住在蒙古,并说他三岁时离开父亲的住地,前往青城(即 Kökeqota,今呼和浩特)。《俺答汗传》(§341)说四世达赖 1590 年(虎儿年,壬寅)离开住地,到达 köke naγur(青海)。时间、地点均有误,虎儿年当为兔儿年(1591 年辛卯)之讹;Köke naγur 当为 Köke qota 之讹。

《源流》后文说四世达赖于 1602 年(壬寅)启程前往拉萨。《俺答汗传》(§370)所记相同。《四世达赖传》记为 1603 年(水兔,癸卯)。据《明实录》万历三十五年五月癸卯条所载“先是万历三十年(即 1602 年)冬,顺义王遣使送小僧往乌斯藏”,《四世达赖传》的 1603 年稍有误,那是云丹·坚错到达拉萨的年份。

51 壬辰年相当于公元 1592 年(明万历二十年)。据《明史》卷 327《鞑靼传》、卷 238《麻贵传》、《明史纪事本末》,卜失兔吉囊此次出兵汉地,是为了声援明宁夏副总兵哱拜的叛明行动。《明史·鞑靼传》载:“[万历]二十年,宁夏叛将哱拜等勾卜失兔、庄秃赖等，大举入寇。"《明史纪事本末》载："神宗万历二十年二月，宁夏哱拜乱。……七月，……套部庄秃赖与卜失兔合部落三万，先使土昧……等犯定边小盐池，……"后被明军击退。

52 星失兀河，Šingšigü-yin γool。清译本（Ⅶ.15v）作"星锡库河"。张尔田说："疑即一统图之西河也。"西河，又名西川水，为延河上游支流，发源于今陕西省靖边县南部。

53 王总兵，Wang cungbing。清译本（Ⅶ.15v）译为"王姓总兵"。张尔田认为即哱拜之役时的延绥副总兵王通。当是。据《明实录》万历二十年四月丙辰条、《明史纪事本末·平哱拜》，延绥副总兵王通率兵围攻哱哱拜所据守的宁夏城（今银川），额部受伤。《明实录》说："副总兵王通血战。被伤。"《明史纪事本末》说："四月五日，我师冲锋，夺火车百余辆，追奔入河，溺死贼无算。延绥副总兵王通战尤力，其家丁高益等三人，乘胜先登，杀入北门，招榆林诸帅兵为后援，不至，被杀，通亦伤额，榆林游击俞尚德战死。"宁夏城后于同年九月被明军攻破。《源流》误以延绥副总兵王通为宁夏总兵。

54 麻总兵，Maγ-a J̌ungbing。清译本（Ⅶ.15r）作"马姓总丘"。麻总兵即麻贵。《明史》卷238有他一篇传记。据该传记，麻贵为大同右卫人，由舍人从军，积功至都指挥佥事，历任宣府游击将军、大同新平堡参将、大同副总兵，万历十年（1582年）任宁夏总兵，不久徙镇大同，十九年（1591年）受劾谪戍边关，二十年（1592年），起戍中为副将，总兵平哱拜。事后，以功增秩，予扇，不久擢总兵官，镇守延绥。二十五年（1597年）任备倭总兵官，赴朝鲜。三十八年（1610年），出镇辽东。

《源流》此处说卜失兔吉囊甲午年（1594年）再征汉地，进至阿剌黑山时，麻总兵前来追击。所述情节似与1592年卜失兔吉囊出兵援助哱拜时的那次相混。据《明史·麻贵传》、《明史纪事本末·平哱拜》，1592年七月，卜失兔吉囊等人进攻定边（今陕西定边）、花马池（今宁夏盐池一带），被麻贵等人击退。八月，著力兔（衮·必里克吉囊次子伯桑豁儿·狼台吉之子奥巴·著力兔）等再入明边，与明军在张亮堡（今宁夏银川市北）交战，明军方面麻贵等人前来助战夹击,阿儿秃斯军退往贺兰山(即阿剌黑山)。

据《明实录》万历二十二年九月乙酉、十月丁未、二十三年五月乙未、十月己未条,以及《明史·麻贵传》,卜失兔吉囊于1594年七月率兵深入明定边一带,在明朝境内"蹂躏一月,全陕几震",麻贵乘机入河套袭其老营,杀死二百五十多人,卜失兔吉囊始退。同年十月,卜失兔吉囊又率兵侵掠宁夏边,1595年十月又入明延绥边,"掠八日而还"。

(55) 哈喇合托[城],Qara qota。清译本(Ⅶ.16v)译为"哈喇城"。田清波《鄂尔多斯七旗地图)Qar-a qota 作"宁塞堡"。宁塞堡,《中国历史地图集》第7册第59~60图(明代陕西图)作"宁塞营",位置约在今陕西安边镇一带。《明史·麻贵传》在叙述1594年(明万历二十二年)卜失兔吉囊深入定边,麻贵乘机入套捣其帐时,提到"宁塞"之地。

(56) 五郎·斡隆,Ulaγan ölöng。ölöng,满译本音译为 uluk,清译本(Ⅶ.16v)因误为"乌拉罕乌鲁克"。《鄂尔多斯词典》(p.531)作 ulān ölöŋ,说该地在今内蒙古自治区伊克昭盟乌审旗境内海流图庙西北。

(57) 哈乞里思,Qakilis。D 本系统三本作 Qalkis (un),清译本(Ⅶ.18r)因译为"哈勒吉逊"。Qakilis、Qalkis,均不见于他书。《源流》前文(K 本69v30、69v12)提到衮·必里克吉囊第三子斡亦答儿麻的次子称"海努黑·把都儿·那颜",与此处的海努黑·答合迈·合收赤人名相同,或为一人;又说斡亦答儿麻的属部是 Dalad-Qanglin(打郎一康邻)、Merkid-Baqanas(篾里乞—叭哈纳思),Qakilis 与其中的 Qanglin 相近。据此,Qakilis 或为 Qanglin 的讹写。

(58) 兀努古赤山包,Ünügüči-yin toloγai。清译本(Ⅶ.18r)作"乌努古齐之托罗海"。toloγai 一般指山头、山包。《鄂尔多斯词典》(p.759)作 ųnųgų' tš ' Π xara t'ologö,说该地在鄂托克旗南部。当在今内蒙古自治区伊克昭盟鄂托克前旗境内。

(59) 速海河,Suqai-yin γool。清译本(Ⅶ.18r)作"苏海河"。suqai,意为红柳。此河,明代、清代地图作"红柳河",今作"无定河"。实为无定河(经陕西米脂、绥德汇入黄河）上游，流经内蒙古自治区伊克昭盟乌审旗南部。

⑥⓪《四世达赖传》说：云丹坚错于1603年（水兔，癸卯）到达拉萨后，在大昭寺释迦牟尼佛像前削发出家，受了沙弥戒，由已卸任的甘丹赤巴桑杰林沁为他剃度，由在任的甘丹赤巴格敦坚赞担任规范师。此后的一段时间内，云丹·坚错暂随甘丹赤巴和卸任的甘丹赤巴学习佛法，但后来二人辞去了经师的职务。甘丹赤巴推荐弟子、札什伦布寺住持班禅喇嘛（即四世班禅）担任云丹·坚错的经师，各方一致同意。于是班禅、达赖师徒二人暂住哲蚌寺，教习佛法。1604年（木龙，甲辰），开始游历西藏著名佛寺，访问显贵家族。至1614年（木虎，甲寅）十二月，在哲蚌寺从班禅喇嘛受具足戒。《俺答汗传》（§374）说四世达赖于1603年（水兔，癸卯）十月在释迦牟尼像前由甘丹赤巴削发为僧，受戒（当为沙弥戒）。《源流》后文说云丹坚错于丙辰年（1616年）圆寂，《四世达赖传》记为"火龙年十二月十五日"。此火龙年即1616年丙辰，这一年的十二月十五日实际已是公历1617年年初，时宪历换算公历，为1617年1月21日。

⑥①达赖·额儿丹图，Dalai erdem-tü。清译本（Ⅶ.18v）依满译本译为"蕴丹扎木素"。藏语 Yon-tan rgya-mtsho，意为"功德海"，Dalai erdem-tü 为其蒙古语意译。

第8卷

［译文］

却说，四处不破之地的众虎督度、众贤人经过商议，因为蒙古地方无坐床的法台，将圣钵特摩·三波伐大师的高徒大慈善巴·坚错的化身生于壬辰年、年已十二岁的根敦·班藏·坚错·失哩·巴答送往那里，让他执掌蒙古地方的佛法。［他］于甲辰年十三岁时到来，立即被扶坐于圣识一切锁南·坚错·瓦只剌·答喇·达赖喇嘛在蒙古地方的法床上，以“大慈迈答哩·虎督度”传名四方。[1]却说丙午年［迈答哩·虎督度］十五岁时，俺答合罕的孙子大成·矮吉[2]的妻子脱黑台·麻只克·不颜图·答来哈屯[3]邀请［他］为用珍宝修造的弥勒佛［像］开光。当那位圣人从秘汇坛城之门飞散花朵之际，众人看见有花雨从空中落下，具有全备福缘之人［更］清晰地见到众彼岸智慧现形而来，化入［像中］。此后，在辛亥年，［迈答哩·虎督度］二十岁，兀鲁的答来·兀巴失那颜邀请［他］去为自己修建的寺庙开光。［他］把足迹留在石头上，令众人称奇。

却说，阿儿秃斯的卜失兔吉囊从前在丙申年三十三岁时西征吐蕃，收服了以古噜·锁南·坚为首的撒里·畏兀。[4]从那以后，［他］做的法界事业，是不可胜数的。尤其是从四十三岁起，［他］用珍宝金银等铸造了释迦牟尼佛的十二岁身高的塑像，全备无遗地修造了各种法事器皿饰物，至癸丑年四十九岁时全部完工。甲寅年五十岁时，在正月望日，迎请大慈迈答哩·虎督度开光散花，出现了花雨等各种吉祥的征兆。

依此，结造佛缘，[卜失兔吉囊]抬举瓦只剌·土麦·古英·国师、青瓦·阿噶·国师和庄秃赖·威正的儿子喇失·威正台吉三人。为迈答哩·虎督度上尊号为“大慈法王”，赐予阿哩克·绰儿只“答来·绰儿只”之号，赐予古英·国师“灌顶大王国师”的称号，赐予阿噶·国师“瑜珈行国师”的称号，使[他们]与众绰儿只一样成为坐床喇嘛。另外，又依照等级，赐予众僧人尊卑不同的称号。然后，法王[迈答哩·虎督度]设誓愿世世同生，赐予卜失兔·扯臣吉囊“转金轮斫伽罗伐剌底·扯臣·吉囊合罕”的称号，赐予台合勒·中根哈屯“答喇·菩提萨都·那木赤·答来·扯臣·中根哈屯称号，赐予[卜失兔吉囊的]叔叔莽骨思·朝库儿“大皇台吉”[的称号]，赐予他的胞弟完者“宾图·皇台吉”[的称号]，赐予左翼的喇失“威正·皇台吉”[的称号]，赐予昂客·合收赤“合收赤·皇台吉”[的称号]。右翼的忽图黑台·切尽·黄台吉的曾孙、巴图·皇台吉的儿子萨冈台吉生于甲辰年，”甲寅这一年已是十一岁，因为[他]是六大兀鲁思诸罕中首先倡行政教[二道]之人的后代，按照他曾祖父的称号赐给他“萨冈·扯臣·皇台吉”之号。[后来]在十七岁时，他[被]排入众大臣的职列，任以政事，备受恩宠。[又]赐予莽骨思·合落赤“额儿迭尼·合落赤·皇台吉”[的称号]，赐予七庆·歹成的长子撒台·扯臣，歹成“国师·皇台吉”[的称号]，赐予他的另一个儿子撒只“把都儿·皇台吉”[的称号]，赐予歹崩的孙子兀巴失“都剌儿·歹成”[的称号]。此外，又按照众那颜、众拓不能、众官吏的尊卑，依次赐予名号。平定了四大政统，使广大国家的百姓安享幸福。

此后，在[卜失兔吉囊]五十七岁的辛酉年，由于进入汉地榆林城议和的六十名使臣被杀害，吉囊合罕大怒，先与万户的大小那颜们商议后，率领十万军马从榆林城西边的兀澜·采着[地方]进入[汉地]，直抵延安城。围城三天，进行屠杀，[城]里的七个道吏等官员送出书信说：“我们将禀报侍郎、都堂们，[与你们]议和，请停止围城。”吉囊合罕答应了他们的请求，于是撤兵。[⑤]途中，来到保安城时，宁夏、榆林二城的两个总兵率领两万兵马前来[截击]。帖古儿格的莽骨思·朝库儿那颜的长子不纳班·皇台吉只身冲人战阵，他的战马被炮火轰倒，他本人眼看就要被擒,[他]用腰刀砍倒了前来擒拿的人,冲出阵来。这时,剌麻结卜拓不能、额儿该拓不能兄弟二人,以及别儿客·宰桑、孛罗·哈丹·合收赤共四位大臣,一同为他殿后,迎战追击他的敌军。退出阵时,把[他的]马辔带了出来。顺势包围了那处[敌军]营地后,[众人]商议说:"今天天色已晚,就收兵歇息吧,明天再战。"那天夜里围着[敌营]露宿。不料敌军却在天亮之前逃脱出去了。于是携带大批虏获班师回营。壬戌年,土蛮的温布·皇台吉[6]的使者孛儿伯·恰那颜、塔剌图·丞相、札牙图·恰通事三人,与阿儿秃斯的莽骨思·额儿迭尼·合落赤·皇台吉、不言大·扯臣·著力兔、萨冈·扯臣·皇台吉三人商议,[要明朝方面]每年为[卜失兔]吉囊合罕进献白银三千两,[即]每月二百五十两,拿出白银六百两,以作为对被杀害的六十个人的抵命金,[又]赏给每位理政的那颜、拓不能和官员们大量财物。从而稳固、协调了大政。

其后,在癸亥年五十九岁时。[卜失兔吉囊]令阿哩克·答来·绰儿只录写完毕金[字]《甘珠尔》经,令喀巴·察罕·虎督度散花开光,还许愿将从西方宗喀巴之域的失纳·囊速处迎请《丹珠尔》经,却不料先于甲子年寿尽归天,享年六十岁。

[卜失兔吉囊的]妻子台哈勒·答喇·菩提萨都·那木赤·答来·扯臣·中根哈屯[为他]虔恭地施作了一百天的道场祈求冥福,在他去世的地方,依照前制用宝石白银修造了佛祖的塑像,[为卜失兔吉囊]修造[一座]以一千两白银做底、表面装饰各色宝石的宝塔,将他的供位摆列在释迦牟尼像的旁边。[7][她]与阿儿秃斯万户的大小那颜们商议,一致赞同[派人]到西方雪域,在释迦牟尼[寺]等众多地方,熬奉道场茶茗,以珍宝财物做布施,从众生皈依之圣班禅·额尔德尼和能识一切达赖喇嘛等众多圣贤处祈福。那位圣[吉囊]有四个儿子,是薛呤·额儿迭尼·皇台吉、尔邻勤·额耶赤·歹成、土巴台吉、吹剌台吉四人。[8]其中第三子土巴台吉说:"为了报答慈父的恩情,我愿意前去为他作焰口道场。"母亲表示同意,随即于当年送他上路。

那期间,生于辛卯年的长子薛呤·额儿迭尼·皇台吉于丙寅年即罕位,时年三十六岁,在位六个月,于同年去世。

那时,土巴台吉到达四处不坏之地,[9]在圣班禅·额尔德尼和能识一切达赖喇嘛的面前行了叩拜礼,然后赴召额儿迭尼[寺]等众多地方广为布施。此后的一天,在第二胜者圣苏摩地·诘底的号称“具福”的甘丹寺[10]中,圣班禅·额尔德尼唪颂了胜者宗喀巴的传记。

那位圣班禅·额尔德尼,最初于释迦牟尼佛在世的时候,生为他的声闻弟子,名叫须菩提[11],曾在那时诵撰《金刚经》。后来在东方的苫婆罗地方,[转生]为著名的具种王[12],施作了使苫婆罗地方那些人众成为吉祥时轮之器的佛法。后来在中部印度地方,[转生]为依信之龙树大师的高徒、名叫清辩[13]的僧人,显示了教旨法术的本源。后来又在印度的摩揭陀地方[转生]为名叫阿毗耶·迦罗[14]的乌巴迪尼,拜引导者女瑜珈师为师,获得了不畏尘世涅槃的神力,通晓经史秘经,达到了讲经、论辩及著述的顶峰。后来又在胜地[转生]为高尊译师[15],全面显示了吉祥集密的仪轨。后来又在吐蕃的吉祥萨迦寺[转生]为大扮底达皆大欢喜幢[16],驳倒异端五百师众的诡辩,将名叫“披发”的异端法师带回吐蕃地方,途中,依从前钵特摩·三波伐的誓约,至其于死地,度往五明的彼岸,达到了一切悟域的顶端。后来又在印度[转生]为锐迦疾里·有势[17],创成旧秘法的甘露流派,以威力镇服了全宇宙的生灵。后来又在吐蕃这个具足福祉的地方[转生]为哲成善妙吉祥贤[18],到达了经史秘咒等智识贤德之海的彼岸。后来又在雪域[转生]为尊象[19],了悟了三教二品之义。后来又在吐蕃的“阿黑剌黑·斡罗”寺中[转生]为胜妙慧义成[20],像益心自在王一样,被恭奉于精深秘微金刚轮之创造之幢的顶端,获得了如同不毁金刚一样的法身。今世[转]生为这位圣班禅·苏摩地·答儿麻·多斡札[21]。他的奇妙可证的神通和无可比拟的才智,什么人能够尽述呢?

特别[值得一提的]是,己未年,蒙古多罗·土蛮的巴哈·脱因、康邻的斡吉歹·把都儿拓不能率兵出征吐蕃,在札克卜利山[22]包围了藏巴合罕[23]的十万大军。部队向前推进时,那情形突然[被]正在吉祥妙成寺[24]中坐禅的圣班禅·额尔德尼预知,[他]心想:“倘若平息此事,将会功德无量。”于是骑上“大如意宝”枣骝马,似风轮[转动]般迅速赶到两军之间下马,[他的]坐骑在山崖上清晰地留下了蹄印,就像踩踏在泥地上一样,众人看见,大为震惊。[25]原来,能知三世的钵特摩·三波伐从前曾经预卜来世说:“到了未来五百年时障的时候,在只锁河[26]畔将有一个某人出生,把观世音的道场札克卜利山变成永久集兵之地,到那时,持练恻隐菩提之心的阿弥陀佛的化身——一位喇嘛将会出现,拯救十万人的性命,立下无量功德。”为此,这里仅就当今诤斗时期之佛、圣班禅·额尔德尼诸德之沧海中的一滴,做一简述。

后来,圣班禅·额尔德尼[为土巴台吉]施与了金刚念珠灌顶,开启了精微金刚乘之门,[他]得以如愿地倾听期望[已久]的诸种灌顶接引之法,了却了心愿。

另外,达赖喇嘛云丹·坚错先前已于丙辰年涅槃,享年二十八岁。丁巳年,[他]在萨思迦·当卜地方转生为第巴·古噜巴大臣的儿子。[27]班禅·额尔德尼凭智觉预知到此事,对众人说:“如果在五岁之前[把他]接到寺中,将有碍他的寿命。”到他六岁那年,[班禅·额尔德尼]才携领哲蚌寺[28]的众弟子,带上[为他]缝制好的全副僧人冠服前去[迎接]。来到古噜巴大臣的家,很多人出于好奇而围上前来观看。却说[班禅一行]一进他家,那孩子就问:“班禅,你怎么这么晚[才来]?”圣班禅从衣袋中取出冰糖献上,说:“唉,孩子! 你感到孤寂了吧?”说完,疼爱地[把他]抱在怀里。[那孩子]于是和圣班禅谈论起了精微经卷中的词语,众人看见,都惊呆了。

就在那个壬戌年,圣班禅·额尔德尼送[达赖喇嘛的化身]启程,迎往哲蚌寺,为他戴上黄帽,穿上整套[僧]衣,[还]给他剃了发,使他具有了僧人的样子。在给他教授学问的时候,[他]学得轻松顺利。为此,圣班禅·额尔德尼说道:“这一世要达到才德的至极,看来是无疑的了。”于是给他赐法名为“罗藏·坚错”[29]。

鉴于土巴·太松·皇台吉为首的来自蒙古地方的僧、俗人众的恳请,能识一切达赖喇嘛罗藏·坚错于乙丑年九岁时[给他们]施与了驱邪六臂摩诃迦罗的皈依惠赐灌顶,同时讲诵它的义理,讲诵得流畅无滞。众人感到惊异,议论说:“果真是位现世的观世音菩萨。”

却说,在圣识一切的道场、称为“具足吉祥稻堆寺”的哲蚌寺内,修造了前世能识一切达赖喇嘛云丹·坚错的佛舍利塔。[30]在开光的吉日那天,生灵皈依之圣班禅·额尔德尼和能识一切达赖喇嘛罗藏·坚错二人,为了结成佛法的善缘,令第巴·囊速·阿瓦恭诵,赐予土巴台吉“太松·皇台吉”的称号;跟随他左右的僧、俗人众中,赐予萨里朵·绰儿只“土兀鲁黑散·歹成·绰儿只”[的称号],赐予阿哩克·喇桑·绰儿只“答来·绰儿只”的称号。然后圣班禅·额尔德尼在米纳黑人吉东·答儿罕·桑思巴的儿子扯臣·绰儿只身上作法,追溯他的前世说:“这个人连同这次,已经是三次做我的弟子了。”于是赐给[他]“国师·扯臣·绰儿只”的称号,[对他]说:“[你]曾经是我扶崇苏摩地·诘底之教的高徒,你的事业今后将会宏图大展。”[达赖喇嘛]又对大通译阿思朵黑·瓦只剌·土麦·灌顶·大王·国师的儿子都剌儿·囊速说:“你从前曾经是邬阇衍那地方噶喇卜·朵儿只的高徒莲花马头明王,后来来到这雪域,在中转轮王的时代,转生为名叫‘烛卢·鲁亦·监藏’的通译。如今在这东方的铜洲转生为根敦·班卓儿·旺束,现在又与我相逢了。连同这次,[你]做我的弟子已经三世了。”于是赐给他“噶喇卜·班底怛·鲁亦·监藏”的称号,说道:“因为是预言在先的名字,所以以此[为你]命名,这人就成了我的高徒。”赐与古噜拓不能“把都儿·古英拓不能”[的称号],赐与赤答阿纳·散丁“速噶·国师”[的称号],赐与土撒图·扯臣·恰“扯臣·黄金”[的称号]。此外,又依次赐给僧、俗人众名号,演造了瑞兆。

却说[土巴台吉]在即将返回[故土]之前,请噶喇卜.班底怛·鲁亦·监藏作通译,说:“早先的圣识一切瓦只剌·答喇·达赖喇嘛,使黑暗的陆洲升起了太阳,是我们的本源尊圣大德喇嘛;后世的能识一切达赖喇嘛云丹·坚错转生在我们的罕族之中,身具执掌佛法的巨大恩德;当今的能识一切[您]若是慈悲我们,可愿前往东方蒙古地方吗?”[达赖喇嘛]并不发话,只是放声痛哭。于是第巴·囊速·阿瓦禀奏说:“唉,圣喇嘛!是不是因为提到了前世的两位圣人,[您]心中感到难受?为什么如此痛哭呢?是说远离家乡是为哪桩吗?还是怕蒙古人用武力[把您]劫去吗?”[达赖喇嘛]还是一言不发。因此众人议论说:“这或许是一种征兆吧?不知会出什么事?”[土巴台吉等人]正要退出去离开,[达赖喇嘛]唤回[他们],传下了法旨,作了经典佛缘加持。就在那个乙丑年,[土巴台吉等人]踏上归程。途中,遵照从前先父吉囊合罕的发愿,请到了银[字]缮写的《丹珠尔》经,于丙寅年平安地回到了[蒙古地方]。

却说,[土巴台吉的]母亲中根哈屯召集阿儿秃斯万户的所有那颜,请来迈答哩法王为银字缮写的《丹珠尔》,经散花开光。当时,土蛮[万户]以答来·绰儿只、打儿汉·绰儿只二人为首的众僧侣;卜石兔合罕[31]的使者兀思乞·银锭拓不能、哈阿图·台吉二人;薛呤·皇台吉的[使者]唐兀歹·古英拓不能、塔剌图·丞相二人;答儿只牙·皇台吉的[使者]温匝巴·兀阑·唐合哩黑拓不能、唐兀·古英·蛇进二人;以及哈剌嗔的合罕的[使者]绰儿只·威正·绰亦·坚错、唐兀歹·国师;不颜·阿海的[使者]奔班·完者秃·恰等使者前来[致贺]。

那时,[卜失兔吉囊的]次子尔邻勤·额耶赤·歹成生于庚子年,丁卯年即位,时年二十八岁。[32]当时,以萨冈·扯臣·皇台吉是从前有德之人的后代,指令他宣诵了罕号[33]。依照合罕、大臣二者的礼规,共同聆听了法王迈答哩的吉祥金刚萨都灌顶。

正是因为有这种福愿之缘,[尔邻勤吉囊和萨冈·扯臣·皇台吉]一起加入林丹·忽秃图合罕的队伍,相逢在同一哨队中,并肩而行。[34]后来在大国崩溃的时候,[35]萨冈·扯臣·皇台吉率军出行,与落荒的察罕儿[万户]的众大臣达成协议后回来,[又]与朱剌图·把都儿·恰、门都该·打儿汉·恰、朗速·允都赤·把都儿三大臣相互立誓,与他们为首的三百人结伴而行。甲戌年,当时他三十一岁,从花吉河[36]回返。[他]那时向尔邻勤·扯臣吉囊禀奏说:"我们已经决定同察罕儿结伴而返,现在打算拥着我主您,[一同]回去。"吉囊大喜,表示赞同,随即踏上归程。在甲戌年五月初三的吉日那天,[他们]平安地来到能识一切曾经预言为"圆满洲"的也客·失别儿地方、即萨冈·扯臣·皇台吉的领地。随后,尔邻勤·扯臣吉囊启程前往自己的牧地,叩拜了尊佛释迦牟尼像之后,在它的一旁扎下了营。

那时,察罕儿[万户]阿勒坛·速不儿罕的宰桑·薛呤·孛都马勒将圣主[成吉思合罕]的白帐移往自己的从弟土巴·太松·皇台吉[的牧地],安设在他[驻地]的近旁。

却说,[尔邻勤·扯臣吉囊]与兄弟众人会合后,即于那个甲戌年在先祖圣主[灵位]前,以原先的"斫迦罗伐剌底·扯臣吉囊"之号重新即位,时年三十五岁。

当时,在阿儿秃斯万户剩下的大小官员们收聚广大的人众逃出战乱的途中,不答台·朝库儿路遇[他们],护送[他们]回[乡],因此赐给[他]"额赤格那颜"的称号。因为萨冈·扯臣·皇台吉从很早以来就[与吉囊家族]友好相处,并将[尔邻勤·扯臣吉囊]从危难中解救出来,所以,赐给[他]“额儿客·扯臣·皇台吉”的称号,封他为达鲁花,作为哨队行于大征战的前列和大围猎的中阵。此外,又对[其他]大小那颜们、大臣们以及所有曾经效力的人们,依照其功绩大小,分别给予了赏赐。[部众]像原来一样尽享太平安乐。

却说从前满洲金皇帝的后裔中出生了一个名叫努尔哈赤·把都儿·太祖[37]的人,[他]先以智勇聚集起众百姓,然后绥服了水滨的三姓女真[38],又夺取了叶赫·察罕·女真部金太师[39]的政权。此后,[努尔哈赤]于戊午年出兵汉地,[攻]取大明皇帝东省的辽东府郡[40],当时空中出现彗星,显示了盛兆。因此,阿儿秃斯的瓦只剌·土麦·灌顶·大王·国师说:唉!这个所谓的太祖,是一个大有天命的人。这颗[彗]星[就]是大有威力皇帝的神威星。所以,他是一个与众不同的人。”[努尔哈赤]以“大力把都儿·太祖”之名传誉四方。

[努尔哈赤的]次子皇太极[41]生于壬辰年,自庚寅年[42]二十九岁起,率领远征军[出征]。汉地的“疯子”都总兵[43]出城来战。杀得[明军]积尸如山,随后撤兵。接着[围]攻三太师城[44],缴获无算,残毁、蹂躏城池、百姓。那时,五鄂托克罕哈的速黑·宰赛那颜[45]愤愤地说:“我领赏的城市,你凭什么破坏?!”[皇太极]因此抓走了宰赛那颜。[宰赛那颜的]哈屯、儿子们和属众追着要论个清楚,[皇太极]说:“正当[我]向从前占取城池的敌人复仇之际,你们为什么说起自己盟友的坏话来了?! 即便这样,我也不想惹犯蒙古人,如果你们能心存大义,诚意求和,索还自己的那颜,那么我教训[他]一顿,就算处罚了。”[他]收下两位台吉等人[进献的]一万头牲畜,把宰赛那颜放了回去。

从那以后,[皇太极]又进一步接二连三地传发诏书,威力日张,边界地带的蒙古部落都感到恐慌。乘林丹·忽秃图合罕迁往右翼三万户的时候,[46][皇太极]和善地拉拢[进而]收服了火儿慎的众那颜,[47]于是在众人中称为“贤明皇帝”。

却说林丹·忽秃图合罕运败去世之后,他的妻子——女真人金太师之子迭勒格儿太师的女儿苏泰太后[48],与儿子额尔克·孔果尔合罕[49]二人,遵照上天的旨意主动返回。[太宗]皇帝亲族中的四位官员率军前去迎接,于乙亥年五月在阿儿秃斯境内的托里[地方]相遇,接送回朝。[50][太宗]皇帝收纳了[林丹·忽秃图合罕的]第二夫人囊囊太后[51],把自己的国母皇后[52]所生的额尔克·固伦公主[53]嫁给了额尔克·孔果尔。[额尔克·孔果尔的]弟弟名叫阿布奈[54],是囊囊太后在[林丹·]忽秃图合罕去世后的当月生下的。[太宗皇帝]收养了[他们]兄弟二人。[太宗皇帝]就这样夺取了蒙古合罕的政权。然后,[他]于乙亥年称"宽温崇德仁圣贤明皇帝",时年四十四岁。[55]

此后,[太宗皇帝]于丁丑年四十六岁时出征汉地,围困锦州城一年,剿灭了以洪侍郎·把都儿·总兵[56]为首的十三总兵的军队,夺取了锦州城,平安下营。

却说,生灵怙主之圣班禅·额尔德尼和能识一切达赖喇嘛二人传法旨,赐给先前曾经显示灵验的米纳黑人国师·绰儿只"伊拉古克三·胡土克图"[57]的称号,派他前往东方的天帝即那位崇德圣贤皇帝处,让他显示灵验,呈上书信,禀奏:"[纵]观一切在三界中生死轮回的其他众生,[感到]要获得自由人的宝身,比白昼升起的星辰还要珍奇。其中,要成为收服一切的皇帝,则犹如如意珍宝一样难得。因此,在[您]成为当今这争斗时期的威严大力皇帝的时候,如果能以政教[二道]养育大国的众生,就是作为皇帝的功绩了。所以,[您]应当扶崇胜者[释迦牟尼]的教法,成为胜教的施主。"并交给他书信、印章和贽仪,送他上路。[太宗]皇帝亲自出迎。叩拜之后,迎入收拢万众的盛京城。[太宗皇帝]奉伊拉古克三·胡土克图为"阿赤图喇嘛",欣然受灌顶导引,聆听了精微经义,获得了佛法的端绪。却说伊拉古克三·胡土克图于癸未年启程返回的时候,[太宗皇帝]为[这位]上师喇嘛奉献了无数贽仪,并向两位圣喇嘛赠送不计其数的金银财宝和各种物品,让[伊拉古克三·胡土克图]回去禀奏他的密旨:"我即将攻取大明皇帝的大都城。我愿在理毕俗世功业之后派人迎请两位上师,在你们的面前行叩拜礼,弘布佛法。"

此后,[太宗皇帝]下达了出兵攻取大都城的命令,然而正要出兵往征汉地,却因天数之限,于癸未年逝往天父之地,享年五十二岁。

遵照[太宗]皇帝的[遗]旨,诸王、众官员们率兵出发,包围了九门城。当时,汉人贼首闯王已经弑杀了大明崇祯皇帝,攻占了大都城。哈喇台城的城主吴总兵[58]向[太宗]皇帝的诸王们投降,满、汉两[军]立即合兵进击,逐出闯王皇帝,于甲申年夺取了汉地皇帝的大统。

却说从前，汉人朱哥官人于戊申年从蒙古的妥欢·贴睦尔·乌哈笃皇帝手中夺取了大都城，并于[同一]戊申年即了皇位，时年二十五岁，称“大明朱洪武皇帝”。乌哈笃皇帝的第三夫人是弘吉剌氏脱脱太师的女儿，名叫格咧勒台皇后，[她]在怀孕七个月的时候与[丈夫]失散，遗落[敌手]，被洪武皇帝收去。过了三个月，就在那戊申年生下了[一个]儿子。朱洪武降旨说：“从前，天命之主曾对我多加疼爱。现在，不管这个孩子是他的，还是我的，都应该以善行报善德，我要[把他]当作自己的儿子。你们谁也不许歧视！”就这样当成了自己的儿子。[59]他的另一个汉人皇后[生]的儿子是朱大爷，[洪武皇帝]共有两个儿子。

朱洪武皇帝执政三十一年，戊寅年崩，享年五十五岁。此后，汉人的大小官员们商议说：“尽管蒙古皇后的儿子是长子，但[毕竟]是外人的后裔，因此他长大成人之后，说不定会向汉人复仇。汉人皇后的儿子虽然是弟弟，但因为是[洪武皇帝]自己的儿子，所以应该立他为皇帝。”朱大爷生于庚戌年，于戊寅年被扶立为皇帝，时年二十九岁。他在位四个月十八天，于同一戊寅年崩。

他没有子嗣。因此蒙古皇后的儿子永乐王子于己卯年即了皇位，时年三十二岁。[他]立即邀请葛哩麻巴的如来·罗白·朵儿只[60]、萨思迦的大乘帖禅·绰儿只[61]和萨喇的大慈苫禅·绰儿只[62]三人，均平设立政教二道，使全国大众安享太平。在位二十二年，庚子年崩，享年五十岁。

他的儿子宣德皇帝生于丙寅年，于辛丑年三十六岁时即皇位，奉父亲的上师苫禅·绰儿只为法台，以[政教]二道使全国民众尽享太平安乐。在位十年，庚戌年崩，享年四十五岁。

他的儿子洪熙皇帝生于壬午年，于辛亥年三十岁时即皇位，在位三年，癸丑年崩，享年三十二岁。

他的儿子景泰皇帝生于戊戌年，于甲寅年十七岁时即皇位，在位五年，至二十一岁，于戊午年被瓦剌的也先太师俘去。他的弟弟正统皇帝生于庚子年，于己未年二十岁时即皇位，在位五年，至癸亥年，景泰皇帝被瓦剌人送回。于是弟弟正统皇帝说：“[你是]嫡长之人，还是你坐皇位吧。”哥哥景泰皇帝说：“我已经不为天所护爱,还是你继续在位吧。”因为[他]拒不接受,弟弟正统皇帝继续称帝,又在位三年,共[在位]八年后,于丙寅年崩,享年二十七岁。于是景泰皇帝于丁卯年三十岁时重新即位,称“天顺皇帝”。天顺,即天赐之意。他在位十七年,癸未年崩,享年四十六岁。

[天顺皇帝的]儿子成化皇帝生于甲寅年,于甲申年三十一岁时即皇位,在位二十三年,丙午年崩,享年五十三岁。

他的儿子弘治皇帝生于己巳年,于丁未年三十九岁时即皇位,在位十八年,甲子年崩,享年五十六岁。

他的儿子正德皇帝生于丙戌年,于乙丑年四十岁时即皇位,在位十六年,庚辰年崩,享年五十五岁。

他的儿子嘉靖皇帝生于戊午年,于辛巳年二十四岁时即皇位,在位四十五年,乙丑年崩,享年六十八岁。

他的儿子隆庆皇帝生于壬午年,于丙寅年四十五岁时即皇位,在位七年,壬申年崩,享年五十一岁。

他的儿子万历皇帝生于辛亥年,于癸酉年二十三岁时即皇位,在位四十八年。在那个皇帝的时代,全国百姓像在从前永乐、宣德皇帝的时代一样,尽享安乐。[他]庚申年崩,享年七十岁。

他的儿子泰昌皇帝生于辛巳年,于辛酉年四十一岁时即皇位,在位十一个月,于同一辛酉年崩,享年四十一岁。

他的儿子天启皇帝生于甲辰年,于壬戌年十九岁时即皇位,在位七年,戊辰年崩,享年二十五岁。

他的侄子崇祯皇帝生于己亥年,于己巳年三十一岁时即皇位,在位十六年,于甲申年被满洲的顺治皇帝夺去了大统。[63]

那位顺治皇帝[64]生于戊寅年,于甲寅年七岁时登上大明皇帝的金位,以“顺治皇帝”扬名四方。[他]绥服了南边八十万汉人、西边下康的二十六万吐蕃、北边四万瓦剌、东边三万白肃良合、中央四省满洲和六万蒙古人。赐给所有国家、部落的众君主、那颜、官员等“王”、“贝勒”、“贝子”、“公”等爵号,按各自职位的尊卑颁赐恩赏，创立和治理着泱泱大国，稳固了玉宇大统。

辛卯年[65]，[顺治皇帝]十四岁，念及先皇曾经降旨说在攻取大都城、完成了天下大业之后迎请两位圣喇嘛施行佛法一事，于是派遣[使臣]迎请两位圣喇嘛。圣班禅·额尔德尼说："我的年龄太大了，无法前往。"因此没有前来。能识一切达赖喇嘛罗藏·坚错启程前来。壬辰年，[顺治皇帝]十五岁，在大都城外依式修筑了黄城[66]，在城内修建了奇妙的三世佛寺，并为达赖喇嘛[和]随行弟子等人建造了美丽的喇嘛歇息房、住房、仓房等房屋，大力扶崇释迦牟尼之教，敬奉释迦牟尼的弟子圣识一切[达赖喇嘛]为法台，遥尊生灵皈依之圣班禅·额尔德尼为上师，备加扶崇佛法，更加稳固地建立圣者之道，不扰四方、不累八境，使大国百姓尽享太平安乐，在东方升起了灿烂的太阳。这一切都仰仗圣主皇帝的大恩大德。借此机缘，边陲生灵如愿以偿，全体九色人众尽享幸福欢乐。[顺治皇帝]在位十八年，于辛丑年宾天，享年二十四岁。

他的儿子康熙皇帝[67]生于甲午年，于壬寅年九岁时即皇位，以"康熙皇帝"扬名天下。同年，[他]为先皇帝举行哀悼祭奠，传令全国各方百姓按各自的礼俗祭祀。然后依照各地百姓的习俗，以佛法、俗世的礼规，从各方完成了为大行皇帝求冥福的祈祷。

为从两位圣喇嘛口中得到祝愿，[康熙皇帝]派遣使臣进献了大量的珍宝金银，以及各种绫罗绸缎和哈达等不计其数的福贽，并且派遣使臣赐给了吐蕃的国主——瓦剌的鄂齐尔合罕[68]黄色敕书、显官之印和贽仪等，修通了从前父皇开创的吉路，畅行无阻地来往于两位圣喇嘛的跟前。又将十六个人派往上地，住在寺院，以使他们学习声明、般若学、文史、经咒、精疏、韵文等[学问]。

生灵怙主圣班禅·额尔德尼降生于辛未年，自从前那个戊子年算起，已是三千六百三十二年。壬寅年[他]九十二岁，已到了放弃肉身涅槃逝去，前去救度苦婆罗地方生灵的时候，前往彼地已成为必然。然而，[他]以慈悲的眼睛看着当今缘盛的众弟子和福德众施主等所有此世的生灵，立即启程返回，为再次以神通之身宣演救度生灵的预言福音，派遣使者给尊贵的皇帝呈送了书信，[康熙皇帝]因此获得了满心喜悦。[69]

这样,仰赖圣主皇帝的恩德,大国百姓手着大地,足踏野原,尽享[人间]福乐。

为了先世神佛在器世界中,
仰仗他们的各色有情众生,
自从印度众恭王以降,
直到斗诤不休的当今世界的众生灵,

有圣王强汗出世平定天下,
有功德主菩萨出世引导生灵。
以佛法和圣政造福芸芸众生。
[凡此种种]难以尽叙,暂且简述至此。

崇高至上的忽图黑台·切尽·黄台吉的曾孙,
人称扯臣·萨冈台吉的才智渺小的我,
凭借所见所知的典籍作了这般议论,
[写出了]《诸汗源流宝史纲》。

参看史书《本义必用经》,
《妙见花蕾史》,
《宣示因果本原之红册》,
沙儿巴·忽笃土所纂《诸汗源流史》,

《照亮诸贤心扉之花坛的汉书》,
尊贵的转轮汗王敕撰《法门白史》,
《古昔蒙古诸汗源流大黄史》,
综合参阅了这七部史籍。

自出生之年九紫愤怒[母]年的第五十九年,
即八白致善年的第二个月份
翼宿月的第十一日木曜井宿日起动笔,
逢箕宿月的初一日木曜鬼宿日书告修成。

文中疏漏错误所致缺憾,敬请包涵,
更祈贤德智者不吝郢斧匡正。
愿以稍中其真的悟域之虚空如意宝,
时常催开虔心学用者智慧的莲花。

[注释]

① 大慈迈答哩·虎督度,Yekede asaraγči mayidari qutuγ-tu。清译本(Ⅷ. lv)作"大慈迈达哩胡土克图"。《俺答汗传》(§§376~378)作 Asaraqui mayidari,说四世达赖派人护送他前往蒙古,主持佛教事务,被扯力克、中根哈屯(三娘子)等人迎入 Köke qota 的释迦牟尼寺(即今呼和浩特大召)。《四世达赖传》不载有关此人的事。

② 大成·矮吉,Dayičing eǰi。满译本、清译本(Ⅷ. lv)缺译。eǰi,MB 本、MC 本以及 G 本、D 本、s 本作 eǰei。《俺答汗传》(§102 等)作 Dayičing eǰei。珠荣嘎(译注《阿勒坦汗传》p. 67)译为"岱青讷寨"。

此即明代汉籍中的"把汉那吉"。《武功录》卷 9 有他一篇小传,其中记有他的几种别称:大成台吉、大成矮吉鱼吉等。他是俺答汗第三子铁背台吉之子,幼年丧父,由祖母抚养长大。他的住牧地,《北虏世系》记为"山西偏关边外西北哈朗兀",约在今呼和浩特大青山一带。因对祖父俺答汗不满,于 1570 年携妻室及随从十多人到大同投明。他的这一举动,为俺答汗与明朝达成通贡互市协约创造了契机。1571 年,"俺答封贡"告成,把汉那吉授指挥使,后升昭勇将军(《明实录》、《北虏世系》)。1577 年,随俺答汗赴青海会见锁南坚错(《俺答汗传》§197)。1586年坠马而死(《北虏世系》)。

③ 脱黑台·麻只克·不颜图·答来哈屯,Toγtai maǰig buyan-tu dalai qatun。清译本(Ⅷ.lv)作"托克对码齐克布延图达赖哈屯"。明代汉籍作"把汉比妓"(《武功录》、《三云》等)、"大成比妓"(《武功录》等)。伊万·佩特林的报告(收入《俄国·蒙古·中国》)记为Manchi-katut。她的名字还出现在一些蒙文佛经的跋文中,如《愚人与智者》(符拉基米尔佐夫《绰黑图台吉碑铭》,载《苏联科学院通报》,1926年)中作"密扎克",是翻译这部佛教著作的倡导者之一。她在把汉那吉死后,主持其所遗封地大板升,嫁俺答汗长孙扯力克,后因扯力克与三娘子合婚,她改嫁不他失礼(三娘子之子),生一子,名素囊。

④《源流》所说卜失兔吉囊1596年(丙申,明万历二十四年)征藏区、撒里畏兀之事,明代汉籍无载。据《明实录》、《明史·鞑靼传》,1596年前后卜失兔吉囊一直是在河套,无西行之举。1595年十月,卜失兔"入犯延绥,掠八日而还";1596年二月,明军分三路出边"袭卜失兔营",共杀死四百多人,十二月,卜失兔"畏威悔过,乞恩纳款"。此后几年也基本是在河套活动。《武功录·卜失兔阿不害列传》说1586年(丙戌)卜失兔曾与庄秃赖、火落赤会,入西海,后应扯力克之招,调部落回河套。《源流》所说或许是指这次入西海之事。

⑤ 此辛酉年相当于公元1621年(明天启元年)。《源流》所说阿儿秃斯使臣六十人被明方所杀一事,明代汉籍无明确记载,但据《明实录》、《明史》等,这一年阿儿秃斯部与明朝的关系非常紧张。阿儿秃斯部(作"套虏吉能"、"套虏")于1621年九月入犯明延绥境(《明实录》天启元年九月辛亥条),十二月又以六、七万骑进至延安城下,"围攻五日","所过县驿村社,掳掠甚渗"(十二月庚午条),1622年正月,再"入犯焚掠延安、黄花峪等处,深入六百里,杀掳数万人"(天启二年正月乙丑条)。阿儿秃斯部这次大举攻明的原因,据《明史·杜文焕传》,是为了报复。1616年(明万历四十四年),

卜失兔吉囊(作“吉能”)等驻兵明边,“要封王、补赏十事”,“[杜]文焕袭其营,斩首百五十”,1621年,杜文焕又“遣兵出河套捣巢,以致寇诸部大恨,深入固原、庆阳,围延安,扬言必缚文焕,掠十余日始去”。对照《源流》,阿儿秃斯部报复的原因中还应包括使者被杀。

兀澜·采着,Ulaγan čayiǰa。清译本(Ⅷ.3v)作“乌拉罕柴札”。《鄂尔多斯七旗地图》有 Čayi ǰa qota 一名,田清波推测即镇靖堡(《导言》)。镇靖堡在今陕西省靖边县境。《武备志·译语》镇川堡作“兀澜采着”。

⑥ 土蛮的温布·皇台吉,Tümed-ün Ombu qong tayiǰi。清译本(Ⅷ.4v)作“图默特之鄂木博洪台吉”。

17世纪上半叶,土蛮万户有三个名为Ombu的人。一个是俺答汗的嫡玄孙卜石兔之子鄂木布(《内国史院档》),明代汉籍和17世纪蒙文史书中很少见到他的活动,他于1635年被后金以图谋叛乱为由处死(《清实录》天聪九年八月庚辰条)。一个是《俺答汗传》(§373等)提到的 Onbu qong tayiǰi,说他曾受纳木歹汗(扯力克)和中根哈屯(三娘子)委派,护送四世达赖云丹·坚错前往拉萨,并迎迈答哩活佛来土蛮。森川哲雄(《关于十七世纪初内蒙古的三位佛教宣扬者》,载《蒙古史研究》第一辑)根据《武备志》卷206所引《兵略》中不他失礼(俺答第七子)长子,名“温布”,又名“素囊”的记载,认为《俺答汗传》所说 Onbu 即温布——素囊。珠荣嘎(译注《阿勒坦汗传》p.174)也持相同看法。据明代汉籍,素囊的祖母是三娘子,母亲又是把汉比妓,因此势力颇盛,曾与俺答汗嫡玄孙卜石兔争过顺义王之位,虽然未成功,但土蛮的实权掌握在他手中(《三云》、《北虏世系》、《明实录》万历三十五年闰六月癸酉、三十七年八月庚午条)。一个是《表传》、《金轮千辐》等书所记俺答汗长子辛爱次子噶尔图的儿子“鄂木布楚琥尔”,是清初所设土默特右翼旗的扎萨克的始祖。据说他们这一支在噶尔图时从西边土蛮本土迁往东边。

沈曾植、张尔田认为《源流》此处的“鄂木博”是卜石兔之子。但从 Ombu 出现的时间(壬戌,1622年)和地位分析,是温布即素囊的可能性较大。

⑦ 田清波(《导言》)说他 1937 年 9 月到过王爱召(广慧寺、伊克昭),它的“侧殿里有一座保存卜失兔吉囊遗骨的浮屠(stūpa)”。

⑧ 卜失兔吉囊诸子,《北虏世系》、《三云》、《武功录》等明代汉籍无载。罗桑丹津《黄金史》(174b)记有一人:Qarγučuγ tayiǰi;其他 17 世纪蒙文史书无载。《金轮千辐》记为:Tulba ǰinong、Iričin ǰinong、Önder ǰinong 三人。对照《源流》,Tulba 即 Tuba(土巴),Iričin 即 Rinčin eyeči(尔邻勤·额耶赤);另外《金轮千辐》误把 Čoyilan ǰinong(即吹剌台吉)记为 Iričin(尔邻勤)之子,剩下的 Önder,应相当于 Sereng erdeni(薛呤·额儿迭尼)。

⑨ 据《四世达赖传》,1625 年(木牛,乙丑)土巴台吉确实身在拉萨。他被称为“蒙古四十部落的白色毡帐之主图巴吉囊托松洪台吉”,他作为施主参加了为四世达赖灵塔举行的开光典礼。

⑩ 甘丹寺,Sgaldan-u keyid。清译本(Ⅷ.6r)作“噶尔丹庙”。全名为 sKal-ldan mam-rgyal-gling,该寺是藏传佛教格鲁派拉萨三大寺之一,1409 年由宗喀巴兴建,为格鲁派祖庭,位于拉萨东北六十里达孜县境内拉萨河南岸汪古日山上。

⑪ 须菩提,Subudi。清译本(Ⅷ.6r)作“苏布第”。即一些藏文史著(如 18 世纪的《六世班禅传》等)中所谓的一世班禅“须菩提”(Subhūtih)。须菩提是古印度拘萨罗国舍卫城人,属婆罗门种姓,后出家,为释迦牟尼十大弟子之一,以论证诸法性空而著称。罗藏·绰吉·坚灿 1645 年被蒙古和硕特部首领(当时是西藏的统治者)顾实汗封为班禅孛黑答喇嘛,一般以他为第四世班禅,他的前三世活佛即宗喀巴的弟子葛竹格列思班藏,以及锁南·绰吉·朗波、监八·罗藏·端竹,被追认为第一世、第二世、第三世班禅。但有的藏文史著在葛竹格列思班藏前面又追加了七世,一直上溯到古印度时期。

⑫ 具种王,Tegüs iǰaγur-tu kemekü qaγan。清译本(Ⅷ.6r)作“特古斯伊扎固尔图汗”。《六世班禅传》称二世班禅为“法胤妙吉祥称法王”。或指古印度大乘佛教瑜珈行派论师、佛教因明学者“法称”(约为七世纪人)。

⑬ 清辩,Tegülder sayitur nigegči。清译本(Ⅷ.6r)依满译本译为“巴贝噶喇”。即一些藏文史著中所谓的三世班禅“清辩论师”,清辩。梵语作Bhūvaniveka。他是古印度大乘佛教中观学派论师,曾赴中印度学习大乘经典和龙树教义。约为公元490~570年间人。

⑭ 阿毗耶·迦罗,Abiy-a gar-a。清译本(Ⅷ.6v)作“阿必雅噶喇”。所谓第四世班禅,《六世班禅传》作“晋美迥涅帕巴”(ḥjigs-med ḥbyung-gnas ḥphags-pa),说他生于东印度,成年后前往中印度摩揭陀地方求学。藏语ḥjigs-med ḥbyung-gnas为梵语Abhayakarah(无畏生)的意译。

⑮ 高尊译师,Degedü kelemüči。清译本(Ⅷ.6v)译为“超尊克勒穆尔齐”。所谓的五世班禅,《六世班禅传》记为“桂译师·科,巴拉泽”。当指藏传佛教噶举派僧人译师桂·软奴巴勒(1392~1481年),他是《青史》的作者。

⑯ 皆大欢喜幢,Qamuγ-a bayasqulang-un tuγ。清译本(Ⅷ.6v)依满译本译为“恭噶扎勒灿”。藏语kun-dgaḥ rgyal-mtshan,意为“皆大欢喜幢”,《源流》此处用的是其蒙古语意译。此即八思巴的伯父公哥监藏。《六世班禅传》亦以萨班公哥监藏为六世班禅。

⑰ 锐迦疾里·有势,Yogačaris-un erketü。清译本(Ⅷ.6v)依满译本译为“约噶匝哩”。《六世班禅传》记七世班禅为“雍顿朵儿只巴”,说他1284年(木猴,甲申)生于一个密咒师家中。成年后学习旧密法,又拜高师专修旧密乘,咒术超群,曾应蒙古贵由汗的邀请传授佛法。土观《宗派源流》说:“雍敦大师为一德学兼优而又具有佳话遗闻的大德,在新旧诸派中,为人所承认。”他是藏传佛教宁玛派著名僧人(《中国藏传佛教名僧录》p.117)。

⑱ 哲成善妙吉祥贤,Mergen-e bütügsen čoγtu sayin buyan-tu。清译本(Ⅷ.6v)据满译本译为“凯珠卜格勒克巴勒桑”。《六世班禅传》记八世(即正式追封的第一世)班禅为“克珠·格勒巴桑”。藏语mkhas-grub dge-legs dpal-bzang(葛竹格列思班藏),意为“哲成善妙吉祥贤”,《源流》此处所用名称为其蒙古语意译。此人生于1385年,为后藏拉堆多雄地方人,幼年时到萨迦寺出家。曾拜高僧仁达哇(也是宗喀巴之师)为师,后由仁达哇介绍到宗

喀巴处,又拜宗喀巴为师,成为他的第二大助手。后被追封为第一世班禅。

⑲ 尊象,Degedü ǰaγan。G 本、D 本、S 本作 J̌üg-ün ǰaγan。清译本(Ⅷ.7r)依满译本译为"第克纳噶"。

《六世班禅传》称九世(即正式追认的第二世)班禅为"索朗确吉朗波"(Bsod-nams chos-gyi glang-po),说他从小身体瘦弱,甘丹赤巴问他叫什么名字,他回答说:"小牛。小牛长大成大牛。"因此给他取名 Bsod-nams chos-gyi glang-po。藏语 glang- po,义为"牛"或"象"(《格西辞典》p. 139)。《源流》此处作 jayan(象),不妥。结合藏文史籍所述故事,当译为 üker 或 buqa(牛)。他 1439 年生于后藏恩萨,幼年时到甘丹寺出家。学经多年,精通显密二宗,特别善长辩论,当时就被认为是葛竹格列思班藏的转世灵童。后返回家乡,驻锡恩萨寺,在后藏地区发展格鲁派事业。后被追认为二世班禅。

⑳ 胜妙慧义成,I laγuγsan sayin oyutu tusa bütügsen。清译本(Ⅷ.7r)依满译本译为"扎勒斡罗卜藏端珠卜"。《六世班禅传》记十世(即正式追认的三世)班禅为"嘉哇罗桑东噜卜"。藏语 rgyalba blo-bzang don-grub(监八罗藏端竹),意为"胜妙慧义成",《源流》此处所用名称为其蒙古语意译。此人于 1505 年生于后藏恩萨地方,十一岁在拉仁孜寺出家,后来曾赴札什伦布寺拜师学经。中年时期云游后藏各地,宣传格鲁派教义,晚年回到故乡,驻锡恩萨寺。后被追认为三世班禅。

㉑ 苏摩地·答儿麻·多斡札,Sumadi darm-a dooǰau-a。清译本(Ⅷ.7r)作"苏玛第达尔玛都斡咱"。梵文写法 Sumatih dharma dhvajah,是正式封为班禅喇嘛的罗藏·绰吉·坚灿的名字的意译,藏语 blo-bzang chos-kyi rgyal-mtshan,意为"妙慧法幢"。此人 1567 年生于后藏,十三岁到恩萨寺出家,因精通佛经,又有辩才,被认为是监八罗藏端竹的转世灵童,于 1583 年正式坐床。1586 年前往札什伦布寺学经,受比丘戒。1601 年,任札什伦布寺第十任赤巴。1614 年为四世达赖云丹·坚错授比丘戒。藏巴汗彭错·南坚迫害格鲁派,杀格鲁派僧人,强占格鲁派寺院,在四世达赖去世后禁止达赖喇

嘛转世。经罗藏·绰吉·坚灿从中斡旋,双方达成停战协议,藏巴汗最终取消了不准达赖喇嘛转世的禁令。罗藏·绰吉·坚灿1622年主持四世达赖转世灵童的寻访认定、授戒诸事。与五世达赖结为师徒关系。他倡议联合蒙古和硕特部首领顾实汗,以对付格鲁派的反对者。与五世达赖、顾实汗共同遣使赴清廷。1645年,由顾实汗授予"班禅孛黑答"之号,为班禅活佛系统获名号之始。排为第四世班禅喇嘛。1662年在札什伦布寺去世。

㉒ 札克卜利山,Lǰagsbori-yin aγula。清译本(Ⅷ.7v)作"扎克博哩山"。藏语名称作Lcags-po-ri,汉语名称为"药王山",山上有札克卜利寺。此山是拉萨布达拉宫对面的一座小山。参见王辅仁、陈庆英《蒙藏民族关系史略》(p.188)。

㉓ 藏巴合罕,Rzangba qaγan。清译本(Ⅷ.7v)作"藏巴汗"。此代藏巴汗为丹迥旺卜(bstan-skyong dbang-po)。藏巴汗政权正式建立于1618年,由丹迥旺卜的父亲彭错·南坚(phun-tshogs mam-rgyal)推翻帕竹政权后建立。藏巴汗一系为后藏辛厦巴家族。辛厦巴家族1565年取代林蚌巴家族控制了后藏,1605年打败第巴·吉雪巴,控制了拉萨地区,1612年进入拉萨,1618年建立藏巴汗政权。

㉔ 吉祥妙成寺,Ölǰei qutuγ ǰibqulangtai-a bütügsen keyid。清译本(Ⅷ.7v)依满译本译为"札什伦布庙"。札什伦布,藏语作Bkra-shis Ihun-po。意为"吉祥山岗",《源流》此处所用名称为其蒙古语意译。该寺建于公元1447年,由宗喀巴的弟子根敦朱巴(即一世达赖)修建,四世班禅罗藏·绰吉·坚灿扩建,成为历世班禅驻锡之地。该寺在今西藏日喀则札什伦布山(依山而建)。《源流》此处说札克卜利山之战时四世班禅在札什伦布寺,有误。据藏文史书,当时四世班禅为避藏巴汗的兵锋,暂居阿里地区。

㉕ 据《五世达赖传》等藏文史书,格鲁派的支持者第巴·吉雪巴于1605年被辛厦巴·才旦·朵儿只打败,失去了对拉萨地区的控制,1612年,才旦·朵儿只的孙子彭错·南坚击败山南的领主雅觉巴,进入拉萨。1618年,彭错·南坚称藏巴汗。为了对付藏巴汗的威胁,第巴·吉雪巴请来蒙古军与

之作战,暂时获胜。后来第巴·吉雪巴和哲蚌、色拉二寺的僧兵发生内讧,彭错·南坚乘机率兵一万反攻,于1618年七月攻破哲蚌、色拉二寺,.杀死僧俗人众五千多人。哲蚌寺的襄佐(大管家)锁南·剌卜丹赴青海土默特部求援。1621年,青海蒙古的拉尊穷哇罗桑丹津和洪台吉二人(《青海记》记为火落赤之子古噜洪台吉与拉尊罗桑丹津坚错;火落赤为答言汗第四子阿儿速孛罗之孙,是多罗·土蛮的首领之一)率骑兵两千人进军拉萨,与新即位的藏巴汗丹迥旺卜(彭错·南坚之子)的一万军队交锋,藏巴汗的军队败退到札克卜利山上。蒙古军队发动进攻,重创藏巴汗的军队,正当蒙古军准备发动第二次进攻时,四世班禅罗藏·绰吉·坚灿等人出面居间调停,藏巴汗答应退还所占领的哲蚌、色拉二寺的庄园,并允许被迫改宗的格鲁派寺院恢复原宗,蒙古军队遂撤围。

㉖ 只锁河,Isgisud-un mören。G本、D本、S本作 Ɣalǰu-unmören。清译本(Ⅷ.8r)据满译本 Jisod-i bira 译为"济硕特河"。《中国历史地图集》第8册第63图(清时期喇萨、日喀则地区图)中:今热振藏布(拉萨河上游)作"噶尔招木伦河",今拉萨河作"机楮河"。Ɣalǰu-un mören 当即噶尔招木伦的音译;Jisod 当为机楮的音译,而 Isgisud 为 Jisod 的音变。则此河指拉萨河。

㉗ 据《五世达赖传》,五世达赖生于1617年(火蛇,丁巳),他的父亲名叫都杜饶登,属山南地区穷结巴家族(穷结地方即今西藏山南专区穷结县)。穷结巴家族原是帕木竹巴地方政权属下的贵族,几代人中都有在该政权内担任大臣的。都杜饶登曾任第司政权的宗本,是个小农奴主。《源流》此处作第巴·古噜巴(Sdiu-a güürüba),清译本(Ⅷ.8v)据满译本 Damba guruba 译为"丹巴古噜巴"。误。sdiu-a,藏语作 sde-pa,是管理西藏各部(sde)政治事务的官称;丹巴,藏语作 bstan-pa,意为"教、宗教",与 sde pa 不是一回事。

㉘ 哲蚌寺,Brasbung。清译本(Ⅷ.8v)译为"布赉绷"。藏语作ḥbras- spuns。由宗喀巴的弟子嘉样曲结建于1416年,为格鲁派拉萨三大寺之一,在拉萨西郊更丕乌孜山下。第二至第五世达赖喇嘛均曾在此坐床。

㉙ 罗藏·坚错,Blobzang rgyamsu。清译本(Ⅷ.9r)作"罗布藏札木苏"。五世

达赖的全名是 Ngag-dbang blo-bzang rgya-mtsho(阿旺罗藏坚错,或译"阿旺罗桑嘉措",语自在智慧海)。1622 年六岁时被确认为四世达赖的转世灵童,迎入拉萨哲蚌寺。1625 年,从四世班禅受沙弥戒,1638 年受比丘戒。后任哲蚌寺第十五任赤巴,兼任色拉寺赤巴。自五世达赖以后,两寺赤巴由达赖喇嘛专任。1632 年,藏巴汗与康区的白利土司、蒙古外罕哈的绰黑图台吉(当时已占领青海地区)结成针对格鲁派的联盟,立誓要摧毁格鲁派的势力。1634 年,五世达赖的襄佐锁南剌卜丹派人向蒙古和硕特部首领顾实汗求援。1636 年初,顾实汗乔装成香客入拉萨,与五世达赖、四世班禅会面,了解情况。五世达赖和四世班禅赠给顾实汗 bstan-hdzin chos-kyi rgyal-po(执教法王)的称号。同年秋,顾实汗率部入青海击灭绰黑图台吉,1640 年,灭白利土司,1642 年,最终消灭了藏巴汗政权。顾实汗成为整个藏区的统治者,五世达赖被尊为藏传佛教最高领袖,并受卫藏赋税。,就在1642 年,五世达赖与四世班禅、顾实汗。派伊拉古克三胡土克图赴盛京朝清。1652 年,应清世祖之请赴北京,次年返回。清廷封他为"西天大善自在佛所领天下释教普通瓦赤喇怛喇达赖喇嘛",赐金册、金印。达赖喇嘛的宗教首领地位得到中央政权的确认。1682 年去世。

㉚ 据《四世达赖传》,在云丹·坚错的遗体于 1616 年秋天火化后,喀尔喀蒙古的首领"曲库尔"(即格吲散札第三子诺诺和的第四子图蒙肯,《黄史》作 Buriyad sečen čükegür,《阿萨剌黑齐史》作 Tümengken köndüleng čükügür)担任施主,开始建造供奉其灵骨的宝塔。但由于战乱,未能建成。到 1625 年,再由青海蒙古土默特的首领担任施主,建成了灵塔,供放在哲蚌寺内。

㉛ 卜石兔合罕,Bošoγ-tu qaγan。清译本(Ⅷ. llr)作"博硕克图汗"。其名亦见于《俺答汗传》(§373)、《金轮千辐》等书。《明实录》作"卜石兔"(万历三十七年三月丁亥条等)、《北虏世系》、《三云》作"卜失兔"。据《北虏世系》,他是俺答汗的嫡玄孙:俺答哈→辛克都隆哈→扯力克→晁兔台吉→卜失兔。其父晁兔早故(《三云》),1607 年其祖父扯力克去世后,不他失礼之子素囊(温布)与他争夺顺义王的承袭权,卜石兔于 1612 年正式袭封顺义

王，但因素囊势强，卜石兔手中已无实权。1628 年，林丹汗西进，土蛮部溃散，卜石兔西遁河套，不久死去。

㉜ 尔邻勤·额耶赤·歹成，Rinčin eyeči dayičing。清译本（Ⅷ. 11v）作“林沁额叶齐岱青”。《明实录》作“尔邻勤吉能”（天启七年十二月辛酉条）、《清实录》作“额林臣”（崇德六年八月甲辰条）、《表传》、《游牧记》作“额璘臣”。

《源流》所记他的即位年丁卯，相当于公元 1627 年（明天启七年）。1628 年，曾率部与土蛮、应绍卜、哈剌嗔、罕哈等部组成联军，与林丹汗战于今呼和浩特一带（《清实录》天聪二年二月癸巳条），联军稍胜，对林丹汗的攻势有所遏制。1632 年，林丹汗经河套西遁，阿儿秃斯部被迫随其西行，《明史纪事本末》补编卷 3《西人封贡》载同年四月“插汉偕套虏走大漠”，六月“套虏犯甘肃、凉州”。大概迁到了巴丹吉林沙漠、（今内蒙古自治区阿拉善盟一带）。《源流》后文也提到尔邻勤吉囊随林丹汗行动。林丹汗奔青海，尔邻勤未从行，林丹汗削其吉囊号。后率部返回故地，归降后金，清初复吉囊位。1649 年封郡王。1656 年卒（《表传》卷 43《札萨克多罗郡王额璘臣列传》）。

㉝ 以萨冈·扯臣·皇台吉……宣诵了罕号，……Saγang sečen qong tayiǰi-bar qan čola-yi inu daγudaγulbai。满译本译为 Sanang hūng cecen taiji-i colo-be han seme hūlabuha。蒙古语的- bar/- ber，为用格助词，表示“以”、“用”、“让”、“通过”等义；满语的-i，既是用格助词，又是属格助词，这里用作用格助词；可是清译本（Ⅷ. 11v）译为“遂上萨囊彻辰洪台吉之号称汗”，看来是把 i 当成了属格助词，以致语义全反：把萨冈宣诵汗号译成汗号是萨囊彻辰洪台吉。

㉞ ……一起加入林丹·忽秃图合罕的队伍，相逢在同一哨队中，并肩而行，Lingdan qutuγ-tu qaγan-u baγ-tur ǰergeber oron nigen qošiγun-a učiraǰu qamtu yabuču bülüge。清译本（Ⅷ. 12r）依满译本误译为“灵丹胡土克图与汗为髫发之交”。道润梯步（译注《源流》p. 449）译为“与灵丹·胡图克图合罕同为巴图尔而行焉”。亦误。这句语义含混的话，就是指林丹汗 1632 年胁迫

阿儿秃斯部随其西行之事。

㉟ 大国崩溃的时候,指1634年林丹汗病死在青海大草滩(今甘肃省天祝藏族自治县境内),部众溃散的时期。林丹汗在世的最后时期,原在他控制之下的一些部落就已开始陆续脱离他,投奔后金。林丹汗死后,继察哈尔四大宰桑降后金,其他的漠南蒙古部落也先后被后金收降。

㊱ 花吉河,Quu-a gi-yin γool。G本、D本作Quba-yin γool。满译本译为Cobi ba(戈壁地方),清译本(Ⅷ.12v)因译为"瀚海"。不确。该河,不详。估计应在今内蒙古自治区阿拉善盟一带。

㊲ 努尔哈赤·把都儿·太祖,Nuraqači baγatur tayisui。D本改为Tayizu,清译本(Ⅷ.14r)因译为"太祖"。后金国的创建者。原为建州女真首领。生于1559年。先祖猛哥帖木儿明初为建州左卫首领。努尔哈赤本人曾是明辽东总兵李成梁部下。1583年,祖父觉昌安、父亲塔克世被明军误杀,努尔哈赤遂回建州袭父职,任建州指挥使。开始统一女真各部。先后收服了浑河、董鄂、苏克苏护河、哲陈、完颜五部,1593年,击败叶赫、哈达、乌拉、辉发与蒙古火儿慎(科尔沁)以及锡伯组成的九部联军。继而收服珠舍里、讷殷两部,统一了建州女真部。1599年至1613年,又收服海西女真哈达、辉发、乌拉三部,1619年兼并海西女真叶赫部,基本统一了女真各部。从16世纪末起,在收服海西女真的同时,对远在黑龙江和滨海地区的野人女真采取征抚兼施的政策,至17世纪20年代最终控制了野人女真诸部。1616年,努尔哈赤在赫图阿拉(今辽宁省新宾县)建国,国号"金",史称后金。1618年,进攻明辽东地区,1619年在萨尔浒(今辽宁省抚顺市东南)大败明军,1621年,攻克沈阳、辽阳,1625年迁都沈阳(后称盛京)。1626年,攻宁远城(今辽宁省兴城县),兵败受伤,同年因伤而死。清尊为太祖。他生前创立了八旗制度。又令人创制出满文(俗称"老满文"或"无圈点满文")。他的业绩为后来清朝的建立打下了基础。

㊳ 水滨三姓女真,usun-u γurban J̌ürčid。清译本(Ⅷ.14r)据满译本误译为"三江之珠尔齐特"。这是明代蒙古人对女真人的泛称。三姓女真指建州女

真、海西女真和野人女真。林丹汗1619年(后金天命四年,明万历四十七年)致书努尔哈赤,称他为"水滨三万诸申之主"。外罕哈车臣汗硕垒1635年(后金天聪九年、明崇祯八年)写给皇太极的信中,称他为"水滨六十三姓之主"。

㊴ 叶赫·察罕·女真部金太师,Yekege čaɣan J̌ürčid-ün J̌ing tayiši。清译本(Ⅷ.14r)作"恩克察罕珠尔齐特精太师",恩克,因D本系统三本作Engke而误。叶赫,汉籍中也作"也黑"、"野赫"等,为海西女真四部之一。因分布于叶赫河(今辽宁省开原北)一带而得名。首领一系出自蒙古土蛮(土默特)氏,因灭女真纳喇部,又姓纳喇(《满洲实录》卷1:"叶赫国始祖蒙古人,姓土默特,所居地名曰璋。灭扈伦国内纳喇姓部,遂居其地,因姓纳喇。")。与蒙古察罕儿、内罕哈、火儿慎等部关系密切,实力大增,16世纪70年代起逐步取代哈达部成为海西四部的盟主。金太师,又作"金台石"、"锦台什"、"金台失"等。他是叶赫部首领之一杨吉努的儿子。1593年,随兄纳林布禄率部参加海西诸部与蒙古火儿慎部等部组成的九部联军,与建州女真首领努尔哈赤战,兵败。数年后,纳林布禄死,金太师继为贝勒。与杨吉努之兄清佳努之孙布扬古分据叶赫东西二城。继续与蒙古保持友好关系,把一个女儿嫁给内罕哈弘吉剌部首领宰赛,又把一个孙女嫁给蒙古大汗林丹汗(称苏泰太后,额哲的生母)。1604年、1613年,两次为努尔哈赤所败,损失惨重。1619年萨尔浒战役中,金太师发兵助明军与努尔哈赤战,努尔哈赤大胜明军,又顺势攻破金太师城,金太师死。叶赫部遂归努尔哈赤。

㊵ 辽东府郡,Loodung-un buǰin。Loodung,a本作Loodang,G本、D本改为Looding,满译本译为Loo ting,清译本(Ⅷ.14r)因译为"乐亭"。误。据《清实录》等载,努尔哈赤于1618年宣布对明朝的七大恨,率兵一万进攻明边,攻占了抚顺等几处城镇,凯旋而归。1619年,明神宗派杨镐督大军征努尔哈赤,双方战于萨尔浒(在今辽宁省抚顺东),明军全军覆没。1621年五月,努尔哈赤攻占了明朝的重镇沈阳和辽阳(辽东都司所在地),占领辽东

地区。努尔哈赤起兵攻明之后,从未进过关,不可能与关内乐亭地区有什么关系。

㊶ 皇太极,Qong tayiǰi。D 本改为 Tayizung,清译本(Ⅷ.14v)因作“太宗”。清太祖努尔哈赤第八子。生于 1592 年。与代善(努尔哈赤次子)、阿敏(努尔哈赤弟舒尔哈齐次子)、莽古尔泰(努尔哈赤第五子)并称四大贝勒。1612 年,率军随父亲出征乌拉部首领布占泰。1618 年,攻克抚顺。在 1619 年萨尔浒之役、1621 年攻占沈阳、辽阳的战役中,均立有战功。1622 年克义州。1625 年,与莽古尔泰等率精兵五千驰援蒙古火儿慎部抗击察罕儿,林丹汗不战而退。1626 年即位。1628 年,收服察罕儿多罗特等林丹汗西征时所遗余部,火儿慎、内罕哈等部也纷纷归降。1632 年,亲征蒙古大汗林丹汗,兵至归化城(今呼和浩特),林丹汗逃往青海,后来病死于 1634 年,部众相继被后金收降。1635 年,皇太极命多尔衮等人搜寻林丹汗之子额哲,将其接收回朝。至此漠南蒙古尽入后金统治之下。1636 年,即皇帝位,建国号“清”,改元崇德。1641 年,发兵围明锦州城,松山之役,俘获明总督洪承畴,锦州遂克。1642 年,命阿巴泰率军入关,侵掠山东地区。同年,隆重接待西藏五世达赖喇嘛的使臣。1643 年病故。庙号太宗。即位后,废除四大贝勒共理政务的旧制,加强封建君权,增设八旗蒙古和八旗汉军。设立六部,改蒙古衙门为理藩院,完善了清初六部、两院、八衙门等统治机构。令改进老满文,新满文开始使用。

㊷ 庚寅,ging bars。a 本作 ding bars(丁寅,干支纪年法中无此年),G 本、D 本改为 bing bars,清译本(Ⅷ.14v)因译为“丙寅”。此庚寅相当于公元 1650 年,丙寅相当于 1626 年,均与前文皇太极生于 1592 年(壬辰),以及至该年为二十九岁的说法不相符。皇太极二十九岁的年份为庚申(1620 年)。据此,庚寅、丙寅均为庚申之讹。

㊸ 汉地的“疯子”都总兵出城来战,Kitad-un Γalǰaγu duusüngbing kemekü γadana morilan γaruγsan-dur。清译本(Ⅷ.14v),依满译本译为“至明盖州,其总兵官领兵出阵”。Γalǰaγu,满译本作 gai jeu,清译本因译为“盖州”。

道润梯步(译注《源流》p.456)译为"海州"。均误。γalǰaγu,"疯子"之义,《源流》此处用作人的绰号,不是地名。疯子都总兵,当指杨镐。1618年明辽东抚顺等地遭努尔哈赤的重创,1619年明神宗派兵部右侍郎杨镐前往辽东,杨镐于同年四月调动四路大军征剿努尔哈赤。兵发沈阳,兵锋指向努尔哈赤的都城兴京(赫图阿拉,在今辽宁省新宾县西),第一路在萨尔浒(今辽宁省抚顺东,位于沈阳至兴京的约一半路程处)全军覆没,接着第二路军受阻,第三路军亦被全歼,第四路军逃回沈阳,明军大败。这次战役,明军的行动方向是由沈阳向东,与位于沈阳南面的盖州(今辽宁省盖县)或海州(今辽宁省海城)无涉。

㊹[围]攻三太师城,Γurban tayiši kemekü qota-bar dobtolǰu。D本再统诸本kemekü下衍noyad(那颜们)一词。满译本、清译本(Ⅷ.14v)因误译为"三太师诺延由后掩袭取城"。宰赛被皇太极俘获一事,清初史料中也有记载。据《清太宗实录》(卷6,天命四年秋七月丙午条),1619年七月努尔哈赤率军攻占明铁岭城,杀三守臣喻成名,史凤鸣、李克泰。当夜蒙古哈勒哈部落贝勒介赛(老满文原档作Jaisai beile,即宰赛)等三十余大小首领、率兵一万驰至城外潜伏田间,次日宰赛射杀出城牧马的后金士兵,努尔哈赤下令进攻蒙古兵,直追至辽河,大败蒙古兵,擒获宰赛及其二子等多人。明人记载此事说:"……既而宰赛以争掠铁岭,为建州所获"(《明史纪事本末补遗》卷2《熊王功罪》)。据此可知宰赛是因与努尔哈赤争明城铁岭而被俘,则《源流》所说"三太师城"与铁岭相当。《十七世纪蒙古文文书档案》(p.6)收有十七世纪上半叶(当在20年代)蒙古嫩火儿慎部首领写给皇太极的一封信,信中提到Γurban tayiši之地,即三太师城,信中说嫩火儿慎与察罕儿交恶,边境示警,希望后金能从距离该地仅一天一夜路程的三太师城发兵攻取察罕儿边地,请皇太极将此意转告努尔哈赤。明铁岭城1619年被努尔哈赤军攻占后,成为当时后金与蒙古部落交界处的一座重镇。因此嫩火儿慎部首领才有可能请求后金发三太师城即铁岭城之兵救援。

㊺速黑·宰赛,Suγǰayisai。清译本(Ⅷ.14v)因D本Suγ ǰayisang译为"苏克宰

桑”。不确。此即明人或清人记录中的“宰赛”,又作“介赛”等。他是内罕哈五部之一弘吉剌部首领。1619 年,他率领内罕哈联军与努尔哈赤争抢铁岭,被努尔哈赤击溃,自己和两个儿子也被俘。事见《明史纪事本末》、《清太祖实录》。据《金轮千辐》,宰赛(作 Čoγ J̌ayisai)为答言汗第五子纳勒出孛罗(纳力不剌)之子 Quraqači(明人记为“虎喇哈赤”)第三子的后裔。虎喇哈赤第三子名 Uban buyimu doγšin,领弘吉剌部,他的次子是 Kitad qong tayiǰi,Kitad qong tayiǰi 的长子即宰赛。据《辽夷略》等,弘吉剌住地当时雀铁岭、开原边外,地跨西辽河南北。据《清太祖实录》,努尔哈赤于 1619 年七月俘获宰赛等人后,遣宰赛的从者波罗齐等人回部落通报消息,向内罕哈五部施加压力。内罕哈诸部首领经商议,最终决定遣使求和。同年十一月,双方代表会盟,内罕哈五部为保宰赛不死,被迫与后金签订了政治军事性的同盟条约,后金方面才许诺在双方共同攻取广宁后释放宰赛等人。后在 1622 年正月攻占广宁之前,将他放回。当时,后金于 1621 年三月攻取了明沈阳、辽阳,八月弘吉剌部以一万头牲畜来赎宰赛,后金遂同意放人,但将他的两个儿子、一个女儿留作人质。

㊻ 迁往右翼三万户,baraγun γurban-a morilan negügsen-dür。D 本系统三本作 baraγun γurban tümen morin negügsen-dür,tümen 后缺方向格助词-e,清译本(Ⅷ. 15r)因译为“带领右翼之三万人众迁移”。误。这句话指的是林丹汗 1632 年率部西遁之事。这样一件大事,萨冈未作明确、详细的记述,只一笔带过,反映出他的政治立场。

㊼ 后金与蒙古火儿慎(科尔沁)部的直接接触,开始于努尔哈赤时期。火儿慎部 16 世纪中叶南下住牧于嫩江流域,东与叶赫、乌拉等海西女真为邻,关系密切。据清初史书记载,1593 年,科尔沁部首领明安率兵万骑,参加以叶赫为首组成的九部联军,与建州女真首领努尔哈赤战于古勒山(今辽宁省新宾县境内),兵败而回。1594 年,明安遣使努尔哈赤通好。这是科尔沁部首次正式与建州女真联系。此后,遣使往来不绝。1608 年三月,建州女真往攻乌拉部,科尔沁首领翁阿岱出兵支援乌拉首领布占泰,但望见建

州军兵强马壮，自知不敌，遂撤兵。后来遣使通好。林丹汗为加强汗权，讨伐与后金通好的科尔沁等部。1625年（后金天命十年），林丹汗出兵征科尔沁，围攻科尔沁首领奥巴住地格勒珠尔根城，奥巴遣使向后金告急。努尔哈赤派儿子莽古尔泰和皇太极率精兵五千前往救援，林丹汗撤兵西还。科尔沁部与后金结盟。努尔哈赤深知科尔沁部在他收服蒙古、消灭明朝大业中的重要作用，利用蒙古内部的矛盾，一步步争取、拉拢、抚绥科尔沁部诸首领。除出兵相援，还加强政治联姻，以巩固结盟。努尔哈赤本人就娶明安之女、孔果尔之女为妻，此外，他的儿子皇太极、阿济格、多尔衮等人也都娶了科尔沁首领的女儿。努尔哈赤将弟弟舒尔哈齐的孙女嫁给奥巴为妻。皇太极继承了努尔哈赤对科尔沁部等蒙古部落的拉拢、抚绥政策，扩大联姻（他本人又娶两位科尔沁贵族之女为妻，其中一人即孝庄文皇后，顺治的生母），多施赏赐。在林丹汗武力相攻、后金的拉拢及势力威慑下，科尔沁部以及西邻内哈勒哈五部等部落先后归附了后金。1632年皇太极征林丹汗时，科尔沁部、内哈勒哈诸部以及其他一些蒙古部落都出兵随征，组成左翼军，由努尔哈赤第十二子阿济格统领。有科尔沁等蒙古部落的加入，后金的力量大增，先收服了整个漠南蒙古，又最终灭了明朝。后金对科尔沁等部的政策获得了成功。

㊽ 苏泰太后，Sutai tayiqu。清译本（Ⅷ.15r）作“苏台太后”。《清实录》、《东华录》等作“苏泰太后”。她是海西女真叶赫部首领金台石的孙女，嫁与蒙古大汗林丹汗，是林丹汗第三哈屯（《清太宗实录》天聪九年六月乙酉、甲午条），为林丹汗长子额哲的生母。《明史·鞑靼传》说：“金台什孙女为虎墩兔妇。”《清太宗实录》（天聪九年五月丙子条）说：“多尔衮……遣叶赫国金台石贝勒之孙南楮……先见其姊苏泰太后及子额哲。”《东华录》载：“额哲及其母苏泰太后率众……归降。”1635年四月与儿子额哲一起归降后金。后被嫁与努尔哈赤之弟舒尔哈齐第六子济尔哈朗（《清太宗实录》卷25）。

㊾ 额尔克·孔果尔合罕，Erke qongɣor qaɣan。清译本（Ⅷ.15r）作“额尔克洪果尔”。《黄史》、《阿萨剌黑齐史》亦作 Erke qongɣor；罗桑丹津《黄金史》

作 Eǰei qongγor(额哲·孔果尔);《金轮千辐》作 Eǰei qongγor efuu(额哲·孔果尔额驸)。《明史纪事本末》补编卷3《西人封贡》作“黄鹅儿”。《清实录》等作“额尔克孔果尔额哲”。林丹汗长子。1632 年随父亲西奔。1634 年林丹汗病死于青海。额哲与其母苏泰太后率残众东返,驻河套托里图之地(今内蒙古自治区伊克昭盟乌审旗陶力苏木一带)。1635 年四月被后金军包围,因年幼,由其母作主归降。后尚皇太极次女固伦公主,封和硕亲王,率察哈尔部众迁至义州(今辽宁省义县)驻牧。1641 年卒。无嗣。

㊿ 苏泰太后、额哲一行到达托里图之地后,外罕哈车臣汗硕垒(其夫人为苏泰太后之妹)派人送信给苏泰太后,劝其率部前往他的驻地(详见齐木德道尔吉《外喀尔喀车臣汗硕垒的两封信及其流传》,载《内蒙古大学学报》1994 年第 4 期)。与此同时,皇太极派多尔衮(努尔哈赤第十四子)、岳讬(努尔哈赤次子代善的长子)、萨哈廉(代善第三子)、豪格(皇太极长子)四人统兵一万,搜寻额哲。多尔衮等人先遇林丹汗大哈屯囊囊太后率众(一千五百人)来降,获知额哲驻地,于是直趋托里图,乘雾包围其地,派苏泰太后胞弟南楚(又作“南楮”)前去劝降,苏泰太后、额哲遂降(《开国方略》卷 20、《清实录》天聪九年五月丙子条、《东华录》卷 3)。

[illegible]localhost51 囊囊太后,Nangnang tayiqu。G 本、S 本作 Niyang niyang tayiqu;D 本删,满译本殿本、清译本殿本因缺。《开国方略》、《清太宗实录》、《东华录》等作“囊囊太后”;《明史纪事本末》补编卷 3《西人封贡》作“囊台户”。《清太宗实录》(卷 24)又称她为“察哈尔汗大福金囊囊太后”、“察哈尔汗多罗大福晋”。《源流》以她为林丹汗第二夫人,误。林丹汗次子阿布奈的生母。1635 年二月,携部众一千五百户至多尔衮处乞降,多尔衮遂派人带她前往拜见皇太极。后被皇太极纳入宫中(《清太宗实录》卷 24)。姜相顺(《清太宗的崇德五宫后妃及其他》,载《清代帝王后妃传》上册)根据《清太宗实录》和《清皇室四谱》的有关记载,考证囊囊太后就是“阿霸垓郡王额齐格诺颜之女娜木钟”,后封西宫麟趾宫贵妃,说由于 1636 年(清崇德元年)正五宫位号,各妃都以娘家姓氏和本名入载,所以后人不太清楚囊囊太后就

是西宫贵妃。西宫贵妃生子博穆博果尔,为皇太极第十一子。

52 国母皇后,Ulus-un eǰen qatun。D本删,清译本殿本因缺。此即皇太极的中宫皇后孝端文皇后(1599~1649年)。蒙古科尔沁部首领莽固思的女儿,本名哲哲。1614年嫁给皇太极。生有三个女儿。1636年封为孝端文皇后,1643年尊为皇太后。

53 额尔克·固伦公主,Erke gürüne günǰi。D本删,清译本殿本因缺。gürüne为满语gurun("国"之义,一般汉译为"固伦")的音译。此即皇太极与孝端文皇后所生的玛喀塔公主,称"固伦温庄长公主"。她1636年嫁给林丹汗长子额尔克孔果尔额哲。1641年额哲死,1645年她又嫁给额哲的弟弟阿布奈,生有布尔尼、罗卜藏两个儿子。玛喀达公主死于1663年。

54 阿布奈,Abanai。D本删,清译本殿本因缺。清代汉籍作"阿布奈"(《清实录》)、"阿布鼐"(《表传》等)。林丹汗次子。1645年与玛喀达公主(皇太极之女)成婚,生有布尔尼、罗卜藏两个儿子。1669年,因大不敬而遭弹劾,被囚于盛京。1675年,发生布尔尼反清事件,布尔尼战败被杀,阿布奈也被处以绞刑(《清圣祖实录》卷28康熙八年二月辛卯条、卷55康熙十四年五月辛酉、癸亥条)。

55 据《清太宗实录》卷28,皇太极于1636年(丙子)四月十一日正式称帝,建国号"清",改元"崇德",受"宽温仁圣皇帝"的尊号。《源流》此处所记皇太极的尊号"宽温崇德仁圣贤明皇帝"(Aγuda öröšiyegči degedü erdemtü nayiramdaqu boγda sečen qaγan),以及后文出现的"崇德圣贤皇帝"(Degedü erdemtü boγda sečen qaγan),清译本(Ⅷ.15v、16r)分别音译为"阿固达鄂罗锡叶克齐德格都额尔德木图鼐喇穆达果博克达彻辰汗"、"德格都额尔德穆图博克达彻辰汗"。《源流》此处所记皇太极称帝的年份乙亥,相当于公元1635年。纪年有误。当为1636年丙子。G本、D本讹为gii γaqai(己亥),清译本又误译为"己丑",更是误上加误。

56 洪侍郎·把都儿·总兵,Qong sulang baγatur süngbing。清译本(Ⅷ.16r)译为"洪苏朗巴图鲁……总兵"。即指明蓟辽总督洪承畴。洪承畴曾任河南、山西、陕西、四川、湖广五省总督,1638年奉命入卫京师,1639年任蓟辽总督。1641年(辛巳)三月,清军围攻锦州,很快占领外城。洪承畴率大军增援,七月末到达锦州城南十八里处的松山城,此前清太宗也已抵达松山附近地区。1642年(壬午)二月,清军攻破松山城,洪承畴被俘。后来降清。驻防锦州的明前锋总兵祖大寿在外城失守的情况下,坚守内城一年多,得知洪承畴被俘,遂献城降清。

(57) 伊拉古克三·胡土克图,Ilaγuγsan qutuγtu。清译本(Ⅷ.16r)作"伊拉固克散胡土克图"。《源流》前文(K本90r)说他是米纳黑人吉东·打儿汉·桑思巴(清译本作"密噶特根敦达尔罕桑噶斯巴")的儿子,原称扯臣·绰儿只(清译本作"彻辰绰尔济"),在为四世达赖灵塔举行的开光仪式上,被五世达赖、四世班禅授予"国师·扯臣·绰儿只(清译本作"固实彻辰绰尔济")的称号。此即《清太宗实录》(卷63)的"伊拉古克三胡土克图"。《安多政教史》记为"彻辰绰尔济晋巴嘉措",说他出身于尼唐寺附近的一个部族,铁龙年(1640年庚辰)作为五世达赖等人的使者前往清廷。《清太宗实录》记载伊拉古克三胡土克图到达盛京的时间是1642年(崇德七年,壬午)十月,当时"上亲率诸王贝勒大臣出怀远门迎之。……伊拉古克三胡土克图等朝见,上起迎。伊拉古克三胡土克图等以达赖喇嘛书上,上立受之,遇以优礼。……设大宴宴之。伊拉古克三胡土克图及同来喇嘛等,各献驼马、番菩提数珠、黑狐皮等物,酌纳之"。1643年(清崇德八年,癸未)五月,伊拉古克三胡土克图一行离开盛京返藏,清太宗亲自送到演武场,设大宴为其饯行,并以察干格隆等人为使臣,携带自己的信件随伊拉古克三胡土克图一同赴藏,并让使臣给五世达赖、四世班禅带去了丰厚的礼物。

另外还有一个称伊拉古克三胡土克图的人,清康熙年间参与准噶尔部噶尔丹的抗清行动,后被清廷处死。这个伊拉古克三胡土克图,若松宽(《伊拉古克三考》,载《清代蒙古的历史与宗教》)根据《五世达赖自传》和《阿萨剌黑齐史》的有关记载,考证为外喀尔喀赛音诺颜部人,是图蒙肯之孙。若松宽以及马汝珩和成崇德(《伊拉古克三史事考辨》,载《民族研究》

1986年第5期），都认为这个人是清太宗时期伊拉古克三胡土克图的转世。

(58) 吴总兵，Uu süngbing。清译本（Ⅷ.17r）作“吴姓总兵”。即指吴三桂。当时吴三桂驻守山海关。1644年（甲申）二月，李自成率军东进，直趋北京，三月中旬抵达北京城下，十九日入城。此前在三月初，明崇祯皇帝令宁远总兵吴三桂撤兵入关，进京勤王。吴三桂未到达北京，北京城已破。他与山海关总兵高第汇合，屯兵关下，静观形势的变化。二人后来接受李自成的招降，将山海关移交唐通接管。吴三桂在赴京途中听说家人在京遭李自成部下迫害，遂回师山海关，打败唐通，占领关城。后降清，与清军共同击败来战的李自成军。李自成于四月三十日撤出北京。五月二日，清军在多尔衮率领下，由吴三桂引导，开进北京城。《源流》此处所说的“哈喇台城”（Qaratai kemekü qota），当指山海关。清译本（Ⅷ.17r）即依满译本译为“山海关”。中国第一历史档案馆所藏蒙文档案中有一件皇太极写给蒙古察哈尔万户奈曼部首领洪把都儿的一封信（编号：蒙150），信中提到Qaratai之名，皇太极在信中指责蒙古内罕哈五部经常截杀后金派往科尔沁部的使臣，还妨碍后金出兵Qaratai。山海关，蒙古人一般称为Šanaq-a boγomda，Qaratai或许是其俗称。

(59) 据《元史》，妥欢贴睦尔的弘吉剌氏伯颜忽都皇后死于1365年（元至正二十五年），根本不可能在1368年大都失陷时落入朱元璋之手。据《明太祖实录》，明成祖的生母为高皇后马氏，他生于1360年（元至正二十年），而不是1368年以后。因此，所谓明成祖（永乐帝）为元惠宗妥欢贴睦尔遗腹子的故事根本不足信。但这种说法在蒙古、明朝都有传载。蒙古方面，以《源流》的记载最为详细，两《黄金史》和《阿萨剌黑齐史》的内容较为简略。明朝方面，一种说法源自《南京太常寺志》，以明成祖生母为碽妃；一种说法与蒙古方面的传说相近，说明成祖生母为瓮氏，蒙古人，本元顺帝之妃。对这一传说的来龙去脉及其思想内涵，周清澍在《明成祖生母弘吉剌氏说所反映的天命观》一文（载《内蒙古大学学报》1987年第3期）中作了详尽的考证和分析,指出这个传说是元顺帝生父为宋瀛国公之说的复制和再现,它反映了宋朝以来汉地天命观思想对当时蒙古人的影响。

⑥⓪ 葛哩麻巴的如来·罗白·朵儿只,Garm-a u-a-yin Tegünčileniregsen rolbai dorǰi。清译本(Ⅷ.18r)译为“噶尔玛巴之特衮齐楞伊埒克森啰勒贝多尔济”。当指藏传佛教噶玛噶举派黑帽系第五世活佛“得银协巴”(公元1383~1415年,《明史》卷331作“哈立麻”)。他原名搠思巴勒藏卜(chos-bpal bzang-po),于1406年(明永乐四年)应明成祖之邀前往南京,1407年接受明成祖所赐“如来”名号(从此多称得银协巴——de-bzin gšegs-ba,“如来”之义),并被封为“万行具足十方最胜圆觉妙智慧善普应佑国演教如来大宝法王西天大善自在佛”(《明史·西域三》)。《源流》在此人的名称中写入rolbai dorǰi是不对的。因为这是得银协巴前一代活佛即黑帽系第四世活佛Rol-pahi-rdo-Ije(1340~1383年,今一般汉译为“乳必多吉”)之名的蒙古语音译。《源流》把两个人混为一人。

⑥① 萨思迦的大乘帖禅·绰儿只,Saskiy-a-yin Yeke kölgen-utegčen čorǰi。清译本(Ⅷ.18v)译为“萨斯嘉之大乘丹簪绰儿济”。当指明成祖所封“大乘法王”的昆泽思巴(Kun bkras pa)。此人本名公哥乞剌失斯(Kun-dgahh bkra-shis),藏传佛教萨迦派僧人。于1413年(明永乐十一年)应明成祖之召去到北京,被封为“万行圆融妙法最胜真如慧智弘慈广济护国演教正觉大乘法王西天上善金刚普应大光明佛”(《明史·西域三》)。大乘法王,藏语作Theg-chen chos-kyi rgyal-po。

⑥② 萨喇的大慈苫禅·绰儿只,Ksar-a-yin Yeke asarangγui bšamčan čorǰi。清译本(Ⅷ.18v)依满译本译为“黄教之大慈萨木禅绰尔济”。当指明宣宗所封“大慈法王”的苫禅绰儿只。原名释迦也失(Shākya ye-shes),为藏传佛教格鲁派僧人,是宗喀巴的八大弟子之一,色拉寺的创建人。1409年(明永乐七年)明成祖遣使邀请宗喀巴赴京传法,宗喀巴派释迦也失代他前往。释迦也失于1414年(明永乐十二年)到达北京,1415年明成祖封他为“妙觉圆通慈慧普应辅国显教灌顶弘善西天佛子大国师”。他于1416年返藏。

1434年(明宣德九年)再次入朝,明宣宗封他为"万行妙明真如上胜清净般若弘照普慧辅国显教至善大慈法王西天正觉如来自在大圆通佛"(《明史·西域三》)。

63《源流》所记明朝皇统,有几处错误。例如:误以明成祖(永乐)之孙宣宗(宣德)为其子,颠倒了仁宗(洪熙)与宣宗的父子关系,有关纪年也随之混乱。误以宣宗之子英宗(正统)、景帝(景泰)为仁宗之子,又颠倒了英宗、景帝的兄弟关系。误以思宗(崇祯)为熹宗(天启)的侄子(ači degüü),当为其弟(满译本已改,清译本因作"弟")。

64 顺治皇帝,Ey-e-ber ǰasaγči qaγan。清太宗皇太极第九子。生母为出身于蒙古科尔沁部的庄妃布木布泰(死后尊谥孝庄文皇后)。顺治帝生于1638年。本名福临。1643年即位,建年号"顺治"。因年幼,由叔父多尔衮、济尔哈朗辅政,后进封多尔衮为摄政王。于1651年多尔衮死后开始亲政。清算多尔衮的罪行,整治朝纲,加强中央集权,新设置了一些机构,制定了一些新政策,使国家政治初具规模,为后来的康熙盛世奠定了基础。死于1661年。庙号世祖。

65 此辛卯年相当于公元1651年。据《清世祖实录》(卷30、卷55)、《蒙藏佛教史》等,顺治皇帝在1647年(丁卯)、1651年两次遣使入藏邀请五世达赖。五世达赖遂于1652年(壬申)三月从西藏出发,于同年十二月十五日(1653年1月15日)到达北京,在南苑猎场与顺治帝相会。

66 黄城,Šir-a qota。清译本(Ⅷ.21r)据满译本译为"黄墙庙宇"。此即北京安定门外的西黄寺,是清廷为迎接五世达赖而专门修建的。五世达赖在京期间,一直住在该寺。

67 康熙皇帝,Engke amuγulang qaγan。顺治皇帝(清世祖)第三子。生于1654年(甲戌)。本名玄烨。1661年(辛丑)正月顺治皇帝去世,玄烨随即嗣位,建年号"康熙",以次年即1662年(壬寅)为康熙元年。因年幼,即位初期由索尼等四辅政大臣代理朝政。1667年开始亲政。从1673年起,历时八年平定"三藩"之乱,1683年收复台湾,1688年与俄罗斯签订《中俄尼布楚条约》,确定中俄东段边界,1697 年最终平息蒙古准噶尔部噶尔丹的反抗,1722 年又派兵进驻乌鲁木齐,巩固了清朝的统一。采取有力措施,大力发展生产,使社会经济得到了较明显的发展,国力增强。重视发展科学、文化事业,主持编修《数理精蕴》、《历象考成》、《皇舆全览图》等自然科学书籍,以及《古今图书集成》、《佩文韵府》、《康熙字典》等大型文化作品。在位六十余年,1722 年去世。庙号圣祖。

⑱ 鄂齐尔合罕,Wčir qaγan。D 本缺,清译本(Ⅷ.21v)因缺。此即和硕特部首领顾实汗的长子"达延鄂齐尔汗"(《藩部要略》卷 1.7)。1655 年初顾实汗去世,1660 年,五世达赖赐达延鄂齐尔汗"丹津"之号,承认他是顾实汗的正式继承者。他继父亲之后,成为第二位统治西藏的蒙古君主。此后称"丹津·达延·结卜"(持教达延王)。在位期间,几次遣使进京,进献方物。1668 年去世。

⑲《源流》此处说四世班禅 1662 年(壬寅)派人给康熙皇帝呈送书信,所记时间、人物有误。时间当在 1661 年以前,收信人当是顺治皇帝。据《四世班禅传》,四世班禅罗藏·绰吉·坚灿于 1662 年(水虎,壬寅)二月十三日去世。他自 1658 年起患病,病情逐渐加重。顺治皇帝得知后,派人前往札什伦布寺看望四世班禅,让他们带去自己给四世班禅的亲笔信和礼物。四世班禅给顺治皇帝写了回信,并赠送了礼物。

蒙文影印件

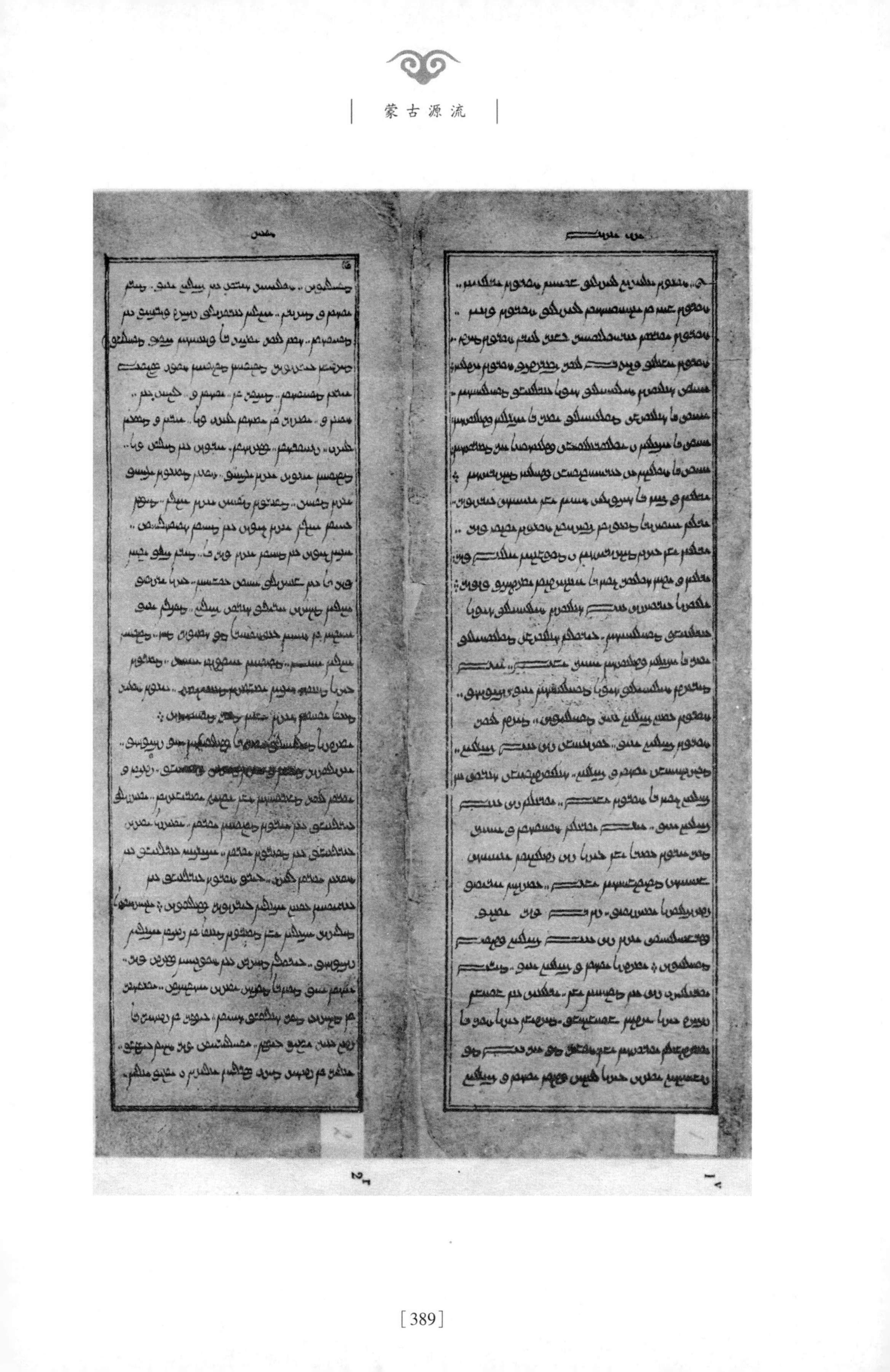

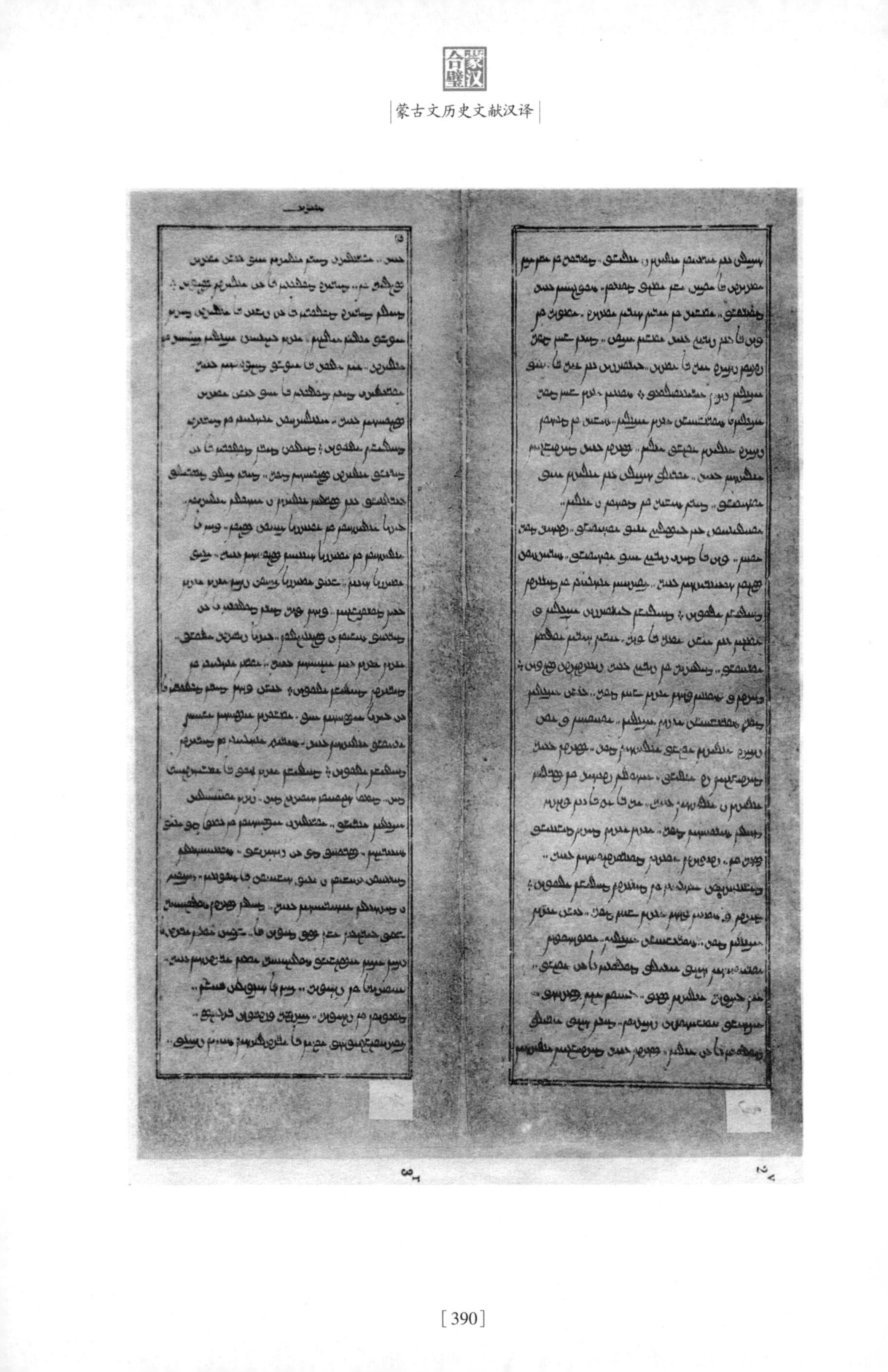

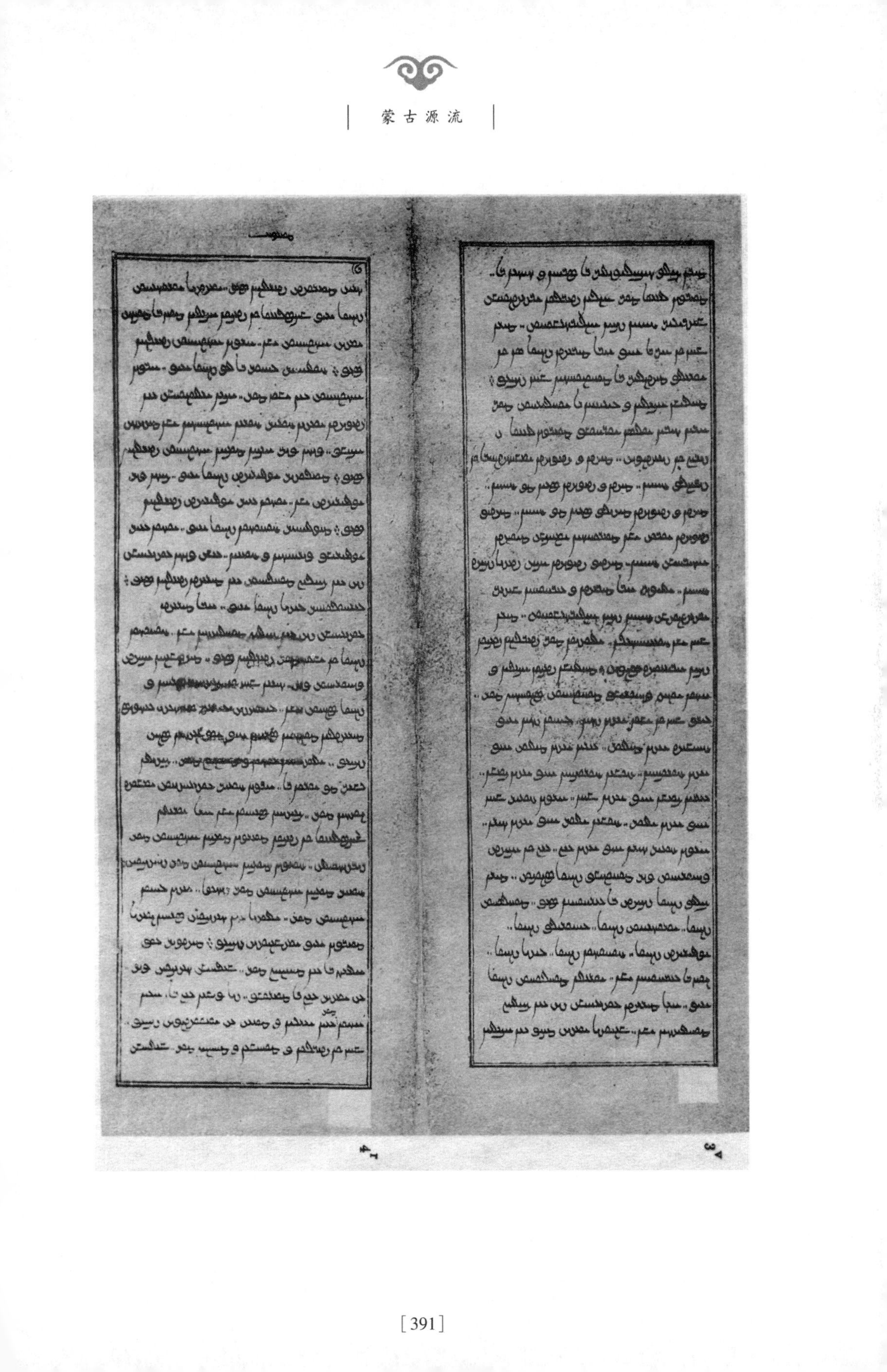

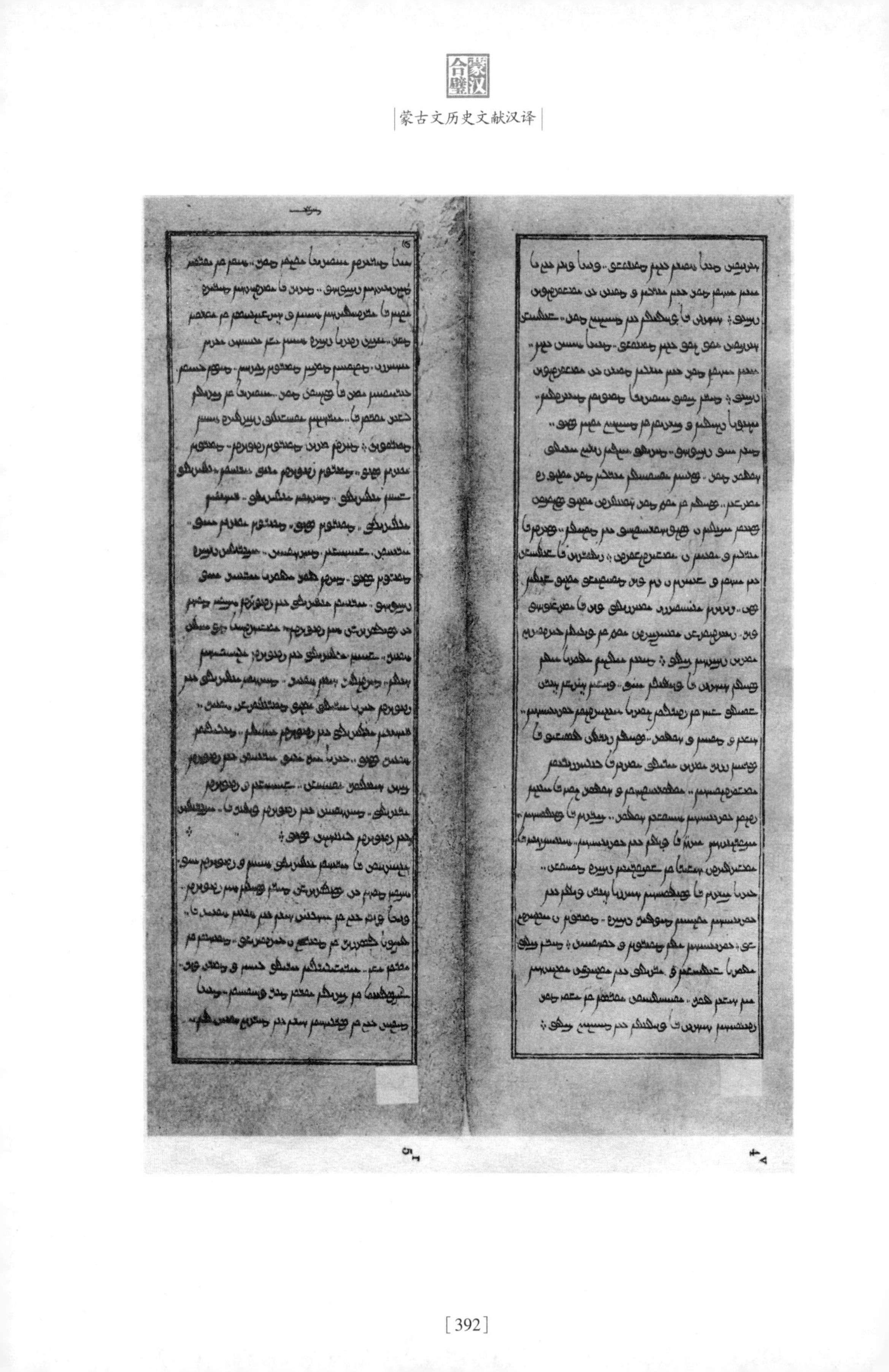

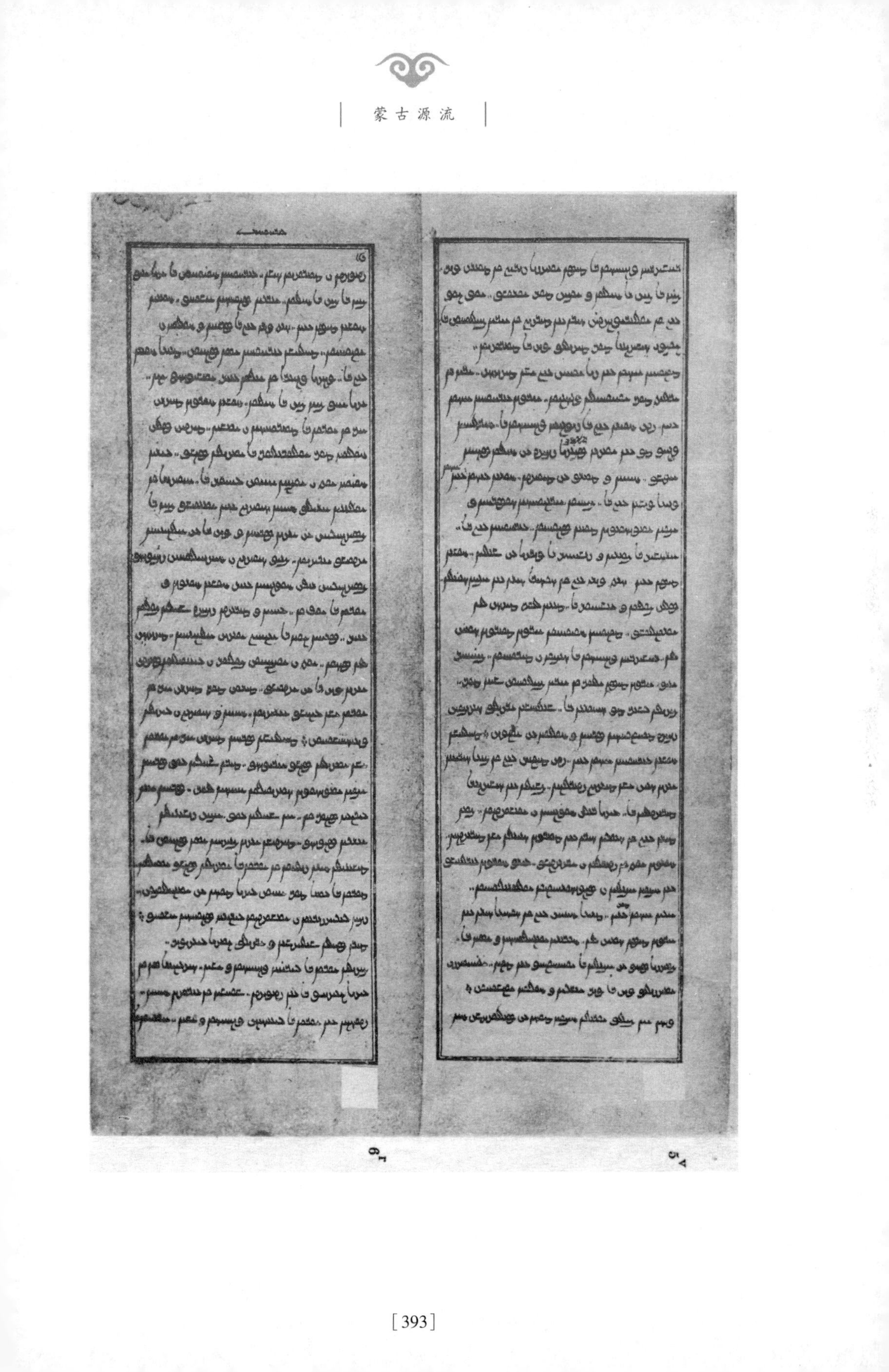

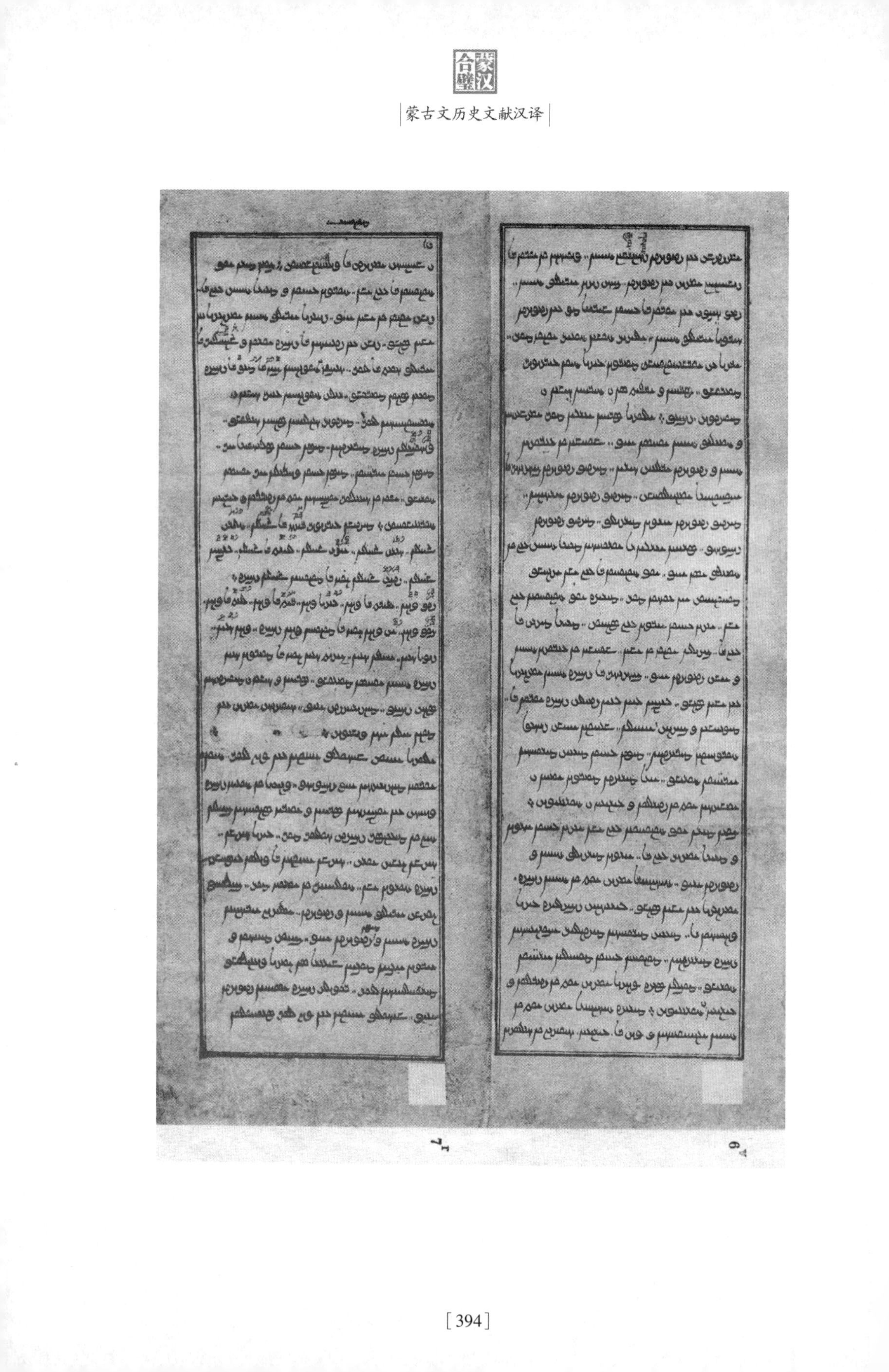

9r

8v

10r

9v

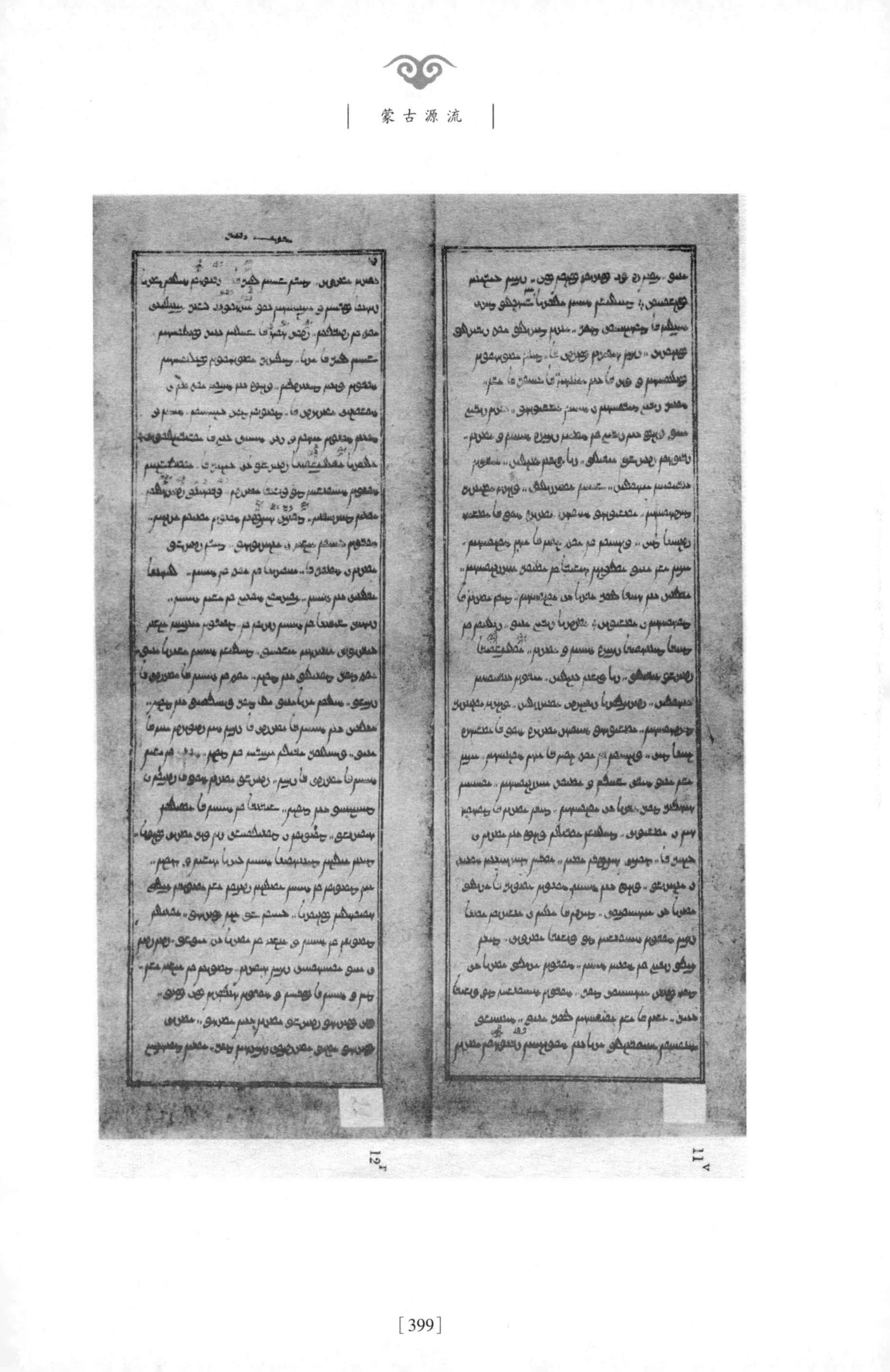

12r

11v

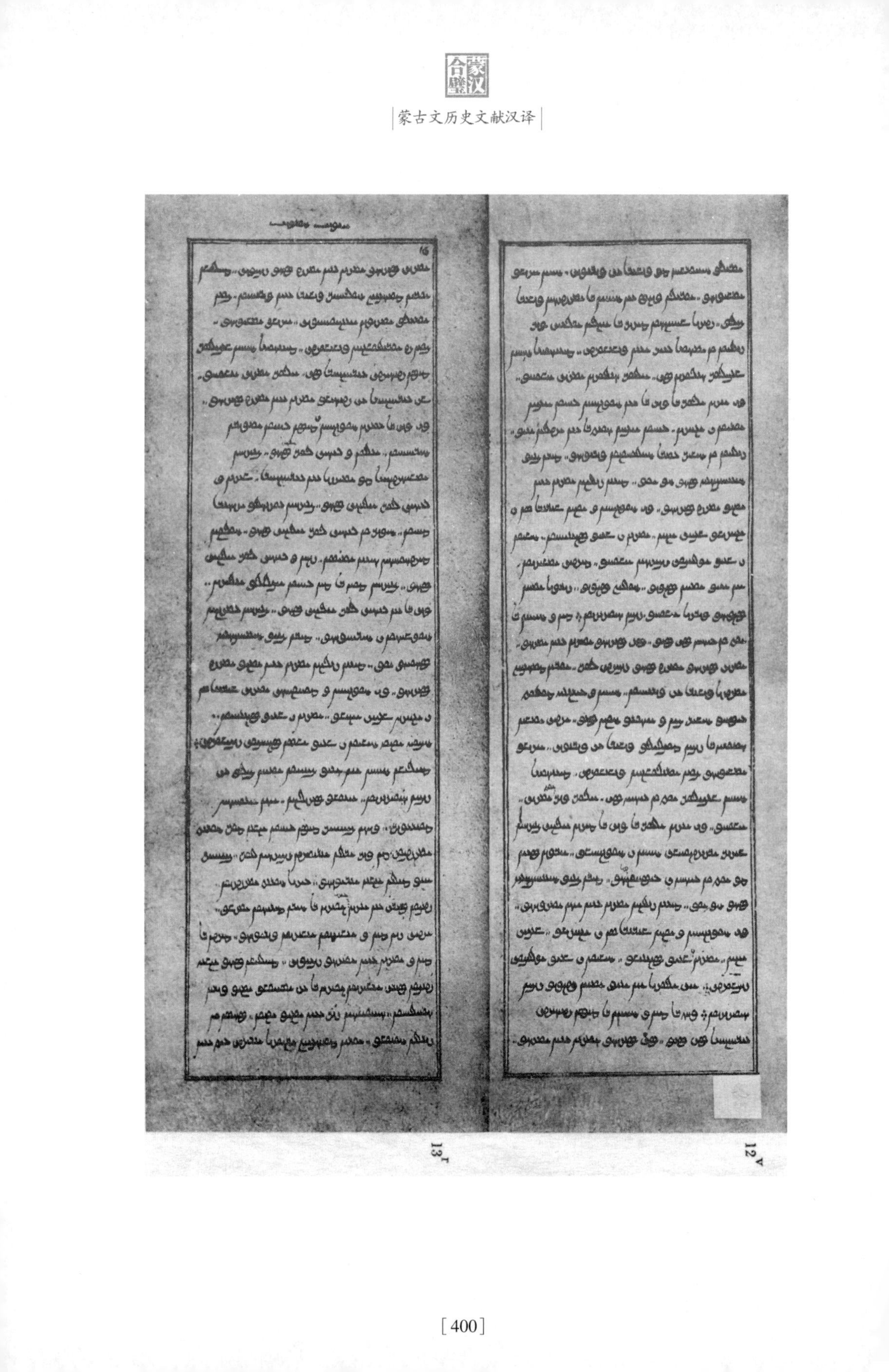

13r

12v

14r

13v

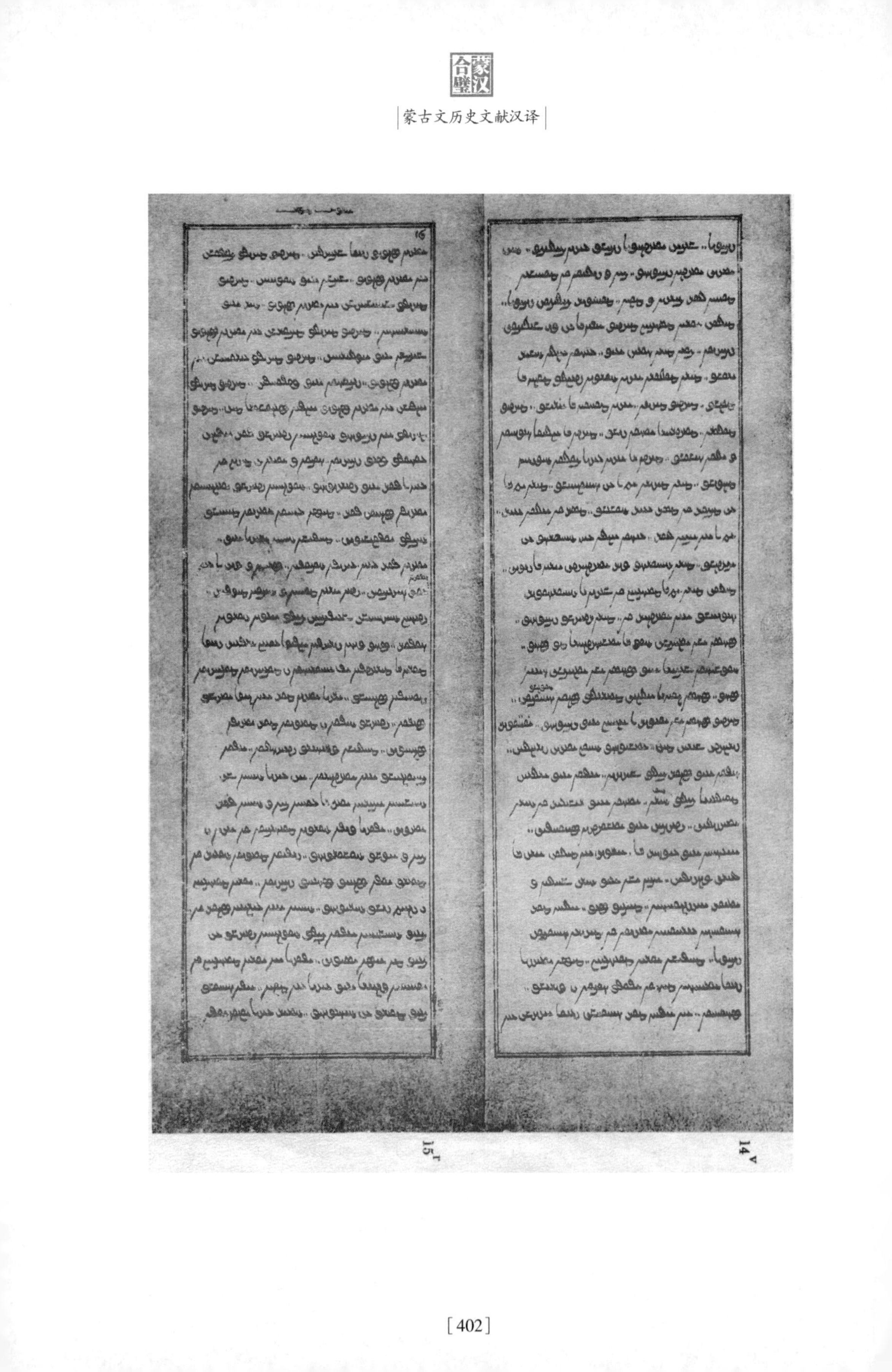

15r

14v

16^r 15^v

17r

16v

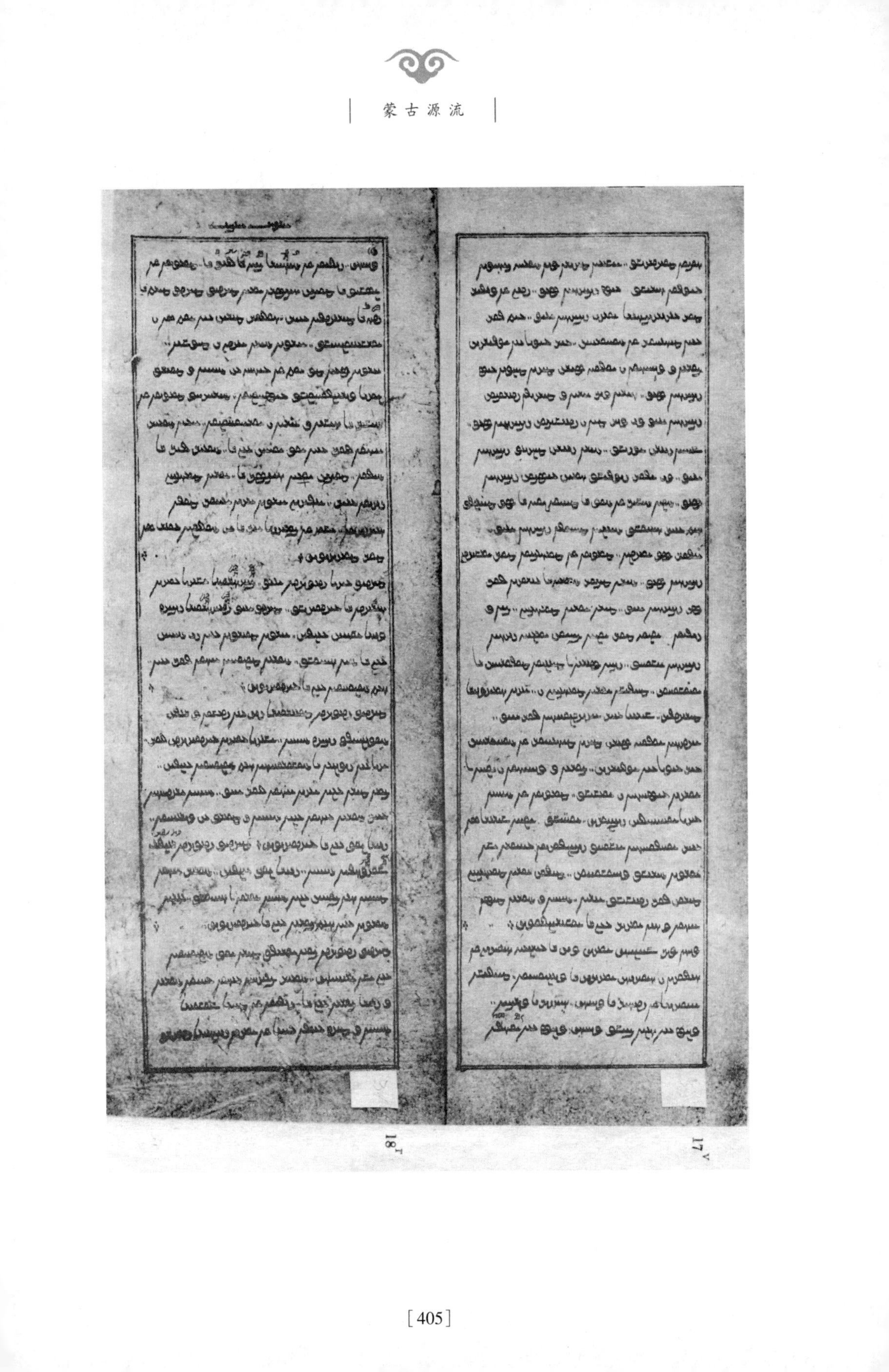

18r

17v

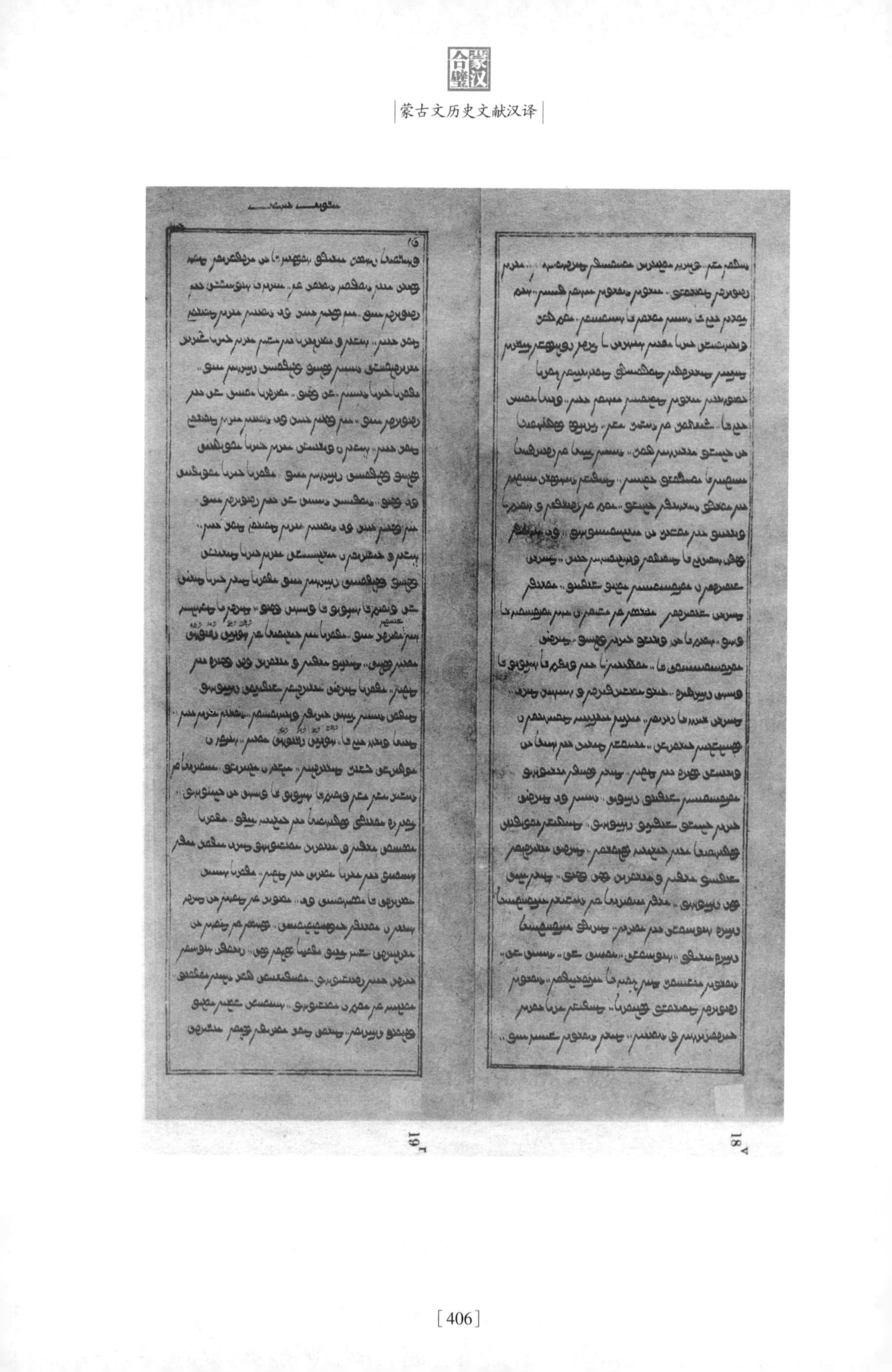

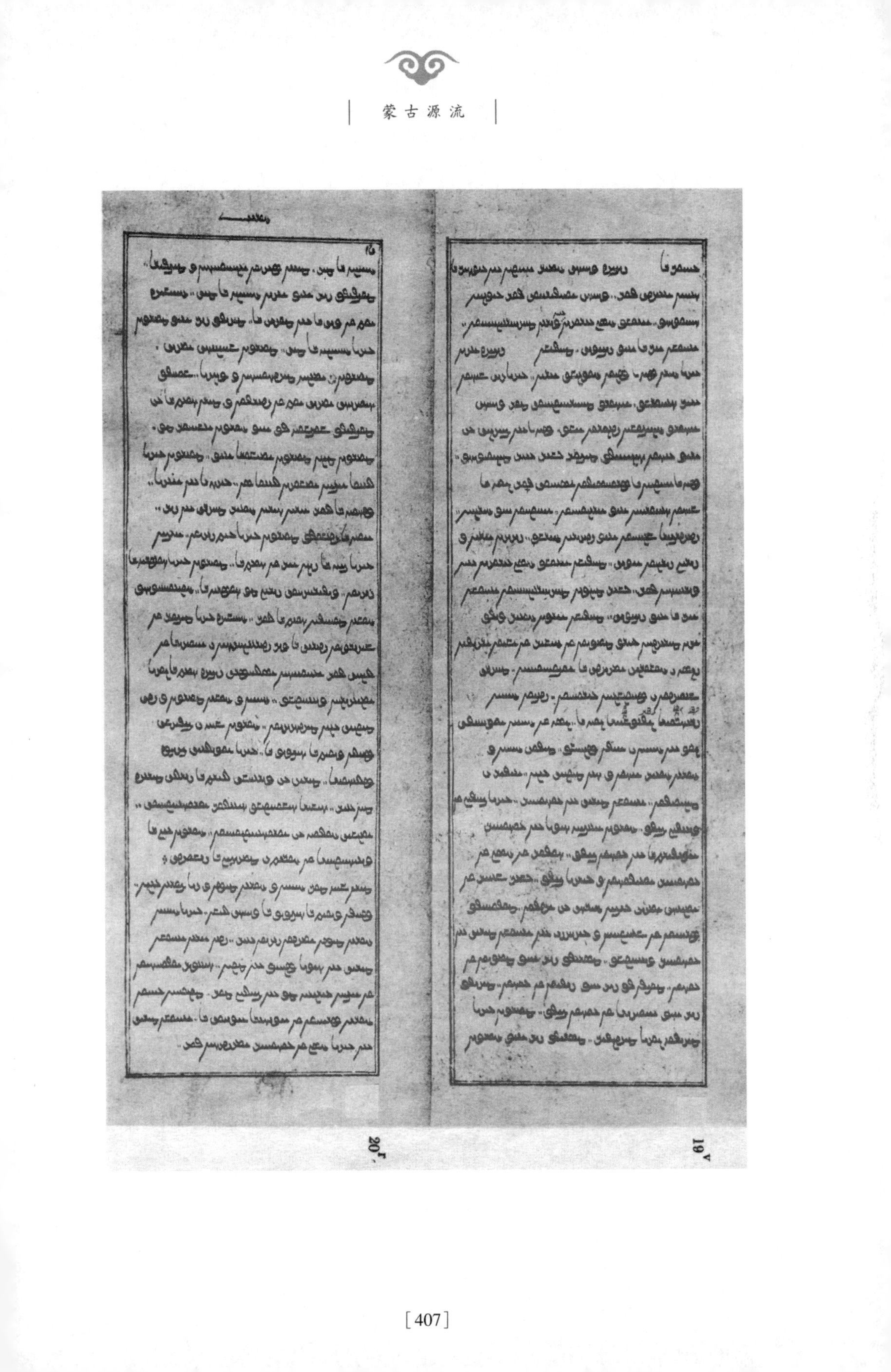

19v

20r

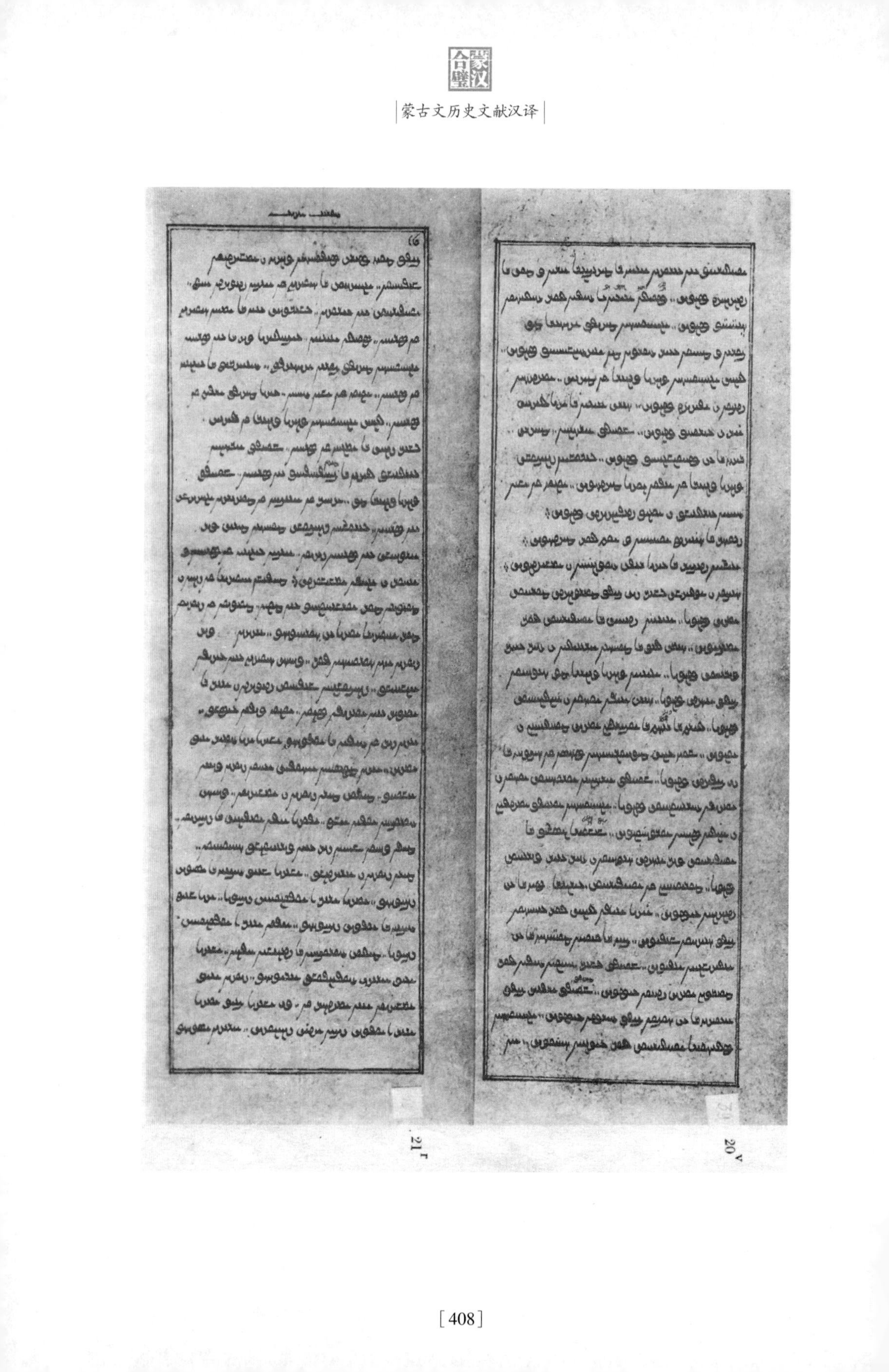

21 r

20 v

23r

22v

24r

23v

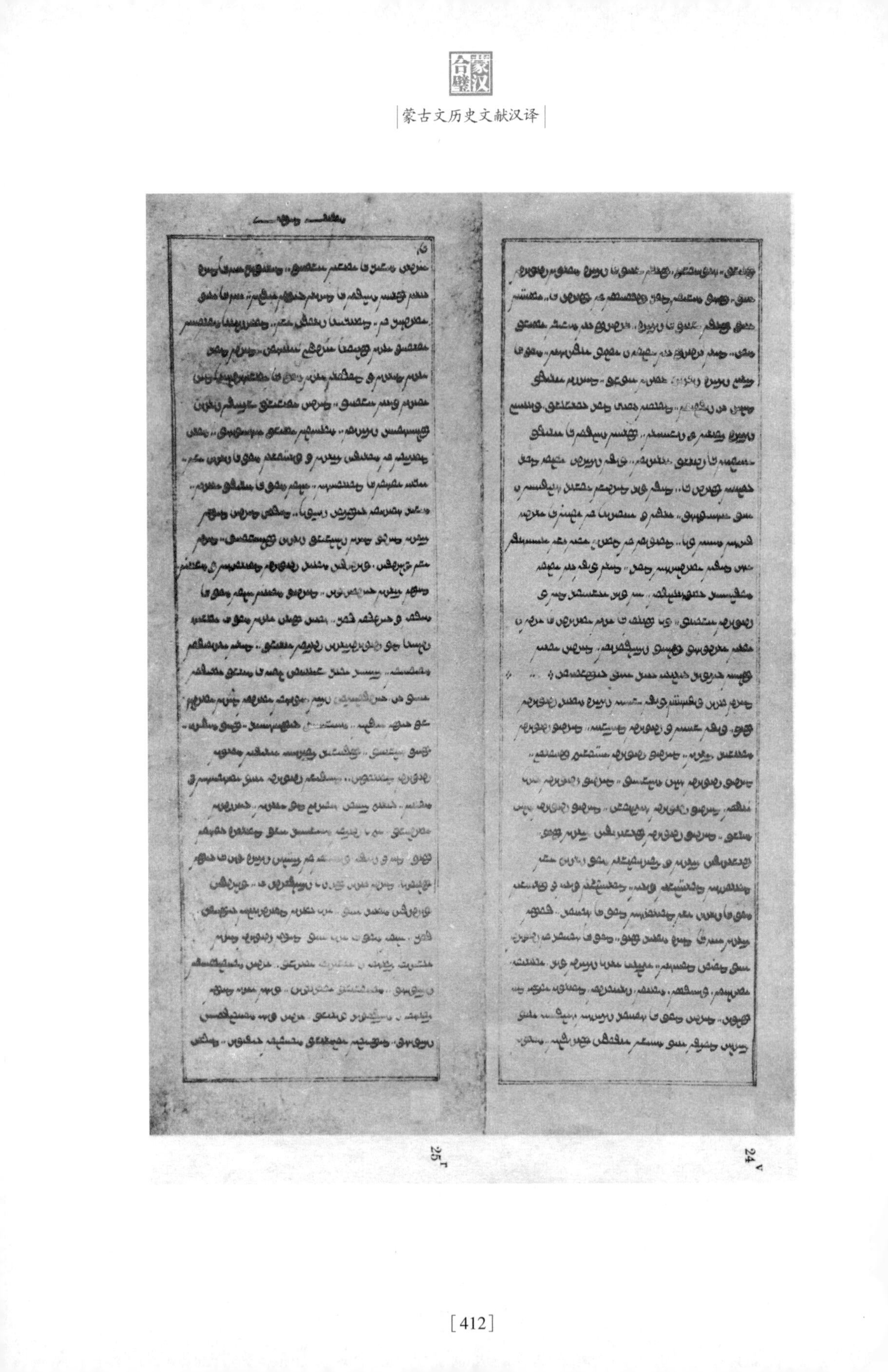

25r

24v

26r

25v

27r

26v

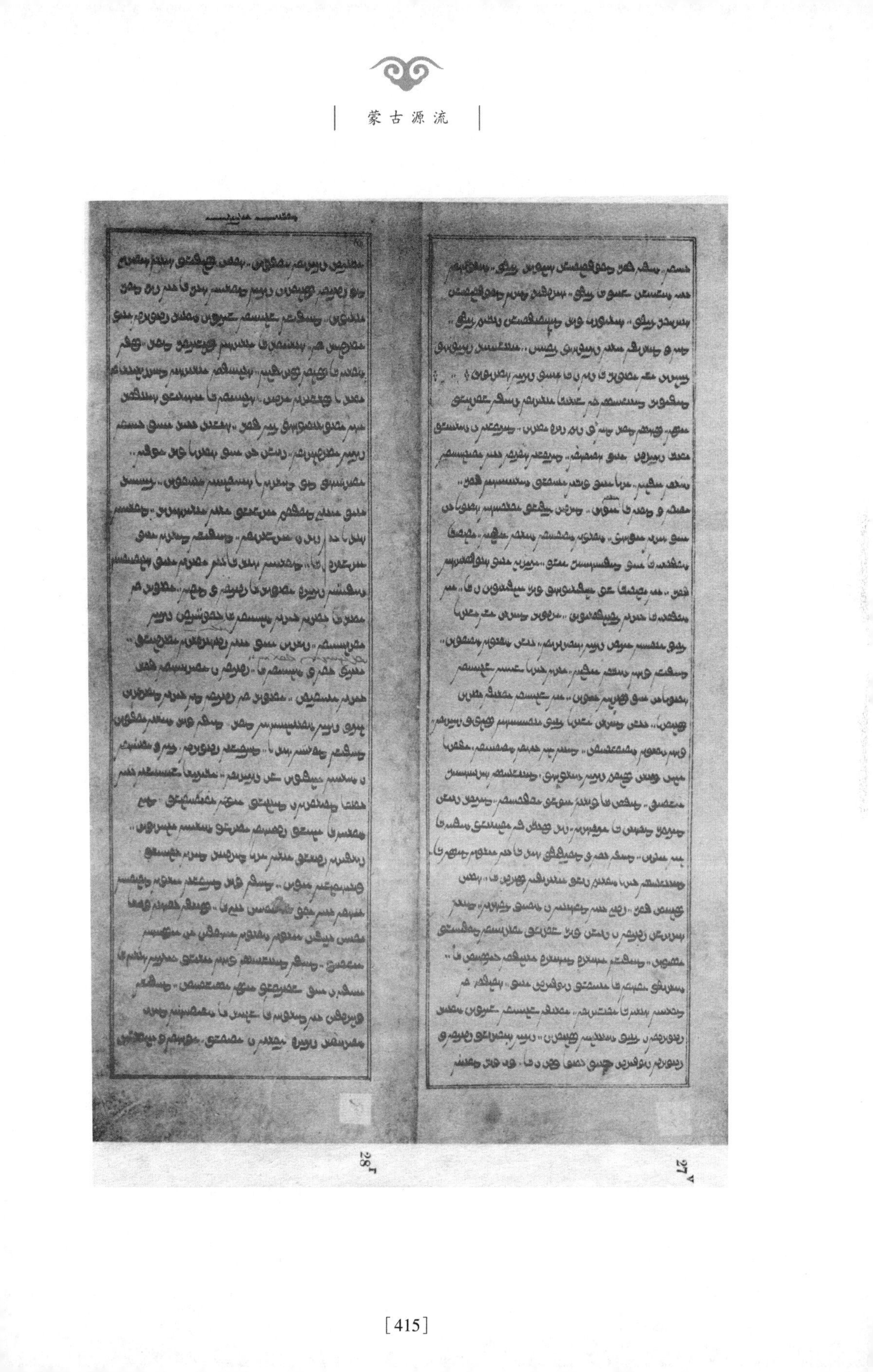

28r

27v

29r 28v

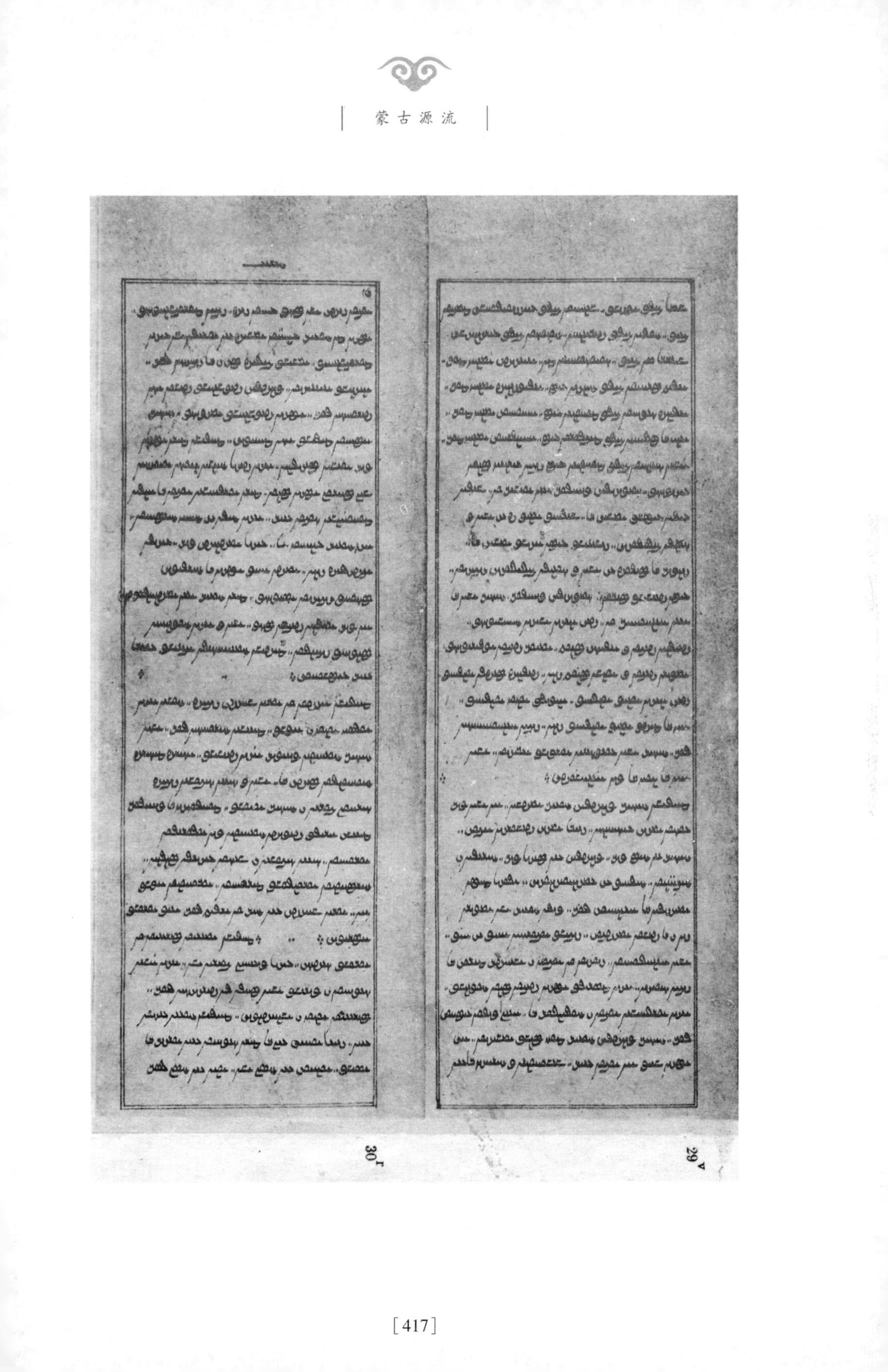

30r

29v

31r

30v

32r

31v

33r

32v

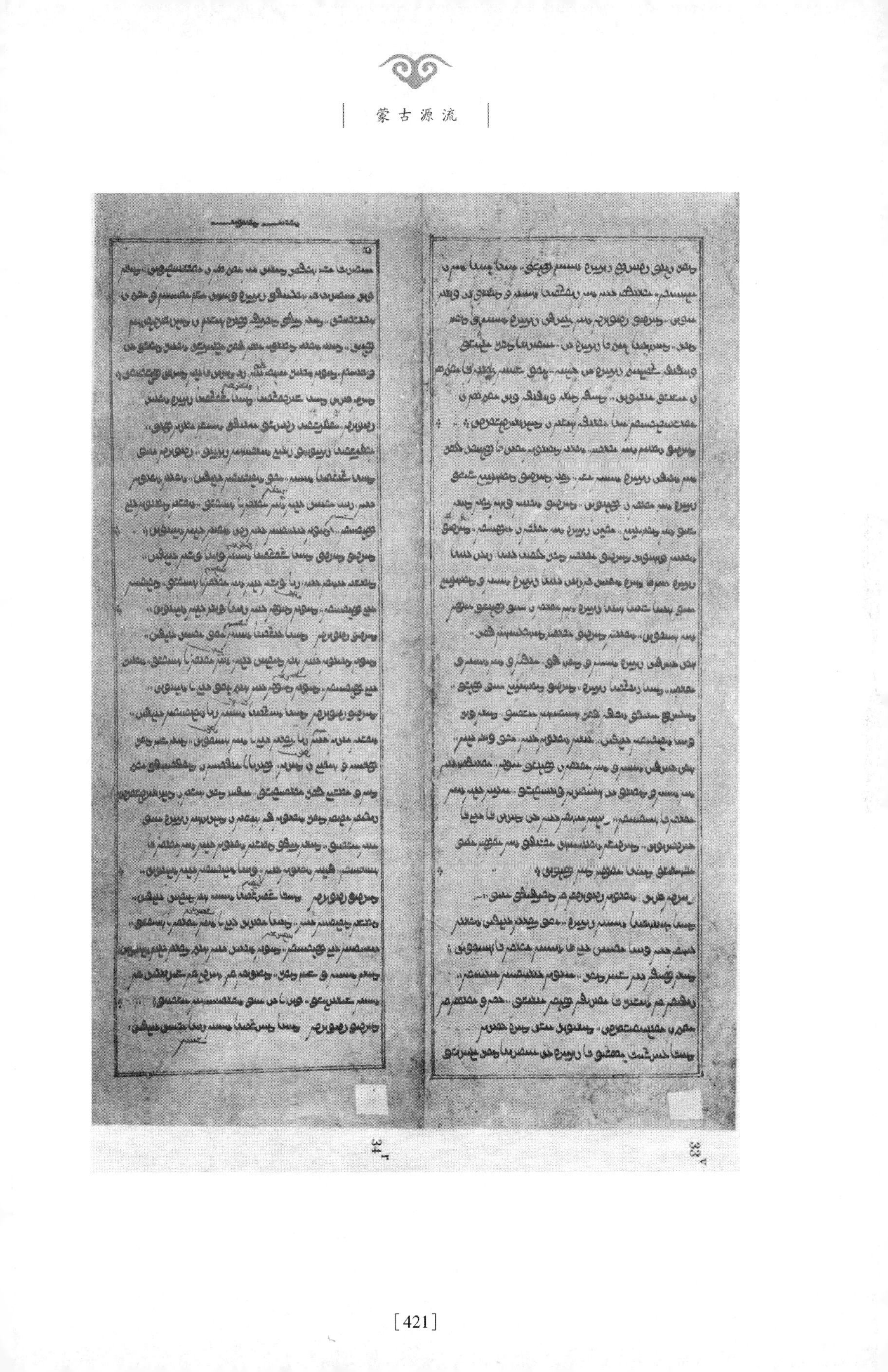

34r

33v

35 r

34 v

36r

35v

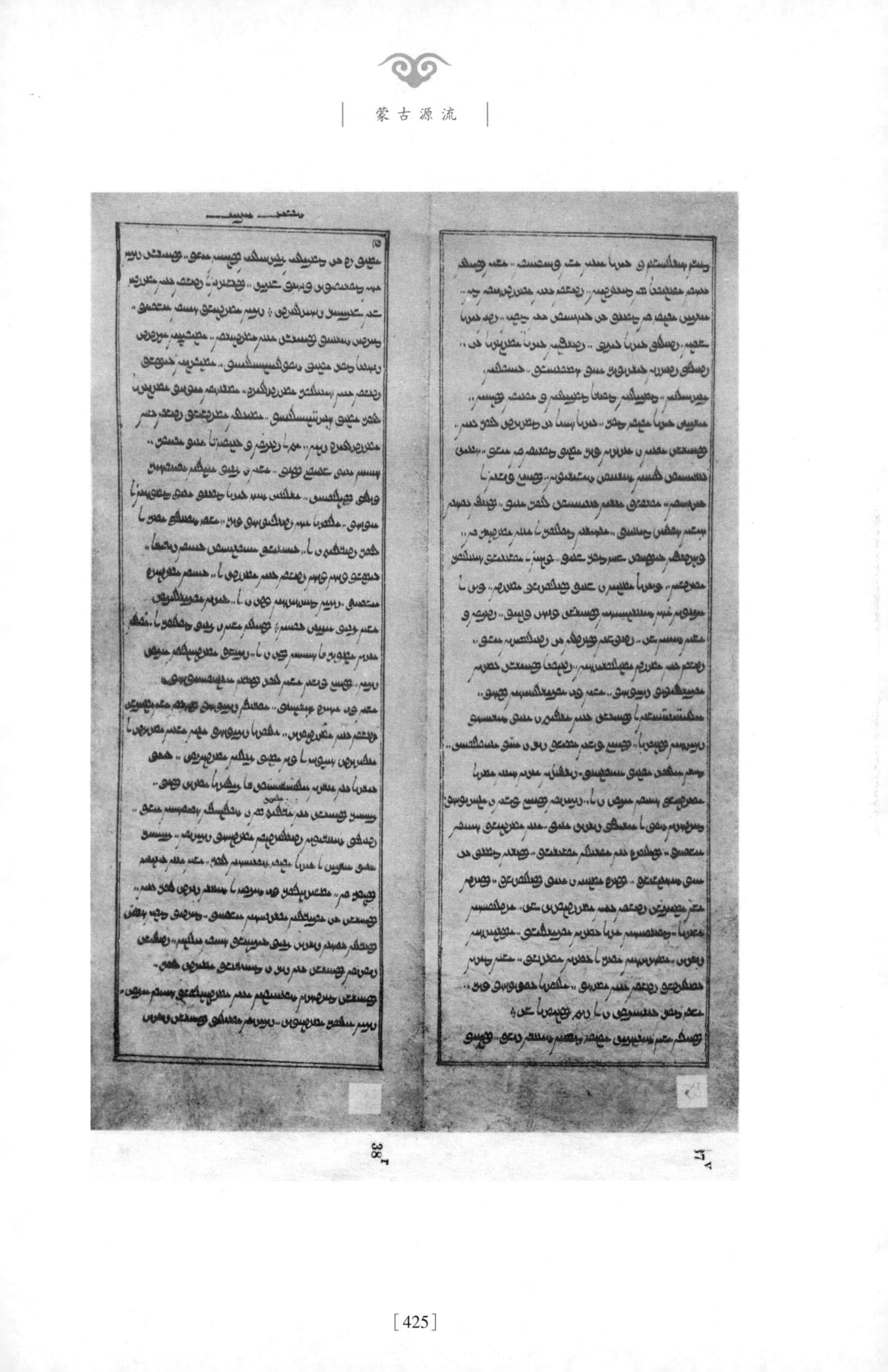

38r

37v

39r 38v

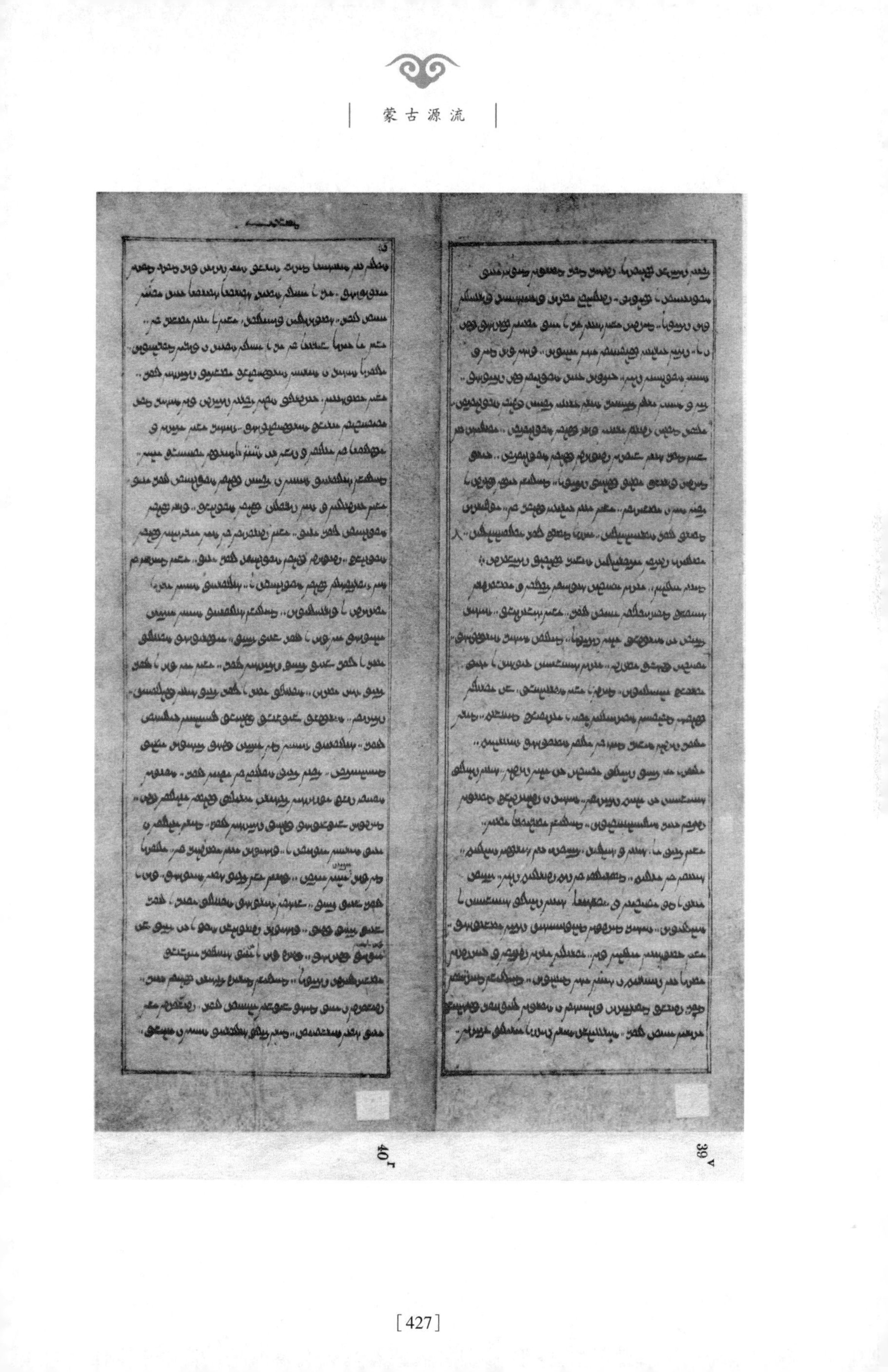

40 r

39 v

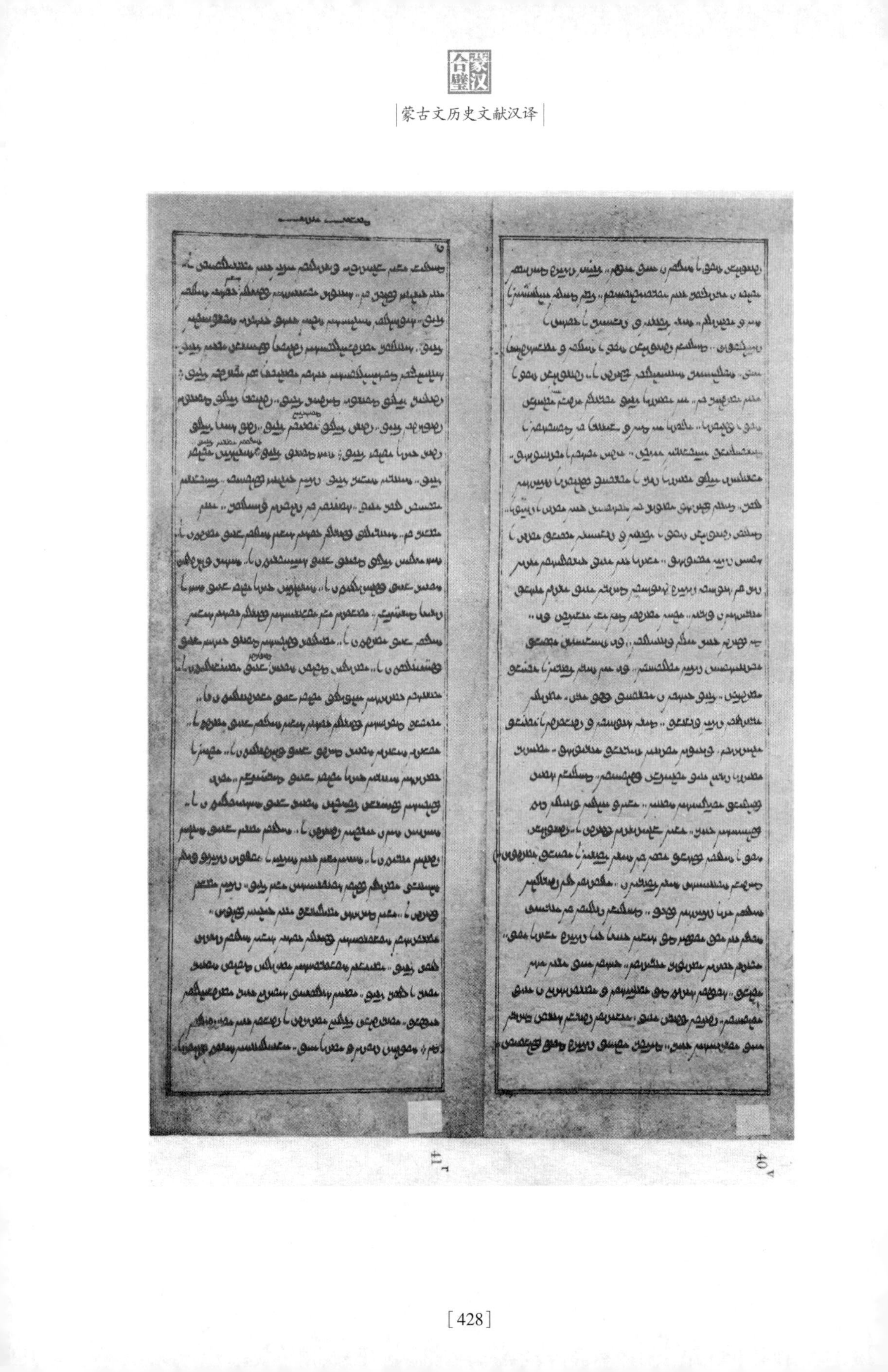

41r

40v

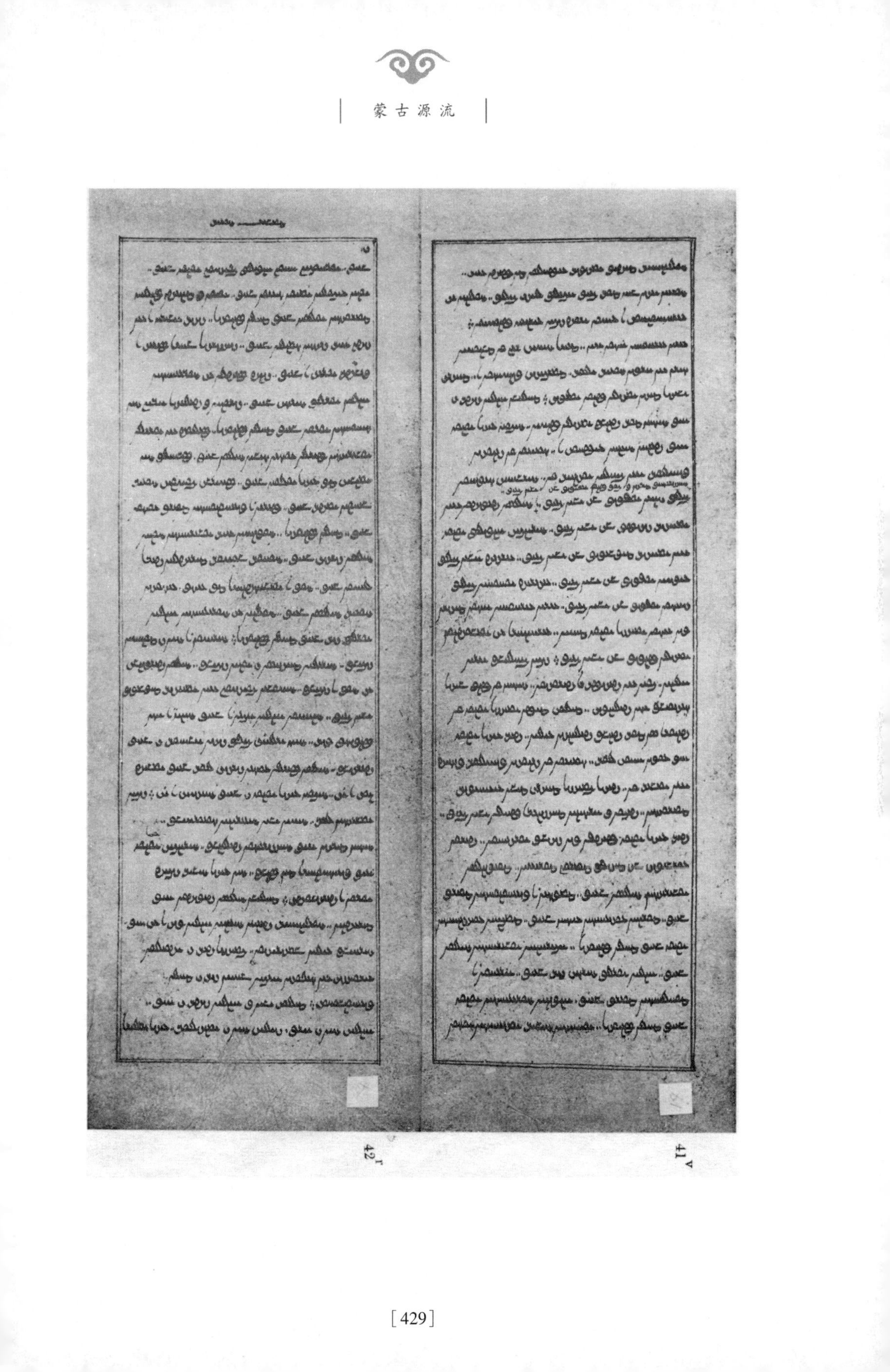

41v

42r

43r

42v

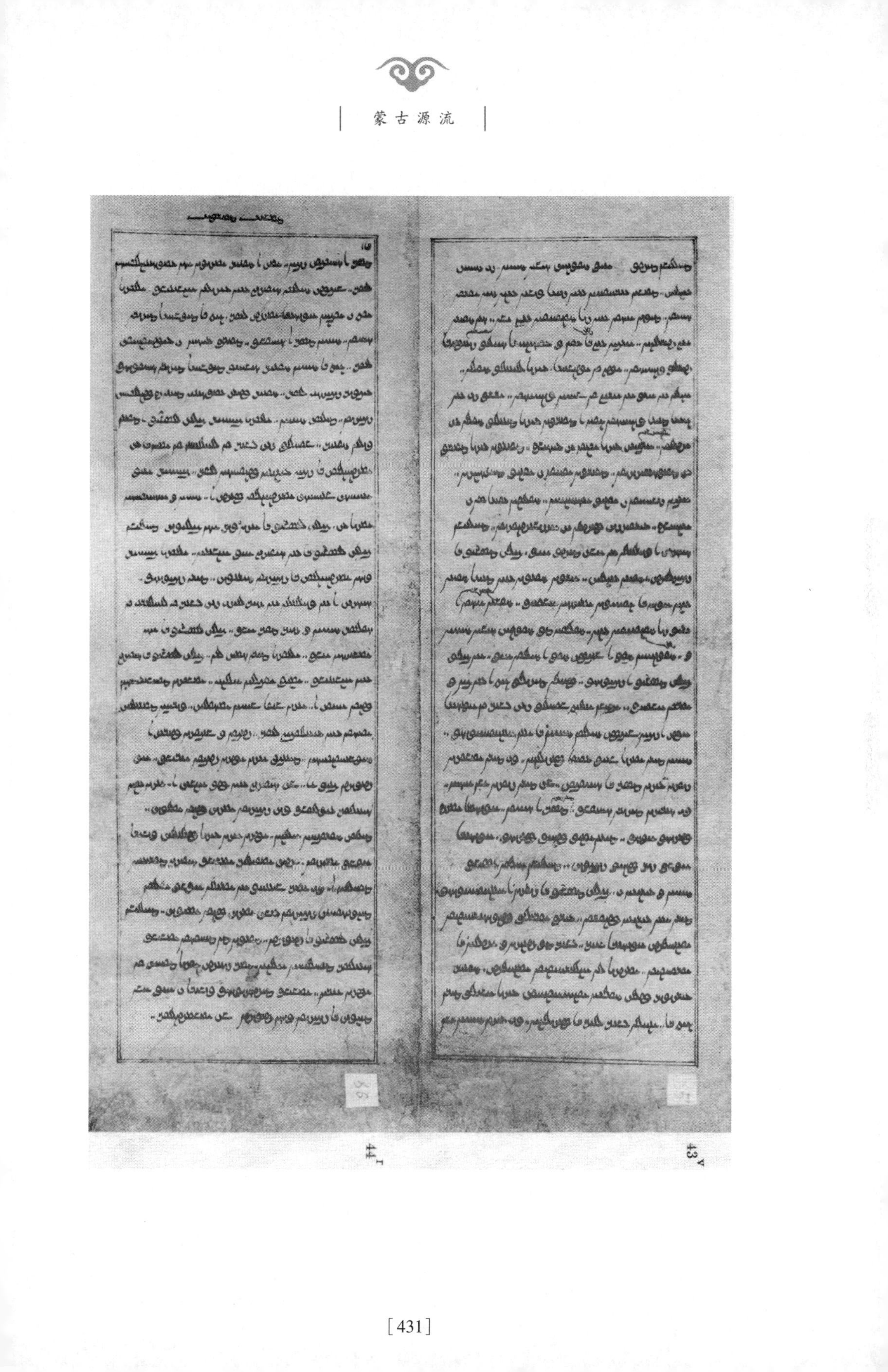

44r

43v

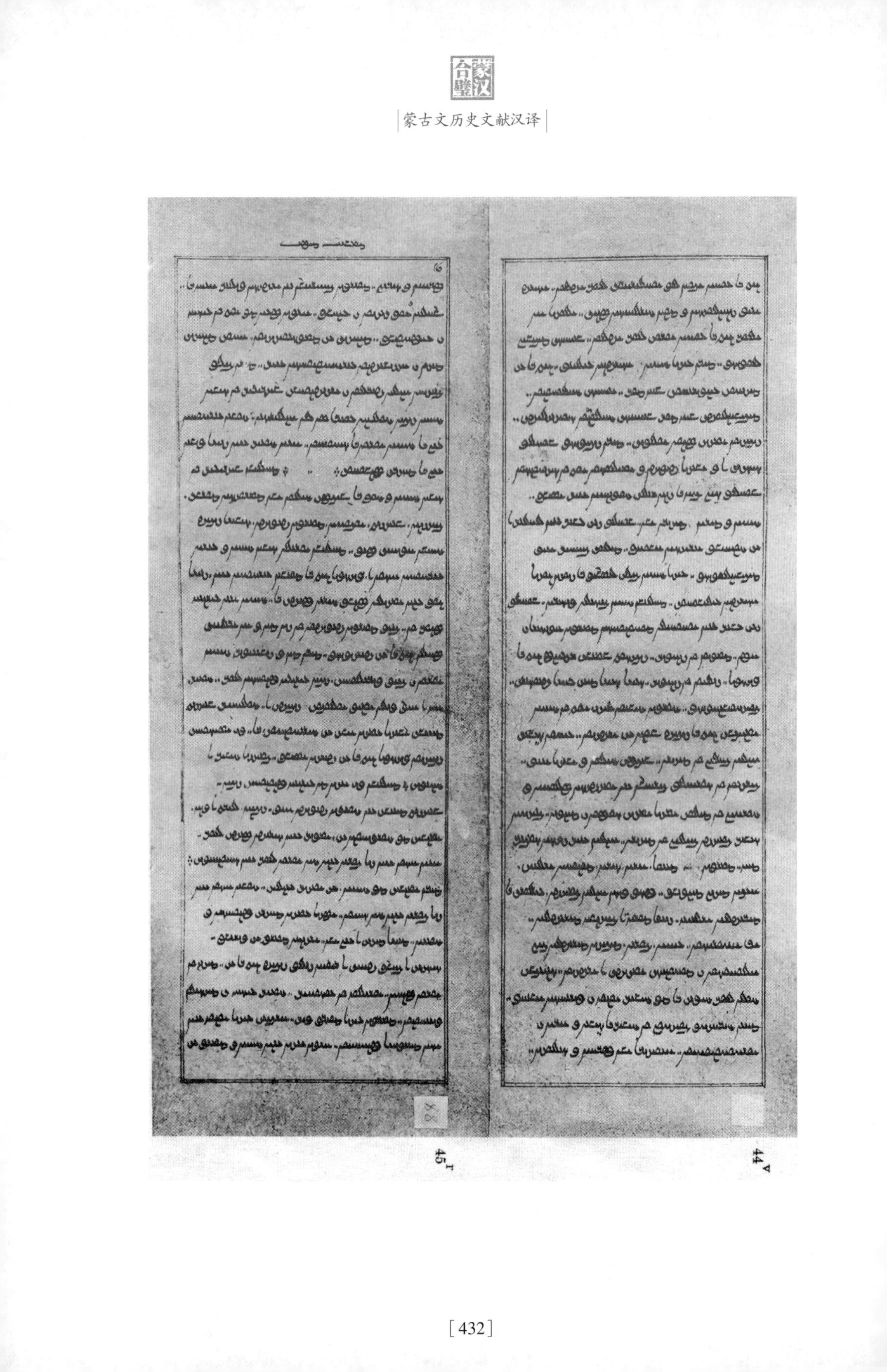

45r

44v

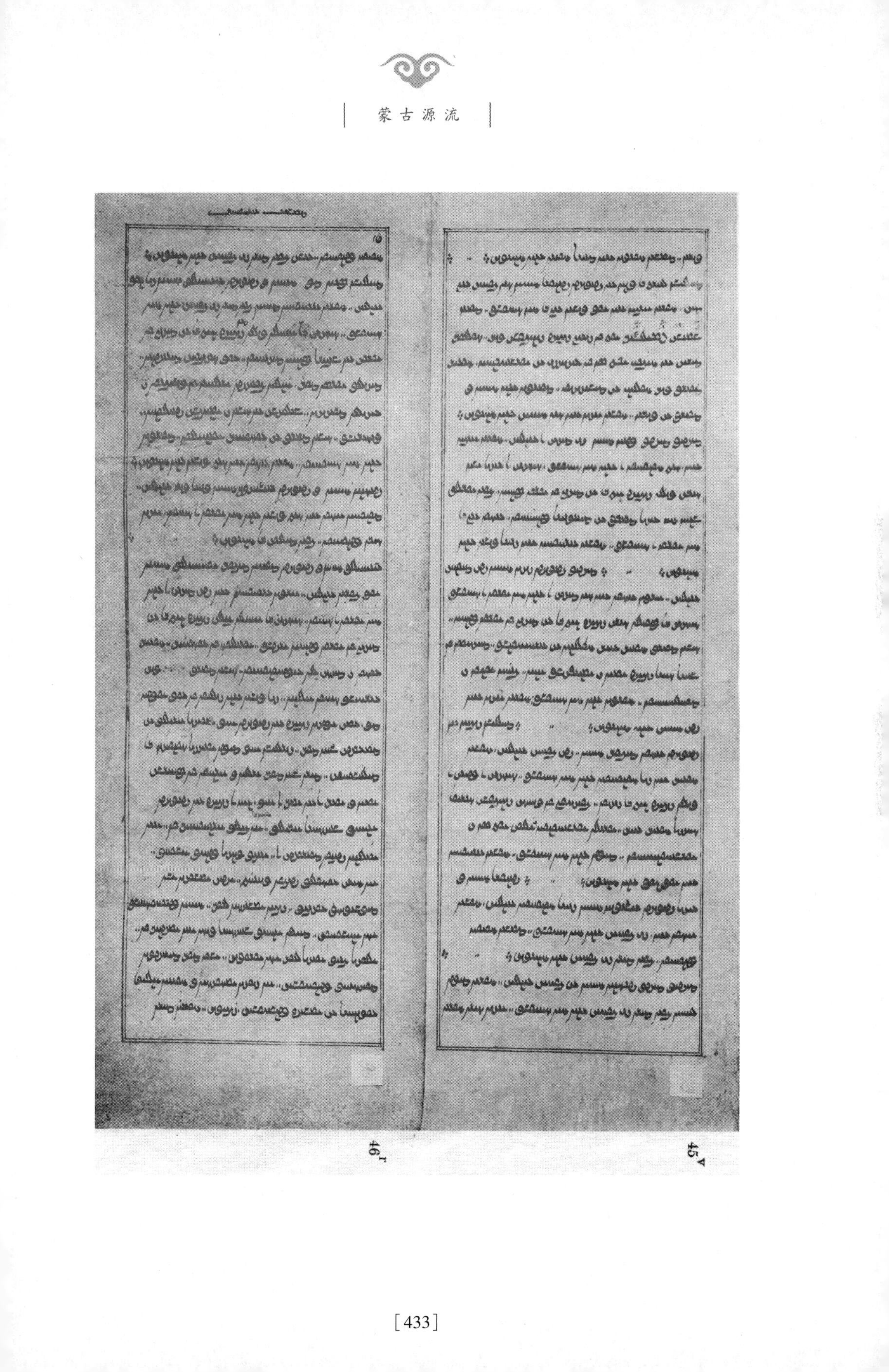

45v

46r

47r

46v

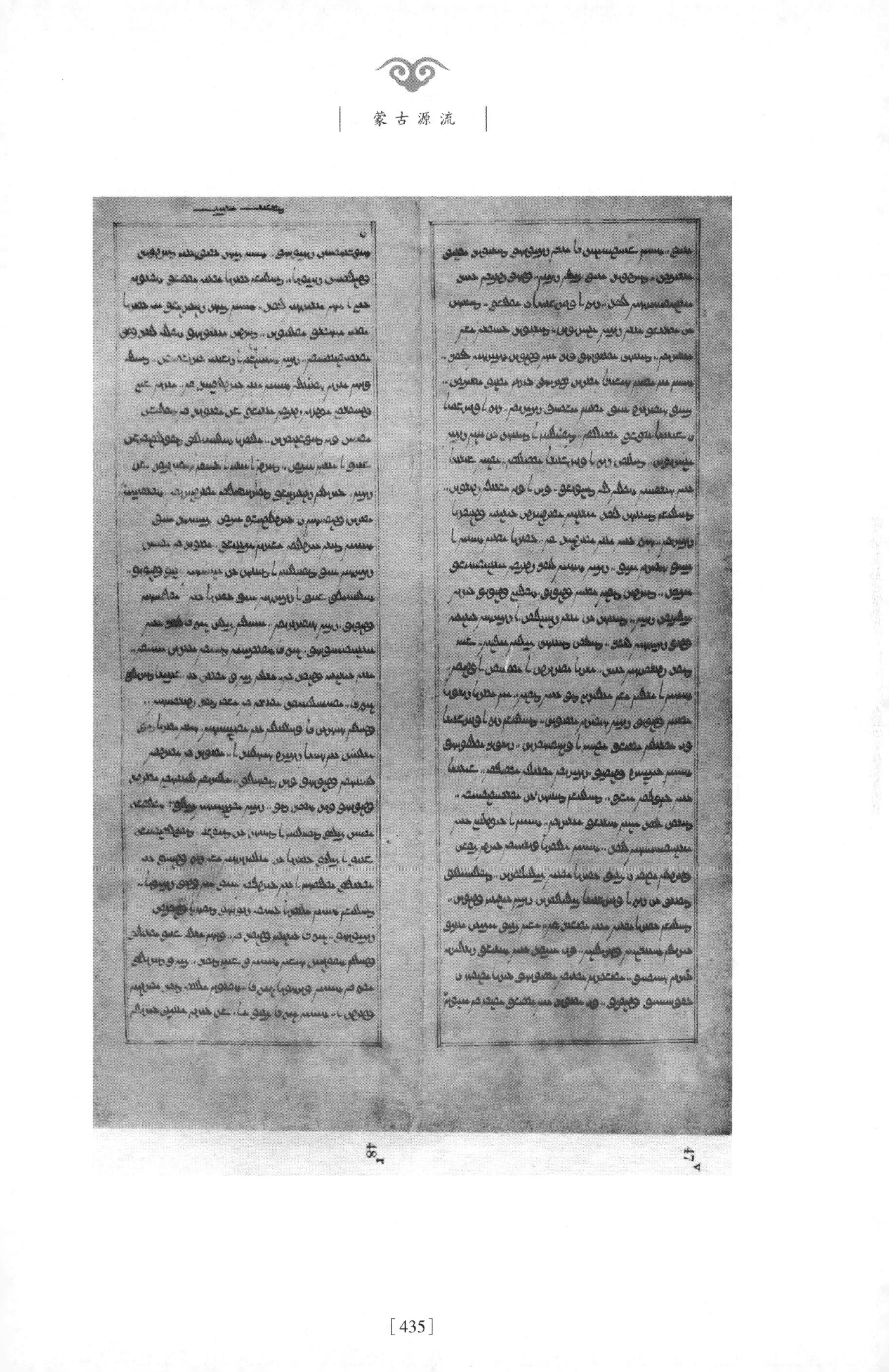

48r

47v

49 48

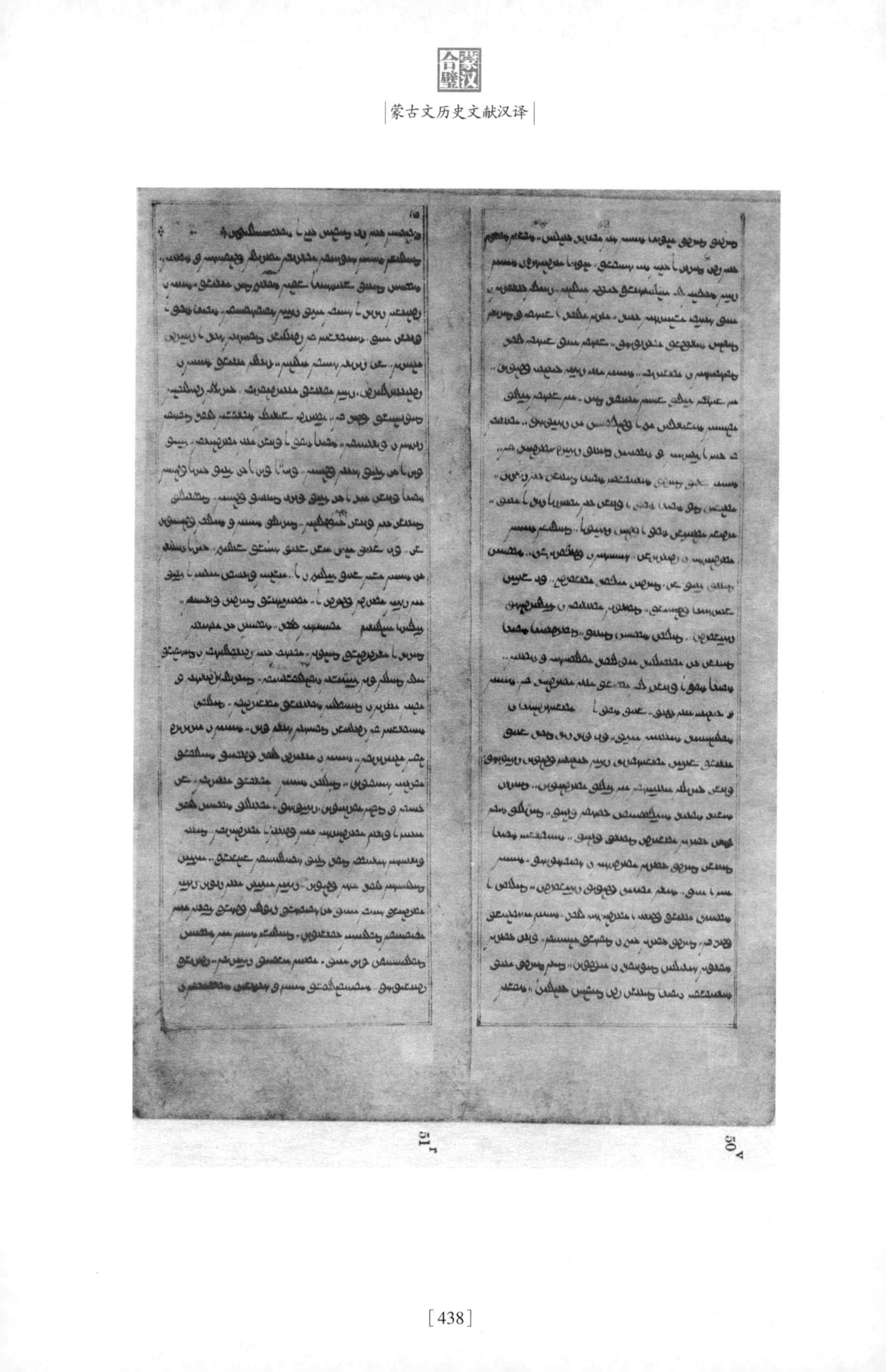

50v

51r

52r

51v

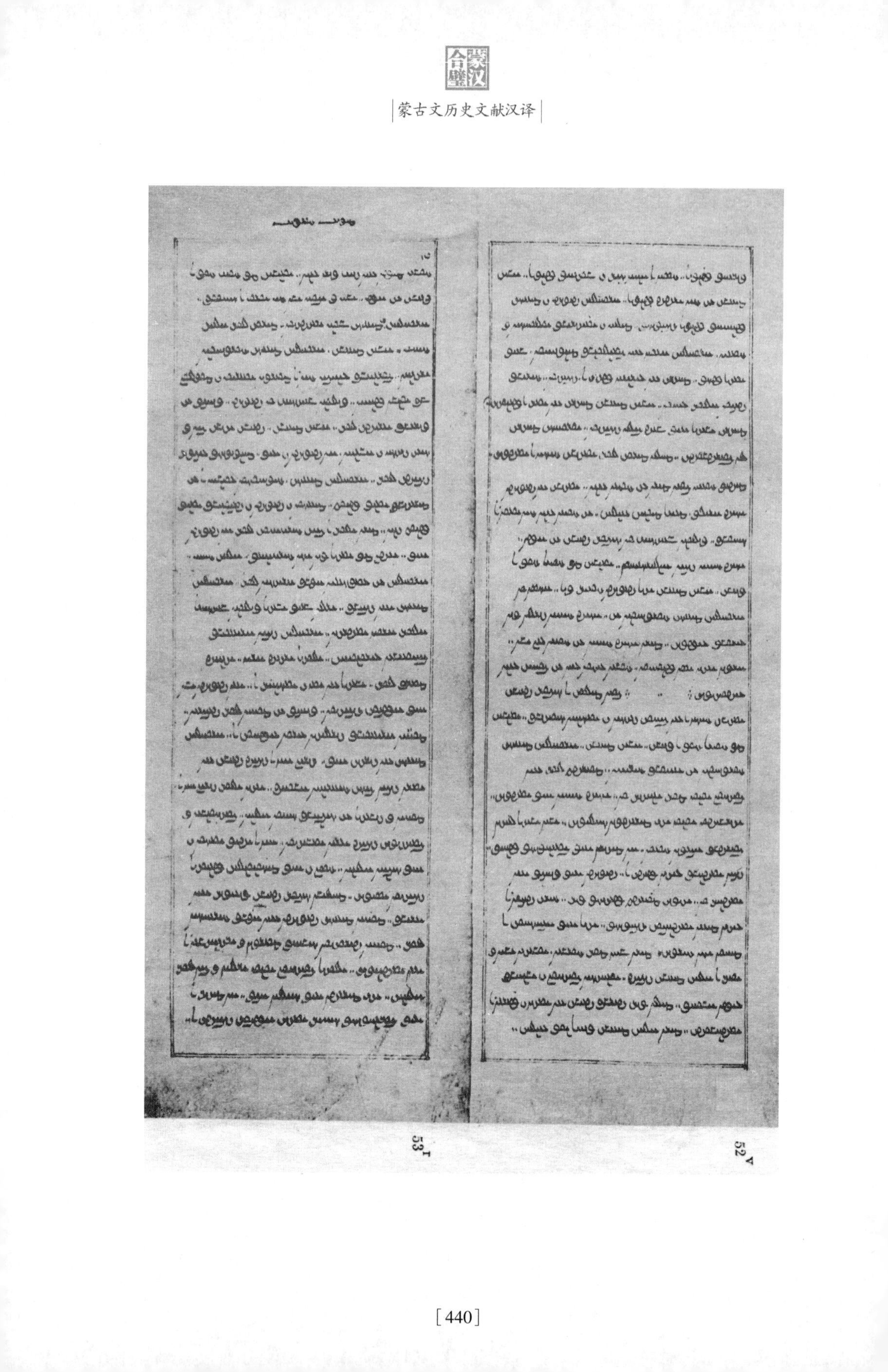

52v

53r

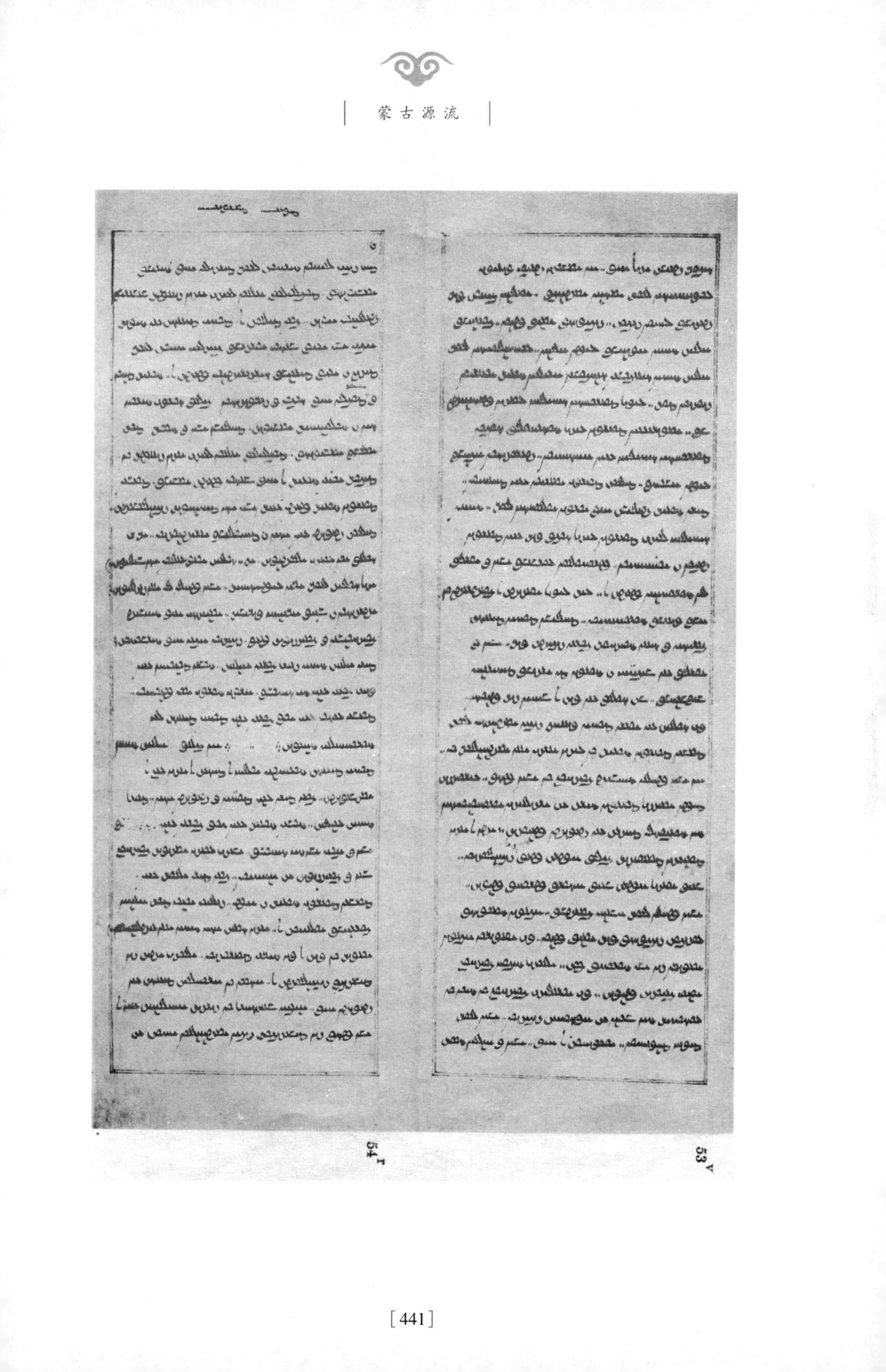

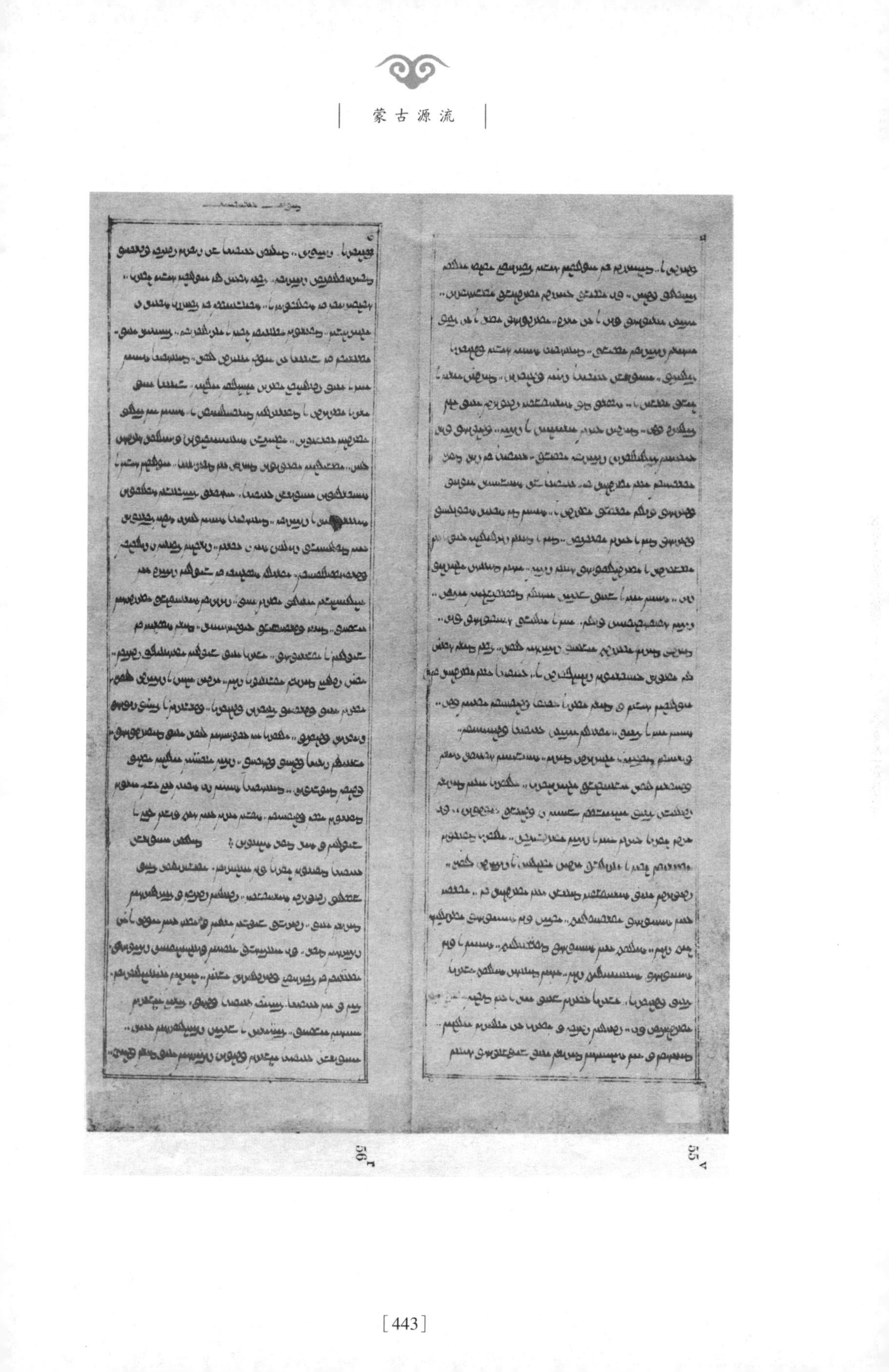

56r

55v

57r

56v

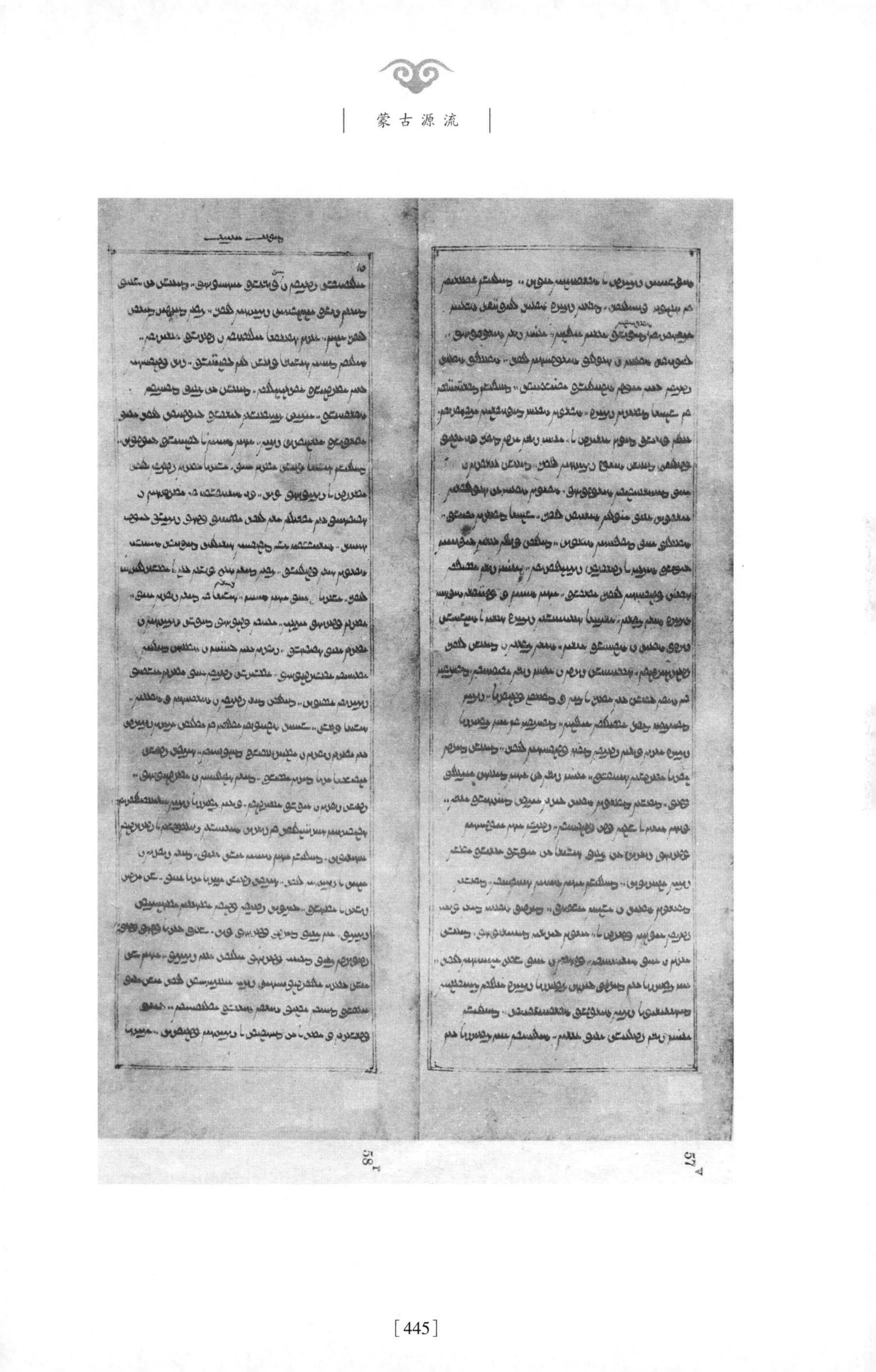

58r

57v

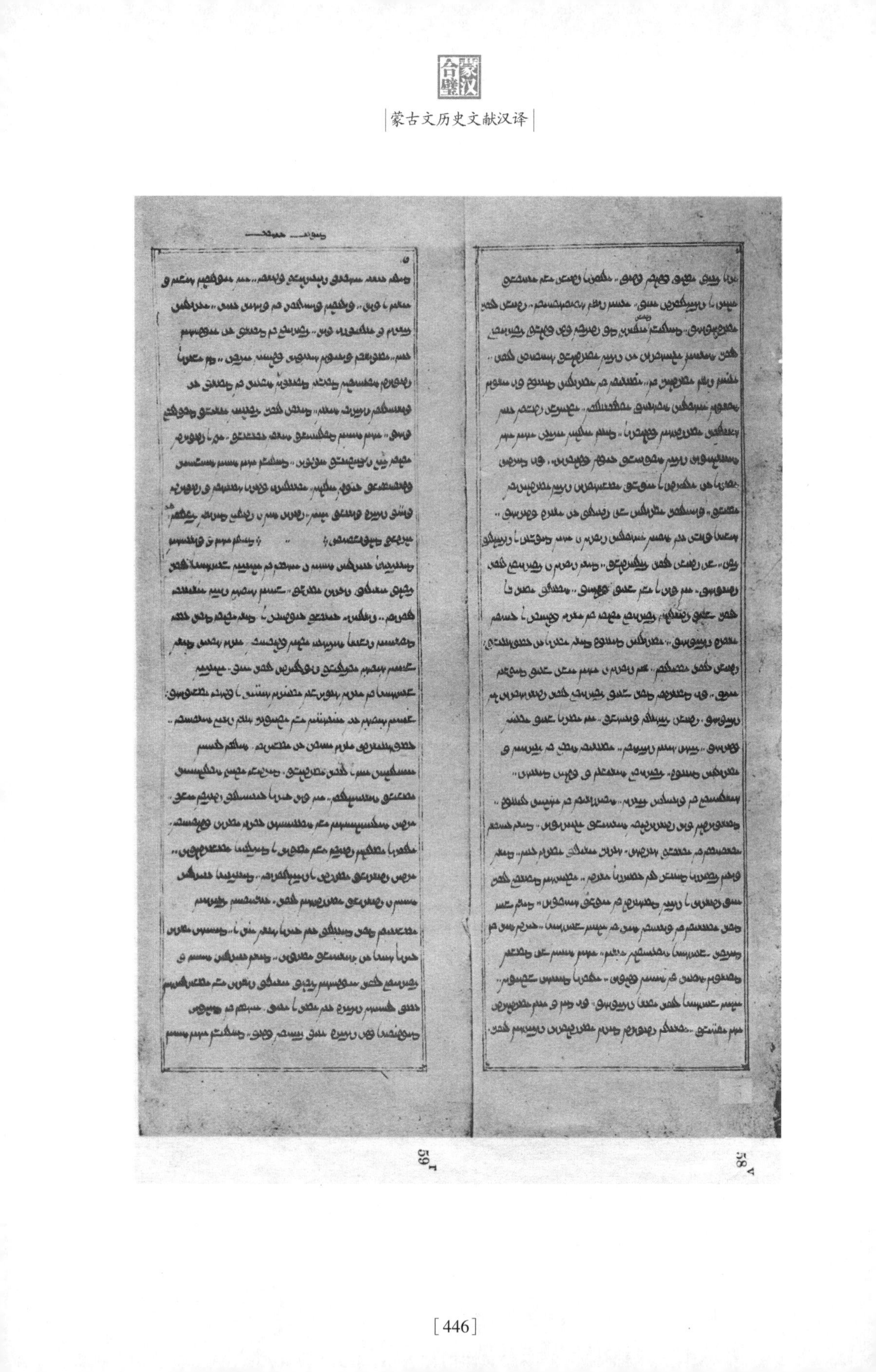

61r

60v

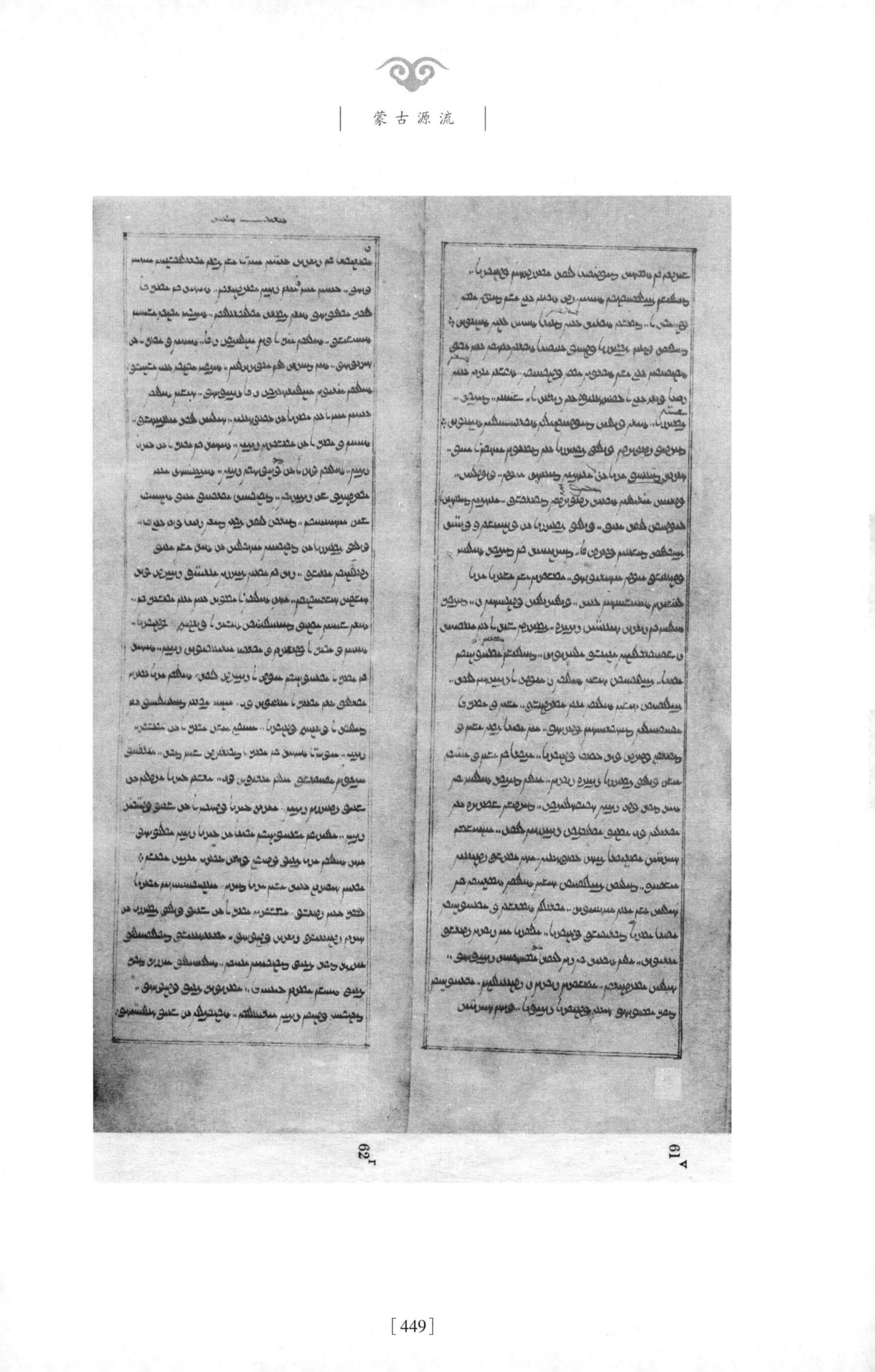

62r

61v

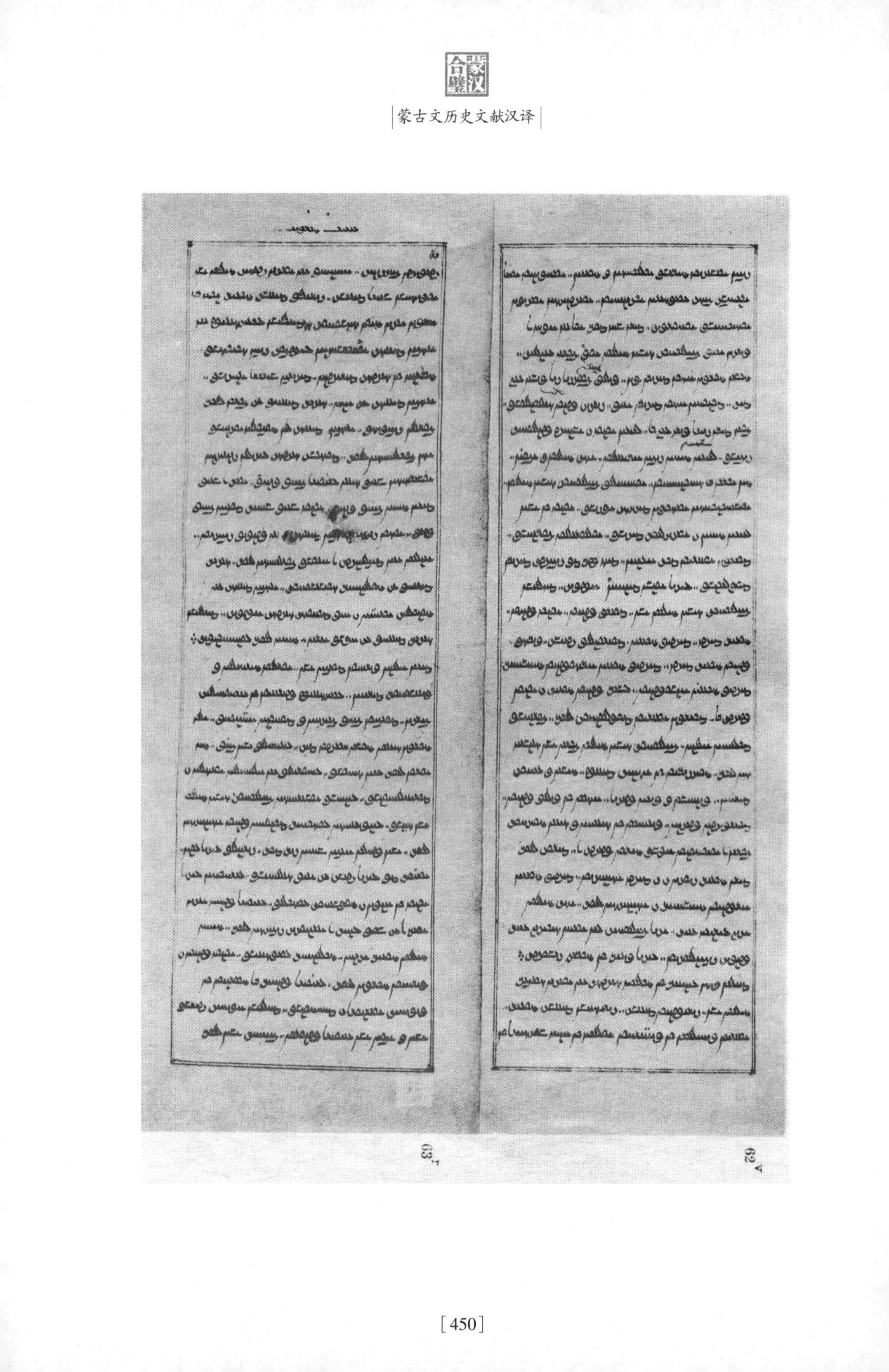

63r 62v

64v

65r

65v

66r

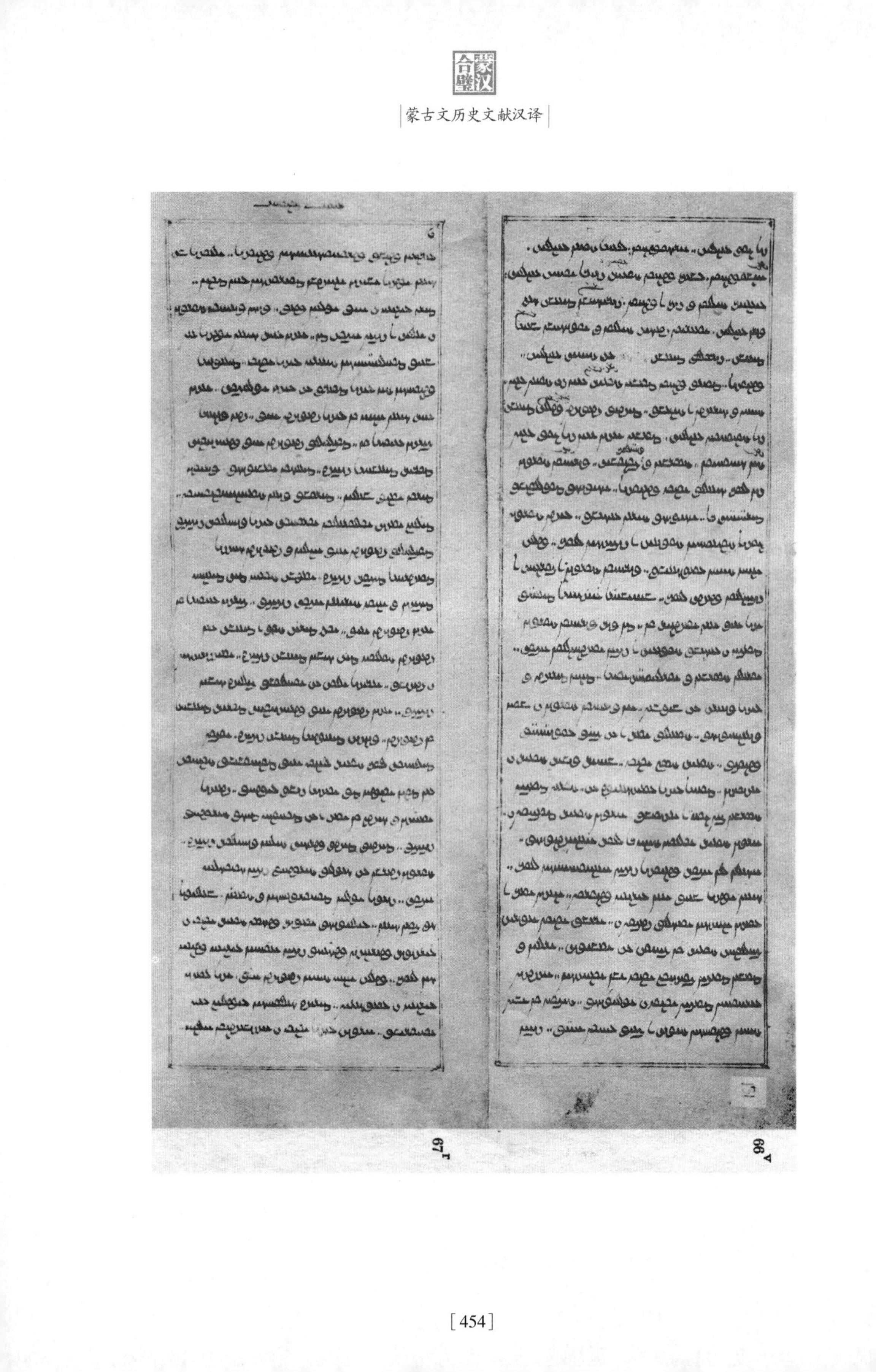

67r

66v

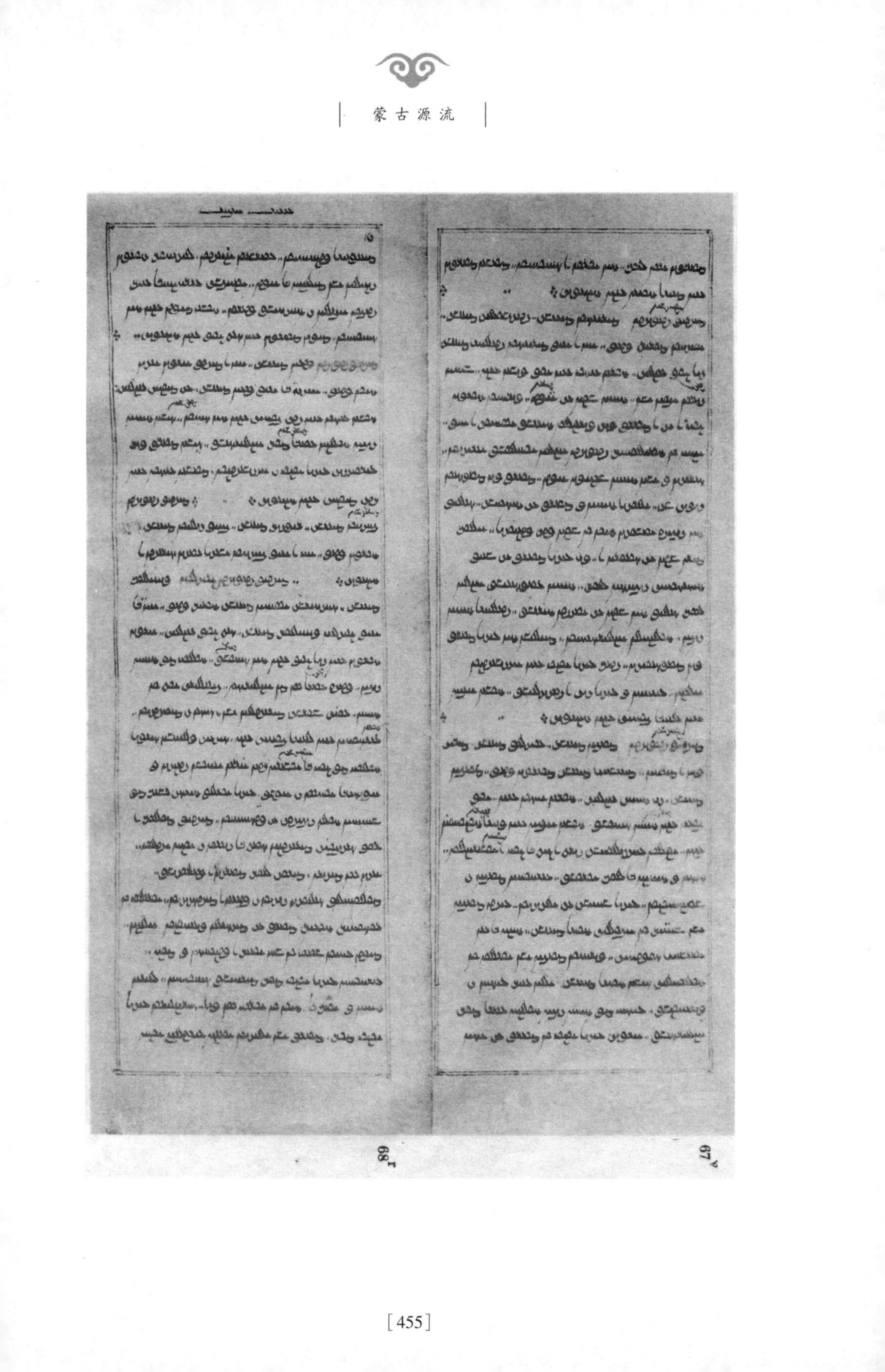

67v

68r

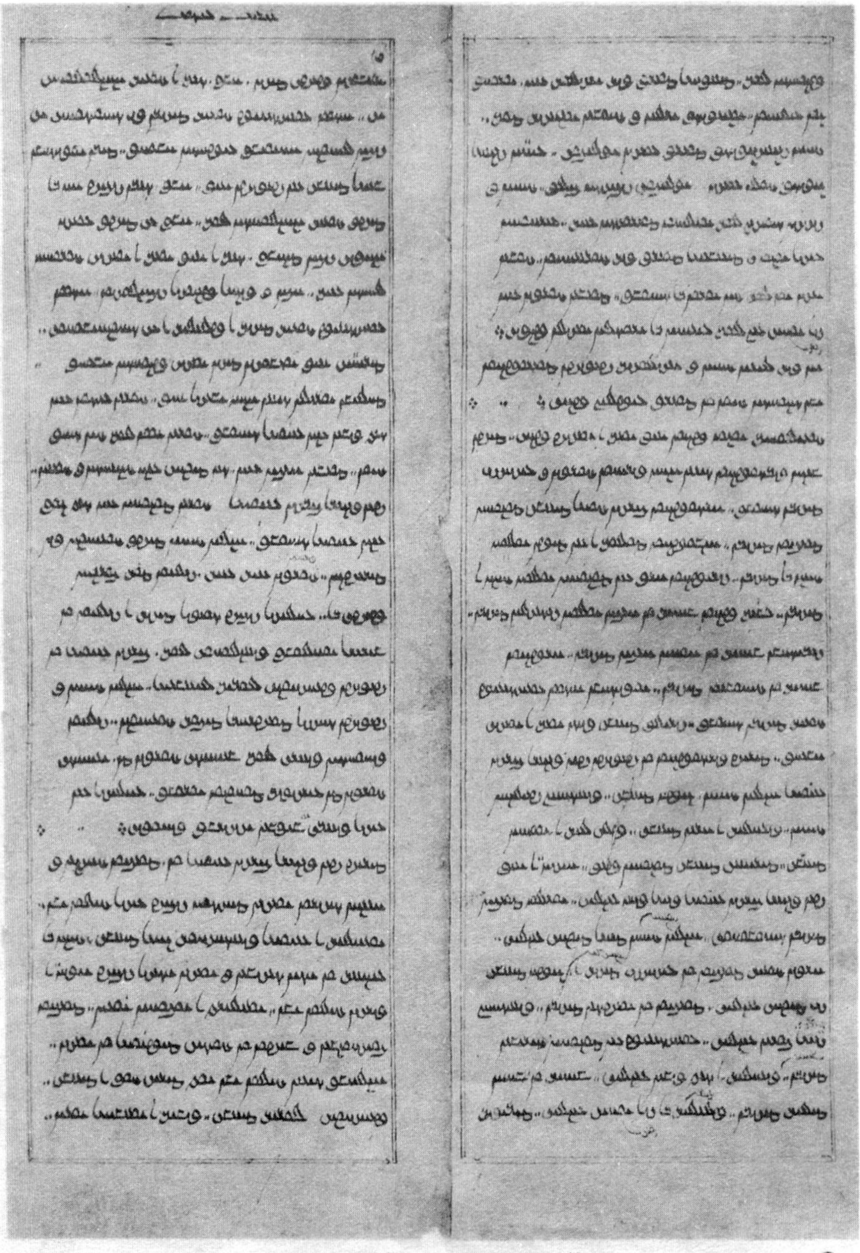

69r

68v

70r

69v

71r

70v

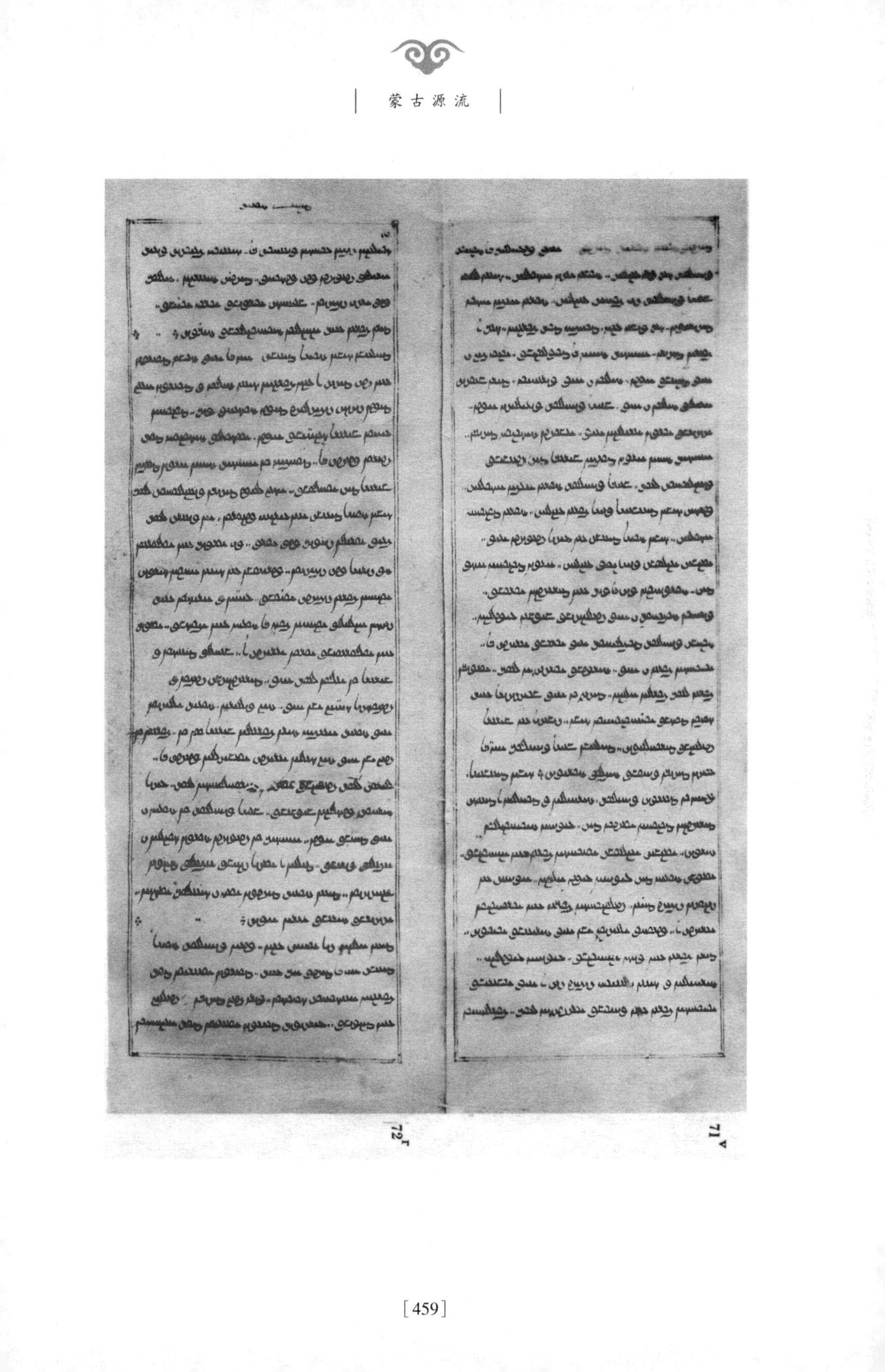

72r

71v

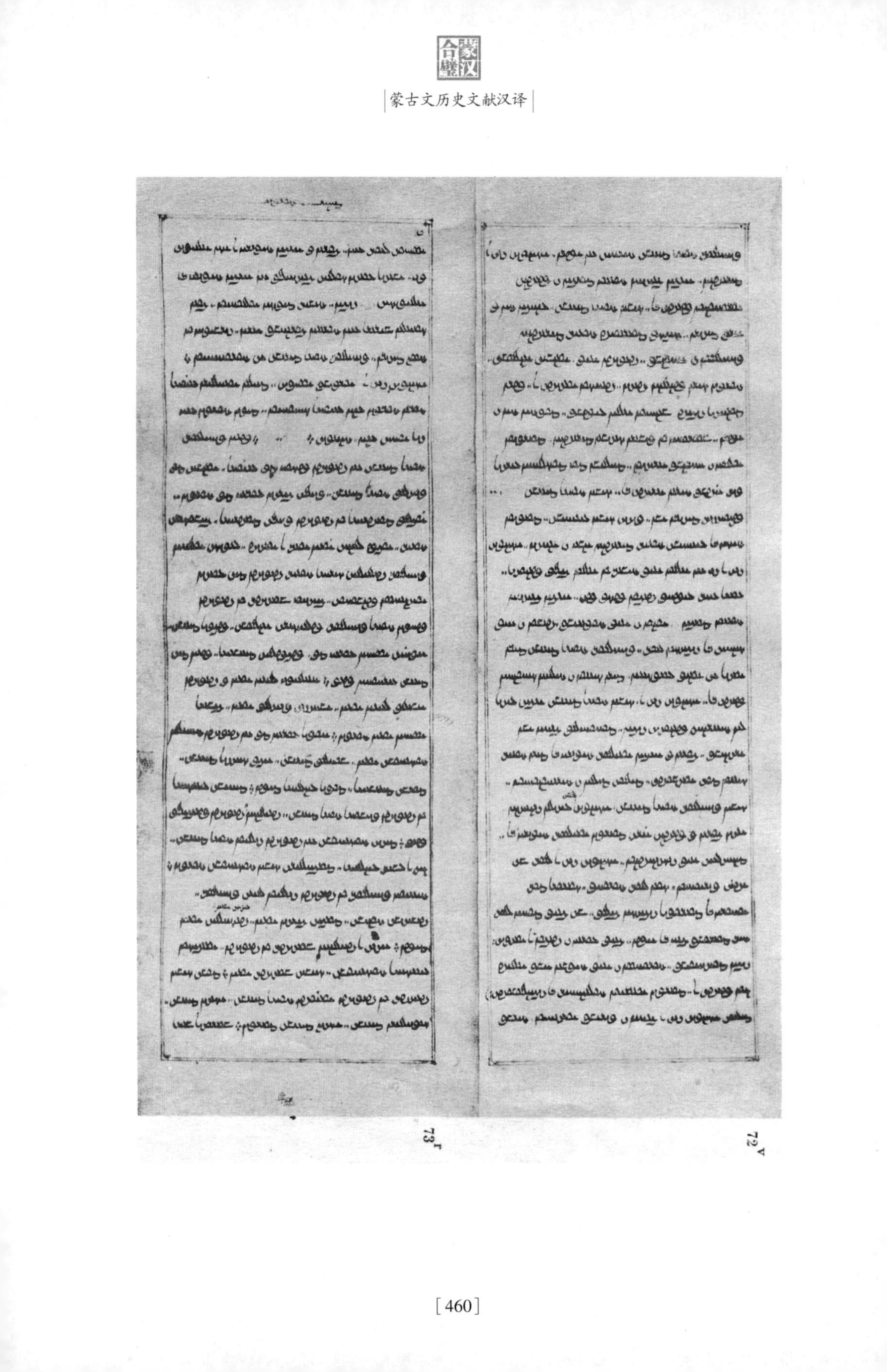

73r

72v

74r

73v

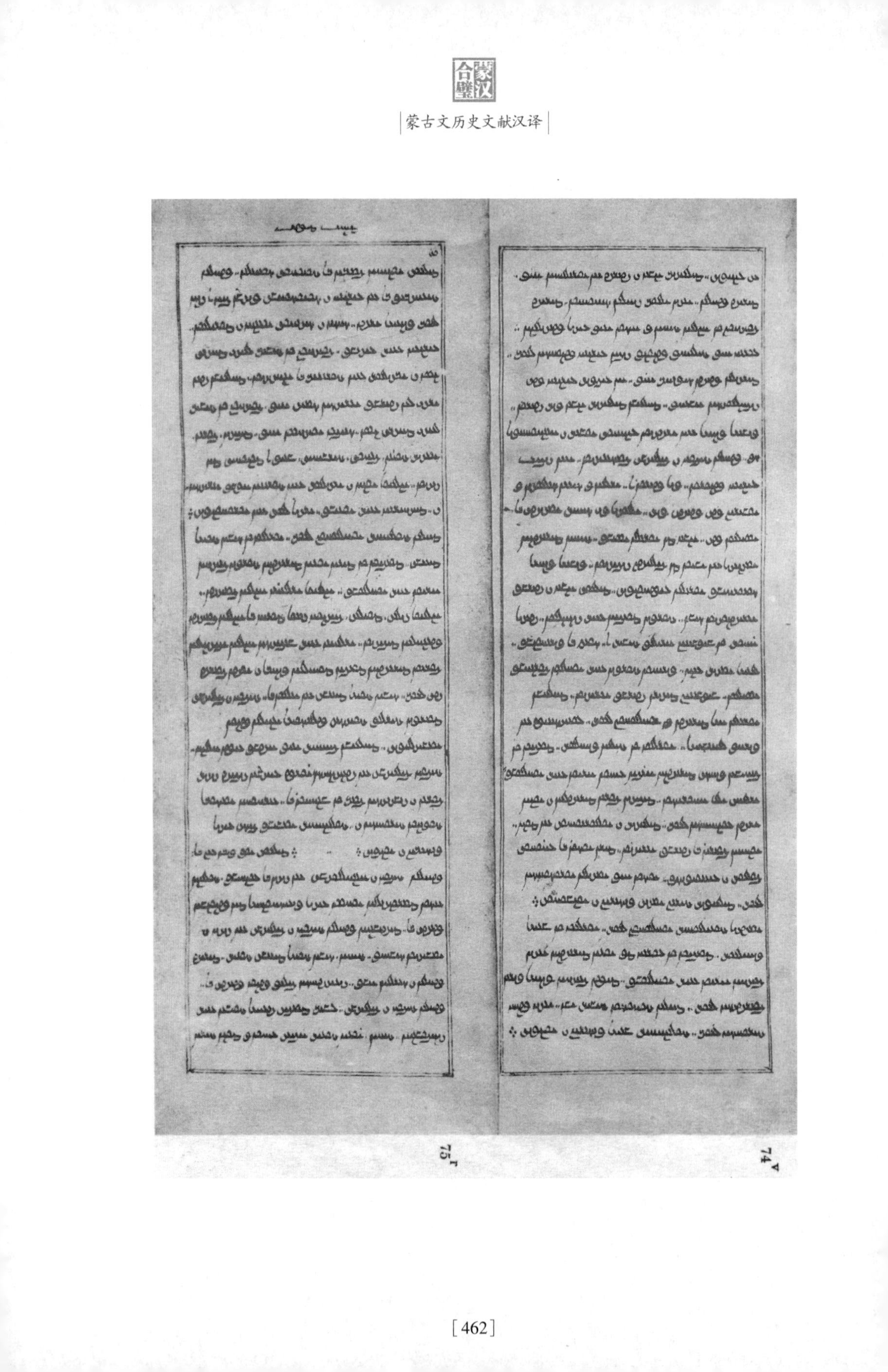

75 r

74 v

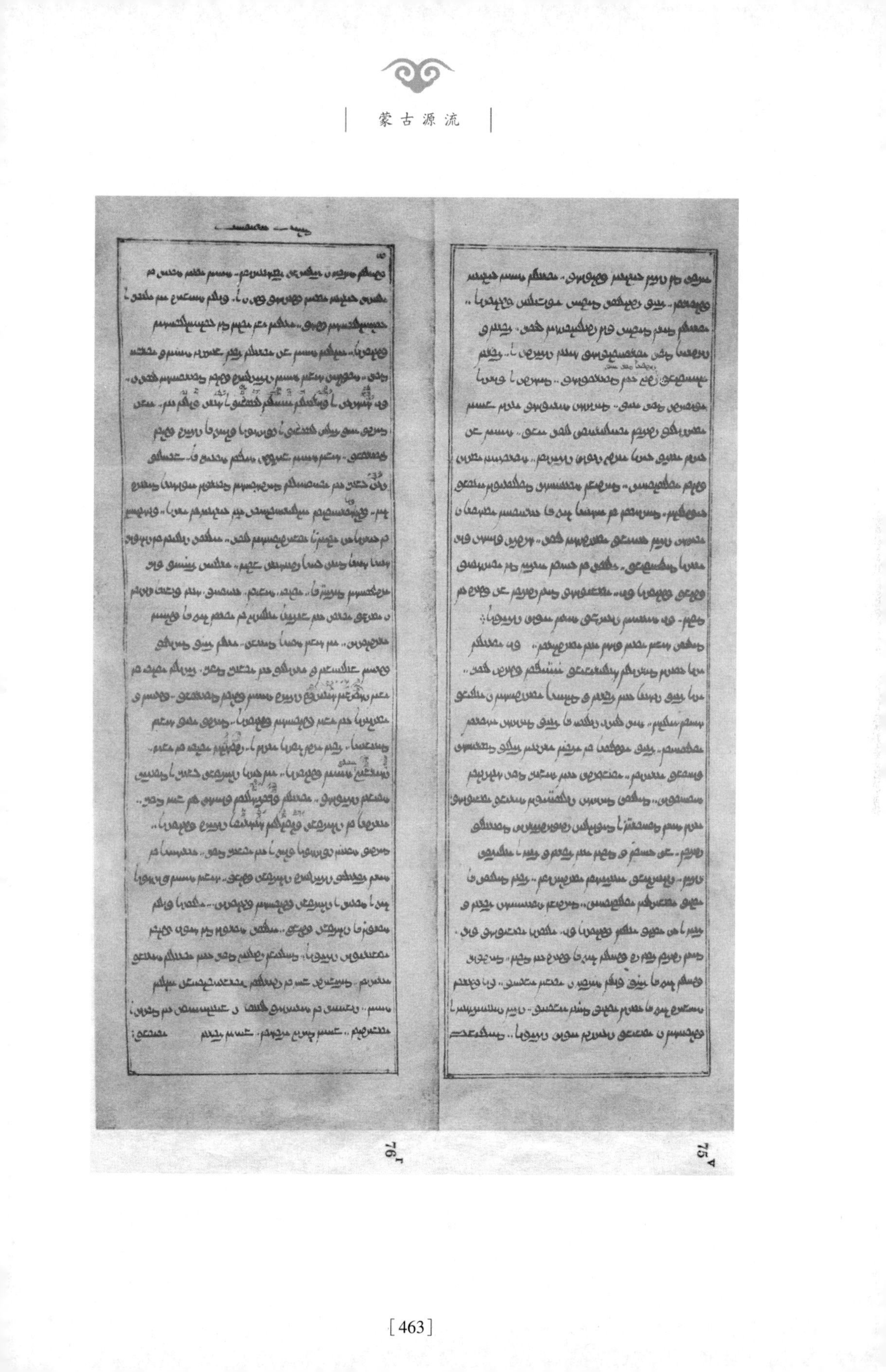

76r

75v

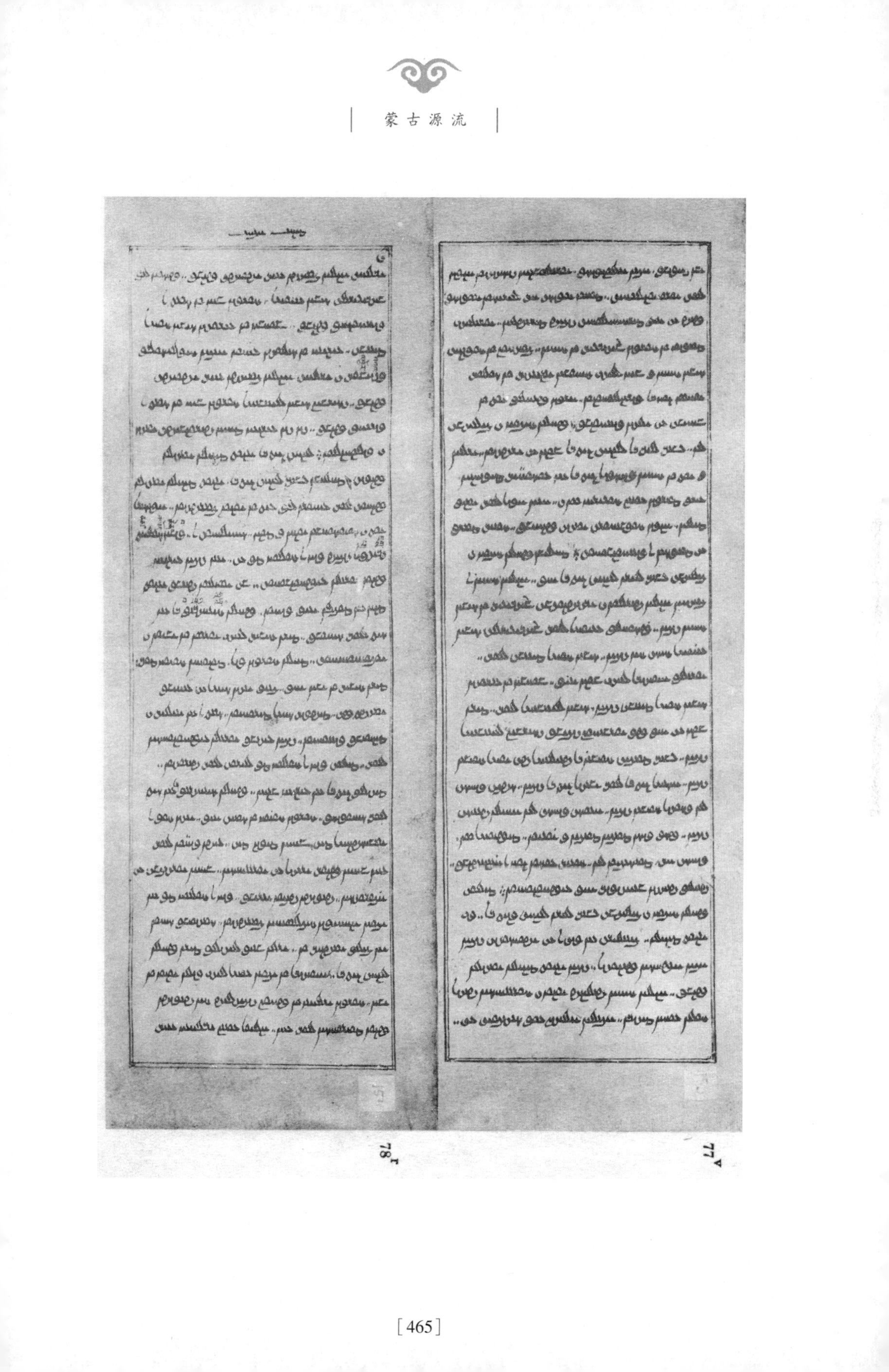

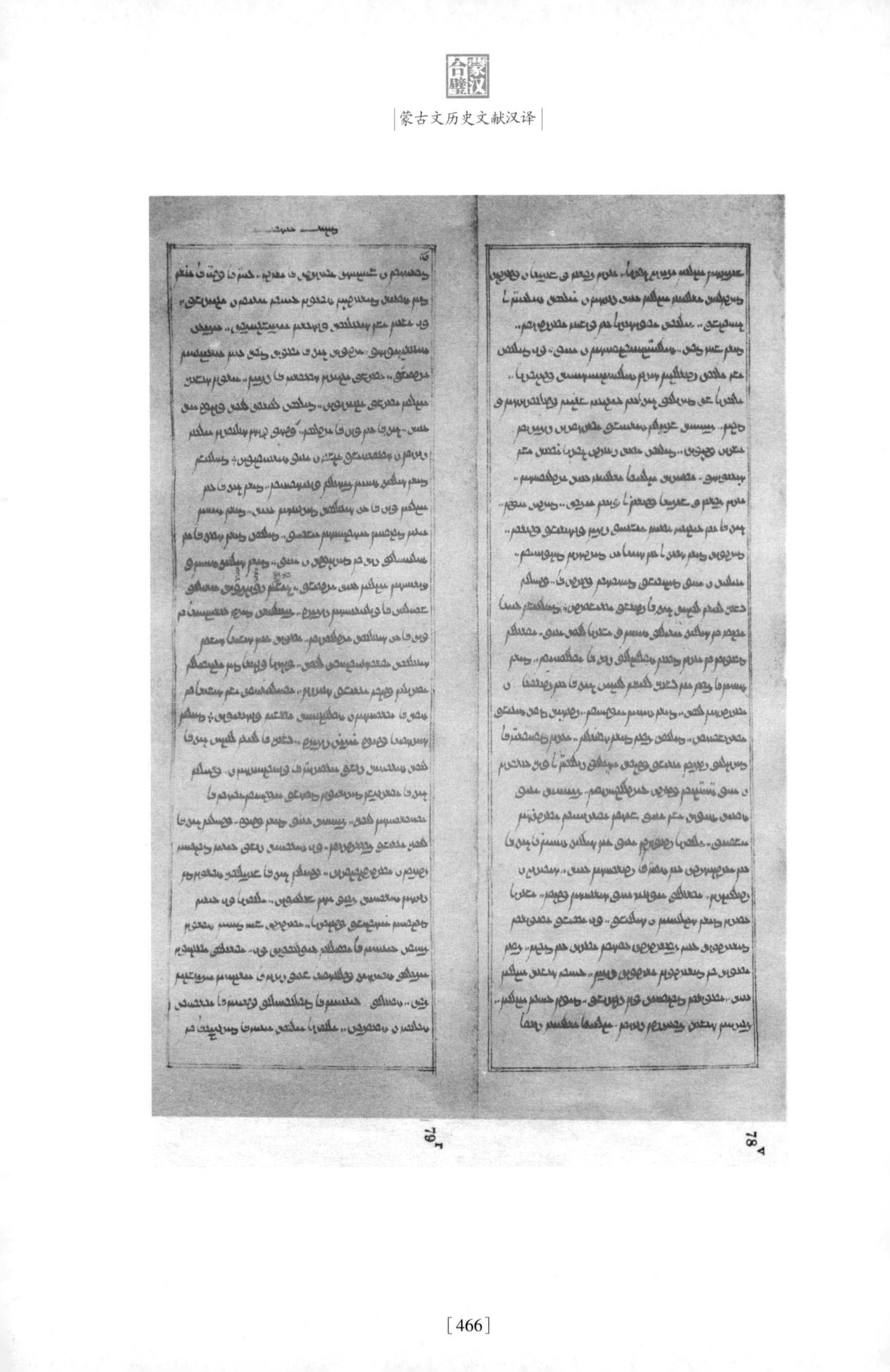

79r

78v

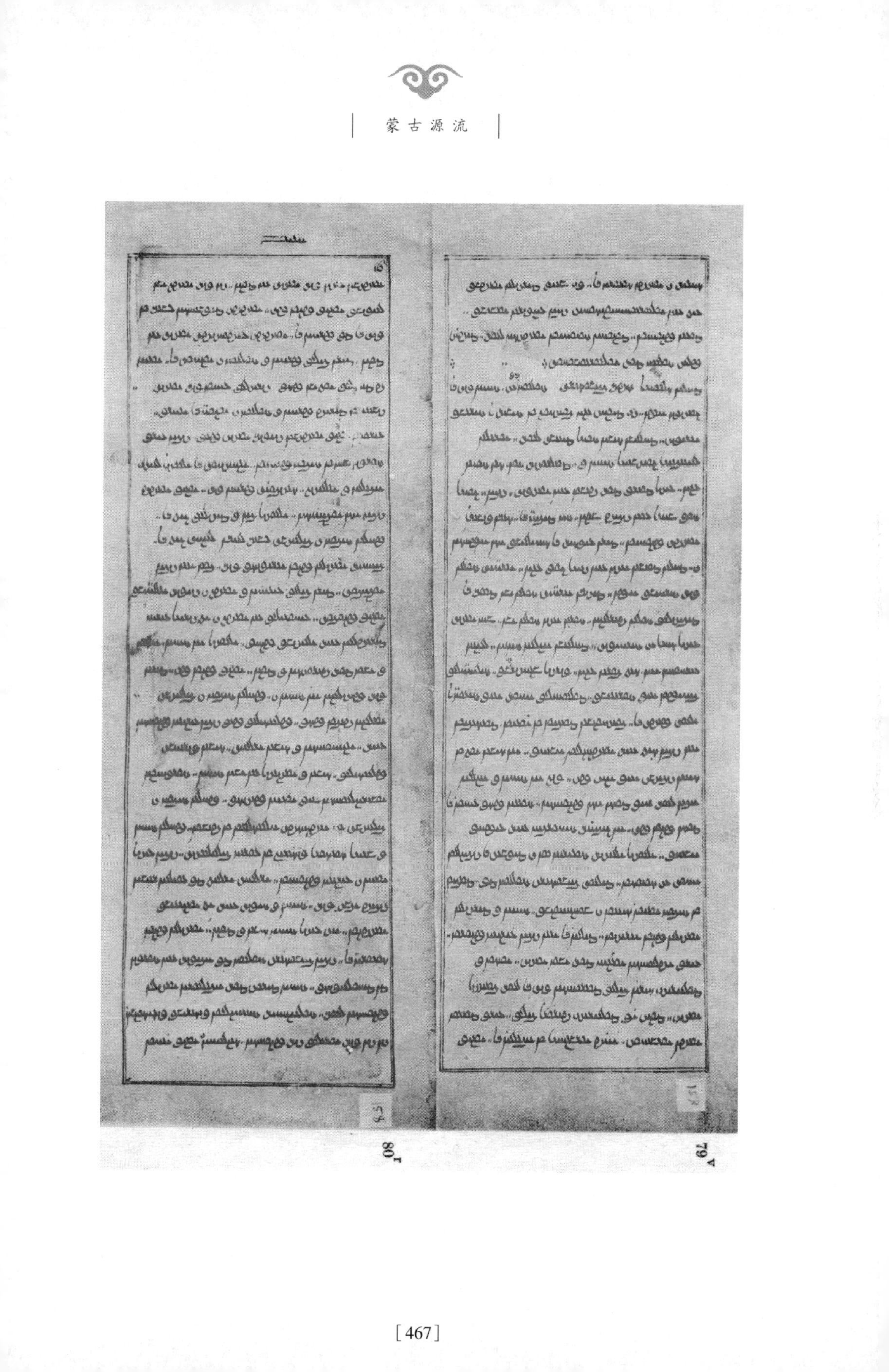

80r

79v

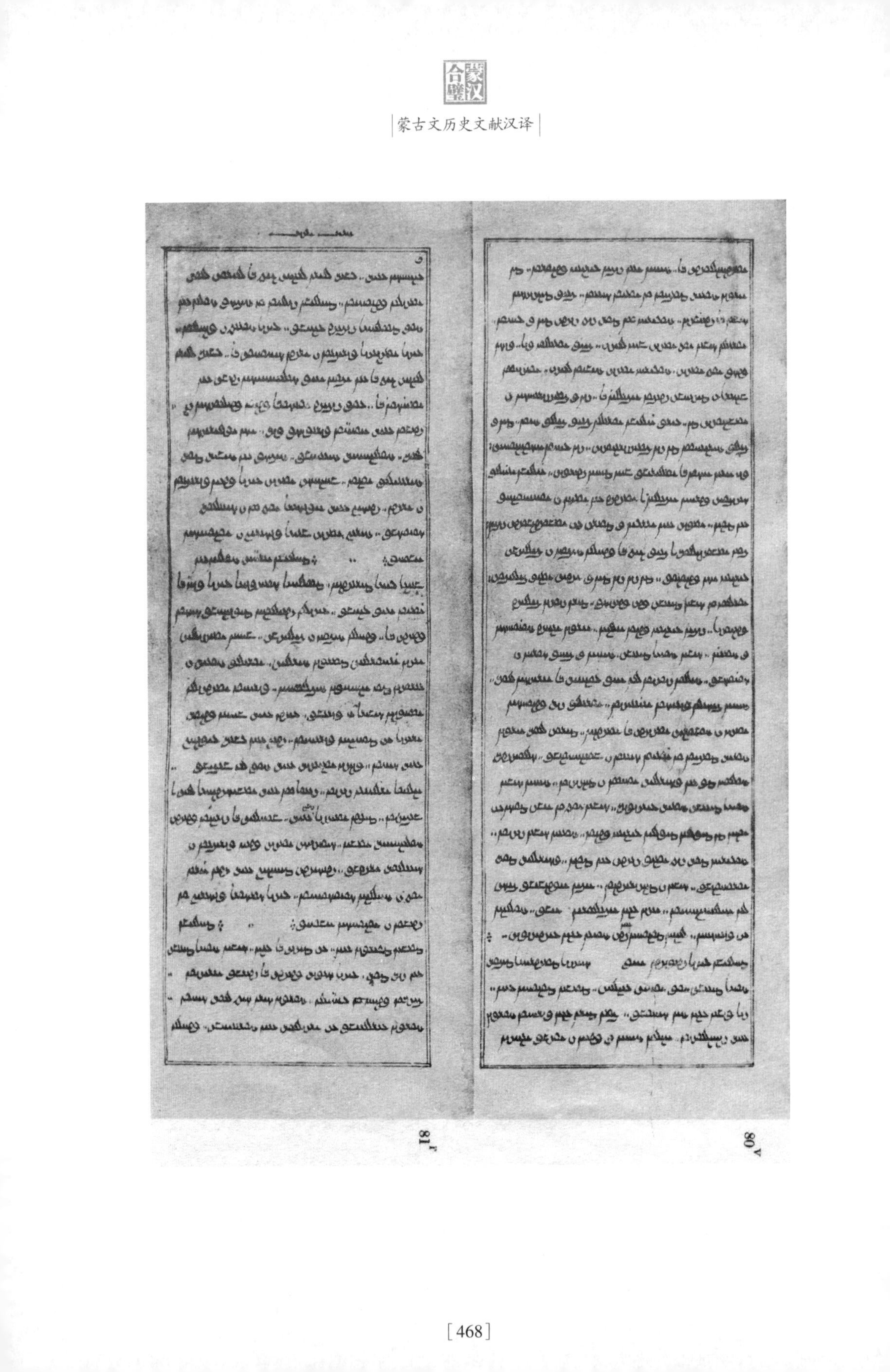

80v

81r

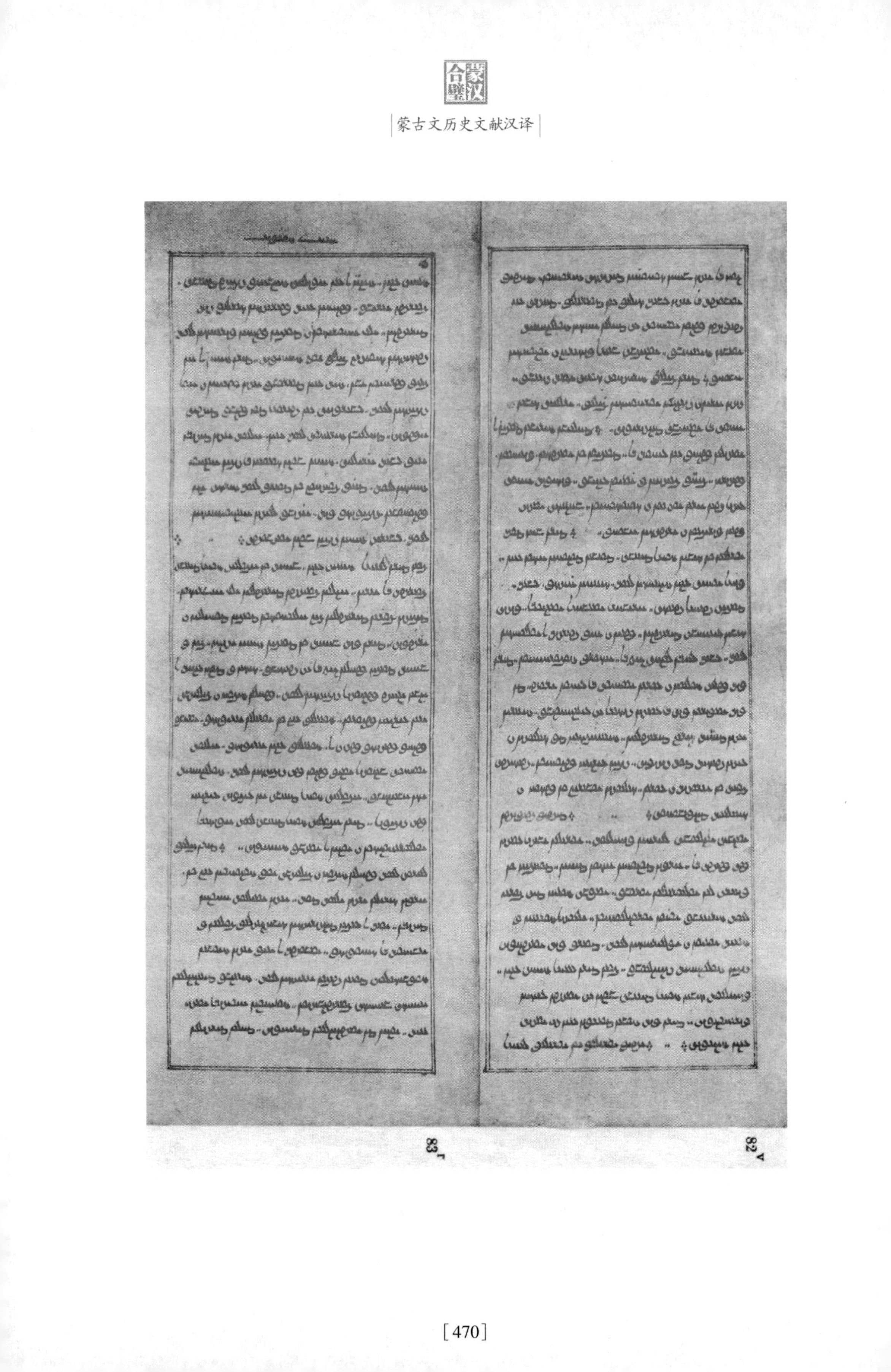

83r 82v

84r 83v

167

85r

84v

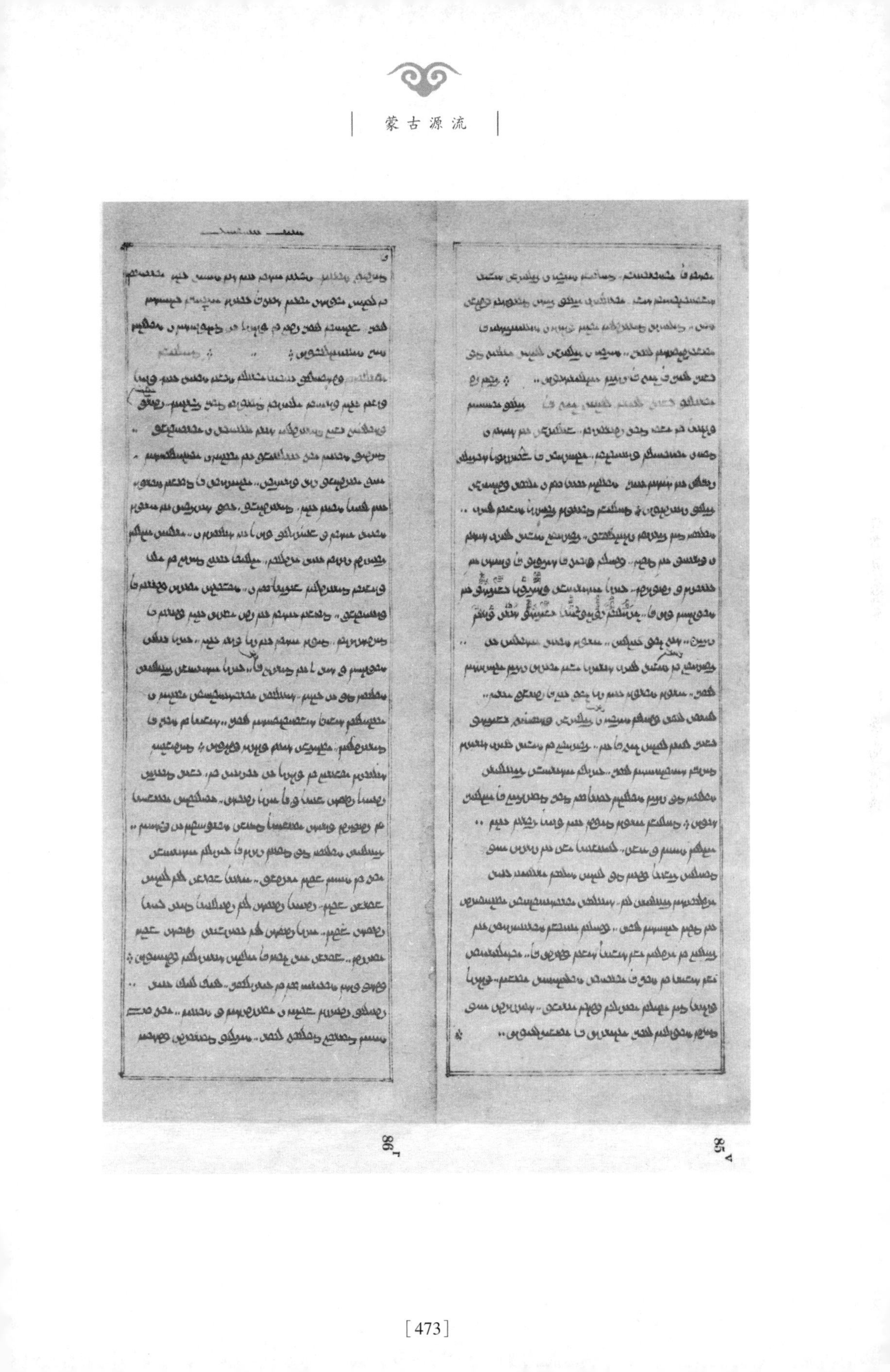

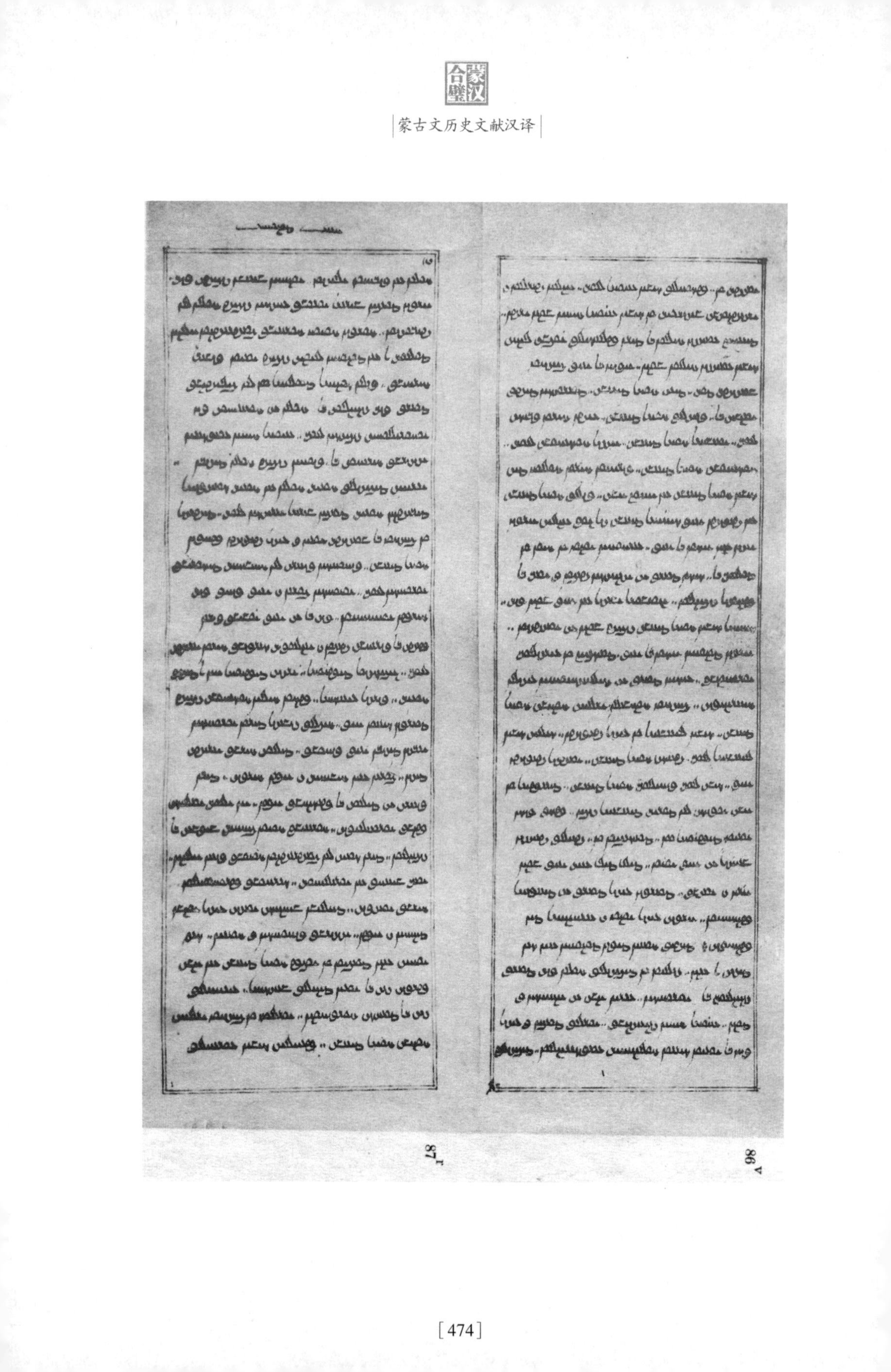

87r

86v

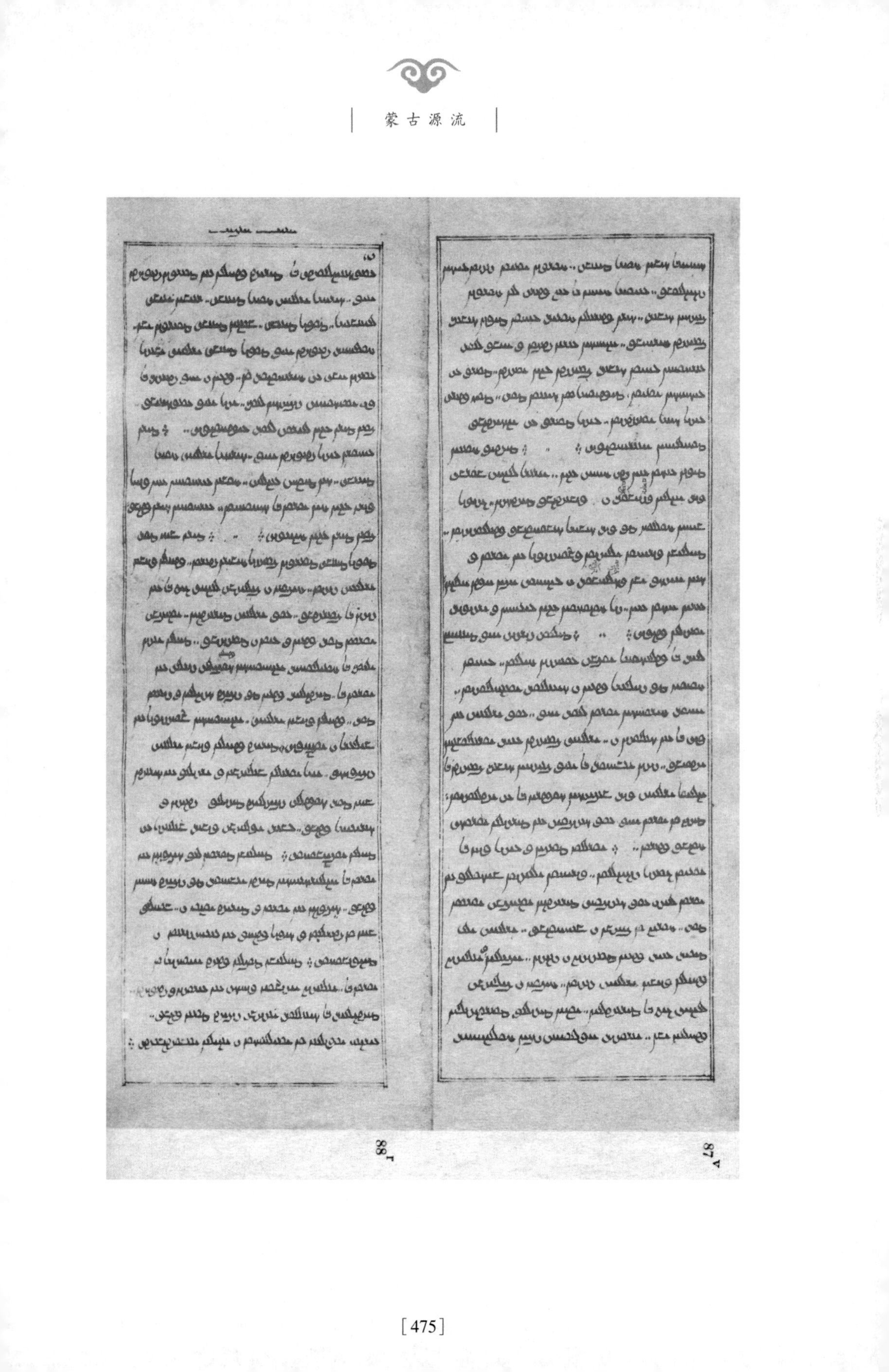

87v

88r

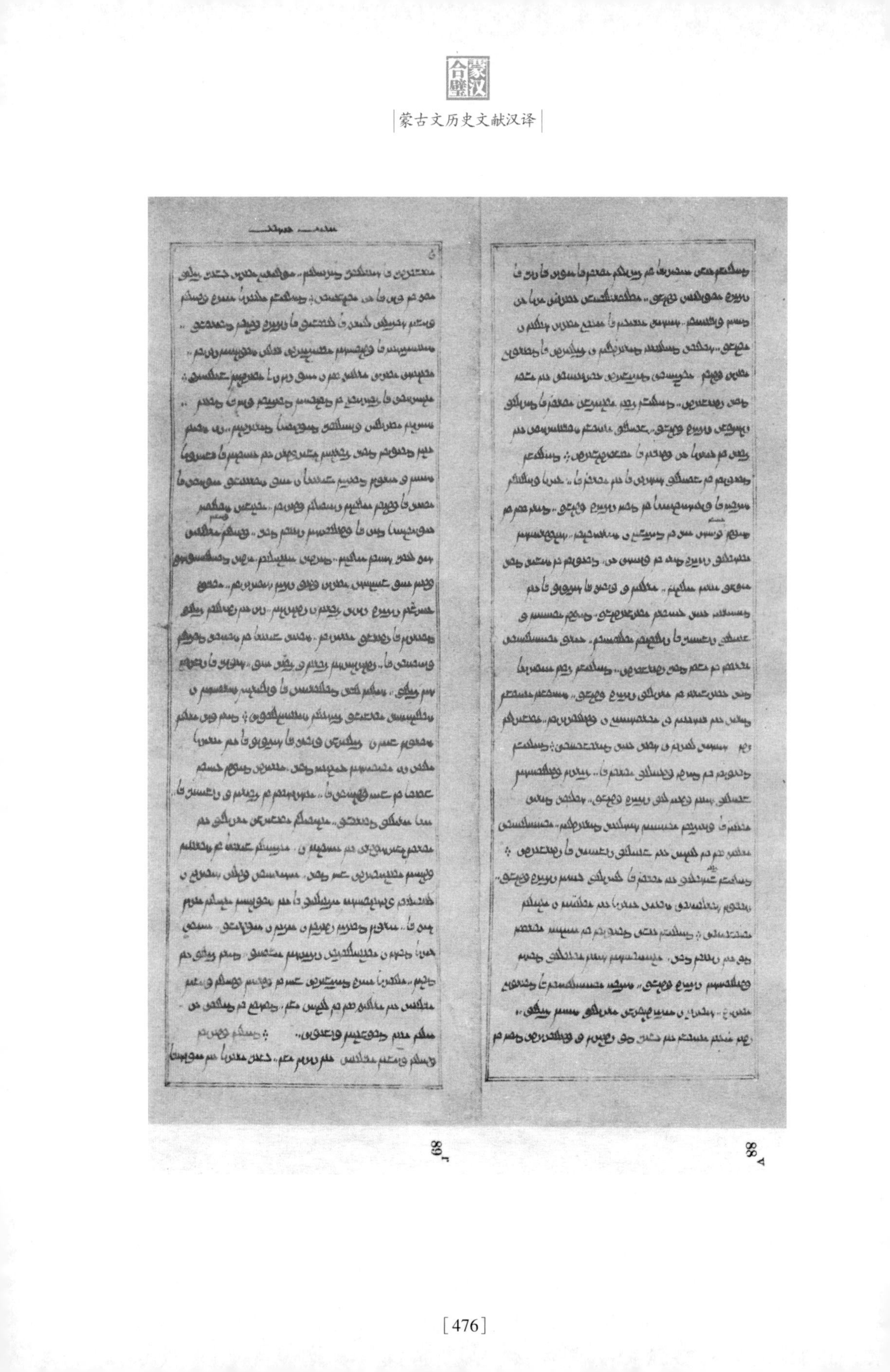

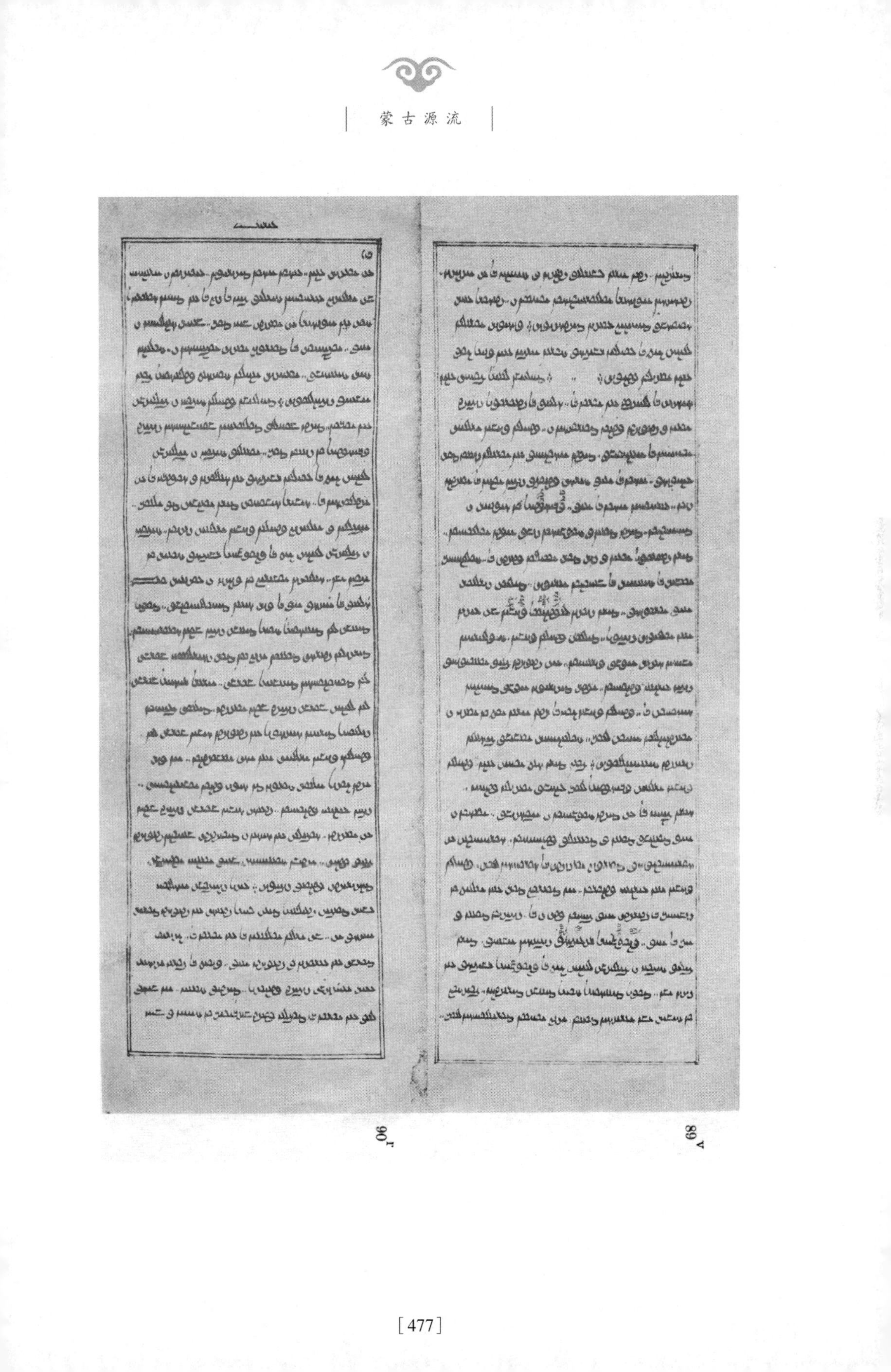

89v

90r

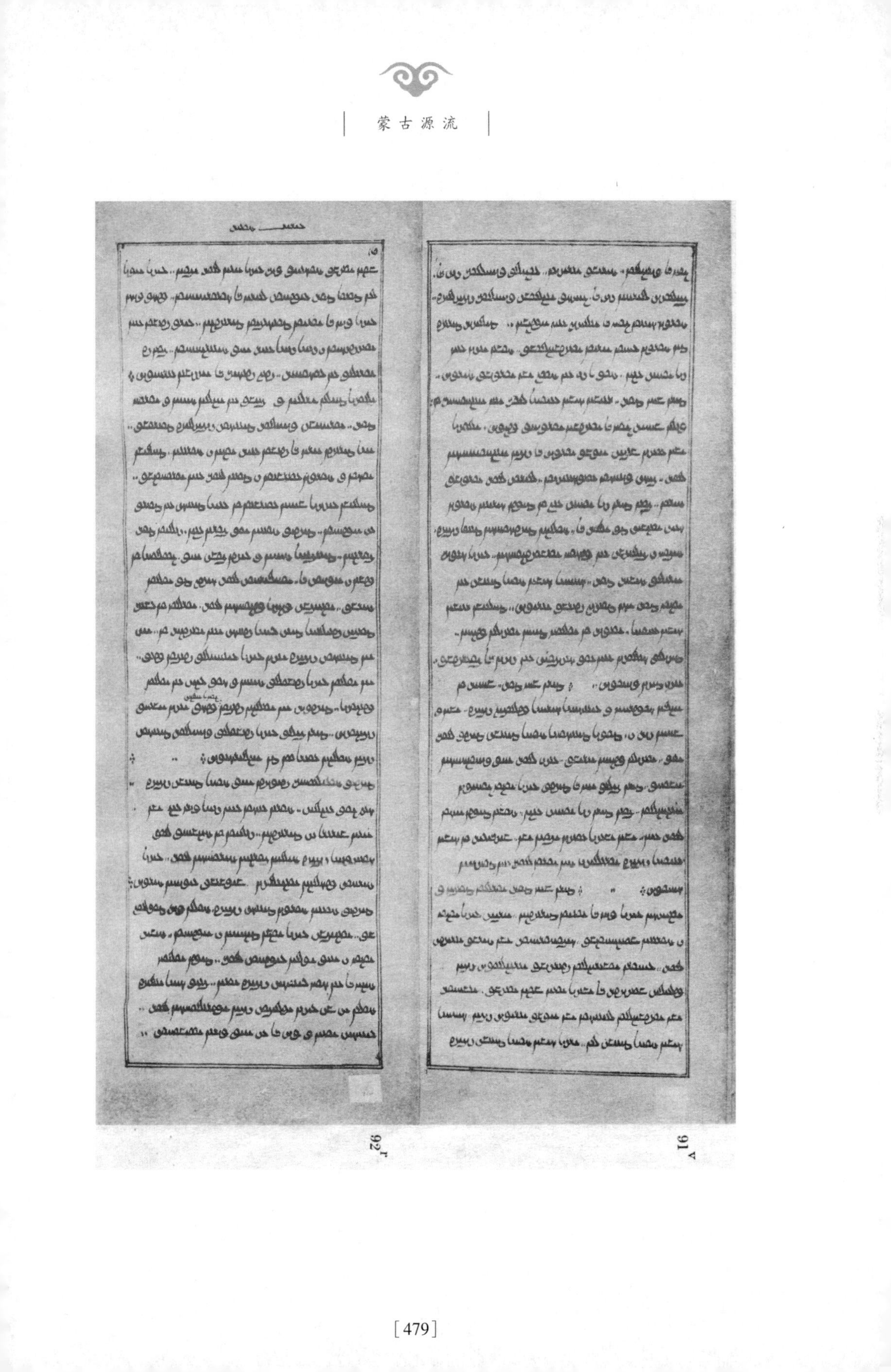

92r

91v

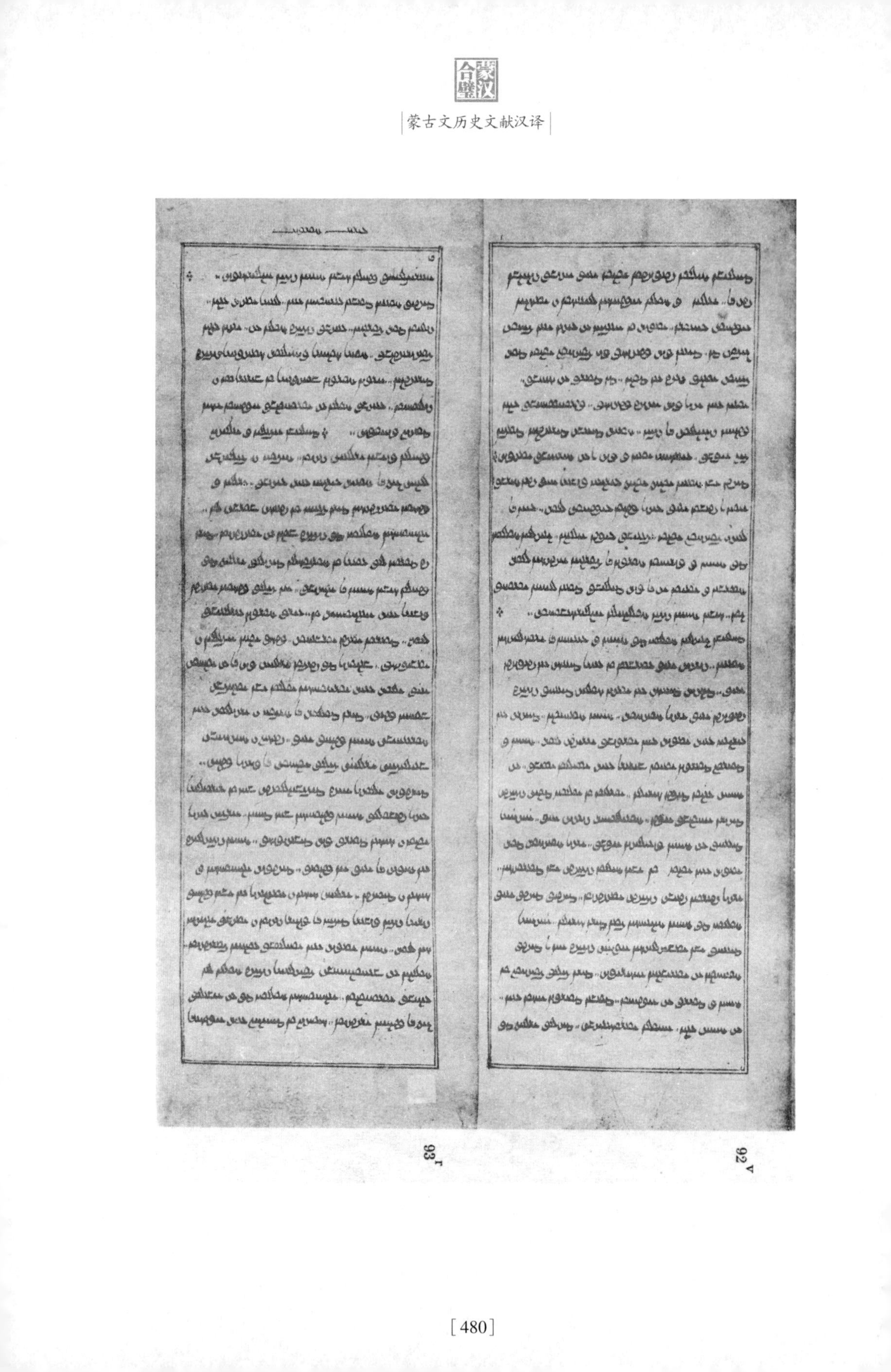

92v 93r

94r

93v

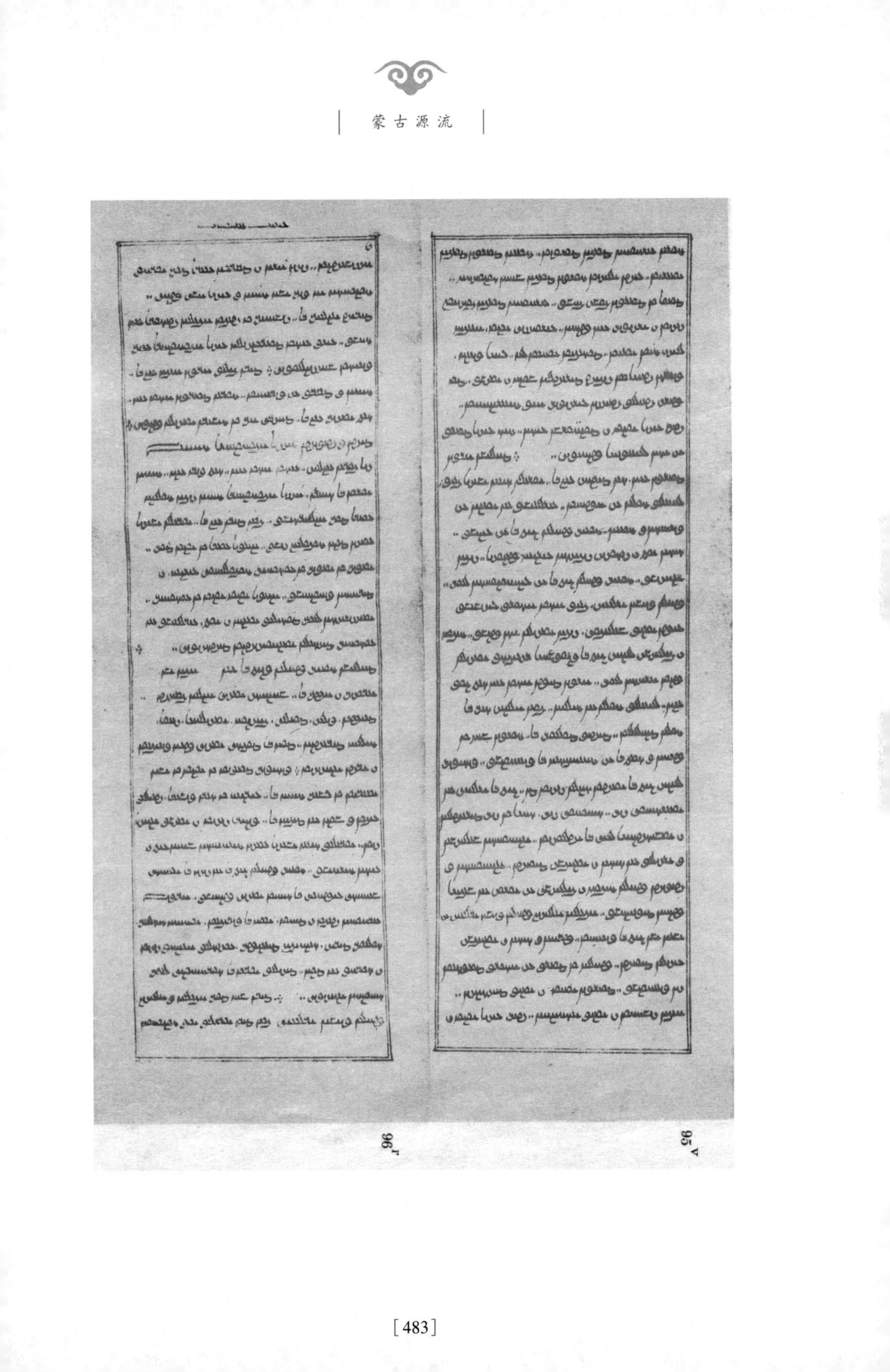

96r

95v

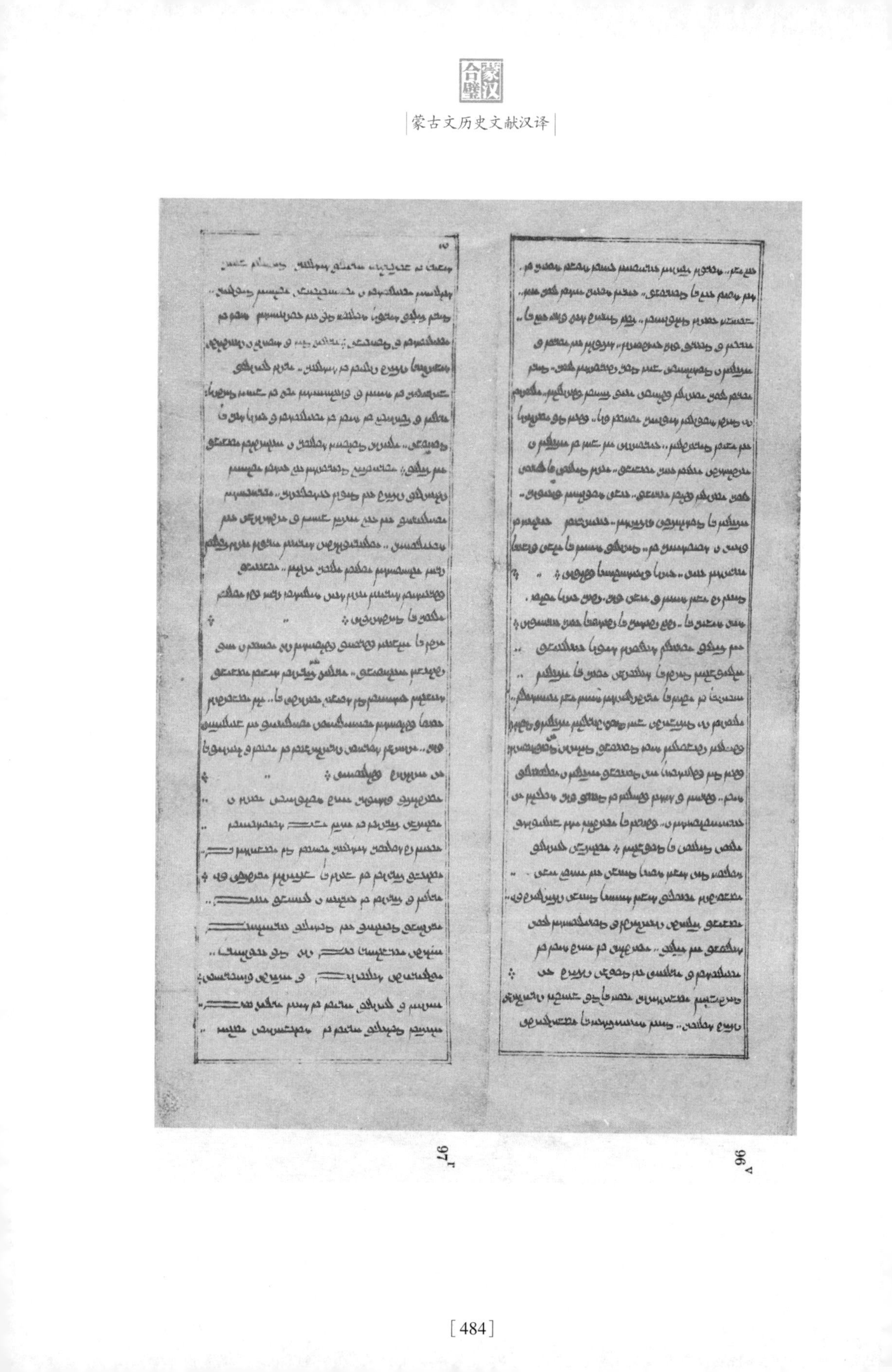

96v

97r

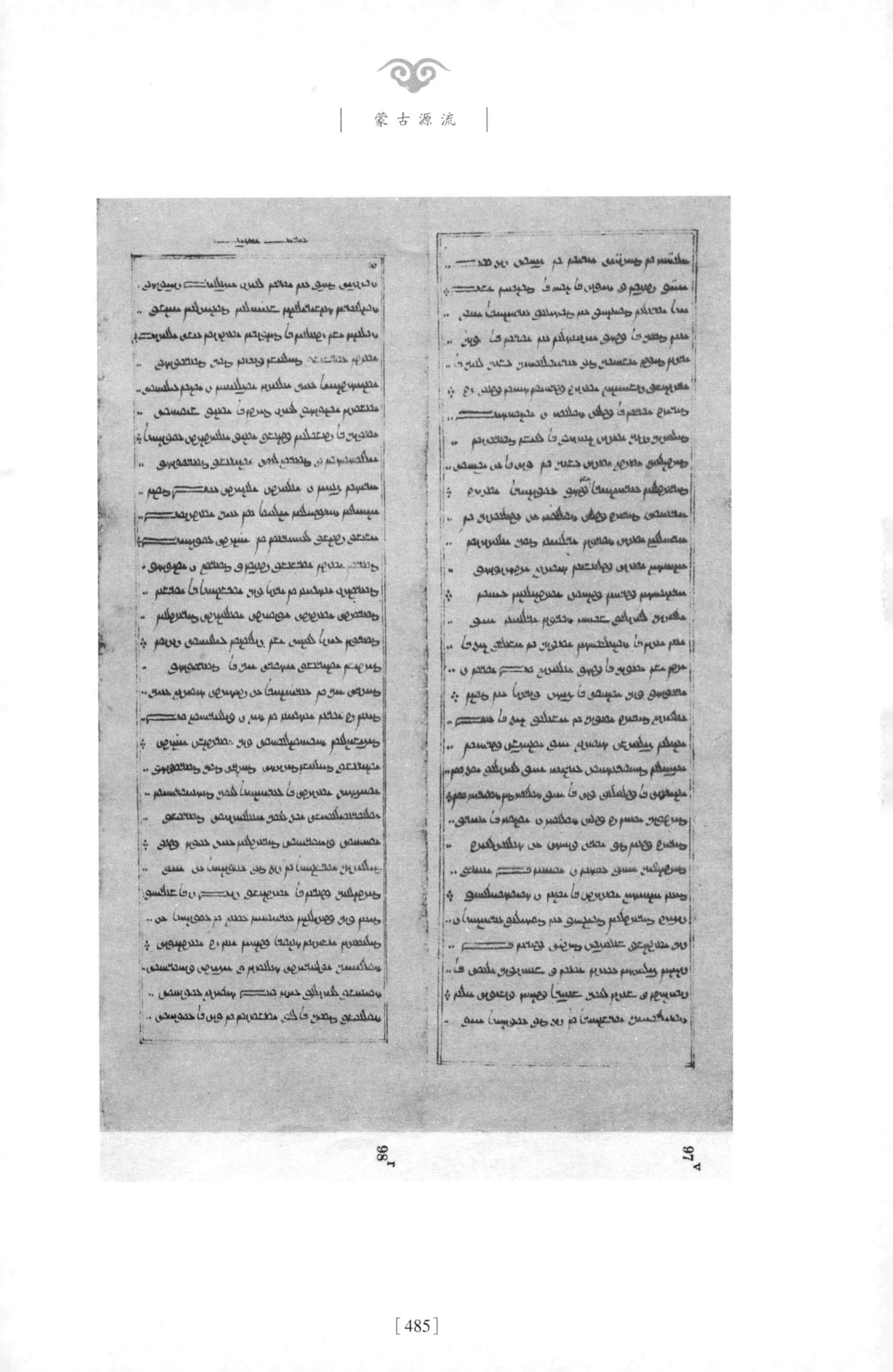

98r

97v

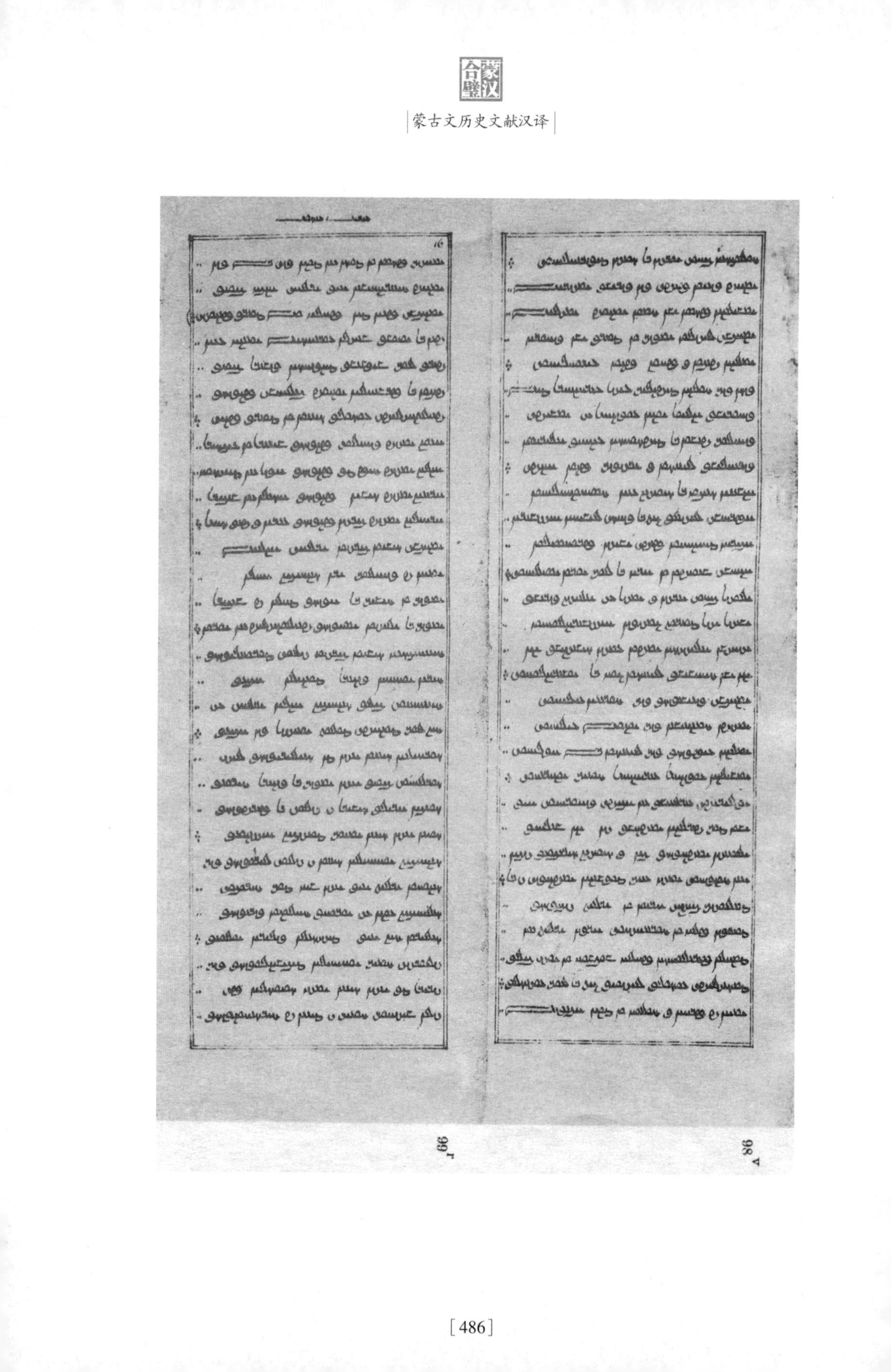

98v

99r

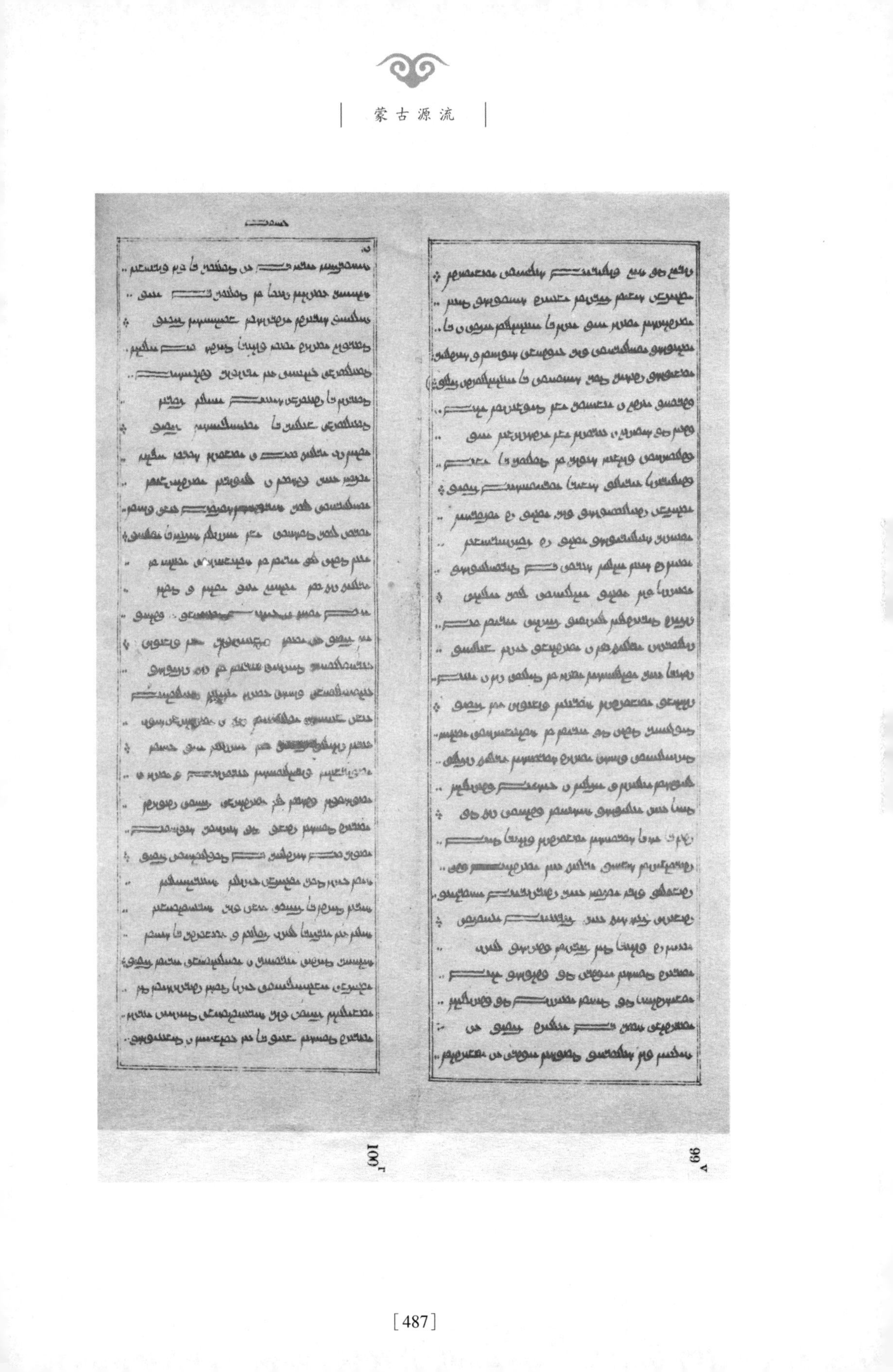

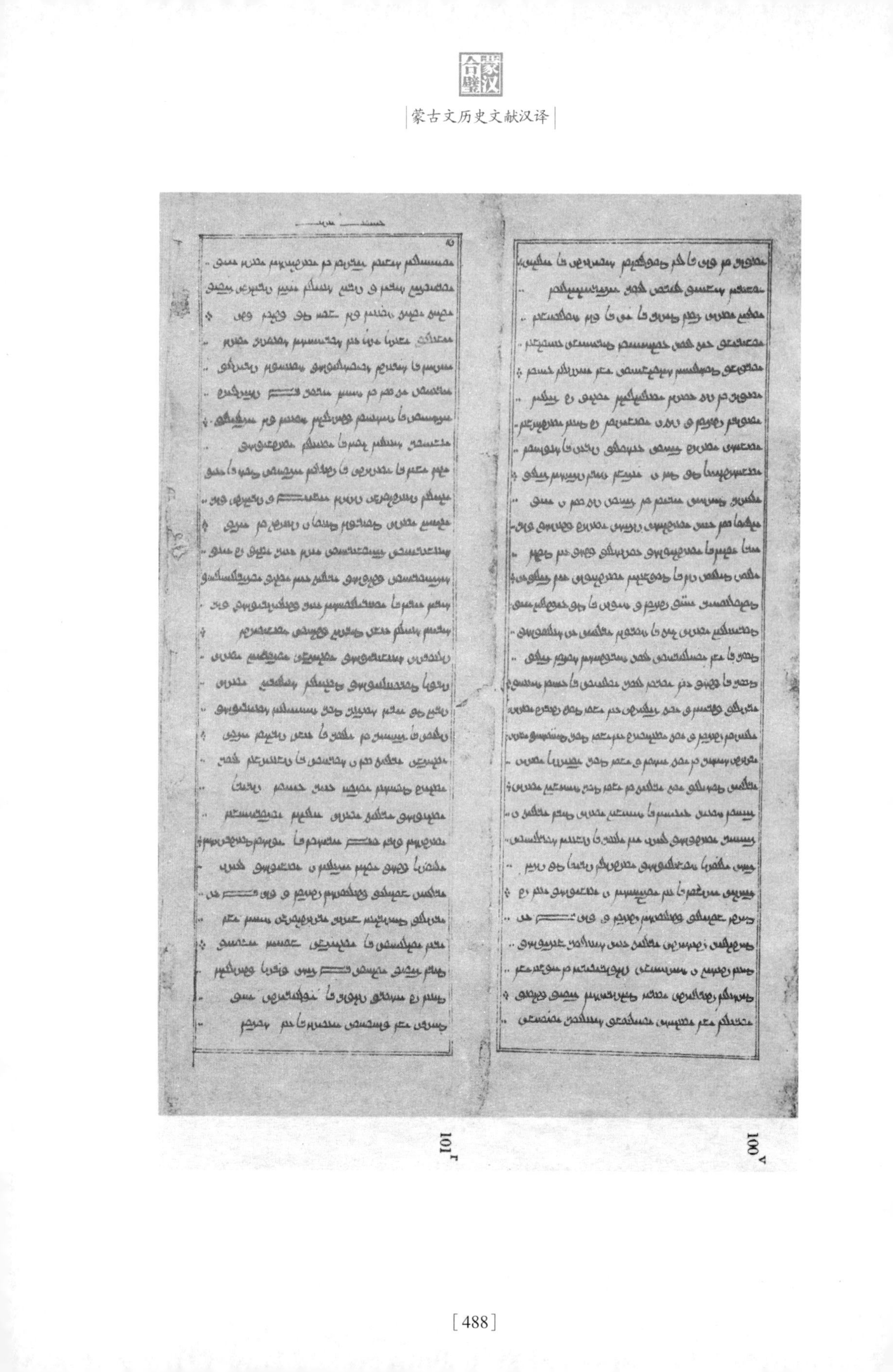

101r

100v

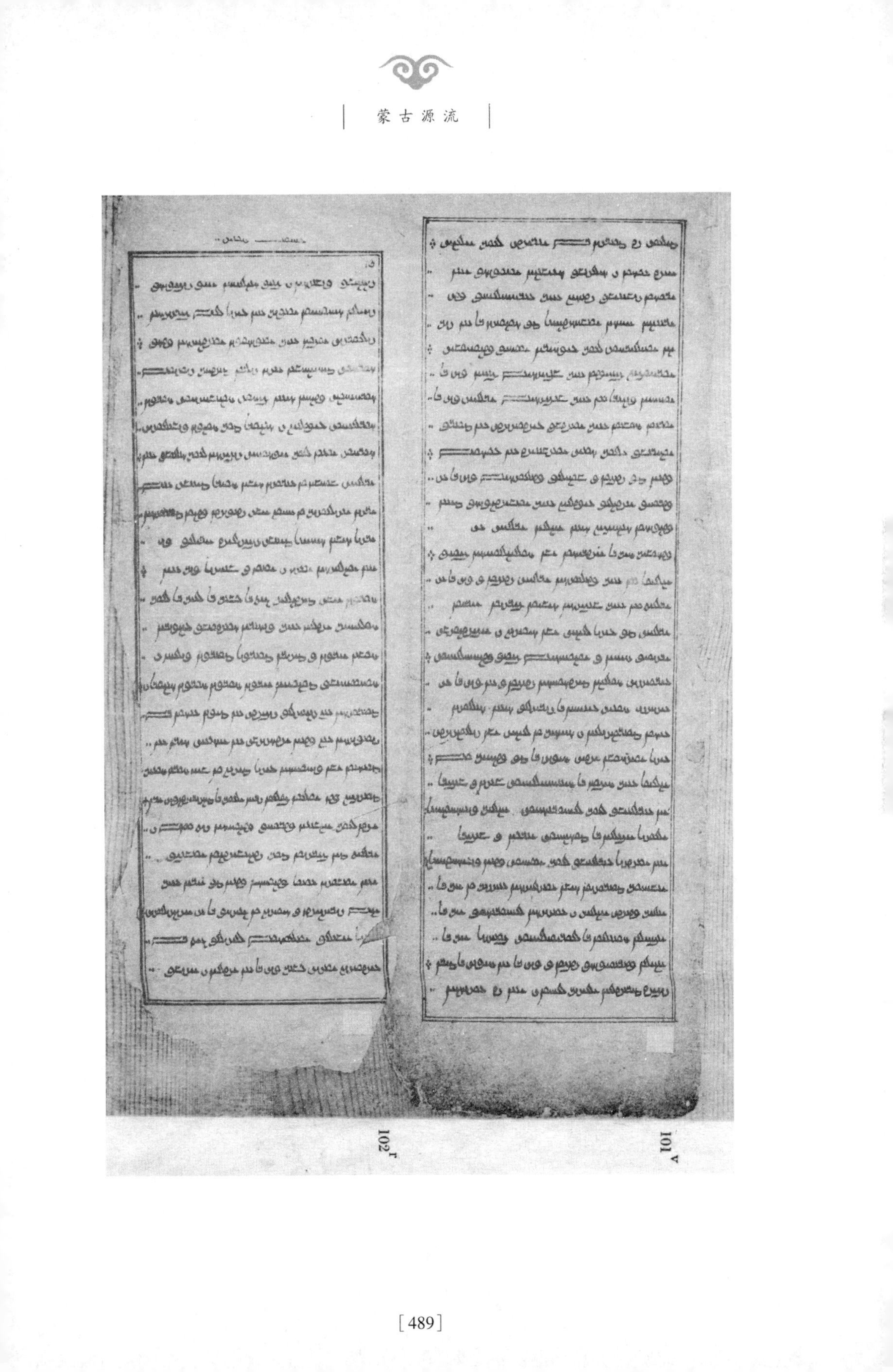

102r

101v

102v